# Simone de Beauvoir

# Le deuxième sexe

## II
### *L'expérience vécue*

Gallimard

*Dans la même collection*

LE DEUXIÈME SEXE I, n° 37

Quel malheur que d'être femme ! et pourtant le pire malheur quand on est femme est au fond de ne pas comprendre que c'en est un.

KIERKEGAARD

À moitié victimes, à moitié complices, comme tout le monde.

J.-P. SARTRE

# INTRODUCTION

Les femmes d'aujourd'hui sont en train de détrôner le mythe de la féminité ; elles commencent à affirmer concrètement leur indépendance ; mais ce n'est pas sans peine qu'elles réussissent à vivre intégralement leur condition d'être humain. Élevées par des femmes, au sein d'un monde féminin, leur destinée normale est le mariage, qui les subordonne encore pratiquement à l'homme ; le prestige viril est bien loin de s'être effacé : il repose encore sur de solides bases économiques et sociales. Il est donc nécessaire d'étudier avec soin le destin traditionnel de la femme. Comment la femme fait-elle l'apprentissage de sa condition, comment l'éprouve-t-elle, dans quel univers se trouve-t-elle enfermée, quelles évasions lui sont permises, voilà ce que je chercherai à décrire. Alors seulement nous pourrons comprendre quels problèmes se posent aux femmes qui, héritant d'un lourd passé, s'efforcent de forger un avenir nouveau. Quand j'emploie les mots « femme » ou « féminin » je ne me réfère évidemment à aucun archétype, à aucune immuable essence ; après la plupart de mes affirmations il faut sous-entendre « dans l'état actuel de l'éducation et des mœurs ». Il ne s'agit pas ici d'énoncer des vérités éternelles mais de décrire le fond commun sur lequel s'enlève toute existence féminine singulière.

*Première partie*

FORMATION

# CHAPITRE PREMIER

## *Enfance*

On ne naît pas femme : on le devient. Aucun destin biologique, psychique, économique ne définit la figure que revêt au sein de la société la femelle humaine ; c'est l'ensemble de la civilisation qui élabore ce produit intermédiaire entre le mâle et le castrat qu'on qualifie de féminin. Seule la médiation d'autrui peut constituer un individu comme un *Autre*. En tant qu'il existe pour soi l'enfant ne saurait se saisir comme sexuellement différencié. Chez les filles et les garçons, le corps est d'abord le rayonnement d'une subjectivité, l'instrument qui effectue la compréhension du monde : c'est à travers les yeux, les mains, non par les parties sexuelles qu'ils appréhendent l'univers. Le drame de la naissance, celui du sevrage se déroulent de la même manière pour les nourrissons des deux sexes ; ils ont les mêmes intérêts et les mêmes plaisirs ; la succion est d'abord la source de leurs sensations les plus agréables ; puis ils passent par une phase anale où ils tirent leurs plus grandes satisfactions des fonctions excrétoires qui leur sont communes ; leur développement génital est analogue ; ils explorent leur corps avec la même curiosité et la même indifférence ; du clitoris et du pénis ils tirent un même plaisir incertain ; dans la mesure où déjà leur sensibilité s'objective, elle se tourne vers la mère : c'est la chair féminine douce, lisse, élastique qui suscite les désirs sexuels et ces désirs sont préhensifs ; c'est d'une manière agressive que la fille, comme le garçon, embrasse sa mère, la palpe, la caresse ; ils ont la même jalousie s'il naît un nouvel enfant ; ils la manifestent par les mêmes conduites : colères, bouderie, troubles urinaires ; ils recourent aux mêmes coquetteries pour capter l'amour des adultes. Jusqu'à douze ans la fillette est aussi robuste que ses frères, elle manifeste les mêmes capacités intellectuelles ; il n'y a aucun domaine où il lui soit interdit de rivaliser avec eux. Si, bien avant la puberté, et parfois même dès sa toute petite enfance, elle nous apparaît déjà comme sexuellement spécifiée, ce n'est pas que de mystérieux instincts immédiatement la vouent à la passivité, à la coquetterie, à la maternité : c'est que l'intervention d'autrui dans la vie de l'enfant est presque originelle et que dès ses premières années sa vocation lui est impérieusement insufflée.

Le monde n'est d'abord présent au nouveau-né que sous la figure de sensations immanentes ; il est encore noyé au sein du Tout comme au temps où il habitait les ténèbres d'un ventre ; qu'il soit élevé au sein ou au biberon, il est investi par la chaleur d'une chair maternelle. Peu à peu il apprend à percevoir les objets comme distincts de lui : il se distingue d'eux ; en même temps, d'une façon plus ou moins brutale, il est détaché du corps nourricier ; parfois il réagit à cette séparation par une crise violente[1] ; en tout cas, c'est vers le moment où elle se consomme — vers l'âge de six mois environ — qu'il commence à manifester dans des mimiques, qui deviennent par la suite de véritables parades, le désir de séduire autrui. Certes, cette attitude n'est pas définie par un choix réfléchi ; mais il n'est pas besoin de *penser* une situation pour l'*exister*. D'une manière immédiate le nourrisson vit le drame originel de tout existant qui est le drame de son rapport à l'Autre. C'est dans l'angoisse

---

1. Judith Gautier raconte dans ses souvenirs qu'elle pleura et dépérit si lamentablement quand on l'eut arrachée à sa nourrice qu'il fallut les réunir à nouveau. On ne la sevra que beaucoup plus tard.

que l'homme éprouve son délaissement. Fuyant sa liberté, sa subjectivité, il voudrait se perdre au sein du Tout : c'est là l'origine de ses rêveries cosmiques et panthéistiques, de son désir d'oubli, de sommeil, d'extase, de mort. Il ne parvient jamais à abolir son moi séparé : du moins souhaite-t-il atteindre la solidité de l'en-soi, être pétrifié en chose ; c'est singulièrement lorsqu'il est figé par le regard d'autrui qu'il s'apparaît comme un être. C'est dans cette perspective qu'il faut interpréter les conduites de l'enfant : sous une forme charnelle, il découvre la finitude, la solitude, le délaissement dans un monde étranger ; il essaie de compenser cette catastrophe en aliénant son existence dans une image dont autrui fondera la réalité et la valeur. Il semble que ce soit à partir du moment où il saisit son reflet dans les glaces — moment qui coïncide avec celui du sevrage — qu'il commence à affirmer son identité[1] : son moi se confond avec ce reflet si bien qu'il ne se forme qu'en s'aliénant. Que le miroir proprement dit joue un rôle plus ou moins considérable, il est certain que l'enfant commence vers six mois à comprendre les mimiques de ses parents et à se saisir sous leur regard comme un objet. Il est déjà un sujet autonome qui se transcende vers le monde : mais c'est seulement sous une figure aliénée qu'il se rencontrera lui-même.

Lorsque l'enfant grandit, il lutte de deux façons contre le délaissement originel. Il essaie de nier la séparation : il se blottit dans les bras de sa mère, il recherche sa chaleur vivante, il réclame ses caresses. Et il essaie de se faire justifier par le suffrage d'autrui. Les adultes lui apparaissent comme des dieux : ils ont le pouvoir de lui conférer l'être. Il éprouve la magie du regard qui le métamorphose tantôt en un délicieux petit ange, tantôt en monstre. Ces deux modes de défense ne s'excluent pas : au contraire ils se complètent

---

1. Cette théorie est proposée par le docteur Lacan dans les *Complexes familiaux dans la formation de l'individu*. Ce fait, d'une importance primordiale, expliquerait qu'au cours de son développement « le moi garde la figure ambiguë du spectacle ».

et se pénètrent. Quand la séduction réussit, le sentiment de justification trouve une confirmation charnelle dans les baisers et les caresses reçus : c'est une même heureuse passivité que l'enfant connaît dans le giron de sa mère et sous ses yeux bienveillants. Il n'y a pas pendant les trois ou quatre premières années de différence entre l'attitude des filles et celle des garçons ; ils tentent tous de perpétuer l'heureux état qui a précédé le sevrage ; chez ceux-ci autant que celleslà on rencontre des conduites de séduction et de parade : ils sont aussi désireux que leurs sœurs de plaire, de provoquer des sourires, de se faire admirer.

Il est plus satisfaisant de nier le déchirement que de le surmonter, plus radical d'être perdu au cœur du Tout que de se faire pétrifier par la conscience d'autrui : la fusion charnelle crée une aliénation plus profonde que toute démission sous le regard d'autrui. La séduction, la parade représentent un stade plus complexe, moins facile, que le simple abandon dans les bras maternels. La magie du regard adulte est capricieuse ; l'enfant prétend être invisible, ses parents entrent dans le jeu, ils le cherchent à tâtons, ils rient et puis brusquement ils déclarent : « Tu nous ennuies, tu n'es pas invisible du tout. » Une phrase de l'enfant a amusé, il la répète : cette fois, on hausse les épaules. Dans ce monde aussi incertain, aussi imprévisible que l'univers de Kafka, on trébuche à chaque pas[1]. C'est pourquoi tant d'enfants ont peur de

---

1. Dans *L'Orange bleue*, Yassu Gauclère dit à propos de son père : « Sa bonne humeur me paraissait aussi redoutable que ses impatiences parce que rien ne m'expliquait ce qui la pouvait motiver... Incertaine des mouvements de son humeur autant que je l'eusse été des caprices d'un Dieu, je le révérais avec inquiétude... Je lançais mes mots comme j'aurais joué à pile ou face, me demandant quel accueil leur serait fait. » Et, plus loin, elle raconte l'anecdote suivante : « Comme un jour, après avoir été grondée, je commençais ma litanie : Vieille table, brosse à parquets, fourneau, bassine, bouteille à lait, poêlon, etc., ma mère m'entendit et éclata de rire... Quelques jours plus tard, je tentai d'utiliser ma litanie pour adoucir ma mère qui de nouveau m'avait grondée : mal m'en prit cette fois. Au lieu de l'égayer, je redoublai sa sévérité et m'attirai une punition supplémentaire. Je me dis que la conduite des grandes personnes était décidément incompréhensible. »

grandir, ils se désespèrent si leurs parents cessent de les prendre sur leurs genoux, de les admettre dans leur lit : à travers la frustration physique ils éprouvent de plus en plus cruellement le délaissement dont l'être humain ne prend jamais conscience qu'avec angoisse.

C'est ici que les petites filles vont d'abord apparaître comme privilégiées. Un second sevrage, moins brutal, plus lent que le premier, soustrait le corps de la mère aux étreintes de l'enfant ; mais c'est aux garçons surtout qu'on refuse peu à peu baisers et caresses ; quant à la fillette, on continue à la cajoler, on lui permet de vivre dans les jupes de sa mère, le père la prend sur ses genoux et flatte ses cheveux ; on l'habille avec des robes douces comme des baisers, on est indulgent à ses larmes et à ses caprices, on la coiffe avec soin, on s'amuse de ses mines et de ses coquetteries : des contacts charnels et des regards complaisants la protègent contre l'angoisse de la solitude. Au petit garçon, au contraire, on va interdire même la coquetterie ; ses manœuvres de séduction, ses comédies agacent. « Un homme ne demande pas qu'on l'embrasse... Un homme ne se regarde pas dans les glaces... Un homme ne pleure pas », lui dit-on. On veut qu'il soit « un petit homme » ; c'est en s'affranchissant des adultes qu'il obtiendra leur suffrage. Il plaira en ne paraissant pas chercher à plaire.

Beaucoup de garçons, effrayés de la dure indépendance à laquelle on les condamne, souhaitent alors être des filles ; au temps où on les habillait d'abord comme elles, c'est souvent avec des larmes qu'ils abandonnaient la robe pour le pantalon, qu'ils voyaient couper leurs boucles. Certains choisissent obstinément la féminité, ce qui est une des manières de s'orienter vers l'homosexualité : « Je souhaitai passionnément d'être fille et je poussai l'inconscience de la grandeur d'être homme jusqu'à prétendre pisser assis », raconte Maurice Sachs[1]. Cependant si le garçon apparaît d'abord

1. *Le Sabbat.*

comme moins favorisé que ses sœurs, c'est qu'on a sur
lui de plus grands desseins. Les exigences auxquelles on le
soumet impliquent immédiatement une valorisation. Dans
ses souvenirs, Maurras raconte qu'il était jaloux d'un cadet
que sa mère et sa grand-mère cajolaient : son père le saisit par la main et l'emmena hors de la chambre : «Nous
sommes des hommes ; laissons ces femmes», lui dit-il. On
persuade l'enfant que c'est à cause de la supériorité des garçons qu'il leur est demandé davantage ; pour l'encourager
dans le chemin difficile qui est le sien, on lui insuffle l'orgueil de sa virilité ; cette notion abstraite revêt pour lui une
figure concrète : elle s'incarne dans le pénis ; ce n'est pas
spontanément qu'il éprouve de la fierté à l'égard de son
petit sexe indolent ; mais il la ressent à travers l'attitude de
son entourage. Mères et nourrices perpétuent la tradition qui
assimile le phallus et l'idée de mâle ; qu'elles en reconnaissent le prestige dans la gratitude amoureuse ou dans la
soumission, ou que ce soit pour elles une revanche de le rencontrer chez le nourrisson sous une forme humiliée, elles
traitent le pénis enfantin avec une complaisance singulière.
Rabelais nous rapporte les jeux et les propos des nourrices
de Gargantua[1] ; l'histoire a retenu ceux des nourrices de
Louis XIII. Des femmes moins effrontées donnent cependant un nom d'amitié au sexe du petit garçon, elles lui en
parlent comme d'une petite personne qui est à la fois lui-
même et autre que lui-même ; elles en font, selon le mot
déjà cité, « un *alter ego* d'habitude plus rusé, plus intelligent
et plus adroit que l'individu[2] ». Anatomiquement, le pénis

1. ... «Et déjà commençait exercer sa braguette laquelle un chascun
jour ses gouvernantes ornoyent de beaux bouquets, de beaux rubans, de
belles fleurs, de beaux flocquants et passaient leur temps à la faire revenir entre leurs mains comme un magdaléon d'entraict, et s'esclaffaient
de rire quand elle levait les aureilles, comme si le jeu leur eust pleu.
L'une la nommait ma petite drille, l'aultre ma pine, l'aultre ma branche
de coural, l'aultre mon boudon, mon bouchon, mon vibrequin, mon
poussouer, ma térière, ma pendilloche », etc.
2. A. Balint, *La Vie intime de l'enfant*, p. 101.

est tout à fait apte à remplir ce rôle ; détaché du corps, il apparaît comme un petit jouet naturel, une sorte de poupée. On valorisera donc l'enfant en valorisant son double. Un père me racontait qu'un de ses fils à l'âge de trois ans urinait encore assis ; entouré de sœurs et de cousines, c'était un enfant timide et triste ; un jour son père l'emmena avec lui aux W.-C. en lui disant : « Je vais te montrer comment font les hommes. » Désormais l'enfant, tout fier d'uriner debout, méprisa les filles « qui pissent par un trou » ; son dédain venait originellement non du fait qu'il leur manquait un organe, mais de ce qu'elles n'avaient pas été comme lui distinguées et initiées par le père. Ainsi, bien loin que le pénis se découvre comme un privilège immédiat d'où le garçon tirerait un sentiment de supériorité, sa valorisation apparaît au contraire comme une compensation — inventée par les adultes et ardemment acceptée par l'enfant — aux duretés du dernier sevrage : par là, il est défendu contre le regret de ne plus être un nourrisson, de ne pas être une fille. Par la suite il incarnera dans son sexe sa transcendance et sa souveraineté orgueilleuse[1].

Le sort de la fillette est très différent. Mères et nourrices n'ont pas pour ses parties génitales de révérence ni de tendresse ; elles n'attirent pas son attention sur cet organe secret, dont on ne voit que l'enveloppe et qui ne se laisse pas empoigner ; en un sens, elle n'a pas de sexe. Elle n'éprouve pas cette absence comme un manque ; son corps est évidemment pour elle une plénitude ; mais elle se trouve située dans le monde d'une autre manière que le garçon ; et un ensemble de facteurs peut transformer à ses yeux cette différence en une infériorité.

Il y a peu de questions plus discutées par les psychanalystes que le fameux « complexe de castration » féminin. La plupart admettent aujourd'hui que l'envie d'un pénis se présente selon les cas de manières très diverses[2]. D'abord, il y

1. Voir *Le deuxième sexe*, t. Ier, ch. II, p. 92.
2. Outre les ouvrages de Freud et d'Adler, il existe sur le sujet une abondante littérature. Abraham le premier a émis l'idée que la fillette

a beaucoup de fillettes qui ignorent jusqu'à un âge avancé l'anatomie masculine. L'enfant accepte naturellement qu'il y ait des hommes et des femmes comme il y a un soleil et une lune : il croit en des essences contenues dans des mots et sa curiosité n'est pas d'abord analytique. Pour beaucoup d'autres, ce petit morceau de chair qui pend entre les jambes des garçons est insignifiant ou même dérisoire ; c'est une singularité qui se confond avec celle des vêtements, de la coiffure ; souvent c'est sur un petit frère nouveau-né qu'elle se découvre et « quand la petite fille est très jeune, dit H. Deutsch, elle n'est pas impressionnée par le pénis de son petit frère » ; elle cite l'exemple d'une fillette de dix-huit mois qui resta absolument indifférente à la découverte du pénis et ne lui donna de valeur que beaucoup plus tard, en rapport avec ses préoccupations personnelles. Il arrive même que le pénis soit considéré comme une anomalie : c'est une excroissance, une chose vague qui pend comme les loupes, les tétines, les verrues ; elle peut inspirer du dégoût. Enfin, le fait est qu'il y a de nombreux cas où la fillette s'intéresse au pénis d'un frère ou d'un camarade ; mais cela ne signifie pas qu'elle en éprouve une jalousie proprement sexuelle et encore moins qu'elle se sente profondément atteinte par l'absence de cet organe ; elle désire se l'approprier comme elle désire s'approprier tout objet ; mais ce désir peut demeurer superficiel.

Il est certain que les fonctions excrétoires et singulièrement les fonctions urinaires intéressent passionnément les enfants : uriner au lit est souvent une protestation contre la préférence marquée par les parents à un autre enfant. Il y a des pays où les hommes urinent assis et il arrive que les femmes urinent debout : c'est l'usage entre autres chez

---

considérait son sexe comme une blessure résultant d'une mutilation. Karen Horney, Jones, Jeanne Lampt de Groot, H. Deutsch, A. Balint ont étudié la question d'un point de vue psychanalytique. Saussure essaie de concilier la psychanalyse avec les idées de Piaget et Lucquet. Voir aussi Pollack, *Les Idées des enfants sur la différence des sexes*.

beaucoup de paysannes ; mais, dans la société occidentale contemporaine, les mœurs veulent généralement qu'elles s'accroupissent tandis que la station debout est réservée aux mâles. Cette différence est pour la fillette la différenciation sexuelle la plus frappante. Pour uriner, elle doit s'accroupir, se dénuder et partant se cacher : c'est une servitude honteuse et incommode. La honte s'accroît dans les cas fréquents où elle souffre d'émissions urinaires involontaires, au cas de crise de fou rire, par exemple ; le contrôle est moins sûr chez elle que chez les garçons. Chez ceux-ci, la fonction urinaire apparaît comme un jeu libre qui a l'attrait de tous les jeux dans lesquels la liberté s'exerce ; le pénis se laisse manipuler, à travers lui on peut agir, ce qui est un des profonds intérêts de l'enfant. Une petite fille voyant uriner un garçon déclara avec admiration : « Comme c'est commode[1] ! » Le jet peut être dirigé à volonté, l'urine lancée au loin : le garçon en tire un sentiment d'omnipotence. Freud a parlé de « l'ambition brûlante des anciens diurétiques » ; Stekel a discuté avec bon sens cette formule, mais il est vrai que comme le dit Karen Horney[2] « des fantasmes d'omnipotence surtout d'un caractère sadique sont souvent associés au jet mâle d'urine » ; ces fantasmes qui survivent chez certains hommes[3] sont importants chez l'enfant. Abraham parle du « grand plaisir que les femmes éprouvent à arroser le jardin avec un tuyau » ; je crois, en accord avec les théories de Sartre et de Bachelard[4], que ce n'est pas nécessairement[5] l'assimilation du tuyau au pénis qui est source de ce plaisir ; tout jet d'eau apparaît comme un miracle, un défi à la pesanteur : le diriger, le gouverner, c'est remporter sur les lois naturelles une petite victoire ; en tout cas il y a là pour le petit garçon un

---

1. Cité par A. Balint.
2. The genesis of castration complex in women. *International Journal of Psychanalyse*, 1923-1924.
3. Cf. Montherlant, *Les Chenilles, Solstice de juin*.
4. Voir vol. Ier, 1re partie, ch. II.
5. En certains cas, cependant, elle est manifeste.

amusement quotidien qui est interdit à ses sœurs. Il permet en outre, à la campagne surtout, d'établir à travers le jet urinaire quantité de rapports avec les choses : eau, terre, mousse, neige, etc. Il y a des petites filles qui, pour connaître ces expériences, se couchent sur le dos et tentent de faire gicler l'urine «vers le haut» ou qui s'exercent à uriner debout. D'après Karen Horney, elles envieraient aussi au garçon la possibilité d'exhibition qui lui est accordée. «Une malade s'exclama subitement, après avoir vu dans la rue un homme qui urinait : "Si je pouvais demander un cadeau à la Providence, ce serait de pouvoir une seule fois dans ma vie uriner comme un homme"», rapporte Karen Horney. Il semble aux fillettes que le garçon, ayant le droit de toucher son pénis, peut s'en servir comme d'un jouet tandis que leurs organes à elles sont tabous. Que cet ensemble de facteurs rende désirable à beaucoup d'entre elles la possession d'un sexe mâle, c'est un fait dont quantité d'enquêtes et de confidences recueillies par les psychiatres font foi. Havelock Ellis[1] cite ces paroles d'un sujet qu'il désigne sous le nom de Zénia : «Le bruit d'un jet d'eau, surtout sortant d'un long tuyau d'arrosage, a toujours été très excitant pour moi en me rappelant le bruit du jet d'urine observé pendant l'enfance chez mon frère et même chez d'autres personnes.» Une autre, Mme R. S., raconte qu'étant enfant elle aimait infiniment tenir entre ses mains le pénis d'un petit camarade ; un jour on lui confia un tuyau d'arrosage : «Il me sembla délicieux de tenir cela comme si je tenais un pénis.» Elle insiste sur le fait que le pénis n'avait pour elle aucun sens sexuel ; elle en connaissait seulement l'usage urinaire. Le cas le plus intéressant est celui de Florrie recueilli par Havelock Ellis[2] et dont Stekel a repris plus tard l'analyse. J'en donne donc un compte rendu détaillé :

---

1. Cf. Havelock Ellis, *L'Ondinisme*.
2. H. Ellis, *Études de psychologie sexuelle*, t. XIII.

Il s'agit d'une femme très intelligente, artiste, active, biologiquement normale et non invertie. Elle raconte que la fonction urinaire a tenu un grand rôle dans son enfance; elle jouait avec ses frères à des jeux urinaires et ils se mouillaient les mains sans aucun dégoût. «Mes premières conceptions de la supériorité des mâles furent en relation avec les organes urinaires. J'en voulais à la nature de m'avoir privée d'un organe aussi commode et aussi décoratif. Aucune théière privée de son bec ne se sentit aussi misérable. Personne n'eut besoin de m'insuffler la théorie de la prédominance et de la supériorité masculines. J'en avais une preuve constante sous les yeux.» Elle-même prenait un grand plaisir à uriner dans la campagne. «Rien ne lui semblait comparable au bruit enchanteur du jet sur des feuilles mortes dans un coin de forêt et elle en observait l'absorption. Mais ce qui la fascinait le plus, c'était d'uriner dans l'eau.» C'est un plaisir auquel beaucoup de petits garçons sont sensibles et il y a toute une imagerie puérile et vulgaire qui montre des garçonnets en train d'uriner dans des étangs ou des ruisseaux. Florrie se plaint que la forme de ses pantalons l'empêchât de se livrer aux expériences qu'elle aurait voulu tenter; souvent, au cours de promenades dans la campagne, il lui arrivait de se retenir le plus longtemps possible et brusquement de se soulager debout. «Je me rappelle parfaitement la sensation étrange et défendue de ce plaisir et aussi mon étonnement que le jet pût sortir quand j'étais debout.» À son avis, la forme des vêtements enfantins a beaucoup d'importance dans la psychologie de la femme en général. «Ce ne fut pas seulement pour moi une source d'ennui d'avoir à défaire mes pantalons puis de me baisser pour ne pas les souiller devant, mais le pan de derrière qui doit être ramené et qui met les fesses à nu explique pourquoi, chez tant de femmes, la pudeur est placée derrière et non pas devant. La première distinction sexuelle qui s'imposa à moi, en fait, la grande différence, fut que les garçons urinent debout et les filles accroupies. C'est probablement ainsi que mes sentiments de pudeur les plus anciens ont été associés à mes fesses plutôt qu'à mon pubis.» Toutes ces impressions ont pris chez Florrie une extrême importance parce que son père la fouettait souvent jusqu'au sang et qu'une gouvernante l'avait un jour fessée afin de la faire uriner; elle était hantée de rêves et de fantasmes masochistes où elle se voyait fouettée par une institutrice sous les yeux de toute l'école et urinant alors contre sa volonté, «idée qui me procurait une sensation de plaisir vraiment curieuse». Il lui arriva à quinze ans, pressée par un besoin urgent, d'uriner debout dans une rue déserte. «En analysant mes sensations, je pense que la plus importante était la honte d'être debout et la longueur du trajet que le jet devait faire entre moi et la terre. C'est cette distance qui faisait de cette affaire quelque chose d'important et de risible, même si les vêtements le cachaient. Dans l'attitude ordinaire, il y avait un élément d'intimité. Étant enfant, même grande, le jet n'aurait pu faire un long trajet ; mais à quinze ans j'étais de taille élevée et cela me causa de la honte de penser à la longueur du trajet. Je suis sûre que les dames dont j'ai parlé[1], qui se sauvèrent effrayées de l'urinoir moderne de Portsmouth, ont regardé comme très indécent pour une femme de se tenir debout les jambes écartées, de relever ses jupes et de faire un si long jet au-dessous d'elle.» Elle recommença à vingt ans et souvent par la suite cette expérience ; elle éprouvait un mélange de honte et de volupté à l'idée qu'elle pouvait être surprise et qu'elle serait incapable de s'arrêter. «Le jet semblait sortir de moi sans mon consentement et *pourtant me causait plus de plaisir que si je l'avais fait partir de mon plein gré*[2]. Cette sensation curieuse qu'il est tiré hors de vous par quelque pouvoir invisible qui a décidé que vous le feriez est un plaisir exclusivement féminin et un charme subtil. Il y a un charme aigu à sentir le torrent sortir de vous par une volonté plus puissante que vous-même.» Par la suite, Florrie développa un érotisme flagellatoire mélangé toujours à des obsessions urinaires.

Ce cas est très intéressant parce qu'il met en lumière plusieurs éléments de l'expérience infantile. Mais ce sont évidemment des circonstances singulières qui leur confèrent une importance si énorme. Pour des petites filles normalement élevées, le privilège urinaire du garçon est chose trop secondaire pour engendrer directement un sentiment d'infériorité. Les psychanalystes qui supposent après Freud que la simple découverte du pénis suffirait à engendrer un traumatisme méconnaissent profondément la mentalité infantile ; celle-ci est beaucoup moins rationnelle qu'ils ne semblent le supposer, elle ne pose pas des catégories tranchées et n'est pas gênée par la contradiction. Quand la toute petite fille voyant un pénis déclare : «J'en ai eu aussi» ou «J'en aurai aussi», ou même «J'en ai un aussi», ce n'est pas une défense de mauvaise foi ; la présence et l'absence ne s'excluent pas ; l'enfant — comme le prouvent ses dessins — croit beaucoup moins à ce qu'il *voit* avec ses yeux qu'aux *types* signi-

---

1. Allusion à un épisode qu'elle a raconté antérieurement : on avait ouvert à Portsmouth un urinoir moderne pour femmes exigeant la station debout ; on vit toutes les clientes ressortir aussitôt qu'entrées.
2. C'est Florrie qui souligne.

fiants qu'il a fixés une fois pour toutes : il dessine souvent sans regarder et en tout cas il ne trouve dans ses perceptions que ce qu'il y met. Saussure[1] qui insiste justement sur ce point cite cette observation très importante de Luquet : « Une fois un tracé reconnu fautif, il est comme inexistant, l'enfant *ne le voit littéralement* plus, hypnotisé en quelque sorte par le tracé nouveau qui le remplace, pas plus qu'il ne tient compte des lignes qui peuvent se trouver accidentellement sur son papier. » L'anatomie masculine constitue une forme forte qui souvent s'impose à la fillette ; et *littéralement elle ne voit plus* son propre corps. Saussure cite l'exemple d'une petite fille de quatre ans qui essayant d'uriner comme un garçon entre les barreaux d'une barrière disait qu'elle voulait « un petit chose long qui coule ». Elle affirmait en même temps posséder un pénis et n'en pas posséder, ce qui s'accorde avec la pensée par « participation » que Piaget a décrite chez les enfants. La fillette pense volontiers que tous les enfants naissent avec un pénis mais qu'ensuite les parents coupent certains d'entre eux pour en faire des filles ; cette idée satisfait l'artificialisme de l'enfant qui, divinisant ses parents, « les conçoit comme la cause de tout ce qu'il possède », dit Piaget ; il ne voit pas d'abord dans la castration une punition. Pour qu'elle prenne le caractère d'une frustration, il faut que déjà la petite fille soit pour une raison quelconque mécontente de sa situation ; comme H. Deutsch le fait justement remarquer, un événement extérieur tel que la vue d'un pénis ne saurait commander un développement interne : « La vue de l'organe mâle peut avoir un effet traumatique, dit-elle, mais seulement à condition qu'une chaîne d'expériences antérieures propres à créer cet effet l'ait précédée. » Si la petite fille se sent impuissante à assouvir ses désirs de masturbation ou d'exhibition, si ses parents répriment son onanisme, si elle a l'impression d'être moins

1. *Psychogenèse et psychanalyse*, *Revue française de psychanalyse*, année 1933.

aimée, moins estimée que ses frères, alors elle projettera sur l'organe mâle son insatisfaction. «La découverte faite par la petite fille de la différence anatomique avec le garçon est une confirmation d'un besoin qu'elle a antérieurement ressenti, sa rationalisation pour ainsi dire[1].» Et Adler a insisté justement sur le fait que c'est la valorisation effectuée par les parents et l'entourage qui donne au garçon le prestige dont le pénis devient l'explication et le symbole aux yeux de la petite fille. On considère son frère comme supérieur; lui-même s'enorgueillit de sa virilité; alors elle l'envie et se sent frustrée. Parfois elle en a de la rancune à l'égard de sa mère, plus rarement à l'égard de son père; ou bien elle s'accuse elle-même de s'être mutilée, ou elle se console en pensant que le pénis est caché dans son corps et qu'un jour il sortira.

Il est certain que l'absence de pénis jouera dans la destinée de la fillette un rôle important, même si elle n'en envie pas sérieusement la possession. Le grand privilège que le garçon en tire c'est que, doué d'un organe qui se laisse voir et saisir, il peut au moins partiellement s'y aliéner. Le mystère de son corps, ses menaces, il les projette hors de lui, ce qui lui permet de les tenir à distance: certes, il se sent en danger dans son pénis, il redoute la castration, mais c'est une peur plus facile à dominer que la crainte diffuse éprouvée par la petite fille à l'égard de ses «intérieurs», crainte qui souvent se perpétuera pendant toute sa vie de femme. Elle a un extrême souci de tout ce qui se passe au-dedans d'elle, elle est dès le départ beaucoup plus opaque à ses propres yeux, plus profondément investie par le trouble mystère de la vie, que le mâle. Du fait qu'il a un *alter ego* dans lequel il se reconnaît, le petit garçon peut hardiment assumer sa subjectivité; l'objet même dans lequel il s'aliène devient un symbole d'autonomie, de transcendance, de puis-

---

1. Cf. H. Deutsch, *Psychology of Women*. Elle cite aussi l'autorité de R. Abraham et J. H. Wram Ophingsen.

sance : il mesure la longueur de son pénis ; il compare avec
ses camarades celle du jet urinaire ; plus tard, l'érection,
l'éjaculation seront sources de satisfaction et de défi. La
petite fille cependant ne peut s'incarner dans aucune partie
d'elle-même. En compensation on lui met entre les mains,
afin qu'il remplisse auprès d'elle le rôle d'*alter ego*, un
objet étranger : une poupée. Il faut noter qu'on appelle aussi
« poupée » ce bandage dont on enveloppe un doigt blessé :
un doigt habillé, séparé, est regardé avec amusement et une
sorte de fierté, l'enfant ébauche à son propos le processus
d'aliénation. Mais c'est une figurine à face humaine — ou à
défaut un épi de maïs, voire un morceau de bois — qui rem-
placera de la manière la plus satisfaisante ce double, ce
jouet naturel, qu'est le pénis.

La grande différence c'est que, d'une part, la poupée
représente le corps dans sa totalité et que, d'autre part, elle
est une chose passive. Par là, la fillette sera encouragée à
s'aliéner dans sa personne tout entière et à considérer celle-
ci comme un donné inerte. Tandis que le garçon se recherche
dans le pénis en tant que sujet autonome, la fillette dorlote
sa poupée et la pare comme elle rêve d'être parée et dorlotée ; inversement, elle se pense elle même comme une merveilleuse poupée[1]. À travers compliments et gronderies, à
travers les images et les mots, elle découvre le sens des mots
« jolie » et « laide » ; elle sait bientôt que pour plaire il faut
être « jolie comme une image » ; elle cherche à ressembler à
une image, elle se déguise, elle se regarde dans les glaces,
elle se compare aux princesses et aux fées des contes. Un
exemple frappant de cette coquetterie infantile nous est
fourni par Marie Bashkirtseff. Ce n'est certainement pas
un hasard si, tardivement sevrée — elle avait trois ans et
demi —, elle éprouva si fortement vers l'âge de quatre à cinq
ans le besoin de se faire admirer, d'exister pour autrui : le

---

1. L'analogie entre la femme et la poupée se maintient à l'âge adulte ;
en français, on appelle vulgairement une femme une poupée ; en anglais,
on dit d'une femme parée qu'elle est « dolled up ».

choc a dû être violent chez une enfant plus mûre et elle a
dû chercher avec plus de passion à surmonter la séparation
infligée. «À cinq ans, écrit-elle dans son journal, je m'ha-
billais avec des dentelles à maman, des fleurs dans les cheveux et j'allais danser au salon. J'étais la grande danseuse
Petipa et toute la maison était là _à me regarder…_»

Ce narcissisme apparaît si précocement chez la fillette, il
jouera dans sa vie de femme un rôle si primordial qu'on le
considère volontiers comme émanant d'un mystérieux instinct féminin. Mais nous venons de voir qu'en vérité ce
n'est pas un destin anatomique qui lui dicte son attitude. La
différence qui la distingue des garçons est un fait qu'elle
pourrait assumer d'une quantité de manières. Le pénis constitue certainement un privilège, mais dont le prix naturellement diminue quand l'enfant se désintéresse de ses fonctions
excrétoires et se socialise : s'il en conserve à ses yeux, passé
l'âge de huit à neuf ans, c'est qu'il est devenu le symbole d'une virilité qui est socialement valorisée. En vérité,
l'influence de l'éducation et de l'entourage est ici immense.
Tous les enfants essaient de compenser la séparation du
sevrage par des conduites de séduction et de parade ; on
oblige le garçon à dépasser ce stade, on le délivre de son
narcissisme en le fixant sur son pénis ; tandis que la fillette
est confirmée dans cette tendance à se faire objet qui est
commune à tous les enfants. La poupée l'y aide, mais elle
n'a pas non plus un rôle déterminant ; le garçon aussi peut
chérir un ours, un polichinelle en qui il se projette ; c'est
dans la forme globale de leur vie que chaque facteur : pénis,
poupée, prend son poids.

Ainsi, la passivité qui caractérisera essentiellement la
femme «féminine» est un trait qui se développe en elle dès
ses premières années. Mais il est faux de prétendre que c'est
là une donnée biologique ; en vérité, c'est un destin qui lui
est imposé par ses éducateurs et par la société. L'immense
chance du garçon, c'est que sa manière d'exister pour autrui
l'encourage à se poser pour soi. Il fait l'apprentissage de son

existence comme libre mouvement vers le monde, il rivalise
de dureté et d'indépendance avec les autres garçons, il
méprise les filles. Grimpant aux arbres, se battant avec des
camarades, les affrontant dans des jeux violents, il saisit son
corps comme un moyen de dominer la nature et un instrument de combat ; il s'enorgueillit de ses muscles comme
de son sexe ; à travers jeux, sports, luttes, défis, épreuves, il
trouve un emploi équilibré de ses forces ; en même temps,
il connaît les leçons sévères de la violence ; il apprend à
encaisser les coups, à mépriser la douleur, à refuser les
larmes du premier âge. Il entreprend, il invente, il ose. Certes,
il s'éprouve aussi comme « pour autrui », il met en question
sa virilité et il s'ensuit par rapport aux adultes et aux camarades bien des problèmes. Mais ce qui est très important,
c'est qu'il n'y a pas d'opposition fondamentale entre le
souci de cette figure objective qui est sienne et sa volonté
de s'affirmer dans des projets concrets. C'est en faisant
qu'il se fait être, d'un seul mouvement. Au contraire, chez
la femme il y a, au départ, un conflit entre son existence
autonome et son « être-autre » ; on lui apprend que pour
plaire il faut chercher à plaire, il faut se faire objet ; elle doit
donc renoncer à son autonomie. On la traite comme une
poupée vivante et on lui refuse la liberté ; ainsi se noue un
cercle vicieux ; car moins elle exercera sa liberté pour comprendre, saisir et découvrir le monde qui l'entoure, moins
elle trouvera en lui de ressources, moins elle osera s'affirmer comme sujet ; si on l'y encourageait, elle pourrait manifester la même exubérance vivante, la même curiosité, le
même esprit d'initiative, la même hardiesse qu'un garçon.
C'est ce qui arrive parfois quand on lui donne une formation
virile ; beaucoup de problèmes lui sont alors épargnés[1]. Il
est intéressant de noter que c'est là le genre d'éducation
qu'un père dispense volontiers à sa fille ; les femmes éle-

---

1. Du moins dans sa première enfance. Dans l'état actuel de la
société, les conflits de l'adolescence pourront s'en trouver au contraire
exaspérés.

vées par un homme échappent en grande partie aux tares de
la féminité. Mais les mœurs s'opposent à ce qu'on traite les
filles tout à fait comme des garçons. J'ai connu dans un village des fillettes de trois et quatre ans à qui leur père faisait
porter des culottes ; tous les enfants les persécutaient :
« C'est des filles ou des garçons ? » ; et ils prétendaient véri-
fier ; si bien qu'elles ont supplié qu'on les habillât avec des
robes. À moins qu'elle ne mène une vie très solitaire, même
si les parents autorisent des manières garçonnières, l'entourage de la petite fille, ses amies, ses professeurs en seront
choqués. Il y aura toujours des tantes, des grand-mères, des
cousines pour contrebalancer l'influence du père. Normalement, le rôle qui lui est assigné à l'égard de ses filles est
secondaire. Une des malédictions qui pèse sur la femme
— Michelet l'a justement signalée — c'est que, dans son
enfance, elle est abandonnée aux mains des femmes. Le garçon aussi est d'abord élevé par sa mère ; mais elle a du respect pour sa virilité et il lui échappe très vite[1] ; tandis
qu'elle entend intégrer la fille au monde féminin.

On verra, plus loin, combien les rapports de la mère à la
fille sont complexes : la fille est pour la mère à la fois son
double et une autre, à la fois la mère la chérit impérieusement et elle lui est hostile ; elle impose à l'enfant sa propre
destinée : c'est une manière de revendiquer orgueilleusement sa féminité, et une manière aussi de s'en venger. On
trouve le même processus chez les pédérastes, les joueurs,
les drogués, chez tous ceux qui à la fois se flattent d'appartenir à une certaine confrérie et en sont humiliés : ils
essaient avec un ardent prosélytisme de gagner des adeptes.
Ainsi, les femmes, quand une enfant leur est confiée, s'attachent, avec un zèle où l'arrogance se mélange à la rancune,
à la transformer en une femme semblable à elles. Et même
une mère généreuse, qui cherche sincèrement le bien de son

---

1. Il y a bien entendu quantité d'exceptions : mais le rôle de la mère
dans la formation du garçon ne peut être étudié ici.

enfant, pensera d'ordinaire qu'il est plus prudent de faire d'elle une « vraie femme » puisque c'est ainsi que la société l'accueillera le plus aisément. On lui donne donc pour amies d'autres petites filles, on la confie à des professeurs féminins, elle vit parmi les matrones comme au temps du gynécée, on lui choisit des livres et des jeux qui l'initient à sa destinée, on lui déverse dans les oreilles les trésors de la sagesse féminine, on lui propose des vertus féminines, on lui enseigne la cuisine, la couture, le ménage en même temps que la toilette, le charme, la pudeur ; on l'habille avec des vêtements incommodes et précieux dont il lui faut être soigneuse, on la coiffe de façon compliquée, on lui impose des règles de maintien : tiens-toi droite, ne marche pas comme un canard ; pour être gracieuse, elle devra réprimer ses mouvements spontanés, on lui demande de ne pas prendre des allures de garçon manqué, on lui défend les exercices violents, on lui interdit de se battre : bref, on l'engage à devenir, comme ses aînées, une servante et une idole. Aujourd'hui, grâce aux conquêtes du féminisme, il devient de plus en plus normal de l'encourager à faire des études, à s'adonner aux sports ; mais on lui pardonne plus volontiers qu'au garçon d'y mal réussir ; on lui rend plus difficile la réussite en exigeant d'elle un autre genre d'accomplissement : du moins veut-on qu'elle soit *aussi* une femme, qu'elle ne *perde* pas sa féminité.

Dans les toutes premières années, elle se résigne sans trop de peine à ce sort. L'enfant se meut sur le plan du jeu et du rêve, il joue à être, il joue à faire ; faire et être ne se distinguent pas nettement lorsqu'il ne s'agit que d'accomplissements imaginaires. La fillette peut compenser la supériorité actuelle des garçons par les promesses enfermées dans sa destinée de femme et que, déjà, elle réalise dans ses jeux. Du fait qu'elle ne connaît encore que son univers enfantin, sa mère lui semble d'abord douée de plus d'autorité que le père ; elle imagine le monde comme une sorte de matriarcat ; elle imite sa mère, elle s'identifie à elle ; souvent même

elle intervertit les rôles : « Quand je serai grande et que tu
seras petite… », lui dit-elle volontiers. La poupée n'est pas
seulement son double : c'est aussi son enfant, fonctions qui
s'excluent d'autant moins que l'enfant véritable est aussi
pour la mère un *alter ego* ; à la fois quand elle gronde, punit,
puis console sa poupée, elle se défend contre sa mère et elle
se revêt elle-même de la dignité de mère : elle résume les
deux éléments du couple, elle se confie à sa poupée, elle
l'éduque, affirme sur elle son autorité souveraine, parfois
même, elle lui arrache les bras, la bat, la torture : c'est-à-
dire qu'elle accomplit à travers elle l'expérience de l'affirmation subjective et de l'aliénation. Souvent la mère est
associée à cette vie imaginaire : l'enfant autour de la poupée
joue au père et à la mère avec sa mère, c'est un couple d'où
l'homme est exclu. Là, non plus, il n'y a aucun « instinct
maternel » inné et mystérieux. La fillette constate que le
soin des enfants revient à la mère, on le lui enseigne ; récits
entendus, livres lus, toute sa petite expérience le confirme ;
on l'encourage à s'enchanter de ces richesses futures, on lui
donne des poupées pour qu'elles prennent d'ores et déjà un
aspect tangible. Sa « vocation » lui est impérieusement dic-
tée. Du fait que l'enfant lui apparaît comme son lot, du fait
aussi qu'elle s'intéresse à ses « intérieurs » plus que le garçon, la petite fille est particulièrement curieuse du mystère
de la procréation ; elle cesse vite de croire que les bébés
naissent dans les choux ou sont apportés par les cigognes ;
surtout dans les cas où la mère lui donne des frères ou des
sœurs, elle apprend bientôt que les nourrissons se forment
dans le ventre maternel. D'ailleurs, les parents d'aujour-
d'hui en font moins mystère que ceux de naguère ; elle en
est généralement plus émerveillée qu'effrayée parce que le
phénomène lui apparaît comme magique ; elle n'en saisit
pas encore toutes les implications physiologiques. Elle
ignore d'abord le rôle du père et suppose que c'est en absor-
bant certains aliments que la femme devient enceinte, ce qui
est un thème légendaire (on voit des reines de conte accou-

cher d'une petite fille ou d'un beau garçon après avoir mangé certain fruit, certain poisson) et ce qui amène plus tard chez certaines femmes une liaison entre l'idée de gestation et celle du système digestif. L'ensemble de ces problèmes et de ces découvertes absorbe une grande partie des intérêts de la fillette et nourrit son imagination. Je citerai comme typique l'exemple recueilli par Jung[1] et qui présente de remarquables analogies avec celui du petit Hans que Freud analysa vers la même époque :

C'est vers trois ans qu'Anna commença à interroger ses parents sur l'origine des nouveau-nés ; ayant entendu dire que c'était «des petits anges», elle sembla d'abord s'imaginer que, lorsque les gens meurent, ils vont au ciel et se réincarnent sous forme de nourrissons. À quatre ans, elle eut un petit frère ; elle n'avait pas paru remarquer la grossesse de sa mère mais quand elle la vit couchée le lendemain de l'accouchement, elle la regarda avec gêne et méfiance et finit par lui demander : «Est-ce que tu ne vas pas mourir ?» On l'envoya quelque temps chez sa grand-mère ; au retour, une nurse était installée près du lit ; elle la détesta d'abord puis elle s'amusa à jouer à la garde-malade ; elle fut jalouse de son frère : elle ricanait, se racontait des histoires, désobéissait et menaçait de s'en aller de nouveau chez sa grand-mère ; elle accusait souvent sa mère de ne pas dire la vérité, parce qu'elle la soupçonnait de mentir sur la naissance de l'enfant ; sentant obscurément qu'il y avait une différence entre «avoir» un enfant en tant que nurse ou en tant que mère, elle demandait à sa mère : «Est-ce que je deviendrai une femme comme toi ?» Elle prit l'habitude d'appeler ses parents à grands cris pendant la nuit ; et comme on parlait beaucoup autour d'elle du tremblement de terre de Messine, elle en fit le prétexte de ses angoisses ; elle posait sans cesse des questions à ce sujet. Un jour, elle se mit à brûle-pourpoint à demander : «Pourquoi Sophie est-elle plus jeune que moi ? où était Fritz avant d'être né ? est-ce qu'il était au ciel ? qu'est-ce qu'il y faisait ? pourquoi est-ce qu'il en est descendu seulement maintenant ?» Sa mère finit par lui expliquer que le petit frère avait poussé dans son ventre comme les plantes dans la terre. Anna parut enchantée de cette idée. Puis elle demanda : «Est-ce qu'il est sorti tout seul ? — Oui. — Mais comment puisqu'il ne marche pas ? — Il est sorti en rampant. — Alors est-ce qu'il y a un trou là ? (elle désigna sa poitrine), ou est-ce qu'il est sorti par la bouche ?» Sans attendre la

1. Jung, *Les Conflits de l'âme enfantine*.

réponse, elle déclara qu'elle savait bien que c'était la cigogne qui l'avait apporté ; mais le soir, elle dit soudain : « Mon frère [1] est en Italie ; il a une maison d'étoffe et de verre qui ne peut pas s'écrouler » ; et elle cessa de s'intéresser au tremblement de terre et de demander à voir des photos de l'éruption. Elle parlait encore de cigogne à ses poupées mais sans conviction. Bientôt cependant elle eut de nouvelles curiosités. Ayant vu son père au lit : « Pourquoi es-tu au lit ? Est-ce que tu as aussi une plante dans le ventre ? » Elle raconta un rêve ; elle avait rêvé à son arche de Noé : « Et en dessous, il y avait un couvercle qui s'ouvrait et tous les petits animaux tombaient par cette ouverture » ; en fait, son arche de Noé s'ouvrait par le toit. À ce moment, elle eut de nouveau des cauchemars : on pouvait deviner qu'elle s'interrogeait sur le rôle du père. Une dame enceinte étant venue rendre visite à sa mère, celle-ci le lendemain vit Anna mettre une poupée sous ses jupes et la retirer lentement, la tête en bas, en disant : « Vois-tu, voilà le petit enfant qui sort, il est déjà presque complètement dehors. » Quelque temps après, mangeant une orange, elle dit : « Je veux l'avaler et la faire descendre tout en bas, jusqu'au fond de mon ventre, alors j'aurai un enfant. » Un matin, son père était dans le cabinet de toilette, elle sauta sur son lit, s'y étendit à plat ventre et gigota avec les jambes en disant : « N'est-ce pas, c'est comme ça que papa fait ? » Pendant cinq mois, elle sembla abandonner ses préoccupations puis elle se mit à manifester de la méfiance à l'égard du père : elle crut qu'il avait voulu la noyer, etc. Un jour qu'elle s'était amusée à enfouir des graines dans la terre sous la surveillance du jardinier, elle demanda à son père : « Est-ce que les yeux ont été plantés dans la tête ? et les cheveux ? » Le père expliqua qu'ils étaient déjà en germe dans le corps de l'enfant avant de se développer. Alors, elle demanda : « Mais comment est-ce que le petit Fritz est entré dans maman ? Qui est-ce qui l'a planté dans son corps ? Et toi, qui est-ce qui t'a planté dans ta maman ? et par où est-ce que le petit Fritz est sorti ? » Son père dit en souriant : « Qu'est-ce que tu en penses ? » Alors, elle désigna ses organes sexuels : « Est-ce qu'il est sorti par là ? — Mais oui. — Mais comment est-ce qu'il est entré dans maman ? Est-ce qu'on y a semé de la graine ? » Alors le père lui expliqua que c'est le père qui donne la semence. Elle parut tout à fait satisfaite et le lendemain elle taquina sa mère : « Papa m'a raconté que Fritz était un petit ange et que c'est la cigogne qui l'a apporté. » Elle se montra beaucoup plus calme qu'auparavant ; elle eut cependant un rêve où elle voyait des jardiniers en train d'uriner et parmi eux le père ; elle rêva aussi, après avoir vu le jardinier raboter un tiroir, qu'il lui rabotait les organes génitaux ; elle était évi-

---

1. Il s'agissait d'un grand frère fictif qui tenait un grand rôle dans ses jeux.

demment préoccupée de connaître le rôle exact du père. Il semble que, à peu près complètement instruite à l'âge de cinq ans, elle n'en ait éprouvé par la suite aucun trouble.

L'histoire est caractéristique, bien que très souvent la fillette s'interroge moins précisément sur le rôle joué par le père ou que sur ce point les parents se montrent très évasifs. Quantité de fillettes cachent des coussins sous leur tablier pour jouer à être enceintes, ou bien elles promènent la poupée dans les plis du jupon et la laissent choir dans le berceau, elles lui donnent le sein. Les garçons, comme les filles, admirent le mystère de la maternité ; tous les enfants ont une imagination « en profondeur » qui leur fait pressentir à l'intérieur des choses des richesses secrètes ; tous sont sensibles au miracle des « emboîtements », poupées qui enferment d'autres poupées plus petites, boîtes contenant d'autres boîtes, vignettes qui se reproduisent sous une forme réduite en leur cœur même ; tous s'enchantent quand on déplie sous leurs yeux un bourgeon, quand on leur montre le poussin dans sa coquille ou quand se déroule, dans une cuvette d'eau, la surprise des « fleurs japonaises ». C'est un petit garçon qui, ouvrant un œuf de Pâques plein de petits œufs en sucre, s'écria avec extase : « Oh ! une maman ! » Faire sortir un enfant de son ventre, c'est beau comme un tour de prestidigitation. La mère apparaît douée de la puissance mirifique des fées. Beaucoup de garçons se désolent qu'un tel privilège leur soit refusé ; si, plus tard, ils dénichent les œufs, piétinent les jeunes plantes, s'ils détruisent autour d'eux la vie avec une espèce de rage, c'est qu'ils se vengent de n'être pas capables de la faire éclore ; tandis que la petite fille s'enchante de la créer un jour.

Outre cette espérance que concrétise le jeu de la poupée, la vie ménagère fournit aussi à la fillette des possibilités d'affirmation de soi. Une grande partie du travail domestique peut être accomplie par un très jeune enfant ; on en dispense d'ordinaire le garçon ; mais on permet, on demande même à sa sœur, de balayer, épousseter, éplucher les légumes, laver un nouveau-né, surveiller le pot-au-feu. En particulier la sœur aînée est souvent associée aux tâches maternelles ; soit par commodité, soit par hostilité et sadisme, la mère se décharge sur elle d'un grand nombre de ses fonctions ; elle est alors précocement intégrée à l'univers du sérieux ; le sens de son importance l'aidera à assumer sa féminité ; mais l'heureuse gratuité, l'insouciance enfantine lui sont refusées ; femme avant l'âge, elle connaît trop tôt les limites que cette spécification impose à l'être humain ; elle arrive adulte à l'adolescence, ce qui donne à son histoire un caractère singulier. L'enfant surchargée de besogne peut être prématurément esclave, condamnée à une existence sans joie. Mais si on ne lui demande qu'un effort qui soit à sa mesure, elle éprouve de la fierté à se sentir efficace comme une grande personne et se réjouit d'être solidaire des adultes. Cette solidarité est possible du fait qu'il n'y a pas de l'enfant à la ménagère une distance considérable. Un homme spécialisé dans son métier est séparé du stade infantile par des années d'apprentissage ; les activités paternelles sont profondément mystérieuses pour le petit garçon ; en lui, l'homme qu'il sera plus tard s'ébauche à peine. Au contraire, les activités de la mère sont accessibles à la fillette ; « C'est déjà une petite femme », disent ses parents, et on estime parfois qu'elle est plus précoce que le garçon : en vérité si elle est plus proche du stade adulte c'est que ce stade demeure traditionnellement chez la majorité des femmes plus infantile. Le fait est qu'elle se sent précoce, qu'elle est flattée de jouer auprès des derniers-nés le rôle d'une « petite mère » ; elle devient volontiers importante, elle parle raison, elle donne des ordres, elle prend des supériorités sur ses frères enfermés dans le cercle enfantin, elle parle à sa mère sur un pied d'égalité.

Malgré ces compensations, elle n'accepte pas sans regret le destin qui lui est assigné ; en grandissant, elle envie aux garçons leur virilité. Il arrive que parents et grands-parents

cachent mal qu'ils eussent préféré un rejeton mâle à une
femelle ; ou bien ils marquent plus d'affection au frère qu'à
la sœur : des enquêtes ont montré que la majorité des parents
souhaitent avoir des fils plutôt que des filles. On parle aux
garçons avec plus de gravité, plus d'estime, on leur reconnaît plus de droits ; eux-mêmes traitent les filles avec
mépris, ils jouent entre eux, ils n'admettent pas de filles
dans leur bande, ils les insultent : entre autres ils les appellent des « pisseuses », ravivant par ces mots la secrète humiliation infantile de la fillette. En France, dans les écoles
mixtes, la caste des garçons opprime et persécute délibérément celle des filles. Cependant, si celles-ci veulent entrer
en compétition avec eux, se battre avec eux, on les réprimande. Elles envient doublement les activités par lesquelles
les garçons se singularisent : elles ont un désir spontané d'affirmer leur pouvoir sur le monde et elles protestent contre la
situation inférieure à laquelle on les condamne. Elles souffrent entre autres de ce qu'on leur interdise de monter aux
arbres, aux échelles, sur les toits. Adler remarque que les
notions de haut et de bas ont une grande importance, l'idée
d'élévation spatiale impliquant une supériorité spirituelle,
comme on voit à travers nombre de mythes héroïques ;
atteindre une cime, un sommet, c'est émerger par-delà le
monde donné comme sujet souverain ; c'est entre garçons
un prétexte fréquent de défi. La fillette à qui ces exploits
sont interdits et qui, assise au pied d'un arbre ou d'un
rocher, voit au-dessus d'elle les garçons triomphants,
s'éprouve corps et âme comme inférieure. De même si elle
est laissée en *arrière* dans une course ou un concours de
saut, si elle est jetée *par terre* dans une bagarre ou simplement tenue à l'écart.

   Plus l'enfant mûrit, plus son univers s'élargit, et plus
la supériorité masculine s'affirme. Très souvent, l'identification à la mère n'apparaît plus alors comme une solution satisfaisante ; si la fillette accepte d'abord sa vocation
féminine, ce n'est pas qu'elle entende abdiquer : c'est au

contraire pour régner; elle se veut matrone parce que la société des matrones lui semble privilégiée; mais quand ses fréquentations, ses études, ses jeux, ses lectures l'arrachent au cercle maternel, elle comprend que ce ne sont pas les femmes, mais les hommes qui sont les maîtres du monde. C'est cette révélation — bien plus que la découverte du pénis — qui modifie impérieusement la conscience qu'elle prend d'elle-même.

La hiérarchie des sexes se découvre d'abord à elle dans l'expérience familiale; elle comprend peu à peu que si l'autorité du père n'est pas celle qui se fait le plus quotidiennement sentir, c'est elle qui est souveraine; elle ne revêt que plus d'éclat du fait qu'elle n'est pas galvaudée; même si c'est en fait la mère qui règne en maîtresse dans le ménage, elle a d'ordinaire l'adresse de mettre en avant la volonté du père; dans les moments importants, c'est en son nom, à travers lui qu'elle exige, qu'elle récompense ou punit. La vie du père est entourée d'un mystérieux prestige: les heures qu'il passe à la maison, la pièce où il travaille, les objets qui l'entourent, ses occupations, ses manies ont un caractère sacré. C'est lui qui nourrit la famille, il en est le responsable et le chef. Habituellement il travaille dehors et c'est à travers lui que la maison communique avec le reste du monde: il est l'incarnation de ce monde aventureux, immense, difficile et merveilleux; il est la transcendance, il est Dieu[1]. C'est là ce qu'éprouve charnellement l'enfant dans la puissance des bras qui la soulèvent, dans la force de ce corps contre lequel elle se blottit. Par lui, la mère se trouve détrônée comme jadis Isis par Râ et la Terre par le Soleil. Mais la situation de l'enfant est alors profondément changée: elle était appelée à devenir un jour une femme semblable à sa toute-puissante mère — elle ne sera jamais le père souve-

---

1. «Sa personne généreuse m'inspirait un grand amour et une peur extrême…», dit Mme de Noailles en parlant de son père. «D'abord il m'étonnait. Le premier homme étonne une petite fille. Je sentais bien que tout dépendait de lui.»

rain ; le lien qui l'attachait à sa mère était une active émulation — du père elle ne peut qu'attendre passivement une
valorisation. Le garçon saisit la supériorité paternelle à travers un sentiment de rivalité : tandis que la fillette la subit
avec une admiration impuissante. J'ai dit déjà que ce que
Freud appelle «complexe d'Électre» n'est pas, comme il le
prétend, un désir sexuel ; c'est une abdication profonde du
sujet qui consent à se faire objet dans la soumission et l'adoration. Si le père manifeste de la tendresse pour sa fille,
celle-ci sent son existence magnifiquement justifiée ; elle est
dotée de tous les mérites que les autres ont à acquérir difficilement ; elle est comblée et divinisée. Il se peut que toute
sa vie elle recherche avec nostalgie cette plénitude et cette
paix. Si cet amour lui est refusé, elle peut se sentir à jamais
coupable et condamnée ; ou elle peut chercher ailleurs une
valorisation de soi et devenir indifférente à son père ou
même hostile. Le père n'est d'ailleurs pas le seul à détenir
les clés du monde : tous les hommes participent normalement au prestige viril ; il n'y a pas lieu de les considérer
comme des «substituts» du père. C'est immédiatement, en
tant qu'ils sont hommes, que grands-pères, frères aînés,
oncles, pères de camarades, amis de la maison, professeurs,
prêtres, médecins, fascinent la petite fille. La considération
émue que les femmes adultes témoignent à l'Homme suffirait à le jucher sur un piédestal[1].

---

1. Il est remarquable que le culte du père se rencontre surtout chez
l'aînée des enfants : l'homme s'intéresse davantage à une première
paternité ; c'est souvent lui qui console sa fille, comme il console son
fils, quand la mère est accaparée par de nouveaux venus, et elle s'attachera ardemment à lui. Au contraire, la cadette ne possède jamais son
père sans partage ; elle est ordinairement jalouse à la fois de lui et de sa
sœur aînée ; elle se fixe sur cette aînée même que la complaisance du
père revêt d'un grand prestige ou elle se tourne vers sa mère, ou elle
se révolte contre sa famille et cherche du secours au-dehors. Dans les
familles nombreuses, la benjamine retrouve d'une autre manière une
place privilégiée. Bien entendu, quantité de circonstances peuvent motiver chez le père des prédilections singulières. Mais presque tous les cas
que je connais confirment cette observation sur les attitudes inversées de
l'aînée et de la cadette.

Tout contribue à confirmer aux yeux de la fillette cette hiérarchie. Sa culture historique, littéraire, les chansons, les légendes dont on la berce sont une exaltation de l'homme. Ce sont les hommes qui ont fait la Grèce, l'Empire romain, la France et toutes les nations, qui ont découvert la terre et inventé les instruments permettant de l'exploiter, qui l'ont gouvernée, qui l'ont peuplée de statues, de tableaux, de livres. La littérature enfantine, mythologie, contes, récits, reflète les mythes créés par l'orgueil et les désirs des hommes : c'est à travers les yeux des hommes que la fillette explore le monde et y déchiffre son destin. La supériorité mâle est écrasante : Persée, Hercule, David, Achille, Lance-lot, Duguesclin, Bayard, Napoléon, que d'hommes pour une Jeanne d'Arc ; et derrière celle-ci se profile la grande figure mâle de saint Michel archange ! Rien de plus ennuyeux que les livres retraçant des vies de femmes illustres : ce sont de bien pâles figures à côté de celles des grands hommes ; et la plupart baignent dans l'ombre de quelque héros masculin. Ève n'a pas été créée pour elle-même mais comme com-pagne d'Adam et tirée de son flanc ; dans la Bible il y a peu de femmes dont les actions soient notoires : Ruth n'a fait que se trouver un mari. Esther a obtenu la grâce des Juifs en s'agenouillant devant Assuérus, encore n'était-elle qu'un instrument docile entre les mains de Mardochée ; Judith a eu plus d'audace mais elle aussi obéissait aux prêtres et son exploit a un arrière-goût louche : on ne saurait le comparer au pur et éclatant triomphe du jeune David. Les déesses de la mythologie sont frivoles ou capricieuses et toutes trem-blent devant Jupiter ; tandis que Prométhée dérobe superbe-ment le feu du ciel, Pandore ouvre la boîte à malheur. Il y a bien quelques sorcières, quelques vieilles femmes qui exer-cent dans les contes une puissance redoutable. Entre autres dans le *Jardin du paradis* d'Andersen la figure de la Mère des vents rappelle la Grande Déesse primitive : ses quatre énormes fils lui obéissent en tremblant, elle les bat et les enferme dans des sacs quand ils se sont mal conduits. Mais ce ne sont pas là des personnages attrayants. Plus séduisantes sont les fées, sirènes et ondines qui échappent à la domination du mâle; mais leur existence est incertaine, à peine individualisée; elles interviennent dans le monde humain sans avoir de destinée propre : du jour où la petite sirène d'Andersen se fait femme, elle connaît le joug de l'amour et la souffrance devient son lot. Dans les récits contemporains comme dans les légendes anciennes, l'homme est le héros privilégié. Les livres de Mme de Ségur sont une curieuse exception : ils décrivent une société matriarcale où le mari quand il n'est pas absent joue un personnage ridicule; mais d'habitude l'image du père est, comme dans le monde réel, nimbée de gloire. C'est sous l'égide du père divinisé par l'absence que se déroulent les drames féminins de *Little Women*. Dans les romans d'aventures ce sont les garçons qui font le tour du monde, qui voyagent comme marins sur des bateaux, qui se nourrissent dans la jungle du fruit de l'arbre à pain. Tous les événements importants arrivent par les hommes. La réalité confirme ces romans et ces légendes. Si la fillette lit les journaux, si elle écoute la conversation des grandes personnes, elle constate qu'aujourd'hui comme autrefois les hommes mènent le monde. Les chefs d'État, les généraux, les explorateurs, les musiciens, les peintres qu'elle admire sont des hommes; ce sont des hommes qui font battre son cœur d'enthousiasme.

Ce prestige se reflète dans le monde surnaturel. Généralement, par suite du rôle que joue la religion dans la vie des femmes, la petite fille qui est plus que son frère dominée par la mère subit aussi davantage les influences religieuses. Or, dans les religions occidentales, Dieu le Père est un homme, un vieillard doué d'un attribut spécifiquement viril : une opulente barbe blanche[1]. Pour les chrétiens, le Christ

1. « D'autre part, je ne souffrais plus de mon incapacité à *voir* Dieu car j'avais réussi depuis peu à l'imaginer sous les traits de mon grand-

est plus concrètement encore un homme de chair et d'os
à la longue barbe blonde. Les anges selon les théologiens
n'ont pas de sexe ; mais ils portent des noms masculins
et se manifestent sous la figure de beaux jeunes gens. Les
émissaires de Dieu sur terre : le pape, les évêques dont on
baise l'anneau, le prêtre qui dit la messe, celui qui prêche,
celui devant qui on s'agenouille dans le secret du confessionnal, ce sont des hommes. Pour une petite fille pieuse,
les rapports avec le père éternel sont analogues à ceux
qu'elle soutient avec le père terrestre ; comme ils se déroulent sur le plan de l'imaginaire, elle connaît même une
démission plus totale. La religion catholique entre autres
exerce sur elle la plus trouble des influences[1]. La Vierge
accueille à genoux les paroles de l'ange. « Je suis la *servante* du Seigneur », répond-elle. Marie-Madeleine est prostrée aux pieds du Christ et elle les essuie avec ses longs
cheveux de femme. Les saintes déclarent à genoux leur
amour au Christ rayonnant. À genoux, dans l'odeur d'encens, l'enfant s'abandonne au regard de Dieu et des anges :
un regard d'homme. On a insisté souvent sur les analogies
du langage érotique et du langage mystique tels que les parlent les femmes ; par exemple, sainte Thérèse de l'Enfant
Jésus écrit :

Ô mon Bien-Aimé, par ton amour j'accepte de ne pas voir ici-bas la
douceur de ton regard, de ne pas sentir l'inexprimable baiser de
ta bouche, mais je te supplie de m'embraser de ton amour...

---

père défunt ; cette image à vrai dire était plutôt humaine ; mais j'avais
tôt fait de la diviniser en séparant de son buste la tête de mon grand-
père et en l'appliquant mentalement sur un fond de ciel bleu où des
nuages blancs lui faisaient un collier », raconte Yassu Gauclère dans
*L'Orange bleue.*
1. Il est hors de doute que les femmes sont infiniment plus passives,
données à l'homme, serviles et humiliées dans les pays catholiques :
Italie, Espagne, France, que chez les protestants : pays scandinaves et
anglo-saxons. Et cela vient en grande partie de leur propre attitude : le
culte de la Vierge, la confession, etc., les invite au masochisme.

*Mon Bien-Aimé de ton premier sourire*
*Fais-moi bientôt entrevoir la douceur.*
*Ah ! laisse-moi dans mon brûlant délire,*
*Oui, laisse-moi me cacher en ton cœur !*

Je veux être fascinée par ton regard divin, je veux devenir la proie de ton amour. Un jour, j'en ai l'espoir, tu fondras sur moi en m'emportant au foyer de l'amour, tu me plongeras enfin dans ce brûlant abîme pour m'en faire devenir à jamais l'heureuse victime.

Mais il ne faut pas en conclure que ces effusions soient toujours sexuelles ; plutôt, quand la sexualité féminine se développe, elle se trouve pénétrée du sentiment religieux que la femme a voué à l'homme dès l'enfance. Il est vrai que la fillette connaît auprès du confesseur et même au pied de l'autel désert un frisson très proche de celui qu'elle éprouvera plus tard dans les bras de son amant : c'est que l'amour féminin est une des formes de l'expérience dans laquelle une conscience se fait objet pour un être qui la transcende ; et ce sont aussi ces délices passives que la jeune dévote goûte dans l'ombre de l'église.

Prostrée, le visage enfoui entre ses mains, elle connaît le miracle du renoncement : à genoux elle monte au ciel ; son abandon aux bras de Dieu lui assure une Assomption capitonnée de nuages et d'anges. C'est sur cette merveilleuse expérience qu'elle calque son avenir terrestre. L'enfant peut aussi le découvrir par beaucoup d'autres chemins : tout l'invite à s'abandonner en rêve aux bras des hommes pour être transportée dans un ciel de gloire. Elle apprend que pour être heureuse il faut être aimée ; pour être aimée, il faut attendre l'amour. La femme c'est la Belle au bois dormant, Peau d'Âne, Cendrillon, Blanche Neige, celle qui reçoit et subit. Dans les chansons, dans les contes, on voit le jeune homme partir aventureusement à la recherche de la femme ; il pourfend des dragons, il combat des géants ; elle est enfermée dans une tour, un palais, un jardin, une caverne, enchaînée à un rocher, captive, endormie : elle attend. *Un jour mon prince viendra... Some day he'll come along, the man I love...* les refrains populaires lui insufflent des rêves de patience et d'espoir. La suprême nécessité pour la femme, c'est de charmer un cœur masculin ; même intrépides, aventureuses, c'est la récompense à laquelle toutes les héroïnes aspirent ; et le plus souvent il ne leur est demandé d'autre vertu que leur beauté. On comprend que le souci de son apparence physique puisse devenir pour la fillette une véritable obsession ; princesses ou bergères, il faut toujours être jolie pour conquérir l'amour et le bonheur ; la laideur est cruellement associée à la méchanceté et on ne sait trop quand on voit les malheurs qui fondent sur les laides si ce sont leurs crimes ou leur disgrâce que le destin punit. Souvent les jeunes beautés promises à un glorieux avenir commencent par apparaître dans un rôle de victime ; les histoires de Geneviève de Brabant, de Grisélidis, ne sont pas aussi innocentes qu'il semble ; amour et souffrance s'y entrelacent d'une manière troublante ; c'est en tombant au fond de l'abjection que la femme s'assure les plus délicieux triomphes ; qu'il s'agisse de Dieu ou d'un homme, la fillette apprend qu'en consentant aux plus profondes démissions elle deviendra toute-puissante : elle se complaît à un masochisme qui lui promet de suprêmes conquêtes. Sainte Blandine, blanche et sanglante entre les griffes des lions, Blanche Neige gisant comme une morte dans un cercueil de verre, la Belle endormie, Atala évanouie, toute une cohorte de tendres héroïnes meurtries, passives, blessées, agenouillées, humiliées, enseignent à leur jeune sœur le fascinant prestige de la beauté martyrisée, abandonnée, résignée. Il n'est pas étonnant, tandis que son frère joue au héros, que la fillette joue si volontiers à la martyre : les païens la jettent aux lions, Barbe-Bleue la traîne par les cheveux, le roi son époux l'exile au fond des forêts ; elle se résigne, elle souffre, elle meurt et son front se nimbe de gloire. « N'étant encore que toute petite fille, je souhaitais attirer la tendresse des hommes, les inquiéter, être sauvée par eux, mourir entre tous les bras », écrit Mme de Noailles. On trouve un remarquable exemple de ces rêveries masochistes dans *La Voile noire* de Marie Le Hardouin.

> À sept ans, de je ne sais quelle côte, je fabriquai mon premier homme. Il était grand, mince, extrêmement jeune, vêtu d'un costume de satin noir aux longues manches traînant jusqu'à terre. Ses beaux cheveux blonds roulaient en lourdes boucles sur ses épaules... Je l'appelai Edmond... Puis un jour vint où je lui donnai deux frères... Ces trois frères : Edmond, Charles et Cédric, tous trois vêtus de satin noir, tous les trois blonds et sveltes, me firent connaître d'étranges béatitudes. Leurs pieds chaussés de soie étaient si beaux et leurs mains si fragiles que toutes sortes de mouvements me montaient à l'âme... Je devins leur sœur Marguerite... J'aimais me représenter assujettie au bon plaisir de mes frères et totalement à leur merci. Je rêvais que mon frère aîné, Edmond, avait droit de vie et de mort sur moi. Je n'avais jamais la permission de lever les yeux sur son visage. Il me faisait fouetter sous le moindre prétexte. Quand il m'adressait la parole, j'étais si bouleversée par la crainte et le respect que je ne trouvais rien à lui répondre et bredouillais inlassablement des « Oui, monseigneur », « Non, monseigneur » où je savourais l'étrange délice de me sentir idiote... Quand la souffrance qu'il m'imposait était trop forte, je murmurais « Merci, monseigneur », et il venait un moment où défaillant presque de souffrance je posais, pour ne pas crier, mes lèvres sur sa main pendant que quelque élan brisant enfin mon cœur j'atteignais à un de ces états où l'on désire mourir par excès de bonheur.

À un âge plus ou moins précoce, la fillette rêve que déjà elle a atteint l'âge de l'amour ; à neuf ans, à dix ans, elle s'amuse à se maquiller, elle rembourre son corsage, elle se déguise en dame. Elle ne cherche cependant à réaliser aucune expérience érotique avec des petits garçons : s'il lui arrive d'aller avec eux dans les coins et de jouer « à se montrer des choses », c'est seulement par curiosité sexuelle. Mais le partenaire des rêveries amoureuses est un adulte, soit purement imaginaire, soit évoqué à partir d'individus réels : en ce dernier cas, l'enfant se satisfait de l'aimer à distance. On trouvera dans les souvenirs de Colette Audry[1] un

---

1. *Aux yeux du souvenir.*

très bon exemple de ces rêveries enfantines ; elle a découvert l'amour dès l'âge de cinq ans, raconte-t-elle.

Cela n'avait naturellement rien à voir avec les petits plaisirs sexuels de l'enfance, la satisfaction que j'éprouvais par exemple à chevaucher une certaine chaise de la salle à manger ou à me caresser avant de m'endormir... Le seul trait commun entre le sentiment et le plaisir est que je les dissimulais tous deux soigneusement à mon entourage... Mon amour pour ce jeune homme consistait à penser à lui avant de m'endormir en imaginant des histoires merveilleuses... À Privas, je fus successivement amoureuse de tous les chefs de cabinet de mon père... Je n'étais jamais très profondément affligée de leur départ car ils ne constituaient guère qu'un prétexte à fixer mes rêveries amoureuses... Le soir quand j'étais couchée je prenais ma revanche de trop de jeunesse et de timidité. Je préparais tout avec soin, je n'avais aucune peine à me le rendre, lui, présent, mais il s'agissait de me transformer, moi, de manière que je puisse me voir de l'intérieur car je devenais : elle, et cessais d'être : je. D'abord j'étais belle et j'avais dix-huit ans. Une boîte à bonbons m'aida beaucoup : une longue boîte de dragées rectangulaire et plate qui représentait deux jeunes filles environnées de colombes. J'étais la brune coiffée de boucles courtes, vêtue d'une longue robe de mousseline. Une absence de dix ans nous avait séparés. Lui revenait à peine vieilli et la vue de cette merveilleuse créature le bouleversait. Elle paraissait à peine se souvenir de lui, elle était pleine de naturel, d'indifférence et d'esprit. Je composais pour cette première rencontre des conversations vraiment brillantes. S'ensuivaient des malentendus, toute une conquête difficile, des heures cruelles de découragement et de jalousie pour lui. Enfin, poussé à bout, il avouait son amour. Elle l'écoutait en silence et au moment où il croyait tout perdu elle lui apprenait qu'elle n'avait jamais cessé de l'aimer et ils s'enlaçaient un peu. La scène se passait d'ordinaire sur un banc du parc, le soir. Je voyais les deux formes rapprochées, j'entendais le murmure des voix, je sentais en même temps le contact chaud des corps. Mais à partir de là tout se déliait... jamais je n'abordai au mariage[1]... Le lendemain j'y pensais un peu en me lavant. Je ne sais pourquoi le visage tout ensavonné que je regardais dans la glace me ravissait (le reste du temps je ne me

---

1. À l'encontre des imaginations masochistes de M. Le Hardouin, celles de C. Audry sont d'un type sadique. Elle souhaite que le bien-aimé soit blessé, en danger, et elle le sauve héroïquement, non sans l'avoir humilié. C'est là une note personnelle, caractéristique d'une femme qui n'acceptera jamais la passivité et cherchera à conquérir son autonomie d'être humain.

trouvais pas belle) et m'emplissait d'espoir. J'aurais considéré des heures cette face nuageuse un peu renversée qui semblait m'attendre de loin sur la route de l'avenir. Mais il fallait se presser; une fois essuyée tout était fini, je retrouvais ma tête banale d'enfant, qui ne m'intéressait plus.

Jeux et rêves orientent la fillette vers la passivité; mais elle est un être humain avant que de devenir une femme; et déjà elle sait que s'accepter comme femme c'est se démettre et se mutiler; si la démission est tentante, la mutilation est odieuse. L'Homme, l'Amour sont encore bien loin dans les brumes de l'avenir; au présent, la petite fille cherche comme ses frères l'activité, l'autonomie. Le fardeau de la liberté n'est pas lourd aux enfants parce qu'il n'implique pas de responsabilité; ils se savent en sécurité à l'abri des adultes: ils ne sont pas tentés de se fuir. Son élan spontané vers la vie, son goût du jeu, du rire, de l'aventure, amènent la fillette à trouver le cercle maternel étroit, étouffant. Elle voudrait échapper à l'autorité de sa mère. C'est une autorité qui s'exerce de manière beaucoup plus quotidienne et intime que celle que doivent accepter les garçons. Rares sont les cas où elle est aussi compréhensive et discrète que chez cette «Sido» que Colette a peinte avec amour. Sans parler des cas quasi pathologiques — ils sont fréquents[1] — où la mère est une sorte de bourreau, assouvissant sur l'enfant ses instincts de domination et son sadisme, sa fille est l'objet privilégié en face duquel elle prétend s'affirmer comme sujet souverain; cette prétention amène l'enfant à se cabrer avec révolte. C. Audry a décrit cette rébellion d'une fillette normale contre une mère normale:

Je n'aurais su répondre la vérité, si innocente fût-elle, car je ne me sentais jamais innocente devant maman. Elle était la grande personne essentielle et je lui en voulais tant que je n'en suis pas encore guérie. Il y avait au fond de moi une sorte de plaie tumultueuse et féroce

---

1. Cf. V. Leduc, *L'Asphyxie*. S. de Tervagnes, *La Haine maternelle*. H. Bazin, *Vipère au poing*.

que j'étais sûre de retrouver toujours à vif… Je ne pensais pas : elle est trop sévère ; ni : elle n'a pas le droit. Je pensais : non, non, non, de toutes mes forces. Je ne lui reprochais pas le fait même de son autorité, ni des ordres ou des défenses arbitraires, mais de *vouloir me mater*. Elle le disait quelquefois : quand elle ne le disait pas, ses yeux le disaient, sa voix le disait. Ou bien elle avait raconté à des dames que les enfants sont bien plus souples après une correction. Ces mots me restaient dans la gorge, inoubliables : je ne pouvais pas les vomir, je ne pouvais pas les avaler. C'était, cette colère, ma culpabilité devant elle et aussi ma honte devant moi (car enfin, elle me faisait peur, et je n'avais à mon actif en guise de représailles que quelques paroles violentes ou quelques insolences) mais aussi ma gloire, malgré tout : tant que la plaie serait là, et vivante la folie muette qui me prenait à seulement répéter : mater, souple, correction, humiliation, je ne serais pas matée.

La rébellion est d'autant plus violente que souvent la mère a perdu son prestige. Elle apparaît comme celle qui attend, qui subit, qui se plaint, qui pleure, qui fait des scènes : et dans la réalité quotidienne ce rôle ingrat ne conduit à aucune apothéose ; victime elle est méprisée, mégère, détestée ; son destin apparaît comme le prototype de la fade *répétition* : par elle la vie ne fait que stupidement se répéter sans aller nulle part ; butée dans son rôle de ménagère, elle arrête l'expansion de l'existence, elle est obstacle et négation. Sa fille veut *ne pas* lui ressembler. Elle voue un culte aux femmes qui ont échappé à la servitude féminine : actrices, écrivains, professeurs ; elle se donne avec ardeur aux sports, à l'étude, elle grimpe aux arbres, déchire ses vêtements, essaie de rivaliser avec les garçons. Le plus souvent elle se choisit une amie de cœur à qui elle se confie ; c'est une amitié exclusive comme une passion amoureuse et qui ordinairement comporte le partage de secrets sexuels : les fillettes échangent les renseignements qu'elles ont réussi à se procurer et les commentent. Il arrive assez souvent qu'il y ait formation d'un triangle, une des fillettes étant amoureuse du frère de son amie : ainsi Sonia dans *Guerre et Paix* est l'amie de cœur de Natacha dont elle aime le frère Nicolas.

En tout cas cette amitié s'entoure de mystère, et d'une manière générale l'enfant, dans cette période, aime avoir des secrets ; de la chose la plus insignifiante elle fait un secret : ainsi réagit-elle contre les cachotteries qu'on oppose à sa curiosité ; c'est une manière aussi de se donner de l'importance ; elle cherche par tous les moyens à en acquérir ; elle essaie d'intervenir dans la vie des grandes personnes, elle invente à leur propos des romans auxquels elle ne croit qu'à moitié et dans lesquels elle joue un grand rôle. Avec ses amies, elle affecte de rendre aux garçons mépris pour mépris ; elles font bande à part, elles ricanent et se moquent d'eux. Mais, en fait, elle est flattée dès qu'ils la traitent sur un pied d'égalité, elle cherche leurs suffrages. Elle voudrait appartenir à la caste privilégiée. Le même mouvement qui, dans les hordes primitives, soumet la femme à la suprématie masculine, se traduit en chaque nouvelle initiée par un refus de son sort : en elle, la transcendance condamne l'absurdité de l'immanence. Elle s'irrite d'être brimée par les règles de la décence, gênée par ses vêtements, asservie aux soins du ménage, arrêtée dans tous ses élans ; sur ce point on a fait un grand nombre d'enquêtes qui ont à peu près toutes[1] donné le même résultat : tous les garçons — tel Platon jadis — déclarent qu'ils auraient horreur d'être des filles ; presque toutes les filles se désolent de ne pas être des garçons. D'après les statistiques rapportées par Havelock Ellis, un garçon sur cent souhaitait être une fille ; plus de 75 % des filles eussent préféré changer de sexe. D'après une enquête de Karl Pipal (rapportée par Baudouin dans son ouvrage sur l'*Âme enfantine*) sur vingt garçons de douze à quatorze ans, dix-huit ont dit qu'ils aimeraient mieux tout

---

1. Il y a exception par exemple dans une école suisse où garçons et filles participant à la même éducation mixte, dans des conditions privilégiées de confort et de liberté, se sont tous déclarés satisfaits : mais de telles circonstances sont exceptionnelles. Assurément, les filles *pourraient être* aussi heureuses que les garçons, mais dans la société actuelle le fait est qu'elles ne le sont pas

au monde que d'être des filles ; sur vingt-deux filles, dix souhaitaient être des garçons ; elles en donnaient les raisons suivantes : « Les garçons sont mieux : ils n'ont pas à souffrir comme les femmes... Ma mère m'aimerait plus... Un garçon fait du travail plus intéressant... Un garçon a plus de capacités pour les études... Je m'amuserais à faire peur aux filles... Je n'aurais plus peur des garçons... Ils sont plus libres... Les jeux des garçons sont plus amusants... Ils ne sont pas gênés par leurs vêtements... » Cette dernière observation revient souvent : les filles se plaignent presque toutes d'être gênées par leurs robes, de n'avoir pas la liberté de leurs mouvements, d'être obligées de surveiller leurs jupes ou leurs toilettes claires si faciles à tacher. Vers dix ou douze ans, la plupart des petites filles sont vraiment des « garçons manqués », c'est-à-dire des enfants à qui manque la licence d'être des garçons. Non seulement elles en souffrent comme d'une privation et d'une injustice, mais le régime auquel on les condamne est malsain. En elles l'exubérance de la vie est barrée, leur vigueur inemployée retombe en nervosité ; leurs occupations trop sages n'épuisent pas leur trop-plein d'énergie ; elles s'ennuient : par ennui et pour compenser l'infériorité dont elles souffrent, elles s'abandonnent à des rêveries moroses et romanesques ; elles prennent le goût de ces évasions faciles et perdent le sens du réel ; elles se livrent à leurs émotions avec une exaltation désordonnée ; faute d'agir elles parlent, entremêlant volontiers des propos sérieux avec des paroles sans queue ni tête ; délaissées, « incomprises », elles cherchent une consolation dans des sentiments narcissistes : elles se regardent comme une héroïne de roman, s'admirent et se plaignent ; il est naturel qu'elles deviennent coquettes et comédiennes : ces défauts s'accentueront au moment de la puberté. Leur malaise se traduit par des impatiences, des crises de colère, des larmes ; elles ont le goût des larmes — goût que gardent par la suite beaucoup de femmes — en grande partie parce qu'elles aiment à jouer aux victimes : c'est à la fois une protestation contre la dureté du destin et une manière de se rendre soi-même touchante. «Les petites filles aiment tant à pleurer que j'en ai connu qui allaient pleurer devant un miroir pour jouir doublement de cet état», raconte Mgr Dupanloup. La plupart de leurs drames concernent leurs rapports avec la famille; elles cherchent à briser leurs liens avec la mère : tantôt elles lui sont hostiles, tantôt elles gardent un besoin aigu de sa protection; elles voudraient accaparer l'amour du père; elles sont jalouses, susceptibles, exigeantes. Souvent elles inventent des romans; elles supposent qu'elles sont une enfant adoptée, que leurs parents ne sont pas vraiment leurs parents; elles leur attribuent une vie secrète; elles rêvent sur leurs rapports; elles s'imaginent volontiers que le père est incompris, malheureux, qu'il ne rencontre pas en sa femme la compagne idéale que sa fille saurait être pour lui; ou au contraire que la mère le trouve avec raison grossier et brutal, qu'elle a horreur de tout rapport physique avec lui. Fantasmes, comédies, puériles tragédies, faux enthousiasmes, bizarreries, il en faut chercher la raison non dans une mystérieuse âme féminine mais dans la situation de l'enfant.

C'est une étrange expérience pour un individu qui s'éprouve comme sujet, autonomie, transcendance, comme un absolu, de découvrir en soi à titre d'essence donnée l'infériorité : c'est une étrange expérience pour celui qui se pose pour soi comme l'Un d'être révélé à soi-même comme altérité. C'est là ce qui arrive à la petite fille quand faisant l'apprentissage du monde elle s'y saisit comme une femme. La sphère à laquelle elle appartient est de partout enfermée, limitée, dominée par l'univers mâle : si haut qu'elle se hisse, si loin qu'elle s'aventure, il y aura toujours un plafond au-dessus de sa tête, des murs qui barreront son chemin. Les dieux de l'homme sont dans un ciel si lointain qu'en vérité, pour lui, il n'y a pas de dieux : la petite fille vit parmi des dieux à face humaine.

Cette situation n'est pas unique. C'est aussi celle que

connaissent les Noirs d'Amérique, partiellement intégrés
à une civilisation qui cependant les considère comme une
caste inférieure ; ce que Big Thomas[1] éprouve avec tant de
rancœur à l'aurore de sa vie, c'est cette définitive infériorité, cette altérité maudite qui est inscrite dans la couleur
de sa peau : il regarde passer des avions et il sait que
parce qu'il est noir le ciel lui est défendu. Parce qu'elle est
femme, la fillette sait que la mer et les pôles, que mille
aventures, mille joies lui sont défendues : elle est née du
mauvais côté. La grande différence, c'est que les Noirs
subissent leur sort dans la révolte : aucun privilège n'en
compense la dureté ; tandis que la femme est invitée à la
complicité. J'ai rappelé déjà[2] qu'à côté de l'authentique
revendication du sujet qui se veut souveraine liberté, il y a
chez l'existant un désir inauthentique de démission et de
fuite ; ce sont les délices de la passivité que parents et éducateurs, livres et mythes, femmes et hommes font miroiter
aux yeux de la petite fille ; dans sa toute petite enfance, on
lui apprend déjà à les goûter ; la tentation se fait de plus en
plus insidieuse ; et elle y cède d'autant plus fatalement que
l'élan de sa transcendance se heurte à de plus sévères résistances. Mais, en acceptant sa passivité, elle accepte aussi
de subir sans résistance un destin qui va lui être imposé du
dehors, et cette fatalité l'effraie. Qu'il soit ambitieux,
étourdi ou timide, c'est vers un avenir ouvert que s'élance
le jeune garçon ; il sera marin ou ingénieur, il restera aux
champs ou il partira pour la ville, il verra le monde, il deviendra riche ; il se sent libre en face d'un avenir où l'attendent
des chances imprévues. La fillette sera épouse, mère, grand-
mère ; elle tiendra sa maison exactement comme le fait sa
mère, elle soignera ses enfants comme elle a été soignée :
elle a douze ans et déjà son histoire est inscrite au ciel ; elle
la découvrira jour après jour sans jamais la faire ; elle est

1. Cf. R. Wright, *Native Son*.
2. *Le deuxième sexe*, vol. Ier, Introduction.

curieuse mais effrayée quand elle évoque cette vie dont toutes les étapes sont d'avance prévues et vers laquelle l'achemine inéluctablement chaque journée.

C'est pourquoi, beaucoup plus encore que ses frères, la fillette est préoccupée par les mystères sexuels ; certes, ils s'y intéressent eux aussi passionnément ; mais, dans leur avenir, leur rôle de mari, de père n'est pas celui dont ils se soucient le plus ; dans le mariage, dans la maternité, c'est toute la destinée de la petite fille qui est mise en question ; et, dès qu'elle commence à en pressentir les secrets, son corps lui apparaît comme odieusement menacé. La magie de la maternité s'est dissipée : qu'elle ait été renseignée plus ou moins tôt, de manière plus ou moins cohérente, elle sait que l'enfant n'apparaît pas par hasard dans le ventre maternel et que ce n'est pas un coup de baguette qui l'en fait sortir ; elle s'interroge avec angoisse. Souvent, il ne lui semble plus merveilleux mais horrible qu'un corps parasite doive proliférer à l'intérieur de son corps ; l'idée de cette monstrueuse enflure l'épouvante. Et comment le bébé sortira-t-il ? Même si on ne lui a jamais parlé des cris et des souffrances de la maternité, elle a surpris des propos, elle a lu les mots bibliques : « Tu enfanteras dans la douleur » ; elle pressent des tortures qu'elle ne saurait pas même imaginer ; elle invente d'étranges opérations dans la région du nombril ; si elle suppose que le fœtus sera expulsé par l'anus, elle n'en est pas plus rassurée : on a vu des fillettes faire des crises de constipation névrotique quand elles ont cru découvrir le processus de la naissance. Des explications exactes ne seront pas d'un grand secours : les images d'enflure, de déchirure, d'hémorragie vont la hanter. La fillette sera d'autant plus sensible à ces visions qu'elle est plus imaginative ; mais aucune ne pourra les regarder en face sans frémir. Colette raconte que sa mère la retrouva évanouie après qu'elle eut lu chez Zola la description d'une naissance.

L'auteur peignait l'accouchement avec un luxe brusque et cru de détails, une minutie anatomique, une complaisance dans la couleur, l'attitude, le cri où je ne reconnus rien de ma tranquille compétence de jeune fille des champs. Je me sentis crédule, effarée, menacée dans mon destin de petite femelle... D'autres mots sous mes yeux peignaient la chair écartelée, l'excrément, le sang souillé... Le gazon me reçut étendue et molle comme un de ces petits lièvres que les braconniers apportaient, frais tués, dans la cuisine.

Les apaisements offerts par les grandes personnes laissent l'enfant inquiète ; en grandissant, elle apprend à ne plus croire les adultes sur parole ; souvent, c'est sur les mystères mêmes de sa génération qu'elle a surpris leurs mensonges ; et elle sait aussi qu'ils considèrent comme normales les choses les plus épouvantables ; si elle a éprouvé quelque choc physique violent : amygdales coupées, dent arrachée, panaris ouvert au bistouri, elle projettera sur l'accouchement l'angoisse dont elle a gardé le souvenir.

Le caractère physique de la grossesse, de l'accouchement, suggère aussitôt qu'entre époux il se passe « quelque chose de physique ». Le mot « sang » qu'on rencontre souvent dans des expressions telles que « enfant du même sang, pur sang, sang mêlé » oriente parfois l'imagination enfantine ; on suppose que le mariage s'accompagne de quelque transfusion solennelle. Mais plus souvent la « chose physique » apparaît comme liée au système urinaire et excrémentiel ; en particulier, les enfants supposent volontiers que l'homme urine dans la femme. L'opération sexuelle est pensée comme *sale*. C'est là ce qui bouleverse l'enfant pour qui les choses « sales » ont été entourées des plus sévères tabous : comment donc se fait-il que les adultes les intègrent à leur vie ? L'enfant est d'abord défendu contre le scandale par l'absurdité même de ce qu'il découvre : il ne trouve aucun sens à ce qu'il entend raconter, à ce qu'il lit, à ce qu'il écrit ; tout lui paraît irréel. Dans le charmant livre de Carson Mc Cullers, *The Member of the wedding*, la jeune héroïne surprend au lit deux voisins nus ; l'anomalie même de l'histoire empêche qu'elle n'y attache de l'importance.

C'était un dimanche d'été et la porte des Marlowe était ouverte. Elle pouvait voir seulement une partie de la chambre, une partie de la commode et seulement le pied du lit sur lequel était jeté le corset de Mrs. Marlowe. Mais il y avait dans la chambre tranquille un bruit qu'elle ne comprenait pas et, quand elle s'avança sur le seuil, elle fut frappée d'étonnement par un spectacle qui dès le premier regard la chassa vers la cuisine criant : Mr. Marlowe a une crise ! Bérénice s'était précipitée vers le hall mais quand elle regarda dans la chambre elle ne fit que serrer les lèvres et claqua la porte… Frankie avait essayé de questionner Bérénice pour découvrir ce qui en était. Mais Bérénice avait seulement dit que c'était des gens ordinaires et ajouté que par égard à une certaine personne ils auraient dû au moins savoir fermer une porte. Frankie savait qu'elle était cette personne et cependant elle ne comprenait pas. Quel genre de crise était-ce ? demanda-t-elle. Mais Bérénice répondit seulement : « Mon petit, rien qu'une crise ordinaire. » Et Frankie comprit au ton de sa voix qu'on ne lui disait pas tout. Plus tard, elle se rappela seulement les Marlowe comme des gens ordinaires…

Quand on met des enfants en garde contre des inconnus, quand on interprète devant eux un incident sexuel, on leur parle volontiers de malades, de maniaques, de fous ; c'est une explication commode ; la fillette palpée par son voisin au cinéma, celle devant qui un passant déboutonne sa braguette pensent qu'elles ont eu affaire à des fous ; certes, la rencontre de la folie est déplaisante : une attaque d'épilepsie, une crise d'hystérie, une querelle violente mettent en défaut l'ordre du monde adulte, et l'enfant qui en est témoin se sent en danger ; mais enfin, de même qu'il y a dans une société harmonieuse des clochards, des mendiants, des infirmes aux plaies hideuses, il peut s'y trouver aussi certains anormaux sans que les fondements en soient ébranlés. C'est lorsque les parents, les amis, les maîtres sont soupçonnés de célébrer en cachette des messes noires que l'enfant prend vraiment peur.

Quand on m'a parlé pour la première fois de rapports sexuels entre homme et femme je les déclarai impossibles puisque mes parents auraient dû en avoir aussi et je les estimais trop pour le croire. Je disais que c'était beaucoup trop dégoûtant pour que je le fasse jamais. Malheureusement je devais être détrompée peu après en entendant ce que faisaient mes parents... Cet instant fut épouvantable ; je cachai ma figure sous la couverture en bouchant mes oreilles et je souhaitai être à mille kilomètres de là[1].

Comment passer de l'image de gens habillés et dignes, ces gens qui enseignent la décence, la réserve, la raison, à celle de deux bêtes nues qui s'affrontent ? Il y a là une contestation des adultes par eux-mêmes qui ébranle leur piédestal, qui enténèbre le ciel. Souvent l'enfant refuse avec entêtement l'odieuse révélation : « Mes parents ne font pas ça », déclare-t-il. Ou il essaie de se donner du coït une image décente : « Quand on veut un enfant », disait une petite fille, « on va chez le médecin ; on se déshabille, on se bande les yeux, parce qu'il ne faut pas regarder ; le médecin attache les parents l'un à l'autre et il aide pour que tout marche bien » ; elle avait changé l'acte amoureux en une opération chirurgicale, sans doute peu plaisante, mais aussi honorable qu'une séance chez le dentiste. Mais malgré refus et fuites, le malaise et le doute s'insinuent au cœur de l'enfant ; il se produit un phénomène aussi douloureux que celui du sevrage : ce n'est plus qu'on détache l'enfant de la chair maternelle, mais autour de lui l'univers protecteur s'écroule ; il se retrouve sans toit au-dessus de sa tête, délaissé, absolument seul devant un avenir plein de nuit. Ce qui augmente l'angoisse de la fillette, c'est qu'elle ne réussit pas à cerner exactement les contours de l'équivoque malédiction qui pèse sur elle. Les renseignements obtenus sont incohérents, les livres contradictoires ; même les exposés techniques ne dissipent pas l'ombre épaisse ; cent questions se posent : l'acte sexuel est-il douloureux ? ou délicieux ? combien de

1. Cité par le docteur Liepmann, *Jeunesse et sexualité*.

temps dure-t-il ? cinq minutes ou toute une nuit ? On lit parfois qu'une femme est devenue mère en une étreinte, et parfois après des heures de volupté elle demeure stérile. Est-ce que les gens « font ça » tous les jours ? ou rarement ? L'enfant essaie de se renseigner en lisant la Bible, en compulsant des dictionnaires, en interrogeant des camarades et il tâtonne dans l'obscurité et le dégoût. Sur ce point un document intéressant, c'est l'enquête menée par le docteur Liepmann ; voici quelques-unes des réponses que lui ont fournies des jeunes filles touchant leur initiation sexuelle :

Je continuai à errer avec mes idées nébuleuses et biscornues. Personne n'abordait le sujet, ni ma mère ni la maîtresse d'école ; aucun livre ne traitait la question à fond. Peu à peu il se tissait une sorte de mystère de péril et de laideur autour de l'acte qui m'avait d'abord paru si naturel. Les grandes de douze ans se servaient de plaisanteries grossières pour créer comme un pont entre elles et nos compagnes de classe. Tout cela était encore si vague et si dégoûtant qu'on discutait sur le point de savoir où les enfants se formaient ; si la chose n'avait lieu qu'une fois chez l'homme puisque le mariage était l'occasion d'un tel tam-tam. Mes règles qui parurent quand j'eus quinze ans furent pour moi une nouvelle surprise. Je me trouvais à mon tour entraînée en quelque sorte dans la ronde...

... Initiation sexuelle ! C'est une expression à laquelle on ne devait pas faire allusion dans la maison de nos parents !... Je cherchais dans les livres, mais je me tourmentais et m'énervais à chercher sans savoir où trouver la route à suivre... Je fréquentais une école de garçons : pour le maître la question semblait ne pas exister... L'ouvrage de Horlam, *Garçonnet et fillette*, enfin m'apporta la vérité. Mon état de crispation, de surexcitation insupportable se dissipa, bien que je fusse alors très malheureuse et qu'il m'ait fallu beaucoup de temps pour reconnaître et comprendre que seuls l'érotisme et la sexualité constituent le véritable amour.

Étapes de mon initiation : I. Premières questions et quelques vagues notions (nullement satisfaisantes). De trois ans et demi jusqu'à onze ans... Pas de réponses aux questions que je posais dans les années suivantes. Quand j'eus sept ans voilà qu'en donnant à manger à ma lapine je vis soudain ramper sous elle des petits tous nus... Ma mère me dit que chez les animaux et aussi chez l'homme les petits poussent dans le ventre de la mère et lui sortent par le flanc. Cette naissance par le flanc me parut irraisonnée... Une bonne d'enfants me raconta beaucoup de choses sur la grossesse, la gestation, la menstruation... Enfin, à ma dernière question, que je posai à mon père sur sa fonction réelle, il me répondit par d'obscures histoires de pollen et de pistil. II. Quelques essais d'initiation personnelle (onze à treize ans). Je dénichai une encyclopédie et un ouvrage de médecine... Ce ne fut qu'un enseignement théorique formé de gigantesques mots étranges. III. Contrôle des connaissances acquises (treize à vingt ans) : *a)* dans la vie quotidienne ; *b)* dans les travaux scientifiques.

Quand j'eus huit ans, je jouais souvent avec un garçon de mon âge. Une fois nous abordâmes le sujet. Je savais déjà, parce que ma mère me l'avait dit, qu'une femme a beaucoup d'œufs dans le corps... et qu'un enfant naissait d'un de ces œufs toutes les fois que la mère en éprouvait un vif désir... Ayant donné la même explication à mon petit camarade, je reçus de lui cette réponse : « Tu es complètement stupide ! Quand notre boucher et sa femme veulent avoir un enfant, ils se mettent au lit et ils font des cochonneries. » J'en fus indignée... Nous avions alors (vers douze ans et demi) une domestique qui nous racontait toutes sortes de vilaines histoires. Je n'en soufflais mot à maman car j'avais honte ; mais je lui demandai si l'on attrape un enfant quand on s'assied sur les genoux d'un homme. Elle m'expliqua tout aussi bien que possible.

D'où les enfants sortaient, je l'ai appris à l'école et j'ai eu le sentiment que c'était quelque chose d'affreux. Mais comment venaient-ils au monde ? Nous nous faisions de la chose toutes les deux une idée en quelque sorte monstrueuse, surtout depuis qu'en allant à l'école, un matin d'hiver, en pleine obscurité, nous avions ensemble rencontré un certain homme qui nous avait montré ses parties sexuelles et nous avait dit en s'approchant de nous : « Est-ce que ça ne vous paraît pas gentil à croquer ? » Notre répugnance à toutes deux fut inconcevable et nous fûmes littéralement écœurées. Jusqu'à ma vingt et unième année je me suis figuré que la venue au monde des enfants s'effectuait par le nombril.

Une fillette me prit à part et me demanda : « Sais-tu d'où sortent les enfants ? » Finalement, elle se décida à déclarer : « Mince alors ! ce que t'es bête ! Les gosses ça sort du ventre des femmes et pour qu'ils viennent au monde, faut qu'elles fassent avec les hommes quelque chose de tout à fait dégoûtant ! » Après quoi, elle m'expliqua plus en détail cette dégoûtation. Mais j'en étais devenue toute transformée, me refusant absolument à tenir pour possible qu'il se passât des choses pareilles. Nous couchions dans la même chambre que nos parents... Une des nuits qui suivirent j'entendis se produire ce que je n'avais pas cru possible et alors j'eus honte, oui, j'eus honte de mes parents. Tout cela fit de moi comme un autre être. J'éprouvais d'horribles souffrances morales. Je me considérais comme une créature profondément dépravée d'être déjà au courant de ces choses.

Il faut dire que même un enseignement cohérent ne résoudrait pas le problème ; malgré toute la bonne volonté des parents et des maîtres, on ne saurait mettre en mots et en concepts l'expérience érotique ; on ne la comprend qu'en la vivant ; toute analyse, fût-elle la plus sérieuse du monde, aura un côté humoristique et échouera à livrer la vérité. Quand à partir des poétiques amours des fleurs, des noces des poissons, passant par le poussin, le chat, le chevreau, on se sera élevé jusqu'à l'espèce humaine, on peut bien théoriquement éclaircir le mystère de la génération : celui de la volupté et de l'amour sexuel demeure entier. Comment expliquerait-on à une enfant au sang calme l'agrément d'une caresse ou d'un baiser ? En famille, on donne, on reçoit des baisers et parfois même sur les lèvres : pourquoi en certains cas cette rencontre des muqueuses provoque-t-elle des vertiges ? C'est décrire des couleurs à un aveugle. Tant que manque l'intuition du trouble et du désir qui donne à la fonction érotique son sens et son unité, les différents éléments en semblent choquants, monstrueux. En particulier, la fillette est révoltée quand elle comprend qu'elle est vierge et scellée, que, pour la changer en femme, il faudra qu'un sexe d'homme la pénètre. Du fait que l'exhibitionnisme est une perversion répandue, beaucoup de fillettes ont vu des pénis en érection ; en tout cas, elles ont observé des sexes d'animaux et il est regrettable que si souvent celui du cheval leur tire les yeux ; on conçoit qu'elles en soient épouvantées. Peur de l'accouchement, peur du sexe mâle, peur des « crises » qui menacent les gens mariés, dégoût pour des pratiques sales, dérision à l'égard de gestes dénués de toute

signification, tout cela amène souvent la fillette à déclarer :
« Je ne me marierai jamais[1]. » C'est là la plus sûre défense
contre la douleur, la folie, l'obscénité. En vain essaie-t-on
de lui expliquer qu'au jour venu ni la défloration ni l'accouchement ne lui sembleront si terribles, que des millions de
femmes s'y sont résignées et ne s'en portent pas plus mal.
Quand un enfant a peur d'un événement extérieur, on le
délivre mais pas en lui prédisant que, plus tard, il l'acceptera tout naturellement : c'est lui-même qu'il redoute alors
de rencontrer aliéné, égaré, au fond de l'avenir. Les métamorphoses de la chenille qui se fait chrysalide et papillon
mettent au cœur un malaise : est-ce encore la même chenille
après ce long sommeil ? Sous ces ailes brillantes, se recon-
naît-elle ? J'ai connu des fillettes que la vue d'une chrysalide plongeait dans un rêve effaré.

Et cependant la métamorphose s'opère. La fillette n'en
connaît pas elle-même le sens, mais elle se rend compte
que, dans ses rapports avec le monde et avec son propre
corps, quelque chose est en train de changer subtilement :
elle est sensible à des contacts, à des goûts, à des odeurs qui
la laissaient naguère indifférente ; il passe dans sa tête des
images baroques ; dans les glaces elle se reconnaît mal ; elle
se sent « drôle », les choses ont un air « drôle » ; telle est la
petite Emily que Richard Hughes décrit dans *Un cyclone à
la Jamaïque* :

1. « Comblée de répugnance, je suppliais Dieu de m'accorder une
vocation religieuse qui me permît de ne point suivre les lois de la maternité. Et après avoir longuement songé aux mystères répugnants que malgré moi je cachais, raffermie par tant de répulsion comme par un signe
divin, je concluais : la chasteté est certainement ma vocation », écrit
Yassu Gauclère dans *L'Orange bleue*. Entre autres, l'idée de perforation
lui fait horreur. « Voilà donc ce qui rendait terrible la nuit de noces !
Cette découverte me bouleversa, ajoutant au dégoût que je ressentais
précédemment la terreur physique de cette opération que j'imaginais extrêmement douloureuse. Ma terreur se fût encore accrue si j'avais
supposé que par cette voie se faisait la naissance, mais ayant su depuis
longtemps que les enfants naissent du ventre de leur mère, je croyais
qu'ils s'en détachaient par segmentation. »

Emily pour se rafraîchir s'était assise dans l'eau jusqu'au ventre et des centaines de petits poissons chatouillaient de leurs bouches curieuses chaque pouce de son corps ; on aurait dit de légers baisers dépourvus de sens. Ces derniers temps elle s'était mise à détester qu'on la touchât, mais ceci était abominable. Elle ne put le supporter davantage : elle sortit de l'eau et se rhabilla.

Même l'harmonieuse Tessa de Margaret Kennedy connaît ce trouble bizarre :

Tout à coup, elle s'était sentie profondément malheureuse. Ses yeux regardèrent fixement l'obscurité du hall coupé en deux par le clair de lune qui entrait comme un flot à travers la porte ouverte. Elle ne put y tenir. Elle se leva d'un bond avec un petit cri exagéré : « Oh ! s'écriat-elle, comme je hais le monde entier ! » Elle courut alors se cacher dans la montagne, effrayée et furieuse, poursuivie par un triste pressentiment qui semblait remplir la tranquille maison. Tout en trébuchant sur le sentier, elle se remit à murmurer pour elle-même : « Je voudrais mourir, je voudrais être morte. »
Elle savait qu'elle ne pensait pas ce qu'elle disait, elle n'avait pas le moins du monde envie de mourir. Mais la violence de ses paroles paraissait la satisfaire...

Dans le livre déjà cité de Carson Mc Cullers ce moment inquiétant est longuement décrit.

C'était l'été où Frankie se sentait écœurée et fatiguée d'être Frankie. Elle se haïssait, elle était devenue une vagabonde et une propre à rien qui rôdait à travers la cuisine : sale et affamée, misérable et triste. Et, en outre, elle était une criminelle... Ce printemps avait été une drôle de saison qui n'en finissait pas. Les choses se mirent à changer et Frankie ne comprenait pas ce changement... Il y avait quelque chose dans les arbres verdoyants et les fleurs d'avril qui la rendait triste. Elle ne savait pas pourquoi elle était triste, mais à cause de cette singulière tristesse, elle pensa qu'elle aurait dû quitter la ville... Elle aurait dû quitter la ville et s'en aller au loin. Car cette année, le tardif printemps était nonchalant et sucré. Les longues après-midi coulaient lentement et la verte douceur de la saison l'écœurait... Beaucoup de choses lui donnaient soudain envie de pleurer. Tôt le matin, elle sortait parfois dans la cour et restait là un long moment à regarder l'aube ; et c'était comme une

question qui naissait dans son cœur, et le ciel n'y répondait pas. Des
choses qu'auparavant elle n'avait jamais remarquées se mirent à la toucher : les lumières des maisons qu'elle apercevait le soir en se promenant, une voix inconnue montant d'une impasse. Elle regardait les
lumières, écoutait la voix et quelque chose du dedans d'elle se raidissait
dans l'attente. Mais les lumières s'éteignaient, la voix se taisait et, malgré son attente, c'était tout. Elle avait peur de ces choses qui lui faisaient
se demander soudain qui elle était, et ce qu'elle allait devenir en ce
monde, et pourquoi elle se trouvait là, en train de voir une lumière ou
d'écouter, ou de fixer le ciel : seule. Elle avait peur et sa poitrine se serrait bizarrement.

… Elle se promenait dans la ville et les choses qu'elle voyait et entendait semblaient inachevées et il y avait cette angoisse en elle. Elle se
hâtait de faire quelque chose : mais ce n'était jamais ce qu'il aurait
fallu… Après les longs crépuscules de la saison, quand elle avait
arpenté toute la ville, ses nerfs vibraient comme un air de jazz mélancolique, son cœur se durcissait et il semblait qu'il s'arrêtât.

Ce qui se passe dans cette trouble période, c'est que le
corps enfantin devient un corps de femme et se fait chair.
Sauf en cas de déficience glandulaire où le sujet demeure
fixé au stade infantile, s'ouvre vers douze ou treize ans la
crise de la puberté[1]. Cette crise commence beaucoup plus
tôt pour la fille que pour le garçon et elle amène des changements beaucoup plus importants. La fillette l'aborde avec
inquiétude, avec déplaisir. Au moment où se développent
les seins et le système pileux, naît un sentiment qui parfois
se change en fierté mais qui est originellement la honte ;
soudain, l'enfant manifeste de la pudeur, elle refuse de se
montrer nue même à ses sœurs ou à sa mère, elle s'examine
avec un étonnement mêlé d'horreur et c'est avec angoisse
qu'elle épie le gonflement de ce noyau dur, un peu douloureux, apparu sous les mamelons, naguère aussi inoffensifs
qu'un nombril. Elle s'inquiète de sentir en elle un point vulnérable : sans doute cette meurtrissure est-elle bien légère à
côté des souffrances d'une brûlure, d'une rage de dents ;

---

1. Nous en avons décrit au vol. Ier, ch. Ier, les processus proprement
physiologiques.

mais accidents ou maladies, les douleurs étaient toujours
des anomalies; tandis que la jeune poitrine est habitée normalement par on ne sait quelle sourde rancune. Quelque
chose est en train de se passer, qui n'est pas une maladie,
qui est impliqué par la loi même de l'existence et qui est
cependant lutte, déchirement. Certes, de la naissance à la
puberté la fillette a grandi, mais jamais elle ne s'est sentie
grandir : jour après jour, son corps lui était présent comme
une chose exacte, achevée; à présent, elle « se forme » : le
mot même lui fait horreur; les phénomènes vitaux ne sont
rassurants que lorsqu'ils ont trouvé un équilibre et revêtu
l'aspect figé d'une fleur fraîche, d'une bête lustrée; mais
dans le bourgeonnement de sa poitrine la fillette éprouve
l'ambiguïté du mot : vivant. Elle n'est ni or ni diamant,
mais une étrange matière, mouvante, incertaine, au cœur
de laquelle d'impures alchimies s'élaborent. Elle est habituée à une chevelure qui se déploie avec la tranquillité d'un
écheveau de soie; mais cette végétation neuve sous ses aisselles, au bas de son ventre, la métamorphose en bête ou en
algue. Qu'elle soit plus ou moins avertie, elle pressent dans
ces changements une finalité qui l'arrache à elle-même; la
voilà jetée dans un cycle vital qui déborde le moment de
sa propre existence, elle devine une dépendance qui la voue
à l'homme, à l'enfant, au tombeau. Par eux-mêmes, les
seins apparaissent comme une prolifération inutile, indiscrète. Bras, jambes, peau, muscles, même les fesses rondes
sur lesquelles on s'assied, tout avait jusque-là un usage
clair; seul le sexe défini comme organe urinaire était bien
un peu louche, mais secret, invisible à autrui. Sous le pull-
over, sous la blouse, les seins s'étalent et ce corps que la
petite fille confondait avec soi lui apparaît comme chair;
c'est un objet que les autres regardent et voient. « Pendant
deux ans j'ai porté des pèlerines pour cacher ma poitrine
tant j'en avais honte », m'a dit une femme. Et une autre :
« Je me rappelle encore l'étrange désarroi que j'ai éprouvé
quand une amie de mon âge, mais plus tôt formée que moi,

se baissant pour ramasser une balle, j'aperçus par l'échan-
crure de son corsage deux seins déjà lourds : à travers ce
corps si proche du mien, sur lequel mon corps allait se
modeler, c'était de moi-même que je rougissais. » « À treize
ans, je me promenais, jambes nues, en robe courte », m'a dit
une autre femme. « Un homme a fait en ricanant une
réflexion sur mes gros mollets. Le lendemain, maman m'a
fait porter des bas et allonger ma jupe : mais je n'oublierai
jamais le choc ressenti soudain à me *voir vue*. » La fillette
sent que son corps lui échappe, il n'est plus la claire expression de son individualité ; il lui devient étranger ; et, au
même moment, elle est saisie par autrui comme une chose :
dans la rue, on la suit des yeux, on commente son anatomie ;
elle voudrait se rendre invisible ; elle a peur de devenir chair
et peur de montrer sa chair.

Ce dégoût se traduit en quantité de jeunes filles par la
volonté de maigrir : elles ne veulent plus manger ; si on
les y oblige, elles ont des vomissements ; elles surveillent
sans cesse leur poids. D'autres deviennent maladivement
timides ; entrer dans un salon et même sortir dans la rue est
un supplice. À partir de là se développent parfois des psychoses. Un exemple typique est celui de la malade que, dans
*Les Obsessions et la psychasthénie*, Janet décrit sous le nom
de Nadia :

Nadia était une jeune fille de famille riche et remarquablement intelligente ; élégante, artiste, elle était surtout une excellente musicienne ;
mais dès l'enfance elle se montra entêtée et irritable : « Elle tenait énormément à être aimée et réclamait un amour fou de tout le monde, de ses
parents, de ses sœurs, de ses domestiques : mais dès qu'elle obtenait un
peu d'affection, elle était tellement exigeante, tellement dominatrice
qu'elle ne tardait pas à éloigner les gens ; horriblement susceptible,
les moqueries de ses cousins qui souhaitaient changer son caractère lui
donnèrent un sentiment de honte qui se localisa sur son corps. » D'autre
part son besoin d'être aimée lui inspirait le désir de rester enfant, d'être
toujours une petite fille que l'on câline et qui peut tout exiger, en un mot
il lui inspirait une terreur à la pensée de grandir... L'arrivée précoce
de la puberté aggrava singulièrement les choses en mêlant des craintes

de pudeur à ses craintes de grandir : puisque les hommes aiment des femmes grosses, je veux toujours rester extrêmement maigre. La terreur des poils du pubis, du développement de la poitrine, s'ajouta aux craintes précédentes. Dès l'âge de onze ans, comme elle portait des jupes courtes, il lui semblait que tout le monde la regardait ; on lui a mis des jupes longues et elle a eu honte de ses pieds, de ses hanches, etc. L'apparition des règles la rendit à moitié folle ; quand les poils du pubis ont commencé à pousser, elle a été convaincue qu'elle était seule au monde avec cette monstruosité et jusqu'à l'âge de vingt ans elle travaillait à s'épiler «pour faire disparaître cet ornement de sauvage». Le développement de sa poitrine a aggravé ces obsessions parce qu'elle avait toujours eu horreur de l'obésité ; elle ne la détestait pas chez autrui ; mais elle estimait que pour elle, ç'eût été une tare. «Je ne tiens pas à être jolie, mais cela me ferait trop de *honte* si je devenais bouffie, cela me ferait horreur ; si par malheur j'engraissais je n'oserais plus me faire voir de personne.» Alors, elle se mit à rechercher tous les moyens de ne pas grandir, elle s'entourait de précautions, se liait par des serments, se livrait à des conjurations : elle jurait de recommencer cinq ou dix fois une prière, de sauter cinq fois sur un pied. «Si je touche quatre fois une note de piano dans le même morceau, je consens à grandir et à ne plus être aimée de personne.» Elle a fini par décider de ne pas manger. «Je ne voulais ni grossir, ni grandir, ni ressembler à une femme parce que j'aurais voulu rester toujours petite fille.» Elle promet solennellement de ne plus accepter aucune nourriture ; cédant aux supplications de sa mère, elle brise ce vœu, mais on la voit alors passer des heures à genoux à écrire des serments et à les déchirer. Après la mort de sa mère survenue quand elle avait dix-huit ans, elle s'impose le régime suivant : deux potages au bouillon clair, un jaune d'œuf, une cuiller à bouche de vinaigre, une tasse de thé avec le jus d'un citron entier, c'est tout ce qu'elle absorbe dans une journée. La faim la dévore. «Quelquefois je passais des heures entières à penser à la nourriture tellement j'avais faim : j'avalais ma salive, je mâchais mon mouchoir, je me roulais par terre tellement j'avais envie de manger.» Mais elle résistait aux tentations. Quoiqu'elle fût jolie, elle prétendait que sa figure était bouffie, et couverte de boutons ; si le médecin affirmait ne pas les voir elle disait qu'il n'y entendait rien, qu'il ne savait pas «reconnaître des boutons qui sont entre la peau et la chair». Elle a fini par être séparée de sa famille et par s'enfermer dans un petit appartement où elle ne voyait que la garde et le médecin ; elle ne sortait jamais ; elle n'acceptait que difficilement la visite de son père ; il entraîna une grave rechute en lui disant un jour qu'elle avait bonne mine ; elle redoutait d'avoir une grosse figure, un teint éclatant, de gros muscles. Elle vivait presque toujours dans l'obscurité tant il lui était intolérable d'être vue ou même *visible*.

Très souvent, l'attitude des parents contribue à inculquer à la fillette la honte de son apparence physique. Une femme confie[1] :

> Je souffrais d'un sentiment d'infériorité physique entretenu par des critiques incessantes à la maison... Ma mère dans sa vanité exagérée voulait toujours me voir particulièrement à mon avantage et elle avait toujours un tas de détails à faire remarquer à la couturière pour dissimuler mes défauts : les épaules tombantes, les hanches trop fortes, le derrière trop plat, les seins trop pleins, etc. Ayant eu le cou gonflé pendant des années, il ne m'était pas permis d'avoir le cou nu... Je me vexai surtout à cause de mes pieds qui pendant ma puberté étaient très laids et on m'agaçait à cause de ma façon de marcher... Il y avait certainement quelque chose de vrai dans tout cela, mais on m'avait rendue tellement malheureuse, et surtout comme « backfisch », et j'étais parfois tellement intimidée que je ne savais plus du tout comment me tenir ; si je rencontrais quelqu'un, ma première idée était toujours « si seulement je pouvais cacher mes pieds ».

Cette honte amène la fillette à agir avec gaucherie, à rougir à tout bout de champ ; ces rougeurs augmentent sa timidité et deviennent elles-mêmes l'objet d'une phobie. Stekel raconte entre autres[2] d'une femme que « jeune fille elle rougissait de façon si maladive et violente que, pendant un an, elle porta des pansements autour de la figure en prétextant des maux de dents ».

Parfois, dans la période qu'on peut appeler période de pré-puberté et qui précède l'apparition des règles, la fillette n'éprouve pas encore le dégoût de son corps ; elle est fière de devenir femme, elle épie avec satisfaction la maturation de sa poitrine, elle rembourre son corsage avec des mouchoirs et se vante auprès de ses aînées ; elle ne saisit pas encore la signification des phénomènes qui se produisent en elle. Sa première menstruation la lui révèle et les sentiments de honte apparaissent. S'ils existaient déjà, ils se confirment

1. Stekel, *La Femme frigide*.
2. Id., *ibid*.

et s'exagèrent à partir de ce moment. Tous les témoignages concordent : que l'enfant ait été ou non avertie, l'événement lui apparaît toujours comme répugnant et humiliant. Il est très fréquent que sa mère ait négligé de la prévenir ; on a noté[1] que les mères découvrent plus volontiers à leurs filles les mystères de la grossesse, de l'accouchement et même des relations sexuelles que celui de la menstruation ; c'est qu'elles ont elles-mêmes horreur de cette servitude féminine, horreur qui reflète les vieilles terreurs mystiques des mâles et qu'elles transmettent à leur descendance. Quand la fillette trouve dans son linge des taches suspectes elle se croit victime d'une diarrhée, d'une hémorragie mortelle, d'une maladie honteuse. D'après une enquête rapportée en 1896 par Havelock Ellis, sur 125 élèves d'une «high-school» américaine, 36 au moment de leurs premières règles ne savent absolument rien sur la question, 39 avaient de vagues connaissances ; c'est-à-dire que plus de la moitié d'entre elles était dans l'ignorance. Selon Helen Deutsch, les choses en 1946 n'auraient guère changé. H. Ellis cite le cas d'une jeune fille qui s'est jetée dans la Seine à Saint-Ouen parce qu'elle se croyait atteinte d'une «maladie inconnue». Stekel, dans les «lettres à une mère», raconte aussi l'histoire d'une enfant qui tenta de se suicider, voyant dans le flux menstruel le signe et la punition des impuretés qui souillaient son âme. Il est naturel que la jeune fille ait peur : il lui semble que c'est sa vie qui lui échappe. D'après Klein et l'école psychanalytique anglaise, le sang manifesterait à ses yeux une blessure des organes internes. Même si des avis prudents lui épargnent de trop vives angoisses, elle a honte, elle se sent sale : elle se précipite aux lavabos, elle tâche de laver ou de cacher son linge souillé. On trouve de cette expérience un récit typique dans le livre de Colette Audry, *Aux yeux du souvenir* :

1. Cf. les travaux de Daly et Chadwick, cités par H. Deutsch, dans *Psychology of Women*.

Au cœur de cette exaltation, le drame brutal et clos. Un soir en me déshabillant, je me crus malade ; cela ne me fit pas peur et je me gardai de rien raconter dans l'espoir que ce serait passé le lendemain… Quatre semaines plus tard, le mal reprit, plus violent. J'allai tout doucement jeter ma culotte dans le panier au linge sale derrière la porte de la salle de bains. Il faisait si chaud que le carreau losangé du couloir était tiède sous mes pieds nus. Comme j'entrais dans mon lit au retour, maman ouvrit la porte de ma chambre : elle venait m'expliquer les choses. Je suis incapable de me rappeler l'effet que produisirent à ce moment sur moi ses paroles, mais tandis qu'elle chuchotait, Kaki passa tout à coup la tête. La vue de ce visage rond et curieux me mit hors de moi. Je lui criai de s'en aller et elle disparut effrayée. Je suppliai maman d'aller la battre parce qu'elle n'avait pas frappé avant d'entrer… Le calme de ma mère, son air averti et doucement heureux achevaient de me faire perdre la tête. Quand elle fut partie, je m'enfonçai dans une nuit sauvage.

Deux souvenirs revinrent tout à coup : quelques mois auparavant, comme nous rentrions de promenade avec Kaki, maman et moi nous avions rencontré le vieux médecin de Privas, carré comme un bûcheron avec une ample barbe blanche. « Elle se fait grande votre fille, Madame », avait-il dit en me regardant ; et sur-le-champ je l'avais détesté sans rien comprendre. Un peu plus tard, maman à son retour de Paris avait rangé dans une commode un paquet de petites serviettes neuves. « Qu'est-ce que c'est ? » avait demandé Kaki. Maman avait pris cet air naturel des grandes personnes qui vous révèlent une part de la vérité en réservant les trois autres : « C'est pour Colette, bientôt. » Muette, incapable de poser une seule question, j'avais détesté ma mère.

Toute cette nuit-là je me tournai et retournai dans mon lit. Ce n'était pas possible. J'allais me réveiller. Maman s'était trompée, cela passerait et ne reviendrait plus… Le lendemain, secrètement changée et souillée, il me fallut affronter les autres. Je regardai avec haine ma sœur parce qu'elle ne savait pas encore, parce qu'elle se trouvait douée tout à coup, à son insu, d'une supériorité écrasante sur moi. Puis je me mis à haïr les hommes qui ne connaîtraient jamais cela, et qui savaient. Pour finir je détestai aussi les femmes de prendre si tranquillement leur parti. J'étais sûre que si elles avaient été averties de ce qui m'arrivait, toutes se seraient réjouies. « Voilà que tu y passes à ton tour » auraient-elles pensé. Celle-là aussi, me disais-je dès que j'en voyais une. Et celle-là. Le monde m'avait eue. Je marchais avec gêne et n'osais pas courir. La terre, les verdures chaudes de soleil, la nourriture semblaient dégager une odeur suspecte… La crise passa et je me repris à espérer contre tout bon sens qu'elle ne se reproduirait plus. Un mois plus tard, il fallut bien se rendre à l'évidence et admettre le mal définitivement, dans une lourde stupeur cette fois. Il y avait désormais dans ma mémoire un «avant». Tout le reste de mon existence ne serait plus qu'un «après».

Les choses se passent d'une manière analogue pour la plupart des petites filles. Beaucoup d'entre elles ont horreur de livrer leur secret à leur entourage. Une amie m'a raconté que, vivant sans mère entre son père et une institutrice, elle a passé trois mois dans la peur et la honte, cachant son linge maculé, avant qu'on ne découvrît qu'elle était réglée. Même les paysannes qu'on pourrait croire endurcies par la connaissance qu'elles ont des plus rudes aspects de la vie animale ressentent avec horreur cette malédiction du fait que dans les campagnes la menstruation a encore un caractère tabou : j'ai connu une jeune fermière qui, pendant tout un hiver, a lavé son linge en cachette dans le ruisseau glacé, remettant à même la peau sa chemise trempée, pour dissimuler son inavouable secret. Je pourrais citer cent faits analogues. Même l'aveu de ce malheur étonnant n'est pas une délivrance. Sans doute, cette mère qui gifla brutalement sa fille en disant : «Idiote ! tu es bien trop jeune» est-elle une exception. Mais plus d'une manifeste de la mauvaise humeur ; la plupart ne donnent pas à l'enfant des éclaircissements suffisants et celle-ci demeure pleine d'anxiété devant l'état nouveau que la première crise menstruelle inaugure : elle se demande si l'avenir ne lui réserve pas d'autres douloureuses surprises ; ou elle s'imagine que dorénavant elle peut devenir enceinte par la simple présence ou le contact d'un homme, et elle éprouve à l'égard des mâles une véritable terreur. Même si on lui épargne ces angoisses par des explications intelligentes, on ne lui rend pas si facilement la paix du cœur. Auparavant, la fillette pouvait avec un peu de mauvaise foi se penser encore un être asexué, elle pouvait ne pas se penser ; il lui arrivait même de rêver qu'elle se réveillerait un matin changée en homme; à présent, les mères et les tantes chuchotent avec des airs flattés : « C'est une grande fille, maintenant » ; la confrérie des matrones a gagné : elle leur appartient. La voilà rangée sans recours du côté des femmes. Il arrive qu'elle en soit fière; elle pense que la voilà devenue une grande personne et qu'il va se produire dans son existence un bouleversement. Thyde Monnier[1] par exemple raconte :

> Plusieurs de nous avaient été « grandes filles » pendant leurs vacances; d'autres le devenaient au lycée même et alors, l'une après l'autre dans les cabinets de la cour où elles trônaient sur les sièges comme des reines recevant leurs sujets, nous allions « voir le sang ».

Mais la fillette est bientôt déçue, car elle s'aperçoit qu'elle n'a acquis aucun privilège et que la vie suit son cours. La seule nouveauté, c'est l'événement malpropre qui se répète chaque mois; il y a des enfants qui pleurent pendant des heures quand elles apprennent qu'elles sont condamnées à ce destin; ce qui aggrave encore leur révolte, c'est que cette tare honteuse soit connue des hommes eux-mêmes : au moins voudraient-elles que l'humiliante condition féminine demeurât pour eux voilée de mystère. Mais non, père, frères, cousins, les hommes savent et même parfois ils plaisantent. C'est alors que chez la fillette naît ou s'exagère le dégoût de son corps trop charnel. Et passé la première surprise, le désagrément mensuel ne s'efface pas pour autant : chaque fois la jeune fille retrouve le même dégoût devant cette odeur fade et croupie qui monte d'elle-même — odeur de marécage, de violettes fanées — devant ce sang moins rouge, plus suspect que celui qui s'échappait de ses écorchures enfantines. Jour et nuit, elle devra penser à se changer, surveiller son linge, ses draps, résoudre mille petits problèmes pratiques et répugnants; dans les familles économes, les serviettes hygiéniques se lavent chaque mois

1. *Moi.*

et reprennent leur place entre des piles de mouchoirs ; il faudra donc livrer aux mains chargées de la lessive, blanchisseuse, domestique, mère, sœur aînée, ces déjections sorties de soi. Les espèces de pansements que vendent les pharmaciens dans des boîtes aux noms fleuris : « Camelia », « Edelweiss », se jettent après usage ; mais en voyage, en villégiature, en excursion, il n'est pas si commode de s'en débarrasser, la cuvette des cabinets étant expressément interdite. La petite héroïne du *Journal psychanalytique*[1] décrit son horreur pour la serviette hygiénique ; même devant sa sœur, elle ne consent à se déshabiller que dans le noir au moment de ses époques. Cet objet gênant, encombrant, peut se détacher au cours d'un exercice violent ; c'est une pire humiliation que de perdre sa culotte au milieu de la rue : cette perspective atroce engendre parfois des manies psychasthéniques. Par une sorte de malveillance de la nature, les malaises, les douleurs ne commencent souvent qu'après l'hémorragie dont le début peut passer inaperçu ; les jeunes filles sont souvent mal réglées : elles risquent d'être surprises au cours d'une promenade, dans la rue, chez des amis ; elles risquent — telle Mme de Chevreuse[2] — de souiller leur vêtement, leur siège ; il y en a qu'une telle possibilité fait vivre dans une constante angoisse. Plus la jeune fille éprouve de la répulsion pour cette tare féminine, plus elle est obligée d'y penser avec vigilance pour ne pas s'exposer à l'affreuse humiliation d'un accident ou d'une confidence.

Voici la série de réponses qu'obtint à ce propos le docteur Liepmann[3] au cours de son enquête sur la sexualité juvénile :

À seize ans quand je fus indisposée pour la première fois je fus très effrayée en le constatant un matin. À vrai dire, je savais que cela devait

1. Traduit par Clara Malraux.
2. Déguisée en homme pendant la Fronde, Mme de Chevreuse, après une longue équipée à cheval, fut démasquée à cause des taches de sang qu'on aperçut sur sa selle.
3. Cf. docteur W. Liepmann, *Jeunesse et sexualité*.

arriver ; mais j'en eus une telle honte que je restai couchée toute la demi-journée et à toutes les questions je ne faisais que cette réponse : Je ne peux pas me lever.

Je restai muette d'étonnement lorsque, n'ayant pas tout à fait douze ans, je fus indisposée pour la première fois. J'en fus frappée d'épouvante et comme ma mère se contenta de m'apprendre tout sec qu'on avait cela tous les mois, je considérai cela comme une grande cochonnerie et je me refusai à admettre que cela n'arrivât pas aussi aux hommes.

Cette aventure détermina ma mère à faire mon initiation, sans oublier en même temps la menstruation. J'eus alors mon deuxième désappointement parce que dès que je fus indisposée je me précipitai rayonnante de joie chez ma mère qui dormait encore et je l'éveillai en criant « Maman, je les ai ! — Et c'est pour cela que tu me réveilles » se contenta-t-elle de répondre. Malgré tout, j'ai considéré la chose comme un vrai bouleversement dans mon existence.

Aussi ai-je ressenti l'épouvante la plus intense lorsque j'ai été indisposée pour la première fois en constatant que l'hémorragie ne cessait pas au bout de quelques minutes. Néanmoins, je n'en soufflai mot à personne ni à ma mère non plus. Je venais d'atteindre tout juste l'âge de quinze ans. Au surplus je n'en ai que très peu souffert. Une seule fois j'ai été prise de douleurs si effroyables que je me suis évanouie et que je suis restée près de trois heures dans ma chambre étendue sur le plancher. Mais je n'en ai rien dit non plus.

Quand, pour la première fois, cette indisposition se produisit chez moi, j'avais à peu près treize ans. Nous en avions déjà causé mes camarades de classe et moi et je me sentis toute fière d'être à mon tour devenue une des plus grandes. Avec beaucoup d'importance j'expliquai au professeur de gymnastique qu'aujourd'hui il m'était impossible de prendre part à la leçon parce que j'étais indisposée.

Ce n'est pas ma mère qui m'a initiée. Ce n'est qu'à dix-neuf ans que celle-ci a eu ses règles et, de peur d'être grondée pour avoir sali son linge, elle alla l'enterrer dans un champ.

J'atteignis l'âge de dix-huit ans et j'eus alors pour la première fois mes époques[1]. J'étais dépourvue de toute initiation... La nuit, j'eus de

---

1. Il s'agit d'une jeune fille appartenant à une misérable famille berlinoise.

violentes hémorragies accompagnées de fortes coliques et je ne pus reposer un seul instant. Dès le matin, le cœur palpitant, je courus à ma mère et sans cesser de sangloter je lui demandai conseil. Mais je n'obtins que cette sévère réprimande : « Tu aurais bien dû t'en apercevoir plus tôt et ne pas salir ainsi les draps et le lit. » Ce fut tout en guise d'explications. Naturellement, je me creusais la tête pour savoir quel crime je pouvais bien avoir commis et je ressentais une terrible angoisse.

Je savais déjà ce qui en était. J'attendais même la chose avec impatience parce que j'espérais que ma mère me révélerait alors la façon dont les enfants se fabriquent. Le fameux jour arriva : mais ma mère garda le silence. Néanmoins je me sentais toute joyeuse : « À présent, me disais-je, tu peux aussi faire des enfants : tu es une dame. »

Cette crise se produit à un âge encore tendre ; le garçon n'atteint l'adolescence que vers quinze ou seize ans ; c'est de treize à quatorze ans que la fillette se change en femme. Mais ce n'est pas de là que vient l'essentielle différence de leur expérience ; elle ne réside pas non plus dans les manifestations physiologiques qui lui donnent dans le cas de la jeune fille son affreux éclat : la puberté prend dans les deux sexes une signification radicalement autre parce que ce n'est pas un même avenir qu'elle leur annonce.

Certes, les garçons aussi, au moment de leur puberté, ressentent leur corps comme une présence embarrassante, mais étant fiers dès l'enfance de leur virilité, c'est vers elle que, fièrement, ils transcendent le moment de leur formation ; ils se montrent avec orgueil le poil qui pousse sur leurs jambes et qui fait d'eux des hommes ; plus que jamais, leur sexe est un objet de comparaison et de défi. Devenir des adultes, c'est une métamorphose qui les intimide : beaucoup d'adolescents éprouvent de l'angoisse quand s'annonce une liberté exigeante ; mais c'est avec joie qu'ils accèdent à la dignité de mâle. Au contraire, pour se changer en une grande personne, il faut que la fillette se confine dans les limites que lui imposera sa féminité. Le garçon admire dans ses poils naissants des promesses indéfinies : elle demeure confondue devant le « drame brutal et clos » qui arrête son destin. De même que le pénis tire du contexte social sa valeur privilégiée, de même c'est le contexte social qui fait de la menstruation une malédiction. L'un symbolise la virilité, l'autre la féminité : c'est parce que la féminité signifie altérité et infériorité que sa révélation est accueillie avec scandale. La vie de la fillette lui est toujours apparue comme déterminée par cette impalpable essence à laquelle l'absence de pénis ne réussissait pas à donner une figure positive : c'est elle qui se découvre dans le flux rouge qui s'échappe d'entre ses cuisses. Si déjà elle a assumé sa condition, c'est avec joie qu'elle accueille l'événement... « À présent, tu es une dame. » Si elle l'a toujours refusée, le verdict sanglant la foudroie ; le plus souvent, elle hésitait : la souillure menstruelle l'incline vers le dégoût et la peur. « Voilà donc ce que signifient ces mots : être une femme ! » La fatalité qui jusqu'ici pesait sur elle confusément et du dehors, elle est tapie dans son ventre ; il n'y a aucun moyen d'échapper ; elle se sent traquée. Dans une société sexuellement égalitaire, elle n'envisagerait la menstruation que comme sa manière singulière d'accéder à sa vie d'adulte ; le corps humain connaît chez les hommes et les femmes bien d'autres servitudes plus répugnantes : ils s'en accommodent facilement parce qu'étant communes à tous elles ne représentent pour personne une tare ; les règles inspirent à l'adolescente de l'horreur parce qu'elles la précipitent dans une catégorie inférieure et mutilée. Ce sentiment de déchéance pèsera lourdement sur elle. Elle garderait l'orgueil de son corps saignant si elle ne perdait pas sa fierté d'être humain. Et si elle réussit à préserver celle-ci, elle ressentira bien moins vivement l'humiliation de sa chair : la jeune fille qui dans des activités sportives, sociales, intellectuelles, mystiques, s'ouvre les chemins de la transcendance ne verra pas dans sa spécification une mutilation, et elle la surmontera facilement. Si vers cette époque la jeune fille développe si souvent des psychoses c'est qu'elle se sent sans défense devant une sourde fatalité qui la condamne à d'inimaginables épreuves ; sa féminité signifie à ses yeux maladie, souffrance, mort et elle se fascine sur ce destin.

Un exemple qui illustre de manière saisissante ces angoisses, c'est celui de la malade décrite par H. Deutsch sous le nom de Molly.

Molly avait quatorze ans quand elle commença à souffrir de troubles psychiques ; c'était la quatrième enfant d'une famille de cinq ; le père, très sévère, critiquait ses filles à chaque repas, la mère était malheureuse et souvent les parents ne se parlaient pas. Un des frères avait fui la maison. Molly était très douée, elle dansait très bien les claquettes, mais elle était timide et ressentait péniblement l'atmosphère familiale ; les garçons lui faisaient peur. Sa sœur aînée se maria contre le gré de sa mère et Molly fut très intéressée par la grossesse de sa sœur : celle-ci eut un accouchement difficile où il fallut employer les forceps ; Molly qui en connut les détails et qui apprit que souvent les femmes mouraient en couches en fut très frappée. Elle prit soin pendant deux mois du nourrisson ; quand la sœur quitta la maison, il y eut une scène terrible où la mère s'évanouit ; Molly s'évanouit aussi : elle avait vu des camarades s'évanouir en classe et les idées de mort et d'évanouissement l'obsédaient. Quand elle fut réglée, elle dit à sa mère avec un air embarrassé : « La chose est arrivée » et elle alla acheter des serviettes hygiéniques avec sa sœur ; rencontrant un homme dans la rue elle baissa la tête ; d'une manière générale elle manifestait du dégoût d'elle-même. Elle ne souffrait pas pendant ses époques mais elle essayait toujours de les cacher à sa mère. Une fois, ayant remarqué une tache sur les draps sa mère lui demanda si elle était indisposée, et elle le nia bien que ce fût vrai. Un jour elle dit à sa sœur : « Tout peut m'arriver maintenant. Je peux avoir un enfant. — Pour ça il faudrait que tu vives avec un homme, dit sa sœur. — Mais je vis avec deux hommes : papa et ton mari. »

Le père ne permettait pas à ses filles de sortir seules le soir de peur qu'on ne les violât : ces craintes contribuaient à donner à Molly l'idée que les hommes étaient des êtres redoutables ; la peur de devenir enceinte, de mourir en couches, prit une telle intensité à partir du moment où elle fut réglée qu'elle refusa peu à peu de quitter sa chambre, elle voulait même rester tout le jour au lit ; elle a de terribles crises d'anxiété si on l'oblige à sortir ; et si elle doit s'éloigner de la maison, elle a une attaque et s'évanouit. Elle a peur des autos, des taxis, elle ne peut plus dormir, elle croit que des cambrioleurs entrent la nuit dans la maison, elle crie et pleure. Elle a des manies alimentaires, par moments elle mange trop pour s'empêcher de s'évanouir ; elle a aussi peur quand elle se sent enfermée. Elle ne peut plus aller à l'école ni mener une vie normale.

Une histoire analogue, qui n'est pas liée à la crise de la menstruation mais où se manifeste l'anxiété qu'éprouve la fillette à l'égard de ses intérieurs, c'est celle de Nancy[1].

La petite fille était vers l'âge de treize ans intime avec sa sœur aînée et elle a été toute fière de recevoir ses confidences quand celle-ci se fiança en cachette puis se maria : partager le secret d'une grande personne, c'était être admise parmi les adultes. Elle vécut quelque temps dans le foyer de sa sœur ; mais quand celle-ci lui dit qu'elle allait « acheter » un bébé, Nancy devint jalouse de son beau-frère et de l'enfant à venir ; être traitée de nouveau en enfant à qui on fait des cachotteries lui avait été insupportable. Elle commença à éprouver des troubles internes et voulut qu'on l'opérât de l'appendicite ; l'opération réussit, mais pendant son séjour à l'hôpital, Nancy vécut dans une terrible agitation ; elle avait des scènes violentes avec la nurse qu'elle haïssait ; elle essayait de séduire le docteur, lui donnait des rendez-vous, se montrait provocante et exigeait à travers des crises nerveuses qu'il la traitât en femme ; elle s'accusait d'être responsable de la mort d'un petit frère survenue des années auparavant ; et surtout elle était sûre qu'on ne lui avait pas enlevé l'appendice, qu'on avait oublié un scalpel dans son estomac : elle réclama qu'on la passât aux rayons X sous le faux prétexte qu'elle avait avalé un penny.

Ce désir d'une opération — et en particulier de l'ablation de l'appendice — se rencontre souvent à cet âge ; les jeunes filles expriment ainsi leur peur du viol, de la grossesse, de l'accouchement. Elles sentent dans leur ventre d'obscures menaces et elles espèrent que le chirurgien les sauvera de ce danger inconnu qui les guette.

Ce n'est pas seulement l'apparition de ses règles qui annonce à la fillette son destin de femme. D'autres phénomènes suspects se produisent en elle. Jusque-là son érotisme était clitoridien. Il est difficile de savoir si les pratiques solitaires sont moins répandues chez elle que chez les garçons ;

1. Citée aussi par H. Deutsch, *Psychology of Women*.

elle s'y livre dans les deux premières années, peut-être
même dès les premiers mois de sa vie ; il semble qu'elle les
abandonne vers deux ans pour ne les retrouver que plus
tard ; par sa conformation anatomique, cette tige plantée
dans la chair masculine sollicite les attouchements plus
qu'une muqueuse secrète : mais les hasards d'un frotte-
ment — l'enfant grimpant à des agrès, à des arbres, se his-
sant sur une bicyclette —, d'un contact vestimentaire, d'un
jeu, ou encore une initiation par des camarades, des aînées,
des adultes, découvrent fréquemment à la fillette des sensations qu'elle s'efforce de ressusciter. En tout cas le plaisir,
quand il est atteint, est une sensation autonome : il a la légèreté et l'innocence de tous les divertissements enfantins [1].
Elle n'établissait guère de rapports entre ces délectations
intimes et sa destinée de femme ; ses relations sexuelles
avec les garçons, s'il en existait, étaient essentiellement
basées sur la curiosité. Et voilà qu'elle se sent traversée de
troubles émois dans lesquels elle ne se reconnaît pas. La
sensibilité des zones érogènes se développe et celles-ci sont
chez la femme si nombreuses qu'on peut considérer tout son
corps comme érogène : c'est ce que lui révèlent des caresses
familiales, des baisers innocents, l'attouchement indifférent
d'une couturière, d'un médecin, d'un coiffeur, une main
amicale posée sur ses cheveux ou sur sa nuque ; elle apprend
et souvent recherche délibérément un trouble plus profond
dans des rapports de jeu, de lutte avec des garçons ou des
filles : ainsi Gilberte luttant aux Champs-Élysées avec Proust ;
dans les bras de ses danseurs, sous l'œil ingénu de sa mère,
elle connaît d'étranges langueurs. Et puis, même une jeunesse
bien défendue est exposée à de plus précises expériences ;
dans les milieux « comme il faut » on tait d'un commun

---

1. Sauf bien entendu dans les cas assez nombreux où l'intervention
directe ou indirecte des parents, ou des scrupules religieux, en faisaient
un péché. Les petites filles ont parfois été soumises à des persécutions
abominables, sous le prétexte de les délivrer de leurs « mauvaises habitudes ».

accord ces incidents regrettables ; mais il est fréquent que certaines caresses d'amis de la maison, d'oncles, de cousins, pour ne rien dire des grands-pères et des pères, soient beaucoup moins inoffensives que la mère ne le suppose ; un professeur, un prêtre, un médecin ont été hardis, indiscrets. On trouvera des récits de telles expériences dans *L'Asphyxie* de Violette Leduc, dans *La Haine maternelle* de S. de Tervagnes et *L'Orange bleue* de Yassu Gauclère. Stekel estime que les grands-pères entre autres sont souvent très dangereux.

> J'avais quinze ans. La veille de l'enterrement, mon grand-père était venu coucher à la maison. Le lendemain, ma mère s'était déjà levée, il me demanda s'il ne pourrait pas venir dans mon lit pour jouer avec moi ; je me levai immédiatement sans lui répondre... Je commençai à avoir peur des hommes, raconte une femme[1].

> Une autre jeune fille se rappelle avoir subi un choc sérieux à l'âge de huit ou dix ans quand son grand-père, un vieillard de soixante-dix ans, avait tripoté ses organes génitaux. Il l'avait pris sur ses genoux en glissant son doigt dans son vagin. L'enfant avait senti une immense angoisse mais n'osa pourtant jamais en parler. Depuis ce temps elle a eu très peur de tout ce qui est sexuel[1].

Ces incidents sont généralement passés sous silence par la fillette à cause de la honte qu'ils lui inspirent. Et d'ailleurs, souvent, si elle s'en ouvre à ses parents, la réaction de ceux-ci, c'est de la gronder. «Ne dis pas de bêtises... Tu as mauvais esprit.» Elle se tait aussi sur les agissements bizarres de certains inconnus. Une fillette a raconté au docteur Liepmann[2] :

> Nous avions loué chez un cordonnier une chambre au sous-sol. Souvent quand notre propriétaire était seul, il venait me chercher, me prenait dans ses bras et m'embrassait très, très longuement tout en se trémoussant en arrière et en avant. En outre son baiser n'était pas super-

1. *La Femme frigide.*
2. Liepmann, *Jeunesse et sexualité.*

ficiel; car il m'enfonçait sa langue dans la bouche. Je le détestais à
cause de ces façons de faire. Mais je n'en ai jamais soufflé mot parce
que j'étais très craintive.

Outre les camarades entreprenants, les amies perverses, il
y a ce genou qui au cinéma a pressé celui de la fillette, cette
main qui, la nuit dans le train, a glissé le long de sa jambe,
ces jeunes gens qui ricanaient sur son passage, ces hommes
qui l'ont suivie dans la rue, ces étreintes, ces frôlements
furtifs. Elle comprend mal le sens de ces aventures. Il y a
souvent, dans une tête de quinze ans, un étrange tohu-bohu,
parce que les connaissances théoriques et les expériences
concrètes ne se recoupent pas. Celle-ci a déjà éprouvé toutes
les brûlures du trouble et du désir, mais elle s'imagine
— telle la Clara d'Ellébeuse inventée par Francis Jammes —
qu'il suffirait d'un baiser masculin pour la rendre mère;
celle-là a des lumières exactes sur l'anatomie génitale
mais quand son danseur l'étreint elle prend pour une
migraine l'émoi qu'elle ressent. Assurément les jeunes filles
sont mieux renseignées aujourd'hui qu'autrefois. Cependant, certains psychiatres affirment que plus d'une adolescente ignore encore que les organes sexuels ont un autre
usage que l'usage urinaire[1]. De toute façon, elles établissent
peu de rapport entre leurs émois sexuels et l'existence de
leurs organes génitaux, du fait qu'aucun signe aussi précis
que l'érection masculine ne leur indique cette corrélation.
Entre leurs rêveries romanesques concernant l'homme,
l'amour, et la crudité de certains faits qui leur sont révélés,
il existe un tel hiatus qu'elles n'inventent entre eux aucune
synthèse. Thyde Monnier[2] raconte qu'elle avait fait avec
quelques amies le serment de regarder comment était fait un
homme et de le raconter aux autres:

1. Cf. H. Deutsch, *Psychology of Women*, 1946.
2. *Moi.*

Moi, étant exprès entrée sans frapper dans la chambre paternelle je décrivis : « Ça ressemble à un manche à gigot, c'est-à-dire que c'est comme un rouleau et ensuite il y a une chose ronde. » C'était difficile à expliquer. Je fis un dessin, j'en fis même trois et chacune emporta le sien caché dans son corsage et de temps en temps pouffa de rire en le regardant puis demeura rêveuse… Comment pour des filles innocentes comme nous établir une liaison entre ces objets et les chansons sentimentales, les jolies petites histoires romanesques où l'amour tout entier respect, timidité, soupirs et baisemains est sublimisé jusqu'à en faire un eunuque ?

Néanmoins, à travers ses lectures, ses conversations, les spectacles et les mots qu'elle a surpris, la jeune fille donne un sens au trouble de sa chair ; elle se fait appel, désir. Dans ses fièvres, frissons, moiteurs, malaises incertains, son corps prend une nouvelle et inquiétante dimension. Le jeune homme revendique ses tendances érotiques parce qu'il assume joyeusement sa virilité ; chez lui, le désir sexuel est agressif, préhensif ; il y voit une affirmation de sa subjectivité et de sa transcendance ; il s'en vante auprès de ses camarades ; son sexe demeure pour lui un trouble dont il s'enorgueillit ; l'élan qui le jette vers la femelle est de même nature que celui qui le jette vers le monde, aussi s'y reconnaît-il. Au contraire, la vie sexuelle de la fillette a toujours été clandestine ; quand son érotisme se transforme et envahit toute sa chair, le mystère en devient angoissant : elle subit le trouble comme une maladie honteuse ; il n'est pas actif : c'est un état, et même en imagination elle ne peut s'en délivrer par aucune décision autonome ; elle ne rêve pas de prendre, de pétrir, de violer : elle est attente et appel ; elle s'éprouve comme dépendante ; elle se sent en danger dans sa chair aliénée.

Car son espoir diffus, son rêve de passivité heureuse lui révèlent avec évidence son corps comme un objet destiné à un autre ; elle ne veut connaître l'expérience sexuelle que dans son immanence ; c'est le contact de la main, de la bouche, d'une autre chair qu'elle appelle et non la main, la bouche, la chair étrangère ; elle laisse dans l'ombre l'image de son partenaire, ou elle la noie dans des vapeurs idéales ; cependant, elle ne peut empêcher que sa présence ne la hante. Ses terreurs, ses répulsions juvéniles à l'égard de l'homme ont pris un caractère plus équivoque que naguère et, par là même, plus angoissant. Elles naissaient auparavant d'un profond divorce entre l'organisme enfantin et son avenir d'adulte ; maintenant, elles ont leur source dans cette complexité même que la jeune fille éprouve dans sa chair. Elle comprend qu'elle est vouée à la possession puisqu'elle l'appelle : et elle se révolte contre ses désirs. Elle souhaite et redoute, à la fois, la honteuse passivité de la proie consentante. L'idée de se mettre nue devant un homme la bouleverse de trouble ; mais elle sent aussi qu'elle sera alors livrée sans recours à son regard. La main qui prend, qui touche, a une présence encore plus impérieuse que des yeux : elle effraie davantage. Mais le symbole le plus évident et le plus détestable de la possession physique, c'est la pénétration par le sexe du mâle. Ce corps qu'elle confond avec elle-même, la jeune fille hait qu'on puisse le perforer comme on perfore du cuir, le déchirer comme on déchire une étoffe. Mais plus que la blessure et la douleur qui l'accompagne, ce que la jeune fille refuse c'est que blessure et douleur soient *infligées*. « C'est horrible l'idée d'être *percée* par un homme », me disait un jour une jeune fille. Ce n'est pas la peur du membre viril qui engendre l'horreur de l'homme, mais elle en est la confirmation et le symbole, l'idée de pénétration prend son sens obscène et humiliant à l'intérieur d'une forme plus générale, dont elle est en retour un élément essentiel.

L'anxiété de la fillette se traduit par les cauchemars qui la tourmentent et les fantasmes qui la hantent : c'est au moment où elle sent en soi une insidieuse complaisance que l'idée de viol devient en beaucoup de cas obsédante. Elle se manifeste dans les rêves et dans les conduites à travers quantité de symboles plus ou moins clairs. La jeune fille explore sa chambre avant de se coucher, dans la peur d'y découvrir quelque voleur aux intentions louches; elle croit entendre des cambrioleurs dans la maison; un agresseur entre par la fenêtre, armé d'un couteau dont il la transperce. D'une manière plus ou moins aiguë, les hommes lui inspirent de la frayeur. Elle se met à éprouver pour son père un certain dégoût; elle ne peut plus supporter l'odeur de son tabac, elle déteste entrer après lui dans la salle de bains; même si elle continue à le chérir, cette répulsion physique est fréquente; elle prend une figure exaspérée si déjà l'enfant était hostile à son père, comme il arrive souvent chez les cadettes. Il y a un rêve que les psychiatres disent avoir souvent rencontré chez leurs jeunes patientes: elles s'imaginent être violées par un homme sous les yeux d'une femme âgée et avec le consentement de celle-ci. Il est clair qu'elles demandent symboliquement à leur mère la permission de s'abandonner à leurs désirs. Car une des contraintes qui pèsent le plus odieusement sur elles, c'est celle de l'hypo-crisie. La jeune fille est vouée à la «pureté», à l'innocence précisément au moment où elle découvre en elle et autour d'elle les troubles mystères de la vie et du sexe. On la veut blanche comme l'hermine, transparente comme un cristal, on l'habille d'organdi vaporeux, on tapisse sa chambre avec des tentures couleur de dragée, on baisse la voix à son approche, on lui interdit les livres scabreux; or, il n'est pas une enfant de Marie qui ne caresse des images et des désirs «abominables». Elle s'applique à les dissimuler même à sa meilleure amie, même à soi; elle ne veut plus vivre ni penser que par consignes; sa défiance d'elle-même lui donne un air sournois, malheureux, maladif; et, plus tard, rien ne lui sera plus difficile que de combattre ces inhibitions. Mais, malgré tous ses refoulements, elle se sent accablée par le poids de fautes indicibles. Sa métamorphose en femme, c'est non seulement dans la honte, mais dans le remords qu'elle la subit.

On comprend que l'âge ingrat soit pour la fillette une

période de douloureux désarroi. Elle ne veut pas rester une enfant. Mais le monde adulte lui semble effrayant ou ennuyeux :

Donc je souhaitais grandir, mais jamais je ne songeais sérieusement à mener la vie que je voyais mener aux adultes, dit Colette Audry... Et ainsi encore se nourrissait en moi la volonté de grandir sans jamais assumer la condition d'adulte, sans jamais me rendre solidaire des parents, des maîtresses de maison, des femmes d'intérieur, des chefs de famille.

Elle voudrait s'affranchir du joug de sa mère ; mais elle a aussi un ardent besoin de sa protection. Ce sont les fautes qui pèsent sur sa conscience : pratiques solitaires, amitiés équivoques, mauvaises lectures, qui lui rendent ce refuge nécessaire. La lettre suivante[1], écrite à une amie par une jeune fille de quinze ans, est caractéristique :

Maman veut que je porte une robe longue au grand bal chez les X... ma première robe longue. Elle est étonnée que je ne veuille pas. Je l'ai suppliée de me laisser porter ma petite robe rose pour la dernière fois. J'ai si peur. Il me semble si je mets la robe longue que maman va partir pour un long voyage et que je ne sais pas quand elle reviendra. N'est-ce pas stupide ? Et, quelquefois, elle me regarde comme si j'étais une petite fille. Ah ! si elle savait ! Elle attacherait mes mains au lit et me mépriserait !

On trouve dans le livre de Stekel, *La Femme frigide*, un remarquable document sur une enfance féminine. Il s'agit d'une « Süsse Mädel » viennoise qui rédigea vers l'âge de vingt et un ans une confession détaillée. Elle constitue une synthèse concrète de tous les moments que nous avons étudiés séparément.

« À l'âge de cinq ans, je choisis mon premier compagnon de jeu, un garçon, Richard, qui avait six ou sept ans. Je voulais toujours savoir comment on reconnaît qu'un enfant est un garçon ou une fille. On me

1. Citée par H. Deutsch.

disait, par les boucles d'oreilles, par le nez… Je me contentais de cette explication tout en ayant la sensation qu'on me cachait quelque chose. Tout d'un coup, Richard désira faire pipi… J'eus l'idée de lui prêter mon pot de chambre. En voyant son membre, quelque chose d'absolument surprenant pour moi, je criai dans la plus grande joie : "Mais qu'est-ce que tu as là ? Comme c'est joli ! Seigneur, je voudrais en avoir un aussi." En même temps je le touchai courageusement… » Une tante les surprit et à partir de là les enfants sont très surveillés. À neuf ans, elle joue au mariage avec deux autres garçons de huit et dix ans, et aussi au docteur ; on touche ses organes génitaux et un jour un des garçons la touche avec son sexe, puis il dit que ses parents ont fait la même chose quand ils se sont mariés : « J'étais indignée au plus haut degré : Oh ! non, ils n'ont pas fait quelque chose de si laid ! » Elle poursuit longtemps ces jeux et elle a une grande amitié amoureuse et sexuelle avec les deux garçons. Sa tante l'apprend un jour et il y a une scène épouvantable où on menace de la mettre dans une maison de correction. Elle cesse de voir Arthur qui était son préféré et en souffre beaucoup ; elle se met à travailler mal, son écriture se déforme, elle louche. Elle recommence une autre amitié avec Walter et François. « Walter occupait toutes mes idées et tous mes sens. Je lui permis de me toucher sous mes jupes, étant debout ou assise devant lui en faisant des pages d'écriture… Dès que ma mère ouvrait la porte, il retirait sa main et moi j'étais en train d'écrire. Enfin nous eûmes des rapports normaux entre homme et femme, mais je ne lui permettais pas beaucoup ; dès qu'il croyait avoir pénétré dans mon vagin je m'arrachais de lui en disant qu'il y avait quelqu'un… Je ne m'imaginais pas que c'était un péché. »

Ses amitiés avec les garçons se terminent et il ne lui reste que des amitiés avec des jeunes filles. « Je m'attachai à Emmy, jeune fille bien élevée et instruite. Une fois, à Noël, à l'âge de douze ans, nous échangeâmes des petits cœurs en or avec nos noms gravés dedans. Nous considérions cela comme une sorte de fiançailles en nous jurant "fidélité éternelle". Je dois une partie de mon instruction à Emmy. Elle me renseigna aussi sur les problèmes sexuels. En cinquième, j'avais déjà commencé à douter de l'histoire de la cigogne qui apporte les enfants. Je croyais que les enfants venaient du ventre et qu'il fallait ouvrir pour qu'ils puissent sortir. Emmy m'effrayait surtout à propos de la masturbation. À l'école plusieurs évangiles nous ouvrirent les yeux sur les questions sexuelles. Par exemple quand sainte Marie venait voir sainte Élisabeth : "L'enfant dans son sein sautait de joie" et autres passages curieux de la Bible. Nous soulignions ces passages, et c'est tout juste si la classe n'eut pas une mauvaise note de conduite lorsque ce fut découvert. Elle me montrait aussi le "souvenir de neuf mois" dont Schiller parle dans *Les Brigands*. Le père d'Emmy fut déplacé et je restai seule à nouveau. Nous nous écrivîmes dans une écriture secrète que nous avions inventée mais, comme je me sentais seule, je m'attachai à une petite fille juive, Hedl. Une fois Emmy me surprit sortant de l'école avec Hedl. Elle me fit une scène de jalousie. Je restai avec Hedl jusqu'à notre entrée à l'école commerciale et nous étions les meilleures amies, rêvant de devenir belles-sœurs plus tard car j'aimais bien un de ses frères qui était étudiant. Être abordée par lui me rendait confuse au point de lui répondre de façon ridicule. Au crépuscule, Hedl et moi serrées l'une contre l'autre sur le petit divan, je pleurais à chaudes larmes sans savoir pourquoi, quand il jouait du piano.

« Avant mon amitié avec Hedl, j'ai fréquenté pendant plusieurs semaines une certaine Ella, fille de pauvres gens. Elle avait observé ses parents "en tête à tête", réveillée par le bruit du lit. Elle vint me dire que son père s'était couché sur sa mère qui avait crié terriblement et le père avait dit : "Va vite te laver pour qu'il n'y ait rien." J'étais intriguée de la conduite du père, l'évitais dans la rue et avais une profonde pitié pour sa mère (elle devait avoir terriblement souffert pour avoir tant crié). Je parlai avec une autre camarade de la longueur du pénis, j'entendis une fois parler de douze à quinze centimètres ; pendant la leçon de couture nous prenions le mètre pour mesurer à partir de l'endroit en question le long du ventre au-dessus de nos jupes. Nous arrivions évidemment au moins au nombril et nous étions épouvantées à l'idée d'être littéralement empalées quand nous nous marierions. »

Elle regarde un chien coïter avec une chienne. « Si dans la rue je voyais uriner un cheval, je ne pouvais en détacher mes yeux, je crois que la longueur du pénis m'impressionnait. » Elle observe les mouches et à la campagne les animaux.

« À l'âge de douze ans, j'eus une forte angine et on consulta un médecin ami ; assis auprès de mon lit, il mit tout d'un coup sa main sous mes couvertures me touchant presque "l'endroit". Je sursautai en criant : "N'êtes-vous pas honteux !" Ma mère se précipita, le docteur était horriblement embarrassé et prétendit que j'étais une petite impertinente et qu'il n'avait voulu que me pincer les mollets. Je fus forcée de lui demander pardon… Quand, enfin, j'eus mes règles et que mon père découvrit mes serviettes tachées de sang, il y eut une scène terrible. Pourquoi, lui, homme propre, "était-il obligé de vivre parmi tant de femmes sales", il me semblait que j'avais tort d'être indisposée. » À quinze ans, elle a une autre amie avec qui elle communique « en sténographie » « pour que personne chez nous ne pût lire nos lettres. Il y avait tant à écrire sur nos conquêtes. Elle me communiquait aussi un grand nombre de vers qu'elle avait trouvés sur les murs des cabinets de toilette ; je me souviens d'un parce qu'il dégradait jusqu'à l'ordure l'amour qui était tellement sublime dans mon imagination : "Quel est le but suprême de l'amour ? Quatre fesses suspendues au bout d'une tige." Je décidai de ne jamais en arriver là ; un homme qui aime une jeune fille ne peut lui demander une telle chose. À quinze ans et demi, j'eus un frère, j'étais très jalouse car j'avais toujours été enfant unique. Mon amie me demandait toujours de regarder comment mon frère était fait, mais je ne pouvais absolument pas lui donner les renseignements qu'elle désirait. À cette époque, une autre amie me fit la description d'une nuit de noces et, après cela, j'eus l'idée de me marier, à cause de la curiosité ; seulement "haleter comme un cheval", d'après sa description, offensait mon sens esthétique… Laquelle de nous n'aurait voulu se marier pour se laisser déshabiller par son mari aimé et se laisser emporter au lit par lui, c'était si tentant… »

On dira peut-être — bien qu'il s'agisse d'un cas normal et non pathologique — que cette enfant était d'une exceptionnelle «perversité» ; elle était seulement moins surveillée que d'autres. Si les curiosités et les désirs des jeunes filles «bien élevées» ne se traduisent pas par des actes, ils n'en existent pas moins sous forme de fantasmes et de jeux. J'ai connu, autrefois, une jeune fille fort pieuse et d'une déconcertante innocence — qui est devenue depuis une femme accomplie, confite dans la maternité et la dévotion — qui un soir confia toute frémissante à une aînée : «Comme ça doit être merveilleux de se déshabiller devant un homme ! Supposons que tu sois mon mari» ; et elle se mit à se dévêtir, toute tremblante d'émoi. Aucune éducation ne peut empêcher la fillette de prendre conscience de son corps et de rêver sur son destin ; tout au plus peut-on lui imposer de stricts refoulements qui pèseront par la suite sur toute sa vie sexuelle. Ce qui serait souhaitable, c'est qu'on lui apprît, au contraire, à s'accepter sans complaisance et sans honte.

On comprend, maintenant, quel drame déchire l'adolescente au moment de la puberté : elle ne peut devenir «une grande personne» sans accepter sa féminité ; elle savait déjà que son sexe la condamnait à une existence mutilée et figée ; elle le découvre à présent sous la figure d'une maladie impure et d'un crime obscur. Son infériorité n'était d'abord saisie que comme une privation: l'absence de pénis s'est convertie en souillure et en faute. C'est blessée, honteuse, inquiète, coupable, qu'elle s'achemine vers l'avenir.

# CHAPITRE II

## *La jeune fille*

Pendant toute son enfance la fillette a été brimée et muti-lée ; mais, cependant, elle se saisissait comme un individu autonome ; dans ses relations avec ses parents, ses amis, dans ses études et ses jeux, elle se découvrait au présent comme une transcendance : elle ne faisait que rêver sa future passivité. Une fois pubère, l'avenir non seulement se rapproche : il s'installe dans son corps ; il devient la plus concrète réalité. Il garde le caractère fatal qu'il a toujours eu ; tandis que l'adolescent s'achemine activement vers l'âge adulte, la jeune fille guette l'ouverture de cette période neuve, imprévisible, dont la trame est d'ores et déjà our-die et vers laquelle le temps l'entraîne. Détachée déjà de son passé d'enfant, le présent ne lui apparaît que comme une transition ; elle n'y découvre aucune fin valable mais seu-lement des occupations. D'une manière plus ou moins déguisée, sa jeunesse se consume dans l'attente. Elle attend l'Homme.

Certes, l'adolescent aussi rêve à la femme, il la désire ; mais elle ne sera jamais qu'un élément de sa vie : elle ne résume pas son destin ; depuis l'enfance, la fillette, qu'elle souhaitât se réaliser comme femme ou surmonter les bornes de sa féminité, a attendu du mâle accomplissement et éva-sion ; il a le visage éblouissant de Persée, de saint Georges ;

il est libérateur ; il est aussi riche et puissant, il détient les clés du bonheur, il est le Prince Charmant. Elle pressent que, sous ses caresses, elle se sentira emportée par le grand courant de la vie comme au temps où elle reposait dans le giron maternel ; soumise à sa douce autorité, elle retrouvera la même sécurité qu'entre les bras de son père : la magie des étreintes et des regards la pétrifiera de nouveau en idole. Elle a toujours été convaincue de la supériorité virile ; ce prestige des mâles n'est pas un puéril mirage ; il a des bases économiques et sociales ; les hommes sont bel et bien les maîtres du monde ; tout persuade l'adolescente qu'il est de son intérêt de se faire leur vassale ; ses parents l'y engagent ; le père est fier des succès remportés par sa fille, la mère y voit les promesses d'un avenir prospère ; les camarades envient et admirent celle d'entre elles qui recueille le plus d'hommages masculins ; dans les collèges américains, le standard d'une étudiante est mesuré par le nombre de « dates » qu'elle cumule. Le mariage est non seulement une carrière honorable et moins fatigante que beaucoup d'autres : seul, il permet à la femme d'accéder à son intégrale dignité sociale et de se réaliser sexuellement comme amante et mère. C'est sous cette figure que son entourage envisage son avenir et qu'elle l'envisage elle-même. On admet unanimement que la conquête d'un mari — ou en certains cas d'un protecteur — est pour elle la plus importante des entreprises. Dans l'homme s'incarne à ses yeux l'Autre, comme pour l'homme il s'incarne en elle : mais cet *Autre* lui apparaît sur le mode de l'essentiel et elle se saisit en face de lui comme l'inessentiel. Elle s'affranchira du foyer de ses parents, de l'emprise maternelle, elle s'ouvrira l'avenir non par une active conquête mais en se remettant passive et docile entre les mains d'un nouveau maître.

On a prétendu souvent que, si elle se résignait à cette démission, c'est que physiquement et moralement elle devient alors inférieure aux garçons et incapable de rivaliser avec eux : renonçant à une vaine compétition, elle s'en remettrait à un membre de la caste supérieure du soin d'assurer son bonheur. En vérité, ce n'est pas d'une infériorité donnée que vient son humilité : celle-ci, au contraire, engendre toutes ses insuffisances ; elle a sa source dans le passé de l'adolescente, dans la société qui l'entoure et précisément dans cet avenir qui lui est proposé.

Certes, la puberté transforme le corps de la jeune fille. Il est plus fragile que naguère ; les organes féminins sont vulnérables, leur fonctionnement délicat ; insolites et gênants, les seins sont un fardeau ; dans les exercices violents ils rappellent leur présence, ils frémissent, ils font mal. Dorénavant, la force musculaire, l'endurance, l'agilité de la femme sont inférieures à celle de l'homme. Le déséquilibre des sécrétions hormonales crée une instabilité nerveuse et vasomotrice. La crise menstruelle est douloureuse : maux de tête, courbatures, douleurs de ventre rendent pénibles ou même impossibles les activités normales ; à ces malaises s'ajoutent souvent des troubles psychiques ; nerveuse, irritable, il est fréquent que la femme traverse chaque mois un état de semi-aliénation ; le contrôle du système nerveux et du système sympathique par les centres n'est plus assuré ; les troubles de la circulation, certaines auto-intoxications font du corps un écran qui s'interpose entre la femme et le monde, un brouillard brûlant qui pèse sur elle, l'étouffe et la sépare : à travers cette chair dolente et passive, l'univers entier est un fardeau trop lourd. Oppressée, submergée, elle devient étrangère à elle-même du fait qu'elle est étrangère au reste du monde. Les synthèses se désagrègent, les instants ne sont plus liés, autrui n'est plus reconnu que par une reconnaissance abstraite ; et si le raisonnement et la logique demeurent intacts comme dans les délires mélancoliques, ils sont mis au service des évidences passionnelles qui éclatent au sein du désarroi organique. Ces faits sont extrêmement importants : mais c'est par sa manière d'en prendre conscience que la femme leur donne leur poids.

C'est vers treize ans que les garçons font un véritable

apprentissage de la violence, que se développent leur agressivité, leur volonté de puissance, leur goût du défi ; c'est
justement à ce moment que la fillette renonce aux jeux brutaux. Des sports lui restent accessibles, mais le sport qui est
spécialisation, soumission à des règles artificielles n'offre
pas l'équivalent d'un recours spontané et habituel à la
force ; il se situe en marge de la vie ; il ne renseigne pas sur
le monde et sur soi-même aussi intimement qu'un combat
désordonné, une escalade imprévue. La sportive n'éprouve
jamais l'orgueil conquérant d'un garçon qui a fait toucher
les épaules à un camarade. D'ailleurs, en beaucoup de pays,
la plupart des jeunes filles n'ont aucun entraînement sportif ;
comme les bagarres, les escalades leur sont défendues, elles
ne font que subir leur corps passivement ; bien plus nettement que dans le premier âge, il leur faut renoncer à *émerger* par-delà le monde donné, à s'affirmer *au-dessus* du
reste de l'humanité : il leur est interdit d'explorer, d'oser,
de reculer les limites du possible. En particulier, l'attitude
du *défi*, si importante chez les jeunes gens, leur est à peu près
inconnue ; certes, les femmes se comparent, mais le défi est
autre chose que ces confrontations passives : deux libertés
s'affrontent en tant qu'ayant sur le monde une emprise dont
elles prétendent repousser les bornes ; grimper plus haut
qu'un camarade, faire plier un bras, c'est affirmer sa souveraineté sur toute la terre. Ces conduites conquérantes ne sont
pas permises à la jeune fille, en particulier la violence ne lui
est pas permise. Sans doute, dans l'univers des adultes la
force brutale ne joue pas, en périodes normales, un grand
rôle ; mais, cependant, elle le hante ; nombreuses sont les
conduites masculines qui s'enlèvent sur un fond de violence
possible : à chaque coin de rue, des querelles s'ébauchent ;
la plupart du temps elles avortent ; mais il suffit à l'homme
d'éprouver dans ses poings sa volonté d'affirmation de soi
pour qu'il se sente confirmé dans sa souveraineté. Contre
tout affront, toute tentative pour le réduire en objet, le mâle
a le recours de frapper, de s'exposer aux coups : il ne se

laisse pas transcender par autrui, il se retrouve au cœur de sa subjectivité. La violence est l'épreuve authentique de l'adhésion de chacun à soi-même, à ses passions, à sa propre volonté ; la refuser radicalement, c'est se refuser toute vérité objective, c'est s'enfermer dans une subjectivité abstraite ; une colère, une révolte qui ne passent pas dans les muscles demeurent imaginaires. C'est une terrible frustration que de ne pas pouvoir inscrire les mouvements de son cœur sur la face de la terre. Dans le sud des États-Unis, il est rigoureusement impossible à un Noir d'user de violence à l'égard des Blancs ; c'est cette consigne qui est la clé de la mystérieuse « âme noire » ; la façon dont le Noir s'éprouve dans le monde blanc, les conduites par lesquelles il s'y ajuste, les compensations qu'il cherche, toute sa manière de sentir et d'agir s'expliquent à partir de la passivité à laquelle il est condamné. Pendant l'Occupation, les Français qui avaient décidé de ne pas se laisser aller à des gestes violents contre les occupants même en cas de provocation — (que ce fût par prudence égoïste ou parce qu'ils avaient des devoirs exigeants) — sentaient leur situation dans le monde profondément bouleversée : il dépendait du caprice d'autrui qu'ils fussent changés en objets, leur subjectivité n'avait plus le moyen de s'exprimer concrètement, elle n'était qu'un phénomène secondaire. Ainsi, l'univers a un tout autre visage pour l'adolescent à qui il est permis de témoigner impérieusement de lui-même et pour l'adolescente dont les sentiments sont privés d'efficacité immédiate ; l'un remet sans cesse le monde en question, il peut, à chaque instant, s'insurger contre le donné et il a donc l'impression quand il l'accepte de le confirmer activement ; l'autre ne fait que le subir ; le monde se définit sans elle et il a une figure immuable. Cette impuissance physique se traduit par une timidité plus générale : elle ne croit pas à une force qu'elle n'a pas expérimentée dans son corps, elle n'ose pas entreprendre, se révolter, inventer : vouée à la docilité, à la résignation, elle ne peut qu'accepter dans la société une place toute faite. Elle prend l'ordre des choses comme donné. Une femme me racontait que, pendant toute sa jeunesse, elle avait nié avec une mauvaise foi farouche sa faiblesse physique ; l'admettre, c'eût été perdre le goût et le courage de rien entreprendre, fût-ce dans des domaines intellectuels et politiques. J'ai connu une jeune fille élevée de manière garçonnière et exceptionnellement vigoureuse qui se croyait aussi forte qu'un homme ; bien qu'elle fût très jolie, bien qu'elle eût chaque mois des règles douloureuses, elle ne prenait aucunement conscience de sa féminité ; elle avait la brusquerie, l'exubérance de vie, les initiatives d'un garçon ; elle en avait les hardiesses : elle n'hésitait pas à intervenir dans la rue à coups de poing si elle voyait molester un enfant ou une femme. Une ou deux expériences malheureuses lui révélèrent que la force brutale est du côté des mâles. Quand elle eut mesuré sa faiblesse, une grande partie de son assurance s'écroula ; ce fut le début d'une évolution qui la conduisit à se féminiser, à se réaliser comme passivité, à accepter la dépendance. N'avoir plus confiance en son corps, c'est perdre confiance en soi-même. Il n'y a qu'à voir l'importance que les jeunes gens accordent à leurs muscles pour comprendre que tout sujet saisit son corps comme son expression objective.

Ses impulsions érotiques ne font que confirmer chez le jeune homme l'orgueil qu'il tire de son corps : il y découvre le signe de la transcendance et de sa puissance. La jeune fille peut réussir à assumer ses désirs : mais le plus souvent, ils gardent un caractère honteux. Son corps tout entier est subi dans la gêne. La défiance que tout enfant elle éprouvait à l'égard de ses « intérieurs » contribue à donner à la crise menstruelle le caractère suspect qui la rend odieuse. C'est par l'attitude psychique qu'elle suscite que la servitude menstruelle constitue un lourd handicap. La menace qui pèse sur la jeune fille pendant certaines périodes peut lui paraître si intolérable qu'elle renoncera à des expéditions, à des plaisirs par peur que sa disgrâce ne soit connue. L'hor-

reur que celle-ci inspire se répercute dans l'organisme et en
accroît les troubles et les douleurs. On a vu qu'une des
caractéristiques de la physiologie féminine, c'est l'étroite
liaison des sécrétions endocrines et de la régulation nerveuse : il y a action réciproque ; un corps de femme — et
singulièrement de jeune fille — est un corps « hystérique »
en ce sens qu'il n'y a pour ainsi dire pas de distance entre la
vie psychique et sa réalisation physiologique. Le bouleversement qu'amène chez la jeune fille la découverte des
troubles de la puberté les exaspère. Parce que son corps lui
est suspect, qu'elle l'épie avec inquiétude, il lui paraît
malade : il est malade. On a vu qu'en effet ce corps est fragile et il y a des désordres proprement organiques qui s'y
produisent ; mais les gynécologues s'accordent à dire que
les neuf dixièmes de leurs clientes sont des malades imaginaires, c'est-à-dire que, ou bien leurs malaises n'ont aucune
réalité physiologique, ou bien le désordre organique est lui-
même motivé par une attitude psychique. C'est en grande
partie l'angoisse d'être femme qui ronge le corps féminin.

On voit que si la situation biologique de la femme constitue pour elle un handicap, c'est à cause de la perspective
dans laquelle elle est saisie. La fragilité nerveuse, l'instabilité vaso-motrice, quand elles ne deviennent pas pathologiques, ne lui interdisent aucun métier : entre les mâles
eux-mêmes, il y a une grande diversité de tempéraments.
Une indisposition d'un ou deux jours par mois, même douloureuse, n'est pas non plus un obstacle ; en fait quantité de
femmes s'en accommodent et singulièrement celles que la
« malédiction » mensuelle pourrait gêner davantage : sportives, voyageuses, femmes exerçant de durs métiers. La
plupart des professions ne réclament pas une énergie supérieure à celle que la femme peut fournir. Et dans les sports,
le but visé n'est pas une réussite indépendante des aptitudes
physiques : c'est l'accomplissement de la perfection propre
à chaque organisme ; le champion des poids plumes vaut
celui des poids lourds ; une championne de ski n'est pas

inférieure au champion plus rapide qu'elle : ils appartiennent à deux catégories différentes. Ce sont précisément les sportives qui, positivement intéressées à leur propre accomplissement, se sentent le moins handicapées par rapport à l'homme. Il reste que sa faiblesse physique ne permet pas à la femme de connaître les leçons de la violence : s'il lui était possible de s'affirmer dans son corps et d'émerger dans le monde d'une autre manière, cette déficience serait facilement compensée. Qu'elle nage, qu'elle escalade des pics, qu'elle pilote un avion, qu'elle lutte contre les éléments, prenne des risques et s'aventure, elle n'éprouvera pas devant le monde la timidité dont j'ai parlé. C'est dans l'ensemble d'une situation qui lui laisse bien peu de débouchés que ces singularités prennent leur valeur et non pas immédiatement mais en confirmant le complexe d'infériorité qui a été développé en elle par son enfance.

C'est aussi ce complexe qui va peser sur ses accomplissements intellectuels. On a souvent remarqué qu'à partir de la puberté, la jeune fille dans les domaines intellectuels et artistiques perd du terrain. Il y a beaucoup de raisons. Une des plus fréquentes, c'est que l'adolescente ne rencontre pas autour d'elle les encouragements qu'on accorde à ses frères ; bien au contraire, on veut qu'elle soit *aussi* une *femme* et il lui faut cumuler les charges de son travail professionnel avec celles qu'implique sa féminité. La directrice d'une école professionnelle a fait à ce propos les remarques suivantes :

La jeune fille devient tout à coup un être qui gagne sa vie en travaillant. Elle a de nouveaux désirs qui n'ont plus rien à voir avec la famille. Il arrive assez fréquemment qu'elle doive faire un effort assez considérable... Elle rentre la nuit dans sa famille recrue d'une fatigue colossale et la tête comme farcie de tous les événements du jour... Comment sera-t-elle alors reçue ? La mère l'envoie vite faire une commission. Il y a aussi à terminer les travaux ménagers laissés en suspens et elle a encore à s'occuper des soins de sa propre garde-robe. Impossible de dégager toutes les pensées intimes qui continuent à la préoccuper.

Elle se sent malheureuse, compare sa situation à celle de son frère qui n'a aucun devoir à remplir à la maison et elle se révolte[1].

Les travaux ménagers ou les corvées mondaines que la mère n'hésite pas à imposer à l'étudiante, à l'apprentie, achèvent de la surmener. J'ai vu pendant la guerre des élèves que je préparais à Sèvres accablées par les tâches familiales qui se surajoutaient à leur travail scolaire : l'une a fait un mal de Pott, une autre une méningite. La mère — on le verra — est sourdement hostile à l'affranchissement de sa fille et, plus ou moins délibérément, elle s'applique à la brimer ; on respecte l'effort que fait l'adolescent pour devenir un homme et déjà on lui reconnaît une grande liberté. On exige de la jeune fille qu'elle reste à la maison, on surveille ses sorties : on ne l'encourage aucunement à prendre elle-même en main ses amusements, ses plaisirs. Il est rare de voir des femmes organiser seules une longue randonnée, un voyage à pied ou à bicyclette ou s'adonner à un jeu tel que le billard, les boules, etc. Outre un manque d'initiative qui vient de leur éducation, les mœurs leur rendent l'indépendance difficile. Si elles vagabondent dans les rues, on les regarde, on les accoste. Je connais des jeunes filles qui sans être le moins du monde timides ne trouvent aucun plaisir à se promener seules dans Paris parce que, sans cesse importunées, il leur faut sans cesse être sur le qui-vive : tout leur plaisir en est gâché. Si des étudiantes dévalent les rues en bandes joyeuses comme font les étudiants, elles se donnent en spectacle ; marcher à grands pas, chanter, parler fort, rire haut, manger une pomme, c'est une provocation, elles se feront insulter ou suivre ou aborder. L'insouciance devient tout de suite un manque de tenue ; ce contrôle de soi auquel la femme est obligée et qui devient une seconde nature chez « la jeune fille bien élevée » tue la spontanéité ; l'exubérance vivante en est brimée. Il en résulte de la tension et de l'en-

---

1. Cité par Liepmann, *Jeunesse et sexualité*.

nui. Cet ennui est communicatif : les jeunes filles se lassent
vite les unes des autres ; elles ne s'attachent pas mutuellement à leur prison ; et c'est une des raisons qui leur rend
la compagnie des garçons si nécessaire. Cette incapacité à
se suffire à soi-même engendre une timidité qui s'étend sur
toute leur vie et se marque dans leur travail même. Elles
pensent que les triomphes éclatants sont réservés aux
hommes ; elles n'osent pas viser trop haut. On a vu que se
comparant aux garçons, des fillettes de quinze ans déclaraient : « Les garçons sont mieux. » Cette conviction est
débilitante. Elle encourage à la paresse et à la médiocrité.
Une jeune fille — qui n'avait pour le sexe fort aucune défé-
rence particulière — reprochait à un homme sa lâcheté ; on
lui fit observer qu'elle était elle-même fort poltronne :
« Oh ! une femme, ce n'est pas la même chose », déclara-
t-elle d'un ton complaisant.

La raison profonde de ce défaitisme c'est que l'adolescente ne se pense pas responsable de son avenir ; elle juge
inutile d'exiger beaucoup d'elle-même puisque ce n'est pas
d'elle finalement que doit dépendre son sort. Bien loin
qu'elle se voue à l'homme parce qu'elle se sait inférieure à
lui, c'est parce qu'elle lui est vouée qu'acceptant l'idée de
son infériorité elle la constitue.

Ce n'est pas en effet en augmentant sa valeur humaine
qu'elle gagnera du prix aux yeux des mâles : c'est en se
modelant sur leurs rêves. Quand elle est inexpérimentée elle
ne s'en rend pas toujours compte. Il lui arrive de manifester
la même agressivité que les garçons ; elle essaie de faire leur
conquête avec une autorité brutale, une franchise orgueilleuse : cette attitude la voue presque sûrement à l'échec. De
la plus servile à la plus hautaine, elles apprennent toutes
que, pour plaire, il leur faut abdiquer. Leur mère leur enjoint
de ne plus traiter les garçons en camarades, de ne pas leur
faire d'avances, d'assumer un rôle passif. Si elles désirent
ébaucher une amitié, un flirt, elles doivent soigneusement éviter de paraître en prendre l'initiative ; les hommes n'aiment

pas les garçons manqués, ni les bas-bleus, ni les femmes de tête ; trop d'audace, de culture, d'intelligence, trop de caractère les effraient. Dans la plupart des romans, comme le remarque G. Eliot, c'est l'héroïne blonde et sotte qui l'emporte sur la brune au caractère viril ; et dans *Le Moulin sur la Floss*, Maggie essaie en vain de renverser les rôles ; elle meurt en fin de compte et c'est Lucy la blonde qui épouse Stephen ; dans *Le Dernier des Mohicans*, c'est la fade Alice qui prend le cœur du héros et non la vaillante Clara ; dans *Little Women* la sympathique Joe n'est pour Laurie qu'un camarade d'enfance : il voue son amour à l'insipide Amy aux cheveux bouclés. Être féminine, c'est se montrer impotente, futile, passive, docile. La jeune fille devra non seulement se parer, s'apprêter, mais réprimer sa spontanéité et lui substituer la grâce et le charme étudié que lui enseignent ses aînées. Toute affirmation d'elle-même diminue sa féminité et ses chances de séduction. Ce qui rend relativement facile le départ du jeune homme dans l'existence, c'est que sa vocation d'être humain et de mâle ne se contrarient pas : déjà son enfance annonçait ce sort heureux. C'est en s'accomplissant comme indépendance et liberté qu'il acquiert sa valeur sociale et concurremment son prestige viril : l'ambitieux, tel Rastignac, vise l'argent, la gloire et les femmes d'un même mouvement ; une des stéréotypies qui le stimulent, c'est celle de l'homme puissant et célèbre que les femmes adulent. Pour la jeune fille, au contraire, il y a divorce entre sa condition proprement humaine et sa vocation féminine. Et c'est pourquoi l'adolescence est pour la femme un moment si difficile et si décisif. Jusqu'alors elle était un individu autonome : il lui faut renoncer à sa souveraineté. Non seulement elle est déchirée comme ses frères, et d'une manière plus aiguë, entre le passé et l'avenir ; mais en outre un conflit éclate entre sa revendication originelle qui est d'être sujet, activité, liberté, et d'autre part ses tendances érotiques et les sollicitations sociales qui l'invitent à s'assumer comme objet passif. Elle se saisit spontanément comme l'essentiel : comment se résoudra-t-elle à devenir l'inessentiel ? Mais si je ne peux m'accomplir qu'en tant qu'*Autre*, comment renoncerai-je à mon *Moi* ? Tel est l'angoissant dilemme devant lequel la femme en herbe se débat. Oscillant du désir au dégoût, de l'espoir à la peur, refusant ce qu'elle appelle, elle est encore en suspens entre le moment de l'indépendance enfantine et celui de la soumission féminine : c'est cette incertitude qui lui donne au sortir de l'âge ingrat un goût acide de fruit vert.

La jeune fille réagit à sa situation d'une manière très différente selon ses choix antérieurs. La «petite femme», la matrone en herbe, peut se résigner aisément à sa métamorphose ; cependant elle peut aussi avoir puisé dans sa condition de «petite mère» un goût d'autorité qui l'amène à se rebeller contre le joug masculin : elle est prête à fonder un matriarcat, non à devenir objet érotique et servante. Ce sera souvent le cas des sœurs aînées qui ont assumé très jeunes d'importantes responsabilités. Le «garçon manqué», en se découvrant femme, éprouve parfois une déception brûlante qui peut la conduire directement à l'homosexualité ; cependant, ce qu'elle cherchait dans l'indépendance et la violence c'était la possession du monde : elle peut ne pas vouloir renoncer au pouvoir de sa féminité, aux expériences de la maternité, à toute une partie de son destin. Généralement, à travers certaines résistances, la jeune fille consent à sa féminité : déjà, au stade de la coquetterie infantile, en face de son père, dans ses rêveries érotiques, elle a connu le charme de la passivité ; elle en découvre le pouvoir ; à la honte que lui inspire sa chair se mêle bientôt de la vanité. Cette main qui l'a émue, ce regard qui l'a troublée, c'était un appel, une prière ; son corps lui apparaît comme doué de vertus magiques ; c'est un trésor, une arme ; elle en est fière. Sa coquetterie, qui souvent avait disparu pendant les années d'enfance autonome, ressuscite. Elle essaie des fards, des coiffures ; au lieu de cacher ses seins, elle les masse pour les faire grossir, elle étudie son sourire dans les glaces. La liaison du trouble et de la séduction est si étroite qu'en tous les cas où la sensibilité érotique ne s'éveille pas, on n'observe chez le sujet aucun désir de plaire. Des expériences ont montré que des malades souffrant d'une insuffisance thyroïdienne et par suite apathiques, maussades, pouvaient être transformées par une injection d'extraits glandulaires : elles se mettent à sourire, elles deviennent gaies et minaudières. Hardiment des psychologues imbus de métaphysique matérialiste ont déclaré que la coquetterie était un « instinct » sécrété par la glande thyroïde ; mais cette explication obscure n'est pas plus valable ici que pour la première enfance. Le fait est que dans tous les cas de déficience organique : lymphatisme, anémie, etc., le corps est subi comme un fardeau ; étranger, hostile, il n'espère ni ne promet rien ; quand il retrouve son équilibre et sa vitalité, aussitôt le sujet le reconnaît comme sien et, à travers lui, il se transcende vers autrui.

Pour la jeune fille, la transcendance érotique consiste afin de prendre à se faire proie. Elle devient un objet ; et elle se saisit comme objet ; c'est avec surprise qu'elle découvre ce nouvel aspect de son être : il lui semble qu'elle se dédouble ; au lieu de coïncider exactement avec soi, voilà qu'elle se met à exister *dehors*. Ainsi, dans *L'Invitation à la valse* de Rosamond Lehmann, on voit Olivia découvrir dans une glace une figure inconnue : c'est elle-objet dressé soudain en face de soi-même ; elle en éprouve une émotion vite dissipée, mais bouleversante :

Depuis quelque temps, une émotion particulière accompagnait la minute où elle se regardait ainsi de pied en cap : de façon imprévue et rare, il arrivait qu'elle vît en face d'elle une étrangère, un être nouveau.

Cela s'était produit à deux ou trois reprises. Elle se regardait dans une glace, se voyait. Mais qu'arrivait-il ?... Aujourd'hui, ce qu'elle voyait c'était tout autre chose : un visage mystérieux, à la fois sombre et rayonnant ; une chevelure débordante de mouvements et de force et comme parcourue de courants électriques. Son corps — était-ce à cause de la

robe — lui paraissait se rassembler harmonieusement : se centrer, s'épanouir, souple et stable à la fois : vivant. Elle avait devant elle, pareille à
un portrait, une jeune fille en rose que tous les objets de la chambre,
reflétés dans la glace, paraissaient encadrer, présenter, en murmurant :
C'est vous…

Ce qui éblouit Olivia, ce sont les promesses qu'elle croit
lire dans cette image où elle reconnaît ses rêves enfantins et
qui est elle-même ; mais la jeune fille chérit aussi dans sa
présence charnelle ce corps qui l'émerveille comme celui
d'une autre. Elle se caresse à elle-même, elle embrasse la
rondeur de l'épaule, la saignée du coude, elle contemple
sa poitrine, ses jambes ; le plaisir solitaire devient prétexte
à rêverie, elle y cherche une tendre possession de soi. Chez
l'adolescent, il y a une opposition entre l'amour de soi-
même et le mouvement érotique qui le jette vers l'objet
à posséder : son narcissisme, généralement, disparaît au
moment de la maturité sexuelle. Au lieu que la femme étant
un objet passif pour l'amant comme pour soi, il y a dans son
érotisme une indistinction primitive. Dans un mouvement
complexe, elle vise la glorification de son corps à travers les
hommages des mâles à qui ce corps est destiné ; et ce serait
simplifier les choses de dire qu'elle veut être belle afin
de charmer, ou qu'elle cherche à charmer pour s'assurer
qu'elle est belle : dans la solitude de sa chambre, dans les
salons où elle essaie d'attirer les regards, elle ne sépare pas
le désir de l'homme de l'amour de son propre moi. Cette
confusion est manifeste chez Marie Bashkirtseff. On a vu
déjà qu'un sevrage tardif l'a disposée plus vivement qu'aucune autre enfant à vouloir être regardée et valorisée par
autrui ; depuis l'âge de cinq ans jusqu'au sortir de l'adolescence, elle voue tout son amour à son image ; elle admire à
la folie ses mains, son visage, sa grâce, elle écrit : « Je suis
mon héroïne à moi… » Elle veut devenir cantatrice pour être
*regardée* par un public ébloui et pour *en retour le toiser*
d'un regard fier ; mais cet « autisme » se traduit par des

rêves romanesques ; dès l'âge de douze ans, elle est amoureuse : c'est qu'elle souhaite être aimée et elle ne cherche dans l'adoration qu'elle souhaite inspirer que la confirmation de celle qu'elle se voue. Elle rêve que le duc de H. dont elle est amoureuse, sans lui avoir jamais parlé, se prosterne à ses pieds : « Tu seras ébloui par ma splendeur et tu m'aimeras... Tu n'es digne que d'une femme comme j'espère l'être. » C'est la même ambivalence que nous rencontrons dans la Natacha de *Guerre et Paix* :

> Maman non plus ne me comprend pas. Mon Dieu, que j'ai donc d'esprit ! C'est un vrai charme que cette Natacha ! poursuivit-elle en parlant d'elle à la troisième personne et en plaçant cette exclamation dans la bouche d'un personnage masculin qui lui prêtait toutes les perfections de son sexe. Elle a tout, tout pour elle. Elle est intelligente et gentille et jolie et adroite. Elle nage, elle monte supérieurement à cheval, elle chante à ravir. Oui, on peut le dire, à ravir !...
>
> Elle en était revenue ce matin-là à cet amour de soi, à cette admiration pour sa personne qui constituaient son état d'âme habituel. « Quel charme que cette Natacha ! disait-elle, en faisant parler un tiers, personnage collectif et masculin. Elle est jeune et jolie, elle a une belle voix, elle ne gêne personne ; laissez-la donc tranquille ! »

Katherine Mansfield a décrit aussi, dans le personnage de Béryl, un cas où le narcissisme et le désir romanesque d'une destinée de femme se mêlent étroitement :

> Dans la salle à manger, à la lueur clignotante d'un feu de bois, Béryl assise sur un coussin jouait de la guitare. Elle jouait pour elle-même, chantait à mi-voix et s'observait. La lueur du feu miroitait sur ses souliers, sur le ventre rubicond de la guitare et sur ses doigts blancs...
>
> « Si j'étais dehors et regardais à l'intérieur par la fenêtre, je serais assez frappée de me voir ainsi », songeait-elle. Elle joua l'accompagnement tout à fait en sourdine ; elle ne chantait plus, mais écoutait.
>
> « La première fois que je t'ai vue, petite fille, oh ! tu te croyais bien seule ! tu étais assise avec tes petits pieds sur un coussin et tu jouais de la guitare. Dieu ! je ne pourrai jamais oublier... » Béryl releva la tête et se mit à chanter :

> *Même la lune est lasse.*

Mais on frappait un grand coup à la porte. La figure cramoisie de la bonne parut... Mais non, elle ne supporterait pas cette sotte de fille. Elle se sauva dans le salon obscur et se mit à marcher de long en large. Oh! elle était agitée, agitée. Le manteau de la cheminée était surmonté d'un miroir. Les bras appuyés, elle regarda sa pâle image. Comme elle était belle! mais il n'y avait personne pour s'en apercevoir, personne... Béryl sourit et vraiment son sourire était si adorable qu'elle sourit de nouveau... *(Prélude.)*

Ce culte du moi ne se traduit pas seulement chez la jeune fille par l'adoration de sa personne physique; elle souhaite posséder et encenser son moi tout entier. C'est là le but poursuivi à travers ces journaux intimes dans lesquels elle déverse volontiers son âme : celui de Marie Bashkirtseff est célèbre et c'est un modèle du genre. La jeune fille parle à son carnet comme elle parlait naguère à ses poupées, c'est un ami, un confident, on l'interpelle comme s'il était une personne. Entre les pages s'inscrit une vérité cachée aux parents, aux camarades, aux professeurs, et dont l'auteur s'enivre solitairement. Une fillette de douze ans, qui tint son journal jusqu'à l'âge de vingt ans, avait écrit en exergue :

> *Je suis le petit carnet*
> *Gentil joli et discret*
> *Confie-moi tous tes secrets*
> *Je suis le petit carnet*[1].

D'autres annoncent : «À ne lire qu'après ma mort» ou «À brûler après ma mort». Le sens du secret développé chez la fillette au moment de la pré-puberté ne fait que gagner en importance. Elle s'enferme dans une solitude farouche : elle refuse de livrer à son entourage le moi caché qu'elle considère comme son vrai moi et qui est en fait un

---

1. Cité par Debesse, *La Crise d'originalité juvénile.*

personnage imaginaire : elle joue à être une danseuse comme la Natacha de Tolstoï, ou une sainte comme faisait Marie Lenéru, ou simplement cette merveille singulière qu'est elle-même. Il y a toujours une énorme différence entre cette héroïne et le visage objectif que ses parents et amis lui reconnaissent. Aussi se persuade-t-elle qu'elle est incomprise : ses rapports avec elle-même n'en sont que plus passionnés : elle se grise de son isolement, elle se sent différente, supérieure, exceptionnelle : elle se promet que l'avenir sera une revanche sur la médiocrité de sa vie présente. De cette existence étroite et mesquine elle s'évade par des rêves. Elle a toujours aimé rêver : elle s'abandonnera plus que jamais à ce penchant ; elle masque sous des clichés poétiques un univers qui l'intimide, elle nimbe le sexe mâle de clair de lune, de nuages roses, de nuit veloutée ; elle fait de son corps un temple de marbre, de jaspe, de nacre ; elle se raconte de sottes histoires féeriques. C'est faute d'avoir prise sur le monde qu'elle sombre si souvent dans la niaiserie ; si elle devait *agir* il lui faudrait y voir clair ; tandis qu'elle peut *attendre* au milieu du brouillard. Le jeune homme rêve lui aussi : il rêve surtout d'aventures où il joue un rôle actif. La jeune fille préfère à l'aventure le merveilleux ; elle répand sur choses et gens une incertaine lumière magique. L'idée de magie, c'est celle d'une force passive ; parce qu'elle est vouée à la passivité et que pourtant elle souhaite le pouvoir, il faut que l'adolescente croie à la magie : à celle de son corps qui réduira les hommes sous son joug, à celle de la destinée en général qui la comblera sans qu'elle ait rien à *faire*. Quant au monde réel, elle essaie de l'oublier.

« Quelquefois, à l'école, je fuis je ne sais comment du sujet expliqué et m'envole dans le pays des rêves… », écrit une jeune fille[1]. « Je suis alors si bien absorbée dans de délicieuses chimères que je perds com-

---

1. Cité par Marguerite Évard, *L'Adolescente*.

plètement la notion de la réalité. Je suis clouée sur mon banc et, quand je m'éveille, je suis ébahie de me retrouver entre quatre murs. »

« J'aime bien mieux rêvasser que faire des vers », écrit une autre, « ébaucher dans ma tête de jolis contes sans queue ni tête ou inventer une légende en regardant des montagnes à la lueur des étoiles. C'est bien plus joli parce que c'est *plus vague* et que ça laisse une impression de repos, de rafraîchissement. »

La rêverie peut prendre une forme morbide et envahir toute l'existence comme dans le cas suivant[1] :

Marie B…, enfant intelligente et rêveuse, au moment de la puberté qui se manifeste vers quatorze ans, a une crise d'excitation psychique avec idées de grandeur. « Brusquement, elle déclare à ses parents qu'elle est reine d'Espagne, prend des attitudes hautaines, se drape dans un rideau, rit, chante, commande, ordonne. » Pendant deux ans, cet état se répète pendant les règles ; puis durant huit années, elle mène une vie normale, mais elle est très rêveuse, adore le luxe et dit souvent avec amertume : « Je suis la fille d'un employé. » Vers vingt-trois ans, elle devient apathique, méprisante pour son entourage, manifeste des conceptions ambitieuses ; elle dépérit au point qu'on l'interne à Sainte-Anne, où elle passe huit mois ; elle rentre dans sa famille où, pendant trois ans, elle garde le lit, « désagréable, méchante, violente, capricieuse, inoccupée, faisant mener à tous autour d'elle une véritable vie d'enfer » On la ramène à Sainte-Anne, d'où elle ne sort plus. Elle garde le lit et ne s'intéresse à rien. À certaines périodes — qui semblent correspondre aux époques menstruelles — elle se lève, se drape dans ses couvertures, prend des attitudes théâtrales, des poses, fait des sourires aux médecins ou les regarde ironiquement… Ses propos expriment souvent un certain érotisme et son attitude hautaine traduit des conceptions mégalomanes. Elle s'enfonce de plus en plus dans la rêverie au cours de laquelle des sourires de satisfaction passent sur son visage ; elle ne fait plus aucune toilette et gâte même son lit. « Elle arbore des ornements bizarres. Sans chemise, souvent sans draps, roulée dans ses couvertures quand elle ne s'expose pas nue, sa tête est ornée d'un diadème en papier d'étain, ses bras, ses poignets, ses épaules, ses chevilles portent d'innombrables bracelets en ficelles et rubans. Des bagues de même sorte ornent ses doigts. » Cependant, elle fait parfois sur son état des confidences tout à

---

1. D'après Borel et Robin, *Les Rêveries morbides*. Cité par Minkowski, *La Schizophrénie*.

fait lucides. « Je me rappelle la crise que j'ai eue autrefois. Dans le fond,
je savais que ce n'était pas vrai. J'étais comme une enfant qui joue à la
poupée et qui sait bien que sa poupée n'est pas vivante mais qui veut
s'en persuader... Je me coiffais, je me drapais. Cela m'amusait et puis,
peu à peu, ce fut comme malgré moi, j'étais comme enchantée ; c'était
comme un rêve que je vivais... J'étais comme une comédienne qui
aurait joué un rôle. J'étais dans un monde imaginaire. C'était plusieurs
vies que je vivais *et dans toutes ces vies, j'étais le personnage principal*... Ah ! j'ai eu tant de vies différentes, une fois, je me suis mariée
avec un Américain très beau qui portait des lunettes d'or... Nous avions
un grand hôtel et chacun notre chambre. Quelles fêtes j'ai données !...
J'ai vécu au temps de l'homme des cavernes... J'ai fait la noce autrefois. Je n'ai pas compté tous ceux avec qui j'ai couché. Ici, on est un peu
en retard. On ne comprend pas que je me mette nue avec un bracelet
d'or aux cuisses. Autrefois, j'avais des amis que j'aimais beaucoup. On
donnait des fêtes chez moi. Il y avait des fleurs, des parfums, des fourrures d'hermine. Mes amis me donnaient des objets d'art, des statues,
des autos... Quand je me mets nue dans mes draps, ça me rappelle ma
vie d'autrefois. *Je m'adorais dans la glace*, en artiste... Dans l'enchantement, j'ai été tout ce que j'ai voulu. J'ai même fait des bêtises. J'ai été
morphinomane, cocaïnomane. J'ai eu des amants... Ils s'introduisaient
chez moi la nuit. Ils venaient à deux. Ils amenaient des coiffeurs et on
regardait des cartes postales. » Elle aime aussi un des médecins dont elle
se déclare la maîtresse. Elle aurait eu une fille de trois ans. Elle en a
aussi une de six ans, très fortunée, qui voyage. Le père est un homme
ultra-chic. « Il y a dix autres récits semblables. Chacun est celui d'une
existence factice qu'elle vit en imagination. »

On voit que cette rêverie morbide était essentiellement
destinée à assouvir le narcissisme de la jeune fille qui n'estime pas avoir une vie à sa mesure et qui craint d'affronter la
vérité de l'existence ; Marie B... n'a fait que porter à l'extrême un processus de compensation qui est commun à quantité d'adolescentes.

Cependant ce culte solitaire qu'elle se rend ne suffit pas
à la jeune fille. Pour s'accomplir, elle a besoin d'exister
dans une conscience autre. Elle cherche souvent du secours
auprès de ses compagnes. Plus jeune, l'amie de cœur lui servait d'appui pour s'évader du cercle maternel, pour explorer
le monde et en particulier le monde sexuel ; à présent elle

est à la fois un objet qui arrache l'adolescente aux limites de son moi et un témoin qui le lui restitue. Certaines fillettes s'exhibent les unes aux autres leur nudité, elles comparent leurs poitrines : on se rappelle peut-être la scène de *Jeunes Filles en uniforme* qui montrait ces jeux hardis de pensionnaires ; elles échangent des caresses diffuses ou précises. Comme Colette l'indique dans *Claudine à l'école* et moins franchement Rosamond Lehmann dans *Poussière*, il y a des tendances lesbiennes chez presque toutes les jeunes filles ; ces tendances se distinguent à peine de la délectation narcissiste : en l'autre, c'est la douceur de sa propre peau, le modelé de ses courbes que chacune convoite ; et réciproquement, dans l'adoration qu'elle se porte à elle-même est impliqué le culte de la féminité en général. Sexuellement, l'homme est sujet ; les hommes sont donc normalement séparés par le désir qui les pousse vers un objet différent d'eux ; mais la femme est objet absolu de désir ; c'est pourquoi dans les lycées, les écoles, les pensionnats, les ateliers, fleurissent tant « d'amitiés particulières » ; certaines sont purement spirituelles, et d'autres lourdement charnelles. Au premier cas, il s'agit surtout entre amies de s'ouvrir son cœur, d'échanger des confidences ; la preuve de confiance la plus passionnée, c'est de montrer à l'élue son journal intime ; à défaut d'étreintes sexuelles, les amies échangent des manifestations de tendresse extrêmes et souvent se donnent par un détour un gage physique de leur sentiment : ainsi Natacha se brûle le bras avec une règle portée au rouge pour prouver son amour à Sonia ; surtout elles s'appellent de mille noms caressants, elles échangent des lettres ardentes. Voici par exemple ce qu'écrivait à l'aimée Emilie Dickinson, jeune puritaine de Nouvelle-Angleterre :

Je pense à vous tout aujourd'hui et j'ai rêvé de vous toute la nuit dernière. J'étais en train de me promener avec vous dans le plus merveilleux des jardins et je vous aidais à cueillir des roses et mon panier n'était jamais plein. Et ainsi tout le jour, je prie de me promener avec

vous ; et quand la nuit approche, je suis heureuse et je compte impa-
tiemment les heures qui s'interposent entre moi et l'obscurité et mes
rêves et le panier jamais rempli…

Dans son ouvrage sur *L'Âme de l'adolescente*, Mendousse cite un grand nombre de lettres analogues :

> Ma chère Suzanne… J'aurais aimé à transcrire ici quelques versets du
> *Cantique des cantiques* : que tu es belle, mon amie, que tu es belle !
> Comme la fiancée mystique vous étiez semblable à la rose de Saron, au
> lys de la Vallée et comme elle, vous avez été pour moi plus qu'une
> jeune fille ordinaire ; vous avez été symbole, le symbole de bien des
> choses belles et élevées… et à cause de cela, blanche Suzanne, je vous
> aime d'un amour pur et désintéressé où il y a quelque chose de reli-
> gieux.

Une autre avoue dans un journal des émois moins élevés :

> J'étais là, ma taille enserrée par cette petite main blanche, ma main
> reposant sur son épaule ronde, mon bras sur son bras nu et tiède, pres-
> sée contre la douceur de son sein, avec devant moi sa jolie bouche
> entrouverte sur ses petites dents… Je frissonnais et je sentais ma figure
> brûlante[1].

Dans son livre sur *L'Adolescente*, Mme Évard a recueilli
aussi un grand nombre de ces effusions intimes :

> À ma fée bien-aimée, ma chère chérie. Ma jolie fée. Oh ! dis-moi que
> tu m'aimes encore, dis-moi que je suis toujours pour toi l'amie dévouée.
> Je suis triste, je t'aime tant, ô ma L… et je ne puis te parler, te formuler
> assez mon affection ; il n'y a pas de paroles pour décrire mon amour.
> *Idolâtre* c'est peu dire en comparaison de ce que j'éprouve ; il me
> semble parfois que mon cœur va éclater. Être aimée de toi, c'est trop
> beau, je n'y puis croire. *Ô ma mignonne*, dis-moi, m'aimeras-tu encore
> longtemps ?… etc.

De ces tendresses exaltées, on glisse facilement à de
coupables amours juvéniles ; parfois, une des deux amies

1. Cité aussi par Mendousse, *L'Âme de l'adolescente*.

domine l'autre et exerce son pouvoir avec sadisme; mais souvent, ce sont des amours réciproques sans humiliation ni lutte; le plaisir donné et reçu demeure aussi innocent qu'au temps où chacune s'aimait solitairement sans s'être dédoublée en un couple. Mais cette blancheur même est fade; quand l'adolescente souhaite entrer dans la vie, accéder à l'Autre, elle veut ressusciter à son profit la magie du regard paternel, elle exige l'amour et les caresses d'une divinité. Elle s'adressera à une femme, moins étrangère et moins redoutable que le mâle, mais qui participera au prestige viril: une femme qui a un métier, qui gagne sa vie, qui a une certaine surface sociale sera facilement aussi fascinante qu'un homme: on sait combien de « flammes » s'allument au cœur des écolières pour des professeurs, des surveillantes. Dans *Régiment de femmes*, Clémence Dane décrit sur un mode chaste des passions d'une brûlante ardeur. Parfois, la jeune fille fait à son amie de cœur la confidence de sa grande passion; il arrive même qu'elles la partagent et que chacune se pique de l'éprouver plus vivement. Ainsi, une écolière écrit à sa camarade préférée:

Je suis au lit, enrhumée, je ne puis que penser à Mlle X... Je n'ai jamais aimé une maîtresse à ce point. Déjà en première année je l'aimais beaucoup; mais maintenant c'est un vrai amour. Je crois que je suis plus passionnée que toi. Il me semble que je l'embrasse; je m'évanouis à moitié et me réjouis de rentrer à l'école pour la voir[1].

Plus souvent, elle ose avouer ses sentiments à son idole même:

Je suis, chère Mademoiselle, vis-à-vis de vous dans un état indescriptible... Lorsque je ne vous vois pas, je donnerais tout au monde pour vous rencontrer; je pense à vous à chaque instant. Si je vous aperçois, j'ai les yeux pleins de larmes, le désir de me cacher; je suis si petite, si ignorante auprès de vous. Quand vous me causez, je suis embarrassée, émue, il me semble entendre la douce voix d'une fée et un bourdonne-

1. Cité par Marguerite Évard, *L'Adolescente*.

ment de choses aimantes, impossibles à traduire ; j'épie vos moindres gestes, je ne suis plus à la conversation et je marmotte quelque bêtise : vous avouerez bien, chère Mademoiselle, que c'est embrouillé. J'y vois une chose bien nette, c'est que je vous aime du plus profond de mon âme[1].

La directrice d'une école professionnelle raconte[2] :

Je me rappelle que, dans ma propre jeunesse, nous nous disputions le papier dans lequel un de nos jeunes professeurs apportait son déjeuner et que nous en payions les morceaux jusqu'à vingt pfennigs. Ses tickets de métro périmés faisaient aussi l'objet de notre manie de collectionneuses.

Puisqu'elle doit jouer un rôle viril, il est préférable que la femme aimée ne soit pas mariée : le mariage ne décourage pas toujours la jeune amoureuse mais il la gêne ; elle hait que l'objet de son adoration apparaisse comme soumis au pouvoir d'un époux ou d'un amant. Souvent ces passions se déroulent en secret, ou du moins sur un plan purement platonique ; mais le passage à un érotisme concret est beaucoup plus facile ici que si l'objet aimé est du sexe masculin ; même si elle n'a pas eu de faciles expériences avec des amies de son âge, le corps féminin n'effarouche pas la jeune fille ; elle a souvent connu avec ses sœurs, avec sa mère, une intimité où la tendresse était subtilement pénétrée de sensualité, et près de l'aimée qu'elle admire le glissement de la tendresse au plaisir se fera aussi de manière insensible. Quand, dans *Jeunes Filles en uniforme*, Dorothy Wieck embrassait sur les lèvres Herta Thill, ce baiser était maternel et sexuel à la fois. Il y a entre femmes une complicité qui désarme la pudeur ; le trouble que l'une éveille en l'autre est généralement sans violence ; les caresses homosexuelles n'impliquent ni défloration, ni pénétration : elles assouvissent l'érotisme clitoridien de l'enfance sans réclamer de

1. Cité par Marguerite Évard, *L'Adolescente*.
2. Liepmann, *Jeunesse et sexualité*.

nouvelles et inquiétantes métamorphoses. La jeune fille peut réaliser sa vocation d'objet passif sans se sentir profondément aliénée. C'est ce qu'exprime Renée Vivien dans ces vers, où elle décrit les rapports des «femmes damnées» et de leurs amantes :

> *Nos corps sont pour leur corps un fraternel miroir,*
> *Nos lunaires baisers ont de pâles douceurs,*
> *Nos doigts ne froissent point le duvet d'une joue*
> *Et nous pouvons quand la ceinture se dénoue*
> *Être tout à la fois des amants et des sœurs*[1].

Et dans ceux-ci :

> *Car nous aimons la grâce et la délicatesse*
> *Et ma possession ne meurtrit pas tes seins...*
> *Ma bouche ne saurait mordre âprement ta bouche*[2].

À travers l'impropriété poétique des mots «seins» et «bouche», ce qu'elle promet clairement à son amie c'est de ne pas la violenter. Et c'est en partie par peur de la violence, du viol, que l'adolescente adresse souvent son premier amour à une aînée plutôt qu'à un homme. La femme virile réincarne à la fois pour elle le père et la mère : du père elle a l'autorité, la transcendance, elle est source et mesure des valeurs, elle émerge par-delà le monde donné, elle est divine ; mais elle demeure femme : qu'enfant elle ait été trop sevrée des caresses maternelles, ou qu'au contraire sa mère l'ait trop longtemps dorlotée, l'adolescente rêve comme ses frères à la chaleur du sein ; dans cette chair proche de la sienne elle retrouve avec abandon cette fusion immédiate avec la vie que le sevrage a détruite ; et par ce regard étranger qui l'enveloppe, la séparation qui l'individualise est sur-

1. *L'Heure des mains jointes.*
2. *Sillages.*

montée. Bien entendu, tout rapport humain implique des conflits, tout amour des jalousies. Mais beaucoup des difficultés qui se dressent entre la vierge et son premier amant sont ici aplanies. L'expérience homosexuelle peut prendre la figure d'un véritable amour ; elle peut apporter à la jeune fille un équilibre si heureux qu'elle désirera la perpétuer, la répéter, qu'elle en gardera un souvenir nostalgique ; elle peut révéler ou faire naître une vocation lesbienne [1]. Mais, le plus souvent, elle ne représentera qu'une étape : sa facilité même la condamne. Dans l'amour qu'elle voue à une aînée, la jeune fille convoite son propre avenir : elle veut s'identifier à l'idole ; à moins d'une supériorité exceptionnelle, celle-ci perd vite son aura ; quand elle commence à s'affirmer, la cadette juge, compare : l'autre qui a été choisie justement parce qu'elle était proche et n'intimidait pas n'est pas assez *autre* pour s'imposer longtemps ; les dieux mâles sont plus solidement installés parce que leur ciel est plus lointain. Sa curiosité, sa sensualité incitent la jeune fille à désirer des étreintes plus violentes. Très souvent, elle n'a, dès l'origine, envisagé l'aventure homosexuelle que comme une transition, une initiation, une attente ; elle a joué l'amour, la jalousie, la colère, l'orgueil, la joie, la peine dans l'idée plus ou moins avouée qu'elle imitait sans grand risque les aventures dont elle rêve mais qu'elle n'osait pas encore ou qu'elle n'avait pas l'occasion de vivre. Elle est vouée à l'homme, elle le sait, et elle veut une destinée de femme normale et complète.

L'homme l'éblouit et cependant il lui fait peur. Pour concilier les sentiments contradictoires qu'elle lui porte elle va dissocier en lui le mâle qui l'effarouche et la divinité rayonnante qu'elle adore pieusement. Brusque, sauvage avec des camarades masculins, elle idolâtre de lointains princes charmants : acteurs de cinéma dont elle affiche la photo au-dessus de son lit, héros défunts ou vivants mais en

1. Cf. ch. IV.

tout cas inaccessibles, inconnus aperçus par hasard et qu'elle sait ne plus revoir jamais. De telles amours ne soulèvent aucun problème. Très souvent c'est à un homme doué de prestige social ou intellectuel mais dont le physique ne saurait susciter de trouble qu'elles s'adressent : par exemple à un vieux professeur un peu ridicule ; ces hommes d'âge émergent au-delà du monde où l'adolescente est enfermée, on peut se destiner à eux en secret, s'y consacrer comme on se consacrerait à Dieu : un tel don n'a rien d'humiliant, il est librement consenti puisqu'on ne les désire pas dans sa chair. L'amoureuse romanesque accepte même volontiers que l'élu soit d'un aspect humble, qu'il soit laid, un peu dérisoire : elle ne se sent que plus en sécurité. Elle feint de déplorer les obstacles qui la séparent de lui ; mais en vérité elle l'a justement choisi parce que d'elle à lui aucun rapport réel n'était possible. Ainsi peut-elle faire de l'amour une expérience abstraite, purement subjective, qui n'attente pas à son intégrité ; son cœur bat, elle connaît la douleur de l'absence, les affres de la présence, le dépit, l'espoir, la rancune, l'enthousiasme, mais à blanc ; rien d'elle-même n'est engagé. Il est amusant de constater que l'idole est choisie d'autant plus éclatante qu'elle est plus distante : il est utile que le professeur de piano qu'on rencontre quotidiennement soit ridicule et laid ; mais si on s'éprend d'un étranger qui se meut dans d'inaccessibles sphères, alors on le préfère beau et mâle. L'important c'est que d'une manière ou d'une autre, la question sexuelle ne se pose pas. Ces amours de tête prolongent et confirment l'attitude narcissiste où l'érotisme n'apparaît que dans son immanence, sans présence réelle de l'Autre. C'est parce qu'elle y trouve un alibi qui lui permet d'éluder des expériences concrètes que souvent l'adolescente développe une vie imaginaire d'une extraordinaire intensité. Elle choisit de confondre ses fantasmes avec la réalité. Entre autres exemples, H. Deutsch[1] en rapporte

1. *Psychology of Women.*

un très significatif : c'est celui d'une jeune fille jolie et séduisante, qui aurait pu facilement être courtisée et qui se refusait à tout commerce avec les jeunes gens de son entourage ; cependant dans le secret de son cœur elle avait à l'âge de treize ans choisi de rendre un culte à un garçon de dix-sept ans, plutôt disgracié et qui ne lui avait jamais adressé la parole. Elle se procura une photo de lui, y inscrivit elle-même une dédicace, et pendant trois ans tint chaque jour un journal relatant ses expériences imaginaires : ils échangeaient des baisers, des étreintes passionnées ; il y avait parfois entre eux des scènes de larmes dont elle sortait avec des yeux réellement rouges et gonflés ; puis ils se réconciliaient, elle s'envoyait des fleurs, etc. Quand un changement de résidence la sépara de lui, elle lui écrivit des lettres, qu'elle ne lui envoya jamais, mais auxquelles elle répondait elle-même. Cette histoire était très évidemment une défense contre des expériences réelles dont elle avait peur.

Ce cas est presque pathologique. Mais il illustre en le grossissant un processus qui se rencontre normalement. On voit chez Marie Bashkirtseff un saisissant exemple de vie sentimentale imaginaire. Le duc de H... dont elle prétend être amoureuse, elle ne lui a jamais parlé. Ce qu'elle souhaite, en vérité, c'est l'exaltation de son moi ; mais étant femme et surtout à l'époque et dans la classe à laquelle elle appartient, il ne pouvait être question pour elle d'obtenir le succès par une existence autonome. À l'âge de dix-huit ans, elle note lucidement : « J'écris à C... que je voudrais être un homme. Je sais que je pourrais devenir quelqu'un ; mais avec des jupons, où voulez-vous qu'on aille ? Le mariage est la seule carrière des femmes ; les hommes ont trente-six chances, la femme n'en a qu'une, le zéro, comme à la banque. » Elle a donc besoin de l'amour d'un homme ; mais pour qu'il soit capable de lui conférer une valeur souveraine, il doit être lui-même conscience souveraine. « Jamais un homme en dessous de ma position ne saurait me plaire, écrit-elle. Un homme riche, indépendant, porte avec lui l'orgueil et un certain air confortable. L'assurance a un certain air victorieux. J'aime en H... cet air capricieux, fat et cruel : il a du Néron. » Et encore : « Cet anéantissement de la femme devant la supériorité de l'homme aimé doit être la plus grande jouissance d'amour-propre que peut éprouver la femme supérieure. » Ainsi le narcissisme conduit au masochisme : cette liaison se rencontrait déjà chez l'enfant rêvant à Barbe-Bleue, à Grisélidis, aux saintes martyres. Le moi est constitué comme pour autrui, par autrui : plus autrui est puissant, plus le moi a de richesses et de pouvoirs ; captivant son maître, il enveloppe en soi toutes les vertus que celui-ci détient ; aimée de Néron, Marie Bashkirtseff *serait* Néron ; s'anéantir devant autrui, c'est réaliser autrui à la fois en soi et pour soi ; en vérité ce rêve de néant est une orgueilleuse volonté d'être. De fait, Marie Bashkirtseff n'a jamais rencontré d'homme assez superbe pour qu'elle acceptât de s'aliéner à travers lui. Autre chose est de s'agenouiller devant un dieu qu'on forge soi-même et qui demeure à distance, autre chose de s'abandonner à un mâle de chair et d'os. Beaucoup de jeunes filles s'entêtent longtemps à poursuivre leur rêve à travers le monde réel : elles cherchent un homme qui leur semble supérieur à tous les autres par sa position, son mérite, son intelligence ; elles le veulent plus âgé qu'elles, s'étant déjà taillé une place sur terre, jouissant d'autorité et de prestige ; la fortune, la célébrité les fascinent : l'élu apparaît comme le Sujet absolu qui par son amour leur communiquera sa splendeur et sa nécessité. Sa supériorité idéalise l'amour que la jeune fille lui porte : ce n'est pas parce qu'il est un mâle qu'elle souhaite se donner à lui, c'est parce qu'il est *cet* être d'élite. « Je voudrais des géants et je ne trouve que des hommes », me disait naguère une amie. Au nom de ces hautes exigences, la jeune fille dédaigne des prétendants trop quotidiens et élude les problèmes de la sexualité. Elle chérit aussi, dans ses rêves, sans risque, une image d'elle-même qui l'enchante en tant qu'image, encore qu'elle ne consente pas du tout à s'y conformer. Ainsi Marie Le Hardouin[1] raconte qu'elle se plaisait à se voir en victime toute dévouée à un homme alors qu'elle était réellement autoritaire.

> Par une sorte de pudeur, je n'ai jamais pu exprimer dans la réalité ces tendances cachées de ma nature que j'ai tant vécues en rêve. Telle que j'ai appris à me connaître, je suis en effet autoritaire, violente, incapable au fond de plier.
>
> Obéissant toujours à un besoin de m'abolir, je m'imaginais parfois que j'étais une femme admirable, ne vivant que par le devoir et amoureuse jusqu'à l'imbécillité d'un homme dont je m'efforçais de prévenir les moindres volontés. Nous nous débattions au sein d'une laide vie de nécessités. Il se tuait de travail et rentrait le soir hâve et défait. Moi je perdais mes yeux auprès d'une fenêtre sans lumière à raccommoder ses vêtements. Dans une étroite cuisine enfumée, je lui composais quelques mets de misère. La maladie menaçait sans cesse de faire mourir notre unique enfant. Cependant, un sourire crucifié de douceur palpitait toujours sur mes lèvres et toujours l'on voyait dans mes yeux cette expression insupportable de courage silencieux que je n'ai jamais pu supporter sans dégoût dans la réalité.

Outre ces complaisances narcissistes, certaines jeunes filles éprouvent plus concrètement le besoin d'un guide, d'un maître. Au moment où elles échappent à l'emprise des parents, elles se trouvent tout embarrassées d'une autonomie à laquelle elles n'ont pas été habituées ; elles ne savent guère en faire qu'un usage négatif ; elles tombent dans le caprice et l'extravagance ; elles souhaitent se démettre à nouveau de leur liberté. L'histoire de la jeune fille capricieuse, orgueilleuse, rebelle, insupportable et qui se fait amoureusement dompter par un homme raisonnable est un poncif de la littérature à bon marché et du cinéma : c'est un cliché qui flatte à la fois les hommes et les femmes. C'est l'histoire que raconte entre autres Mme de Ségur dans *Quel amour d'enfant !* Enfant, Gisèle déçue par un père trop indulgent s'est attachée à une vieille tante sévère ; jeune fille, elle subit l'ascendant d'un jeune homme grondeur, Julien,

1. *La Voile noire.*

qui lui dit durement ses vérités, qui l'humilie, qui cherche à la réformer ; elle épouse un riche duc sans caractère auprès de qui elle est fort malheureuse et c'est quand, veuve, elle accepte l'amour exigeant de son mentor qu'elle trouve enfin joie et sagesse. Dans *Good Wives* de Louisa Alcott, l'indépendante Joe commence à s'éprendre de son futur mari parce qu'il lui reproche sévèrement une étourderie qu'elle a commise ; il la gronde lui aussi, et elle est tout empressée à s'excuser, à se soumettre. Malgré l'orgueil crispé des femmes américaines, les films de Hollywood nous ont présenté cent fois des enfants terribles domptées par la saine brutalité d'un amoureux ou d'un mari : une paire de gifles, voire une fessée apparaissent comme de sûrs moyens de séduction. Mais dans la réalité le passage de l'amour idéal à l'amour sexuel n'est pas simple. Beaucoup de femmes évitent soigneusement de se rapprocher de l'objet de leur passion par une peur plus ou moins avouée d'une déception. Si le héros, le géant, le demi-dieu répond à l'amour qu'il inspire et le transforme en une expérience réelle la jeune fille s'effarouche ; son idole devient un mâle dont elle se détourne, écœurée. Il y a des adolescentes coquettes qui mettent tout en œuvre pour séduire un homme qui leur semble « intéressant », ou « fascinant », mais qui paradoxalement s'irritent s'il leur manifeste en retour un sentiment trop vif ; il leur plaisait parce qu'il paraissait inaccessible : amoureux, il se banalise. « C'est un homme comme les autres. » La jeune fille lui en veut de sa déchéance ; elle en prend prétexte pour refuser les contacts physiques qui effraient sa sensibilité virginale. Si la jeune fille cède à son « Idéal », elle demeure insensible dans ses bras et « il arrive, dit Stekel[1], que des jeunes filles exaltées se suicident à la suite de telles scènes où toute la construction de l'imagination amoureuse s'effondre parce que l'Idéal se révèle sous la forme d'un "animal brutal" ». C'est aussi par goût de

---

1. *La Femme frigide.*

l'impossible que souvent la jeune fille tombe amoureuse d'un homme quand il commence à faire la cour à une de ses amies et que très souvent aussi elle élit un homme marié. Elle est volontiers fascinée par les don Juan ; elle rêve de se soumettre et de s'attacher ce séducteur qu'aucune femme ne retient jamais, elle caresse l'espoir de le réformer : mais en fait elle sait qu'elle échouera dans son entreprise et c'est là une des raisons de son choix. Certaines jeunes filles s'avèrent à tout jamais incapables de connaître un amour réel et complet. Toute leur vie elles rechercheront un idéal impossible à atteindre.

C'est qu'il y a conflit entre le narcissisme de la jeune fille et les expériences auxquelles sa sexualité la destine. La femme ne s'accepte comme l'inessentiel qu'à condition de se retrouver l'essentiel au sein de son abdication. En se faisant objet, voilà qu'elle devient une idole dans laquelle elle se reconnaît orgueilleusement ; mais elle refuse l'implacable dialectique qui lui inflige de retourner à l'inessentiel. Elle veut être un trésor fascinant, non une chose à prendre. Elle aime apparaître comme un merveilleux fétiche chargé d'effluves magiques, non s'envisager comme une chair qui se laisse voir, palper, meurtrir : ainsi l'homme chérit la femme proie mais fuit l'ogresse Déméter.

Fière de capter l'intérêt masculin, de susciter l'admiration, ce qui la révolte, c'est d'être captée en retour. Avec la puberté, elle a appris la honte : et la honte demeure mêlée à sa coquetterie et à sa vanité, les regards des mâles la flattent et la blessent à la fois ; elle ne voudrait être vue que dans la mesure où elle se montre : les yeux sont toujours trop perçants. D'où les incohérences qui déconcertent les hommes : elle étale son décolleté, ses jambes, et dès qu'on la regarde elle rougit, s'irrite. Elle s'amuse à provoquer le mâle mais si elle s'aperçoit qu'elle a suscité en lui le désir, elle recule avec dégoût : le désir masculin est une offense autant qu'un hommage ; dans la mesure où elle se sent responsable de son charme, où il lui semble l'exercer librement, elle s'enchante de ses victoires : mais en tant que ses traits, ses formes, sa chair sont donnés et subis, elle veut les dérober à cette liberté étrangère et indiscrète qui les convoite. C'est là le sens profond de cette pudeur originelle, qui interfère de manière déconcertante avec les coquetteries les plus hardies. Une fillette peut avoir d'étonnantes audaces parce qu'elle ne réalise pas que ses initiatives la révèlent dans sa passivité : dès qu'elle s'en aperçoit, elle s'effarouche et se fâche. Rien de plus équivoque qu'un regard ; il existe à distance, et par cette distance, il paraît respectueux : mais il s'empare sournoisement de l'image perçue. La femme en herbe se débat dans ces pièges. Elle commence à s'abandonner mais aussitôt elle se crispe et tue en elle le désir. Dans son corps encore incertain, la caresse est éprouvée tantôt comme un plaisir tendre, tantôt comme un désagréable chatouillement ; un baiser l'émeut d'abord, puis brusquement la fait rire ; elle fait suivre chaque complaisance d'une révolte ; elle se laisse embrasser, mais elle s'essuie la bouche avec affectation ; elle est souriante et tendre, puis soudain ironique et hostile ; elle fait des promesses et délibérément les oublie. Telle est Mathilde de La Mole séduite par la beauté et les rares qualités de Julien, désireuse d'atteindre à travers son amour un destin exceptionnel, mais refusant farouchement la domination de ses propres sens et celle d'une conscience étrangère ; elle passe de la servilité à l'arrogance, de la supplication au mépris ; tout ce qu'elle donne, elle le fait aussitôt payer. Telle est aussi cette « Monique » dont Marcel Arland a tracé le portrait, qui confond le trouble et le péché, pour qui l'amour est une abdication honteuse, dont le sang brûle mais qui déteste cette ardeur et qui ne se soumet qu'en se cabrant.

C'est en exhibant une nature enfantine et perverse que le « fruit vert » se défend contre l'homme. Sous cette figure à moitié sauvage, à moitié assagie, la jeune fille a été souvent décrite. Colette, entre autres, l'a peinte dans *Claudine à l'école* et aussi dans *Le Blé en herbe* sous les traits de la séduisante Vinca. Elle garde un intérêt ardent pour le monde posé en face d'elle et sur lequel elle règne en souveraine ; mais elle a aussi de la curiosité, un désir sensuel et romanesque de l'homme. Vinca s'écorche aux ronces, pêche des crevettes, grimpe aux arbres, et cependant elle frémit quand son camarade Phil touche sa main ; elle connaît le trouble où le corps se fait chair et qui est la première révélation de la femme comme femme ; troublée, elle commence à se vouloir jolie : par moments elle se coiffe, elle se maquille, s'habille d'organdi vaporeux, elle s'amuse à être coquette et à séduire ; mais comme aussi elle veut exister *pour soi* et non seulement *pour autrui*, à d'autres moments, elle se fagote dans de vieilles robes sans grâce, dans des pantalons malséants ; il y a toute une partie d'elle-même qui blâme la coquetterie et la considère comme une démission : aussi fait-elle exprès d'avoir les doigts tachés d'encre, de se montrer dépeignée, souillon. Ces rébellions lui donnent une gaucherie qu'elle ressent avec dépit : elle s'en agace, rougit, redouble de maladresse et prend en horreur ces tentatives avortées de séduction. À ce stade, la jeune fille ne veut plus être une enfant, mais elle n'accepte pas de devenir adulte, elle se reproche tour à tour sa puérilité et sa résignation de femelle. Elle est en attitude de constant refus.

C'est là le trait qui caractérise la jeune fille et qui nous donne la clé de la plupart de ses conduites ; elle n'accepte pas le destin que la nature et la société lui assignent ; et cependant, elle ne le répudie pas positivement : elle est intérieurement trop divisée pour entrer en lutte avec le monde ; elle se borne à fuir la réalité ou à la contester symboliquement. Chacun de ses désirs se double d'une angoisse : elle est avide d'entrer en possession de son avenir, mais elle redoute de rompre avec son passé ; elle souhaite « avoir » un homme, elle répugne à être sa proie. Et derrière chaque peur se dissimule un désir : le viol lui fait horreur mais elle aspire à la passivité. Aussi est-elle vouée à la mauvaise foi et à toutes ses ruses ; est-elle prédisposée à toutes sortes d'obscssions négatives qui traduisent l'ambivalence du désir et de l'anxiété.

Une des formes de contestation qu'on rencontre le plus souvent chez l'adolescente, c'est le ricanement. Lycéennes, midinettes «pouffent» de rire en se racontant des histoires sentimentales ou scabreuses, en parlant de leurs flirts, en croisant des hommes, en voyant des amoureux s'embrasser; j'ai connu des écolières qui passaient exprès dans le jardin du Luxembourg par l'allée des amoureux, histoire de rire; et d'autres qui fréquentaient les bains turcs afin de se moquer des grosses dames aux ventres lourds, aux seins pendants, qu'elles y rencontraient; bafouer le corps féminin, tourner les hommes en ridicule, rire de l'amour, c'est une manière de désavouer la sexualité: il y a dans ces rires, avec un défi aux adultes, une manière de surmonter sa propre gêne; on joue avec des images, avec des mots, afin d'en tuer la magie dangereuse: ainsi j'ai vu les élèves de quatrième «pouffer» en trouvant dans un texte latin le mot *femur*. À plus forte raison, si la fillette se laisse embrasser, tripoter, elle prendra sa revanche en riant au nez de son partenaire ou avec des camarades. Je me rappelle dans un compartiment de chemin de fer, une nuit, deux jeunes filles qui se faisaient cajoler tour à tour par un commis voyageur tout heureux de l'aubaine: entre chaque séance, elles riaient hystériquement, retrouvant, dans un compromis de sexualité et de vergogne, les conduites de l'âge ingrat. En même temps qu'au fou rire, les jeunes filles demandent un secours au langage: on trouve, dans la bouche de certaines d'entre elles, un vocabulaire dont la grossièreté ferait rougir leurs frères; elles s'en effarouchent d'autant moins que, sans doute, les expressions dont elles usent n'évoquent pas en elles, du fait de leur demi-ignorance, d'image très précise; le but est d'ailleurs sinon d'empêcher les images de se former, du moins de les désarmer; les histoires grossières que les lycéennes se racontent sont beaucoup moins destinées à assouvir des instincts sexuels qu'à nier la sexualité:

on ne veut la considérer que sous un aspect humoristique, comme une opération mécanique et quasi chirurgicale. Mais, comme le rire, l'usage d'un langage obscène n'est pas seulement une contestation : c'est aussi un défi aux adultes, une sorte de sacrilège, une conduite délibérément perverse. Refusant la nature et la société, la jeune fille les provoque et les brave par quantité de singularités. On a souvent noté chez elle des manies alimentaires : elle mange des mines de crayon, des pains à cacheter, des bouts de bois, des crevettes vivantes, elle avale des cachets d'aspirine par dizaine, voire même, elle absorbe des mouches, des araignées ; j'en ai connu une, très assagie cependant, qui composait avec du café et du vin blanc d'affreuses mixtures qu'elle se forçait à absorber ; d'autres fois, elle mangeait du sucre trempé dans du vinaigre ; j'en ai vu une autre, trouvant un ver blanc dans une salade, le croquer avec décision. Tous les enfants s'attachent à expérimenter le monde avec les yeux, les mains, et plus intimement avec la bouche et l'estomac : mais à l'âge ingrat, la fillette se plaît plus particulièrement à l'explorer dans ce qu'il a d'indigeste, de répugnant. Très souvent, ce qui est «dégoûtant» l'attire. L'une d'elles qui était jolie, coquette à ses heures et soignée, se montrait véritablement fascinée par tout ce qui lui semblait «sale» : elle touchait des insectes, contemplait ses linges hygiéniques souillés, suçait le sang de ses écorchures. Jouer avec des choses malpropres, c'est évidemment une manière de surmonter le dégoût ; ce sentiment a pris beaucoup d'importance au moment de la puberté : la fillette a du dégoût pour son corps trop charnel, pour le sang menstruel, pour les pratiques sexuelles des adultes, pour le mâle auquel elle est vouée ; elle le nie en se complaisant précisément dans la familiarité de tout ce qui lui répugne. «Puisqu'il faut que je saigne chaque mois, je prouve en buvant le sang de mes écorchures que mon sang ne me fait pas peur. Puisque je devrai me soumettre à une épreuve révoltante, pourquoi ne pas croquer un ver blanc?» D'une manière beaucoup plus nette, cette attitude s'affirme dans les automutilations si fréquentes à cet âge. La jeune fille se taillade la cuisse à coups de rasoir, se brûle avec des cigarettes, se coupe, s'écorche ; pour ne pas aller à une garden-party ennuyeuse, une amie de ma jeunesse s'est fendu le pied d'un coup de hachette, au point d'avoir à garder six semaines le lit. Ces pratiques sado-masochistes sont à la fois une anticipation de l'expérience sexuelle et une révolte contre elle ; il faut, en supportant ces épreuves, s'endurcir contre toute épreuve possible et par là les rendre toutes anodines, y compris la nuit nuptiale. Quand elle met une limace sur sa poitrine, quand elle avale un tube d'aspirine, quand elle se blesse, la jeune fille défie son futur amant : Tu ne m'infligeras jamais rien de plus odieux que ce que je m'inflige à moi-même. Ce sont là des initiations moroses et orgueilleuses à l'aventure sexuelle. Destinée à être une proie passive, elle revendique sa liberté jusque dans le fait de subir douleur et dégoût. Quand elle s'impose la morsure du couteau, la brûlure d'une braise, elle proteste contre la pénétration qui la déflore : elle proteste en l'annulant. Masochiste, puisque dans ses conduites elle accueille la douleur, elle est surtout sadique : en tant que sujet autonome, elle fouaille, bafoue, torture cette chair dépendante, cette chair condamnée à la soumission qu'elle déteste sans vouloir cependant s'en distinguer. Car elle ne choisit pas en toutes ces conjonctures de refuser authentiquement son destin. Les manies sadomasochistes impliquent une fondamentale mauvaise foi : si la fillette s'y livre, c'est qu'elle accepte, à travers ses refus, son avenir de femme ; elle ne mutilerait pas haineusement sa chair si d'abord elle ne se reconnaissait pas comme chair. Même ses explosions de violence s'enlèvent sur un fond de résignation. Quand un jeune garçon est en révolte contre son père, contre le monde, il se livre à des violences efficaces ; il cherche querelle à un camarade, il se bat, il s'affirme à coups de poing comme sujet : il s'impose au monde, il le dépasse. Mais s'affirmer, s'imposer est interdit à l'adoles-

cente, et c'est bien là ce qui met dans son cœur tant de
révolte : elle n'espère ni changer le monde, ni en émerger ;
elle se sait ou du moins se croit, et peut-être même se veut,
ligotée : elle ne peut que détruire ; il y a du désespoir dans sa
rage ; au cours d'une soirée irritante, elle casse des verres,
des vitres, des vases : ce n'est pas pour vaincre le sort ; ce
n'est qu'une protestation symbolique. C'est à travers son
impuissance présente que la jeune fille se rebelle contre son
asservissement futur ; et ses vaines explosions loin de la
délivrer de ses liens ne font souvent que les resserrer. Violences contre elle-même ou contre l'univers qui l'entoure
ont toujours un caractère négatif : elles sont plus specta-
culaires qu'efficaces. Le garçon qui escalade des rochers,
qui se bat avec des camarades, regarde la douleur physique,
les plaies et les bosses, comme une conséquence insignifiante des activités positives auxquelles il s'adonne ; il ne les
recherche ni ne les fuit pour elles-mêmes (sauf en cas d'un
complexe d'infériorité qui le met dans une situation analogue à celle des femmes). La jeune fille se regarde souffrir : elle cherche dans son propre cœur le goût de la
violence et de la révolte plutôt qu'elle ne s'intéresse à leurs
résultats. Sa perversité vient de ce qu'elle demeure ancrée
dans l'univers enfantin d'où elle ne peut ou ne veut pas véritablement s'évader ; elle se débat dans sa cage plutôt qu'elle
ne cherche à en sortir ; ses attitudes sont négatives,
réflexives, symboliques. Il y a des cas où cette perversité
prend des formes inquiétantes. Un assez grand nombre de
jeunes vierges sont kleptomanes ; la kleptomanie est une
« sublimation sexuelle » de nature très équivoque ; la volonté
d'enfreindre les lois, de violer un tabou, le vertige de l'acte
défendu et dangereux est certainement essentiel chez la
voleuse : mais il a une double face. Prendre des objets sans
en avoir le droit, c'est affirmer avec arrogance son autonomie, c'est se poser comme sujet en face des choses volées et
de la société qui condamne le vol, c'est refuser l'ordre établi et en défier les gardiens ; mais ce défi a aussi un aspect

masochiste ; la voleuse est fascinée par le risque couru, par l'abîme dans lequel elle sera précipitée si elle est prise ; c'est le danger d'être prise qui donne au fait de prendre un attrait si voluptueux ; alors sous les regards pleins de blâme, sous la main posée sur son épaule, dans la honte, elle se réaliserait totalement et sans recours comme objet. Prendre sans être prise, dans l'angoisse de devenir proie, c'est là le jeu dangereux de la sexualité féminine adolescente. Toutes les conduites perverses et délictueuses qu'on rencontre chez des jeunes filles ont cette même signification. Certaines se spécialisent dans l'envoi de lettres anonymes, d'autres s'amusent à mystifier leur entourage : une fillette de quatorze ans avait persuadé tout un village qu'une maison était hantée par les esprits. Elles jouissent à la fois de l'exercice clandestin de leur pouvoir, de leur désobéissance, de leur défi à la société, et du risque d'être démasquées ; c'est un élément si important de leur plaisir que souvent elles se démasquent elles-mêmes, et, même, elles s'accusent parfois de fautes ou de crimes qu'elles n'ont pas commis. Il n'est pas étonnant que le refus de devenir objet conduise à se reconstituer en objet : c'est un processus commun à toutes les obsessions négatives. C'est d'un seul mouvement que dans une paralysie hystérique le malade craint la paralysie, la désire et la réalise : il n'en guérit qu'en cessant d'y penser ; de même pour les tics des psychasthéniques. C'est la profondeur de sa mauvaise foi qui apparente la jeune fille à ces types de névrosées : manies, tics, conjurations, perversités, on trouve chez elle beaucoup de symptômes névrotiques à cause de cette ambivalence du désir et de l'angoisse que nous avons signalée. Il est assez fréquent, par exemple, qu'elle fasse des « fugues » ; elle s'en va au hasard, elle erre loin de la maison paternelle et, au bout de deux ou trois jours, elle revient d'elle-même. Il ne s'agit pas là d'un véritable départ, d'un acte réel de rupture avec la famille ; c'est seulement une comédie d'évasion et souvent la jeune fille est tout à fait déconcertée si on lui propose de la soustraire

définitivement à son entourage : elle veut le quitter tout en
ne le voulant pas. La fugue est liée parfois à des fantasmes
de prostitution : la jeune fille rêve qu'elle est une prostituée,
elle en joue le rôle plus ou moins timidement ; elle se
maquille avec éclat, elle se penche à la fenêtre et adresse des
œillades aux passants ; en certains cas, elle quitte la maison
et pousse si loin la comédie que celle-ci se confond avec la
réalité. Ces conduites traduisent souvent un dégoût du désir
sexuel, un sentiment de culpabilité : puisque j'ai ces pensées, ces appétits, je ne vaux pas mieux qu'une prostituée,
j'en suis une, pense la jeune fille. Parfois, elle cherche à
s'en libérer : finissons-en, allons jusqu'au bout, se dit-elle ;
elle veut se prouver que la sexualité est de peu d'importance
en se donnant au premier venu. En même temps, une telle
attitude manifeste souvent de l'hostilité à l'égard de la mère,
soit que la jeune fille ait horreur de son austère vertu, soit
qu'elle la soupçonne d'être, elle-même, de mœurs faciles ;
ou elle exprime de la rancune à l'égard du père qui s'est
montré trop indifférent. De toute façon dans cette obsession
— comme dans les fantasmes de grossesse dont nous avons
déjà parlé et qui lui sont souvent associés — se rencontre
cette inextricable confusion de la révolte et de la complicité qui caractérise les vertiges psychasthéniques. Il est
remarquable que dans toutes ces conduites la jeune fille
ne cherche pas à dépasser l'ordre naturel et social, elle ne
prétend pas reculer les limites du possible ni opérer une
transmutation de valeurs ; elle se contente de manifester sa
révolte au sein d'un monde établi dont les frontières et les
lois sont conservées ; c'est là l'attitude qu'on a souvent définie comme « démoniaque » et qui implique une tricherie
fondamentale : le bien est reconnu afin d'être bafoué, la règle
est posée afin d'être violée, le sacré respecté afin qu'il soit
possible de perpétrer des sacrilèges. L'attitude de la jeune
fille se définit essentiellement par le fait que, dans les
ténèbres angoissantes de la mauvaise foi, elle refuse en l'acceptant le monde et son propre destin.

Cependant, elle ne se borne pas à contester négativement la situation qui lui est imposée ; elle cherche aussi à en compenser les insuffisances. Si l'avenir l'effraie, le présent ne la satisfait pas ; elle hésite à devenir femme ; elle s'agace de n'être encore qu'une enfant ; elle a déjà quitté son passé ; elle n'est pas engagée dans une vie nouvelle. Elle s'occupe mais elle ne *fait* rien : parce qu'elle ne fait rien, elle n'*a* rien, elle n'*est rien*. C'est par des comédies et des mystifications qu'elle s'efforce de combler ce vide. On lui reproche souvent d'être sournoise, menteuse, et de faire des « histoires ». Le fait est qu'elle est vouée au secret et au mensonge. À seize ans, une femme a déjà traversé de pénibles épreuves : puberté, règles, éveil de la sexualité, premiers troubles, premières fièvres, peurs, dégoûts, expériences louches, elle a enfermé toutes ces choses dans son cœur ; elle a appris à garder soigneusement ses secrets. Le seul fait d'avoir à cacher ses serviettes hygiéniques, à dissimuler ses règles, l'entraîne déjà au mensonge. Dans la nouvelle *Old Mortality*, C. A. Porter raconte que les jeunes Américaines du Sud, vivant vers 1900, se rendaient malades en avalant des mélanges de sel et de citron pour arrêter leurs règles quand elles allaient au bal : elles avaient peur que les jeunes gens ne reconnaissent leur état d'après leurs yeux cernés, le contact de leurs mains, une odeur peut-être, et cette idée les bouleversait. Il est difficile de jouer les idoles, les fées, les princesses lointaines, quand on sent entre ses jambes un linge sanglant ; et, plus généralement, quand on connaît la misère originelle d'être corps. La pudeur, qui est un refus spontané de se laisser saisir comme chair, touche à l'hypocrisie. Mais surtout, le mensonge auquel on condamne l'adolescente, c'est qu'il lui faut feindre d'être objet, et un objet prestigieux, alors qu'elle s'éprouve comme une existence incertaine, dispersée, et qu'elle connaît ses tares. Maquillages, fausses boucles, guêpières, soutiens-gorge « renforcés » sont des mensonges ; le visage même se fait masque : on y suscite avec art des expressions spontanées, on mime une passivité émerveillée ; rien de plus étonnant que de découvrir soudain dans l'exercice de sa fonction féminine une physionomie dont on connaît l'aspect familier ; sa transcendance se renie et imite l'immanence ; le regard ne perçoit plus, il reflète ; le corps ne vit plus : il attend ; tous les gestes et les sourires se font appel ; désarmée, disponible, la jeune fille n'est plus qu'une fleur offerte, un fruit à cueillir. C'est l'homme qui l'encourage à ces leurres en réclamant d'être leurré : ensuite, il s'irrite, il accuse. Mais, pour la fillette sans ruse, il n'a qu'indifférence et même hostilité. Il n'est séduit que par celle qui lui tend des pièges ; offerte, c'est elle qui guette une proie ; sa passivité sert une entreprise, elle fait de sa faiblesse l'instrument de sa force ; puisqu'il lui est défendu d'attaquer franchement, elle en est réduite aux manœuvres et aux calculs ; et son intérêt est de paraître gratuitement donnée ; aussi lui reprochera-t-on d'être perfide et traîtresse : c'est vrai. Mais il est vrai qu'elle est obligée d'offrir à l'homme le mythe de sa soumission du fait qu'il réclame de dominer. Et peut-on exiger qu'elle étouffe alors ses plus essentielles revendications ? Sa complaisance ne saurait être que pervertie dès l'origine. D'ailleurs, ce n'est pas seulement par ruse concertée qu'elle triche. Du fait que tous les chemins lui sont barrés, qu'elle ne peut pas *faire*, qu'elle a à *être*, une malédiction pèse sur sa tête. Enfant, elle jouait à être une danseuse, une sainte ; plus tard, elle joue à être elle-même : qu'est-ce au juste que la vérité ? Dans le domaine où on l'a enfermée, c'est un mot qui n'a pas de sens. La vérité c'est la réalité dévoilée et le dévoilement s'opère par des actes : mais elle n'agit pas. Les romans qu'elle se raconte sur elle-même — et que souvent elle raconte aussi à autrui — lui semblent mieux traduire les possibilités qu'elle sent en elle que le plat compte rendu de sa vie quotidienne. Elle n'a pas les moyens de prendre sa mesure : elle s'en console par des comédies ; elle campe un personnage auquel elle cherche à donner de l'importance ; elle essaie de se singulariser par des extravagances parce qu'il ne lui est pas permis de s'individualiser dans des activités définies. Elle se sait sans responsabilité, insignifiante dans ce monde d'hommes : c'est parce qu'elle n'a rien d'autre de sérieux à faire qu'elle « fait des histoires ». L'Électre de Giraudoux est une femme à histoires, parce que c'est à Oreste seul qu'il appartient d'accomplir un vrai meurtre avec une vraie épée. Comme l'enfant, la jeune fille s'épuise en scènes et en colères, elle se rend malade, elle présente des troubles hystériques afin de retenir l'attention et d'être quelqu'un qui *compte*. C'est afin de compter qu'elle intervient dans le destin d'autrui ; toute arme lui est bonne ; elle livre des secrets, elle en invente, elle trahit, elle calomnie ; elle a besoin de tragédie autour d'elle pour se sentir vivre puisqu'elle ne trouve pas de secours dans sa vie même. C'est pour la même raison qu'elle est capricieuse ; les fantasmes que nous formons, les images dont nous nous berçons sont contradictoires : seule l'action unifie la diversité du temps. La jeune fille n'a pas de véritable volonté mais des désirs et elle saute de l'un à l'autre avec incohérence. Ce qui rend ses inconséquences parfois dangereuses, c'est qu'en chaque moment, ne s'engageant qu'en songe, elle s'engage tout entière. Elle se situe sur un plan d'intransigeance, d'exigence ; elle a le goût du définitif et de l'absolu : faute de disposer de l'avenir, elle veut atteindre l'éternel. « Je n'abdiquerai jamais. Je voudrai toujours tout. J'ai besoin de préférer ma vie pour l'accepter », écrit Marie Lenéru. À ce mot fait écho l'Antigone d'Anouilh : « Je veux tout, tout de suite. » Cet impérialisme enfantin ne peut se rencontrer que chez un individu qui rêve son destin : le rêve abolit le temps et les obstacles, il a besoin de s'exaspérer pour compenser son peu de réalité ; quiconque a de véritables projets connaît une finitude qui est le gage de son pouvoir concret. La jeune fille veut *tout* recevoir parce qu'il n'y a *rien* qui dépende d'elle. De là, lui vient en face des adultes et de l'homme en particulier son caractère d'« enfant terrible ». Elle n'admet pas les limitations qu'impose à un individu son insertion dans le monde réel ; elle le met au défi de les dépasser. Ainsi Hilde[1] attend que Solness lui donne un royaume : ce n'est pas elle qui a à le conquérir, aussi le veut-elle sans bornes ; elle exige qu'il bâtisse la plus haute tour qui ait jamais été construite, et qu'il « monte aussi haut qu'il bâtit » : il hésite à grimper, il a peur du vertige ; elle qui reste à terre et qui regarde nie la contingence et la faiblesse humaine, elle n'accepte pas que la réalité impose une limite à ses rêves de grandeur. Les adultes paraissent toujours mesquins et prudents à celle qui ne recule devant aucun risque du fait qu'elle n'a rien à risquer ; se permettant en rêve les plus extraordinaires audaces, elle les provoque à s'égaler à elle en vérité. N'ayant pas l'occasion de se mettre à l'épreuve, elle se pare des plus étonnantes vertus sans craindre le démenti.

Cependant, c'est aussi de cette absence de contrôle que naît son incertitude ; elle rêve qu'elle est infinie ; elle n'en est pas moins aliénée dans le personnage qu'elle propose à l'admiration d'autrui ; il dépend de ces consciences étrangères : elle est en danger dans ce double qu'elle identifie à soi mais dont elle subit passivement la présence. C'est pourquoi elle est susceptible et vaniteuse. La moindre critique, une raillerie la mettent tout entière en question. Ce n'est pas de son propre effort, c'est d'un capricieux suffrage qu'elle tire sa valeur. Celle-ci n'est pas définie par des activités singulières mais constituée par la voix générale de la renommée ; elle semble donc quantitativement mesurable ; le prix d'une marchandise diminue quand elle devient trop commune : ainsi la jeune fille n'est rare, exceptionnelle, remarquable, extraordinaire que si aucune autre ne l'est. Ses compagnes sont des rivales, des ennemies ; elle essaie de les déprécier, de les nier ; elle est jalouse et malveillante.

On voit que tous les défauts que l'on reproche à l'adolescente ne font qu'exprimer sa situation. C'est une pénible

---

1. Cf. Ibsen, *Solness le Constructeur*.

condition que de se savoir passive et dépendante à l'âge
de l'espoir et de l'ambition, à l'âge où s'exalte la volonté de
vivre et de prendre une place sur terre ; c'est dans cet âge
conquérant que la femme apprend qu'aucune conquête ne
lui est permise, qu'elle doit se renier, que son avenir dépend
du bon plaisir des hommes. Sur le plan social comme sur le
plan sexuel de nouvelles aspirations ne s'éveillent en elle
que pour se trouver condamnées à demeurer inassouvies ;
tous ses élans d'ordre vital ou spirituel sont aussitôt barrés.
On comprend qu'elle ait peine à rétablir son équilibre. Son
humeur instable, ses larmes, ses crises nerveuses sont moins
la conséquence d'une fragilité physiologique que le signe de
sa profonde désadaptation.

Cependant, cette situation que la jeune fille fuit par mille
chemins inauthentiques, il lui arrive aussi d'authentiquement l'assumer. Elle agace par ses défauts : mais elle étonne
parfois par des qualités singulières. Les uns et les autres ont
la même origine. De son refus du monde, de son attente
inquiète, de son néant, elle peut se faire un tremplin et émerger alors dans sa solitude et sa liberté.

La jeune fille est secrète, tourmentée, en proie à de difficiles conflits. Cette complexité l'enrichit, sa vie intérieure
se développe plus profondément que celle de ses frères ; elle
est plus attentive aux mouvements de son cœur qui deviennent par là plus nuancés, plus divers ; elle a plus de sens
psychologique que les garçons tournés vers des buts exté-
rieurs. Elle est capable de donner du poids à ces révoltes qui
l'opposent au monde. Elle évite les pièges du sérieux et du
conformisme. Les mensonges concertés de son entourage
la trouvent ironique et clairvoyante. Elle éprouve au jour le
jour l'ambiguïté de sa condition : par-delà les protestations
stériles, elle peut avoir le courage de remettre en question
l'optimisme établi, les valeurs toutes faites, la morale hypocrite et rassurante. Tel est l'exemple émouvant que donne,
dans *Le Moulin sur la Floss*, cette Maggie où George Eliot a
réincarné les doutes et les courageuses rébellions de sa jeu-

nesse contre l'Angleterre victorienne; les héros — et en particulier Tom, le frère de Maggie — affirment avec entêtement les principes acceptés, ils figent la morale en règles formelles : Maggie tente d'y réintroduire un souffle vivant, elle les renverse, elle va au bout de sa solitude et elle émerge comme une pure liberté par-delà l'univers sclérosé des mâles.

De cette liberté, l'adolescente ne trouve guère à faire qu'un usage négatif. Cependant, sa disponibilité peut engendrer une précieuse faculté de réceptivité ; elle se montrera alors dévouée, attentive, compréhensive, aimante. C'est par cette générosité docile que se distinguent les héroïnes de Rosamond Lehmann. Dans *L'Invitation à la valse*, on voit Olivia encore timide et gauche, à peine coquette, scruter avec une curiosité émue ce monde dans lequel elle entrera demain. Elle écoute de tout son cœur les danseurs qui se succèdent auprès d'elle, elle s'efforce de leur répondre selon leurs vœux, elle se fait écho, elle vibre, elle accueille tout ce qui s'offre. L'héroïne de *Poussière*, Judy, a la même qualité attachante. Elle n'a pas renié les joies de l'enfance ; elle aime se baigner nue, la nuit, dans la rivière du parc ; elle aime la nature, les livres, la beauté, la vie ; elle ne se rend pas un culte narcissiste ; sans mensonge, sans égoïsme, elle ne cherche pas à travers les hommes une exaltation de son moi : son amour est don. Elle le voue à tout être qui la séduit, homme ou femme, Jennifer ou Rody. Elle se donne sans se perdre : elle mène une vie d'étudiante indépendante, elle a son monde à elle, ses projets. Mais ce qui la distingue d'un garçon, c'est son attitude d'attente, sa tendre docilité. D'une manière subtile, c'est à l'Autre que malgré tout elle se destine : l'Autre a à ses yeux une dimension merveilleuse au point qu'elle est amoureuse à la fois de tous les jeunes gens de la famille voisine, de leur maison, de leur sœur, de leur univers ; ce n'est pas comme camarade, c'est comme Autre que Jennifer la fascine. Et elle charme Rody et ses cousins par son aptitude à se plier à eux, à se modeler sur leurs désirs ; elle est patience, douceur, acceptation et silencieuse souffrance.

Différente, mais captivante aussi par sa manière d'accueillir en son cœur ceux qu'elle chérit, nous apparaît dans *La Nymphe au cœur fidèle* de Margaret Kennedy, Tessa, à la fois spontanée, sauvage et donnée. Elle refuse de rien abdiquer d'elle-même : parures, fards, déguisements, hypocrisie, grâces apprises, prudence et soumission de femelle lui répugnent ; elle souhaite être aimée, mais non sous un masque ; elle se plie aux humeurs de Lewis : mais sans servilité ; elle le comprend, elle vibre en unisson avec lui ; mais si jamais ils se disputent, Lewis sait que ce n'est pas par des caresses qu'il pourra la soumettre : tandis que Florence autoritaire et vaniteuse se laisse vaincre par des baisers, Tessa réussit le prodige de demeurer libre dans son amour, ce qui lui permet d'aimer sans hostilité ni orgueil. Son naturel a toutes les séductions de l'artifice ; pour plaire, jamais elle ne se mutile, ne se diminue ou se fige en objet. Entourée d'artistes qui ont engagé toute leur existence dans la création musicale, elle ne sent pas en elle ce démon dévorant ; elle s'emploie tout entière à les aimer, à les comprendre, à les aider : elle le fait sans effort, par une générosité tendre et spontanée et c'est pourquoi elle demeure parfaitement autonome dans les moments mêmes où elle s'oublie en faveur d'autrui. Grâce à cette pure authenticité, les conflits de l'adolescence lui sont épargnés ; elle peut souffrir de la dureté du monde, elle n'est pas divisée à l'intérieur d'elle-même ; elle est harmonieuse à la fois comme une enfant insouciante et comme une femme très sage. La jeune fille sensible et généreuse, réceptive et ardente, est toute prête à devenir une grande amoureuse.

Quand elle ne rencontre pas l'amour, il lui arrive de rencontrer la poésie. Parce qu'elle n'agit pas, elle regarde, elle sent, elle enregistre ; une couleur, un sourire trouvent en elle de profonds échos ; car c'est en dehors d'elle, dans les villes déjà bâties, sur les visages d'hommes faits qu'est épars son destin ; elle touche, elle goûte d'une manière à la fois passionnée et plus gratuite que le jeune homme. Étant mal intégrée à l'univers humain, ayant peine à s'y adapter, elle est comme l'enfant capable de le voir ; au lieu de s'intéresser seulement à sa prise sur les choses, elle s'attache à leur signification ; elle en saisit les profils singuliers, les métamorphoses imprévues. Il est rare qu'elle sente en elle une audace créatrice et le plus souvent les techniques, qui lui permettraient de s'exprimer, lui font défaut ; mais dans ses conversations, ses lettres, ses essais littéraires, ses ébauches, il lui arrive de manifester une originale sensibilité. La jeune fille se jette avec ardeur vers les choses, parce qu'elle n'est pas encore mutilée de sa transcendance ; et le fait qu'elle n'accomplit rien, qu'elle n'est rien rendra son élan d'autant plus passionné : vide et illimitée, ce qu'elle cherchera à atteindre du sein de son néant, c'est Tout. C'est pourquoi elle vouera un amour singulier à la Nature : plus encore que l'adolescent, elle lui rend un culte. Indomptée, inhumaine, c'est la Nature qui résume avec le plus d'évidence la totalité de ce qui est. L'adolescente ne s'est encore annexé aucune parcelle de l'univers : grâce à ce dénuement, il est tout entier son royaume ; quand elle en prend possession, elle prend aussi orgueilleusement possession d'elle-même. Colette[1] nous a souvent fait le récit de ces orgies juvéniles :

Car j'aimais tant l'aube déjà que ma mère me l'accordait en récompense. J'obtenais qu'elle m'éveillât à trois heures et demie et je m'en allais, un panier vide à chaque bras, vers des terres maraîchères qui se réfugiaient dans le pli étroit de la rivière, vers les fraises, les cassis et les groseilles barbues.

À trois heures et demie, tout dormait dans un bleu originel, humide et confus et quand je descendais le chemin de sable, le brouillard retenu par son poids baignait d'abord mes jambes, puis mon petit torse bien fait, atteignait mes lèvres, mes oreilles et mes narines plus sensibles que tout le reste de mon corps... C'est sur ce chemin, c'est à cette heure

1. *Sido.*

que je prenais conscience de mon prix, d'un état de grâce indicible et de ma connivence avec le premier souffle accouru, le premier oiseau, le soleil encore ovale, déformé par son éclosion... Je revenais à la cloche de la première messe. Mais pas avant d'avoir mangé mon saoul, pas avant d'avoir dans les bois décrit un grand circuit de chien qui chasse seul et goûté l'eau de deux sources perdues que je révérais...

Mary Webb nous décrit aussi, dans *Le Poids des ombres*, les joies ardentes qu'une jeune fille peut connaître dans l'intimité d'un paysage familier :

Quand l'atmosphère de la maison devenait trop orageuse, les nerfs d'Ambre se tendaient à se rompre. Alors, elle s'en allait jusqu'au bois par la hauteur. Il lui paraissait alors que tandis que les gens de Dormer vivaient sous la férule de la loi, la forêt ne vivait que d'impulsions. À force de s'éveiller à la beauté de la nature, elle arriva à une perception particulière de la beauté. Elle se mit à voir des analogies ; la nature n'était plus un assemblage fortuit de petits détails mais une harmonie, un poème austère et majestueux. La beauté régnait ici, une lumière étincelait qui n'était pas même celle de la fleur ou de l'étoile... Un tremblement léger, mystérieux et prenant, semblait courir comme la lumière à travers toute la forêt... Les sorties d'Ambre dans ce monde de verdure avaient quelque chose d'un rite religieux. Un matin où tout était calme, elle monta au Verger des Oiseaux. C'est ce qu'elle faisait souvent avant que commençât la journée d'irritations mesquines... elle puisait un certain réconfort dans l'absurde inconséquence du monde des oiseaux... Elle arriva enfin vers les Hauts-Bois et, aussitôt, elle fut aux prises avec la beauté. Il y avait littéralement là pour elle dans ces conversations avec la nature quelque chose d'une bataille, quelque chose de cette humeur qui a parlé ainsi : « Je ne te laisserai pas aller jusqu'à ce que tu m'aies bénie... » Comme elle s'appuyait au tronc d'un pommier sauvage, elle devint consciente tout à coup par une espèce d'ouïe intérieure de la montée de la sève si vive et si forte qu'elle l'imaginait grondant comme la marée. Puis un frisson de vent passa sous les houppes fleuries de l'arbre et elle s'éveilla de nouveau à la réalité des sons, aux discours étranges des feuilles... Chaque pétale, chaque feuille lui paraissait chantonner une musique rappelant elle aussi les profondeurs dont elle était issue. Chacune de ces fleurs doucement bombées lui paraissait pleine d'échos trop graves pour sa fragilité... Du sommet des collines, il vint une bouffée d'air parfumé qui se glissa parmi les branches. Les choses qui avaient une forme et qui savaient la mortalité des formes frémirent devant cette chose qui passait là, sans forme et inexprimable. À cause d'elle, la forêt n'était plus un simple groupement, mais un ensemble glorieux comme une constellation... Elle se possédait elle-même dans une existence continue et immuable. C'était cela qui attirait Ambre, prise d'une curiosité qui lui coupait le souffle, dans ces lieux hantés de la nature. C'était ce qui l'immobilisait maintenant dans une extase singulière...

Des femmes aussi différentes qu'Emily Brontë et Anna de Noailles ont connu dans leur jeunesse — et prolongé ensuite au cours de leur vie — de semblables ferveurs.

Les textes que j'ai cités montrent bien quel secours l'adolescente trouve dans les champs et les bois. Dans la maison paternelle règnent la mère, les lois, la coutume, la routine, elle veut s'arracher à ce passé ; elle veut devenir à son tour un sujet souverain : mais, socialement, elle n'accède à sa vie d'adulte qu'en se faisant femme ; elle paie sa libération d'une abdication ; tandis qu'au milieu des plantes et des bêtes elle est un être humain ; elle est affranchie à la fois de sa famille et des mâles, un sujet, une liberté. Elle trouve dans le secret des forêts une image de la solitude de son âme et dans les vastes horizons des plaines la figure sensible de la transcendance ; elle est elle-même cette lande illimitée, cette cime jetée vers le ciel ; ces routes qui partent, vers l'avenir inconnu, elle peut les suivre, elle les suivra ; assise au sommet de la colline, elle domine toutes les richesses du monde déversées à ses pieds, offertes ; à travers les palpitations de l'eau, le frémissement de la lumière, elle pressent des joies, des larmes, des extases qu'elle ignore encore ; ce sont les aventures de son propre cœur que confusément lui promettent les rides de l'étang, les taches de soleil. Odeurs, couleurs parlent un mystérieux langage mais dont un mot se détache avec une triomphante évidence : le mot « vie ». L'existence n'est pas seulement un destin abstrait qui s'inscrit sur les registres des mairies, elle est avenir et richesse charnelle. Avoir un corps n'apparaît plus comme une tare honteuse ; dans ces désirs que sous le regard maternel l'ado-

lescente répudie, elle reconnaît la sève qui monte dans les
arbres ; elle n'est plus maudite, elle revendique fièrement sa
parenté avec les feuillages et les fleurs ; elle froisse une
corolle, et elle sait qu'une proie vivante remplira un jour ses
mains vides. La chair n'est plus souillure : elle est joie et
beauté. Confondue avec le ciel et la lande, la jeune fille est
ce souffle indistinct qui anime et embrase l'univers, et elle
est chaque brin de bruyère ; individu enraciné au sol et
conscience infinie, elle est à la fois esprit et vie ; sa présence
est impérieuse et triomphante comme celle de la terre
même.

Par-delà la Nature, elle cherche parfois une réalité plus
lointaine et plus éblouissante encore ; elle est disposée à se
perdre dans de mystiques extases ; aux époques de foi, un
grand nombre de jeunes âmes féminines demandaient à
Dieu de combler le vide de leur être ; c'est à un âge tendre
que se dévoila la vocation de Catherine de Sienne, de Thérèse d'Avila[1]. Jeanne d'Arc était une jeune fille. En d'autres
temps, c'est l'humanité qui apparaît comme le but suprême ;
alors l'élan mystique se coule en projets définis ; mais c'est
aussi un jeune désir d'absolu qui fit naître en Mme Roland,
en Rosa Luxemburg, la flamme dont s'alimenta leur vie.
Dans sa servitude, dans son dénuement, du fond de son
refus, la jeune fille peut puiser les plus grandes audaces.
Elle rencontre la poésie ; elle rencontre aussi l'héroïsme.
Une des manières d'assumer le fait qu'elle est mal intégrée
à la société, c'est d'en dépasser les horizons bornés.

La richesse et la force de leur nature, des circonstances
heureuses, ont permis à quelques femmes de perpétuer dans
leur vie d'adulte les projets passionnés de l'adolescence.
Mais ce sont des exceptions. Ce n'est pas sans raison que
George Eliot fait mourir Maggie Tulliver et Margaret Kennedy, Tessa. Ce fut un âpre destin que connurent les sœurs

1. Nous reviendrons sur les caractères singuliers de la mystique féminine.

Brontë. La jeune fille est pathétique, parce qu'elle se dresse, faible et seule, contre le monde ; mais le monde est trop puissant ; si elle s'entête à le refuser, elle se brise. Belle de Zuylen, qui éblouissait toute l'Europe par la force caustique et l'originalité de son esprit, effrayait tous ses prétendants : son refus de toutes concessions la condamna pendant de longues années à un célibat qui lui pesait, puisqu'elle déclarait que l'expression « vierge et martyre » est un pléonasme. Cet entêtement est rare. Dans l'immense majorité des cas, la jeune fille se rend compte que le combat est par trop inégal, et elle finit par céder. « Vous mourez toutes à quinze ans », écrit Diderot à Sophie Volland. Quand le combat n'a été — comme il arrive le plus souvent — qu'une révolte symbolique, la défaite est certaine. Exigeante en rêve, pleine d'espoir mais passive, la jeune fille fait sourire avec un peu de pitié les adultes ; ils la vouent à la résignation. Et en effet, l'enfant rebelle et baroque qu'on avait quittée, on la retrouve deux ans plus tard assagie, prête à consentir à sa vie de femme. C'est le sort que Colette prédit à Vinca ; c'est ainsi qu'apparaissent les héroïnes des premiers romans de Mauriac. La crise de l'adolescence, c'est une sorte de « travail » analogue à ce que le docteur Lagache appelle « le travail du deuil ». La jeune fille enterre lentement son enfance, cet individu autonome et impérieux qu'elle a été ; et elle entre avec soumission dans l'existence adulte.

Bien entendu, on ne peut établir d'après l'âge seulement des catégories tranchées. Il y a des femmes qui demeurent infantiles toute leur vie ; les conduites que nous avons décrites se perpétuent parfois jusque dans un âge avancé. Néanmoins, il y a dans l'ensemble une grande différence entre le « tendron » de quinze ans et une « grande jeune fille ». Celle-ci est adaptée à la réalité ; elle ne se meut plus guère sur le plan de l'imaginaire, elle est moins divisée en elle-même que naguère. Marie Bashkirtseff écrit vers dix-huit ans :

Plus j'avance vers la vieillesse de ma jeunesse, plus je me recouvre d'indifférence. Peu de chose m'agite et tout m'agitait.

Irène Reweliotty note :

Pour être acceptée des hommes, il faut penser et agir comme eux, sans cela ils vous traitent en brebis galeuse et la solitude devient votre lot. Et moi, maintenant, j'en ai soupé de la solitude et je veux la foule non pas même autour de moi mais avec moi... Vivre maintenant et non plus exister et attendre et rêver et tout se raconter en soi-même la bouche close et le corps immobile.

Et plus loin :

À force d'être flattée, courtisée, etc., je deviens terriblement ambitieuse. Ce n'est plus le bonheur tremblant, émerveillé, de mes quinze ans. C'est une sorte d'ivresse froide et dure de prendre ma revanche sur la vie, de monter. Je flirte, je joue à aimer. Je n'aime pas... Je gagne en intelligence, en sang-froid, en habituelle lucidité. Je perds mon cœur. Il s'est fait comme une brisure... En deux mois, j'ai quitté mon enfance.

C'est à peu près le même son que rendent ces confidences d'une jeune fille de dix-neuf ans[1] :

Autrefois ah ! quel conflit contre une mentalité qui semblait incompatible avec ce siècle et les appels de ce siècle lui-même ! Maintenant, j'ai l'impression d'un apaisement. Chaque nouvelle grande idée qui entre en moi au lieu de provoquer un bouleversement pénible, une destruction et une reconstruction incessante vient s'adapter merveilleusement à ce qui est déjà en moi... Maintenant, je passe insensiblement des pensées théoriques à la vie courante sans solution de continuité.

La jeune fille — à moins qu'elle ne soit particulièrement disgraciée — a fini par accepter sa féminité ; et souvent elle est heureuse de jouir gratuitement des plaisirs, des triomphes qu'elle en tire avant de s'installer définitivement dans sa

1. Citée par Debesse, *La Crise d'originalité de l'adolescence.*

destinée ; n'étant encore exigé par aucun devoir, irrespon-
sable, disponible, le présent ne lui semble cependant ni vide
ni décevant puisqu'il n'est qu'une étape ; la toilette et le flirt
ont encore la légèreté d'un jeu et ses rêves d'avenir lui
en déguisent la futilité. C'est ainsi que V. Woolf décrit les
impressions d'une jeune coquette au cours d'une soirée :

> Je me sens toute luisante dans l'obscurité. Mes jambes soyeuses frot-
> tent doucement l'une contre l'autre. Les pierres froides d'un collier
> reposent sur ma gorge. Je suis parée, je suis prête... Mes cheveux ont la
> courbe qu'il faut. Mes lèvres sont aussi rouges que je les veux. Je suis
> prête à rejoindre ces hommes, ces femmes qui montent l'escalier. Ce
> sont mes pairs. Je passe devant eux, exposée à leurs regards comme ils
> sont aux miens... Dans cette atmosphère de parfums, de lumières,
> je m'épanouis comme une fougère qui déploie ses feuilles bouclées... Je
> sens mille possibilités naître en moi. Je suis tour à tour espiègle,
> gaie, languissante, mélancolique. J'ondoie au-dessus de mes profondes
> racines. Penchée à droite, toute dorée, je dis à ce jeune homme :
> « Approche... » Il approche. Il vient vers moi. C'est le moment le plus
> excitant que j'aie encore vécu. Je frémis, j'ondule... Ne sommes-nous
> pas charmants assis ensemble, moi vêtue de satin et lui tout noir et
> blanc ? Mes pairs peuvent me dévisager maintenant, tous tant qu'ils
> sont, hommes et femmes. Je vous rends vos regards. Je suis des vôtres.
> Je suis ici dans mon univers... La porte s'ouvre. La porte s'ouvre sans
> cesse. La prochaine fois qu'elle s'ouvrira, ma vie tout entière en sera
> peut-être changée... La porte s'ouvre. « Oh, approche », dis-je à ce
> jeune homme en me penchant vers lui comme une grande fleur d'or.
> « Approche », lui dis-je et il vient vers moi[1].

Cependant plus la jeune fille mûrit, plus l'autorité maternelle lui pèse. Si elle mène à la maison une vie ménagère,
elle souffre de n'être qu'une assistante, elle voudrait consacrer son travail à son propre foyer, à ses propres enfants.
Souvent la rivalité avec sa mère s'exaspère : en particulier,
une fille aînée s'irrite s'il lui naît encore de jeunes frères ou
sœurs ; elle estime que sa mère « a fait son temps », c'est à
elle maintenant d'engendrer, de régner. Si elle travaille hors
de la maison, elle souffre quand elle rentre chez elle d'être

---

1. *Les Vagues.*

encore traitée comme un simple membre de la famille et non comme un individu autonome.

Moins romanesque que naguère, elle commence à songer beaucoup plus au mariage qu'à l'amour. Elle ne pare plus son futur époux d'une auréole prestigieuse : ce qu'elle souhaite, c'est d'avoir en ce monde une situation stable, de commencer à mener sa vie de femme. Virginia Woolf décrit ainsi les imaginations d'une riche jeune fille campagnarde :

Bientôt, à l'heure chaude de midi où les abeilles bourdonnent autour du chèvrefeuille, mon bien-aimé viendra. Il ne prononcera qu'une parole et je ne lui répondrai qu'un seul mot. Je lui ferai don de tout ce qui a grandi en moi. J'aurai des enfants, j'aurai des servantes portant des tabliers et des ouvrières portant des torches. J'aurai une cuisine où l'on apportera dans des paniers des agneaux malades pour les réchauffer, où les jambons pendront des solives et où les chapelets d'oignons reluiront. Je serai pareille à ma mère, silencieuse, couverte d'un tablier bleu et tenant à la main la clef des armoires[1].

Un rêve analogue habite la pauvre Prue Sarn[2] :

Je pensais que ne jamais se marier était un sort bien affreux. Toutes les filles se marient. Et quand une fille se marie, elle a une maison et, peut-être, une lampe qu'elle allume le soir à l'heure où son homme rentre ; si elle n'a que des chandelles, c'est tout pareil car elle peut les mettre près de la fenêtre, alors il se dit : « Ma femme est là, elle a allumé les chandelles. » Et un autre jour vient où Mme Beguildy lui fait un berceau de roseau ; et un autre jour, on y voit un bébé beau et grave et on envoie des lettres d'invitation pour le baptême ; et les voisins accourent autour de la mère comme les abeilles autour de leur reine. Souvent quand les choses allaient mal, je me disais : « Ça ne fait rien, Prue Sarn ! un jour tu seras reine dans ta propre ruche. »

Pour la plupart des grandes jeunes filles, qu'elles aient une vie laborieuse ou frivole, qu'elles soient confinées au foyer paternel ou qu'elles s'en évadent partiellement, la conquête d'un mari — ou à la rigueur d'un amant sérieux —

1. *Les Vagues.*
2. Mary Webb, *Sarn.*

devient une entreprise de plus en plus urgente. Ce souci est souvent néfaste aux amitiés féminines. L'«amie de cœur» perd sa place privilégiée. Dans ses compagnes, la jeune fille voit plutôt que des complices des rivales. J'en ai connu une, intelligente et douée mais qui avait choisi de se penser en «princesse lointaine»: c'est ainsi qu'elle se décrivait dans des poèmes et des essais littéraires; elle avouait sincèrement qu'elle ne gardait aucun attachement pour ses camarades d'enfance: laides et sottes, elles lui déplaisaient; séduisantes, elle les redoutait. L'attente impatiente de l'homme qui implique souvent des manœuvres, des ruses et des humiliations, barre l'horizon de la jeune fille; elle devient égoïste et dure. Et si le Prince Charmant tarde à paraître, naissent le dégoût et l'aigreur.

Le caractère et les conduites de la jeune fille expriment sa situation: si celle-ci se modifie, la figure de l'adolescente apparaît aussi comme différente. Aujourd'hui, il lui devient possible de prendre son sort entre ses mains, au lieu de s'en remettre à l'homme. Si elle est absorbée par des études, des sports, un apprentissage professionnel, une activité sociale et politique, elle s'affranchit de l'obsession du mâle, elle est beaucoup moins préoccupée par ses conflits sentimentaux et sexuels. Cependant, elle a beaucoup plus de difficulté que le jeune homme à s'accomplir comme un individu autonome. J'ai dit que ni sa famille ni les mœurs ne favorisaient son effort. En outre, même si elle choisit l'indépendance, elle n'en fait pas moins une place dans sa vie à l'homme, à l'amour. Elle aura souvent peur si elle se donne tout entière à quelque entreprise de manquer son destin de femme. Ce sentiment demeure inavoué: mais il est là, il pervertit les volontés concertées, il marque des bornes. En tout cas, la femme qui travaille veut concilier sa réussite avec des succès purement féminins; cela n'exige pas qu'elle consacre un temps considérable à sa toilette, à sa beauté, mais ce qui est plus grave, cela implique que ses intérêts vitaux sont divisés. En marge des programmes, l'étudiant s'amuse à des jeux gratuits de pensée et de là naissent ses meilleures trouvailles ; les rêveries de la femme sont orientées tout autrement : elle pensera à son apparence physique, à l'homme, à l'amour, elle n'accordera que le strict nécessaire à ses études, à sa carrière alors qu'en ces domaines rien n'est aussi nécessaire que le superflu. Il ne s'agit pas là d'une faiblesse mentale, d'une impuissance à se concentrer : mais d'un partage entre des intérêts qui se concilient mal. Un cercle vicieux se noue ici : on s'étonne souvent de voir avec quelle facilité une femme peut abandonner musique, études, métier, dès qu'elle a trouvé un mari ; c'est qu'elle avait engagé trop peu d'elle-même dans ses projets pour trouver dans leur accomplissement un grand profit. Tout concourt à freiner son ambition personnelle, et cependant une énorme pression sociale l'invite à trouver dans le mariage une position sociale, une justification. Il est naturel qu'elle ne cherche pas à se créer par elle-même sa place en ce monde ou qu'elle ne le cherche que timidement. Tant qu'une parfaite égalité économique ne sera pas réalisée dans la société et tant que les mœurs autoriseront la femme à profiter en tant qu'épouse et maîtresse des privilèges détenus par certains hommes, le rêve d'une réussite passive se maintiendra en elle et freinera ses propres accomplissements.

Cependant de quelque manière que la jeune fille aborde son existence d'adulte, son apprentissage n'est pas encore terminé. Par lentes graduations ou brutalement, il lui faut subir son initiation sexuelle. Il y a des jeunes filles qui s'y refusent. Si des incidents sexuellement pénibles ont marqué leur enfance, si une éducation maladroite a lentement enraciné en elles l'horreur de la sexualité, elles gardent à l'égard de l'homme leur répugnance de fillette pubère. Il arrive aussi que les circonstances conduisent, malgré elles, certaines femmes à une virginité prolongée. Mais dans la grande majorité des cas la jeune fille accomplit, à un âge plus ou moins avancé, son destin sexuel. La manière dont elle l'affronte est évidemment en étroite liaison avec tout son passé. Mais il y a là aussi une expérience neuve qui se propose dans des circonstances imprévues et à laquelle elle réagit librement. C'est cette nouvelle étape qu'il nous faut maintenant envisager.

# CHAPITRE III

## L'initiation sexuelle

En un sens, l'initiation sexuelle de la femme, comme celle de l'homme, commence dès la plus tendre enfance. Il y a un apprentissage théorique et pratique qui se poursuit de manière continue depuis les phases orale, anale, génitale, jusqu'à l'âge adulte. Mais les expériences érotiques de la jeune fille ne sont pas un simple prolongement de ses activités sexuelles antérieures ; elles ont très souvent un caractère imprévu et brutal ; elles constituent toujours un événement neuf qui crée une rupture avec le passé. Dans le moment où elle les traverse, tous les problèmes qui se posent à la jeune fille se trouvent résumés sous une forme urgente et aiguë. En certains cas, la crise se résout avec aisance ; il y a des conjonctures tragiques où elle ne se liquide que par le suicide ou la folie. De toute manière, la femme, par la manière dont elle y réagit, engage une grande partie de sa destinée. Tous les psychiatres s'accordent sur l'extrême importance que prennent pour elle ses débuts érotiques : ils ont une répercussion dans toute la suite de sa vie.

La situation est ici profondément différente pour l'homme et pour la femme, à la fois du point de vue biologique, social et psychologique. Pour l'homme, le passage de la sexualité infantile à la maturité est relativement simple : il y a objectivation du plaisir érotique qui au lieu d'être réalisé dans sa présence immanente est intentionné sur un être transcendant. L'érection est l'expression de ce besoin ; sexe, mains, bouche, de tout son corps l'homme se tend vers sa partenaire, mais il demeure au cœur de cette activité, comme en général le sujet en face des objets qu'il perçoit et des instruments qu'il manipule ; il se projette vers l'autre sans perdre son autonomie ; la chair féminine est pour lui une proie et il saisit sur elle les qualités que sa sensualité réclame de tout objet ; sans doute, il ne réussit pas à se les approprier : du moins, il les étreint ; la caresse, le baiser impliquent un demi-échec : mais cet échec même est un stimulant et une joie. L'acte amoureux trouve son unité dans son achèvement naturel, l'orgasme. Le coït a un but physiologique précis ; par l'éjaculation le mâle se décharge de sécrétions qui lui pèsent ; après le rut, il obtient une complète délivrance qui s'accompagne à coup sûr de plaisir. Et certes, le plaisir n'était pas seul visé ; il est suivi souvent d'une déception : le besoin a disparu plutôt qu'il ne s'est assouvi. En tout cas un acte défini a été consommé et l'homme se retrouve avec un corps intègre : le service qu'il a rendu à l'espèce s'est confondu avec sa propre jouissance. L'érotisme de la femme est beaucoup plus complexe et il reflète la complexité de la situation féminine. On a vu [1] qu'au lieu d'intégrer à sa vie individuelle les forces spécifiques la femelle est en proie à l'espèce dont les intérêts sont dissociés de ses fins singulières ; cette antinomie atteint chez la femme son paroxysme ; elle s'exprime entre autres par l'opposition de deux organes : le clitoris et le vagin. Au stade infantile, c'est le premier qui est le centre de l'érotisme féminin : quelques psychiatres soutiennent qu'il existe une sensibilité vaginale chez certaines fillettes, mais c'est une opinion très controuvée ; elle n'aurait en tout cas qu'une importance secondaire. Le système clitoridien ne se modifie pas dans l'âge adulte [2] et la

1. Vol. Iᵉʳ, ch. Iᵉʳ.
2. À moins qu'on ne pratique l'excision qui est de règle chez certains primitifs.

femme conserve toute sa vie cette autonomie érotique ; le spasme clitoridien est comme l'orgasme mâle une sorte de détumescence qui s'obtient de manière quasi mécanique ; mais il n'est qu'indirectement lié au coït normal, il ne joue aucun rôle dans la procréation. C'est par le vagin que la femme est pénétrée et fécondée ; il ne devient un centre érotique que par l'intervention du mâle et celle-ci constitue toujours une sorte de viol. C'est par un rapt réel ou simulé que la femme était jadis arrachée à son univers enfantin et jetée dans sa vie d'épouse ; c'est une violence qui la change de fille en femme : on parle aussi de « ravir » sa virginité à une fille, de lui « prendre » sa fleur. Cette défloration n'est pas l'aboutissement harmonieux d'une évolution continue, c'est une rupture abrupte avec le passé, le commencement d'un nouveau cycle. Le plaisir est alors atteint par des contractions de la surface interne du vagin ; celles-ci se résolvent-elles en un orgasme précis et définitif ? C'est un point sur lequel on discute encore. Les données de l'anatomie sont très vagues. « L'anatomie et la clinique prouvent abondamment que la plus grande partie de l'intérieur du vagin n'est pas innervée », dit entre autres le rapport Kinsey. « On peut procéder à de nombreuses opérations chirurgicales à l'intérieur du vagin sans recourir aux anesthésiques. On a démontré qu'à l'intérieur du vagin les nerfs sont localisés dans une zone située dans la paroi interne proche de la base du clitoris. » Cependant, outre la stimulation de cette zone innervée « la femelle peut avoir conscience de l'intrusion d'un objet dans le vagin en particulier si les muscles vaginaux sont contractés ; mais la satisfaction ainsi obtenue se rapporte probablement plus au tonus musculaire qu'à la stimulation érotique des nerfs ». Néanmoins, il est hors de doute que le plaisir vaginal existe ; et la masturbation vaginale même — chez les femmes adultes — semble plus répandue que ne le dit Kinsey[1]. Mais

1. L'usage du pénis artificiel se constate sans interruption depuis nos jours jusqu'à l'Antiquité classique et même antérieurement... Voici une liste d'objets trouvés ces dernières années dans des vagins ou des

ce qui est certain c'est que la réaction vaginale est une réaction très complexe, qu'on peut qualifier de psychophysiologique parce qu'elle intéresse non seulement l'ensemble du système nerveux, mais qu'elle dépend de toute la situation vécue par le sujet : elle réclame un consentement profond de l'individu tout entier ; le cycle érotique nouveau qu'inaugure le premier coït exige pour s'établir une sorte de « montage » du système nerveux, l'élaboration d'une forme qui n'est pas encore ébauchée et qui doit envelopper aussi le système clitoridien ; elle met longtemps à se réaliser et parfois ne réussit jamais à se créer. Il est frappant que la femme ait le choix entre deux cycles dont l'un perpétue l'indépendance juvénile, tandis que l'autre la voue à l'homme et à l'enfant. L'acte sexuel normal met en effet la femme dans la dépendance du mâle et de l'espèce. C'est lui — comme chez presque tous les animaux — qui a le rôle agressif, tandis qu'elle subit son étreinte. Normalement, elle peut toujours être prise par l'homme, tandis que lui ne peut la prendre que s'il est en état d'érection ; sauf en cas d'une révolte aussi profonde que le vaginisme qui scelle la femme plus sûrement que l'hymen, le refus féminin peut être surmonté ; encore le vaginisme laisse-t-il au mâle des moyens de s'assouvir sur un corps que sa force musculaire lui permet de réduire à merci. Puisqu'elle est objet, son inertie ne modifie pas profondément son rôle naturel : au point que beaucoup d'hommes ne se soucient pas de savoir si la femme qui partage leur lit veut le coït ou s'y soumet seulement. On peut même coucher avec une morte. Le coït ne

---

vessies et qu'on n'a pu extraire qu'à la suite d'interventions chirurgicales : crayons, morceaux de cire à cacheter, épingles à cheveux, bobines, épingles en os, fers à friser, aiguilles à coudre et à tricoter, étuis à aiguilles, compas, bouchons de cristal, chandelle, bouchons de liège, gobelets, fourchettes, cure-dents, brosses à dents, pots à pommade (dans un cas cité par Schrœder le pot contenait un hanneton et par suite était un substitut du *rinutama* japonais), œufs de poule, etc. Les gros objets ont été comme de juste trouvés dans le vagin de femmes mariées. (H. Ellis, *Études de psychologie sexuelle*, vol. Ier).

saurait se produire sans le consentement mâle et c'est la satisfaction du mâle qui en est le terme naturel. La fécondation peut s'effectuer sans que la femme en éprouve aucun plaisir. D'autre part, la fécondation est bien loin de représenter pour elle l'achèvement du processus sexuel ; c'est à ce moment au contraire que commence le service réclamé d'elle par l'espèce : il se réalise lentement, péniblement dans la grossesse, l'accouchement, l'allaitement.

Le « destin anatomique » de l'homme et de la femme est donc profondément différent. Leur situation morale et sociale ne l'est pas moins. La civilisation patriarcale a voué la femme à la chasteté ; on reconnaît plus ou moins ouvertement le droit du mâle à assouvir ses désirs sexuels tandis que la femme est confinée dans le mariage : pour elle, l'acte de chair, s'il n'est pas sanctifié par le code, par le sacrement, est une faute, une chute, une défaite, une faiblesse ; elle se doit de défendre sa vertu, son honneur ; si elle « cède », si elle « tombe », elle suscite le mépris ; tandis que dans le blâme même qu'on inflige à son vainqueur, il entre de l'admiration. Depuis les civilisations primitives jusqu'à nos jours, on a toujours admis que le lit était pour la femme un « service », dont le mâle la remercie par des cadeaux ou en assurant son entretien : mais servir, c'est se donner un maître ; il n'y a dans ce rapport aucune réciprocité. La structure du mariage, comme aussi l'existence des prostituées, en est la preuve : la femme *se donne*, l'homme la rémunère et la prend. Rien n'interdit au mâle de maîtriser, de prendre des créatures inférieures : les amours ancillaires ont toujours été tolérées, tandis que la bourgeoise qui se livre à un chauffeur, à un jardinier, est socialement dégradée. Les Américains du Sud si farouchement racistes ont toujours été autorisés par les mœurs à coucher avec des femmes noires, avant la guerre de Sécession comme aujourd'hui, et ils usent de ce droit avec une arrogance seigneuriale : une Blanche qui aurait eu un commerce avec un Noir au temps de l'esclavage aurait été mise à mort, elle serait lynchée aujour-

d'hui. Pour dire qu'il a couché avec une femme, l'homme
dit qu'il l'a «possédée», qu'il l'a «eue»; inversement pour
dire qu'on a «eu» quelqu'un on dit parfois grossièrement
qu'on l'a «baisé»; les Grecs appelaient «Parthenos adama-
tos», vierge insoumise, la femme qui n'avait pas connu le
mâle; les Romains qualifiaient Messaline d'«invicta»,
parce qu'aucun de ses amants ne lui avait donné de plaisir.
Pour l'amant, l'acte amoureux est donc conquête et victoire.
Si, chez un autre homme, l'érection apparaît souvent comme
une dérisoire parodie de l'acte volontaire, chacun cependant
la considère en son propre cas avec quelque vanité. Le vocabulaire érotique des mâles s'inspire du vocabulaire militaire: l'amant a la fougue d'un soldat, son sexe se bande
comme un arc, quand il éjacule il «décharge», c'est une
mitrailleuse, un canon; il parle d'attaque, d'assaut, de victoire. Il y a dans son rut on ne sait quel goût d'héroïsme.
«L'acte générateur consistant dans l'occupation d'un être
par un autre être, écrit Benda[1], impose, d'une part, l'idée
d'un conquérant, d'autre part, d'une chose conquise. Aussi
bien lorsqu'ils traitent de leurs rapports d'amour les plus
civilisés parlent-ils de conquête, d'attaque, d'assaut, de
siège et de défense, de défaite, de capitulation, calquant nettement l'idée de l'amour sur celle de guerre. Cet acte, com-
portant la pollution d'un être par un autre, impose au
polluant une certaine fierté et au pollué même consentant
quelque humiliation.» Cette dernière phrase introduit un nouveau mythe: à savoir que l'homme inflige une souillure à la
femme. En fait le sperme n'est pas un excrément; on parle
de «pollution nocturne» parce qu'il est détourné alors de sa
fin naturelle; mais parce que le café peut tacher une robe
claire on ne déclare pas que c'est une ordure et qu'il souille
l'estomac. D'autres hommes soutiennent, au contraire, que
la femme est impure parce que c'est elle qui est «souillée
d'humeurs», et qu'elle pollue le mâle. Le fait d'être celui

1. *Le Rapport d'Uriel.*

qui pollue ne confère en tout cas qu'une bien équivoque supériorité. En fait, la situation privilégiée de l'homme vient de l'intégration de son rôle biologiquement agressif à sa fonction sociale de chef, de maître ; c'est à travers celle-ci que les différences physiologiques prennent tout leur sens. Parce que, dans ce monde, l'homme est souverain, il revendique comme signe de sa souveraineté la violence de ses désirs ; on dit d'un homme doué de grandes capacités érotiques qu'il est fort, qu'il est puissant : épithètes qui le désignent comme une activité et une transcendance ; au contraire, la femme n'étant qu'un objet, on dira d'elle qu'elle est *chaude* ou *froide*, c'est-à-dire qu'elle ne pourra jamais manifester que des qualités passives.

Le climat dans lequel s'éveille la sexualité féminine est donc tout à fait autre que celui que rencontre autour de lui l'adolescent. D'autre part, au moment où la femme affronte le mâle pour la première fois, son attitude érotique est très complexe. Il n'est pas vrai, comme on l'a prétendu parfois, que la vierge ne connaisse pas le désir et que ce soit l'homme qui éveille sa sensualité ; cette légende trahit encore une fois le goût de domination du mâle qui veut qu'en sa compagne rien ne soit autonome, pas même l'envie qu'elle a de lui ; en fait, chez l'homme aussi, c'est souvent le contact de la femme qui suscite le désir, et inversement la plupart des jeunes filles appellent fiévreusement des caresses avant qu'aucune main les ait jamais effleurées.

Mes hanches qui me donnaient la veille comme une allure de garçon s'arrondirent et, par tout mon être, je ressentais une immense impression d'attente, un appel qui montait en moi et dont le sens n'était que trop clair : je ne pouvais plus dormir la nuit, je me retournais, je m'agitais, fiévreuse et douloureuse, dit Isadora Duncan dans *Ma vie*.

Une jeune femme, qui a fait à Stekel une longue confession de sa vie, raconte :

Je commençai à flirter passionnément. Il me fallait un « chatouillement des nerfs » (sic). Danseuse passionnée, je fermais les yeux en dansant pour m'abandonner complètement à ce plaisir... En dansant,
j'exprimais une sorte d'exhibitionnisme parce que la sensualité l'em-
portait sur la pudeur. Pendant la première année, je dansais passionnément. J'aimais dormir et je dormais beaucoup et je me masturbais tous
les jours, souvent pendant une heure... Je me masturbais souvent jusqu'à ce que inondée de sueur, incapable de continuer à cause de la
fatigue, je m'endormais... Je brûlais et j'aurais accepté celui qui aurait
voulu m'apaiser. Je ne cherchais pas l'individu, mais l'homme [1].

Ce qu'il y a plutôt, c'est que le trouble virginal ne se traduit pas par un besoin précis : la vierge ne sait pas exactement ce qu'elle veut. En elle se survit l'érotisme agressif de
l'enfance ; ses premières impulsions ont été préhensives
et elle a encore le désir d'étreindre, de posséder ; la proie
qu'elle convoite, elle la souhaite douée des qualités qui à
travers le goût, l'odorat, le toucher se sont découvertes
à elle comme des valeurs ; car la sexualité n'est pas un
domaine isolé, elle prolonge les rêves et les joies de la sensualité ; les enfants et adolescents des deux sexes aiment le
lisse, le crémeux, le satiné, le moelleux, l'élastique : ce qui
sans s'effondrer ni se décomposer cède à la pression, glisse
sous le regard ou sous les doigts ; comme l'homme, la
femme s'enchante de la chaude douceur des dunes de sable
si souvent comparées à des seins, du frôlement de la soie, de
la tendresse duveteuse d'un édredon, du velouté d'une fleur
ou d'un fruit ; et singulièrement la jeune fille chérit les pâles
couleurs des pastels, des vapeurs du tulle et de la mousseline. Elle n'a pas de goût pour les étoffes rugueuses, les gra-
viers, les rocailles, les saveurs âpres, les odeurs acides ;
c'est la chair maternelle qu'elle a d'abord comme ses frères
caressée et chérie ; dans son narcissisme, dans ses expériences homosexuelles diffuses ou précises elle se posait
comme un sujet et elle cherchait la possession d'un corps
féminin. Quand elle affronte le mâle, elle a dans la paume

1. *La Femme frigide*.

de ses mains, sur ses lèvres, l'envie de caresser activement une proie. Mais l'homme avec ses muscles durs, sa peau râpeuse et souvent velue, son odeur rude, ses traits grossièrement taillés ne lui paraît pas désirable, il lui inspire même de la répulsion. C'est ce qu'exprime Renée Vivien quand elle écrit :

> *Je suis femme, je n'ai pas droit à la beauté*
> *… On m'avait condamnée aux laideurs masculines*
> *On m'avait interdit tes cheveux, tes prunelles*
> *Parce que les cheveux sont longs et pleins d'odeurs.*

Si la tendance préhensive, possessive demeure chez la femme la plus forte, elle s'orientera telle Renée Vivien vers l'homosexualité. Ou elle ne s'attachera qu'à des mâles qu'elle puisse traiter en femmes : ainsi l'héroïne de *Monsieur Vénus*, de Rachilde, s'achète un jeune amant qu'elle se plaît à caresser passionnément, mais par qui elle ne se laisse pas déflorer. Il y a des femmes qui aiment caresser des jeunes gens de treize à quatorze ans ou même des enfants et qui se refusent à l'homme fait. Mais on a vu que chez la majorité des femmes s'est aussi développée depuis l'enfance une sexualité passive : la femme aime être étreinte, caressée et singulièrement depuis la puberté elle souhaite se faire chair entre les bras d'un homme ; c'est à lui que revient normalement le rôle de sujet ; elle le sait ; «Un homme n'a pas besoin d'être beau», lui a-t-on répété ; elle ne doit pas chercher en lui les qualités inertes d'un objet mais la puissance et la force virile. Ainsi se trouve-t-elle en elle-même divisée : elle appelle une étreinte robuste qui la métamorphosera en chose frissonnante ; mais la rudesse et la force sont aussi des résistances ingrates qui la blessent. Sa sensualité est localisée à la fois dans sa peau et dans sa main : et les exigences de l'une sont en partie opposées à celles de l'autre. Autant qu'il lui est possible, elle choisit un compromis ; elle se donne à un homme viril mais assez jeune et séduisant pour être un objet désirable ; chez un bel adolescent, elle pourra rencontrer tous les attraits qu'elle convoite ; dans le *Cantique des cantiques*, il y a symétrie entre la délectation de l'épouse et celle de l'époux ; elle saisit en lui ce qu'il recherche en elle : la faune et la flore terrestre, les pierres précieuses, les ruisseaux, les étoiles. Mais elle n'a pas les moyens de *prendre* ces trésors ; son anatomie la condamne à rester maladroite et impuissante comme un eunuque : le désir de possession avorte faute d'un organe dans lequel s'incarner. Et l'homme refuse le rôle passif. Souvent d'ailleurs les circonstances conduisent la jeune fille à se faire la proie d'un mâle dont les caresses l'émeuvent mais qu'elle n'a plaisir ni à regarder ni à caresser en retour. On n'a pas assez dit que dans la répugnance qui se mêle à ses désirs il n'y a pas seulement peur de l'agressivité masculine, mais aussi un profond sentiment de frustration : la volupté devra être conquise contre l'élan spontané de la sensualité alors que chez l'homme la joie du toucher, de la vue, se fond avec le plaisir sexuel proprement dit.

Les éléments de l'érotisme passif même sont ambigus. Rien de si louche qu'un *contact*. Beaucoup d'hommes qui triturent sans dégoût entre leurs mains n'importe quelle matière détestent que des herbes ou des bêtes les frôlent ; effleurée par la soie, le velours, la chair féminine tantôt frémit agréablement, tantôt se hérisse : je me rappelle une amie de jeunesse à qui la simple vue d'une pêche donnait la chair de poule ; le glissement est facile du trouble au chatouillement, de l'agacement au plaisir ; des bras enlaçant un corps peuvent être refuge et protection, mais aussi ils emprisonnent, ils étouffent. Chez la vierge, cette ambiguïté se perpétue à cause du paradoxe de sa situation : l'organe où s'achèvera sa métamorphose est scellé. L'appel incertain et brûlant de sa chair est répandu dans le corps tout entier sauf au lieu même où le coït doit s'accomplir. Aucun organe ne permet à la vierge d'assouvir son érotisme actif ; et elle n'a pas l'expérience vécue de celui qui la voue à la passivité.

Cependant cette passivité n'est pas pure inertie. Pour que la femme soit troublée il faut que se produisent dans son organisme des phénomènes positifs : innervation des zones érogènes, gonflement de certains tissus érectiles, sécrétions, élévation de la température, accélération du pouls et de la respiration. Le désir et la volupté exigent d'elle comme du mâle une dépense vitale ; réceptif, le besoin féminin est en un sens actif, il se manifeste par une augmentation du tonus nerveux et musculaire. Les femmes apathiques et languides sont toujours froides ; c'est une question de savoir s'il existe des frigidités constitutionnelles et assurément les facteurs psychiques jouent, quant aux capacités érotiques de la femme, un rôle prépondérant ; mais il est certain que les insuffisances physiologiques, une vitalité appauvrie, s'expriment entre autres par l'indifférence sexuelle. Inversement si l'énergie vitale se dépense dans des activités volontaires, dans le sport par exemple, elle ne s'intègre pas au besoin sexuel : les Scandinaves sont saines, robustes et froides. Les femmes « à tempérament » sont celles qui concilient la langueur et le « feu », comme les Italiennes ou les Espagnoles, c'est-à-dire dont l'ardente vitalité est tout entière coulée en chair. Se *faire* objet, se *faire* passive c'est tout autre chose qu'*être* un objet passif : une amoureuse n'est ni une dormeuse ni une morte ; il y a en elle un élan qui sans cesse retombe et sans cesse se renouvelle : c'est l'élan retombé qui crée l'envoûtement où se perpétue le désir. Mais l'équilibre entre l'ardeur et l'abandon est facile à détruire. Le désir mâle est tension ; il peut envahir un corps où nerfs et muscles sont tendus : des postures, des gestes qui réclament à l'organisme une participation volontaire ne le contrarient pas et souvent, au contraire, le servent. Tout effort volontaire empêche au contraire la chair féminine de « se prendre » ; c'est pourquoi spontanément[1] la femme refuse les formes de coït qui lui demandent

---

1. Nous verrons plus loin qu'il peut y avoir des raisons d'ordre psychologique qui modifient son attitude immédiate.

travail et tension ; des changements trop brusques, trop nombreux de position, l'exigence d'activités consciemment dirigées — gestes ou paroles — brisent l'envoûtement. La violence des tendances déchaînées peut amener crispation, contraction, tension : des femmes griffent, ou mordent, leur corps s'arc-boute, doué d'une force inaccoutumée ; mais ces phénomènes ne se produisent que lorsqu'un certain paroxysme est atteint, et il ne s'atteint que si d'abord l'absence de toute consigne — physique aussi bien que morale — permet une concentration sexuelle de toute l'énergie vivante. C'est dire qu'il ne suffit pas à la jeune fille de *se laisser faire* ; docile, languide, absente, elle ne satisfait ni son partenaire ni soi-même. Une active participation lui est demandée dans une aventure que ni son corps vierge ni sa conscience encombrée de tabous, d'interdits, de préjugés, d'exigences, ne veulent positivement.

Dans les conditions que nous venons de décrire on comprend que les débuts érotiques de la femme ne soient pas faciles. On a vu qu'il arrivait assez fréquemment que des incidents survenus dans l'enfance ou dans la jeunesse aient engendré en elle de profondes résistances ; celles-ci sont parfois insurmontables ; le plus souvent la jeune fille s'efforce de passer outre, mais il naît alors en elle de violents conflits. Une éducation sévère, la crainte du péché, le sentiment de culpabilité à l'égard de la mère créent des barrages puissants. La virginité est mise à si haut prix dans beaucoup de milieux que la perdre hors du légitime mariage semble un véritable désastre. La jeune fille qui cède par entraînement, par surprise, pense qu'elle se déshonore. La « nuit de noces » qui livre la vierge à un homme que d'ordinaire elle n'a pas vraiment choisi, et qui prétend résumer en quelques heures — ou quelques instants — toute l'initiation sexuelle n'est pas non plus une expérience facile. D'une manière générale, tout « passage » est angoissant à cause de son caractère définitif, irréversible : devenir femme, c'est rompre avec le passé, sans recours ; mais ce passage-ci est plus dramatique qu'aucun autre ; il ne crée pas seulement un hiatus entre hier et demain ; il arrache la jeune fille au monde imaginaire dans lequel se déroulait une importante part de son existence et la jette dans le monde réel. Par analogie avec les courses de taureau, Michel Leiris appelle le lit nuptial « un terrain de vérité » ; c'est pour la vierge que cette expression prend son sens le plus plein et le plus redoutable. Pendant la période des fiançailles, du flirt, de la cour, si rudimentaire qu'elle ait été, elle a continué à vivre dans son univers habituel de cérémonie et de rêve ; le prétendant parlait un langage romanesque ou du moins courtois ; il était encore possible de tricher. Et soudain la voilà vue par de vrais yeux, empoignée par de vraies mains : c'est l'implacable réalité de ces regards et de ces étreintes qui l'épouvante.

À la fois le destin anatomique et les mœurs confèrent à l'homme le rôle d'initiateur. Sans doute, auprès du jeune homme vierge la première maîtresse aussi est une initiatrice ; mais il possède une autonomie érotique que l'érection manifeste clairement ; sa maîtresse ne fait que lui livrer dans sa réalité l'objet que déjà il convoitait : un corps de femme. La jeune fille a besoin de l'homme pour que son propre corps lui soit révélé : sa dépendance est beaucoup plus profonde. Dès ses premières expériences, il y a ordinairement chez l'homme activité, décision, soit qu'il paie sa partenaire, soit que plus ou moins sommairement il la courtise et la sollicite. Au contraire, dans la plupart des cas, la jeune fille *est* courtisée et sollicitée ; même si c'est elle qui a d'abord provoqué l'homme, c'est lui qui reprend en main leurs rapports ; il est souvent plus âgé, plus expert et il est admis que c'est lui qui a la responsabilité de cette aventure nouvelle pour elle ; son désir est plus agressif et plus impérieux. Amant ou mari, c'est lui qui la conduit jusqu'à la couche où elle n'a plus qu'à s'abandonner et à obéir. Même si elle avait accepté en pensée cette autorité, au moment où il lui faut concrètement la subir, elle est prise de panique.

Elle a peur d'abord de ce regard dans lequel elle s'en-
gouffre. Sa pudeur est en partie apprise ; mais elle a aussi
des racines profondes ; hommes et femmes connaissent tous
la honte de leur chair ; dans sa pure présence immobile, son
immanence injustifiée, la chair existe sous le regard d'autrui
comme l'absurde contingence de la facticité et cependant
elle est *soi-même* : on veut l'empêcher d'exister pour autrui ;
on veut la nier. Il y a des hommes qui disent ne pas supporter de se montrer nus à une femme autrement qu'en état
d'érection ; par l'érection en effet la chair devient activité,
puissance, le sexe n'est plus objet inerte mais comme la
main ou le visage l'expression impérieuse d'une subjectivité. C'est une des raisons pour lesquelles la pudeur paralyse beaucoup moins les jeunes gens que les femmes ; du
fait de leur rôle agressif, ils sont moins exposés à être regar-
dés ; et s'ils le sont, ils redoutent peu d'être jugés car ce ne
sont pas des qualités inertes que leur maîtresse exige d'eux :
c'est plutôt sur leur puissance amoureuse et leur habileté à
donner le plaisir que se porteront leurs complexes ; du
moins peuvent-ils se défendre, essayer de gagner la partie. À la femme il n'est pas donné de changer sa chair en
volonté : dès qu'elle ne la dérobe plus, elle la livre sans
défense ; même si elle désire des caresses, elle se révolte
contre l'idée d'être vue et palpée ; d'autant plus que les
seins, les fesses, sont une prolifération singulièrement charnelle ; beaucoup de femmes adultes supportent mal d'être
vues de dos même quand elles sont vêtues ; on imagine
quelles résistances doit vaincre une amoureuse naïve pour
consentir à se montrer. Sans doute une Phryné ne craint pas
les regards, elle se dénude au contraire avec superbe : sa
beauté l'habille. Mais, fût-elle l'égale de Phryné, une jeune
fille ne le sait jamais avec certitude ; elle ne peut avoir l'orgueil arrogant de son corps tant que les suffrages mâles
n'ont pas confirmé sa jeune vanité. Et c'est même là ce qui
l'épouvante ; l'amant est plus redoutable encore qu'un
regard : c'est un juge ; il va la révéler à elle-même dans sa

vérité ; même éprise passionnément de son image, toute
jeune fille au moment du verdict masculin doute de soi ; et
c'est pourquoi elle réclame l'obscurité, elle se cache dans
les draps ; quand elle s'admirait dans son miroir, elle ne faisait encore que se rêver : elle se rêvait à travers des yeux
d'homme ; maintenant les yeux sont présents ; impossible de
tricher ; impossible de lutter : c'est une mystérieuse liberté
qui décide et cette décision est sans appel. Dans l'épreuve
réelle de l'expérience érotique, les obsessions de l'enfance
et de l'adolescence vont enfin se dissiper ou se confirmer à
jamais ; beaucoup de jeunes filles souffrent de ces mollets
trop robustes, de ces seins trop discrets ou trop lourds, de
ces hanches maigres, de cette verrue ; ou bien, elles crai-
gnent quelque malformation secrète.

Toute jeune fille porte en elle toutes sortes de craintes ridicules
qu'elle ose à peine s'avouer, dit Stekel[1]. On ne saurait croire combien
de jeunes filles souffrent de l'obsession d'être physiquement anormales
et se tourmentent en secret parce qu'elles ne peuvent pas avoir la certitude d'être normalement bâties. Une jeune fille par exemple croyait que
son «ouverture inférieure» n'était pas à sa place. Elle avait cru que le
commerce sexuel se faisait à travers le nombril. Elle était malheureuse
que son nombril soit fermé et qu'elle ne puisse y enfoncer son doigt.
Une autre se croyait hermaphrodite. Une autre se croyait estropiée et
incapable d'avoir jamais de rapports sexuels.

Même si elles ne connaissent pas ces obsessions, elles
s'effraient à l'idée que certaines régions de leur corps qui
n'existaient ni pour elle, ni pour personne, qui n'existaient
absolument pas, vont soudain émerger à la lumière. Cette
figure inconnue que la jeune fille doit assumer comme sienne
suscitera-t-elle le dégoût ? l'indifférence ? l'ironie ? elle ne
peut que subir le jugement masculin : les jeux sont faits.
C'est pourquoi l'attitude de l'homme aura des résonances si
profondes. Son ardeur, sa tendresse peuvent donner à la
femme une confiance en elle-même qui résistera à tous les

1. *La Femme frigide.*

démentis : jusqu'à quatre-vingts ans, celle-ci se croira cette fleur, cet oiseau des îles qu'une nuit a fait éclore un désir d'homme. Au contraire, si l'amant ou le mari sont maladroits, ils feront naître en elle un complexe d'infériorité, sur lequel se grefferont parfois de durables névroses ; et elle en éprouvera une rancune qui se traduira par une frigidité têtue. Stekel rapporte à ce propos des exemples saisissants :

Une dame de trente-six ans souffre depuis quatorze ans de douleurs lombaires si insupportables qu'elle doit garder le lit pendant plusieurs semaines... Elle a ressenti cette violente douleur pour la première fois au cours de sa nuit de noces. Au cours de la défloration qui avait été excessivement douloureuse, son mari s'était écrié : « Tu m'as trompé, tu n'es plus vierge... » La douleur est la fixation de cette scène pénible. Cette maladie est le châtiment du mari qui a dû dépenser de grosses sommes pour ses innombrables cures... Cette femme est restée insensible pendant la nuit de noces et elle l'est restée pendant tout le temps de son mariage... La nuit de noces fut pour elle un affreux traumatisme déterminant toute sa vie future.

Une jeune femme me consulte pour plusieurs troubles nerveux et surtout une frigidité absolue... Dans la nuit de noces, son mari après l'avoir découverte se serait écrié : « Oh ! comme tu as les jambes courtes et épaisses ! » Ensuite, il tenta le coït qui la laissa parfaitement insensible et ne lui causa que des douleurs... Elle savait très bien que c'était l'offense de sa nuit de noces qui était la cause de sa frigidité.

Une autre femme frigide raconte que « pendant sa nuit de noces, son mari l'aurait profondément offensée » : en la voyant se déshabiller, il aurait dit : « Mon Dieu que tu es maigre ! » Ensuite, il se serait décidé à la caresser. Pour elle, ce moment aurait été inoubliable et horrible. Quelle brutalité !

Mme Z. W. est également complètement frigide. Le grand traumatisme de la nuit de noces fut que son mari lui aurait dit après le premier coït : « Tu as un grand trou, tu m'as trompé. »

Le regard est danger ; les mains sont une autre menace. La femme n'a généralement pas accès à l'univers de la violence ; elle n'a jamais connu l'épreuve que le jeune homme a surmontée à travers les bagarres de l'enfance et de l'adolescence : d'être une chose de chair sur laquelle autrui a prise ; et maintenant elle est empoignée, elle est emportée dans un corps à corps où l'homme est le plus fort ; elle n'est plus libre de rêver, de reculer, de manœuvrer : elle est livrée au mâle, il dispose d'elle. Ces étreintes analogues à celles de la lutte alors qu'elle n'a jamais lutté la terrorisent. Elle s'abandonnait aux caresses d'un fiancé, d'un camarade, d'un collègue, d'un homme civilisé et courtois : mais il a pris un aspect étranger, égoïste et têtu ; elle n'a plus de recours contre cet inconnu. Il n'est pas rare que la première expérience de la jeune fille soit un véritable viol et que l'homme se montre odieusement brutal ; dans les campagnes entre autres où les mœurs sont rudes, il arrive souvent qu'à moitié consentante, à moitié révoltée, la jeune paysanne perde son pucelage au creux de quelque fossé dans la honte et la frayeur. Ce qui est en tout cas extrêmement fréquent dans tous les milieux, dans toutes les classes, c'est que la vierge soit brusquée par un amant égoïste qui cherche au plus vite son propre plaisir, ou par un mari fort de ses droits conjugaux que la résistance de son épouse blesse comme une insulte, qui va jusqu'à se mettre en fureur si la défloration est difficile.

D'ailleurs, l'homme fût-il déférent et courtois, la première pénétration est toujours un viol. Parce qu'elle souhaite des caresses sur ses lèvres, ses seins, que, peut-être, elle convoite entre ses cuisses une jouissance connue ou pressentie, voilà qu'un sexe mâle déchire la jeune fille et s'introduit dans des régions ou il n'était pas appelé. On a souvent décrit la pénible surprise d'une vierge pâmée dans les bras d'un mari ou d'un amant, qui croit toucher enfin à l'accomplissement de ses rêves voluptueux et qui sent au secret de son sexe une douleur imprévue ; les rêves s'évanouissent, le trouble se dissipe, et l'amour prend la figure d'une opération chirurgicale.

Dans les confessions recueillies par le docteur Liepmann[1], je relève le récit suivant qui est typique. Il s'agit

---

1. Publiées en français sous le titre *Jeunesse et sexualité*.

d'une fille appartenant à un milieu modeste et très ignorante sexuellement.

« Souvent, je m'imaginais qu'on pouvait avoir un enfant rien que par l'échange d'un baiser. Au cours de ma dix-huitième année, je fis la connaissance d'un monsieur dont je me suis comme on dit réellement amourachée. » Elle sortit souvent avec lui et au cours de leurs conversations, il lui expliquait que lorsqu'une jeune fille aime un homme, elle doit se donner à lui parce que les hommes ne peuvent pas vivre sans relations sexuelles et que tant qu'ils n'ont pas une situation suffisante pour se marier, il leur faut donc avoir des rapports avec les jeunes filles. Elle résistait. Un jour, il organisa une excursion de manière qu'ils puissent passer la nuit ensemble. Elle lui écrivit une lettre pour lui répéter que « ce serait pour elle un trop grave préjudice ». Le matin du jour fixé, elle lui donna la lettre mais il la mit dans sa poche sans la lire et il l'emmena à l'hôtel ; il la dominait moralement, elle l'aimait ; elle le suivit. « J'étais comme hypnotisée. Chemin faisant, je le suppliai de m'épargner… Comment je suis arrivée à l'hôtel, je n'en sais rien du tout. Le seul souvenir qui me soit resté, c'est que tout mon corps tremblait violemment. Mon compagnon essayait de me calmer ; mais il n'y réussit qu'après une longue résistance. Je ne fus plus alors maîtresse de ma volonté et, malgré moi, je me laissai tout faire. Quand je me retrouvai plus tard dans la rue, il me sembla que tout n'avait été qu'un rêve dont je venais de m'éveiller. » Elle se refusa à recommencer l'expérience et pendant neuf ans ne connut plus d'homme. Elle en rencontra un alors qui lui demanda de l'épouser et elle y consentit.

Dans ce cas, la défloration a été une espèce de viol. Mais même si elle est consentie, elle peut être pénible. On a vu quelles fièvres tourmentaient la jeune Isadora Duncan. Elle rencontra un acteur admirablement beau dont elle tomba amoureuse à première vue et qui lui fit une cour ardente[1].

Je me sentais troublée moi aussi, la tête me tournait et un désir irrésistible de l'étreindre plus étroitement montait en moi jusqu'à ce qu'un soir, perdant tout contrôle de lui-même et comme pris de furie, il m'emportât sur le canapé. Épouvantée, ravie d'extase puis criant de douleur, je fus initiée au geste de l'amour. J'avoue que mes premières impressions furent une horrible frayeur, une douleur atroce, comme si l'on

---

1. *Ma vie.*

m'avait arraché plusieurs dents à la fois ; mais la grande pitié que m'ins-
piraient les souffrances qu'il semblait lui-même ressentir m'empêcha de
fuir ce qui ne fut d'abord qu'une mutilation et une torture… (Le lendemain), ce qui n'était alors pour moi qu'une expérience douloureuse
reprit au milieu de mes gémissements et de mes cris de martyre. Je me
sentais comme estropiée.

Elle devait connaître bientôt avec cet amant d'abord, puis
avec d'autres, des paradis qu'elle décrit lyriquement.

Cependant, dans l'expérience réelle, comme naguère dans
l'imagination virginale, ce n'est pas la douleur qui joue le
plus grand rôle : le fait de la pénétration compte bien davantage. L'homme n'engage dans le coït qu'un organe extérieur :
la femme est atteinte jusque dans l'intérieur d'elle-même.
Sans doute, il y a beaucoup de jeunes gens qui ne s'aventurent pas sans angoisse dans les ténèbres secrètes de la
femme ; ils retrouvent leurs terreurs d'enfant au seuil des
grottes, des sépulcres, leur effroi aussi devant les mâchoires,
les faux, les pièges à loup : ils imaginent que leur pénis gonflé restera pris dans le fourreau des muqueuses ; la femme,
une fois pénétrée, n'a pas ce sentiment de danger ; mais en
revanche, elle se sent charnellement aliénée. Le propriétaire
affirme ses droits sur ses terres, la ménagère sur sa maison, en proclamant « défense d'entrer » ; en particulier, les
femmes, du fait qu'on les frustre de leur transcendance,
défendent jalousement leur intimité : leur chambre, leur
armoire, leurs coffrets sont sacrés. Colette raconte qu'une
vieille prostituée lui disait un jour : « Dans ma chambre,
Madame, aucun homme n'y est jamais entré ; pour ce que
j'ai à faire avec les hommes, Paris est bien assez grand. » À
défaut de son corps, du moins possédait-elle une parcelle de
terre qui fût défendue à autrui. La jeune fille au contraire ne
possède guère en propre que son corps : c'est son plus précieux trésor ; l'homme qui entre en lui le lui *prend* ; le mot
populaire est confirmé par l'expérience vécue. L'humiliation qu'elle ressentait, elle l'éprouve concrètement : elle

est dominée, soumise, vaincue. Comme presque toutes les femelles, elle est pendant le coït *sous* l'homme[1]. Adler a beaucoup insisté sur le sentiment d'infériorité qui en résulte. Dès l'enfance, les notions de supérieur et d'inférieur sont des plus importantes ; grimper aux arbres est un acte prestigieux ; le ciel est au-dessus de la terre, l'enfer dessous ; tomber, descendre c'est déchoir et monter s'exalter ; dans la lutte, la victoire appartient à qui fait toucher les épaules à son adversaire ; or, la femme est couchée sur le lit dans l'attitude de la défaite ; c'est pire encore si l'homme la chevauche comme une bête asservie aux rênes et au mors. En tout cas, elle se sent passive : elle *est* caressée, pénétrée, elle subit le coït tandis que l'homme se dépense activement. Sans doute, le sexe mâle n'est pas un muscle strié que la volonté commande ; il n'est ni soc ni épée mais seulement chair ; cependant, c'est un mouvement volontaire que l'homme lui imprime ; il va, il vient, s'arrête, recommence tandis que la femme le reçoit docilement ; c'est l'homme — surtout quand la femme est novice — qui choisit les postures amoureuses, qui décide de la durée du coït et de sa fréquence. Elle se sent instrument : toute la liberté est dans l'autre. C'est ce qu'on exprime poétiquement en disant que la femme est comparable à un violon et l'homme à l'archet qui la fait vibrer. « En amour, dit Balzac[2], toute âme mise à part, la femme est comme une lyre qui ne livre son secret qu'à celui qui sait en jouer. » Il *prend* son plaisir avec elle ; il lui en *donne* ; les mots mêmes n'impliquent pas la réciprocité. La femme est imbue des représentations collectives qui

---

1. Sans doute la position peut être inversée. Mais dans les premières expériences, il est extrêmement rare que l'homme ne pratique pas le coït dit normal.

2. *Physiologie du mariage.* Dans le *Bréviaire de l'amour expérimental*, Jules Guyot dit aussi au mari : « C'est le ménestrel qui produit l'harmonie ou la cacophonie avec sa main et son archet. La femme à ce point de vue est vraiment l'instrument à plusieurs cordes qui produira des sons harmonieux ou discordants selon qu'elle est bien ou mal accordée. »

donnent au rut masculin un caractère glorieux, et qui font du trouble féminin une abdication honteuse : son expérience intime confirme cette asymétrie. Il ne faut pas oublier que l'adolescent et l'adolescente éprouvent leur corps d'une manière très différente : le premier l'assume tranquillement et en revendique orgueilleusement les désirs ; pour la seconde, en dépit de son narcissisme, il est un fardeau étranger et inquiétant. Le sexe de l'homme est propre et simple comme un doigt ; il s'exhibe avec innocence, souvent les garçons l'ont montré à leurs camarades dans l'orgueil et le défi ; le sexe féminin est mystérieux pour la femme elle-même, caché, tourmenté, muqueux, humide ; il saigne chaque mois, il est parfois souillé d'humeurs, il a une vie secrète et dangereuse. C'est en grande partie parce que la femme ne se reconnaît pas en lui qu'elle n'en reconnaît pas comme siens les désirs. Ceux-ci s'expriment d'une manière honteuse. Tandis que l'homme « bande », la femme « mouille » ; il y a dans le mot même des souvenirs infantiles de lit mouillé, d'abandon coupable et involontaire au besoin urinaire ; l'homme a le même dégoût devant d'inconscientes pollutions nocturnes ; projeter un liquide, urine ou sperme, n'humilie pas : c'est une opération active ; mais il y a humiliation si le liquide s'échappe passivement car le corps n'est plus alors un organisme, muscles, sphincters, nerfs, commandés par le cerveau et exprimant le sujet conscient mais un vase, un réceptacle fait de matière inerte et jouet de caprices mécaniques. Si la chair suinte — comme suinte un vieux mur ou un cadavre — il semble non qu'elle émette du liquide mais qu'elle se liquéfie : c'est un processus de décomposition qui fait horreur. Le rut féminin, c'est la molle palpitation d'un coquillage ; tandis que l'homme a de l'impétuosité, la femme n'a que de l'impatience ; son attente peut devenir ardente sans cesser d'être passive ; l'homme fond sur sa proie comme l'aigle et le milan ; elle guette comme la plante carnivore, le marécage où insectes et enfants s'enlisent ; elle est succion, ventouse, humeuse, elle est poix et glu, un appel immobile, insinuant et visqueux : du moins est-ce ainsi que sourdement elle se sent. C'est pourquoi il n'y a pas seulement en elle résistance contre le mâle qui prétend la soumettre, mais aussi conflit intérieur. Aux tabous, aux inhibitions provenant de son éducation et de la société se superposent des dégoûts, des refus qui ont leur source dans l'expérience érotique elle-même : les uns et les autres se renforcent mutuellement si bien qu'après le premier coït la femme est très souvent plus révoltée qu'auparavant contre son destin sexuel.

Enfin, il y a un autre facteur qui donne souvent à l'homme un visage hostile et change l'acte sexuel en un grave danger : c'est la menace de l'enfant. Un enfant illégitime est dans la plupart des civilisations un tel handicap social et économique pour la femme non mariée qu'on voit des jeunes filles se suicider quand elles se savent enceintes, et des filles-mères égorger le nouveau-né ; un pareil risque constitue un frein sexuel assez puissant pour que beaucoup de jeunes filles observent la chasteté prénuptiale exigée par les mœurs. Quand le frein est insuffisant, la jeune fille tout en cédant à l'amant est épouvantée par le terrible danger que celui-ci recèle dans ses flancs. Stekel cite, entre autres, une jeune fille qui pendant tout le temps du coït criait : « Pourvu que rien n'arrive ! pourvu que rien n'arrive ! » Dans le mariage même, souvent la femme ne veut pas d'enfant, elle n'a pas une santé suffisante, ou il représenterait pour le jeune ménage une trop lourde charge. Amant ou mari, si elle n'a pas dans son partenaire une confiance absolue, son érotisme sera paralysé par la prudence. Ou bien elle surveillera avec inquiétude les conduites de l'homme, ou bien, aussitôt le coït achevé, elle devra courir au cabinet de toilette pour chasser de son ventre le germe vivant déposé en elle malgré elle ; cette opération hygiénique contredit brutalement la magie sensuelle des caresses, elle réalise une absolue séparation des corps qu'une même joie confondait ; c'est alors que le sperme mâle apparaît comme un germe nocif, une souillure ; elle se nettoie comme on nettoie un vase sale, tandis que l'homme repose sur son lit dans sa superbe intégrité. Une jeune divorcée m'a raconté son horreur, après une nuit nuptiale à l'agrément incertain, quand il lui fallut s'enfermer dans la salle de bains tandis que son époux allumait nonchalamment une cigarette : il semble que dès cet instant la ruine du ménage ait été décidée. La répugnance pour la poire à injection, le bock, le bidet est une des causes fréquentes de la frigidité féminine. L'existence de méthodes anticonceptionnelles plus sûres et plus convenables aide beaucoup à l'affranchissement sexuel de la femme ; dans un pays comme l'Amérique, où ces pratiques sont répandues, le nombre des jeunes filles qui arrivent vierges au mariage est très inférieur à celui qu'on trouve en France ; elles permettent pendant l'acte amoureux plus d'abandon. Mais là encore la jeune femme a des répugnances à vaincre avant de traiter son corps comme une chose : pas plus qu'elle n'acceptait sans un frisson d'être « percée » par un homme, elle ne se résigne gaiement à être « bouchée » pour satisfaire aux désirs d'un homme. Qu'elle se fasse sceller l'utérus, qu'elle introduise en elle quelque tampon mortel aux spermatozoïdes, une femme consciente des équivoques du corps et du sexe sera gênée par une froide préméditation : il y a beaucoup d'hommes aussi qui considèrent avec répugnance l'usage des préservatifs. C'est l'ensemble du comportement sexuel qui en justifie les divers moments : des conduites qui sembleraient à l'analyse répugnantes paraissent naturelles quand les corps sont transfigurés par les vertus érotiques dont ils sont revêtus ; mais inversement, dès qu'on décompose en éléments séparés et privés de sens corps et conduites, ces éléments deviennent malpropres, obscènes. La pénétration qu'une amoureuse éprouvera avec joie comme union, fusion à l'homme aimé, retrouve le caractère chirurgical et sale qu'elle revêt aux yeux des enfants si on la réalise hors du trouble, du désir, du plaisir : c'est ce qui se produit par l'usage concerté des préservatifs. De toute façon, ces précautions ne sont pas à la portée de toutes les femmes ; beaucoup de jeunes filles ne connaissent aucune défense contre les menaces de la grossesse et elles sentent d'une manière angoissante que leur sort dépend de la bonne volonté de l'homme auquel elles s'abandonnent.

On comprend qu'une épreuve subie à travers tant de résistances, revêtue d'un sens si lourd, crée souvent de terribles traumatismes. Il arrive assez souvent qu'une démence précoce latente soit révélée par la première aventure. Stekel en donne plusieurs exemples :

Mlle M. G…, âgée de dix-neuf ans fut subitement atteinte d'un délire aigu. Je la vis dans sa chambre, criant et répétant toujours : « Je ne veux pas ! Non ! je ne veux pas ! » Elle arrachait ses robes et voulait courir nue dans le couloir… Il fallut l'amener dans une clinique psychiatrique. Là, le délire s'apaisa et se transforma en un état catatonique. Cette jeune fille était sténo-dactylo et amoureuse du fondé de pouvoir de la maison où elle travaillait. Elle était partie à la campagne avec une amie et deux collègues. L'un d'eux lui demanda de passer la nuit dans sa chambre en promettant que « ça ne serait qu'une blague ». Il l'aurait caressée trois nuits de suite sans attenter à sa virginité… Elle serait restée « froide comme le museau d'un chien » et aurait déclaré que c'était une cochonnerie. Pendant quelques minutes, elle aurait été comme troublée et aurait crié : Alfred, Alfred ! (nom du fondé de pouvoir). Elle avait eu des remords (Que dirait ma mère si elle savait ?). Rentrée chez elle, elle s'était mise au lit en se plaignant d'une migraine.

Mlle LX…, très déprimée, pleurait souvent, ne mangeait pas, ne dormait pas ; elle avait commencé à avoir des hallucinations et n'avait plus reconnu les personnes de son entourage. Elle avait sauté sur l'appui de la fenêtre pour se précipiter dans la rue. On l'envoya dans une maison de santé. « Je trouvais cette jeune fille de vingt-trois ans assise sur son lit ; elle ne remarqua pas mon entrée »… La figure exprimait l'angoisse et la terreur ; les mains étaient projetées en avant comme pour se défendre, les jambes étaient croisées et remuaient convulsivement. Elle cria. « Non ! non ! non ! brute ! Il faudrait arrêter des gens pareils ! Ça me fait mal ! Ah ! » Ensuite, il y eut des mots incompréhensibles. Tout d'un coup son expression changea, les yeux brillèrent, la bouche s'avança comme dans un baiser, les jambes se calmèrent et s'écartèrent insensiblement, elle prononça des paroles qui exprimaient plutôt de la volupté… L'accès se termina dans une crise de larmes silencieuses et continuelles... La malade tirait sa chemise pour se couvrir comme si c'eût été une robe et répétait toujours : « Non ! » On sut qu'un collègue marié avait été la voir souvent alors qu'elle était malade, qu'elle en avait été d'abord heureuse, mais qu'ensuite elle avait eu des hallucinations avec tentative de suicide. Elle s'est guérie, mais elle n'a plus permis à aucun homme de l'approcher et elle a refusé une demande en mariage sérieuse.

Dans d'autres cas la maladie ainsi déclenchée est moins grave. Voici un exemple où le regret de la virginité perdue joue le rôle principal dans les troubles consécutifs aux premiers coïts :

Une jeune fille de vingt-trois ans souffre de différentes phobies. La maladie a commencé à Franzensbad par crainte d'attraper une grossesse par un baiser ou un frôlement dans un lieu d'aisance... Peut-être un homme avait laissé quelque sperme dans l'eau après une masturbation ; elle exigeait que la baignoire fût nettoyée trois fois en sa présence et n'osait procéder à la défécation dans la position normale. Quelque temps après se développa une phobie de déchirement de l'hymen, elle n'osait pas danser, sauter ou franchir une barrière ni même marcher autrement qu'à très petits pas ; si elle apercevait un poteau, elle craignait de se faire déflorer par un mouvement maladroit et faisait un grand détour en tremblant. Une autre de ses phobies était, dans un train ou au milieu d'une foule, qu'un homme pût introduire son membre par-derrière, la déflorer et provoquer une grossesse... Pendant la dernière période de la maladie, elle craignait de trouver dans son lit ou sur sa chemise des épingles qui pourraient entrer dans le vagin. Chaque soir la malade restait nue au milieu de la chambre tandis que sa malheureuse mère était forcée de se livrer à un pénible examen du linge... Elle avait toujours affirmé son amour pour son fiancé. L'analyse découvrit qu'elle n'était plus vierge et qu'elle remettait le mariage parce qu'elle craignait les constatations funestes de son fiancé. Elle lui avoua avoir été séduite par un ténor, l'épousa et guérit[1].

Dans un autre cas, c'est le remords — non compensé par une satisfaction voluptueuse — qui provoqua les troubles psychiques :

1. Stekel, *La Femme frigide.*

Mlle H. B..., âgée de vingt ans, après un voyage en Italie avec une amie, manifeste une grave dépression. Elle refuse de quitter sa chambre, ne prononce pas un mot. On l'amena dans une maison de santé où son état s'aggrava. Elle entendait des voix qui l'injuriaient, tout le monde se moquait d'elle, etc. On la ramena chez ses parents où elle resta dans un coin sans bouger. Elle demanda au médecin : « Pourquoi ne suis-je pas venue avant que le crime n'ait été commis ? » Elle était morte. Tout était éteint, tout détruit. Elle était sale. Elle ne pourrait plus chanter une seule note, les ponts étaient coupés avec le monde… Le fiancé avoua l'avoir retrouvée à Rome où elle s'était donnée à lui après une longue résistance ; elle avait eu des crises de larmes… Elle avoua n'avoir jamais eu de plaisir avec son fiancé. Elle guérit quand elle trouva un amant qui la satisfit et qui l'épousa.

La « mignonne Viennoise » dont j'ai résumé les confessions enfantines a fait aussi un récit détaillé et saisissant de ses premières expériences d'adulte. On remarquera que — malgré le caractère très poussé de ses aventures antérieures — son « initiation » n'en a pas moins un caractère absolument neuf.

« À seize ans et demi j'entrai dans un bureau. À dix-sept ans et demi j'eus mon premier congé ; ce fut une belle époque pour moi. On me faisait la cour de tous côtés… J'étais amoureuse d'un jeune collègue de bureau… Nous allâmes au parc. C'était le 15 avril 1909. Il me fit asseoir à côté de lui sur un banc. Il m'embrassait en me suppliant : Ouvrez vos lèvres ; mais je les fermais convulsivement. Ensuite, il commença à déboutonner ma jaquette. J'aurais bien voulu le lui permettre quand je me rappelai que je n'avais pas de seins ; je renonçai à la sensation voluptueuse que j'aurais pu avoir s'il me touchait… Le 7 avril un collègue marié m'invita à aller voir une exposition avec lui. Nous bûmes du vin au dîner. Je perdis un peu de ma réserve et je commençai par raconter quelques blagues équivoques. Malgré mes prières, il héla une voiture, m'y poussa et à peine les chevaux se mirent-ils en marche qu'il m'embrassa. Il devenait de plus en plus intime, il avançait de plus en plus sa main ; je me défendais de toutes mes forces et je ne me rappelle plus s'il est arrivé à son but. Le lendemain j'allai au bureau assez troublée. Il me montra ses mains couvertes d'égratignures que je lui avais faites… Il me demanda de venir le voir plus souvent… Je cédai, pas très à mon aise mais pourtant pleine de curiosité… Dès qu'il s'approchait de mon sexe je m'arrachais pour retourner à ma place ; mais une fois, plus rusé que moi, il l'emporta sur moi et probablement introduisit son doigt dans mon vagin. Je pleurai de douleur. C'était au mois de juin 1909 et je partis en vacances. J'ai fait une excursion avec mon amie. Deux touristes survinrent. Ils nous invitèrent à les accompagner. Mon compagnon voulut embrasser mon amie, elle lui lança un coup de poing. Il arriva sur moi, me saisit par-derrière, me plia sur lui, m'embrassa. Je ne résistai pas... Il m'invita à venir avec lui. Je lui donnai la main et nous descendîmes au milieu de la forêt. Il m'embrassa... il embrassa mon sexe à ma grande indignation. Je lui disais : "Comment pouvez-vous faire une cochonnerie pareille ?" Il me mit sa verge dans la main... je la caressai... tout d'un coup, il arracha ma main et y jeta un mouchoir pour m'empêcher de voir ce qui se passait... Deux jours plus tard nous allâmes ensemble à Liesing. Dans un pré isolé il retira tout d'un coup son manteau pour le mettre dans l'herbe... Il me jeta par terre de telle façon qu'une de ses jambes était placée entre les miennes. Je ne croyais pas encore au sérieux de la situation. Je le suppliais de me tuer plutôt que de me priver de "ma parure la plus belle". Il devint très grossier, me dit des gros mots et me menaça de la police. Il plaqua sa main sur ma bouche et introduisit son pénis. Je crus ma dernière heure venue. J'avais la sensation que mon estomac tournait. Quand il eut enfin fini, je commençai à le trouver supportable. Il fut obligé de me relever car je restais étendue. Il couvrit mes yeux et ma figure de baisers. Je ne voyais et n'entendais rien. S'il ne m'avait pas retenue, je serais tombée aveuglément sous les autos... Nous étions tout seuls dans un compartiment de deuxième classe, il ouvrit son pantalon de nouveau pour venir vers moi. Je poussai un cri et courus à travers toute la voiture vite jusqu'au dernier marchepied... Enfin, il me laissa avec un rire brutal et strident que je n'oublierai jamais en me traitant d'oie stupide qui ne sait pas ce qui est bon. Il me laissa retourner seule à Vienne. Arrivée à Vienne j'allai vite aux W.-C. parce que j'avais senti quelque chose de chaud couler le long de ma cuisse. Effrayée, je vis des traces de sang. Comment dissimuler cela chez moi ? Je me couchai le plus tôt possible pour pleurer pendant des heures. Je ressentais toujours la pression sur l'estomac causée par l'enfoncement du pénis. Mon attitude étrange et mon manque d'appétit indiquèrent à ma mère qu'il y avait eu quelque chose. Je lui avouai tout. Elle n'y trouva rien de si terrible... Mon collègue faisait ce qu'il pouvait pour me consoler. Il profita des soirées obscures pour se promener avec moi dans le parc et me caresser sous mes jupes. Je lui permettais ; seulement dès que je sentais mon vagin devenir humide je m'arrachais parce que j'avais affreusement honte. »

Elle va quelquefois avec lui dans un hôtel mais sans coucher avec lui. Elle fait connaissance d'un jeune homme très riche qu'elle voudrait épouser. Elle couche avec lui, mais sans rien sentir et avec dégoût. Elle reprend ses relations avec son collègue, mais elle s'ennuie de l'autre et elle commence à loucher, à maigrir. On l'envoie dans un sanatorium où elle manque coucher avec un jeune Russe, mais elle le chasse de son lit à la dernière minute. Avec un médecin, avec un officier elle ébauche des liaisons mais sans consentir à des rapports sexuels complets. C'est alors qu'elle devint malade moralement et décida de se faire soigner. Après sa cure elle consentit à se donner à un homme qui l'aimait et qui l'épousa par la suite. Dans le mariage, sa frigidité disparut.

Dans ces quelques exemples, choisis parmi des quantités d'autres analogues, la brutalité du partenaire ou du moins la soudaineté de l'événement est le facteur qui détermine traumatisme ou dégoût. Le cas le plus favorable à une initiation sexuelle, c'est celui où sans violence ni surprise, sans consigne fixe ni délai précis, la jeune fille apprend lentement à vaincre sa pudeur, à se familiariser avec son partenaire, à aimer ses caresses. En ce sens, on ne peut qu'approuver la liberté de mœurs dont jouissent les jeunes Américaines et que les Françaises tendent aujourd'hui à conquérir : elles glissent presque sans s'en apercevoir du «necking» et du «petting» à des rapports sexuels complets. L'initiation est d'autant plus aisée qu'elle revêt moins un caractère tabou, que la jeune fille se sent plus libre à l'égard de son partenaire, et qu'en lui le caractère dominateur du mâle s'efface ; si l'amant est jeune lui aussi, novice, timide, un égal, les résistances de la jeune fille sont moins fortes ; mais aussi sa métamorphose en femme sera moins profonde. Ainsi, dans *Le Blé en herbe*, la Vinca de Colette au lendemain d'une défloration assez brutale montre une placidité qui surprend son camarade Phil : c'est qu'elle ne s'est pas sentie «possédée», elle a mis au contraire son orgueil à se délivrer de sa virginité, elle n'a pas éprouvé d'égarement bouleversant ; en vérité, Phil a tort de s'étonner, son amie n'a pas connu le mâle. Claudine était moins indemne après un tour de danse dans les bras de Renaud. On m'a cité une lycéenne française encore attardée au stade du «fruit vert», qui, ayant passé une nuit avec un camarade, accourait au matin chez une amie pour annoncer : « J'ai couché avec C..., c'était très amusant. » Un professeur de collège américain me disait que ses élèves cessaient d'être vierges bien avant de devenir femmes ; leurs partenaires les respectent trop pour effaroucher leur pudeur, ils sont trop jeunes et eux-mêmes trop pudibonds pour éveiller en elles aucun démon. Il y a des jeunes filles qui se jettent dans des expériences érotiques et qui les multiplient afin d'échapper à l'angoisse sexuelle ; elles espèrent se délivrer ainsi de leur curiosité et de leurs obsessions ; mais souvent leurs actes gardent un caractère théorique qui les rend aussi irréels que les fantasmes par lesquels d'autres anticipent l'avenir. Se donner par défi, par crainte, par rationalisme puritain, ce n'est pas réaliser une authentique expérience érotique : on atteint seulement un ersatz sans danger et sans grande saveur ; l'acte sexuel ne s'accompagne ni d'angoisse ni de honte parce que le trouble est demeuré superficiel et que le plaisir n'a pas envahi la chair. Ces pucelles déflorées demeurent des jeunes filles ; et il est probable que le jour où elles se trouveront aux prises avec un homme sensuel et impérieux, elles lui opposeront des résistances virginales. En attendant, elles demeurent encore dans une espèce d'âge ingrat ; les caresses les chatouillent, les baisers parfois les font rire, elles regardent l'amour physique comme un jeu et, si elles ne sont pas en humeur de s'en divertir, les exigences de l'amant leur semblent vite importunes et grossières ; elles gardent des dégoûts, des phobies, une pudeur d'adolescente. Si elles ne franchissent jamais ce stade — ce qui est, au dire des mâles américains, le cas de beaucoup d'Américaines — elles passeront leur vie dans un état de semi-frigidité. Il n'y a de véritable maturité sexuelle que chez la femme qui consent à se faire chair dans le trouble et le plaisir.

Cependant, il ne faut pas croire que toutes les difficultés s'atténuent chez les femmes dont le tempérament est ardent. Il arrive au contraire qu'elles s'exaspèrent. Le trouble féminin peut atteindre une intensité que ne connaît pas l'homme.

Le désir du mâle est violent mais localisé, et il le laisse — sauf peut-être dans l'instant du spasme — conscient de lui-même ; la femme, au contraire, subit une véritable aliénation ; pour beaucoup, cette métamorphose est le moment le plus voluptueux et le plus définitif de l'amour ; mais elle a aussi un caractère magique et effrayant. Il arrive que l'homme éprouve de la peur devant la femme qu'il tient dans ses bras, tant celle-ci apparaît absente d'elle-même, en proie à l'égarement ; le bouleversement qu'elle ressent est une transmutation bien plus radicale que la frénésie agressive du mâle. Cette fièvre la délivre de la honte ; mais à son réveil elle lui fait à son tour honte et horreur ; pour qu'elle l'accepte heureusement — ou même orgueilleusement — il faudrait au moins qu'elle se soit épanouie en flammes de volupté ; elle pourrait revendiquer ses désirs si elle les avait glorieusement assouvis : sinon, elle les répudie avec colère.

On touche ici au problème crucial de l'érotisme féminin : au début de sa vie érotique, l'abdication de la femme n'est pas compensée par une jouissance violente et sûre. Elle sacrifierait bien plus facilement pudeur et orgueil si elle s'ouvrait ainsi les portes d'un paradis. Mais on a vu que la défloration n'est pas un heureux accomplissement de l'érotisme juvénile ; c'est au contraire un phénomène insolite ; le plaisir vaginal ne se déclenche pas tout de suite ; selon les statistiques de Stekel — que quantité de sexologues et psychanalystes confirment — à peine 4 % des femmes ont du plaisir dès le premier coït ; 50 % n'atteignent pas le plaisir vaginal avant des semaines, des mois, ou même des années. Les facteurs psychiques jouent ici un rôle essentiel. Le corps de la femme est singulièrement «hystérique» en ce sens qu'il n'y a souvent chez elle aucune distance entre les faits conscients et leur expression organique ; ses résistances morales empêchent l'apparition du plaisir ; n'étant compensées par rien, souvent elles se perpétuent et forment un barrage de plus en plus puissant. En beaucoup de cas, il se crée un cercle vicieux : une première maladresse de l'amant, un mot, un geste gauche, un sourire arrogant se répercuteront pendant toute la lune de miel ou même la vie conjugale ; déçue de n'avoir pas tout de suite connu le plaisir, la jeune femme en garde une rancune qui la dispose mal à une expérience plus heureuse. Il est vrai qu'à défaut de satisfaction normale l'homme peut toujours lui donner le plaisir clitoridien qui, en dépit de légendes moralisatrices, est susceptible de lui apporter détente et apaisement. Mais beaucoup de femmes le refusent parce que, plus que le plaisir vaginal, il apparaît comme *infligé* ; car, si la femme souffre de l'égoïsme des hommes qui ne pensent qu'à leur propre assouvissement, elle est aussi heurtée par une volonté trop explicite de lui donner du plaisir. « Faire jouir l'autre », dit Stekel, « cela veut dire le dominer ; se donner à quelqu'un, c'est abdiquer sa volonté. » La femme acceptera beaucoup plus aisément le plaisir s'il lui semble découler naturellement de celui que l'homme prend lui-même, comme il arrive dans un coït normal réussi. « Les femmes se soumettent avec joie dès qu'elles se rendent compte que le partenaire ne *veut* pas les soumettre », dit encore Stekel ; mais inversement si elles sentent cette volonté, elles se rebellent. Beaucoup répugnent à se laisser caresser avec la main, parce que la main est un instrument qui ne participe pas au plaisir qu'elle donne, elle est activité et non chair ; et si le sexe même apparaît non comme une chair pénétrée de désir, mais comme un outil habilement utilisé, la femme éprouvera la même répulsion. En outre, toute compensation lui semblera entériner son échec à connaître les sensations d'une femme normale. Stekel note d'après quantités d'observations que tout le désir des femmes dites frigides va vers la norme. « Elles veulent obtenir l'orgasme comme une femme normale, tout autre procédé ne les satisfait pas moralement. »

L'attitude de l'homme a donc une extrême importance. Si son désir est violent et brutal, sa partenaire se sent entre ses bras changée en une pure chose ; mais s'il est trop maître de lui, trop détaché, il ne se constitue pas comme chair; il demande à la femme de se faire objet sans qu'elle ait en retour prise sur lui. Dans les deux cas son orgueil se rebelle; pour qu'elle puisse concilier sa métamorphose en objet charnel et la revendication de sa subjectivité, il faut que, se faisant proie pour le mâle, elle fasse aussi de lui sa proie. C'est pourquoi, si souvent, la femme s'entête dans la frigidité. Si l'amant manque de séduction, s'il est froid, négligent, maladroit, il échoue à éveiller sa sexualité, ou il la laisse insatisfaite; mais viril et expert il peut susciter des réactions de refus; la femme redoute sa domination: certaines ne peuvent trouver de plaisir qu'avec des hommes timides, mal doués, ou même à demi impuissants et qui ne les effarouchent pas. Il est facile à l'homme d'éveiller en sa maîtresse aigreur et rancune. La rancune est la source la plus habituelle de la frigidité féminine; au lit, la femme fait payer au mâle par une froideur insultante tous les affronts qu'elle estime avoir subis; il y a souvent dans son attitude un complexe d'infériorité agressif: Puisque tu ne m'aimes pas, puisque j'ai des défauts qui m'empêchent de plaire et que je suis méprisable, je ne m'abandonnerai pas non plus à l'amour, au désir, au plaisir. C'est ainsi qu'elle se venge à la fois de lui et d'elle-même s'il l'a humiliée par sa négligence, s'il a excité sa jalousie, s'il s'est déclaré trop tard, s'il a fait d'elle sa maîtresse alors qu'elle souhaitait le mariage; le grief peut soudain apparaître et déclencher cette réaction au cours même d'une liaison dont le commencement a été heureux. Il est rare que l'homme qui a suscité cette inimitié réussisse lui-même à la vaincre: il peut arriver pourtant qu'un témoignage persuasif d'amour ou d'estime modifie la situation. On a vu des femmes défiantes et raidies entre les bras d'un amant qu'une alliance au doigt transformait: heureuses, flattées, la conscience en paix, toutes leurs résistances tombaient. Mais c'est un nouveau venu respectueux, amoureux, délicat qui pourra le mieux transformer la femme dépitée en une maîtresse ou une épouse heureuse;

s'il la délivre de son complexe d'infériorité, elle se donnera à lui avec ardeur.

L'ouvrage de Stekel, *La Femme frigide*, s'attache essentiellement à démontrer le rôle des facteurs psychiques dans la frigidité féminine. Les exemples suivants montrent bien qu'elle est très souvent une conduite de rancune à l'égard du mari ou de l'amant :

Mlle G. S... s'était donnée à un homme en attendant qu'il l'épouse, mais en insistant sur le fait «qu'elle ne tenait pas à un mariage, qu'elle ne voulait pas se lier». Elle jouait à la femme libre. En vérité, elle était esclave de la morale comme toute sa famille. Mais son amant la croyait et ne parlait jamais de mariage. Son opiniâtreté s'intensifiait de plus en plus jusqu'à ce qu'elle devînt insensible. Quand il la demanda enfin en mariage, elle se vengea en lui avouant son anesthésie et en ne voulant plus entendre parler d'une union. Elle ne voulait plus être heureuse. Elle avait trop attendu... Elle se dévorait de jalousie et attendait anxieusement le jour de sa demande pour la refuser orgueilleusement. Ensuite, elle voulut se suicider uniquement pour punir son amant avec raffinement.

Une femme qui jusque-là avait eu du plaisir avec son mari, mais très jalouse, s'imagine pendant une maladie que son mari la trompe. En rentrant chez elle, elle décide de rester froide avec son mari. Jamais plus elle ne devrait être excitée par lui puisqu'il ne l'estimait pas et n'usait d'elle qu'en cas de besoin. Depuis son retour elle était frigide. Au début elle se servait de petits trucs pour ne pas être excitée. Elle se représentait son mari faisant la cour à son amie. Mais bientôt l'orgasme fut remplacé par des douleurs...

Une jeune fille de dix-sept ans avait une liaison avec un homme et y prenait un intense plaisir. Enceinte à dix-neuf ans, elle demanda à son amant de l'épouser ; il fut indécis et lui conseilla de se faire avorter, ce qu'elle refusa. Après trois semaines, il se déclara prêt à l'épouser et elle devint sa femme. Mais elle ne lui pardonna jamais ces trois semaines de tourment et devint frigide. Plus tard, une explication avec son mari vainquit sa frigidité.

Mme N. M... apprend que son mari, deux jours après son mariage, est allé voir une ancienne maîtresse. L'orgasme qu'elle avait auparavant disparut à jamais. Elle eut l'idée fixe de ne plus plaire à son mari qu'elle croyait avoir déçu ; c'est là pour elle la cause de sa frigidité.

Même lorsque la femme surmonte ses résistances et connaît au bout d'un temps, plus ou moins long, le plaisir vaginal, toutes les difficultés ne sont pas abolies : car le rythme de sa sexualité et celui de la sexualité mâle ne coïncident pas. Elle est beaucoup plus lente à jouir que l'homme.

Les trois quarts peut-être de tous les mâles connaissent l'orgasme au cours des deux minutes qui suivent les débuts du rapport sexuel, dit le rapport Kinsey. Si l'on considère les nombreuses femmes du niveau supérieur dont l'état est si défavorable aux situations sexuelles qu'il leur faut de dix à quinze minutes de la stimulation la plus active pour connaître l'orgasme, et si on considère le nombre assez important des femmes qui ne connaissent jamais l'orgasme au cours de leur vie, il faut naturellement que le mâle ait une compétence tout à fait exceptionnelle à prolonger l'activité sexuelle sans éjaculer pour pouvoir créer une harmonie avec sa partenaire.

Il paraît qu'aux Indes l'époux, tout en remplissant ses devoirs conjugaux, fume volontiers la pipe afin de se distraire de son propre plaisir et de faire durer celui de son épouse ; en Occident, c'est plutôt du nombre de ses « coups » que se vante un Casanova ; et sa suprême fierté, c'est d'obtenir que sa partenaire crie merci : d'après la tradition érotique, c'est un exploit qu'on ne réussit pas souvent ; les hommes se plaignent volontiers des terribles exigences de leur compagne : c'est une matrice enragée, une ogresse, une affamée ; elle n'est jamais assouvie. Montaigne expose ce point de vue au livre III de ses *Essais* (ch. v).

Elles sont sans comparaison plus capables et ardentes aux effets de l'amour que nous et [que] ce prestre ancien l'a ainsi témoigné qui avait été tantôt homme, tantôt femme… et en outre [que] nous avons appris de leur propre bouche la preuve qu'en firent autrefois en divers siècles un empereur et une emperière de Romme, maistres ouvriers et fameux en cette besogne (lui dépucela bien en une nuit dix vierges sarmates ses captives ; mais elle fournit réellement en une nuit à vingt et cinq entreprises, changeant de compagnie selon son besoing et son goût,

> *adhuc ardens rigidæ tentigine vulvæ*
> *Et lassata viris, necdum satiata recessit* [1]

et [que] sur le différend advenu en Catalogne entre une femme se plaignant des efforts trop assidus de son mari, non tant à mon avis qu'elle en fût incommodée (car je ne crois les miracles qu'en foi)... intervint ce notable arrêt de la reine d'Aragon par lequel, après mûre délibération de conseil, cette bonne dame... ordonna pour bornes légitimes et nécessaires le nombre de six par jour, relaschant et quittant beaucoup de besoing et désir de son sexe pour établir disait-elle une forme aysée et par conséquent permanente et immuable.

C'est qu'en vérité la volupté n'a pas du tout chez la femme la même figure que chez l'homme. J'ai dit déjà qu'on ne savait pas exactement si le plaisir vaginal aboutissait jamais à un orgasme défini : sur ce point les confidences féminines sont rares et même quand elles visent la précision elles demeurent extrêmement vagues ; il semble que les réactions soient très différentes selon les sujets. Ce qui est certain c'est que le coït a pour l'homme une fin biologique précise : l'éjaculation ; et assurément c'est à travers quantité d'autres intentions très complexes que cette fin est visée ; mais une fois obtenue elle apparaît comme un aboutissement et, sinon comme l'assouvissement du désir, du moins comme sa suppression. Au contraire, chez la femme, le but est au départ incertain et de nature plus psychique que physiologique ; elle veut le trouble, la volupté en général mais son corps ne projette aucune conclusion nette de l'acte amoureux : et c'est pour cela que pour elle le coït n'est jamais tout à fait fini : il ne comporte aucune fin. Le plaisir mâle monte en flèche ; lorsqu'il atteint un certain seuil il s'accomplit et meurt abruptement dans l'orgasme ; la structure de l'acte sexuel est finie et discontinue. La jouissance féminine est irradiée dans le corps tout entier ; elle n'est pas toujours centrée sur le système génital ; même alors les

1. Juvénal.

contractions vaginales plutôt qu'un véritable orgasme constituent un système d'ondulations qui rythmiquement naissent, s'effacent, se reforment, atteignent par instants un paroxysme, puis se brouillent et se fondent sans jamais mourir tout à fait. Du fait qu'aucun terme fixe ne lui est assigné, le plaisir vise l'infini : c'est souvent une fatigue nerveuse ou cardiaque ou une satiété psychique qui limite les possibilités érotiques de la femme plutôt qu'un assouvissement précis ; même comblée, même épuisée, elle n'est jamais tout à fait délivrée :

*Lassata necdum satiata*, selon le mot de Juvénal.

L'homme commet une grave erreur quand il prétend imposer à sa partenaire son propre rythme et qu'il s'acharne à lui donner un orgasme : souvent il ne réussit qu'à briser la forme voluptueuse qu'elle était en train de vivre à sa manière singulière[1]. C'est une forme assez plastique pour se donner à elle-même un terme : certains spasmes localisés dans le vagin ou dans l'ensemble du système génital ou émanant du corps tout entier peuvent constituer une résolution ; chez certaines femmes, ils se produisent assez régulièrement et avec assez de violence pour être assimilés à un orgasme ; mais une amoureuse peut aussi trouver dans l'orgasme masculin une conclusion qui l'apaise et la satisfasse. Et il se peut aussi que d'une manière continue, sans heurt, la forme érotique se dissolve tranquillement. La réussite n'exige pas comme le croient quantité d'hommes méticuleux mais simplistes une synchronisation mathématique du plaisir mais l'établissement d'une forme érotique complexe. Beaucoup s'imaginent que « faire jouir » une femme est une affaire de temps et de technique, donc de violence ; ils ignorent à quel point la sexualité de la femme est condi-

---

1. Lawrence a bien vu l'opposition de ces deux formes érotiques. Mais il est arbitraire de déclarer comme il le fait que la femme ne *doit* pas connaître l'orgasme. Si c'est une erreur de chercher à le provoquer à tout prix, c'en est une aussi de le refuser en tout cas comme fait don Cipriano dans *Le Serpent à plumes*.

tionnée par l'ensemble de la situation. La volupté est chez elle, avons-nous dit, une sorte d'envoûtement; elle réclame un total abandon; si des mots ou des gestes contestent la magie des caresses, l'envoûtement se dissipe. C'est une des raisons pour lesquelles si souvent la femme ferme les yeux: physiologiquement, il y a là un réflexe destiné à compenser la dilatation de la pupille; mais même dans l'ombre elle abaisse encore ses paupières; elle veut abolir tout décor, abolir la singularité de l'instant, d'elle-même et de son amant, elle veut se perdre au cœur d'une nuit charnelle aussi indistincte que le sein maternel. Et plus particulièrement elle souhaite supprimer cette séparation qui dresse le mâle en face d'elle, elle souhaite se fondre avec lui. On a dit déjà qu'elle désire en se faisant objet demeurer un sujet. Plus profondément aliénée que l'homme, du fait qu'elle est désir et trouble dans son corps tout entier, elle ne demeure sujet que par l'union avec son partenaire; il faudrait que pour tous deux recevoir et donner se confondent; si l'homme se borne à prendre sans donner ou s'il donne le plaisir sans en prendre elle se sent manœuvrée; dès qu'elle se réalise comme Autre, elle est l'autre inessentiel; il lui faut nier l'altérité. C'est pourquoi le moment de la séparation des corps lui est presque toujours pénible. L'homme, après le coït, qu'il se sente triste ou joyeux, dupé par la nature ou vainqueur de la femme, en tout cas renie la chair; il redevient un corps intègre, il veut dormir, prendre un bain, fumer une cigarette, sortir au grand air. Elle voudrait prolonger le contact charnel jusqu'à ce que l'envoûtement qui l'a faite chair se dissipe tout à fait; la séparation est un arrachement douloureux comme un nouveau sevrage; elle a de la rancune contre l'amant qui s'écarte d'elle trop brusquement. Mais ce qui la blesse davantage, ce sont les paroles qui contestent la fusion à laquelle pendant un moment elle avait cru. La «femme de Gilles», dont Madeleine Bourdouxhe a raconté l'histoire, se rétracte quand son mari lui demande: «Tu as bien joui?» Elle lui met la main sur la bouche; le mot fait horreur à beaucoup de femmes parce qu'il réduit le plaisir à une sensation immanente et séparée. « C'est assez ? tu en veux encore ? c'était bon ? » Le fait même de poser la question manifeste la séparation, change l'acte amoureux en une opération mécanique dont le mâle a assumé la direction. Et c'est bien pourquoi il la pose. Beaucoup plus que la fusion et la réciprocité, il cherche la domination ; quand l'unité du couple se défait, il se retrouve le seul sujet : il faut beaucoup d'amour ou de générosité pour renoncer à ce privilège ; il aime que la femme se sente humiliée, possédée en dépit d'elle-même ; il veut toujours la prendre un peu plus qu'elle ne se donne. Bien des difficultés seraient épargnées à la femme si l'homme ne traînait derrière lui quantité de complexes qui lui font considérer l'acte amoureux comme une lutte : alors elle pourrait ne pas envisager le lit comme une arène.

Cependant, en même temps que le narcissisme et l'orgueil, on observe chez la jeune fille un désir d'être dominée. Le masochisme serait d'après certains psychanalystes une des caractéristiques de la femme, et c'est grâce à cette tendance qu'elle pourrait s'adapter à son destin érotique. Mais la notion de masochisme est très embrouillée et il nous faut la considérer de près.

Les psychanalystes distinguent, d'après Freud, trois formes de masochisme : l'une consiste dans la liaison de la douleur et de la volupté, une autre serait l'acceptation féminine de la dépendance érotique, la dernière reposerait sur un mécanisme d'autopunition. La femme serait masochiste parce qu'en elle plaisir et douleur seraient liés à travers défloration et accouchement, et parce qu'elle consentirait à son rôle passif.

Il faut d'abord remarquer qu'attribuer une valeur érotique à la douleur ne constitue pas du tout une conduite de soumission passive. Souvent la douleur sert à relever le tonus de l'individu qui la subit, à réveiller une sensibilité engourdie par la violence même du trouble et du plaisir ; c'est une lumière aiguë éclatant dans la nuit charnelle, elle enlève l'amoureux des limbes où il se pâmait afin qu'il puisse y être à nouveau précipité. La douleur fait normalement partie de la frénésie érotique ; des corps qui s'enchantent d'être corps pour leur joie réciproque cherchent à se trouver, s'unir, se confronter de toutes les manières possibles. Il y a dans l'érotisme un arrachement à soi-même, un transport, une extase : la souffrance aussi détruit les limites du moi, elle est un dépassement et un paroxysme ; la douleur a toujours joué un grand rôle dans les orgies ; et on sait que l'exquis et le douloureux se touchent : une caresse peut devenir torture, un supplice donner du plaisir. Étreindre amène facilement à mordre, pincer, griffer ; ces conduites ne sont pas généralement sadiques ; elles expriment un désir de fusionner, non de détruire ; et le sujet qui les subit ne cherche pas non plus à se renier et s'humilier mais à s'unir ; d'ailleurs elles ne sont pas spécifiquement masculines, bien loin de là. En fait, la douleur n'a de signification masochiste qu'au cas où elle est saisie et voulue comme la manifestation d'une servitude. Quant à la douleur de la défloration, elle ne s'accompagne précisément pas de plaisir ; toutes les femmes redoutent les souffrances de l'accouchement et elles sont heureuses que les méthodes modernes les en dispensent. La douleur a ni plus ni moins de place dans leur sexualité que dans celle de l'homme.

La docilité féminine est, d'autre part, une notion très équivoque. Nous avons vu que la plupart du temps la jeune fille accepte dans l'*imaginaire* la domination d'un demi-dieu, d'un héros, d'un mâle ; mais ce n'est encore qu'un jeu narcissiste. Elle n'est aucunement disposée par là à subir dans la réalité l'expression charnelle de cette autorité. Souvent, au contraire, elle se refuse à l'homme qu'elle admire et respecte, elle se livre à un homme sans prestige. C'est une erreur de chercher dans des fantasmes la clé de conduites concrètes ; car les fantasmes sont créés et caressés en tant que fantasmes. La fillette qui rêve de viol avec un mélange d'horreur et de complaisance ne *désire* pas être violée et l'événement, s'il se produisait, serait une odieuse catastrophe. On a vu déjà chez Marie Le Hardouin un exemple typique de cette dissociation. Elle écrit aussi :

> Mais sur le chemin de l'abolition, il restait un domaine où je n'entrais que les narines serrées et le cœur battant. C'était celui qui par-delà la sensualité amoureuse me menait à la sensualité tout court... Il n'y a pas une infamie sournoise que je n'aie commise en rêve. Je souffrais du besoin de m'affirmer de toutes les manières possibles[1].

Il faut encore rappeler le cas de Marie Bashkirtseff :

> J'ai toute ma vie cherché à me placer *volontairement* sous une *domination illusoire* quelconque, mais tous ces gens dont j'ai essayé étaient si ordinaires en comparaison de moi que je n'en ai eu que du dégoût.

D'autre part, il est vrai que le rôle sexuel de la femme est en grande partie passif ; mais vivre immédiatement cette situation passive n'est pas plus masochiste que l'agressivité normale du mâle n'est sadique ; la femme peut transcender caresses, trouble, pénétration vers son propre plaisir, maintenant ainsi l'affirmation de sa subjectivité ; elle peut aussi chercher l'union avec l'amant, et se donner à lui, ce qui signifie un dépassement de soi et non une abdication. Le masochisme apparaît quand l'individu choisit de se faire constituer en pure chose par la conscience d'autrui, de se représenter à soi-même comme chose, de jouer à être une chose. « Le masochisme est une tentative non pour fasciner l'autre par mon objectivité mais pour me faire fasciner moi-même par mon objectivité pour autrui[2]. » La Juliette de Sade ou la jeune pucelle de *La Philosophie dans le boudoir* qui se livrent au mâle de toutes manières possibles mais à fin de leur propre plaisir ne sont aucunement masochistes. Lady Chatterley ou Kate dans le total abandon qu'elles

---

1. *La Voile noire.*
2. J.-P. Sartre, *L'Être et le Néant.*

consentent ne sont pas masochistes. Pour qu'on puisse parler de masochisme, il faut que le *moi* soit *posé* et que l'on considère ce double aliéné comme fondé par la liberté d'autrui.

En ce sens on rencontrera, en effet, chez certaines femmes un véritable masochisme. La jeune fille y est disposée puisqu'elle est volontiers narcissiste et que le narcissisme consiste à s'aliéner dans son ego. Si elle éprouvait dès le début de son initiation érotique un trouble et un désir violent, elle vivrait authentiquement ses expériences et cesserait de les projeter vers ce pôle idéal qu'elle appelle moi ; mais dans la frigidité, le moi continue à s'affirmer ; en faire la chose d'un mâle apparaît alors comme une faute. Or, « le masochisme comme le sadisme est assomption de culpabilité. Je suis coupable, en effet, du seul fait que je suis objet ». Cette idée de Sartre rejoint la notion freudienne d'autopunition. La jeune fille s'estime coupable de livrer son moi à autrui et elle s'en punit en redoublant volontairement humiliation et servitude ; on a vu que les vierges défiaient leur futur amant et se punissaient de leur soumission à venir en s'infligeant diverses tortures ; quand l'amant est réel et présent, elles s'entêtent dans cette attitude. La frigidité même nous est déjà apparue comme un châtiment que la femme impose autant à soi qu'à son partenaire : blessée dans sa vanité, elle a de la rancune contre lui et contre elle-même et elle s'interdit le plaisir. Dans le masochisme, elle se fera éperdument esclave du mâle, elle lui dira des mots d'adoration, elle souhaitera être humiliée, frappée ; elle s'aliénera de plus en plus profondément par fureur d'avoir consenti à l'aliénation. C'est assez clairement la conduite de Mathilde de La Mole par exemple ; elle s'en veut de s'être donnée à Julien ; c'est pourquoi, par moments, elle tombe à ses pieds, veut se plier à tous ses caprices, lui immole sa chevelure ; mais, en même temps, elle est en révolte contre lui autant que contre soi-même ; on la devine glacée entre ses bras. Le feint abandon de la femme masochiste crée de nouveaux barrages qui la défendent du plaisir ; et en même temps, c'est de cette incapacité à connaître le plaisir qu'elle se venge contre soi-même. Le cercle vicieux qui va de la frigidité au masochisme peut se nouer à jamais, entraînant alors par compensation des conduites sadiques. Il se peut aussi que la maturation érotique délivre la femme de sa frigidité, de son narcissisme et qu'assumant sa passivité sexuelle elle la vive immédiatement au lieu de la jouer. Car le paradoxe du masochisme, c'est que le sujet sans cesse se réaffirme dans son effort même pour s'abdiquer ; c'est dans le don irréfléchi, dans le mouvement spontané vers l'autre, qu'il réussit à s'oublier. Il est donc vrai que la femme sera plus sollicitée que l'homme par la tentation masochiste ; sa situation érotique d'objet passif l'engage à jouer la passivité ; ce jeu est l'autopunition à laquelle l'invitent ses révoltes narcissistes et la frigidité qui en est la conséquence ; le fait est que beaucoup de femmes et en particulier de jeunes filles sont masochistes. Colette, parlant de ses premières expériences amoureuses, nous confie dans *Mes apprentissages* :

La jeunesse et l'ignorance aidant, j'avais bien commencé par la griserie, une coupable griserie, un affreux et impur élan d'adolescente. Elles sont nombreuses les filles à peine nubiles qui rêvent d'être le spectacle, le jouet, le chef-d'œuvre libertin d'un homme mûr. C'est une laide envie qu'elles expient en la contentant, une envie qui va de pair avec les névroses de la puberté, l'habitude de grignoter la craie et le charbon, de boire l'eau dentifrice, de lire des livres sales et de s'enfoncer des épingles dans la paume des mains.

On ne peut mieux dire que le masochisme fait partie des perversions juvéniles, qu'il n'est pas une authentique solution du conflit créé par le destin sexuel de la femme, mais une manière, en s'y vautrant, de le fuir. Il ne représente aucunement l'épanouissement normal et heureux de l'érotisme féminin.

Cet épanouissement suppose que — dans l'amour, la tendresse, la sensualité — la femme réussisse à surmonter sa passivité et à établir avec son partenaire un rapport de réciprocité. L'asymétrie de l'érotisme mâle et femelle crée des problèmes insolubles tant qu'il y a lutte des sexes ; ils peuvent aisément se trancher quand la femme sent chez l'homme à la fois désir et respect ; s'il la convoite dans sa chair tout en reconnaissant sa liberté, elle se retrouve l'essentiel au moment où elle se fait objet, elle demeure libre dans la soumission à laquelle elle consent. Alors, les amants peuvent connaître chacun à sa manière une jouissance commune ; le plaisir est éprouvé par chaque partenaire comme étant sien, tout en ayant sa source dans l'autre. Les mots recevoir et donner échangent leur sens, la joie est gratitude, le plaisir tendresse. Sous une forme concrète et charnelle, s'accomplit la reconnaissance réciproque du moi et de l'autre dans la conscience la plus aiguë de l'autre et du moi. Certaines femmes disent sentir en elles le sexe masculin comme une partie de leur propre corps ; certains hommes croient *être* la femme qu'ils pénètrent ; ces expressions sont évidemment inexactes ; la dimension de l'*autre* demeure ; mais le fait est que l'altérité n'a plus un caractère hostile ; c'est cette conscience de l'union des corps dans leur séparation qui donne à l'acte sexuel son caractère émouvant ; il est d'autant plus bouleversant que les deux êtres qui ensemble nient et affirment passionnément leurs limites sont des semblables et sont cependant différents. Cette différence qui, trop souvent, les isole, devient quand ils se rejoignent la source de leur émerveillement ; la fièvre immobile qui la brûle, la femme en contemple dans la fougue virile la figure inversée, la puissance de l'homme, c'est le pouvoir qu'elle exerce sur lui ; ce sexe gonflé de vie lui appartient comme son sourire à l'homme qui lui donne le plaisir. Toutes les richesses de la virilité, de la féminité se réfléchissant, se ressaisissant les unes à travers les autres, composent une mouvante et extatique unité. Ce qui est nécessaire à une telle harmonie ce ne sont pas des raffinements techniques mais plutôt, sur les bases d'un attrait érotique immédiat, une réciproque générosité de corps et d'âme.

Cette générosité est souvent empêchée chez l'homme par sa vanité, chez la femme par la timidité ; tant qu'elle n'a pas surmonté ses inhibitions, elle ne saurait la faire triompher. C'est pourquoi le plein épanouissement sexuel est généralement chez la femme assez tardif : c'est vers trente-cinq ans qu'elle atteint érotiquement son apogée. Malheureusement, si elle est mariée, son époux s'est alors trop habitué à sa frigidité ; elle peut encore séduire de nouveaux amants, mais elle commence à se défraîchir : son temps est mesuré. C'est au moment où elles cessent d'être désirables que quantité de femmes se décident enfin à assumer leurs désirs.

Les conditions dans lesquelles se déroule la vie sexuelle de la femme dépendent non seulement de ces données, mais de tout l'ensemble de sa situation sociale et économique. Il serait abstrait de prétendre l'étudier plus avant sans ce contexte. Mais de notre examen ressortent plusieurs conclusions généralement valables. L'expérience érotique est une de celles qui découvrent aux êtres humains de la façon la plus poignante l'ambiguïté de leur condition ; ils s'y éprouvent comme chair et comme esprit, comme l'autre et comme sujet. C'est pour la femme que ce conflit revêt le caractère le plus dramatique parce qu'elle se saisit d'abord comme objet, qu'elle ne trouve pas tout de suite dans le plaisir une sûre autonomie ; il lui faut reconquérir sa dignité de sujet transcendant et libre tout en assumant sa condition charnelle : c'est une entreprise malaisée et pleine de risque ; elle sombre souvent. Mais la difficulté même de sa situation la défend contre les mystifications auxquelles le mâle se laisse prendre ; il est volontiers dupe des fallacieux privilèges qu'impliquent son rôle agressif et la solitude satisfaite de l'orgasme ; il hésite à se reconnaître pleinement comme chair. La femme a d'elle-même une expérience plus authentique.

Qu'elle s'adapte plus ou moins exactement à son rôle

passif, la femme est toujours frustrée en tant qu'individu actif. Ce n'est pas l'organe de la possession qu'elle envie à l'homme : c'est sa proie. C'est un curieux paradoxe que l'homme vive dans un monde sensuel de douceur, de tendresse, de mollesse, un monde féminin, tandis que la femme se meut dans l'univers mâle qui est dur et sévère ; ses mains gardent le désir d'étreindre la chair lisse, la pulpe fondante : adolescent, femme, fleurs, fourrures, enfant ; toute une part d'elle-même demeure disponible et souhaite la possession d'un trésor analogue à celui qu'elle livre au mâle. Par là s'explique qu'en beaucoup de femmes subsiste de manière plus ou moins larvée une tendance à l'homosexualité. Il en est chez qui, pour un ensemble de raisons complexes, cette tendance s'affirme avec une particulière autorité. Toutes les femmes n'acceptent pas de donner à leurs problèmes sexuels la solution classique, seule officiellement admise par la société. Il nous faut aussi envisager celles qui choisissent les chemins condamnés.

# CHAPITRE IV

## La lesbienne

On se représente volontiers la lesbienne coiffée d'un feutre sec, le cheveu court, et cravatée ; sa virilité serait une anomalie traduisant un déséquilibre hormonal. Rien de plus erroné que cette confusion entre l'invertie et la virago. Il y a beaucoup d'homosexuelles parmi les odalisques, les courtisanes, parmi les femmes les plus délibérément « féminines » ; inversement un grand nombre de femmes « masculines » sont des hétérosexuelles. Sexologues et psychiatres confirment ce que suggère l'observation courante : l'immense majorité des « damnées » est constituée exactement comme les autres femmes. Aucun « destin anatomique » ne détermine leur sexualité.

Assurément, il y a des cas où les données physiologiques créent des situations singulières. Il n'existe pas entre les deux sexes de distinction biologique rigoureuse ; un soma identique est modifié par des actions hormonales dont l'orientation est génotypiquement définie, mais peut être déviée au cours de l'évolution du fœtus ; il en résulte l'apparition d'individus intermédiaires entre les mâles et les femelles. Certains hommes revêtent une apparence féminine parce que la maturation de leurs organes virils est tardive : ainsi voit-on parfois des filles — en particulier des sportives — se changer en garçon. H. Deutsch raconte l'histoire d'une jeune fille qui fit une cour ardente à une femme mariée, voulut l'enlever et vivre avec elle : elle s'aperçut un jour qu'elle était en fait un homme, ce qui lui permit d'épouser sa bien-aimée et d'en avoir des enfants. Mais il n'en faudrait pas conclure que toute invertie est un « homme caché » sous des formes trompeuses. L'hermaphrodite chez qui les deux systèmes génitaux sont ébauchés a souvent une sexualité féminine : j'en ai connu une, exilée de Vienne par les nazis, qui se désolait de ne plaire ni aux hétérosexuels, ni aux pédérastes, alors qu'elle n'aimait que les hommes. Sous l'influence d'hormones mâles, les femmes « viriloïdes » présentent des caractères sexuels secondaires masculins ; chez les femmes infantiles les hormones femelles sont défi-cientes et leur développement demeure inachevé. Ces parti-cularités peuvent motiver plus ou moins directement une vocation lesbienne. Une personne douée d'une vitalité vigou-reuse, agressive, exubérante souhaite se dépenser activement et refuse ordinairement la passivité ; disgraciée, malformée, une femme peut essayer de compenser son infériorité en acquérant des qualités viriles ; si sa sensibilité érogène n'est pas développée, elle ne désire pas les caresses masculines. Mais anatomie et hormones ne définissent jamais qu'une situation et ne posent pas l'objet vers lequel celle-ci sera transcendée. H. Deutsch encore cite le cas d'un légionnaire polonais blessé qu'elle soigna au cours de la guerre 1914-1918 et qui était en fait une jeune fille aux caractères viri-loïdes accusés ; elle avait suivi l'armée comme infirmière, puis avait réussi à revêtir l'uniforme ; elle n'en était pas moins tombée amoureuse d'un soldat — qu'elle épousa par la suite — ce qui la faisait considérer comme un homo-sexuel. Ses conduites viriles ne contredisaient pas un érotisme de type féminin. L'homme même ne désire pas exclusivement la femme ; le fait que l'organisme de l'ho-mosexuel mâle peut être parfaitement viril implique que la virilité d'une femme ne la voue pas nécessairement à l'ho-mosexualité.

Chez les femmes physiologiquement normales elles-mêmes on a parfois prétendu distinguer les « clitoridiennes » et les « vaginales », les premières étant vouées aux amours saphiques ; mais on a vu que chez toutes l'érotisme infantile est clitoridien ; qu'il se fixe à ce stade ou se transforme ne dépend d'aucune donnée anatomique ; il n'est pas vrai non plus comme on l'a soutenu souvent que la masturbation infantile explique le privilège ultérieur du système clitoridien : la sexologie reconnaît aujourd'hui dans l'onanisme de l'enfant un phénomène absolument normal et généralement répandu. L'élaboration de l'érotisme féminin est — nous l'avons vu — une histoire psychologique dans laquelle les facteurs physiologiques sont enveloppés, mais qui dépend de l'attitude globale du sujet en face de l'existence. Marañón considérait que la sexualité est « à sens unique », et qu'elle atteint chez l'homme une forme achevée tandis que chez la femme elle demeure « à mi-chemin » ; seule la lesbienne posséderait une libido aussi riche que celle du mâle, elle serait donc un type féminin « supérieur ». En fait, la sexualité féminine a une structure originale et l'idée de hiérarchiser les libidos mâle et femelle est absurde ; le choix de l'objet sexuel ne dépend aucunement de la quantité d'énergie dont la femme disposerait.

Les psychanalystes ont eu le grand mérite de voir dans l'inversion un phénomène psychique et non organique ; néanmoins, elle apparaît encore chez eux comme déterminée par des circonstances extérieures. Ils l'ont d'ailleurs peu étudiée. D'après Freud, la maturation de l'érotisme féminin exige le passage du stade clitoridien au stade vaginal, passage symétrique de celui qui a transféré sur le père l'amour que la petite fille éprouvait d'abord pour sa mère ; des raisons diverses peuvent enrayer ce développement ; la femme ne se résigne pas à la castration, elle se cache l'absence du pénis, elle demeure fixée sur sa mère dont elle recherche des substituts. Pour Adler, cet arrêt n'est pas un accident passivement subi : il est voulu par le sujet qui, par volonté de puissance, nie délibérément sa mutilation et cherche à s'identifier à l'homme dont elle refuse la domination. Fixation infantile ou protestation virile, l'homosexualité apparaîtrait en tout cas comme un inachèvement. En vérité, la lesbienne n'est pas plus une femme «manquée» qu'une femme «supérieure». L'histoire de l'individu n'est pas un progrès fatal : à chaque mouvement le passé est ressaisi par un choix neuf et la «normalité» du choix ne lui confère aucune valeur privilégiée : c'est d'après son authenticité qu'il faut le juger. L'homosexualité peut être pour la femme une manière de fuir sa condition ou une manière de l'assumer. Le grand tort des psychanalystes c'est, par conformisme moralisateur, de ne l'envisager jamais que comme une attitude inauthentique.

La femme est un existant à qui on demande de se faire objet ; en tant que sujet elle a une sensualité agressive qui ne s'assouvit pas sur le corps masculin : de là naissent les conflits que son érotisme doit surmonter. On considère comme normal le système qui la livrant comme proie à un mâle lui restitue sa souveraineté en mettant dans ses bras un enfant : mais ce «naturalisme» est commandé par un intérêt social plus ou moins bien compris. L'hétérosexualité même permet d'autres solutions. L'homosexualité de la femme est une tentative parmi d'autres pour concilier son autonomie et la passivité de sa chair. Et si l'on invoque la nature, on peut dire que naturellement toute femme est homosexuelle. La lesbienne se caractérise en effet par son refus du mâle et son goût pour la chair féminine ; mais toute adolescente redoute la pénétration, la domination masculine, elle éprouve à l'égard du corps de l'homme une certaine répulsion ; en revanche le corps féminin est pour elle comme pour l'homme un objet de désir. Je l'ai dit déjà : les hommes, se posant comme des sujets, se posent du même coup comme séparés ; considérer l'autre comme une chose à prendre, c'est attenter en lui et solidairement en soi-même à l'idéal viril ; au contraire, la femme qui se reconnaît comme objet voit en ses semblables et en soi une proie. Le pédéraste inspire de l'hostilité aux hétérosexuels mâles et femelles car ceux-ci exigent que l'homme soit un sujet dominateur[1]; au contraire, les deux sexes considèrent spontanément les lesbiennes avec indulgence. «J'avoue, dit le comte de Tilly, que c'est une rivalité qui ne me donne aucune humeur; au contraire, cela m'amuse et j'ai l'immoralité d'en rire.» Colette a prêté cette même indifférence amusée à Renaud devant le couple que Claudine forme avec Rézi[2]. L'homme est plus agacé par une hétérosexuelle active et autonome que par une homosexuelle non agressive; la première seule conteste les prérogatives masculines; les amours saphiques sont bien loin de contredire la forme traditionnelle de la division des sexes: elles sont dans la majorité des cas une assomption de la féminité, non son refus. On a vu qu'elles apparaissent souvent chez l'adolescente comme un *ersatz* des relations hétérosexuelles qu'elle n'a pas encore l'occasion ou l'audace de vivre: c'est une étape, un apprentissage et celle qui s'y livre avec le plus d'ardeur peut être demain la plus ardente des épouses, des amantes, des mères. Ce qu'il faut expliquer chez l'invertie ce n'est donc pas l'aspect positif de son choix, c'en est la face négative: elle ne se caractérise pas par son goût pour les femmes, mais par l'exclusivité de ce goût.

On distingue souvent — après Jones et Hesnard — deux types de lesbiennes: les unes «masculines» qui «veulent imiter l'homme», les autres «féminines» qui «ont peur de l'homme». Il est vrai qu'on peut en gros considérer dans l'inversion deux tendances; certaines femmes refusent la passivité, tandis que d'autres choisissent pour s'y abandon-

---

1. Une hétérosexuelle a facilement de l'amitié pour certains pédérastes, parce qu'elle trouve sécurité et amusement dans ces rapports asexués. Mais dans l'ensemble, elle éprouve de l'hostilité à l'égard de ces hommes qui en soi ou en autrui dégradent le mâle souverain en chose passive.

2. Il est remarquable que le code anglais punisse chez les hommes l'homosexualité et ne la considère pas entre femmes comme un délit.

ner passivement des bras féminins; mais ces attitudes réagissent l'une sur l'autre; les rapports à l'objet choisi, à l'objet refusé, s'expliquent l'un par l'autre. Pour quantité de raisons, nous allons le voir, la distinction indiquée nous paraît assez arbitraire.

Définir la lesbienne «virile» par sa volonté d'«imiter l'homme», c'est la vouer à l'inauthenticité. J'ai dit déjà combien les psychanalystes créent d'équivoques en acceptant les catégories masculin-féminin telles que la société actuelle les définit. En effet, l'homme représente aujourd'hui le positif et le neutre, c'est-à-dire le mâle et l'être humain, tandis que la femme est seulement le négatif, la femelle. Chaque fois qu'elle se conduit en être humain, on déclare donc qu'elle s'identifie au mâle. Ses activités sportives, politiques, intellectuelles, son désir pour d'autres femmes sont interprétés comme une «protestation virile»; on refuse de tenir compte des valeurs vers lesquelles elle se transcende, ce qui conduit évidemment à considérer qu'elle fait le choix inauthentique d'une attitude subjective. Le grand malentendu sur lequel repose ce système d'interprétation, c'est qu'on admet qu'il est *naturel* pour l'être humain femelle de faire de soi une femme *féminine* : il ne suffit pas d'être une hétérosexuelle, ni même une mère, pour réaliser cet idéal; la «vraie femme» est un produit artificiel que la civilisation fabrique comme naguère on fabriquait des castrats; ses prétendus «instincts» de coquetterie, de docilité, lui sont insufflés comme à l'homme l'orgueil phallique; il n'accepte pas toujours sa vocation virile; elle a de bonnes raisons pour accepter moins docilement encore celle qui lui est assignée. Les notions «complexe d'infériorité», «complexe de masculinité» me font songer à cette anecdote que Denis de Rougemont raconte dans *La Part du diable* : une dame s'imaginait que, lorsqu'elle se promenait dans la campagne, les oiseaux l'attaquaient; après plusieurs mois d'un traitement psychanalytique qui échoua à la guérir de son obsession, le médecin l'accompagnant

dans le jardin de la clinique s'aperçut que *les oiseaux l'attaquaient*. La femme se sent diminuée parce qu'en vérité les
consignes de la féminité la diminuent. Spontanément, elle
choisit d'être un individu complet, un sujet et une liberté
devant qui s'ouvrent le monde et l'avenir : si ce choix se
confond avec celui de la virilité, c'est dans la mesure où la
féminité signifie aujourd'hui mutilation. On voit clairement
dans les confessions d'inverties — platonique dans le premier cas, déclarée dans le second — qu'ont recueillies
Havelock Ellis et Stekel que c'est la *spécification* féminine
qui indigna les deux sujets.

Aussi loin que je me souvienne, dit l'une, je ne me suis jamais regardée comme une fille et je me suis trouvée dans un trouble perpétuel. Vers
cinq ou six ans, je me dis que quelle que pût être l'opinion des gens, si
je n'étais pas un garçon, en tout cas je n'étais pas une fille... Je regardais la conformation de mon corps comme un accident mystérieux...
Alors que je pouvais à peine marcher je m'intéressais aux marteaux et
aux clous, je voulais être assise sur le dos des chevaux. Vers sept ans, il
m'apparut que tout ce que j'aimais était mal pour une fille. Je n'étais nullement heureuse et souvent pleurais et me mettais en colère tant j'étais
furieuse de ces conversations sur les garçons et les filles... Chaque
dimanche je sortais avec les garçons de l'école de mes frères... Vers
onze ans... pour me punir de ce que j'étais, on me mit interne...
Vers quinze ans, dans quelque direction que mes pensées allassent, mon
point de vue était toujours celui d'un garçon... Je me sentis pénétrée de
compassion pour les femmes... Je me fis leur protecteur et leur aide.

Quant à la travestie de Stekel :

Jusqu'à sa sixième année, malgré les assertions de son entourage, elle
se croyait un garçon, habillé en fille pour des raisons qui lui restaient
inconnues... À six ans, elle se disait : « Je serai lieutenant et, si Dieu me
prête vie, maréchal. » Elle rêvait souvent qu'elle montait à cheval et sortait de la ville à la tête d'une armée. Très intelligente, elle fut malheureuse d'être transférée de l'école normale dans un lycée, *elle avait peur
de devenir efféminée.*

Cette révolte n'implique nullement une prédestination
saphique ; la plupart des fillettes connaissent le même scan-

dale et le même désespoir quand elles apprennent que l'ac-
cidentelle conformation de leur corps condamne leurs goûts
et leurs aspirations ; c'est dans la colère que Colette Audry[1]
découvrit à douze ans qu'elle ne pourrait jamais devenir un
marin ; tout naturellement la future femme s'indigne des
limitations que lui impose son sexe. C'est mal poser la question que de demander pourquoi elle les refuse : le problème
est plutôt de comprendre pourquoi elle les accepte. Son
conformisme vient de sa docilité, de sa timidité ; mais cette
résignation se retournera facilement en révolte si les compensations offertes par la société ne sont pas jugées suffi-
santes. C'est ce qui arrivera dans les cas où l'adolescente se
pensera disgraciée, en tant que femme : c'est surtout par ce
détour que les données anatomiques prennent leur importance ; laide, mal bâtie, ou croyant l'être, la femme refuse un
destin féminin pour lequel elle ne se sent pas douée ; mais
il serait faux de dire que l'attitude virile est adoptée pour
compenser un manque de féminité : plutôt, en échange des
avantages virils qu'on lui demande de sacrifier, les chances
accordées à l'adolescente lui semblent trop maigres. Toutes
les fillettes envient les vêtements commodes des garçons ;
c'est leur image dans la glace, les promesses qu'elles y
devinent qui leur rendent peu à peu précieux leurs falbalas ;
si le miroir reflète sèchement un visage quotidien, s'il ne
promet rien, dentelles et rubans demeurent une livrée gênante,
voire ridicule, et le « garçon manqué » s'entête à rester un
garçon.

Fût-elle bien faite, jolie, la femme qui est engagée dans
des projets singuliers ou qui revendique sa liberté en général se refuse à abdiquer au profit d'un autre être humain ;
elle se reconnaît dans ses actes, non dans sa présence immanente : le désir mâle qui la réduit aux limites de son corps
la choque autant qu'il choque le jeune garçon ; pour ses
compagnes soumises, elle éprouve le même dégoût que

---

1. *Aux yeux du souvenir.*

l'homme viril à l'égard du pédéraste passif. C'est en partie pour répudier toute complexité avec elles qu'elle adopte une attitude masculine ; elle travestit son vêtement, son allure, son langage, elle forme avec une amie féminine un couple où elle incarne le personnage mâle : cette comédie est, en effet, une « protestation virile » ; mais elle apparaît comme un phénomène secondaire ; ce qui est spontané, c'est le scandale du sujet conquérant et souverain à l'idée de se changer en une proie charnelle. Un grand nombre de sportives sont homosexuelles ; ce corps qui est muscle, mouvement, détente, élan, elles ne le saisissent pas comme une chair passive ; il n'appelle pas magiquement les caresses, il est prise sur le monde, non une chose du monde : le fossé qui existe entre le corps pour-soi et le corps pour-autrui semble en ce cas infranchissable. On trouve des résistances analogues chez la femme d'action, la femme « de tête » à qui la démission, fût-ce sous une forme charnelle, est impossible. Si l'égalité des sexes était concrètement réalisée, cet obstacle dans un grand nombre de cas s'abolirait ; mais l'homme est encore imbu de sa supériorité et c'est une conviction gênante pour la femme si elle ne la partage pas. Il faut remarquer cependant que les femmes les plus volontaires, les plus dominatrices, hésitent peu à affronter le mâle : la femme dite « virile » est souvent une franche hétérosexuelle. Elle ne veut pas renier sa revendication d'être humain ; mais elle n'entend pas non plus se mutiler de sa féminité, elle choisit d'accéder au monde masculin, voire de se l'annexer. Sa sensualité robuste ne s'effraie pas de l'âpreté mâle ; pour trouver sa joie dans un corps d'homme, elle a moins de résistances à vaincre que la vierge timide. Une nature très fruste, très animale ne sentira pas l'humiliation du coït ; une intellectuelle à l'esprit intrépide la contestera ; sûre de soi, d'humeur batailleuse, la femme s'engagera gaiement dans un duel où elle est certaine de vaincre. George Sand avait une prédilection pour les jeunes gens, les hommes « féminins » ; mais Mme de Staël ne rechercha que tardivement, dans ses amants, jeunesse et beauté : dominant les hommes par la vigueur de son esprit, accueillant avec orgueil leur admiration, elle ne devait guère se sentir une proie entre leurs bras. Une souveraine comme Catherine de Russie pouvait même se permettre des ivresses masochistes : elle demeurait dans ces jeux le seul maître. Isabelle Ehberardt qui, habillée en homme, parcourut à cheval le Sahara, ne s'estimait en rien diminuée quand elle s'était livrée à quelque vigoureux tirailleur. La femme qui ne se veut pas vassale de l'homme est bien loin de toujours le fuir : elle essaie plutôt d'en faire l'instrument de son plaisir. Dans des circonstances favorables — dépendant en grande partie de son partenaire — l'idée même de compétition s'abolira et elle se plaira à vivre dans sa plénitude sa condition de femme comme l'homme vit sa condition d'homme.

Mais cette conciliation entre sa personnalité active et son rôle de femelle passive est malgré tout beaucoup plus difficile pour elle que pour l'homme ; plutôt que de s'user dans cet effort, il y aura beaucoup de femmes qui renonceront à la tenter. Parmi les artistes et écrivains féminins, on compte de nombreuses lesbiennes. Ce n'est pas que leur singularité sexuelle soit source d'énergie créatrice ou manifeste l'existence de cette énergie supérieure ; c'est plutôt qu'absorbées par un sérieux travail, elles n'entendent pas perdre leur temps à jouer un rôle de femme ni à lutter contre les hommes. N'admettant pas la supériorité mâle, elles ne veulent ni feindre de la reconnaître ni se fatiguer à la contester ; elles cherchent dans la volupté détente, apaisement, diversion : elles ont meilleur compte à se détourner d'un partenaire qui se présente sous la figure d'un adversaire ; et par là elles s'affranchissent des entraves qu'implique la féminité. Bien entendu, c'est souvent la nature de ses expériences hétérosexuelles qui décidera la femme « virile » à choisir l'assomption ou la répudiation de son sexe. Le dédain masculin confirme la laide dans le sentiment de sa disgrâce ; l'arrogance d'un amant blessera l'orgueilleuse. Tous les motifs de frigidité que nous avons envisagés : rancune, dépit, crainte de la grossesse, traumatisme provoqué par un avortement, etc., se retrouvent ici. Ils prennent d'autant plus de poids que la femme aborde l'homme avec plus de défiance.

Cependant l'homosexualité n'apparaît pas toujours, quand il s'agit d'une femme dominatrice, comme une solution entièrement satisfaisante ; puisqu'elle cherche à s'affirmer, il lui déplaît de ne pas réaliser intégralement ses possibilités féminines ; les relations hétérosexuelles lui semblent à la fois une diminution et un enrichissement ; en répudiant les limitations impliquées par son sexe, il se trouve que d'une autre manière elle se limite. De même que la femme frigide souhaite le plaisir tout en le refusant, la lesbienne voudrait souvent être une femme normale et complète, tout en ne le voulant pas. Cette hésitation est manifeste dans le cas de la travestie étudiée par Stekel.

On a vu qu'elle ne se plaisait qu'avec des garçons et ne voulait pas «s'efféminer». À seize ans, elle noua ses premières relations avec des jeunes filles ; elle avait pour elles un profond mépris, ce qui donna tout de suite à son érotisme un caractère sadique ; à une camarade qu'elle respectait elle fit une cour ardente, mais platonique : pour celles qu'elle possédait, elle éprouvait du dégoût. Elle se jeta avec rage dans des études difficiles. Déçue dans son premier grand amour saphique, elle s'abandonna avec frénésie à des expériences purement sensuelles et se mit à boire. À dix-sept ans, elle fit la connaissance d'un jeune homme qu'elle épousa : mais elle considéra qu'il était sa femme ; elle s'habillait de façon masculine, elle continuait à boire et à étudier. Elle eut d'abord du vaginisme et jamais le coït n'entraîna l'orgasme. Elle trouvait sa position «humiliante» ; c'est toujours elle qui prenait le rôle agressif et actif. Elle abandonna son mari tout en «l'aimant à la folie» et reprit ses rapports avec des femmes. Elle fit connaissance d'un artiste à qui elle se donna, mais également sans orgasme. Sa vie se divisait en périodes nettement tranchées ; pendant un temps elle écrivait, travaillait en créateur et se sentait complètement mâle ; elle couchait alors avec des femmes, de manière épisodique et sadiquement. Ensuite, elle avait une période femelle. Elle se fit analyser parce qu'elle souhaitait parvenir à l'orgasme.

La lesbienne pourrait facilement consentir à la perte de sa féminité si elle acquérait par là une triomphante virilité. Mais non. Elle demeure évidemment privée d'organe viril ; elle peut déflorer son amie avec la main ou utiliser un pénis artificiel pour mimer la possession ; elle n'en est pas moins un castrat. Il arrive qu'elle en souffre profondément. Inachevée en tant que femme, impuissante en tant qu'homme, son malaise se traduit parfois par des psychoses. Une malade disait à Dalbiez[1] : « Si j'avais quelque chose pour pénétrer, cela irait mieux. » Une autre souhaitait que ses seins fussent rigides. Souvent la lesbienne essaiera de compenser son infériorité virile par une arrogance, un exhibitionnisme qui manifestent en fait un déséquilibre intérieur. Parfois aussi elle réussira à créer avec les autres femmes un type de rapports tout à fait analogues à ceux que soutient avec elles un homme « féminin » ou un adolescent encore mal assuré dans sa virilité. Un cas des plus frappants d'une telle destinée c'est celui de « Sandor » que rapporte Krafft Ebbing. Elle avait atteint par ce biais un parfait équilibre que vint seule détruire l'intervention de la société.

Sarolta était originaire d'une famille noble hongroise réputée pour ses excentricités. Son père la fit élever en garçon : elle montait à cheval, chassait, etc. Cette influence se prolongea jusqu'à l'âge de treize ans où on la mit en pension : elle tomba alors amoureuse d'une petite Anglaise, prétendit être un garçon et l'enleva. Elle revint chez sa mère mais bientôt, sous le nom de « Sandor », habillée en garçon, elle partit en voyage avec son père : elle s'adonnait à des sports virils, elle buvait et fréquentait les bordels. Elle se sentait particulièrement attirée vers les actrices ou vers les femmes isolées et qui, autant que possible, n'étaient pas de la première jeunesse ; elle les aimait vraiment « féminines ». « J'aimais, dit-elle, la passion féminine qui se manifestait sous un voile poétique. Toute effronterie de la part d'une femme m'inspirait du dégoût... J'avais une aversion indicible pour les vêtements de femme et en général pour tout ce qui est féminin, mais seulement sur moi et en moi ; car au contraire j'avais de l'enthousiasme pour le beau sexe. » Elle eut de nombreuses liaisons avec des femmes et dépensa beaucoup d'argent

1. *La Méthode psychanalytique et la doctrine freudienne.*

pour elles. Elle collaborait cependant à deux grands journaux de la capitale. Elle vécut maritalement pendant trois ans avec une femme de dix ans plus âgée qu'elle et elle eut beaucoup de peine à lui faire accepter une rupture. Elle inspirait de violentes passions. Amoureuse d'une jeune institutrice, elle s'unit à elle par un simulacre de mariage : sa fiancée et sa belle-famille la prenaient pour un homme ; son beau-père avait cru remarquer chez son futur gendre un membre en érection (probablement un priape) ; elle se faisait raser pour la forme, mais la femme de chambre avait trouvé dans son linge des traces de sang menstruel et par le trou de la serrure elle se convainquit que Sandor était femme. Démasquée, celle-ci fut mise en prison, mais acquittée. Elle eut un immense chagrin d'être séparée de sa bien-aimée Marie à qui elle écrivait de sa cellule les lettres les plus passionnées. Elle n'avait pas tout à fait une conformation féminine : le bassin était très mince, la taille manquait. Les seins étaient développés, les parties génitales tout à fait féminines mais imparfaitement développées. Sandor n'avait été réglée qu'à dix-sept ans et elle avait une profonde horreur du phénomène menstruel. L'idée de rapport sexuel avec des hommes lui faisait horreur ; sa pudeur n'était développée qu'avec les femmes au point qu'elle aimait mieux partager le lit d'un homme que celui d'une femme. Très gênée quand on la traitait en femme, elle fut en proie à une véritable angoisse quand elle dut reprendre des vêtements féminins. Elle se sentait «attirée comme par une force magnétique vers les femmes de vingt-quatre à trente ans ». Elle trouvait sa satisfaction sexuelle exclusivement en caressant son amie, jamais en se laissant caresser. À l'occasion elle se servait d'un bas garni d'étoupe comme priape. Elle détestait les hommes. Très sensible à l'estime morale d'autrui, elle possédait beaucoup de talent littéraire, une grande culture et une mémoire colossale.

Sandor n'a pas été psychanalysée, mais du simple exposé des faits ressortent quelques points saillants. Il semble que sans «protestation virile», de la manière la plus spontanée, elle se soit toujours pensée comme un homme, grâce à l'éducation qu'elle reçut et à la constitution de son organisme ; la manière dont son père l'associa à ses voyages, à sa vie, eut évidemment une influence décisive ; sa virilité était si assurée qu'elle ne manifestait à l'égard des femmes aucune ambivalence : elle les aimait comme un homme, sans se sentir compromise par elles, elle les aimait de manière purement dominatrice et active, sans accepter de réciprocité.

Cependant, il est frappant qu'elle « détestât les hommes » et qu'elle chérît singulièrement les femmes âgées. Ceci suggère que Sandor avait à l'égard de sa mère un complexe d'Œdipe *masculin* ; elle perpétuait l'attitude infantile de la toute petite fille qui, formant couple avec sa mère, nourrit l'espoir de la protéger et de la dominer un jour. C'est très souvent quand l'enfant a été frustrée de la tendresse maternelle que le besoin de cette tendresse la hante tout au long de sa vie d'adulte : élevée par son père, Sandor dut se rêver une mère aimante et chérie, qu'elle rechercha ensuite à travers d'autres femmes ; cela explique sa profonde jalousie à l'égard des autres hommes liée à son respect, à son amour « poétique » pour des femmes « isolées » et âgées qui revêtaient à ses yeux un caractère sacré. Son attitude était exactement celle de Rousseau avec Mme de Warens, du jeune Benjamin Constant auprès de Mme de Charrière : les adolescents sensibles, « féminins », se tournent eux aussi vers des maîtresses maternelles. Sous des figures plus ou moins accusées on retrouve souvent ce type de lesbienne qui ne s'est jamais identifiée à sa mère — parce qu'elle l'admirait ou la détestait trop — mais qui, refusant d'être femme, souhaite autour d'elle la douceur d'une protection féminine ; du sein de cette chaude matrice, elle peut émerger dans le monde avec des audaces garçonnières ; elle se conduit comme un homme, mais en tant qu'homme elle a une fragilité qui lui fait souhaiter l'amour d'une maîtresse plus âgée ; le couple reproduira le couple hétérosexuel classique : matrone et adolescent.

Les psychanalystes ont bien marqué l'importance des rapports que l'homosexuelle a jadis soutenus avec sa mère. Il y a deux cas où l'adolescente a peine à échapper à son emprise : si elle a été ardemment couvée par une mère anxieuse ; ou si elle a été maltraitée par une « mauvaise mère » qui lui a insufflé un profond sentiment de culpabilité ; au premier cas leurs rapports souvent frisaient l'homosexualité : elles dormaient ensemble, se caressaient ou s'embrassaient les

seins; la jeune fille cherchera dans des bras nouveaux ce
même bonheur. Dans le second cas, elle éprouvera un
besoin ardent d'une «bonne mère», qui la protège contre la
première, qui écarte la malédiction qu'elle sent sur sa tête.
Un des sujets dont Havelock Ellis raconte l'histoire et qui
avait détesté sa mère pendant toute son enfance décrit ainsi
l'amour qu'elle éprouva à seize ans pour une femme plus
âgée.

Je me sentais comme une orpheline qui a soudain acquis une mère et
je commençai à me sentir moins hostile aux grandes personnes, à éprouver du respect pour elles... Mon amour pour elle était parfaitement pur
et j'y pensais comme à une mère... J'aimais qu'elle me touche et parfois elle me serrait dans ses bras ou me laissait m'asseoir sur ses
genoux... Quand j'étais couchée elle venait me dire bonsoir et m'embrassait sur la bouche.

Si l'aînée s'y prête, la cadette s'abandonnera avec joie à
des étreintes plus ardentes. C'est ordinairement le rôle passif qu'elle assumera car elle souhaite être dominée, protégée, être bercée et caressée comme une enfant. Que ces
relations demeurent platoniques ou qu'elles deviennent
charnelles, elles ont souvent le caractère d'une véritable
passion amoureuse. Mais du fait même qu'elles apparaissent dans l'évolution de l'adolescente comme une étape
classique, elles ne sauraient suffire à expliquer un choix
décidé de l'homosexualité. La jeune fille y recherche à la
fois une libération et une sécurité qu'elle pourra aussi trouver dans des bras masculins. Passé la période d'enthousiasme amoureux, la cadette éprouve souvent par rapport
à son aînée le sentiment ambivalent qu'elle éprouvait à
l'égard de sa mère; elle subit son emprise tout en souhaitant
s'en arracher; si l'autre s'entête à la retenir, elle restera un
temps sa «prisonnière[1]»; mais à travers des scènes vio-

_____

1. Comme dans le roman de Dorothy Baker, *Trio*, qui est d'ailleurs
fort superficiel.

lentes, ou à l'amiable, elle finira par s'évader; ayant achevé de liquider son adolescence elle se sent mûre pour affronter une vie de femme normale. Pour que sa vocation lesbienne s'affirme il faut ou que — comme Sandor — elle refuse sa féminité, ou que sa féminité s'épanouisse le plus heureusement dans des bras féminins. C'est dire que la fixation sur la mère ne suffit pas à expliquer l'inversion. Et celle-ci peut être choisie pour de tout autres motifs. La femme peut découvrir ou pressentir à travers des expériences complètes ou ébauchées qu'elle ne tirera pas de plaisir des relations hétérosexuelles, que seule une autre femme est capable de la combler : en particulier, pour la femme qui a le culte de sa féminité, c'est l'étreinte saphique qui s'avère la plus satisfaisante.

Il est très important de le souligner : ce n'est pas toujours le refus de se faire objet qui conduit la femme à l'homosexualité, la majorité des lesbiennes cherchent au contraire à s'approprier les trésors de leur féminité. Consentir à se métamorphoser en chose passive, ce n'est pas renoncer à toute revendication subjective : la femme espère ainsi s'atteindre sous la figure de l'en-soi; mais alors elle va chercher à se ressaisir dans son altérité. Dans la solitude, elle ne réussit pas à réellement se dédoubler; qu'elle caresse sa poitrine, elle ne sait comment ses seins se révéleraient à une main étrangère, ni comment sous la main étrangère ils se sentiraient vivre; un homme peut lui découvrir l'existence *pour soi* de sa chair, mais non ce qu'elle est *pour autrui*. C'est seulement quand ses doigts modèlent le corps d'une femme dont les doigts modèlent son corps que le miracle du miroir s'achève. Entre l'homme et la femme l'amour est un acte; chacun arraché à soi devient autre : ce qui émerveille l'amoureuse, c'est que la langueur passive de sa chair soit reflétée sous la figure de la fougue virile; mais la narcissiste dans ce sexe dressé ne reconnaît que trop confusément ses appas. Entre femmes, l'amour est contemplation; les caresses sont destinées moins à s'approprier l'autre qu'à se recréer lentement à travers elle ; la séparation est abolie, il n'y a ni lutte, ni victoire, ni défaite ; dans une exacte réciprocité chacune est à la fois le sujet et l'objet, la souveraine et l'esclave ; la dualité est complicité. « L'étroite ressemblance, dit Colette[1], rassure même la volupté. L'amie se complaît dans la certitude de caresser un corps dont elle connaît les secrets et dont son propre corps lui indique les préférences. » Et Renée Vivien :

> *Notre cœur est semblable en notre sein de femme*
> *Très chère ! Notre corps est pareillement fait*
> *Un même destin lourd a pesé sur notre âme*
> *Je traduis ton sourire et l'ombre sur ta face*
> *Ma douceur est égale à ta grande douceur*
> *Parfois même il nous semble être de même race*
> *J'aime en toi mon enfant, mon amie et ma sœur[2].*

Ce dédoublement peut prendre une figure maternelle ; la mère qui se reconnaît et s'aliène dans sa fille a souvent pour elle un attachement sexuel, le goût de protéger et de bercer dans ses bras un tendre objet de chair lui est commun avec la lesbienne. Colette souligne cette analogie quand elle écrit dans *Les Vrilles de la vigne* :

Tu me donneras la volupté, penchée sur moi, les yeux pleins d'une anxiété maternelle, toi qui cherches, à travers ton amie passionnée, l'enfant que tu n'as pas eue.

Et Renée Vivien exprime le même sentiment :

> *Viens, je t'emporterai comme une enfant malade*
> *Comme une enfant plaintive et craintive et malade*
> *Entre mes bras nerveux, j'étreins ton corps léger*

1. *Ces plaisirs...*
2. *Sortilèges.*

> *Tu verras que je sais guérir et protéger*
> *Et que mes bras sont faits pour mieux te protéger*[1].

Et encore :

> *Je t'aime d'être faible et calme entre mes bras*
> *Ainsi qu'un berceau tiède où tu reposeras.*

Dans tout amour — amour sexuel ou amour maternel — il y a à la fois avarice et générosité, désir de posséder l'autre et de tout lui donner ; mais c'est dans la mesure où toutes deux sont narcissistes, caressant dans l'enfant, dans l'amante, leur prolongement ou leur reflet, que la mère et la lesbienne se rencontrent singulièrement.

Cependant le narcissisme ne conduit pas non plus toujours à l'homosexualité : l'exemple de Marie Bashkirtseff le prouve ; on ne trouve pas dans ses écrits la moindre trace d'un sentiment affectueux à l'égard d'une femme ; cérébrale plutôt que sensuelle, extrêmement vaniteuse, elle rêve dès l'enfance d'être valorisée par l'homme : rien ne l'intéresse que ce qui peut contribuer à sa gloire. La femme qui s'idolâtre exclusivement et qui vise une réussite abstraite est incapable de chaude complicité à l'égard d'autres femmes ; elle ne voit en elles que des rivales et des ennemies.

En vérité, aucun facteur n'est jamais déterminant ; il s'agit toujours d'un choix effectué au cœur d'un ensemble complexe et reposant sur une libre décision ; aucun destin sexuel ne gouverne la vie de l'individu : son érotisme traduit au contraire son attitude globale à l'égard de l'existence.

Les circonstances, cependant, ont aussi dans ce choix une part importante. Aujourd'hui encore, les deux sexes vivent en grande partie séparés : dans les pensionnats, les écoles de jeunes filles, on glisse vite de l'intimité à la sexualité ; on rencontre beaucoup moins de lesbiennes dans les milieux

1. *L'Heure des mains jointes.*

où la camaraderie des filles et des garçons facilite les expériences hétérosexuelles. Quantité de femmes qui travaillent dans des ateliers, des bureaux, entre femmes, et qui ont peu d'occasion de fréquenter des hommes noueront entre elles des amitiés amoureuses : matériellement et moralement il leur sera commode d'associer leurs vies. L'absence, ou l'échec, de relations hétérosexuelles les vouera à l'inversion. Il est difficile de tracer une limite entre résignation et prédilection : une femme peut se consacrer aux femmes parce que l'homme l'a déçue, mais parfois il la déçoit parce que c'est une femme qu'elle cherchait en lui. Pour toutes ces raisons il est faux d'établir entre hétérosexuelle et homosexuelle une distinction radicale. Passé le temps indécis de l'adolescence le mâle normal ne se permet plus d'incartade pédérastique ; mais souvent la femme normale retourne aux amours qui ont — platoniquement ou non — enchanté sa jeunesse. Déçue par l'homme, elle recherchera dans des bras féminins l'amant qui l'a trahie ; Colette a indiqué dans *La Vagabonde* ce rôle consolateur que jouent souvent dans la vie des femmes les voluptés condamnées : il arrive que certaines passent leur existence entière à se consoler. Même une femme comblée par les étreintes mâles peut ne pas dédaigner des voluptés plus calmes. Passive et sensuelle, les caresses d'une amie ne la rebuteront pas puisqu'elle n'aura ainsi qu'à s'abandonner, à se laisser combler. Active, ardente, elle apparaîtra comme « androgyne », non par une mystérieuse combinaison d'hormones mais du seul fait qu'on regarde l'agressivité et le goût de la possession comme des qualités viriles ; Claudine amoureuse de Renaud n'en convoite pas moins les charmes de Rézi ; elle est pleinement femme sans cesser pour autant de souhaiter elle aussi prendre et caresser. Bien entendu, chez les « honnêtes femmes », ces désirs « pervers » sont soigneusement refoulés : ils se manifestent cependant sous forme d'amitiés pures mais passionnées, ou sous le couvert de la tendresse maternelle ; quelquefois, ils se découvrent avec éclat au cours d'une psychose ou pendant la crise de la ménopause.

À plus forte raison est-il vain de prétendre ranger les lesbiennes en deux catégories tranchées. Du fait qu'une comédie sociale se superpose souvent à leurs véritables rapports, se plaisant à imiter un couple bisexué, elles suggèrent elles-mêmes la division en « viriles » et « féminines ». Mais que l'une porte un tailleur sévère et l'autre une robe floue ne doit pas faire illusion. À y regarder de plus près on s'aperçoit que — sauf dans des cas limites — leur sexualité est ambiguë. La femme qui se fait lesbienne parce qu'elle refuse la domination mâle goûte souvent la joie de reconnaître en une autre la même orgueilleuse amazone ; naguère, beaucoup de coupables amours fleurissaient parmi les étudiantes de Sèvres qui vivaient ensemble loin des hommes ; elles étaient fières d'appartenir à une élite féminine et voulaient demeurer des sujets autonomes ; cette complexité qui les réunissait contre la caste privilégiée permettait à chacune d'admirer en une amie cet être prestigieux qu'elle chérissait en soi-même ; s'étreignant mutuellement, chacune était à la fois homme et femme et s'enchantait de ses vertus androgynes. Inversement, une femme qui veut jouir dans des bras féminins de sa féminité connaît aussi l'orgueil de n'obéir à aucun maître. Renée Vivien aimait ardemment la beauté féminine et elle se voulait belle ; elle se parait, elle était fière de ses longs cheveux ; mais il lui plaisait aussi de se sentir libre, intacte ; dans ses poèmes elle exprime son mépris à l'égard de celles qui consentent par le mariage à devenir les serves d'un mâle. Son goût des liqueurs fortes, son langage parfois ordurier manifestaient son désir de virilité. En fait, dans l'immense majorité des couples les caresses sont réciproques. Il s'ensuit que les rôles se distribuent de manière très incertaine : la femme la plus infantile peut jouer le personnage d'un adolescent en face d'une matrone protectrice, ou celui de la maîtresse appuyée au bras d'un amant. Elles peuvent s'aimer dans l'égalité. Du fait que les partenaires sont homologues, toutes les combinaisons, transpositions, échanges, comédies sont possibles. Les rapports s'équilibrent d'après les tendances psychologiques de chacune des amies et d'après l'ensemble de la situation. S'il en est une qui aide ou entretient l'autre, elle assume les fonctions du mâle : tyrannique protecteur, dupe que l'on exploite, suzerain respecté ou parfois même souteneur ; une supériorité morale, sociale, intellectuelle lui conférera souvent l'autorité ; cependant la plus aimée jouira des privilèges dont la revêt l'attachement passionné de la plus aimante. Comme celle d'un homme et d'une femme, l'association de deux femmes prend quantité de figures différentes ; elle se fonde sur le sentiment, l'intérêt ou l'habitude ; elle est conjugale ou romanesque ; elle fait place au sadisme, au masochisme, à la générosité, à la fidélité, au dévouement, au caprice, à l'égoïsme, à la trahison ; il y a parmi les lesbiennes des prostituées comme aussi de grandes amoureuses.

Cependant certaines circonstances donnent à ces liaisons des caractères singuliers. Elles ne sont pas consacrées par une institution ou par les coutumes, ni réglées par des conventions : elles se vivent de ce fait avec plus de sincérité. Homme et femme — fussent-ils époux — sont plus ou moins en représentation l'un devant l'autre, et surtout la femme à qui le mâle impose toujours quelque consigne : exemplaire vertu, charme, coquetterie, enfantillage ou austérité ; jamais, en présence du mari et de l'amant, elle ne se sent tout à fait elle-même ; auprès d'une amie elle ne parade pas, elle n'a pas à feindre, elles sont trop semblables pour ne pas se montrer à découvert. Cette similitude engendre la plus totale intimité. L'érotisme souvent n'a qu'une assez petite part dans ces unions ; la volupté a un caractère moins foudroyant, moins vertigineux qu'entre l'homme et la femme, elle n'opère pas d'aussi bouleversantes métamorphoses ; mais quand les amants ont désuni leurs chairs, ils redeviennent étrangers ; et même le corps masculin semble à la femme rebutant ; et l'homme éprouve parfois une sorte de fade écœurement devant celui de sa compagne ; entre femmes, la tendresse charnelle est plus égale, plus continue ; elles ne sont pas emportées dans de frénétiques extases, mais elles ne retombent jamais dans une indifférence hostile ; se voir, se toucher, c'est un tranquille plaisir qui prolonge en sourdine celui du lit. L'union de Sarah Posonby avec sa bien-aimée dura pendant près de cinquante ans sans un nuage : il semble qu'elles aient su se créer en marge du monde un paisible éden. Mais la sincérité aussi se paie. Parce qu'elles se montrent à découvert, sans souci de dissimuler ni de se contrôler, les femmes s'excitent entre elles à des violences inouïes. L'homme et la femme s'intimident du fait qu'ils sont différents : il éprouve devant elle de la pitié, de l'inquiétude ; il s'efforce de la traiter avec courtoisie, indulgence, retenue ; elle le respecte et le craint quelque peu, elle essaie devant lui de se dominer ; chacun a le souci d'épargner l'autre mystérieux dont il mesure mal les sentiments, les réactions. Les femmes entre elles sont impitoyables ; elles se déjouent, se provoquent, se poursuivent, s'acharnent et s'entraînent mutuellement au fond de l'abjection. Le calme masculin — qu'il soit indifférence ou maîtrise de soi — est une digue contre laquelle se brisent les scènes féminines ; mais entre deux amies, il y a surenchère de larmes et de convulsions ; leur patience à rabâcher reproches et explications est insatiable. Exigence, récriminations, jalousie, tyrannie, tous ces fléaux de la vie conjugale se déchaînent sous une forme exaspérée. Si de telles amours sont souvent orageuses, c'est aussi qu'elles sont ordinairement plus menacées que les amours hétérosexuelles. Elles sont blâmées par la société, elles réussissent mal à s'y intégrer. La femme qui assume l'attitude virile — de par son caractère, sa situation, la force de sa passion — regrettera de ne pas donner à son amie une vie normale et respectable, de ne pas pouvoir l'épouser, de l'entraîner sur des chemins insolites : ce sont les sentiments que dans *Le Puits de solitude* Radcliffe Hall attribue à son héroïne ; ces remords se traduisent par une anxiété morbide et surtout par une torturante jalousie. De son côté, l'amie plus passive ou moins éprise souffrira en effet du blâme de la société ; elle se pensera dégradée, pervertie, frustrée, elle en aura de la rancune à l'égard de celle qui lui impose ce sort. Il se peut qu'une des deux femmes désire un enfant ; ou elle ne se résigne qu'avec tristesse à sa stérilité, ou toutes deux adoptent un enfant, ou celle qui souhaite la maternité demande à un homme ses services ; l'enfant est parfois un trait d'union, parfois aussi une nouvelle source de friction.

Ce qui donne aux femmes enfermées dans l'homosexualité un caractère viril, ce n'est pas leur vie érotique qui, au contraire, les confine dans un univers féminin : c'est l'ensemble des responsabilités qu'elles sont obligées d'assumer du fait qu'elles se passent des hommes. Leur situation est inverse de celle de la courtisane qui prend parfois un esprit viril à force de vivre parmi des mâles — telle Ninon de Lenclos — mais qui dépend d'eux. L'atmosphère singulière qui règne autour des lesbiennes provient du contraste entre le climat de gynécée dans lequel s'écoule leur vie privée et l'indépendance masculine de leur existence publique. Elles se conduisent comme des hommes dans un monde sans homme. La femme seule apparaît toujours comme un peu insolite ; il n'est pas vrai que les hommes respectent les femmes : ils se respectent les uns les autres à travers leurs femmes — épouses, maîtresses, filles « soutenues » ; quand la protection masculine ne s'étend plus sur elle, la femme est désarmée en face d'une caste supérieure qui se montre agressive, ricanante ou hostile. En tant que « perversion érotique », l'homosexualité féminine fait plutôt sourire ; mais, en tant qu'elle implique un mode de vie, elle suscite mépris ou scandale. S'il y a beaucoup de provocation et d'affectation dans l'attitude des lesbiennes, c'est qu'elles n'ont aucun moyen de vivre leur situation avec naturel : le naturel implique qu'on ne réfléchit pas sur soi, qu'on agit sans se représenter ses actes ; mais les conduites d'autrui amènent sans cesse la lesbienne à prendre conscience d'elle-même. C'est seulement si elle est assez âgée ou douée d'un grand prestige social qu'elle pourra aller son chemin avec une tranquille indifférence.

Il est difficile de décréter, par exemple, si c'est par goût ou par réaction de défense qu'elle s'habille si souvent d'une manière masculine. Il y a certainement là pour une grande part un choix spontané. Rien n'est moins *naturel* que de s'habiller en femme ; sans doute le vêtement masculin est-il artificiel lui aussi, mais il est plus commode et plus simple, il est fait pour favoriser l'action au lieu de l'entraver ; George Sand, Isabelle Ehberardt portaient des costumes d'homme ; Thyde Monnier dans son dernier livre[1] dit sa prédilection pour le port du pantalon ; toute femme active aime les talons plats, les étoffes robustes. Le sens de la toilette féminine est manifeste : il s'agit de se «parer» et se parer c'est s'offrir ; les féministes hétérosexuelles se sont montrées naguère sur ce point aussi intransigeantes que les lesbiennes : elles refusaient de faire d'elles-mêmes une marchandise qu'on exhibe, elles adoptaient des tailleurs et des feutres secs ; les robes ornées, décolletées leur semblaient le symbole de l'ordre social qu'elles combattaient. Aujourd'hui, elles ont réussi à maîtriser la réalité et le symbole a à leurs yeux moins d'importance. Il en garde pour la lesbienne dans la mesure où elle se sent encore revendiquante. Il arrive aussi — si des particularités physiques ont motivé sa vocation — que les vêtements austères lui siéent mieux. Il faut ajouter qu'un des rôles joués par la parure c'est d'assouvir la sensualité préhensive de la femme ; mais la lesbienne dédaigne les consolations du velours, de la soie : comme Sandor elle les aimera sur ses amies, ou le corps même de son amie lui en tiendra lieu. C'est aussi pour cette raison que la lesbienne aime souvent boire sec, fumer du gros tabac, parler un langage rude, s'imposer des exercices violents : érotiquement, elle a la douceur féminine en partage ; elle aime par contraste

1. *Moi.*

un climat sans fadeur. Par ce biais, elle peut être amenée à se plaire dans la compagnie des hommes. Mais ici un nouveau facteur intervient : c'est le rapport souvent ambigu qu'elle soutient avec eux. Une femme très assurée de sa virilité ne voudra comme amis et camarades que des hommes : cette assurance ne se rencontre guère que chez celle qui a avec eux des intérêts communs, qui — en affaires, dans l'action ou en art — travaille et réussit comme l'un d'eux. Gertrude Stein, quand elle recevait ses amis, ne causait qu'avec les mâles et laissait à Alice Toklas le soin d'entretenir leurs compagnes[1]. C'est à l'égard des femmes que l'homosexuelle très virile aura une attitude ambivalente : elle les méprise, mais elle a devant elles un complexe d'infériorité à la fois en tant que femme et en tant qu'homme ; elle craint de leur apparaître une femme manquée, un homme inachevé, ce qui la conduit ou à afficher une supériorité hautaine, ou à manifester envers elles — comme la travestie de Stekel — une agressivité sadique. Mais ce cas est assez rare. On a vu que la plupart des lesbiennes refusent l'homme avec réticence : il y a chez elles comme chez la femme frigide du dégoût, de la rancune, de la timidité, de l'orgueil ; elles ne se sentent pas vraiment semblables à eux ; à leur rancune féminine s'ajoute un complexe d'infériorité viril ; ce sont des rivaux mieux armés pour séduire, pour posséder et garder leur proie ; elles détestent leur pouvoir sur les femmes, elles détestent la « souillure » qu'ils font subir à la femme. Elles s'irritent aussi de leur voir détenir les privilèges sociaux et de les sentir plus forts qu'elles : c'est une cuisante humiliation de ne pouvoir se battre avec un rival, de le savoir capable de vous terrasser d'un coup de poing. Cette hostilité complexe est une des raisons qui conduit certaines homosexuelles à s'afficher ; elles ne se fréquentent qu'entre elles ; elles forment des sortes de clubs pour mani-

---

1. Une hétérosexuelle qui croit — ou veut se persuader — qu'elle transcende par sa valeur la différence des sexes aura volontiers la même attitude : ainsi Mme de Staël.

fester qu'elles n'ont pas plus besoin des hommes socialement que sexuellement. De là, on glisse facilement à d'inutiles fanfaronnades et à toutes les comédies dc l'inauthenticité. La lesbienne joue d'abord à être un homme; ensuite être lesbienne même devient un jeu; le travesti, de déguisement se change en une livrée; et la femme sous prétexte de se soustraire à l'oppression du mâle se fait l'esclave de son personnage; elle n'a pas voulu s'enfermer dans la situation de femme, elle s'emprisonne dans celle de lesbienne. Rien ne donne une pire impression d'étroitesse d'esprit et de mutilation que ces clans de femmes affranchies. Il faut ajouter que beaucoup de femmes ne se déclarent homosexuelles que par complaisance intéressée : elles n'en adoptent qu'avec plus de conscience des allures équivoques, espérant en outre aguicher les hommes qui aiment les «vicieuses». Ces zélatrices tapageuses — qui sont évidemment celles qu'on remarque le plus — contribuent à jeter le discrédit sur ce que l'opinion considère comme un vice et comme une pose.

En vérité l'homosexualité n'est pas plus une perversion délibérée qu'une malédiction fatale[1]. C'est une attitude *choisie en situation*, c'est-à-dire à la fois motivée et librement adoptée. Aucun des facteurs que le sujet assume par ce choix — données physiologiques, histoire psychologique, circonstances sociales — n'est déterminant, encore que tous contribuent à l'expliquer. C'est pour la femme une manière parmi d'autres de résoudre les problèmes posés par sa condition en général, par sa situation érotique en particulier. Comme toutes les conduites humaines, elle entraînera comédies, déséquilibre, échec, mensonge ou, au contraire, elle sera source d'expériences fécondes, selon qu'elle sera vécue dans la mauvaise foi, la paresse et l'inauthenticité ou dans la lucidité, la générosité et la liberté.

---

1. *Le Puits de solitude* présente une héroïne marquée par une fatalité psychophysiologique. Mais la valeur documentaire de ce roman est fort mince en dépit de la réputation qu'il a connue.

*Deuxième partie*

# SITUATION

## CHAPITRE V

## *La femme mariée*

La destinée que la société propose traditionnellement à la femme, c'est le mariage. La plupart des femmes, aujourd'hui encore, sont mariées, l'ont été, se préparent à l'être ou souffrent de ne l'être pas. C'est par rapport au mariage que se définit la célibataire, qu'elle soit frustrée, révoltée ou même indifférente à l'égard de cette institution. C'est donc par l'analyse du mariage qu'il nous faut poursuivre cette étude.

L'évolution économique de la condition féminine est en train de bouleverser l'institution du mariage : il devient une union librement consentie par deux individualités autonomes ; les engagements des conjoints sont personnels et réciproques ; l'adultère est pour les deux parties une dénonciation du contrat ; le divorce peut être obtenu par l'une et l'autre aux mêmes conditions. La femme n'est plus cantonnée dans la fonction reproductrice : celle-ci a perdu en grande partie son caractère de servitude naturelle, elle se présente comme une charge volontairement assumée[1] ; et elle est assimilée à un travail producteur puisque, en beaucoup de cas, le temps de repos exigé par une grossesse doit être payé à la mère par l'État ou par l'employeur. En U.R.S.S.

1. Voir vol. Ier.

le mariage est apparu pendant quelques années comme un contrat inter-individuel reposant sur la seule liberté des époux ; il semble qu'il soit aujourd'hui un service que l'État leur impose à tous deux. Il dépend de la structure générale de la société que dans le monde de demain l'une ou l'autre tendance l'emporte : mais en tout cas, la tutelle masculine est en voie de disparition. Cependant l'époque que nous vivons est encore du point de vue féministe une période de transition. Une partie seulement des femmes participe à la production et celles-là mêmes appartiennent à une société où d'antiques structures, d'antiques valeurs se survivent. Le mariage moderne ne peut se comprendre qu'à la lumière du passé qu'il perpétue.

Le mariage s'est toujours présenté de manière radicalement différente pour l'homme et pour la femme. Les deux sexes sont nécessaires l'un à l'autre, mais cette nécessité n'a jamais engendré entre eux de réciprocité ; jamais les femmes n'ont constitué une caste établissant avec la caste mâle sur un pied d'égalité des échanges et des contrats. Socialement l'homme est un individu autonome et complet ; il est envisagé avant tout comme producteur et son existence est justifiée par le travail qu'il fournit à la collectivité ; on a vu [1] pour quelles raisons le rôle reproducteur et domestique dans lequel est cantonnée la femme ne lui a pas garanti une égale dignité. Certes le mâle a besoin d'elle ; chez certains peuples primitifs, il arrive que le célibataire, incapable d'assurer seul sa subsistance, soit une sorte de paria ; dans les communautés agricoles une collaboratrice est indispensable au paysan ; et pour la majorité des hommes il est avantageux de se décharger sur une compagne de certaines corvées ; l'individu souhaite une vie sexuelle stable, il désire une postérité et la société réclame de lui qu'il contribue à la perpétuer. Mais ce n'est pas à la femme elle-même que l'homme adresse un appel · c'est la société des hommes

1. Voir vol. Ier.

qui permet à chacun de ses membres de s'accomplir comme époux et comme père ; intégrée en tant qu'esclave ou vassale aux groupes familiaux que dominent pères et frères, la femme a toujours été donnée en mariage à certains mâles par d'autres mâles. Primitivement, le clan, la gens paternelle disposent d'elle à peu près comme d'une chose : elle fait partie des prestations que deux groupes se consentent mutuellement ; sa condition n'a pas été profondément modifiée quand le mariage a revêtu au cours de son évolution[1] une forme contractuelle ; dotée ou touchant sa part d'héritage, la femme apparaît comme une personne civile : mais dot et héritage l'asservissent encore à sa famille ; pendant longtemps les contrats ont été signés entre le beau-père et le gendre, non entre femme et mari ; seule la veuve jouit alors d'une autonomie économique[2]. La liberté de choix de la jeune fille a toujours été très restreinte ; et le célibat — sauf aux cas exceptionnels où il revêt un caractère sacré — la ravale au rang de parasite et de paria ; le mariage est son seul gagne-pain et la seule justification sociale de son existence. Il lui est imposé à un double titre : elle doit donner des enfants à la communauté ; mais rares sont les cas où — comme à Sparte et quelque peu sous le régime nazi — l'État la prend directement en tutelle et ne lui demande que d'être une mère. Même les civilisations qui ignorent le rôle générateur du père exigent qu'elle soit sous la protection d'un mari ; elle a aussi pour fonction de satisfaire les besoins sexuels d'un mâle et de prendre soin de son foyer. La charge que lui impose la société est considérée comme un *service* rendu à l'époux : aussi doit-il à son épouse des cadeaux, ou un douaire, et il s'engage à l'entretenir ; c'est par son truchement que la communauté s'acquitte à l'égard de la femme

1. Cette évolution s'est produite de manière discontinue. Elle s'est répétée en Égypte, à Rome, dans la civilisation moderne ; voir vol. 1er, « Histoire ».
2. D'où le caractère singulier de la jeune veuve dans la littérature érotique.

qu'elle lui dévoue. Les droits que l'épouse acquiert en remplissant ses devoirs se traduisent par des obligations auxquelles le mâle se trouve soumis. Il ne peut pas briser à sa
guise le lien conjugal ; répudiation et divorce ne s'obtiennent que par une décision des pouvoirs publics et quelquefois le mari doit alors une compensation monétaire : l'usage
en devint même abusif dans l'Égypte de Bocchoris, comme
aujourd'hui aux U.S.A. sous forme de l'« alimony ». La poly-
gamie a toujours été plus ou moins ouvertement tolérée :
l'homme peut mettre dans son lit esclaves, pallakès, concu-
bines, maîtresses, prostituées ; mais il lui est enjoint de respecter certains privilèges de sa femme légitime. Si celle-ci
se trouve maltraitée ou lésée, elle a le recours — plus ou
moins concrètement garanti — de rentrer dans sa famille,
d'obtenir de son côté séparation ou divorce. Ainsi pour les
deux conjoints, le mariage est à la fois une charge et un
bénéfice ; mais il n'y a pas de symétrie dans leurs situations ; pour les jeunes filles le mariage est le seul moyen
d'être intégrées à la collectivité et, si elles « restent pour
compte », elles sont socialement des déchets. C'est pourquoi
les mères ont toujours cherché si âprement à les caser. Au
siècle dernier, dans la bourgeoisie, c'est à peine si on les
consultait. On les offrait aux prétendants éventuels au cours
d'« entrevues » arrangées à l'avance. Zola a décrit cette coutume dans *Pot-Bouille*.

« Manqué, c'est manqué, dit Mme Josserand en se laissant aller sur sa
chaise. — Ah ! dit simplement M. Josserand. — Mais vous ne comprenez donc pas, reprit Mme Josserand d'une voix aiguë, je vous dis que
voilà encore un mariage à la rivière et c'est le quatrième qui rate !
— Tu entends, reprit Mme Josserand en marchant sur sa fille. Comment as-tu encore raté ce mariage ? »
Berthe comprit que son tour était venu.
« Je ne sais pas, maman, murmura-t-elle.
— Un sous-chef de bureau, continuait sa mère ; pas trente ans, un
avenir superbe. Tous les mois ça vous rapporte son argent · c'est solide,
il n'y a que ça... Tu as encore fait quelque bêtise, comme avec les
autres ?

— Je t'assure que non, maman.

— En dansant vous avez passé dans le petit salon?»

Berthe se troubla : «Oui, maman… Et même comme nous étions seuls il a voulu de vilaines choses, il m'a embrassée en m'empoignant comme ça. Alors j'ai eu peur, je l'ai poussé contre un meuble.»

Sa mère l'interrompit, reprise de fureur : «Poussé contre un meuble! Ah! la malheureuse, poussé contre un meuble!

— Mais, maman, il me tenait.

— Après? Il vous tenait… la belle affaire! Mettez donc ces cruches en pension! Qu'est-ce qu'on vous apprend, dites!… Pour un baiser derrière une porte! en vérité est-ce que vous devriez nous parler de ça, à nous, vos parents? Et vous poussez les gens contre un meuble, et vous ratez des mariages!»

Elle prit un air doctoral, elle continua :

«C'est fini, je désespère, vous êtes stupide, ma fille… Puisque vous n'avez pas de fortune, comprenez donc que vous devez prendre les hommes par autre chose. On est aimable, on a des yeux tendres, on oublie sa main, on permet les enfantillages sans en avoir l'air; enfin, on pêche un mari… Et ce qui m'irrite c'est qu'elle n'est pas trop mal quand elle veut, reprit Mme Josserand. Voyons, essuie tes yeux, regarde-moi comme si j'étais un monsieur en train de te faire la cour. Tu vois, tu laisses tomber ton éventail pour que le monsieur en le ramassant effleure tes doigts… Et ne sois pas raide, aie la taille souple. Les hommes n'aiment pas les planches. Surtout, s'ils vont trop loin ne fais pas la niaise. Un homme qui va trop loin est flambé, ma chère.»

Deux heures sonnaient à la pendule du salon; et dans l'excitation de cette veille prolongée, dans son désir furieux d'un mariage immédiat, la mère s'oubliait à penser tout haut, tournant et retournant sa fille comme une poupée de carton. Celle-ci molle, sans volonté, s'abandonnait, mais elle avait le cœur très gros, une peur et une honte la serraient à la gorge…

Ainsi la jeune fille apparaît-elle comme absolument passive; elle est *mariée, donnée* en mariage par ses parents. Les garçons *se* marient, ils *prennent* femme. Ils cherchent dans le mariage une expansion, une confirmation de leur existence mais non le droit même d'exister; c'est une charge qu'ils assument librement. Ils peuvent donc s'interroger sur ses avantages et ses inconvénients comme ont fait les satiristes grecs et ceux du Moyen Âge; ce n'est pour eux qu'un mode de vie, non un destin. Il leur est loisible de préférer la solitude du célibat, certains se marient tard ou ne se marient pas.

La femme en se mariant reçoit en fief une parcelle du monde ; des garanties légales la défendent contre les caprices de l'homme ; mais elle devient sa vassale. C'est lui qui est économiquement le chef de la communauté, et partant c'est lui qui l'incarne aux yeux de la société. Elle prend son nom ; elle est associée à son culte, intégrée à sa classe, à son milieu ; elle appartient à sa famille, elle devient sa « moitié ». Elle le suit là où son travail l'appelle : c'est essentiellement d'après le lieu où il exerce son métier que se fixe le domicile conjugal ; plus ou moins brutalement, elle rompt avec son passé, elle est annexée à l'univers de son époux ; elle lui donne sa personne : elle lui doit sa virginité et une rigoureuse fidélité. Elle perd une partie des droits que le code reconnaît à la célibataire. La législation romaine plaçait la femme dans la main du mari *loco filiæ* ; au début du XIXe siècle, Bonald déclarait que la femme est à son époux ce que l'enfant est à la mère ; jusqu'à la loi de 1942, le code français réclamait d'elle l'obéissance à son mari ; la loi et les mœurs confèrent encore à celui-ci une grande autorité : elle est impliquée par sa situation même au sein de la société conjugale. Puisque c'est lui qui est producteur, c'est lui qui dépasse l'intérêt de la famille vers celui de la société et qui lui ouvre un avenir en coopérant à l'édification de l'avenir collectif : c'est lui qui incarne la transcendance. La femme est vouée au maintien de l'espèce et à l'entretien du foyer, c'est-à-dire à l'immanence[1]. En vérité, toute existence humaine est transcendance et immanence à la fois ; pour se dépasser elle exige de se maintenir, pour s'élancer vers l'avenir il lui faut intégrer le passé et tout en communiquant avec autrui, elle doit se confirmer en soi-même. Ces deux moments sont impliqués en tout mouvement vivant : à

---

1. Cf. vol. Ier. On trouve cette thèse chez saint Paul, les Pères de l'Église, Rousseau, Proudhon, Auguste Comte, D. H. Lawrence, etc.

l'*homme*, le mariage en permet précisément l'heureuse synthèse ; dans son métier, dans sa vie politique il connaît le
changement, le progrès, il éprouve sa dispersion à travers
le temps et l'univers ; et quand il est las de ce vagabondage,
il fonde un foyer, il se fixe, il s'ancre dans le monde ; le soir,
il se rassemble dans la maison où la femme veille sur les
meubles et les enfants, sur le passé qu'elle emmagasine.
Mais celle-ci n'a pas d'autre tâche que de maintenir et
entretenir la vie dans sa pure et identique généralité ; elle
perpétue l'espèce immuable, elle assure le rythme égal des
journées et la permanence du foyer dont elle garde les portes
fermées ; on ne lui donne aucune prise directe sur l'avenir ni
sur l'univers ; elle ne se dépasse vers la collectivité que par
le truchement de l'époux.

Aujourd'hui, le mariage conserve pour une grande part
cette figure traditionnelle. Et, d'abord, il s'impose beaucoup
plus impérieusement à la jeune fille qu'au jeune homme. Il
y a encore d'importantes couches sociales où aucune autre
perspective ne se propose à elle ; chez les paysans, la célibataire est une paria ; elle demeure la servante de son père,
de ses frères, de son beau-frère ; l'exode vers les villes ne lui
est guère possible ; le mariage en l'asservissant à un homme
la fait maîtresse d'un foyer. Dans certains milieux bourgeois, on laisse encore la jeune fille incapable de gagner sa
vie ; elle ne peut que végéter en parasite au foyer paternel ou
accepter dans un foyer étranger quelque position subalterne.
Même dans le cas où elle est plus émancipée, le privilège
économique détenu par les mâles l'engage à préférer le
mariage à un métier : elle cherchera un mari dont la situation soit supérieure à la sienne, où elle espère qu'il « arrivera » plus vite, plus loin qu'elle n'en serait capable. On
admet comme jadis que l'acte amoureux est, de la part de la
femme, un *service* qu'elle rend à l'homme ; il *prend* son
plaisir et il doit en échange une compensation. Le corps de
la femme est un objet qui s'achète ; pour elle, il représente

un capital qu'elle est autorisée à exploiter. Parfois elle apporte à l'époux une dot ; souvent, elle s'engage à fournir un certain travail domestique : elle tiendra la maison, élèvera les enfants. En tout cas, elle a le droit de se laisser entretenir et même la morale traditionnelle l'y exhorte. Il est naturel qu'elle soit tentée par cette facilité, d'autant plus que les métiers féminins sont souvent ingrats et mal payés ; le mariage est une carrière plus avantageuse que beaucoup d'autres. Les mœurs rendent encore difficile l'affranchissement sexuel de la célibataire ; en France, l'adultère de l'épouse a été jusqu'à nos jours un délit tandis qu'aucune loi n'interdisait à la femme l'amour libre ; cependant, si elle voulait prendre un amant, il fallait d'abord qu'elle se mariât. Beaucoup de jeunes bourgeoises sévèrement tenues se marient encore à présent «pour être libres». Un assez grand nombre d'Américaines ont conquis leur liberté sexuelle ; mais leurs expériences ressemblent à celles des jeunes primitifs décrits par Malinowsky qui goûtent dans *La Maison des célibataires* des plaisirs sans conséquence ; on attend d'eux qu'ils se marient et c'est alors seulement qu'on les regarde pleinement comme des adultes. Une femme seule, en Amérique plus encore qu'en France, est un être socialement incomplet, même si elle gagne sa vie ; il faut une alliance à son doigt pour qu'elle conquière l'intégrale dignité d'une personne et la plénitude de ses droits. En particulier, la maternité n'est respectée que chez la femme mariée ; la fille-mère demeure un objet de scandale et l'enfant est pour elle un lourd handicap. Pour toutes ces raisons, beaucoup d'adolescentes du Vieux et du Nouveau Monde, interrogées sur leurs projets d'avenir, répondent aujourd'hui comme elles l'eussent fait autrefois : «Je veux me marier.» Aucun jeune homme cependant ne considère le mariage comme son projet fondamental. C'est la réussite économique qui lui donnera sa dignité d'adulte : elle peut impliquer le mariage — en particulier pour le paysan — mais elle peut aussi l'exclure. Les conditions de la vie moderne — moins stable, plus incertaine que naguère — rendent les charges du mariage singulièrement lourdes au jeune homme ; les bénéfices en ont au contraire diminué puisqu'il peut facilement subvenir lui-même à son entretien et que des satisfactions sexuelles lui sont en général possibles. Sans doute le mariage comporte des commodités matérielles — («On mange mieux chez soi qu'au restaurant.») — des commodités érotiques — («Comme ça on a le bordel à la maison.») — il délivre l'individu de sa solitude, il le fixe dans l'espace et le temps en lui donnant un foyer, des enfants ; c'est un accomplissement définitif de son existence. Il n'empêche que dans l'ensemble les demandes masculines sont inférieures aux offres féminines. Le père donne moins sa fille qu'il ne s'en débarrasse ; la jeune fille qui cherche un mari ne répond pas à un appel masculin : elle le provoque.

Les mariages arrangés n'ont pas disparu ; il y a toute une bourgeoisie bien pensante qui les perpétue. Autour du tombeau de Napoléon, à l'Opéra, au bal, sur une plage, à un thé, l'aspirante aux cheveux lissés de frais, vêtue d'une robe neuve, exhibe timidement ses grâces physiques et sa conversation modeste ; ses parents la harcèlent : «Tu m'as déjà coûté assez cher en entrevues ; décide-toi. La prochaine fois, ce sera le tour de ta sœur.» La malheureuse candidate sait que ses chances diminuent à mesure qu'elle monte en graine ; les prétendants ne sont pas nombreux : elle n'a pas beaucoup plus de liberté de choix que la jeune Bédouine qu'on échange contre un troupeau de brebis. Comme le dit Colette[1] : «Une jeune fille sans fortune et sans métier qui est à charge de ses frères n'a qu'à se taire, à accepter sa chance et à remercier Dieu !»

D'une manière moins crue, la vie mondaine permet aux jeunes gens de se rencontrer sous l'œil vigilant des mères. Un peu plus affranchies, les jeunes filles multiplient les sorties, fréquentent les facultés, prennent un métier qui leur

1. *La Maison de Claudine.*

fournit l'occasion de connaître des hommes. Une enquête a été conduite entre 1945 et 1947 dans la bourgeoisie belge par Mme Claire Leplae sur le problème du choix matrimonial[1]. L'auteur a procédé par interviews ; je citerai quelques-unes des questions qu'elle a posées et des réponses obtenues.

Q. : *Les mariages arrangés sont-ils fréquents ?*
R. : Il n'y a plus de mariages arrangés (51 %).
      Les mariages arrangés sont très rares, 1 % au plus (16 %).
      1 à 3 % des mariages sont arrangés (28 %).
      5 à 10 % des mariages sont arrangés (5 %).

Les personnes intéressées signalent que les mariages arrangés, nombreux avant 1945, ont à peu près disparu. Cependant, « l'intérêt, l'absence de relations, la timidité ou l'âge, le désir de réaliser une bonne union sont les motifs de quelques mariages arrangés ». Ces mariages sont souvent faits par des prêtres ; parfois aussi la jeune fille se marie par correspondance. « Elles font elles-mêmes leurs portraits par écrit, celui-ci passe dans une feuille spéciale, sous un numéro. Cette feuille est envoyée à toutes personnes qui y sont décrites. Elle comporte par exemple deux cents candidates au mariage et un nombre à peu près égal de candidats. Eux aussi ont fait leur propre portrait. Tous peuvent librement se choisir un correspondant auquel ils écrivent par l'entremise de l'œuvre. »

Q. : *Dans quelles circonstances les jeunes gens ont-ils trouvé à se fiancer durant ces dix dernières années ?*
R. : Les réunions mondaines (48 %).
      Les études, les œuvres faites en commun (22 %).
      Les réunions intimes, les séjours (30 %).

Tout le monde s'accorde sur le fait que « les mariages entre amis d'enfance sont très rares. L'amour naît de l'imprévu. »

Q. : *L'argent joue-t-il un rôle primordial dans le choix de la personne qu'on épouse ?*
R. : 30 % des mariages ne sont qu'affaires d'argent (48 %).
      50 % des mariages ne sont qu'affaires d'argent (35 %).
      70 % des mariages ne sont qu'affaires d'argent (17 %).

Q. : *Les parents sont-ils avides de marier leurs filles ?*
R. : Les parents sont avides de marier leurs filles (58 %).

1. Cf. Claire Leplae, *Les Fiançailles*.

Les parents sont désireux de marier leurs filles (24 %).
Les parents souhaitent garder leurs filles chez eux (18 %).

Q. : *Les jeunes filles sont-elles avides de se marier ?*
R. : Les jeunes filles sont avides de se marier (36 %).
Les jeunes filles désirent se marier (38 %).
Les jeunes filles plutôt que de se marier mal préfèrent ne pas se marier (26 %).

« Les jeunes filles font l'assaut des jeunes gens. Les jeunes filles épousent le premier venu pour se caser. Elles espèrent toutes se marier et se donnent de la peine pour y arriver. C'est une humiliation pour une jeune fille que de n'être pas recherchée : afin d'y échapper elle se marie souvent avec le premier venu. Les jeunes filles se marient pour se marier. Les jeunes filles se marient pour être mariées. Les jeunes filles ont hâte de se caser parce que le mariage leur assurera plus de liberté. » Sur ce point presque tous les témoignages concordent.

Q. : *Dans la recherche du mariage, les jeunes filles sont-elles plus actives que les jeunes gens eux-mêmes ?*
R. : Les jeunes filles déclarent leurs sentiments aux jeunes gens et leur demandent de les épouser (43 %).
Les jeunes filles sont plus actives que les jeunes gens dans la recherche du mariage (43 %).
Les jeunes filles sont discrètes (14 %).

Ici encore il y a quasi-unanimité ; ce sont les jeunes filles qui prennent ordinairement l'initiative du mariage. « Les jeunes filles se rendent compte qu'elles n'ont pas acquis de quoi se débrouiller dans la vie ; ne sachant comment elles pourraient travailler pour se procurer de quoi vivre, elles cherchent dans le mariage une planche de salut. Les jeunes filles font des déclarations, elles se jettent à la tête des jeunes gens. Elles sont effrayantes ! La jeune fille met tout en œuvre pour se marier... c'est la femme qui cherche l'homme, etc. »

Il n'existe pas de semblable document concernant la France ; mais la situation de la bourgeoisie étant analogue en France et en Belgique, on aboutirait sans doute à des conclusions voisines ; les mariages « arrangés » ont toujours été plus nombreux en France qu'en aucun autre pays et le fameux « Club des lisérés verts », dont les adhérents se retrouvent dans des soirées destinées à faciliter les rapprochements entre les deux sexes, prospère encore ; les annonces

matrimoniales occupent de longues colonnes dans quantité
de journaux.

En France, comme en Amérique, les mères, les aînées,
les hebdomadaires féminins enseignent avec cynisme aux
jeunes filles l'art d'«attraper» un mari comme le papier tue-
mouches attrape les mouches; c'est une «pêche», une
«chasse», qui demande beaucoup de doigté: ne visez ni
trop haut ni trop bas; ne soyez pas romanesques, mais réa-
listes; mêlez la coquetterie à la modestie; ne demandez ni
trop ni trop peu... Les jeunes gens se méfient des femmes
qui «veulent se faire épouser». Un jeune Belge déclare[1]:
«Il n'y a rien de plus désagréable pour un homme que de se
sentir poursuivi, de se rendre compte qu'une femme a jeté
le grappin sur lui.» Ils s'attachent à déjouer leurs pièges. Le
choix de la jeune fille est le plus souvent très limité: il
ne serait vraiment libre que si elle s'estimait aussi libre de ne
pas se marier. Il y a d'ordinaire dans sa décision du calcul,
du dégoût, de la résignation plutôt que de l'enthousiasme.
«Si le jeune homme qui la demande convient à peu près
(milieu, santé, carrière), elle l'accepte sans l'aimer. Elle l'accepte même s'il y a des *mais* et garde la tête froide.»

Cependant, en même temps qu'elle le désire, la jeune fille
souvent redoute le mariage. Il représente un bénéfice plus
considérable pour elle que pour l'homme, et c'est pourquoi
elle le souhaite plus avidement; mais il exige aussi de plus
lourds sacrifices; en particulier, il implique une rupture
beaucoup plus brutale avec le passé. On a vu que beaucoup
d'adolescentes étaient angoissées à l'idée de quitter le foyer
paternel: quand l'événement devient proche, cette anxiété
s'exaspère. C'est à ce moment que naissent quantité de
névroses; il s'en rencontre aussi chez les jeunes gens qui
s'effraient des responsabilités neuves qu'ils assument, mais
elles sont beaucoup plus répandues chez les jeunes filles
pour les raisons que nous avons déjà vues et qui prennent

1. Cf. Claire Leplae, *Les Fiançailles*.

dans cette crise tout leur poids. Je n'en citerai qu'un exemple que j'emprunte à Stekel. Il a eu à traiter une jeune fille de bonne famille qui présentait plusieurs symptômes névrotiques.

Au moment où Stekel fait sa connaissance, elle souffre de vomissements, prend de la morphine tous les soirs, a des crises de colère, refuse de se laver, mange au lit, reste enfermée dans sa chambre. Elle est fiancée et affirme aimer ardemment son fiancé. Elle avoue à Stekel qu'elle s'est donnée à lui... Plus tard, elle dit qu'elle n'en a eu aucun plaisir : qu'elle a même gardé de ses baisers un souvenir répugnant et c'est là la source de ses vomissements. On découvre qu'en fait elle s'est donnée pour punir sa mère dont elle ne se sentait pas assez aimée ; enfant, elle épiait ses parents la nuit parce qu'elle avait peur qu'ils ne lui donnent un frère ou une sœur ; elle adorait sa mère. « Et maintenant elle devait se marier, quitter la maison paternelle, abandonner la chambre à coucher de ses parents ? c'était impossible. » Elle se fait grossir, gratte et abîme ses mains, s'abrutit, devient malade, essaie d'offenser son fiancé de toute manière. Le médecin la guérit mais elle supplie sa mère de renoncer à cette idée de mariage : « Elle voulait rester à la maison, toujours, pour rester l'enfant. » Sa mère insistait pour qu'elle se marie. Une semaine avant le jour du mariage on la trouva dans son lit, morte ; elle s'était tuée d'une balle de revolver.

Dans d'autres cas, la jeune fille s'entête dans une longue maladie ; elle se désespère parce que son état ne lui permet pas d'épouser l'homme « qu'elle adore » ; en vérité, elle se rend malade afin de ne pas l'épouser et elle ne retrouve son équilibre qu'en rompant ses fiançailles. Parfois la peur du mariage vient de ce que la jeune fille a eu antérieurement des expériences érotiques qui l'ont marquée ; en particulier, elle peut redouter que la perte de sa virginité ne se découvre. Mais souvent, c'est un sentiment ardent pour son père, sa mère, une sœur, ou l'attachement au foyer paternel en général qui lui rend insupportable l'idée de se soumettre à un mâle étranger. Et beaucoup de celles qui s'y décident parce qu'il faut bien se marier, parce qu'on fait pression sur elles, qu'elles savent que c'est la seule issue raisonnable, qu'elles veulent une existence normale d'épouse et de mère, n'en gardent pas moins au fond du cœur de secrètes et opiniâtres résistances qui rendent difficiles les débuts de leur vie conjugale, qui peuvent même les empêcher d'y trouver jamais un heureux équilibre.

Généralement ce n'est donc pas par amour que se décident les mariages. «L'époux n'est jamais pour ainsi dire qu'un succédané de l'homme aimé et non cet homme lui-même», a dit Freud. Cette dissociation n'a rien d'un accident. Elle est impliquée par la nature même de l'institution. Il s'agit de transcender vers l'intérêt collectif l'union économique et sexuelle de l'homme et de la femme, non d'assurer leur bonheur individuel. Dans les régimes patriarcaux, il arrivait — il arrive encore aujourd'hui chez certains musulmans — que les fiancés choisis par l'autorité des parents n'aient pas même aperçu leur visage avant le jour du mariage. Il ne saurait être question de fonder l'entreprise d'une vie, considérée sous son aspect social, sur un caprice sentimental ou érotique.

> En ce sage marché, dit Montaigne, les appétits ne se trouvent pas si folâtres ; ils sont sombres et plus mousses. L'amour hait qu'on le tienne par ailleurs que lui et se mêle lâchement aux accointances qui sont dressées et entretenues sous d'autres titres, comme est le mariage : l'alliance, les moyens y poisent par raison autant ou plus que les grâces et la beauté. On ne se marie pas pour soi, quoi qu'on dise ; on se marie autant ou plus pour sa postérité, pour sa famille (Livre III, ch. v).

L'homme du fait que c'est lui qui «prend» femme — et surtout quand les offres féminines sont nombreuses — a un peu plus de possibilité de choix. Mais puisque l'acte sexuel est considéré comme un *service* imposé à la femme et sur lequel se fondent les avantages qu'on lui concède, il est logique de passer outre ses préférences singulières. Le mariage est destiné à la défendre contre la liberté de l'homme : mais comme il n'y a ni amour ni individualité hors de la liberté, pour s'assurer à vie la protection d'un mâle elle doit renoncer à l'amour d'un individu singulier. J'ai entendu une mère de famille pieuse enseigner à ses filles que «l'amour est un sentiment grossier qui est réservé aux hommes et que ne connaissent pas les femmes comme il faut». C'était, sous une forme naïve, la doctrine même que Hegel exprime dans la *Phénoménologie de l'esprit* (t. II, p. 25) :

Mais les relations de *mère* et d'*épouse* ont la singularité en partie comme quelque chose de naturel qui appartient au plaisir, en partie comme quelque chose de négatif qui y contemple seulement sa propre disparition ; c'est justement pour cela qu'en partie aussi cette singularité est quelque chose de contingent qui peut toujours être remplacé par une autre singularité. Dans le foyer du règne érotique, il ne s'agit pas de ce *mari-ci* mais d'*un mari* en général, des enfants en général. *Ce n'est pas sur la sensibilité mais sur l'universel que se fondent ces relations* de la femme. La distinction de la vie éthique de la femme d'avec celle de l'homme consiste justement en ce que la femme dans sa distinction par la singularité et dans son plaisir reste immédiatement universelle et étrangère à la singularité du désir. Au contraire, chez l'homme, ces deux côtés se séparent l'un de l'autre et parce que l'homme possède comme citoyen la *force* consciente de soi et l'*universalité*, il s'achète ainsi le droit du *désir* et se préserve en même temps sa liberté à l'égard de ce désir. Ainsi, si à cette relation de la femme se trouve mélangée la singularité, son caractère éthique n'est pas pur ; mais en tant que ce caractère éthique est tel, la singularité est indifférente et la femme est privée de la reconnaissance de soi comme ce soi-ci dans un autre.

C'est dire qu'il ne s'agit aucunement pour la femme de fonder dans leur singularité des rapports avec un époux d'élection, mais de justifier dans leur généralité l'exercice de ses fonctions féminines ; elle ne doit connaître le plaisir que sous une forme spécifique et non individualisée ; il en résulte touchant son destin érotique deux conséquences essentielles : d'abord, elle n'a droit à aucune activité sexuelle hors du mariage ; pour les deux époux, le commerce charnel devenant une institution, désir et plaisir sont dépassés vers l'intérêt social ; mais l'homme se transcendant vers l'universel en tant que travailleur et citoyen peut goûter avant les

noces, et en marge de la vie conjugale, des plaisirs contingents : il trouve en tout cas son salut par d'autres chemins ;
tandis que dans un monde où la femme est essentiellement
définie comme femelle, il faut qu'en tant que femelle elle
soit intégralement justifiée. D'autre part, on a vu que la liaison du général et du singulier est biologiquement différente
chez le mâle et chez la femelle : en accomplissant sa tâche
spécifique d'époux et de reproducteur, le premier trouve à
coup sûr son plaisir[1] ; au contraire, il y a très souvent chez
la femme dissociation entre la fonction génitale et la
volupté. Si bien que, prétendant donner à sa vie érotique une
dignité éthique, le mariage en vérité se propose de la supprimer.

Cette frustration sexuelle de la femme a été délibérément
acceptée par les hommes ; on a vu qu'ils s'appuyaient sur un
naturalisme optimiste pour se résigner sans peine à ses souffrances : c'est son lot ; la malédiction biblique les confirme
dans cette opinion commode. Les douleurs de la grossesse
— cette lourde rançon infligée à la femme en échange d'un
bref et incertain plaisir — ont même été le thème de maintes
plaisanteries. « Cinq minutes de plaisir : neuf mois de peine...
Ça entre plus facilement que ça ne sort. » Ce contraste les a
souvent égayés. Il entre dans cette philosophie du sadisme :
beaucoup d'hommes se réjouissent de la misère féminine et
répugnent à l'idée qu'on veuille l'atténuer[2]. On comprend
donc que les mâles n'aient eu aucunement scrupule à dénier
à leur compagne le bonheur sexuel ; il leur a même paru

1. Bien entendu l'adage « Un trou est toujours un trou » est grossièrement humoristique ; l'homme cherche autre chose que le plaisir brut ;
néanmoins la prospérité de certaines « maisons d'abattage » suffit à
prouver que l'homme peut trouver quelque satisfaction avec la première
femme venue.
2. Il y en a qui soutiennent, par exemple, que la douleur de l'enfantement est nécessaire à l'apparition de l'instinct maternel : des biches
ayant accouché sous l'effet d'un anesthésique se seraient détournées de
leurs faons. Les faits allégués demeurent des plus vagues ; et la femme
n'est en tout cas pas une biche. La vérité est que certains mâles sont
scandalisés que les charges de la féminité soient allégées.

avantageux de lui refuser avec l'autonomie du plaisir les tentations du désir[1].

C'est ce qu'exprime, avec un charmant cynisme, Montaigne :

Aussi est-ce une espèce d'inceste d'aller employer à ce parentage vénérable et sacré les efforts et les extravagances de la licence amoureuse ; il faut, dit Aristote, « toucher sa femme prudemment et sévèrement, de peur qu'en la chatouillant trop lascivement le plaisir ne la fasse sortir hors des gonds de la raison... » Je ne vois pas de mariages qui faillent plus tôt et se troublent que ceux qui s'acheminent par la beauté et désirs amoureux : il y faut des fondements plus solides et plus constants et y marcher d'aguet ; cette brillante allégresse ne vaut rien... Un bon mariage, s'il en est un, refuse la compagnie et condition de l'amour (L. III, ch. v).

Il dit aussi (L. I, ch. xxx) :

Les plaisirs mêmes qu'ils ont à l'accointance de leurs femmes sont réprouvés si la modération n'y est observée ; et (qu') il y a de quoi défaillir en licence et débordement comme en un sujet illégitime. Ces enchériments deshontez que la chaleur première nous suggère à ce jeu

1. De nos jours encore, la prétention de la femme au plaisir suscite de mâles colères ; sur ce point un document étonnant, c'est l'opuscule du docteur Grémillon : *La Vérité sur l'orgasme vénérien de la femme*. La préface nous apprend que l'auteur, héros de la guerre de 14-18, qui sauva la vie de cinquante-quatre prisonniers allemands, est un homme de la plus haute moralité. Prenant violemment à partie l'ouvrage de Stekel sur *La Femme frigide*, il déclare entre autres : « *La femme normale, la bonne pondeuse, n'a pas d'orgasme vénérien*. Nombreuses sont les mères (et les meilleures) qui n'ont jamais éprouvé le spasme mirifique... Les zones érogènes le plus souvent latentes ne sont pas naturelles mais artificielles. On s'enorgueillit de leur acquisition, mais ce sont des stigmates de déchéance... Dites tout cela à l'Homme de joie, il n'en tiendra pas compte. Il veut que sa camarade de turpitude ait un orgasme vénérien et elle l'aura. S'il n'existe pas, on le fera naître. La femme moderne veut qu'on la fasse vibrer. Nous lui répondons : Madame, nous n'avons pas le temps et cela nous est interdit par l'hygiène !... Le créateur des zones érogènes travaille contre lui-même : il crée des insatiables. La goule peut sans fatigue épuiser d'innombrables maris... la "zonée" devient une femme nouvelle avec un état d'esprit nouveau, quelquefois une femme terrible et pouvant aller jusqu'au crime... Il n'y aurait pas de névrose, pas de psychose si on était persuadé que "faire la bête à deux dos" est un acte aussi indifférent que manger, uriner, déféquer, dormir... »

sont non indécemment seulement, mais dommageablement employez envers nos femmes. Qu'elles apprennent l'impudence au moins d'une autre manière. Elles sont toujours assez éveillées par notre besoing… C'est une religieuse liaison et dévote que le mariage : voilà pourquoi le plaisir qu'on en tire, ce doit être un plaisir retenu, sérieux et meslé à quelque sévérité ; ce doit être une volupté aucunement prudente et consciencieuse.

En effet, si le mari éveille la sensualité féminine, il l'éveille dans sa généralité puisqu'il n'a pas été élu singulièrement ; il dispose son épouse à chercher le plaisir en d'autres bras ; trop bien caresser une femme, dit encore Montaigne, c'est : «Chier dans le panier pour après se le mettre sur la tête.» Il convient d'ailleurs avec bonne foi que la prudence masculine met la femme dans une situation bien ingrate :

Les femmes n'ont pas du tout tort quand elles refusent les règles de vie qui sont introduites au monde ; d'autant que ce sont les hommes qui les ont faites sans elles. Il y a naturellement de la brigue et de la riotte entre elles et nous. Nous les traitons inconsidérément en ceci : après que nous avons connu qu'elles sont sans comparaison plus capables et plus ardentes aux effets de l'amour que nous… nous sommes allés leur donner la continence péculièrement en partage et sous peines dernières et extrêmes… Nous les voulons saines, vigoureuses, en bon point, bien nourries et chastes ensemble, c'est-à-dire et chaudes et froides ; car le mariage que nous disons avoir à charge de les empêcher de brûler leur apporte peu de rafraîchissement, selon nos mœurs.

Proudhon a moins de scrupule : écarter l'amour du mariage c'est, selon lui, conforme à la «justice» :

L'amour doit être noyé dans la justice… toute conversation amoureuse, même entre fiancés, même entre époux, est messéante, destructive du respect domestique, de l'amour du travail et de la pratique du devoir social… (une fois rempli l'office de l'amour)… nous devons l'écarter comme le berger qui après avoir fait cailler le lait en retire la pressure…

Cependant, au cours du XIXe siècle, les conceptions de la bourgeoisie se sont un peu modifiées ; elle s'efforçait ardemment de défendre et de maintenir le mariage ; et, d'autre part, les progrès de l'individualisme empêchaient qu'on pût tout simplement étouffer les revendications féminines ; Saint-Simon, Fourier, George Sand et tous les romantiques avaient trop violemment proclamé le droit à l'amour. Le problème s'est posé d'intégrer au mariage les sentiments individuels que jusqu'alors on en avait tranquillement exclus. C'est alors qu'on inventa la notion équivoque d'«amour conjugal», fruit miraculeux du mariage de convenance traditionnel. Balzac exprime dans toutes leurs inconséquences les idées de la bourgeoisie conservatrice. Il reconnaît que dans le principe mariage et amour n'ont rien à voir ensemble ; mais il répugne à assimiler une institution respectable à un simple marché où la femme est traitée en chose ; et il aboutit ainsi aux incohérences déconcertantes de la *Physiologie du mariage*, où nous lisons :

> Le mariage peut être considéré politiquement, civilement et moralement comme une loi, comme un contrat, comme une institution... Le mariage doit donc être l'objet du respect général. La société n'a pu considérer que ces sommités qui pour elle dominent la question conjugale.
>
> La plupart des hommes n'ont en vue, par leur mariage, que la reproduction, la propriété de l'enfant ; mais ni la reproduction, ni la propriété, ni l'enfant ne constituent le bonheur. Le *crescite et multiplicamini* n'implique pas l'amour. Demander à une fille que l'on a vue quatorze fois en quinze jours de l'amour de par la loi, le roi et la justice est une absurdité digne de la plupart des prédestinés.

Voilà qui est aussi net que la théorie hégélienne. Mais Balzac enchaîne sans aucune transition :

> L'amour est l'accord du besoin et du sentiment, le bonheur en mariage résulte d'une parfaite entente des âmes entre les époux. Il suit de là que pour être heureux un homme est obligé de s'astreindre à certaines règles d'honneur et de délicatesse. Après avoir usé du bénéfice de la loi sociale qui consacre le besoin, il doit obéir aux lois secrètes de la nature qui font éclore les sentiments. S'il met son bonheur à être aimé, il faut qu'il aime sincèrement : rien ne résiste à une passion véritable. Mais être passionné c'est désirer toujours. Peut-on toujours désirer sa femme ?
>
> — Oui.

Ensuite de quoi, Balzac expose la science du mariage. Mais on s'aperçoit vite qu'il s'agit pour le mari non d'être aimé mais de n'être pas trompé : il n'hésitera pas à infliger à sa femme un régime débilitant, à lui refuser toute culture, à l'abrutir dans le seul but de sauvegarder son honneur. Est-ce encore d'amour qu'il s'agit ? Si on veut trouver un sens à ces idées brumeuses et décousues, il semble que l'homme ait droit de choisir une femme sur qui il assouvisse ses besoins dans leur généralité, généralité qui est le gage de sa fidélité : à lui ensuite d'éveiller l'amour de sa femme en usant de certaines recettes. Mais est-il vraiment *amoureux* s'il se marie pour sa propriété, pour sa postérité ? Et s'il ne l'est pas, comment sa passion sera-t-elle assez irrésistible pour entraîner une passion réciproque ? Et Balzac ignore-t-il vraiment qu'un amour non partagé, bien loin de séduire iné-luctablement, importune au contraire et dégoûte ? On voit clairement toute sa mauvaise foi dans les *Mémoires de deux jeunes mariées*, roman par lettres et à thèse. Louise de Chau-lieu prétend baser le mariage sur l'amour : par l'excès de sa passion, elle tue son premier époux ; elle meurt par suite de l'exaltation jalouse qu'elle éprouve pour le second. Renée de L'Estorade a sacrifié ses sentiments à sa raison : mais les joies de la maternité l'en récompensent assez et elle cons-truit un bonheur stable. On se demande d'abord quelle malé-diction — sinon un décret de l'auteur lui-même — interdit à l'amoureuse Louise la maternité qu'elle souhaite : l'amour n'a jamais empêché la conception ; et on pense d'autre part que pour accepter joyeusement les étreintes de son époux, il a fallu à Renée cette «hypocrisie» que Stendhal haïssait chez les «honnêtes femmes» Balzac décrit la nuit des noces en ces termes :

La bête que nous nommons un mari, selon ton expression, a disparu, écrit Renée à son amie. J'ai vu, par je ne sais quelle douce soirée, un amant dont les paroles m'allaient à l'âme et sur le bras duquel je m'ap-

puyais avec un plaisir indicible… la curiosité s'est levée en mon cœur…
Sache cependant que rien n'a manqué de ce que veut l'amour le plus
délicat ni de cet imprévu qui est, en quelque sorte, l'honneur de ce
moment-là : les grâces mystérieuses que nos imaginations lui demandent, l'entraînement qui excuse, le consentement arraché, les voluptés
idéales longtemps entrevues et qui nous subjuguent l'âme avant que
nous nous laissions aller à la réalité, toutes les séductions y étaient avec
leurs formes enchanteresses.

Ce beau miracle n'a pas dû se répéter souvent puisque,
quelques lettres plus loin, nous retrouvons Renée en larmes :
« J'étais un être auparavant et je suis maintenant une
chose » ; et elle se console de ses nuits « d'amour conjugal »
en lisant Bonald. Mais on voudrait néanmoins savoir par
quelle recette le mari s'est changé, au moment le plus difficile de l'initiation féminine, en un enchanteur ; celles que
donne Balzac dans la *Physiologie du mariage* sont som-
maires : « Ne commencez jamais le mariage par un viol » ou
vagues : « Saisir habilement les nuances du plaisir, les développer, leur donner un style nouveau, une expression originale constitue le génie d'un mari. » Il ajoute d'ailleurs aussitôt
que : « entre deux êtres qui ne s'aiment pas, ce génie est du
libertinage ». Or, précisément, Renée n'aime pas Louis ; et
tel qu'il nous est peint, d'où lui vient ce « génie » ? En vérité,
Balzac a cyniquement escamoté le problème. Il a méconnu le
fait qu'il n'y a pas de sentiments neutres et que l'absence
d'amour, la contrainte, l'ennui engendrent moins aisément
l'amitié tendre que la rancune, l'impatience, l'hostilité. Il
est plus sincère dans *Le Lys dans la vallée* et le destin de la
malheureuse Mme de Mortsauf apparaît comme bien moins
édifiant.

Réconcilier le mariage et l'amour est un tel tour de force
qu'il ne faut pas moins d'une intervention divine pour le
réussir ; c'est la solution à laquelle se range Kierkegaard à
travers des détours compliqués. Il se plaît à dénoncer le
paradoxe du mariage :

Quelle étrange invention que le mariage ! Et ce qui le rend plus étrange encore, c'est qu'il passe pour une démarche spontanée. Et pourtant aucune démarche n'est aussi décisive... Un acte aussi décisif, il faudrait donc le faire spontanément[1].

La difficulté est celle-ci : l'amour et l'inclination amoureuse sont tout à fait spontanés, le mariage est une décision ; cependant l'inclination amoureuse doit être réveillée par le mariage ou par la décision : vouloir se marier ; cela veut dire que ce qu'il y a de plus spontané doit être en même temps la décision la plus libre, et que ce qui à cause de la spontanéité est tellement inexplicable qu'on doit l'attribuer à une divinité doit en même temps avoir lieu en vertu d'une réflexion et d'une réflexion tellement épuisante que la décision en résulte. En outre, une des choses ne doit pas suivre l'autre, la décision ne doit pas arriver par-derrière à pas de loup, le tout doit avoir lieu simultanément, les deux choses doivent se trouver réunies dans le moment du dénouement[2].

C'est dire qu'aimer n'est pas épouser et qu'il est bien difficile de comprendre comment l'amour peut devenir devoir. Mais le paradoxe n'effraie pas Kierkegaard : tout son essai sur le mariage est fait pour élucider ce mystère. Il est vrai, convient-il, que :

« La réflexion est l'ange exterminateur de la spontanéité... S'il était vrai que la réflexion doive se rabattre sur l'inclination amoureuse, il n'y aurait jamais de mariage. » Mais « la décision est une nouvelle spontanéité obtenue à travers la réflexion, éprouvée de manière purement idéale, spontanéité qui correspond précisément à celle de l'inclination amoureuse. La décision est une conception religieuse de la vie construite sur les données éthiques et doit pour ainsi dire ouvrir la voie à l'inclination amoureuse et l'assurer contre tout danger extérieur ou intérieur ». Et c'est pourquoi « un époux, un vrai époux est lui-même un miracle !... Pouvoir retenir le plaisir de l'amour pendant que l'existence rassemble toute la puissance du sérieux sur lui et sur la bien-aimée ! »

Quant à la femme, la raison n'est pas son lot, elle n'a pas de « réflexion » ; aussi « elle passe de l'immédiateté de l'amour à l'immédiateté du religieux ». Traduite en langage clair, cette doctrine signifie qu'un homme qui aime se décide

---

1. *In vino veritas.*
2. *Propos sur le mariage.*

au mariage par un acte de foi en Dieu qui doit lui garantir l'accord du sentiment et de l'engagement ; et que la femme dès qu'elle aime souhaite épouser. J'ai connu une vieille dame catholique qui plus naïvement croyait au « coup de foudre sacramentel » ; elle affirmait qu'au moment où les époux prononcent au pied de l'autel le « oui » définitif ils sentent leur cœur s'embraser. Kierkegaard admet bien qu'antérieurement il doit y avoir « inclination », mais que celle-ci soit promise à durer toute une existence n'en est pas moins miraculeux.

Cependant, en France, romanciers et dramaturges fin de siècle, moins confiants en la vertu du sacrement, cherchent à assurer par des procédés plus humains le bonheur conjugal ; plus hardiment que Balzac, ils envisagent la possibilité d'intégrer l'érotisme à l'amour légitime. Porto-Riche affirme, dans *Amoureuse*, l'incompatibilité de l'amour sexuel et de la vie du foyer : le mari excédé des ardeurs de sa femme cherche la paix auprès d'une maîtresse plus tempérée. Mais, à l'instigation de Paul Hervieu, on inscrit dans le code que « l'amour » est entre époux un devoir. Marcel Prévost prêche au jeune époux qu'il lui faut traiter sa femme comme une maîtresse et il évoque en termes discrètement libidineux les voluptés conjugales. Bernstein se fait le dramaturge de l'amour légitime : auprès de la femme amorale, menteuse, sensuelle, voleuse, méchante, le mari apparaît comme un être sage, généreux ; et l'on devine aussi en lui un amant puissant et expert. Par réaction contre les romans d'adultère apparaissent quantité d'apologies romanesques du mariage. Même Colette cède à cette vague moralisante quand dans *L'Ingénue libertine*, après avoir décrit les cyniques expériences d'une jeune mariée gauchement déflorée, elle décide de lui faire connaître la volupté dans les bras de son mari. De même M. Martin Maurice, dans un livre qui fit un peu de bruit, ramène la jeune femme, après une brève incursion dans le lit d'un amant habile, dans celui de son mari qu'elle fait profiter de son expérience. Pour d'autres raisons, d'une autre manière, les Américains d'aujourd'hui, qui sont à la fois respectueux de l'institution conjugale et individualistes, multiplient les efforts d'intégration de la sexualité au mariage. Chaque année paraissent quantité d'ouvrages d'initiation à la vie conjugale destinés à enseigner aux époux à s'adapter l'un à l'autre, et singulièrement à enseigner à l'homme comment créer avec la femme une heureuse harmonie. Des psychanalystes, des médecins jouent le rôle de «conseillers conjugaux»; il est admis que la femme a, elle aussi, droit au plaisir et que l'homme doit connaître les techniques susceptibles de le lui procurer. Mais on a vu que la réussite sexuelle n'est pas seulement une affaire de technique. Le jeune homme eût-il appris par cœur vingt manuels tels que *Ce que tout mari doit savoir, Le Secret du bonheur conjugal, L'Amour sans peur*, il n'est pas certain qu'il saura pour autant se faire aimer de sa nouvelle épouse. C'est à l'ensemble de la situation psychologique que celle-ci réagit. Et le mariage traditionnel est loin de créer les conditions les plus favorables à l'éveil et à l'épanouissement de l'érotisme féminin.

Autrefois, dans les communautés de droit maternel, la virginité n'était pas exigée de la nouvelle épouse, et même, pour des raisons mystiques, elle devait ordinairement être déflorée avant ses noces. Dans certaines campagnes françaises, on observe encore des survivances de ces antiques licences; on n'exige pas des jeunes filles la chasteté prénuptiale; et même les filles qui ont «fauté», voire les filles-mères, trouvent parfois plus facilement que les autres un époux. D'autre part, dans les milieux qui acceptent l'émancipation de la femme, on reconnaît aux jeunes filles la même liberté sexuelle qu'aux garçons. Cependant l'éthique paternaliste réclame impérieusement que la fiancée soit livrée vierge à son époux; il veut être sûr qu'elle ne porte pas dans son sein un germe étranger; il veut l'intégrale et exclusive propriété de cette chair qu'il fait sienne[1]; la virgi-

---

1. Voir vol. I<sup>er</sup>, *Les Mythes*.

nité a revêtu une valeur morale, religieuse et mystique, et cette valeur est encore très généralement reconnue aujourd'hui. En France, il y a des régions où les amis du marié demeurent derrière la porte de la chambre nuptiale, riant et chantant jusqu'à ce que l'époux vienne triomphalement exposer à leurs yeux le drap taché de sang; ou bien les parents l'exhibent au matin aux gens du voisinage[1]. Sous une forme moins brutale, la coutume de la « nuit de noces » est encore très répandue. Ce n'est pas un hasard si elle a suscité toute une littérature grivoise : la séparation du social et de l'animal engendre nécessairement l'obscénité. Une morale humaniste réclame que toute expérience vivante ait un sens humain, qu'elle soit habitée par une liberté; dans une vie érotique authentiquement morale, il y a libre assomption du désir et du plaisir, ou du moins lutte pathétique pour reconquérir la liberté au sein de la sexualité : mais ceci n'est possible que si une reconnaissance *singulière* de l'autre est effectuée dans l'amour ou dans le désir. Quand la sexualité n'a plus à être sauvée par l'individu, mais que c'est Dieu ou la société qui prétendent la justifier, le rapport des deux partenaires n'est plus qu'un rapport bestial. On comprend que les matrones bien-pensantes parlent avec dégoût des aventures de la chair : elles les ont ravalées au rang de fonctions scatologiques. C'est pourquoi aussi on entend pendant le banquet nuptial tant de rires égrillards. Il y a un paradoxe obscène dans la superposition d'une cérémonie pompeuse à une fonction animale d'une brutale réalité. Le mariage expose sa signification universelle et abstraite : un homme et une femme sont unis selon les rites symboliques sous les yeux de tous; mais dans le secret du lit ce sont des individus concrets et singuliers qui s'affrontent et tous les regards se détournent de leurs étreintes.

---

1. « Aujourd'hui, dans certaines régions des États-Unis, les immigrants de la première génération renvoient encore le linge ensanglanté à la famille restée en Europe comme preuve de la consommation du mariage », dit le rapport Kinsey.

Colette, assistant à l'âge de treize ans à un mariage paysan, fut prise d'un affreux désarroi quand une amie l'emmena voir la chambre nuptiale :

> La chambre des jeunes mariés... Sous ses rideaux d'andrinople, le lit étroit et haut, le lit bourré de plumes, bouffi d'oreillers en duvet d'oie, le lit où aboutit cette journée toute fumante de sueur, d'encens, d'haleine de bétail, de vapeur de sauce... Tout à l'heure, les jeunes mariés vont venir ici. Je n'y avais pas pensé. Ils plongeront dans cette plume profonde... Il y aura entre eux cette lutte obscure sur laquelle la candeur hardie de ma mère et la vie des bêtes m'ont appris trop et trop peu. Et puis ? J'ai peur de cette chambre et de ce lit auquel je n'avais pas pensé[1].

Dans sa détresse enfantine, la fillette a senti le contraste entre l'apparat de la fête familiale et le mystère animal du grand lit clos. Le côté comique et graveleux du mariage ne se découvre guère dans les civilisations qui n'individualisent pas la femme : en Orient, en Grèce, à Rome ; la fonction animale y apparaît comme aussi générale que les rites sociaux ; mais de nos jours, en Occident, hommes et femmes sont saisis comme des individus et les invités de la noce ricanent parce que c'est cet homme-ci et cette femme-ci qui vont consommer dans une expérience toute singulière l'acte qu'on déguise sous les rites, les discours et les fleurs. Certes, il y a aussi un contraste macabre entre la pompe des grands enterrements et la pourriture du tombeau. Mais le mort ne se réveille pas quand on le met en terre ; tandis que la jeune mariée éprouve une terrible surprise quand elle découvre la singularité et la contingence de l'expérience *réelle* à laquelle la promettaient l'écharpe tricolore du maire et les orgues de l'église. Ce n'est pas seulement dans les vaudevilles qu'on voit de jeunes femmes rentrer en larmes chez leur mère la nuit de leurs noces : les livres de psychiatrie abondent en récits de cette espèce ; on m'en a raconté directement plusieurs cas : il s'agissait de jeunes filles trop

---

1. *La Maison de Claudine.*

bien élevées qui n'avaient reçu aucune éducation sexuelle et que la brusque découverte de l'érotisme bouleversa. Au siècle dernier, Mme Adam s'imaginait qu'il était de son devoir d'épouser un homme qui l'avait embrassée sur la bouche, car elle croyait que c'était là la forme achevée de l'union sexuelle. Plus récemment, Stekel raconte à propos d'une jeune mariée : « Lorsque, pendant le voyage de noces, son mari la déflora, elle le prit pour un fou et n'osa dire un mot de peur d'avoir affaire à un aliéné [1]. » Il est même arrivé que la jeune fille fût assez innocente pour épouser une invertie, et pour vivre longtemps avec son pseudo-mari sans se douter qu'elle n'avait pas affaire à un homme.

Si le jour de vos noces, en rentrant, vous mettez votre femme à tremper la nuit dans un puits, elle est abasourdie. Elle a beau avoir eu une vague inquiétude...

Tiens, tiens, se dit-elle, c'est donc ça le mariage. C'est pourquoi on en tenait la pratique si secrète. Je me suis laissé prendre en cette affaire.

Mais étant vexée, elle ne dit rien. C'est pourquoi vous pourrez l'y plonger longuement et maintes fois, sans causer aucun scandale dans le voisinage.

Ce fragment d'un poème de Michaux [2], intitulé *Nuits de noces*, rend assez exactement compte de la situation. Aujourd'hui, beaucoup de jeunes filles sont plus averties ; mais leur consentement demeure abstrait ; et leur défloration garde le caractère d'un viol. « Il y a certainement plus de viols commis dans le mariage que hors du mariage », dit Havelock Ellis. Dans son ouvrage *Monatsschrift für Geburtshilfe*, 1889, t. IX, Neugebauer a réuni plus de cent cinquante cas de blessures infligées à des femmes par le pénis lors du coït ; les causes en étaient la brutalité, l'ivresse, une fausse position, une disproportion des organes. En Angleterre, rapporte Havelock Ellis, une dame demanda à six femmes mariées de la classe moyenne, intelligentes, leur réaction pendant la nuit

1. *Les États nerveux d'angoisse.*
2. Cf. *La nuit remue.*

de noces : pour toutes le coït était survenu comme un choc ; deux d'entre elles ignoraient tout ; les autres croyaient savoir mais n'en furent pas moins psychiquement blessées. Adler, aussi, a insisté sur l'importance psychique de l'acte de défloration.

Ce premier moment où l'homme acquiert tous ses droits décide souvent de toute la vie. Le mari sans expérience et surexcité peut semer alors le germe de l'insensibilité féminine et, par sa maladresse et sa brutalité continues, la transformer en anesthésie permanente.

On a vu au chapitre précédent beaucoup d'exemples de ces initiations malheureuses. Voici encore un cas rapporté par Stekel :

Mme H. N..., élevée très pudiquement, tremblait à l'idée de sa nuit de noces. Son mari la déshabilla presque avec violence sans lui permettre de se coucher. Il se débarrassa de ses vêtements en lui demandant de le regarder nu et d'admirer son pénis. Elle dissimula sa figure dans ses mains. Alors il s'exclama : « Pourquoi n'es-tu pas restée chez toi, espèce de gourde ! » Ensuite, il la jeta sur le lit et la déflora brutalement. Naturellement, elle demeura à jamais frigide.

On a vu, en effet, toutes les résistances que la vierge doit vaincre pour accomplir son destin sexuel : son initiation réclame tout un « travail » à la fois physiologique et psychique. Il est stupide et barbare de vouloir la résumer en une nuit ; il est absurde de transformer en un devoir l'opération si difficile du premier coït. La femme est d'autant plus terrorisée que l'étrange opération à laquelle elle est soumise est sacrée, que société, religion, famille, amis l'ont livrée solennellement à l'époux comme à un maître ; et aussi que l'acte lui semble engager tout son avenir, le mariage ayant encore un caractère définitif. C'est alors qu'elle se sent vraiment révélée dans l'absolu : cet homme à qui elle est vouée à jamais incarne à ses yeux tout l'Homme ; et il se révèle aussi à elle sous une figure inconnue, qui est d'une terrible importance puisqu'il sera le compagnon de sa vie entière. Cependant, l'homme lui-même est angoissé par la consigne qui pèse sur lui ; il a ses propres difficultés, ses propres complexes qui le rendent timide et maladroit ou au contraire brutal ; il y a nombre d'hommes qui se montrent impuissants la nuit de leurs noces à cause de la solennité même du mariage. Janet écrit dans *Les Obsessions et la psychasthénie* :

> Qui ne connaît ces jeunes mariés tout honteux de leur sort qui ne peuvent arriver à accomplir l'acte conjugal et qui sont poursuivis à ce sujet par une obsession de honte et de désespoir ? Nous assistâmes l'an dernier à une scène tragi-comique bien curieuse, quand un beau-père courroucé traîna à la Salpêtrière son gendre humble et résigné : le beau-père demandait une attestation médicale qui lui permît de demander le divorce. Le pauvre garçon expliquait qu'autrefois il avait été suffisant, mais que depuis son mariage un sentiment de gêne et de honte avait tout rendu impossible.

Trop de fougue effraie la vierge, trop de respect l'humilie ; des femmes haïssent à jamais l'homme qui a pris égoïstement son plaisir au prix de leur souffrance ; mais elles éprouvent une rancune éternelle contre celui qui a paru les dédaigner[1], et souvent contre celui qui n'a pas tenté de les déflorer au cours de la première nuit ou qui en a été incapable. Hélène Deutsch signale[2] que certains époux, timides ou maladroits, demandent au médecin de déflorer leur femme par une opération chirurgicale sous prétexte qu'elle est mal conformée ; le motif n'est généralement pas valable. Les femmes, dit-elle, gardent à jamais mépris et rancune à l'égard du mari qui a été incapable de les pénétrer normalement. Une des observations de Freud[3] montre que l'impuissance de l'époux peut engendrer chez la femme un traumatisme :

1. Voir les observations de Stekel citées au chapitre précédent.
2. *Psychology of Women.*
3. Nous la résumons d'après Stekel : *La Femme frigide.*

Une malade avait l'habitude de courir d'une chambre vers une autre au milieu de laquelle se trouvait une table. Elle arrangeait alors la nappe d'une certaine façon, sonnait la bonne qui devait s'approcher de la table et la congédiait... Quand elle essaya d'expliquer cette obsession, elle se rappela que cette couverture avait une vilaine tache et qu'elle l'arrangeait chaque fois de façon que la tache devait sauter aux yeux de la bonne... Le tout était une reproduction de la nuit de noces où le mari ne s'était pas montré viril. Il accourut mille fois de sa chambre dans la sienne pour essayer de nouveau. Ayant honte de la bonne qui devait faire les lits, il versa de l'encre rouge sur le drap pour lui faire croire qu'il y avait du sang.

La « nuit de noces » transforme l'expérience érotique en une épreuve que chacun s'angoisse de ne pas savoir surmonter, trop empêtré de ses propres problèmes pour avoir le loisir de penser généreusement à l'autre ; elle lui donne une solennité qui la rend redoutable ; et il n'est pas étonnant que, souvent, elle voue à jamais la femme à la frigidité. Le difficile problème qui se pose à l'époux est celui-ci : s'il « chatouille trop lascivement sa femme », elle peut en être scandalisée et outragée ; il semble que cette crainte paralyse entre autres les maris américains, surtout dans les couples qui ont reçu une éducation universitaire, remarque le rapport Kinsey, parce que les femmes, plus conscientes d'elles-mêmes, sont plus profondément inhibées. Cependant, s'il la « respecte », il échoue à éveiller sa sensualité. Ce dilemme est créé par l'ambiguïté de l'attitude féminine : la jeune femme à la fois veut et refuse le plaisir ; elle réclame une discrétion dont elle souffre. À moins d'un bonheur exceptionnel, le mari apparaîtra nécessairement comme libertin ou comme maladroit. Il n'est donc pas étonnant que les « devoirs conjugaux » ne soient souvent pour la femme qu'une corvée répugnante.

La soumission à un maître qui lui déplaît est pour elle un supplice, dit Diderot[1]. J'ai vu une femme honnête frissonner d'horreur à l'approche

1. *Sur les femmes.*

de son époux ; je l'ai vue se plonger dans le bain et ne se croire jamais assez lavée de la souillure du devoir. Cette sorte de répugnance nous est presque inconnue. Notre organe est plus indulgent. Plusieurs femmes mourront sans avoir éprouvé l'extrême de la volupté. Cette sensation que je regarderais volontiers comme une épilepsie passagère est rare pour elles et ne manque jamais d'arriver quand nous l'appelons. Le souverain bonheur les fuit entre les bras de l'homme qu'elles adorent. Nous le trouvons à côté d'une femme complaisante qui nous déplaît. Moins maîtresses de leurs sens que nous, la récompense est moins prompte et moins sûre pour elles. Cent fois, leur attente est trompée.

Bien des femmes, en effet, deviennent mères et grand-mères sans avoir jamais connu le plaisir ni même le trouble ; elles essaient de se dérober à la « souillure du devoir » en se faisant délivrer des certificats médicaux ou sous d'autres prétextes. Le rapport Kinsey indique que, en Amérique, un grand nombre d'épouses « déclarent considérer leur fréquence coïtale comme déjà élevée et souhaiteraient que leur mari ne désire pas des rapports aussi fréquents. Très peu de femmes souhaitent des coïts plus fréquents. » On a vu, cependant, que les possibilités érotiques de la femme étaient presque indéfinies. Cette contradiction manifeste bien que le mariage prétendant réglementer l'érotisme féminin l'assassine.

Dans *Thérèse Desqueyroux*, Mauriac a décrit les réactions d'une jeune femme « raisonnablement mariée » en face du mariage en général et des devoirs conjugaux en particulier :

Peut-être cherchait-elle moins dans le mariage une domination, une possession, qu'un refuge ? Ce qui l'y avait précipitée, n'était-ce pas une panique ? Petite fille pratique, enfant ménagère, elle avait hâte d'avoir pris son rang, trouvé sa place définitive ; elle voulait être rassurée contre elle ne savait quel péril. Jamais elle ne parut plus raisonnable qu'à l'époque de ses fiançailles : elle s'incrustait dans un bloc familial, « elle se casait », elle entrait dans un ordre. Elle se sauvait. Le jour étouffant des noces, dans l'étroite église de Saint-Clair où le caquetage des dames couvrait l'harmonium à bout de souffle et où leurs odeurs triomphaient de l'encens, ce fut ce jour-là que Thérèse se sentit perdue. Elle était entrée somnambule dans la cage et, au lourd fracas de la porte refermée, soudain la misérable enfant se réveillait. Rien de changé, mais elle avait le sentiment de ne plus pouvoir désormais se perdre seule. Au plus épais d'une famille elle allait couver, pareille à un feu sournois qui rampe sous la branche...

... Au soir de cette noce mi-paysanne, mi-bourgeoise, des groupes où éclataient les robes des filles obligèrent l'auto des époux à ralentir et on les acclamait... Thérèse songeant à la nuit qui vint ensuite murmure : « Ce fut horrible », puis se reprend : « Mais non... pas si horrible. » Durant ce voyage aux lacs italiens, a-t-elle beaucoup souffert ? Non, non, elle jouait à ce jeu : ne pas se trahir... Thérèse sut plier son corps à ces feintes et elle y goûtait un plaisir amer. Ce monde inconnu de sensations où un homme la forçait à pénétrer, son imagination l'aidait à concevoir qu'il y aurait eu là, pour elle aussi peut-être, un bonheur possible, mais quel bonheur ? Comme devant un paysage enseveli sous la pluie, nous nous représentons ce qu'il eût été dans le soleil, ainsi Thérèse découvrait la volupté. Bernard, ce garçon au regard absent... quelle facile dupe ! Il était enfermé dans son plaisir comme ces jeunes porcs charmants qu'il est drôle de regarder à travers la grille lorsqu'ils reniflent de bonheur devant une auge : « C'était moi l'auge », pense Thérèse... Où avait-il appris à classer tout ce qui touche à la chair, à distinguer les caresses de l'honnête homme de celles du satyre ? Jamais une hésitation...

... Pauvre Bernard, non pire qu'un autre ! Mais le désir transforme l'être qui nous approche en un monstre qui ne lui ressemble pas. « Je faisais la morte comme si ce fou, cet épileptique, au moindre geste eût risqué de m'étrangler. »

Voici un témoignage plus cru. C'est une confession recueillie par Stekel et dont je cite le passage qui concerne la vie conjugale. Il s'agit d'une femme de vingt-huit ans, qui a été élevée dans un milieu raffiné et cultivé.

J'étais une fiancée heureuse ; enfin, j'avais la sensation d'être à l'abri, tout à coup j'étais quelqu'un qui attirait l'attention. J'étais gâtée, mon fiancé m'admirait, tout cela était nouveau pour moi... Les baisers (mon fiancé n'avait jamais tenté d'autres caresses) m'avaient enflammée au point que je ne pouvais attendre le jour du mariage... Le matin du mariage, je me trouvais dans une telle excitation que ma chemise fut immédiatement trempée de sueur. Ce n'était que l'idée que j'allais enfin connaître l'inconnu que j'avais tellement désiré. J'avais la représentation infantile que l'homme devait uriner dans le vagin de la femme...

Dans notre chambre, il y eut déjà une petite déception quand mon mari me demanda s'il devait s'éloigner. Je le lui demandai car j'avais vraiment honte devant lui. La scène du déshabillage avait joué un rôle important dans mon imagination. Il revint, très embarrassé, lorsque je fus au lit. Plus tard, il m'avoua que mon aspect l'avait intimidé : j'étais l'incarnation de la jeunesse radieuse et pleine d'attente. À peine déshabillé, il éteignit la lumière. M'ayant à peine embrassée, il essaya tout de suite de me prendre. J'avais très peur et lui demandai de me laisser tranquille. Je désirais être très loin de lui. J'étais horrifiée de cet essai sans caresses préalables. Je le trouvais brutal et le lui reprochai souvent plus tard : ce n'était pas de la brutalité mais une grande maladresse et un manque de sensibilité. Tous ses essais furent vains au cours de la nuit. Je commençai à être très malheureuse, j'avais honte de ma stupidité, je me croyais fautive et malbâtie... Finalement, je me contentai de ses baisers. Dix jours après, il arriva enfin à me déflorer, le coït ne dura que quelques secondes et, sauf une douleur légère, je n'avais rien senti. Ce fut une grande déception ! Ensuite, je ressentis un peu de joie pendant le coït mais la réussite avait été bien pénible, mon mari peinait encore pour atteindre son but... À Prague, dans la garçonnière de mon beau-frère, j'imaginais les sensations de mon beau-frère en apprenant que j'avais couché dans son lit. C'est là que j'eus mon premier orgasme qui me rendit très heureuse. Mon mari fit l'amour avec moi tous les jours pendant les premières semaines. J'atteignais encore l'orgasme mais je n'étais pas satisfaite parce que c'était trop court et j'étais excitée au point de pleurer... Après deux accouchements... le coït devenait de moins en moins satisfaisant. Il entraînait rarement l'orgasme, mon mari l'atteignait toujours avant moi ; anxieusement, je suivais chaque séance (Combien de temps va-t-il continuer ?). S'il était satisfait en me laissant à moitié, je le haïssais. Parfois, j'imaginais mon cousin pendant le coït ou le médecin qui m'avait accouchée. Mon mari essaya de m'exciter avec son doigt... J'en étais très excitée mais, en même temps, je trouvais ce moyen honteux et anormal et n'en avais aucune jouissance... Pendant tout le temps de notre mariage, il n'a jamais caressé un seul endroit de mon corps. Un jour, il me dit qu'il n'osait rien faire avec moi... Il ne m'a jamais vue nue car nous gardions nos chemises de nuit, il ne faisait le coït que la nuit.

Cette femme qui était en vérité très sensuelle fut par la suite parfaitement heureuse dans les bras d'un amant.

Les fiançailles sont précisément destinées à créer dans l'initiation de la jeune fille des gradations ; mais souvent les mœurs imposent aux fiancés une extrême chasteté. Dans le cas où la vierge «connaît» son futur mari pendant cette période, sa situation n'est pas très différente de celle de la jeune mariée; elle ne cède que parce que son engagement lui semble déjà aussi définitif qu'un mariage et le premier coït garde le caractère d'une épreuve; une fois qu'elle s'est donnée — même si elle n'est pas enceinte, ce qui achèverait de la ligoter — il est bien rare qu'elle ose reprendre sa parole.

Les difficultés des premières expériences sont aisément surmontées si l'amour ou le désir arrachent aux deux partenaires un total consentement; de la joie que se donnent et prennent les amants dans la conscience réciproque de leur liberté, l'amour physique tire sa puissance et sa dignité; alors aucune de leurs pratiques n'est infâme puisque, pour aucun, elle n'est subie mais généreusement voulue. Mais le principe du mariage est obscène parce qu'il transforme en droits et devoirs un échange qui doit être fondé sur un élan spontané; il donne aux corps en les vouant à se saisir dans leur généralité un caractère instrumental, donc dégradant; le mari est souvent glacé par l'idée qu'il accomplit un devoir, et la femme a honte de se sentir livrée à quelqu'un qui exerce sur elle un droit. Bien entendu, il peut arriver qu'au début de la vie conjugale les rapports s'individualisent; l'apprentissage sexuel se fait parfois par lentes gradations; dès la première nuit peut se découvrir entre époux un heureux attrait physique. Le mariage facilite l'abandon de la femme en supprimant la notion de péché encore si souvent attachée à la chair; une cohabitation régulière et fréquente engendre une intimité charnelle qui est favorable à la maturation sexuelle: il y a pendant les premières années du mariage des épouses comblées. Il est remarquable qu'elles en gardent à leur mari une reconnaissance qui les amène à lui pardonner plus tard tous les torts qu'il peut avoir. «Les femmes qui ne peuvent pas se dégager d'un ménage malheureux ont toujours été satisfaites par leur mari», dit Stekel. Il n'empêche que la jeune fille court un terrible

risque en s'engageant à coucher toute sa vie et exclusivement avec un homme qu'elle ne connaît pas sexuellement,
alors que son destin érotique dépend essentiellement de
la personnalité de son partenaire : c'est le paradoxe que
Léon Blum dénonçait avec raison dans son ouvrage sur
le *Mariage*.

Prétendre qu'une union fondée sur les convenances ait
beaucoup de chances d'engendrer l'amour, c'est une hypocrisie ; réclamer de deux époux liés par des intérêts pratiques, sociaux et moraux que tout au long de leur vie ils se
dispensent la volupté est une pure absurdité. Cependant les
partisans du mariage de raison ont beau jeu de montrer que
le mariage d'amour n'a pas beaucoup de chances d'assurer
le bonheur des époux. D'abord l'amour idéal qui est souvent
celui que connaît la jeune fille ne la dispose pas toujours à
l'amour sexuel ; ses adorations platoniques, ses rêveries, ses
passions dans lesquelles elle projette des obsessions infantiles ou juvéniles ne sont pas destinées à subir l'épreuve de
la vie quotidienne ni à se perpétuer longtemps. Même s'il
existe entre elle et son fiancé un attrait érotique sincère et
violent, ce n'est pas là une base solide pour édifier l'entreprise d'une vie.

La volupté tient dans le désert illimité de l'amour une ardente et
très petite place, si embrasée qu'on ne voit d'abord qu'elle, écrit
Colette[1]. Autour de ce foyer inconstant, c'est l'inconnu, c'est le danger.
Lorsque nous nous serons relevés d'une courte étreinte ou même d'une
longue nuit, il faudra commencer à vivre l'un près de l'autre, l'un pour
l'autre.

En outre, même dans le cas où l'amour charnel existe
avant le mariage ou s'éveille au début des noces, il est très
rare qu'il dure pendant de longues années. Certes la fidélité
est nécessaire à l'amour sexuel du fait que le désir de deux
amants épris enveloppe leur singularité ; ils refusent que

1. *La Vagabonde*.

celle-ci soit contestée par des expériences étrangères, ils se veulent l'un pour l'autre irremplaçables ; mais cette fidélité n'a de sens qu'autant qu'elle est spontanée ; et spontanément la magie de l'érotisme se dissipe assez vite. Le prodige, c'est qu'à chaque amant il livre dans l'instant, dans sa présence charnelle, un être dont l'existence est une transcendance indéfinie : et sans doute la *possession* de cet être est-elle impossible, mais du moins est-il atteint d'une manière privilégiée et poignante. Mais quand les individus ne souhaitent plus s'atteindre parce qu'il y a entre eux hostilité, dégoût, indifférence, l'attrait érotique disparaît ; et il meurt presque aussi sûrement dans l'estime et l'amitié ; car deux êtres humains qui se rejoignent dans le mouvement même de leur transcendance, à travers le monde et leurs entreprises communes, n'ont plus besoin de s'unir charnellement ; et même, du fait que cette union a perdu sa signification, ils y répugnent. Le mot d'*inceste* que prononce Montaigne est profond. L'érotisme est un mouvement vers l'*Autre*, c'est là son caractère essentiel ; mais au sein du couple les époux deviennent l'un pour l'autre le *Même* ; aucun échange n'est plus possible entre eux, aucun don ni aucune conquête. Aussi s'ils demeurent amants, c'est souvent honteusement : ils sentent que l'acte sexuel n'est plus une expérience intersubjective, dans laquelle chacun se dépasse, mais bien une sorte de masturbation en commun. Qu'ils se considèrent l'un l'autre comme un ustensile nécessaire à l'assouvissement de leurs besoins, c'est un fait que dissimule la politesse conjugale mais qui ressort avec éclat dès que cette politesse est refusée, par exemple dans les observations rapportées par le docteur Lagache dans son ouvrage sur *Nature et forme de la jalousie* ; la femme regarde le membre viril comme une certaine provision de plaisir qui lui appartient, et dont elle se montre aussi avare que des conserves enfermées dans ses placards : si l'homme en donne à la voisine, il n'en restera plus pour elle ; elle examine avec soupçon ses caleçons pour voir s'il n'a pas gaspillé la précieuse semence. Jouhandeau signale dans les *Chroniques maritales* cette « censure quotidienne exercée par la femme légitime qui épie votre chemise et votre sommeil pour y surprendre le signe de l'ignominie ». De son côté l'homme satisfait sur elle ses désirs sans lui demander son avis.

Cette brutale satisfaction du besoin ne suffit d'ailleurs pas à assouvir la sexualité humaine. C'est pourquoi il y a souvent dans ces étreintes qu'on regarde comme les plus légitimes comme un arrière-goût de vice. Il est fréquent que la femme s'aide de fantasmes érotiques. Stekel cite une femme de vingt-cinq ans qui « peut éprouver un orgasme léger avec son mari en s'imaginant qu'un homme fort et plus âgé la prend sans le lui demander de façon qu'elle ne puisse se défendre ». Elle se représente qu'on la viole, qu'on la bat, que son mari n'est pas lui-même mais un *autre*. Il caresse le même rêve : sur le corps de sa femme, il possède les cuisses de telle danseuse vue dans un music-hall, les seins de cette pin-up dont il a contemplé la photographie, un souvenir, une image ; ou alors il imagine sa femme désirée, possédée, violée, ce qui est une manière de lui rendre l'altérité perdue. « Le mariage, dit Stekel, crée des transpositions grotesques et des inversions, des acteurs raffinés, des comédies jouées entre les deux partenaires qui menacent de détruire toute limite entre l'apparence et la réalité. » À la limite, des vices définis se déclarent. Le mari se fait voyeur : il a besoin de voir sa femme ou de la savoir couchant avec un amant pour retrouver un peu de sa magie ; ou il s'acharne sadiquement à faire naître en elle des refus, de manière qu'enfin sa conscience et sa liberté lui apparaissent et que ce soit bien un être humain qu'il possède. Inversement, des conduites masochistes s'ébauchent chez la femme qui cherche à susciter chez l'homme le maître, le tyran qu'il n'est pas ; j'ai connu une dame élevée au couvent et fort pieuse, autoritaire et dominatrice pendant le jour, et qui la nuit adjurait passionnément son mari de la fouetter, ce dont il s'acquittait avec horreur. Le vice même prend dans le mariage un aspect organisé et froid, un aspect sérieux qui en fait le plus triste des pis-aller.

La vérité c'est que l'amour physique ne saurait être traité ni comme une fin absolue ni comme un simple moyen; il ne saurait justifier une existence : mais il ne peut recevoir aucune justification étrangère. C'est dire qu'il devrait jouer en toute vie humaine un rôle épisodique et autonome. C'est dire qu'avant tout il devrait être libre.

Aussi bien n'est-ce pas l'amour que l'optimisme bourgeois promet à la jeune épousée : l'idéal qu'on fait miroiter à ses yeux, c'est celui du bonheur, c'est-à-dire d'un tranquille équilibre au sein de l'immanence et de la répétition. À certaines époques de prospérité et de sécurité, cet idéal a été celui de la bourgeoisie tout entière et singulièrement des propriétaires fonciers; ils visaient non la conquête de l'avenir et du monde mais la conservation paisible du passé, le *statu quo*. Une médiocrité dorée sans ambition ni passion, des jours qui ne mènent nulle part et qui indéfiniment se recommencent, une vie qui glisse doucement vers la mort sans se chercher de raisons, voilà ce que prône, par exemple, l'auteur du *Sonnet du bonheur*; cette pseudo-sagesse mollement inspirée d'Épicure et de Zénon a perdu aujourd'hui son crédit : conserver et répéter le monde tel qu'il est ne semble ni désirable ni possible. La vocation du mâle, c'est l'action; il lui faut produire, combattre, créer, progresser, se dépasser vers la totalité de l'univers et l'infinité de l'avenir; mais le mariage traditionnel n'invite pas la femme à se transcender avec lui; il la confine dans l'immanence. Elle ne peut donc rien se proposer d'autre que d'édifier une vie équilibrée où le présent prolongeant le passé échappe aux menaces du lendemain, c'est-à-dire précisément d'édifier un bonheur. À défaut d'amour, elle éprouvera pour son mari un sentiment tendre et respectueux appelé amour conjugal; entre les murs du foyer qu'elle sera chargée d'administrer, elle enfermera le monde ; elle perpétuera l'espèce humaine à travers l'avenir. Cependant aucun existant ne renonce jamais à sa transcendance, fût-ce quand il s'entête à la renier. Le bourgeois de jadis pensait qu'en conservant l'ordre établi, en en manifestant les vertus par sa prospérité, il servait Dieu, son pays, un régime, une civilisation : être heureux c'était remplir sa fonction d'homme. Pour la femme aussi il faut que la vie harmonieuse du foyer soit dépassée vers des fins : c'est l'homme qui servira de truchement entre l'individualité de la femme et l'univers, c'est lui qui revêtira d'une valeur humaine sa facticité contingente. Puisant auprès de l'épouse la force d'entreprendre, d'agir, de lutter, c'est lui qui la justifie : elle n'a qu'à remettre entre ses mains son existence et il lui donnera son sens. Cela suppose de sa part à elle une humble renonciation ; mais elle en est récompensée parce que guidée, protégée par la force mâle elle échappera au délaissement originel ; elle deviendra nécessaire. Reine dans sa ruche, reposant paisiblement en soi-même au cœur de son domaine, mais emportée par la médiation de l'homme à travers l'univers et le temps sans bornes, épouse, mère, maîtresse de maison, la femme trouve dans le mariage à la fois la force de vivre et le sens de sa vie. Il nous faut voir comment cet idéal se traduit dans la réalité.

L'idéal du bonheur s'est toujours matérialisé dans la maison, chaumière ou château ; elle incarne la permanence et la séparation. C'est entre ses murs que la famille se constitue en une cellule isolée et qu'elle affirme son identité par-delà le passage des générations ; le passé mis en conserve sous forme de meubles et de portraits d'ancêtres préfigure un avenir sans risque ; dans le jardin les saisons inscrivent en légumes comestibles leur cycle rassurant ; chaque année, le même printemps paré des mêmes fleurs promet le retour de l'immuable été, de l'automne avec ses fruits identiques à ceux de tous les automnes : ni le temps ni l'espace ne s'échappent vers l'infini, ils tournent sagement en rond.

Dans toute civilisation fondée sur la propriété foncière il y a une abondante littérature qui chante la poésie et les vertus de la maison ; dans le roman d'Henry Bordeaux intitulé précisément *La Maison*, elle résume toutes les valeurs bourgeoises : fidélité au passé, patience, économie, prévoyance, amour de la famille, du sol natal, etc. ; il est fréquent que les chantres de la maison soient des femmes puisque c'est leur tâche d'assurer le bonheur du groupe familial ; leur rôle comme au temps où la « domina » siégeait dans l'atrium est d'être « maîtresse de maison ». Aujourd'hui la maison a perdu sa splendeur patriarcale ; pour la majorité des hommes elle est seulement un habitat que n'écrase plus la mémoire des générations défuntes, qui n'emprisonne plus les siècles à venir. Mais la femme s'efforce encore de donner à son « intérieur » le sens et la valeur que possédait la vraie maison. Dans *Cannery Road*, Steinbeck décrit une vagabonde qui s'entête à orner de tapis et de rideaux le vieux cylindre abandonné où elle loge avec son mari : en vain objecte-t-il que l'absence de fenêtres rend les rideaux inutiles.

Ce souci est spécifiquement féminin. Un homme normal considère les objets qui l'entourent comme des instruments ; il les dispose d'après les fins auxquelles ils sont destinés ; son « ordre » — où la femme souvent ne verra qu'un désordre — c'est d'avoir à portée de sa main ses cigarettes, ses papiers, ses outils. Entre autres les artistes à qui il est donné de recréer le monde à travers une matière — sculpteurs et peintres — sont tout à fait insouciants du cadre dans lequel ils vivent. Rilke écrit à propos de Rodin :

La première fois que j'allai chez Rodin, je compris que sa maison n'était rien pour lui sinon une pauvre nécessité : un abri contre le froid, un toit pour dormir. Elle le laissait indifférent et ne pesait pas le moins du monde sur sa solitude ou son recueillement. C'est en soi qu'il trouvait un foyer : ombre, refuge et paix. Il était devenu son propre ciel, sa forêt et son large fleuve que rien n'arrête plus.

Mais pour trouver en soi un foyer, il faut d'abord s'être réalisé dans des œuvres ou des actes. L'homme ne s'intéresse que médiocrement à son intérieur parce qu'il accède à l'univers tout entier et parce qu'il peut s'affirmer dans des projets. Au lieu que la femme est enfermée dans la communauté conjugale : il s'agit pour elle de changer cette prison en un royaume. Son attitude à l'égard de son foyer est commandée par cette même dialectique qui définit généralement sa condition : elle prend en se faisant proie, elle se libère en abdiquant ; en renonçant au monde elle veut conquérir un monde.

Ce n'est pas sans regret qu'elle referme derrière elle les portes du foyer ; jeune fille, elle avait toute la terre pour patrie ; les forêts lui appartenaient. À présent, elle est confinée dans un étroit espace ; la Nature se réduit aux dimensions d'un pot de géranium ; des murs barrent l'horizon. Une héroïne de V. Woolf[1] murmure :

> Je ne distingue plus l'hiver de l'été par l'état de l'herbe ou de la bruyère des landes mais par la buée ou le gel qui se forment sur la vitre. Moi qui jadis marchais dans les bois de hêtres en admirant la couleur bleue que prend la plume du geai quand elle tombe, moi qui rencontrais sur mon chemin le vagabond et le berger... je vais de chambre en chambre, un plumeau à la main.

Mais elle va s'appliquer à nier cette limitation. Elle enferme entre ses murs sous des figures plus ou moins coûteuses la faune et la flore terrestres, les pays exotiques, les époques passées ; elle y enferme son mari qui résume pour elle la collectivité humaine, et l'enfant qui lui donne sous une forme portative tout l'avenir. Le foyer devient le centre du monde et même son unique vérité ; comme le note justement Bachelard, c'est « une sorte de contre-univers ou un univers du contre » ; refuge, retraite, grotte, ventre, il abrite contre les menaces du dehors : c'est cette confuse extériorité

1. *Les Vagues.*

qui devient irréelle. Le soir surtout, quand les volets sont tirés, la femme se sent reine ; la lumière répandue à midi par le soleil universel la gêne ; à la nuit elle n'est plus dépossédée car elle abolit ce qu'elle ne possède pas ; elle voit briller sous l'abat-jour une lumière qui est sienne et qui éclaire exclusivement sa demeure : rien d'autre n'existe. Un texte de V. Woolf nous montre la réalité se concentrant dans la maison, tandis que l'espace du dehors s'effondre.

La nuit était maintenant tenue à l'écart par les vitres et celles-ci au lieu de donner une vue exacte du monde extérieur le gondolaient d'étrange façon au point que l'ordre, la fixité, la terre ferme semblaient s'être installés à l'intérieur de la maison ; au-dehors au contraire, il n'y avait plus qu'un reflet dans lequel les choses devenues fluides tremblaient et disparaissaient.

Grâce aux velours, aux soies, aux porcelaines dont elle s'entoure, la femme pourra en partie assouvir cette sensualité préhensive que ne satisfait pas d'ordinaire sa vie érotique ; elle trouvera aussi dans ce décor une expression de sa personnalité ; c'est elle qui a choisi, fabriqué, « déniché » meubles et bibelots, qui les a disposés selon une esthétique où le souci de la symétrie tient généralement une large place ; ils lui renvoient son image singulière tout en témoignant socialement de son standard de vie. Son foyer, c'est donc pour elle le lot qui lui est dévolu sur terre, l'expression de sa valeur sociale, et de sa plus intime vérité. Parce qu'elle ne *fait* rien, elle se recherche avidement dans ce qu'elle *a*.

C'est par le travail ménager que la femme réalise l'appropriation de son « nid » ; c'est pourquoi, même si elle « se fait aider », elle tient à mettre la main à la pâte ; du moins, surveillant, contrôlant, critiquant, elle s'applique à faire siens les résultats obtenus par les serviteurs. De l'administration de sa demeure, elle tire sa justification sociale ; sa tâche est aussi de veiller sur l'alimentation, sur les vêtements, d'une manière générale sur l'entretien de la société familiale. Ainsi se réalise-t-elle, elle aussi, comme une activité. Mais c'est, on va le voir, une activité qui ne l'arrache pas à son immanence et qui ne lui permet pas une affirmation singulière d'elle-même.

On a hautement vanté la poésie des travaux ménagers. Il est vrai qu'ils mettent la femme aux prises avec la matière, et qu'elle réalise avec les objets une intimité qui est dévoilement d'être et qui par conséquent l'enrichit. Dans *À la recherche de Marie*, Madeleine Bourdouxhe décrit le plaisir que prend son héroïne à étendre sur le fourneau la pâte à nettoyer : elle éprouve au bout de ses doigts la liberté et la puissance dont la fonte bien récurée lui renvoie l'image brillante.

Lorsqu'elle remonte de la cave, elle aime ce poids des seaux remplis qui à chaque palier s'alourdit davantage. Elle a toujours eu l'amour des matières simples qui ont bien à elles leur odeur, leur rugosité ou leur galbe. Et dès lors elle sait comment les manier. Marie a des mains qui sans une hésitation, sans un mouvement de recul, plongent dans les fourneaux éteints ou dans les eaux savonneuses, dérouillent et graissent le fer, étendent les encaustiques, ramassent d'un seul grand geste circulaire les épluchures qui recouvrent une table. C'est une entente parfaite, une camaraderie entre ses paumes et les objets qu'elle touche.

Quantité d'écrivains féminins ont parlé avec amour du linge frais repassé, de l'éclat bleuté de l'eau savonneuse, des draps blancs, du cuivre miroitant. Quand la ménagère nettoie et polit les meubles, «des rêves d'imprégnation soutiennent la douce patience de la main qui donne au bois la beauté par la cire», dit Bachelard. La tâche achevée, la ménagère connaît la joie de la contemplation. Mais pour que les qualités précieuses se révèlent : le poli d'une table, le luisant d'un chandelier, la blancheur glacée et empesée du linge, il faut d'abord que se soit exercée une action négative ; il faut que tout principe mauvais ait été expulsé. C'est là, écrit Bachelard, la rêverie essentielle à laquelle s'abandonne la ménagère : c'est le rêve de la propreté active, c'est-à-

dire de la propreté conquise contre la malpropreté. Il la
décrit ainsi[1] :

> Il semble donc que l'imagination de la lutte pour la propreté ait
> besoin d'une provocation. Cette imagination doit s'exciter dans une
> maligne colère. Avec quel mauvais sourire on couvre de la pâte à polir
> le cuivre du robinet. On le charge des ordures d'un tripoli empâté sur le
> vieux torchon sale et gras. Amertume et hostilité s'amassent dans
> le cœur du travailleur. Pourquoi d'aussi vulgaires travaux ? Mais vienne
> l'instant du torchon sec, alors apparaît la méchanceté gaie, la méchan-
> ceté vigoureuse et bavarde : robinet, tu seras miroir ; chaudron, tu
> seras soleil ! Enfin quand le cuivre brille et rit avec la grossièreté d'un
> bon garçon, la paix est faite. La ménagère contemple ses victoires ruti-
> lantes.

Ponge a évoqué la lutte, au cœur de la lessiveuse, entre
l'immondice et la pureté[2] :

> Qui n'a vécu un hiver au moins dans la familiarité d'une lessiveuse,
> ignore tout d'un certain ordre de qualités et d'émotions fort touchantes.
> Il faut — bronchant — l'avoir, pleine de sa charge de tissus immondes,
> d'un seul effort soulevée de terre pour la porter sur le fourneau où l'on
> doit la traîner d'une certaine façon, ensuite, pour l'asseoir juste au rond
> du foyer.
> Il faut avoir sous elle attisé les brandons, à progressivement l'émou-
> voir ; souvent tâté ses parois tièdes ou brûlantes ; puis écouté le profond
> bruissement intérieur et plusieurs fois, dès lors, soulevé le couvercle
> pour vérifier la tension des jets et la régularité de l'arrosage.
> Il faut l'avoir enfin toute bouillante encore embrassée de nouveau
> pour la reposer par terre...
> La lessiveuse est conçue de telle façon qu'emplie d'un amas de tissus
> ignobles, l'émotion intérieure, la bouillante indignation qu'elle en res-
> sent, canalisée vers la partie supérieure de son être, retombe en pluie sur
> cet amas de tissus ignobles qui lui soulève le cœur — et cela quasi per-
> pétuellement — et que cela aboutisse à une purification...
> Certes le linge, lorsque le reçut la lessiveuse, avait été déjà grossière-
> ment décrassé...
> Il n'en reste pas moins qu'elle éprouve une idée ou un sentiment de
> saleté diffuse des choses à l'intérieur d'elle-même dont à force d'émo-

1. Bachelard, *La Terre et les rêveries du repos*.
2. Cf. *Liasses*, *La Lessiveuse*.

tion, de bouillonnements et d'efforts, elle parvient à avoir raison, à détacher des tissus, si bien que ceux-ci, rincés sous une catastrophe d'eau fraîche, vont paraître d'une blancheur extrême.

Et voici qu'en effet le miracle s'est produit :

Mille drapeaux blancs sont déployés tout à coup — qui attestent non d'une capitulation mais d'une victoire — et ne sont peut-être pas seulement le signe de la propreté corporelle des habitants de l'endroit...

Ces dialectiques peuvent donner au travail ménager l'attrait d'un jeu : la fillette s'amuse volontiers à faire briller l'argenterie, à astiquer les boutons de porte. Mais pour que la femme y trouve des satisfactions positives, il faut qu'elle consacre ses soins à un intérieur dont elle soit fière ; sinon elle ne connaît jamais le plaisir de la contemplation, seul capable de récompenser son effort. Un reporter américain[1], qui a vécu plusieurs mois parmi les «pauvres Blancs» du sud des U.S.A., a décrit le pathétique destin d'une de ces femmes accablées de besogne qui s'acharnent en vain à rendre habitable un taudis. Elle vivait avec son mari et sept enfants dans une baraque de bois aux murs couverts de suie, grouillante de punaises ; elle avait essayé de «rendre la maison jolie» ; dans la chambre principale, la cheminée recouverte d'un crépi bleuâtre, une table et quelques tableaux pendus au mur évoquaient une sorte d'autel. Mais le taudis demeurait un taudis et Mrs. G. disait les larmes aux yeux : «Ah ! je déteste tant cette maison ! Il me semble qu'il n'y a rien au monde qu'on puisse faire pour la rendre jolie !» Des légions de femmes n'ont ainsi en partage qu'une fatigue indéfiniment recommencée au cours d'un combat qui ne comporte jamais de victoire. Même en des cas plus privilégiés, cette victoire n'est jamais définitive. Il y a peu de tâches qui s'apparentent plus que celles de la ménagère au supplice de Sisyphe ; jour après jour, il faut laver les plats, épousseter les meubles, repriser le linge qui seront à nouveau demain salis, poussiéreux, déchirés. La ménagère s'use

1. James Agee, *Let us Now Praise Famous Men*.

à piétiner sur place; elle ne fait rien; elle perpétue seulement le présent; elle n'a pas l'impression de conquérir un
Bien positif mais de lutter indéfiniment contre le Mal. C'est
une lutte qui se renouvelle chaque jour. On connaît l'histoire de ce valet de chambre qui refusait avec mélancolie de
cirer les bottes de son maître. «À quoi bon? disait-il, il faudra recommencer demain.» Beaucoup de jeunes filles encore
mal résignées partagent ce découragement. Je me rappelle la
dissertation d'une élève de seize ans qui commençait à peu
près par ces mots : «C'est aujourd'hui jour de grand nettoyage. J'entends le bruit de l'aspirateur que maman promène à travers le salon. Je voudrais fuir. Je me jure que quand
je serai grande, il n'y aura jamais dans ma maison de jour de
grand nettoyage.» L'enfant envisage l'avenir comme une
ascension indéfinie vers on ne sait quel sommet. Soudain,
dans la cuisine où la mère lave la vaisselle, la fillette comprend que depuis des années, chaque après-midi, à la même
heure, ces mains ont plongé dans les eaux grasses, essuyé la
porcelaine avec le torchon rugueux. Et jusqu'à la mort elles
seront soumises à ces rites. Manger, dormir, nettoyer…. les
années n'escaladent plus le ciel, elles s'étalent identiques et
grises en une nappe horizontale; chaque jour imite celui qui
le précéda; c'est un éternel présent inutile et sans espoir.
Dans la nouvelle intitulée *La Poussière*[1], Colette Audry a
subtilement décrit la triste vanité d'une activité qui s'acharne
contre le temps :

C'est le lendemain qu'en passant le balai de crin sous le divan, elle
ramena quelque chose qu'elle prit d'abord pour un vieux morceau de
coton ou un gros duvet. Mais ce n'était qu'un flocon de poussière
comme il s'en forme sur les hautes armoires qu'on oublie d'essuyer ou
derrière les meubles, entre mur et bois. Elle resta pensive devant cette
curieuse substance. Ainsi, voilà huit à dix semaines qu'ils vivaient dans
ces pièces et déjà, malgré la vigilance de Juliette, un flocon de poussière
avait eu le loisir de se former, de s'engraisser, tapi dans son ombre
comme ces bêtes grises et qui lui faisaient peur quand elle était petite.

----

1. *On joue perdant.*

Une fine cendre de poussière proclame la négligence, un commencement d'abandon, c'est l'impalpable dépôt de l'air qu'on respire, des
vêtements qui flottent, du vent qui entre par les fenêtres ouvertes; mais
ce flocon représentait déjà un second état de la poussière, la poussière
triomphante, un épaississement qui prend forme et de dépôt devient
déchet. Il était presque joli à voir, transparent et léger comme les
houppes de ronces, mais plus terne.

... La poussière avait gagné de vitesse toute la puissance aspirante du
monde. Elle s'était emparée du monde et l'aspirateur n'était plus qu'un
objet témoin destiné à montrer tout ce que l'espèce humaine était
capable de gâcher de travail, de matière et d'ingéniosité pour lutter
contre l'irrésistible salissement. Il était le déchet fait instrument.

... C'était leur vie en commun qui était cause de tout, leurs petits
repas qui faisaient des épluchures, leurs deux poussières qui se mélan-
geaient partout... Chaque ménage sécrète ces petites ordures qu'il faut
détruire afin de laisser la place aux nouvelles... Quelle vie on passe
— et pour pouvoir sortir avec une chemisette fraîche qui attire le regard
des passants, pour qu'un ingénieur qui est votre mari présente bien dans
l'existence. Des formules repassaient dans la tête de Marguerite : veiller
à l'entretien des parquets... pour l'entretien des cuivres, employer...
elle était chargée de l'entretien de deux êtres quelconques jusqu'à la fin
de leurs jours.

Laver, repasser, balayer, dépister les moutons tapis sous
la nuit des armoires, c'est arrêtant la mort refuser aussi la
vie : car d'un seul mouvement le temps crée et détruit;
la ménagère n'en saisit que l'aspect négateur. Son attitude
est celle du manichéiste. Le propre du manichéisme n'est
pas seulement de reconnaître deux principes, l'un bon, l'autre
mauvais : mais de poser que le bien s'atteint par l'abolition
du mal et non par un mouvement positif; en ce sens, le
christianisme n'est guère manichéiste malgré l'existence du
diable, car c'est en se vouant à Dieu qu'on combat le mieux
le démon et non en s'occupant de celui-ci afin de le vaincre.
Toute doctrine de la transcendance et de la liberté subordonne la défaite du mal au progrès vers le bien. Mais
la femme n'est pas appelée à édifier un monde meilleur; la
maison, la chambre, le linge sale, le parquet sont des choses
figées : elle ne peut qu'indéfiniment expulser les principes

mauvais qui s'y glissent ; elle attaque la poussière, les taches, la boue, la crasse ; elle combat le péché, elle lutte avec Satan. Mais c'est un triste destin au lieu d'être tourné vers des buts positifs d'avoir à repousser sans répit un ennemi ; souvent la ménagère le subit dans la rage. Bachelard prononce à son propos le mot de « méchanceté » ; on le trouve aussi sous la plume des psychanalystes. Pour eux la manie ménagère est une forme de sado-masochisme ; le propre des manies et des vices, c'est d'engager la liberté à vouloir ce qu'elle ne veut pas ; parce qu'elle déteste avoir pour lot la négativité, la saleté, le mal, la ménagère maniaque s'acharne avec furie contre la poussière, revendiquant un sort qui la révolte. À travers les déchets que laisse derrière soi toute expansion vivante, elle s'en prend à la vie même. Dès qu'un être vivant entre dans son domaine, son œil brille d'un feu mauvais. « Essuie tes pieds ; ne chamboule pas tout, ne touche pas à ça. » Elle voudrait empêcher son entourage de respirer : le moindre souffle est menace. Tout événement implique la menace d'un travail ingrat : une culbute de l'enfant, c'est un accroc à réparer. À ne voir dans la vie que promesse de décomposition, exigence d'un effort indéfini, elle perd toute joie à vivre ; elle prend des yeux durs, un visage préoccupé, sérieux, toujours en alerte ; elle se défend par la prudence et l'avarice. Elle ferme les fenêtres car, avec le soleil, s'introduiraient aussi insectes, germes et poussières ; d'ailleurs le soleil mange la soie des tentures ; les fauteuils anciens sont cachés sous des housses et embaumés de naphtaline : la lumière les fanerait. Elle ne trouve pas même de plaisir à exhiber ces trésors aux visiteurs : l'admiration tache. Cette défiance tourne à l'aigreur et suscite de l'hostilité à l'égard de tout ce qui vit. On a souvent parlé de ces bourgeoises de province qui enfilent des gants blancs pour s'assurer qu'il ne reste pas sur les meubles une invisible poussière : c'étaient des femmes de cette espèce que les sœurs Papin exécutèrent voici quelques années ; leur haine de la saleté ne se distinguait pas de leur haine à l'égard de leurs domestiques, à l'égard du monde et d'elles-mêmes.

Il y a peu de femmes qui choisissent dès leur jeunesse un vice si morne. Celles qui aiment généreusement la vie en sont défendues. Colette nous dit de Sido :

> C'est qu'elle était agile et remuante, mais non ménagère appliquée ; propre, nette, dégoûtée, mais loin du génie maniaque et solitaire qui compte les serviettes, les morceaux de sucre et les bouteilles pleines. La flanelle en main et surveillant la servante qui essuyait longuement les vitres en riant avec le voisin, il lui échappait des cris nerveux, d'impatients appels à la liberté : « Quand j'essuie longtemps et avec soin mes tasses de Chine, disait-elle, je me sens vieillir. » Elle atteignait, loyale, la fin de sa tâche. Alors, elle franchissait les deux marches de notre seuil, entrait dans le jardin. Sur-le-champ, tombaient son *excitation morose* et sa *rancune*.

C'est dans cette nervosité, dans cette rancune que se complaisent les femmes frigides ou frustrées, les vieilles filles, les épouses déçues, celles qu'un mari autoritaire condamne à une existence solitaire et vide. J'ai connu, entre autres, une vieille femme qui chaque matin se levait à cinq heures pour inspecter ses armoires et en recommencer le rangement ; il paraît qu'à vingt ans elle était gaie et coquette ; enfermée dans une propriété isolée, avec un mari qui la négligeait et un unique enfant, elle se mit à faire de l'ordre comme d'autres se mettent à boire. Chez Élise des *Chroniques maritales*[1], le goût du ménage provient du désir exaspéré de régner sur un univers, d'une exubérance vivante et d'une volonté de domination qui faute d'objet tourne à vide ; c'est aussi un défi jeté au temps, à l'univers, à la vie, aux hommes, à tout ce qui existe.

> Depuis neuf heures, après dîner, elle lave. Il est minuit. J'avais sommeillé mais son courage, comme s'il insultait mon repos en lui donnant l'air de la paresse, m'offense.

1. Jouhandeau, *Chroniques maritales*.

ÉLISE : Pour faire de la propreté, n'avoir pas peur d'abord de se salir les mains.

Et la maison bientôt sera si propre qu'on n'osera plus l'habiter. Il y a des lits de repos, mais pour qu'on se repose à côté, sur le parquet. Les coussins sont trop frais. On craint de les ternir ou de les faner en y appuyant sa tête ou ses pieds et chaque fois que je foule un tapis, une main me suit, armée d'une mécanique ou d'un linge qui efface ma trace.

Le soir :

— C'est fait.

De quoi s'agit-il pour elle, dès qu'elle se lève jusqu'à ce qu'elle dorme ? De déplacer chaque objet et chaque meuble et de toucher dans toutes leurs dimensions les parquets, les murs et les plafonds de sa maison.

Pour le moment, c'est la femme de ménage en elle qui triomphe. Quand elle a épousseté l'intérieur des placards, elle époussette les géraniums des fenêtres.

SA MÈRE : Élise est toujours si affairée qu'elle ne s'aperçoit pas qu'elle existe.

Le ménage permet en effet à la femme une fuite indéfinie loin de soi-même. Chardonne dit justement :

C'est une tâche méticuleuse et désordonnée, sans frein ni limites. Dans la maison, une femme assurée de plaire atteint vite un point d'usure, un état de distraction et de vide mental qui la supprime…

Cette fuite, ce sado-masochisme où la femme s'acharne à la fois contre les objets et contre soi, a souvent un caractère précisément sexuel. « Le ménage qui exige la gymnastique du corps, c'est le bordel accessible à la femme », dit Violette Leduc[1]. Il est frappant que le goût de la propreté prenne une importance suprême en Hollande où les femmes sont froides et dans les civilisations puritaines qui opposent aux joies de la chair un idéal d'ordre et de pureté. Si le Midi méditerranéen vit dans une saleté joyeuse, ce n'est pas seulement que l'eau y soit rare : l'amour de la chair et de son animalité conduit à tolérer l'odeur humaine, la crasse et même la vermine.

1. *L'Affamée*.

La préparation des repas est un travail plus positif et souvent plus joyeux que celui du nettoyage. Il implique d'abord le moment du marché qui est pour beaucoup de ménagères le moment privilégié de la journée. La solitude du foyer pèse à la femme d'autant que les tâches routinières n'absorbent pas son esprit. Elle est heureuse quand, dans les villes du Midi, elle peut coudre, laver, éplucher les légumes, assise sur le seuil de la porte en bavardant ; aller quérir l'eau à la rivière est une grande aventure pour les musulmanes à demi cloîtrées : j'ai vu un petit village de Kabylie où les femmes ont saccagé la fontaine qu'un administrateur avait fait édifier sur la place ; descendre chaque matin toutes ensemble jusqu'à l'oued qui coulait au bas de la colline était leur unique distraction. Tout en faisant leur marché les femmes échangent dans les queues, dans les boutiques, au coin des rues, des propos par lesquels elles affirment des « valeurs ménagères » où chacune puise le sens de son importance ; elles se sentent membres d'une communauté qui — pour un instant — s'oppose à la société des hommes comme l'essentiel à l'inessentiel. Mais surtout l'achat est un profond plaisir : c'est une découverte, presque une invention. Gide remarque dans son *Journal* que les musulmans qui ne connaissent pas le jeu lui ont substitué la découverte des trésors cachés ; c'est là la poésie et l'aventure des civilisations mercantiles. La ménagère ignore la gratuité du jeu : mais un chou bien pommé, un camembert bien fait sont des trésors que le commerçant dissimule malignement et qu'il faut lui subtiliser ; entre vendeur et acheteuse s'établissent des rapports de lutte et de ruse : pour celle-ci, la gageure est de se procurer la meilleure marchandise au plus bas prix ; l'extrême importance accordée à la plus minime économie ne saurait s'expliquer par le seul souci d'équilibrer un budget difficile : il faut gagner une partie. Tandis qu'elle inspecte avec suspicion les éventaires, la ménagère est reine ; le monde est à ses pieds avec ses richesses et ses pièges pour qu'elle s'y taille un butin. Elle goûte un fugitif triomphe quand elle vide sur sa table le filet à provisions. Dans le placard, elle range les conserves, les denrées non périssables qui l'assurent contre l'avenir ; et elle contemple avec satisfaction la nudité des légumes et des viandes qu'elle va soumettre à son pouvoir.

Le gaz et l'électricité ont tué la magie du feu ; mais dans les campagnes beaucoup de femmes connaissent encore la joie de tirer du bois inerte des flammes vivantes. Le feu allumé, voilà la femme changée en sorcière. D'un simple mouvement de la main — quand elle bat les œufs, pétrit la pâte — ou par la magie du feu, elle opère la transmutation des substances ; la matière devient aliment. Colette, encore, décrit l'enchantement de ces alchimies :

> Tout est mystère, magie, sortilège, tout ce qui s'accomplit entre le moment de poser sur le feu la cocotte, le coquemar, la marmite et leur contenu et le moment plein de douce anxiété, de voluptueux espoir où vous décoiffez sur la table votre plat fumant...

Elle peint entre autres avec complaisance les métamorphoses qui s'opèrent dans le secret des cendres chaudes.

> La cendre de bois cuit savoureusement ce qu'on lui confie. La pomme, la poire logées dans un nid de cendres chaudes en sortent ridées, boucanées mais molles sous la peau comme un ventre de taupe et si « bonne femme » que se fasse la pomme sur le fourneau de cuisine, elle reste loin de cette confiture enfermée sous sa robe originelle, congestionnée de saveur et qui n'a exsudé — si vous savez vous y prendre — qu'un seul pleur de miel... Un chaudron à trois pieds, haut jambé, contenait une cendre tamisée qui ne voyait jamais le feu. Mais farci de pommes de terre qui voisinaient sans se toucher, campé sur ses pattes noires à même la braise, le chaudron nous pondait des tubercules blancs comme neige, brûlants, écailleux.

Les écrivains féminins ont particulièrement célébré la poésie des confitures : c'est une vaste entreprise que de marier dans des bassines de cuivre le sucre solide et pur à la molle pulpe des fruits ; écumante, visqueuse, brûlante, la substance qui s'élabore est dangereuse : c'est une lave en ébullition que la ménagère dompte et coule orgueilleusement dans les pots. Quand elle les habille de parchemin et inscrit la date de sa victoire, c'est du temps même qu'elle triomphe : elle a pris la durée dans le piège du sucre, elle a mis la vie en bocaux. La cuisine fait plus que pénétrer et révéler l'intimité des substances. Elle les modèle à neuf, elle les recrée. Dans le travail de la pâte elle éprouve son pouvoir. «La main aussi bien que le regard a ses rêveries et sa poésie», dit Bachelard[1]. Et il parle de cette «souplesse de la plénitude, cette souplesse qui emplit la main, qui se réfléchit sans fin de la matière à la main et de la main à la matière». La main de la cuisinière qui pétrit est une «main heureuse» et la cuisson revêt encore la pâte d'une valeur nouvelle. «La cuisson est ainsi un grand devenir matériel, un devenir qui va de la pâleur à la dorure, de la pâte à la croûte[1]» : la femme peut trouver une satisfaction singulière dans la réussite du gâteau, du pâté feuilleté car elle n'est pas accordée à tous : il y faut le don. «Rien de plus compliqué que les arts de la pâte, écrit Michelet. Rien qui se règle moins, s'apprenne moins. Il faut être né. Tout est don de la mère.»

Dans ce domaine encore, on comprend que la petite fille s'amuse passionnément à imiter ses aînées : avec de la craie, de l'herbe, elle joue à fabriquer des ersatz; elle est plus heureuse encore quand elle a pour jouet un vrai petit fourneau ou quand sa mère l'admet à la cuisine et lui permet de rouler la pâte du gâteau entre ses paumes ou de découper le caramel brûlant. Mais il en est ici comme des soins du ménage : la répétition a vite fait d'épuiser ces plaisirs. Chez les Indiens qui se nourrissent essentiellement de tortillas, les femmes passent la moitié de leurs journées à pétrir, cuire, réchauffer, pétrir à nouveau les galettes identiques sous chaque toit, identiques à travers les siècles : elles ne sont

---

1. Bachelard, *La Terre et les rêveries de la volonté*.

guère sensibles à la magie du four. On ne peut pas chaque
jour transformer le marché en une chasse au trésor ni s'exta-
sier sur le brillant du robinet. Ce sont surtout les hommes et
les femmes écrivains qui exaltent lyriquement ces triomphes
parce qu'ils ne font pas le ménage ou le font rarement. Quotidien, ce travail devient monotone et machinal ; il est troué
d'attentes : il faut attendre que l'eau bouille, que le rôti soit
à point, le linge sec ; même si on organise les différentes
tâches, il reste de longs moments de passivité et de vide ;
elles s'accomplissent la plupart du temps dans l'ennui ; elles
ne sont entre la vie présente et la vie de demain qu'un intermédiaire inessentiel. Si l'individu qui les exécute est lui-
même producteur, créateur, elles s'intègrent à son existence
aussi naturellement que les fonctions organiques ; c'est pourquoi les corvées quotidiennes semblent beaucoup moins
tristes quand elles sont exécutées par des hommes ; elles ne
représentent pour eux qu'un moment négatif et contingent
dont ils se hâtent de s'évader. Mais ce qui rend ingrat le sort
de la femme-servante, c'est la division du travail qui la voue
tout entière au général et à l'inessentiel ; l'habitat, l'aliment
sont utiles à la vie mais ne lui confèrent pas de sens : les
buts immédiats de la ménagère ne sont que des moyens, non
des fins véritables et en eux ne se reflètent que des projets
anonymes. On comprend que pour se donner du cœur à
l'ouvrage elle essaie d'y engager sa singularité et de revêtir
d'une valeur absolue les résultats obtenus ; elle a ses rites,
ses superstitions, elle tient à sa manière de disposer le couvert, de ranger le salon, de faire une reprise, de cuisiner un
plat ; elle se persuade qu'à sa place personne ne pourrait
réussir aussi bien un rôti ou un astiquage ; si le mari ou la
fille veulent l'aider ou tentent de se passer d'elle, elle leur
arrache des mains l'aiguille, le balai. « Tu n'es pas capable
de recoudre un bouton. » Dorothy Parker[1] a décrit avec une
ironie apitoyée le désarroi d'une jeune femme convaincue

---

1. *Too bad !*

qu'elle doit apporter à l'arrangement de son foyer une note personnelle et qui ne sait pas comment s'y prendre.

Mrs. Ernest Weldon errait dans le studio bien rangé, lui donnant quelques-unes de ces petites touches féminines. Elle n'était pas spécialement experte dans l'art de donner des touches. L'idée était jolie et aguichante. Avant d'être mariée, elle s'était représenté qu'elle se promenait doucement à travers son nouveau logis, déplaçant ici une rose, là redressant une fleur et transformant ainsi une maison en un «home». Même à présent, après sept ans de mariage, elle aimait s'imaginer en train de se livrer à cette gracieuse occupation. Mais, bien qu'elle essayât consciencieusement chaque soir aussitôt que les lampes aux abat-jour roses étaient allumées, elle se demandait avec un peu de détresse comment s'y prendre pour accomplir ces menus miracles qui font dans un intérieur toute la différence du monde... Donner une touche féminine, c'était le rôle de l'épouse. Et Mrs. Weldon n'était pas femme à esquiver ses responsabilités. Avec un air d'incertitude presque pitoyable, elle tâtonna sur la cheminée, souleva un petit vase japonais et resta debout, le vase en main, inspectant la chambre d'un regard désespéré... Puis elle recula et considéra ses innovations. C'était incroyable le peu de changements qu'elles avaient apportés à la pièce.

Dans cette recherche de l'originalité ou d'une perfection singulière, la femme gaspille beaucoup de temps et d'efforts; c'est là ce qui donne à son travail le caractère d'une «tâche méticuleuse et désordonnée, sans frein ni limites» que signale Chardonne et qui rend si difficile d'apprécier la charge que représentent vraiment les soucis ménagers. D'après une récente enquête (publiée en 1947 par le journal *Combat* sous la signature de C. Hébert), les femmes mariées consacrent environ trois heures quarante-cinq au travail ménager (ménage, ravitaillement, etc.), chaque jour ouvrable, et huit heures les jours de repos, soit trente heures par semaine, ce qui correspond aux trois quarts de la durée de travail hebdomadaire d'une ouvrière ou d'une employée; c'est énorme si cette tâche se surajoute à un métier; c'est peu si la femme n'a rien d'autre à faire (d'autant qu'ouvrière et employée perdent du temps en déplacements qui n'ont pas ici d'équivalents). Le soin des enfants s'ils sont nombreux alourdit considérablement les fatigues de la femme : une mère de famille pauvre use ses forces au long de journées désordonnées. Au contraire les bourgeoises qui se font aider sont presque oisives ; et la rançon de ces loisirs c'est l'ennui. Parce qu'elles s'ennuient, beaucoup compliquent et multiplient indéfiniment leurs devoirs de manière qu'ils deviennent plus excédants qu'un travail qualifié. Une amie qui avait traversé des crises de dépression nerveuse me disait que lorsqu'elle était en bonne santé, elle tenait sa maison presque sans y penser et qu'il lui restait du temps pour des occupations beaucoup plus astreignantes ; quand une neurasthénie l'empêchait de se vouer à ces autres travaux, elle se laissait engloutir par les soucis ménagers et elle avait peine alors, leur consacrant des journées entières, à en venir à bout.

Le plus triste, c'est que ce travail n'aboutit pas même à une création durable. La femme est tentée — et d'autant qu'elle y a apporté plus de soins — de considérer son œuvre comme une fin en soi. Contemplant le gâteau qu'elle sort du four, elle soupire : c'est vraiment dommage de le manger ! c'est vraiment dommage que mari et enfants traînent leurs pieds boueux sur le parquet ciré. Dès que les choses servent elles sont salies ou détruites : elle est tentée, on l'a vu déjà, de les soustraire à tout usage ; celle-ci conserve les confitures jusqu'à ce que la moisissure les envahisse ; celle-là ferme le salon à clé. Mais on ne peut pas arrêter le temps ; les provisions attirent les rats ; les vers s'y mettent. Les couvertures, les rideaux, les vêtements se mangent aux mites : le monde n'est pas un rêve de pierre, il est fait d'une substance louche que la décomposition menace ; l'étoffe comestible est aussi équivoque que les monstres en viande de Dali : elle paraissait inerte, inorganique mais les larves cachées l'ont métamorphosée en cadavre. La ménagère qui s'aliène dans des choses dépend comme les choses du monde entier : le linge roussit, le rôti brûle, la porcelaine se brise ; ce sont des désastres absolus car les choses quand elles se perdent se perdent irréparablement. Impossible d'obtenir à travers elles permanence et sécurité. Les guerres avec les pillages et les bombes menacent les armoires, la maison.

Il faut donc que le produit du travail ménager se consomme ; une constante renonciation est exigée de la femme dont les opérations ne s'achèvent que par leur destruction. Pour qu'elle y consente sans regret, du moins faut-il que ces menus holocaustes allument quelque part une joie, un plaisir. Mais comme le travail ménager s'épuise à maintenir un *statu quo*, le mari en rentrant chez lui remarque le désordre et la négligence mais il lui semble que l'ordre et la propreté vont de soi. Il porte un intérêt plus positif au repas bien préparé. Le moment où triomphe la cuisinière, c'est celui où elle pose sur la table un plat réussi : mari et enfants l'accueillent avec chaleur, non seulement avec des mots, mais en le consommant joyeusement. L'alchimie culinaire se poursuit, l'aliment devient chyle et sang. L'entretien d'un corps a un intérêt plus concret, plus vital que celui d'un parquet ; d'une manière évidente l'effort de la cuisinière est dépassé vers l'avenir. Cependant, s'il est moins vain de se reposer sur une liberté étrangère que de s'aliéner dans les choses, ce n'est pas moins dangereux. C'est seulement dans la bouche de ses convives que le travail de la cuisinière trouve sa vérité ; elle a besoin de leurs suffrages ; elle exige qu'ils apprécient ses plats, qu'ils en reprennent ; elle s'irrite s'ils n'ont plus faim : au point qu'on ne sait plus si les pommes de terre frites sont destinées au mari ou le mari aux pommes de terre frites. Cette équivoque se retrouve dans l'ensemble de l'attitude de la femme d'intérieur : elle tient la maison pour son mari ; mais aussi exige-t-elle qu'il consacre tout l'argent qu'il gagne à acheter des meubles ou un frigidaire. Elle veut le rendre heureux : mais elle n'approuve de ses activités que celles qui rentrent dans les cadres du bonheur qu'elle a construit.

Il y a eu des époques où ces prétentions étaient généralement satisfaites : au temps où le bonheur était aussi l'idéal de l'homme, où il était attaché avant tout à sa maison, à sa famille et où les enfants eux-mêmes choisissaient de se définir par les parents, leurs traditions, leur passé. Alors celle qui régnait sur le foyer, qui présidait la table était reconnue comme souveraine ; elle joue encore ce rôle glorieux chez certains propriétaires fonciers, chez certains riches paysans qui perpétuent sporadiquement la civilisation patriarcale. Mais dans l'ensemble, le mariage est aujourd'hui la survivance de mœurs défuntes et la situation de l'épouse est bien plus ingrate que naguère parce qu'elle a encore les mêmes devoirs mais qu'ils ne lui confèrent plus les mêmes droits ; elle a les mêmes tâches sans tirer de leur exécution récompense ni honneur. L'homme, aujourd'hui, se marie pour s'ancrer dans l'immanence, mais non pour s'y enfermer ; il veut un foyer mais en demeurant libre de s'en évader ; il se fixe, mais souvent il demeure dans son cœur un vagabond ; il ne méprise pas le bonheur, mais il n'en fait pas une fin en soi ; la répétition l'ennuie ; il cherche la nouveauté, le risque, les résistances à vaincre, des camaraderies, des amitiés qui l'arrachent à la solitude à deux. Les enfants plus encore que le mari souhaitent dépasser les limites du foyer : leur vie est ailleurs, devant eux ; l'enfant désire toujours ce qui est autre. La femme essaie de constituer un univers de permanence et de continuité : mari et enfants veulent dépasser la situation qu'elle crée et qui n'est pour eux qu'un donné. C'est pourquoi, si elle répugne à admettre la précarité des activités auxquelles toute sa vie se dévoue, elle est amenée à imposer par la force ses services : de mère et de ménagère elle se fait marâtre et mégère.

Ainsi, le travail que la femme exécute à l'intérieur du foyer ne lui confère pas une autonomie ; il n'est pas directement utile à la collectivité, il ne débouche pas sur l'avenir, il ne produit rien. Il ne prend son sens et sa dignité que s'il est intégré à des existences qui se dépassent vers la société dans la production ou l'action : c'est dire que, loin d'affranchir la matrone, il la met dans la dépendance du mari et des enfants; c'est à travers eux qu'elle se justifie : elle n'est dans leurs vies qu'une médiation inessentielle. Que le code ait effacé de ses devoirs « l'obéissance » ne change rien à sa situation; celle-ci ne repose pas sur la volonté des époux mais sur la structure même de la communauté conjugale. Il n'est pas permis à la femme de *faire* une œuvre positive et par conséquent de se faire connaître comme une personne achevée. Si respectée soit-elle, elle est subordonnée, secondaire, parasite. La lourde malédiction qui pèse sur elle, c'est que le sens même de son existence n'est pas entre ses mains. C'est pourquoi les réussites et les échecs de sa vie conjugale ont beaucoup plus de gravité pour elle que pour l'homme : il est un citoyen, un producteur avant d'être un mari; elle est avant tout, et souvent exclusivement, une épouse; son travail ne l'arrache pas à sa condition; c'est de celle-ci, au contraire, qu'il tire ou non son prix. Amoureuse, généreusement dévouée, elle exécutera ses tâches dans la joie; elles lui paraîtront d'insipides corvées si elle les accomplit dans la rancune. Elles n'auront jamais dans sa destinée qu'un rôle inessentiel; dans les avatars de la vie conjugale elles ne seront pas un secours. Il nous faut donc voir comment se vit concrètement cette condition essentiellement définie par le « service » du lit et le « service » du ménage et où la femme ne trouve sa dignité qu'en acceptant sa vassalité.

C'est une crise qui a fait passer la jeune fille de l'enfance à l'adolescence; c'est une crise plus aiguë qui la précipite dans sa vie d'adulte. Aux troubles que provoque facilement chez la femme une initiation sexuelle un peu brusque se superposent les angoisses inhérentes à tout « passage » d'une condition à une autre.

« Être lancée comme par un horrible coup de foudre dans la réalité et la connaissance, par le mariage, surprendre l'amour et la honte en contradiction, devoir sentir en un seul objet le ravissement, le sacrifice, le devoir, la pitié et l'effroi, à cause du voisinage inattendu de Dieu et de la bête... on a créé là un enchevêtrement de l'âme qui chercherait en vain son égal», écrit Nietzsche.

L'agitation du traditionnel «voyage de noces» était destinée en partie à masquer ce désarroi : jetée pendant quelques semaines hors du monde quotidien, toutes attaches avec la société étant provisoirement rompues, la jeune femme ne se situait plus dans l'espace, dans le temps, dans la réalité[1]. Mais il lui fallait bien tôt ou tard s'y replacer ; et ce n'est jamais sans inquiétude qu'elle se retrouve dans son nouveau foyer. Ses liens avec le foyer paternel sont beaucoup plus étroits que ceux du jeune homme. S'arracher de sa famille, c'est un définitif sevrage : c'est alors qu'elle connaît toute l'angoisse du délaissement et le vertige de la liberté. La rupture est selon les cas plus ou moins douloureuse ; si elle a déjà brisé les liens qui l'attachaient à son père, à ses frères et sœurs, et surtout à sa mère, elle les quitte sans drame ; si, dominée encore par eux, elle peut pratiquement demeurer sous leur protection, le changement de sa condition sera moins sensible ; mais habituellement, même si elle souhaitait s'évader de la maison paternelle, elle se sent déconcertée quand elle est séparée de la petite société à laquelle elle était intégrée, coupée de son passé, de son univers enfantin aux principes sûrs, aux valeurs garanties. Seule une vie érotique ardente et pleine pourrait la faire à nouveau baigner dans la paix de l'immanence ; mais d'ordinaire elle est d'abord plus bouleversée que comblée ; qu'elle soit plus ou moins réussie, l'initiation sexuelle ne fait qu'accroître son trouble. On retrouve chez elle au lendemain des noces beaucoup des réactions qu'elle opposa à sa première menstruation : elle éprouve souvent du dégoût devant cette suprême révélation de sa féminité, et de l'horreur à l'idée que cette expérience se renouvellera. Elle connaît aussi l'amère déception des lendemains ; une fois réglée, la fillette s'apercevait

---

1. La littérature fin de siècle situe volontiers la défloration dans le wagon-lit, ce qui est une manière de la situer «nulle part».

avec tristesse qu'elle n'était pas une adulte ; dépucelée, voilà la jeune femme adulte, la dernière étape est franchie : et maintenant ? Cette déception inquiète est d'ailleurs liée au mariage proprement dit autant qu'à la défloration : une femme qui avait déjà « connu » son fiancé, ou qui avait « connu » d'autres hommes mais pour qui le mariage représente la pleine accession à la vie d'adulte aura souvent la même réaction. Vivre le commencement d'une entreprise, c'est exaltant ; mais rien n'est plus déprimant que de découvrir un destin sur lequel on n'a plus de prise. C'est sur ce fond définitif, immuable, que la liberté émerge avec la plus intolérable gratuité. Naguère, la jeune fille abritée par l'autorité des parents usait de sa liberté dans la révolte et l'espoir ; elle l'employait à refuser et dépasser une condition dans laquelle en même temps elle trouvait la sécurité ; c'était vers le mariage même qu'elle se transcendait du sein de la chaleur familiale ; maintenant elle *est* mariée, il n'y a plus devant elle d'avenir *autre*. Les portes du foyer se sont refermées sur elle : ce sera là toute sa part sur terre. Elle sait exactement quelles tâches lui sont réservées : celles mêmes qu'accomplissait sa mère. Jour après jour, les mêmes rites se répéteront. Jeune fille, elle avait les mains vides : en espoir, en rêve, elle possédait tout. Maintenant elle a acquis une parcelle du monde et elle pense avec angoisse : ce n'est que cela, à jamais. À jamais ce mari, cette demeure. Elle n'a plus rien à attendre, plus rien d'important à vouloir. Cependant, elle a peur de ses nouvelles responsabilités. Même si le mari a de l'âge, de l'autorité, le fait qu'elle a avec lui des rapports sexuels lui enlève du prestige : il ne saurait remplacer un père, encore moins une mère, il ne peut la délivrer de sa liberté. Dans la solitude du nouveau foyer, liée à un homme qui lui est plus ou moins étranger, non plus enfant mais épouse et vouée à devenir mère à son tour, elle se sent transie ; définitivement détachée du sein maternel, perdue au milieu d'un monde où aucune fin ne l'appelle, abandonnée dans un présent glacé, elle découvre l'ennui et la fadeur de la pure facticité. C'est cette détresse qui s'exprime d'une manière saisissante dans le journal de la jeune comtesse Tolstoï ; elle a accordé sa main avec enthousiasme au grand écrivain qu'elle admirait ; après les étreintes fougueuses qu'elle subit sur le balcon de bois de Iasnaïa Poliana, elle se retrouve écœurée de l'amour charnel, loin des siens, coupée de son passé, aux côtés d'un homme à qui elle a été fiancée huit jours, qui a dix-sept ans de plus qu'elle, un passé et des intérêts qui lui sont totalement étrangers ; tout lui semble vide, glacé ; sa vie n'est plus qu'un sommeil. Il faut citer le récit qu'elle fait du début de son mariage et les pages de son journal au cours des premières années.

Le 23 septembre 1862, Sophie se marie et le soir quitte sa famille :

Un sentiment pénible, douloureux me contractait la gorge et m'étreignait. Je sentis alors que le moment était venu de quitter pour toujours ma famille et tous ceux que j'aimais profondément et avec qui j'avais toujours vécu… Les adieux commencèrent, ils furent terribles… Voici les dernières minutes. J'avais intentionnellement réservé pour la fin les adieux à ma mère… Quand je m'arrachai de son étreinte et que sans me retourner j'allai prendre place dans la voiture, elle poussa un cri déchirant que toute ma vie je n'ai pu oublier. La pluie d'automne ne cessait de tomber… Blottie dans mon coin, accablée de fatigue et de peine, je laissai libre cours à mes larmes. Léon Nikolaïevitch semblait fort étonné, mécontent même… Lorsque nous sortîmes de la ville, j'éprouvai dans les ténèbres un sentiment d'effroi… L'obscurité m'oppressait. Nous ne nous dîmes presque rien jusqu'à la première station, Birioulev sauf erreur. Je me souviens que Léon Nikolaïevitch était très tendre et aux petits soins pour moi. À Birioulev, on nous donna les chambres dites du tsar, de grandes pièces aux meubles tapissés de reps rouge qui n'avaient rien d'accueillant. On nous apporta le samovar. Pelotonnée dans un coin du divan, je gardais le silence comme une condamnée. « Eh bien ! me dit Léon Nikolaïevitch, si tu faisais les honneurs. » J'obéis et servis le thé. J'étais confuse et ne pouvais me libérer d'une certaine crainte. Je n'osais pas tutoyer Léon Nikolaïevitch et évitais de l'appeler par son nom. Longtemps encore, je continuai à lui dire vous.

Vingt-quatre heures après, ils arrivent à Iasnaïa Poliana. Le 8 octobre, Sophie reprend son journal. Elle se sent angoissée. Elle souffre de ce que son mari ait un passé.

Depuis que je me souviens, j'ai toujours rêvé d'un être complet, frais, *pur*, que j'aimerais... il m'est difficile de renoncer à ces rêves d'enfant. Lorsqu'il m'embrasse, je songe que je ne suis pas la première qu'il embrasse ainsi.

Le lendemain elle note :

Je me sens à l'étroit. J'ai fait cette nuit de mauvais rêves et, bien que je n'y pense pas constamment, je n'en ai pas moins l'âme lourde. C'est maman qui m'est apparue en songe et cela m'a fait beaucoup de peine. C'est comme si je dormais sans pouvoir me réveiller... Quelque chose me pèse. Il me semble constamment que je vais mourir. C'est étrange, maintenant que j'ai un mari. Je l'entends dormir et j'ai peur toute seule. Il ne me laisse pas pénétrer dans son for intérieur et cela m'afflige. Toutes ces relations charnelles sont répugnantes.

11 octobre : Terrible ! affreusement triste ! Je me replie toujours davantage sur moi-même. Mon mari est malade, de mauvaise humeur et ne m'aime pas. Je m'y attendais mais ne pensais pas que ce serait aussi affreux. Qui se soucie de mon bonheur ? Nul ne se doute que ce bonheur, je ne sais le créer ni pour lui ni pour moi. Dans mes heures de tristesse, il m'arrive de me demander : à quoi bon vivre quand les choses vont si mal et pour moi-même et pour les autres ! C'est étrange, mais cette idée m'obsède. Il devient de jour en jour plus froid tandis que moi, au contraire, je l'aime de plus en plus... J'évoque le souvenir des miens. Que la vie était légère alors ! Tandis que maintenant, ô mon Dieu ! J'ai l'âme déchirée ! Personne ne m'aime... Chère maman, chère Tania, comme elles étaient gentilles !

Pourquoi les ai-je quittées ? C'est triste, c'est affreux ! Pourtant Liovotchka est excellent... Autrefois, je mettais de l'ardeur à vivre, à travailler, à vaquer aux soins du ménage. Maintenant, c'est fini : je pourrais rester silencieuse des jours entiers à me croiser les bras et à ressasser mes années passées. J'aurais voulu travailler mais je ne le puis... Jouer du piano m'eût fait plaisir mais ici c'est très incommode... Liovotchka m'avait proposé de rester à la maison aujourd'hui pendant qu'il irait à Nikolskoïë. J'aurais dû y consentir pour le libérer de moi, mais je n'ai pas eu la force... Le pauvre ! Il cherche partout des distractions et des prétextes pour m'éviter. Pourquoi suis-je sur terre ?

13 novembre 1863 : J'avoue ne pas savoir m'occuper. Liovotchka est

heureux parce qu'il a intelligence et talent, tandis que moi, je n'ai ni l'un ni l'autre. Il n'est pas difficile de trouver quelque chose à faire, le travail ne manque pas. Mais il faut prendre goût à ces menues besognes, s'entraîner à les aimer : soigner la basse-cour, racler du piano, lire beaucoup de bêtises et très peu de choses intéressantes, saler des concombres... Je me suis rendormie si profondément que ni notre voyage à Moscou ni l'attente d'un enfant ne me procurent la moindre émotion, la plus petite joie, rien. Qui m'indiquera le moyen de me réveiller, de me ranimer ? Cette solitude m'accable. Je n'y suis pas habituée. À la maison, il y avait tant d'animation et ici en son absence tout est morne. La solitude lui est familière. Il ne tire pas comme moi plaisir de ses amis intimes mais de ses activités... Il a grandi sans famille.

23 novembre : Certes, je suis inactive, mais je ne le suis pas de nature. Simplement, je ne sais pas quel travail entreprendre. Parfois, j'éprouve une envie folle d'échapper à son influence... pourquoi son influence m'est-elle à charge ?... Je prends sur moi mais je ne deviendrai pas lui. Je ne ferai que perdre ma personnalité. Déjà, je ne suis pas la même, ce qui me rend la vie plus difficile encore.

1er avril : J'ai le grand défaut de ne pas trouver de ressources en moi-même... Liova est très absorbé par son travail et par l'administration du domaine, tandis que moi, je n'ai aucun souci. Je n'ai de dons pour rien. Je voudrais avoir plus à faire mais un véritable travail. Naguère par ces belles journées printanières, j'éprouvais le besoin, l'envie de quelque chose. Dieu sait à quoi je rêvais ! Aujourd'hui, je n'ai besoin de rien, je ne sens plus cette vague et stupide aspiration vers je ne sais quoi, car ayant tout trouvé, je n'ai plus rien à chercher. Néanmoins, il m'arrive de m'ennuyer.

20 avril : Liova s'éloigne de moi de plus en plus. Le côté physique de l'amour joue chez lui un grand rôle tandis que chez moi il n'en joue aucun.

On voit que la jeune femme souffre, au cours de ces six premiers mois, de sa séparation d'avec les siens, de sa solitude, de l'aspect définitif qu'a pris son destin ; elle déteste les relations physiques avec son mari et elle s'ennuie. C'est aussi cet ennui que ressent jusqu'aux larmes la mère de Colette [1] après son premier mariage que ses frères lui avaient imposé :

1. *La Maison de Claudine*

Elle quitta donc la chaude maison belge, la cuisine de cave qui sentait le gaz, le pain chaud et le café, elle quitta le piano, le violon, le grand Salvator Rosa légué par son père, le pot à tabac et les fines pipes de terre à long tuyau…, les livres ouverts et les journaux froissés pour entrer, jeune mariée, dans la maison à perron que le dur hiver des pays forestiers entourait. Elle y trouva un inattendu salon blanc et or au rez-de-chaussée mais un premier étage à peine crépi, abandonné comme un grenier… les chambres à coucher glacées ne parlaient ni d'amour ni de doux sommeil… Sido qui cherchait des amis, une sociabilité innocente et gaie ne rencontra dans sa propre demeure que des serviteurs, des fermiers cauteleux… Elle fleurit la grande maison, fit blanchir la cuisine sombre, surveilla, elle-même, des plats flamands, pétrit des gâteaux aux raisins et espéra son premier enfant. Le Sauvage lui souriait entre deux randonnées et repartait… À bout de recettes gourmandes, de patience et d'encaustique, Sido, maigrie d'isolement, pleura…

Marcel Prévost décrit dans *Lettres à Françoise mariée* le désarroi de la jeune femme au retour de son voyage de noces.

Elle pense à l'appartement maternel avec ses meubles Napoléon III et Mac-Mahon, ses peluches aux glaces, ses armoires en prunier noir, tout ce qu'elle jugeait si vieux jeu, si ridicule… Tout cela s'évoque un instant devant sa mémoire comme un asile réel, comme un vrai *nid*, le nid où elle a été couvée par une tendresse désintéressée, à l'abri de toute intempérie et de tout danger. Cet appartement-ci avec son odeur de tapis neuf, ses fenêtres dégarnies, la sarabande des sièges, tout son air d'impromptu et de faux départ, non ce n'est pas un nid. Ce n'est que la place du nid qu'il s'agit de construire… Elle se sentit soudain horriblement triste, triste comme si on l'avait abandonnée dans un désert.

À partir de ce désarroi naissent souvent chez la jeune femme de longues mélancolies et diverses psychoses. En particulier elle éprouve sous la figure de différentes obsessions psychasthéniques le vertige de sa liberté vide ; par exemple elle développe ces fantasmes de prostitution que nous avons rencontrés déjà chez la jeune fille. Pierre Janet[1] cite le cas d'une jeune mariée qui ne pouvait pas supporter

---

1. *Les Obsessions et la psychasthénie.*

de demeurer seule dans son appartement parce qu'elle se sentait tentée de se mettre à la fenêtre et de faire des œillades aux passants. D'autres demeurent abouliques en face d'un univers qui «n'a plus l'air vrai», qui n'est peuplé que de fantômes et de décors en cartons peints. Il y en a qui s'efforcent de nier leur condition d'adulte, qui s'obstineront à la nier toute leur vie. Ainsi cette autre malade[1] que Janet désigne sous les initiales de Qi.

Qi, femme de trente-six ans, est obsédée par l'idée qu'elle est une petite enfant de dix à douze ans; surtout lorsqu'elle est seule, elle se laisse aller à sauter, à rire, à danser, elle défait ses cheveux, les fait flotter sur ses épaules, les coupe au moins en partie. Elle voudrait pouvoir s'abandonner complètement à ce rêve d'être une enfant: «Il est si malheureux qu'elle ne puisse pas devant tout le monde jouer à cache-cache, faire des niches... Je voudrais qu'on me trouve gentille, j'ai peur d'être laide comme un pou, je voudrais qu'on m'aime bien, qu'on me cause, qu'on me câline, qu'on me dise tout le temps qu'on m'aime comme on aime les petits enfants... On aime un enfant pour ses espiègleries, pour son bon petit cœur, pour ses gentillesses et que lui demande-t-on en retour? vous aimer, rien de plus. C'est là ce qui est bon, mais je ne peux pas dire cela à mon mari, il ne me comprendrait pas. Tenez, je voudrais tant être une petite, avoir un père ou une mère qui me tiendrait sur ses genoux, me caresserait les cheveux... mais non, je suis madame, mère de famille; il faut tenir un intérieur, être sérieuse, réfléchir toute seule, oh quelle vie!»

Pour l'homme aussi le mariage est souvent une crise: la preuve en est que beaucoup de psychoses masculines naissent au cours des fiançailles ou pendant les premiers temps de la vie conjugale. Moins attaché à sa famille que ses sœurs, le jeune homme appartenait à quelque confrérie: grande école, université, atelier d'apprentissage, équipe, bande, qui le protégeait contre le délaissement; il la quitte pour commencer sa véritable existence d'adulte; il redoute sa solitude à venir et c'est souvent pour la conjurer qu'il se marie. Mais il est dupe de cette illusion qu'entretient la col-

1. *Les Obsessions et la psychasthénie.*

lectivité et qui représente le couple comme une «*société conjugale*». Sauf dans le bref incendie d'une passion amoureuse, deux individus ne sauraient constituer un monde qui protège chacun d'entre eux contre le monde : c'est ce que tous deux éprouvent au lendemain des noces. La femme bientôt familière, asservie, ne masque pas au mari sa liberté; elle est une charge, non un alibi; elle ne le délivre pas du poids de ses responsabilités, mais au contraire les aggrave. La différence des sexes implique souvent des différences d'âge, d'éducation, de situation qui ne permettent aucune entente réelle : familiers, les époux sont cependant étrangers. Naguère, il y avait souvent entre eux un véritable abîme : la jeune fille, élevée dans un état d'ignorance, d'innocence, n'avait aucun «passé», tandis que son fiancé avait «vécu», c'était à lui de l'initier à la réalité de l'existence. Certains mâles se sentaient flattés de ce rôle délicat; plus lucides, c'est avec inquiétude qu'ils mesuraient la distance qui les séparait de leur future compagne. Edith Wharton a décrit dans son roman *Au temps de l'innocence* les scrupules d'un jeune Américain de 1870 en face de celle qui lui est destinée :

Avec une sorte de terreur respectueuse, il contemple le front pur, les yeux sérieux, la bouche innocente et gaie de la jeune créature qui allait lui confier son âme. Ce produit redoutable du système social dont il faisait partie et auquel il croyait — la jeune fille qui ignorant tout espérait tout — lui apparaissait maintenant comme une étrangère... Que savaient-ils vraiment l'un de l'autre puisqu'il était de son devoir à lui, en galant homme, de cacher son passé à sa fiancée et à celle-ci de n'en pas avoir?... La jeune fille, centre de ce système de mystification supérieurement élaboré, se trouvait être par sa franchise et sa hardiesse même une énigme encore plus indéchiffrable. Elle était franche, la pauvre chérie, parce qu'elle n'avait rien à cacher; confiante, parce qu'elle n'imaginait pas avoir à se garder; et sans autre préparation, elle devait être plongée en une nuit dans ce qu'on appelait «les réalités de la vie...» Ayant fait pour la centième fois le tour de cette âme succincte, il revint découragé à la pensée que cette pureté factice, si adroitement fabriquée par la conspiration des mères, des tantes, des grand-mères, jusqu'aux lointaines aïeules puritaines, n'existait que pour satisfaire ses goûts personnels, pour qu'il pût exercer sur elle son droit de seigneur et la briser comme une image de neige.

Aujourd'hui, le fossé est moins profond parce que la jeune fille est un être moins factice ; elle est mieux renseignée, mieux armée pour la vie. Mais souvent elle est encore beaucoup plus jeune que son mari. C'est un point dont on n'a pas assez souligné l'importance ; on prend souvent pour des différences de sexe les conséquences d'une inégale maturité ; en beaucoup de cas la femme est une enfant non parce qu'elle est femme, mais parce qu'elle est en fait très jeune. Le sérieux de son mari et des amis de celui-ci l'accable. Sophie Tolstoï écrivait environ un an après le jour de ses noces :

Il est vieux, il est trop absorbé et moi, je me sens aujourd'hui si jeune et j'aurais si grande envie de faire des folies ! Au lieu de me coucher, j'aurais voulu faire des pirouettes, mais avec qui ?
Une atmosphère de vieillesse m'enveloppe, tout mon entourage est vieux. Je m'efforce de réprimer chaque élan de jeunesse tant il paraîtrait déplacé dans ce milieu qui est raisonnable.

De son côté, le mari voit dans sa femme un « bébé » ; elle n'est pas pour lui la compagne qu'il attendait et il le lui fait sentir ; elle en est humiliée. Sans doute, au sortir de la maison paternelle, elle aime retrouver un guide, mais elle veut aussi être regardée comme une « grande personne » ; elle souhaite rester une enfant, elle veut devenir une femme ; l'époux plus âgé ne peut jamais la traiter de manière à la satisfaire tout à fait.

Même si la différence d'âge est insignifiante, il n'en reste pas moins que jeune fille et jeune homme ont été généralement élevés tout autrement ; elle émerge d'un univers féminin où lui a été inculquée une sagesse féminine, le respect des valeurs féminines, tandis qu'il est imbu des principes de l'éthique mâle. Il leur est souvent très difficile de se comprendre et des conflits ne tardent pas à naître.

Du fait que le mariage subordonne normalement la femme au mari, c'est à elle surtout que le problème des relations conjugales se pose dans toute son acuité. Le paradoxe du mariage, c'est qu'il a à la fois une fonction érotique et une fonction sociale : cette ambivalence se reflète dans la figure que le mari revêt pour la jeune femme. Il est un demi-dieu doué de prestige viril et destiné à remplacer le père : protecteur, pourvoyeur, tuteur, guide ; c'est dans son ombre que la vie de l'épouse doit s'épanouir ; il est le détenteur des valeurs, le garant de la vérité, la justification éthique du couple. Mais il est aussi un mâle avec qui il faut partager une expérience souvent honteuse, baroque, odieuse, ou bouleversante, en tout cas contingente ; il invite la femme à se vautrer avec lui dans la bestialité cependant qu'il la dirige d'un pas ferme vers l'idéal.

Un soir à Paris, où sur le chemin du retour ils s'arrêtèrent, Bernard quitta ostensiblement un music-hall dont le spectacle l'avait choqué : « Dire que les étrangers voient ça ! Quelle honte et c'est là-dessus qu'on nous juge... » Thérèse admirait que cet homme pudique fût le même dont il faudrait subir dans moins d'une heure les patientes inventions de l'ombre [1].

Entre le mentor et le faune, quantité de formes hybrides sont possibles. Parfois l'homme est à la fois père et amant, l'acte sexuel devient une orgie sacrée et l'épouse est une amoureuse qui trouve dans les bras de l'époux un salut définitif acheté par une totale démission. Cet amour-passion au sein de la vie conjugale est très rare. Parfois aussi la femme aimera platoniquement son mari mais elle refusera de s'abandonner aux bras d'un homme trop respecté. Telle cette femme dont Stekel rapporte le cas. « Mme D. S. veuve d'un très grand artiste a maintenant quarante ans. Tout en adorant son mari, elle a été complètement frigide avec lui. » Au contraire, elle peut connaître avec lui un plaisir qu'elle subit

1. Cf. Mauriac, *Thérèse Desqueyroux*.

comme une commune déchéance et qui tue en elle estime et respect. D'autre part, un échec érotique ravale à jamais le mari au rang de la brute : haï dans sa chair il sera méprisé en esprit ; inversement on a vu comment mépris, antipathie, rancune vouaient la femme à la frigidité. Ce qui arrive assez souvent c'est que le mari demeure après l'expérience sexuelle un supérieur respecté dont on excuse les faiblesses animales ; il semble que ç'ait été entre autres le cas d'Adèle Hugo. Ou bien il est un agréable partenaire sans prestige. K. Mansfield a décrit une des formes que peut prendre cette ambivalence dans la nouvelle *Prélude* :

Elle l'aimait vraiment. Elle le chérissait, l'admirait et le respectait énormément. Oh ! plus que n'importe qui en ce monde. Elle le connaissait à fond. Il était la franchise, la respectabilité même et malgré toute son expérience pratique restait simple, absolument ingénu, content de peu, vexé de peu. Si seulement il ne bondissait pas ainsi après elle, aboyant si fort, la regardant avec des yeux si avides, si amoureux ! Il était trop fort pour elle. Depuis son enfance, elle détestait les choses qui se précipitaient sur elle. Il y avait des moments où il devenait terrifiant, vraiment terrifiant, où elle avait failli crier de toutes ses forces : Tu vas me tuer ! Et alors elle avait envie de dire des choses rudes, des choses détestables... Oui, oui, c'était vrai ; avec tout son amour, son respect et son admiration pour Stanley, elle le détestait. Jamais elle n'avait éprouvé cela aussi clairement ; tous ces sentiments à son égard étaient nets, définis, aussi vrais l'un que l'autre. Et cet autre, cette haine, bien réelle comme le reste. Elle aurait pu les mettre en autant de petits paquets et les donner à Stanley. Elle avait envie de lui remettre le dernier comme surprise et s'imaginait ses yeux lorsqu'il l'ouvrirait.

La jeune femme est bien loin de s'avouer toujours ses sentiments avec cette sincérité. Aimer son époux, être heureuse, c'est un devoir à l'égard de soi-même et de la société ; c'est ce que sa famille attend d'elle ; ou si les parents se sont montrés hostiles au mariage, c'est un démenti qu'elle veut leur infliger. Elle commence ordinairement par vivre sa situation conjugale dans la mauvaise foi ; elle se persuade volontiers qu'elle éprouve pour son mari un grand amour ; et cette passion prend une forme d'autant plus maniaque, possessive, jalouse que sexuellement la femme est moins satisfaite; pour se consoler de la déception qu'elle refuse d'abord de s'avouer, elle a insatiablement besoin de la présence du mari. Stekel cite de nombreux exemples de ces attachements maladifs.

Une femme était restée frigide pendant les premières années de son mariage par suite de fixations infantiles. Alors se développa chez elle un amour hypertrophique comme on en rencontre fréquemment chez les femmes qui ne veulent pas voir que leur mari leur est indifférent. Elle ne vivait et ne pensait qu'à son mari. Elle n'avait plus de volonté. Il devait faire le matin son programme de la journée, lui dire ce qu'elle devait acheter, etc. Elle exécutait le tout consciencieusement. S'il ne lui indiquait rien, elle restait dans sa chambre sans rien faire en s'ennuyant après lui. Elle ne pouvait le laisser aller nulle part sans l'accompagner. Elle ne pouvait pas rester seule et aimait le tenir par la main... Elle était malheureuse et pleurait pendant des heures, tremblait pour son mari et s'il n'y avait pas d'occasions de trembler, elle les créait.

Mon second cas était celui d'une femme enfermée dans sa chambre comme dans une prison par la peur de sortir seule. Je la trouvais tenant les mains de son mari, le conjurant de rester toujours près d'elle... Mariée depuis sept ans, il n'avait jamais pu arriver à avoir des relations avec sa femme.

Le cas de Sophie Tolstoï est analogue; il ressort évidemment des passages que j'ai cités et de toute la suite du journal qu'aussitôt mariée elle s'est aperçue qu'elle n'aimait pas son mari. Les relations charnelles qu'elle avait avec lui l'écœuraient; elle lui reprochait son passé, le trouvait vieux et ennuyeux, n'avait qu'hostilité à l'égard de ses idées; d'ailleurs il semble qu'avide et brutal au lit il la négligeait et la traitait avec dureté. Aux cris de désespoir, aux aveux d'ennui, de tristesse, d'indifférence se mêlent cependant chez Sophie des protestations d'amour passionné; elle veut avoir sans cesse auprès d'elle l'époux bien-aimé; dès qu'il est loin elle est torturée de jalousie. Elle écrit :

11.1.1863 : Ma jalousie est une maladie innée. Peut-être provient-elle de ce que l'aimant et n'aimant que lui seul, je ne puis être heureuse qu'avec lui, par lui.

15.1.1863 : Je voudrais qu'il ne rêvât et ne pensât que par moi et n'aimât que moi seule... À peine me dis-je : j'aime aussi ceci, cela, que je me rétracte aussitôt et je sens que je n'aime rien en dehors de Liovotchka. Pourtant je devrais absolument aimer autre chose comme il aime son travail... J'éprouve pourtant une telle angoisse sans lui. Je sens croître de jour en jour le besoin de ne pas le quitter...

17.10.1863 : Je me sens incapable de le bien comprendre, c'est pourquoi je l'épie si jalousement...

31.7.1868 : C'est drôle de relire son journal ! Que de contradictions ! Comme si j'étais une femme malheureuse ! Existe-t-il des couples plus unis et plus heureux que nous ne le sommes ? Mon amour ne fait que croître. Je l'aime toujours du même amour inquiet, passionné, jaloux, poétique. Son calme et son assurance m'irritent parfois.

16.9.1876 : Je cherche avidement les pages de son journal où il est question d'amour et, dès que je les ai trouvées, je suis dévorée par la jalousie. J'en veux à Liovotchka d'être parti. Je ne dors pas, je ne mange presque rien, j'avale mes larmes ou bien je pleure en cachette. J'ai chaque jour un peu de fièvre et des frissons le soir... Suis-je punie pour avoir tant aimé ?

On sent à travers toutes ces pages un vain effort pour compenser par l'exaltation morale ou « poétique » l'absence d'un véritable amour ; c'est ce vide de son cœur que traduisent exigences, anxiété, jalousie. Beaucoup de jalousies morbides se développent dans de telles conditions ; la jalousie traduit d'une manière indirecte une insatisfaction que la femme objective en inventant une rivale ; n'éprouvant jamais auprès de son mari un sentiment de plénitude, elle rationalise en quelque sorte sa déception en imaginant qu'il la trompe.

Très souvent, par moralité, hypocrisie, orgueil, timidité, la femme s'entête dans son mensonge. « Souvent une aversion pour l'époux chéri n'a pas été perçue tout au long de la vie : on l'appelle mélancolie ou d'un autre nom », dit Chardonne[1]. Mais sans être nommée, l'hostilité n'en est pas moins vécue. Elle s'exprime avec plus ou moins de violence

1. _Ève._

par l'effort de la jeune femme pour refuser la domination de l'époux. Après la lune de miel et la période de désarroi qui souvent la suit, elle tente de reconquérir son autonomie. Ce n'est pas une entreprise facile. Du fait que le mari est souvent plus âgé qu'elle, qu'il possède en tout cas un prestige viril, qu'il est le « chef de famille » selon la loi, il détient une supériorité morale et sociale ; très souvent il possède aussi — du moins en apparence — une supériorité intellectuelle. Il a sur la femme l'avantage de la culture ou du moins d'une formation professionnelle ; depuis l'adolescence il s'intéresse aux affaires du monde : ce sont ses affaires ; il connaît un peu de droit, il est au courant de la politique, il appartient à un parti, à un syndicat, à des associations ; travailleur, citoyen, sa pensée est engagée dans l'action ; il connaît l'épreuve de la réalité avec laquelle on ne peut pas tricher : c'est dire que l'homme moyen a la technique du raisonnement, le goût des faits et de l'expérience, un certain sens critique ; c'est là ce qui manque encore à quantité de jeunes filles ; même si elles ont lu, entendu des conférences, taquiné les arts d'agrément, leurs connaissances entassées plus ou moins au hasard ne constituent pas une culture ; ce n'est pas par suite d'un vice cérébral qu'elles savent mal raisonner : c'est que la pratique ne les y a pas contraintes ; pour elles la pensée est plutôt un jeu qu'un instrument ; même intelligentes, sensibles, sincères, elles ne savent pas, faute de technique intellectuelle, démontrer leurs opinions et en tirer les conséquences. C'est par là qu'un mari — même beaucoup plus médiocre — prendra facilement barre sur elles ; il saura prouver qu'il a raison, même s'il a tort. Entre des mains masculines la logique est souvent violence. Chardonne a bien décrit dans *L'Épithalame* cette forme sournoise d'oppression. Plus âgé, plus cultivé et plus instruit que Berthe, Albert s'autorise de cette supériorité pour dénier toute valeur aux opinions de sa femme quand il ne les partage pas ; il lui *prouve* inlassablement qu'il a raison ; de son côté elle se bute et refuse d'accorder aucun contenu aux raisonnements de son mari : il s'entête dans ses idées, voilà tout. Ainsi s'aggrave entre eux un lourd malentendu. Il ne cherche pas à comprendre des sentiments, des réactions qu'elle est inhabile à justifier mais qui ont en elle des racines profondes ; elle ne comprend pas ce qu'il peut y avoir de vivant sous la logique pédante dont son mari l'accable. Il va jusqu'à s'irriter d'une ignorance que cependant elle ne lui a jamais dissimulée, et lui pose avec défi des questions d'astronomie ; il est flatté pourtant de diriger ses lectures, de trouver en elle un auditeur qu'il domine aisément. Dans une lutte où son insuffisance intellectuelle la condamne à être vaincue à tous coups, la jeune femme n'a d'autres recours que le silence, ou les larmes, ou la violence :

> Le cerveau assourdi, comme accablée de coups, Berthe ne pouvait plus penser lorsqu'elle entendait cette voix saccadée et stridente, et Albert continuait à l'envelopper d'un bourdonnement impérieux pour l'étourdir, la blesser dans le désarroi de son esprit humilié... Elle était vaincue, désemparée devant les aspérités d'une argumentation inconcevable et pour se dégager de cette injuste puissance elle cria : Laisse-moi tranquille ! Ces mots lui semblaient trop faibles ; elle regarda sur la coiffeuse un flacon de cristal et tout à coup lança le coffret vers Albert...

La femme essaie quelquefois de lutter. Mais souvent elle accepte bon gré mal gré, telle Nora de *Maison de poupée*[1], que l'homme pense à sa place ; c'est lui qui sera la conscience du couple. Par timidité, par maladresse, par paresse, elle s'en remet à l'homme du soin de forger les opinions communes sur tous les sujets généraux et abstraits.

---

1. « Lorsque j'étais chez papa, il me disait toutes ses manières de voir et alors j'avais les mêmes ; et si j'en avais d'autres je les cachais ; car il n'aurait pas aimé cela... Des mains de papa je passai dans les tiennes... Tu disposais tout à ton goût et j'eus le même goût que toi ou bien j'en fis semblant ; je ne sais pas trop ; je crois qu'il y a eu des deux ; tantôt l'un tantôt l'autre. Toi et papa, vous m'avez fait grand tort. C'est votre faute si je n'ai été bonne à rien. »

Une femme intelligente, cultivée, indépendante mais qui avait admiré pendant quinze ans un mari qu'elle jugeait supérieur me disait avec quel désarroi, après sa mort, elle s'était vue obligée de décider elle-même de ses convictions et de ses conduites : elle essaie encore de deviner ce qu'il eût pensé et résolu en chaque circonstance. Le mari se complaît généralement dans ce rôle de mentor et de chef[1]. Au soir d'une journée où il a connu les difficultés des rapports avec des égaux, la soumission à des supérieurs, il aime se sentir un supérieur absolu et dispenser des vérités incontestées[2]. Il expose les événements du jour, se donne raison contre les adversaires, heureux de trouver en son épouse un double qui le confirme en lui-même ; il commente le journal et les nouvelles politiques, il fait volontiers à sa femme la lecture à haute voix afin que son rapport même avec la culture ne soit pas autonome. Pour étendre son autorité, il exagère à plaisir l'incapacité féminine ; elle accepte plus ou moins docilement ce rôle subordonné. On sait avec quel plaisir étonné des femmes, qui regrettent sincèrement

1. Helmer dit à Nora : « Crois-tu que tu me sois moins chère parce que tu ne sais pas agir de ton propre chef ? Non, non, tu n'as qu'à t'appuyer sur moi ; je te conseillerai ; je te dirigerai. Je ne serais pas un homme si cette incapacité féminine ne te rendait pas précisément doublement séduisante à mes yeux… Prends un bon repos et sois tranquille : j'ai de larges ailes pour te protéger… Il y a pour un homme une douceur et une satisfaction indicibles dans la pleine conscience d'avoir pardonné à sa femme… Elle est en quelque sorte devenue à la fois sa femme et son enfant. C'est ce que tu seras pour moi désormais, petit être éperdu et déconcerté. Ne t'inquiète de rien, Nora ; parle-moi seulement à cœur ouvert et je serai à la fois ta volonté et ta conscience. »

2. Cf. Lawrence, *Fantaisie de l'inconscient* : « Vous devez lutter pour que votre femme voie en vous un homme véritable, un pionnier véritable. Nul n'est homme si sa femme ne voit pas en lui un pionnier… Et vous devez mener un dur combat pour que la femme soumette son but au vôtre… Alors quelle vie merveilleuse ! Quel délice de revenir le soir vers elle et de la retrouver qui vous attend, anxieuse ! Quelle douceur de rentrer chez soi et de s'asseoir à ses côtés… Comme l'on se sent riche et lourd avec tout le labeur du jour dans les reins sur le chemin du retour… On éprouve une gratitude insondable pour la femme qui vous aime, qui croit en votre tâche. »

l'absence de leur mari, découvrent en elles-mêmes en cette occasion des possibilités insoupçonnées ; elles gèrent les affaires, élèvent les enfants, décident, administrent sans secours. Elles souffrent quand le retour du mari les voue à nouveau à l'incompétence.

Le mariage encourage l'homme à un capricieux impérialisme : la tentation de dominer est la plus universelle, la plus irrésistible qui soit ; livrer l'enfant à la mère, livrer la femme au mari, c'est cultiver sur terre la tyrannie ; souvent il ne suffit pas à l'époux d'être approuvé, admiré, de conseiller, de guider ; il ordonne, il joue au souverain ; toutes les rancunes amassées dans son enfance, au long de sa vie, amassées quotidiennement parmi les autres hommes dont l'existence le brime et le blesse, il s'en délivre à la maison en assenant à sa femme son autorité ; il mime la violence, la puissance, l'intransigeance ; il laisse tomber des ordres d'une voix sévère, ou bien il crie, frappe sur la table : cette comédie est pour la femme une quotidienne réalité. Il est si convaincu de ses droits que la moindre autonomie préservée par sa femme lui apparaît comme une rébellion ; il voudrait l'empêcher de respirer sans lui. Elle, cependant, se rebelle. Même si elle a commencé par reconnaître le prestige viril, son éblouissement se dissipe vite ; l'enfant s'aperçoit un jour que son père n'est qu'un individu contingent ; l'épouse découvre bientôt qu'elle n'a pas en face d'elle la haute figure du Suzerain, du Chef, du Maître mais un homme ; elle ne voit aucune raison de lui être asservie ; il ne représente à ses yeux qu'un ingrat et injuste devoir. Parfois, elle se soumet avec une complaisance masochiste : elle prend un rôle de victime et sa résignation n'est qu'un long reproche silencieux ; mais souvent aussi elle entre en lutte ouverte contre son maître, et elle s'efforce de le tyranniser en retour.

L'homme est naïf quand il s'imagine qu'il soumettra facilement sa femme à ses volontés et qu'il la « formera » à sa guise. « La femme est ce que son mari la fait », dit Balzac ; mais il dit le contraire quelques pages plus loin. Sur le terrain de l'abstraction et de la logique, la femme se résigne souvent à accepter l'autorité mâle ; mais quand il s'agit d'idées, d'habitudes qui lui tiennent vraiment à cœur, elle lui oppose une ténacité sournoise. L'influence de l'enfance et de la jeunesse est beaucoup plus profonde chez elle que chez l'homme, du fait qu'elle demeure davantage enfermée dans son histoire individuelle. Ce qu'elle a acquis pendant ces périodes, le plus souvent elle ne s'en défait jamais. Le mari imposera à sa femme une opinion politique, il ne modifiera pas ses convictions religieuses, il n'ébranlera pas ses superstitions : c'est ce que constate Jean Barois qui s'imaginait prendre une réelle influence sur la petite dévote niaise qu'il a associée à sa vie. Il dit avec accablement : « Un cerveau de petite fille, confit à l'ombre d'une ville de province : toutes les affirmations de la sottise ignorante : ça ne se décrasse pas. » La femme conserve en dépit des opinions apprises, en dépit des principes qu'elle débite comme un perroquet, sa vision à elle du monde. Cette résistance peut la rendre incapable de comprendre un mari plus intelligent qu'elle ; ou, au contraire, elle l'élèvera au-dessus du sérieux masculin comme il arrive aux héroïnes de Stendhal ou d'Ibsen. Parfois, elle se cramponne délibérément, par hostilité pour l'homme — soit qu'il l'ait sexuellement déçue ou qu'au contraire il la domine et qu'elle souhaite s'en venger — à des valeurs qui ne sont pas les siennes ; elle s'appuie sur l'autorité d'une mère, d'un père, d'un frère, de quelque personnalité masculine qui lui semble « supérieure », d'un confesseur, d'une sœur, pour lui faire échec. Ou sans lui opposer rien de positif, elle s'attache à le contredire systématiquement, à l'attaquer, à le blesser ; elle s'efforce de lui inculquer un complexe d'infériorité. Bien entendu, si elle a les capacités nécessaires, elle se complaira à éblouir son mari, à lui imposer ses avis, ses opinions, ses directives ; elle s'emparera de toute l'autorité morale. Dans les cas où il lui est impossible de contester la suprématie spirituelle du mari, elle essaiera de prendre sa revanche sur le plan sexuel.

Ou elle se refuse à lui, comme Mme Michelet dont Halévy nous dit que :

Elle voulait dominer partout ; au lit puisqu'il fallait en passer par là et à la table de travail. C'est la table qu'elle visait et Michelet la défendit d'abord tandis qu'elle défendait le lit. Pendant plusieurs mois le ménage fut chaste. Enfin Michelet eut le lit et Athénaïs Mialaret bientôt après eut la table : elle était née femme de lettres et c'était sa vraie place...

Ou elle se raidit entre ses bras et lui inflige l'affront de sa frigidité ; ou elle se montre capricieuse, coquette, elle lui impose une attitude de suppliant ; elle flirte, elle le rend jaloux, elle le trompe : d'une manière ou d'une autre elle essaie de l'humilier dans sa virilité. Si la prudence lui interdit de le pousser à bout, du moins enferme-t-elle orgueilleusement dans son cœur le secret de sa froideur hautaine ; elle le livre parfois à un journal, plus volontiers à des amies : quantité de femmes mariées s'amusent à se confier les « trucs » dont elles se servent pour feindre un plaisir qu'elles prétendent ne pas éprouver ; et elles rient férocement de la vaniteuse naïveté de leurs dupes ; ces confidences sont peut-être une autre comédie : entre la frigidité et la volonté de frigidité, la frontière est incertaine. En tout cas, elles se pensent insensibles et satisfont ainsi leur ressentiment. Il y a des femmes — celles qu'on assimile à la « mante religieuse » — qui veulent triompher la nuit comme le jour : elles sont froides dans les étreintes, méprisantes dans les conversations, tyranniques dans les conduites. C'est ainsi que — d'après le témoignage de Mabel Dodge — Frieda se comportait avec Lawrence. Ne pouvant nier sa supériorité intellectuelle, elle prétendait lui imposer sa propre vision du monde où seules comptaient les valeurs sexuelles.

Il lui fallait voir la vie à travers elle et c'était son rôle à elle de la voir du point de vue du sexe. C'était à ce point de vue qu'elle se plaçait pour accepter ou condamner la vie.

Elle déclara un jour à Mabel Dodge :

> Il faut qu'il reçoive tout de moi. Tant que je ne suis pas là, il ne sent rien ; rien et c'est de moi qu'il reçoit ses livres, continua-t-elle avec ostentation. Personne ne sait. J'ai fait des pages entières de ses livres pour lui.

Cependant, elle a âprement besoin de se prouver sans cesse ce besoin qu'il a d'elle ; elle exige qu'il s'occupe d'elle sans trêve : s'il ne le fait pas spontanément elle l'y accule :

> Frieda très consciencieusement s'appliquait à ne jamais permettre que ses relations avec Lawrence se déroulassent dans ce calme qui s'établit ordinairement entre gens mariés. Dès qu'elle le sentait s'assoupir dans l'accoutumance, elle lui lançait une bombe. Elle faisait en sorte qu'il ne l'oubliât jamais. Ce besoin d'une attention perpétuelle… était devenu, quand je les vis, l'arme dont on se sert contre un ennemi. Frieda savait le piquer aux endroits sensibles… Si dans la journée il n'avait pas fait attention à elle, le soir elle en arrivait à l'insulte.

La vie conjugale était devenue entre eux une suite de scènes indéfiniment recommencées dans lesquelles aucun ne voulait plier, donnant aux moindres démêlés la figure titanesque d'un duel entre l'Homme et la Femme.

D'une manière très différente, on trouve également chez Élise, que nous décrit Jouhandeau[1], une farouche volonté de domination qui la conduit à rabaisser le plus possible son mari :

> ÉLISE : Dès l'abord, autour de moi, je diminue tout. Ensuite, je suis bien tranquille. Je n'ai plus affaire qu'à des guenons ou à des grotesques.
> En se réveillant, elle m'appelle :
> — Mon laideron.
> C'est une politique.

---

1. *Chroniques maritales* et *Nouvelles Chroniques maritales*.

Elle veut m'humilier.

Avec quelle franche gaieté elle s'est plu à me faire renoncer à toutes mes illusions sur moi l'une après l'autre. Jamais elle n'a perdu une occasion de me dire que je suis ceci, que je suis cela de misérable devant mes amis ébahis ou nos domestiques interloqués. Ainsi ai-je fini par la croire… Pour me mépriser, il n'est pas d'occasion qu'elle manque de me faire sentir que mon œuvre l'intéresse moins que ce qu'elle pourrait nous apporter de bien-être.

C'est elle qui a tari la source de mes pensées en me décourageant patiemment, lentement, pertinemment, en m'humiliant avec méthode, en me faisant renoncer malgré moi brin à brin avec une logique précise, imperturbable, implacable, à mon orgueil.

— En somme tu gagnes moins qu'un ouvrier, me lança-t-elle un jour devant le frotteur…

… Elle veut me diminuer pour paraître supérieure ou du moins égale et que ce dédain la maintienne devant moi sur sa hauteur… Elle n'a d'estime pour moi qu'autant que ce que je fais lui sert de marchepied ou de marchandise.

Frieda et Élise pour se poser à leur tour en face du mâle comme le sujet essentiel usent d'une tactique que les hommes ont souvent dénoncée : elles s'efforcent de leur dénier leur transcendance. Les hommes supposent volontiers que la femme nourrit à leur égard des rêves de castration ; en vérité, son attitude est ambiguë : elle désire plutôt humilier le sexe masculin que le supprimer. Ce qui est beaucoup plus exact, c'est qu'elle souhaite mutiler l'homme de ses projets, de son avenir. Elle triomphe quand le mari ou l'enfant sont malades, fatigués, réduits à leur présence de chair. Alors ils n'apparaissent plus, dans la maison sur laquelle elle règne, que comme un objet parmi d'autres ; elle le traite avec une compétence de ménagère ; elle le panse comme on recolle une assiette cassée, elle le nettoie comme on récure un pot ; rien ne rebute ses mains angéliques, amies des épluchures et des eaux de vaisselle. Lawrence disait à Mabel Dodge en parlant de Frieda : « Vous ne pouvez savoir ce que c'est de sentir sur vous la main de cette femme quand vous êtes malade. La main lourde, allemande, de la chair. » Consciemment, la femme impose cette main dans toute sa lourdeur pour faire sentir à l'homme qu'il n'est lui aussi qu'un être de chair. On ne peut pousser plus loin cette attitude qu'Élise dont Jouhandeau raconte :

Je me souviens par exemple du pou Tchang Tsen au début de notre mariage... Je n'ai connu vraiment l'intimité avec une femme que grâce à lui, le jour qu'Élise me prit tout nu sur ses genoux pour me tondre comme un mouton, m'éclairant jusque dans mes replis avec une bougie qu'elle promenait autour de mon corps. Oh, sa lente inspection de mes aisselles, de ma poitrine, de mon nombril, de la peau de mes testicules tendue entre ses doigts comme un tambour, ses stations prolongées le long de mes cuisses, entre mes pieds et le passage du rasoir autour du trou de mon cul : la chute enfin dans le corbillon d'un bouquet de poils blonds où le pou se cachait et qu'elle brûla, en me livrant d'un seul coup, en même temps qu'elle me délivrait de lui et de ses repaires, à une nudité nouvelle et au désert de l'isolement.

La femme aime que l'homme soit non un corps où s'exprime une subjectivité, mais une chair passive. Contre l'existence elle affirme la vie, contre les valeurs spirituelles, les valeurs charnelles ; elle adopte volontiers à l'égard des entreprises viriles l'attitude humoristique de Pascal ; elle pense aussi que «tout le malheur des hommes vient d'une seule chose, qui est de ne pas savoir demeurer en repos dans une chambre» ; elle les enfermerait de bon cœur au logis ; toute activité qui ne profite pas à la vie familiale provoque son hostilité ; la femme de Bernard Palissy s'indigne qu'il brûle les meubles pour inventer un nouvel émail dont le monde jusqu'ici s'est bien passé ; Mme Racine intéresse son mari aux groseilles du jardin et se refuse à lire ses tragédies. Jouhandeau se montre souvent exaspéré dans les *Chroniques maritales* parce qu'Élise s'entête à ne considérer son travail littéraire que comme une source de profits matériels.

Je lui dis : Ma dernière nouvelle paraît ce matin. Sans vouloir être cynique, rien que parce qu'il n'y a que cela en vérité qui la touche, elle a répondu : Ce sera bien au moins trois cents francs de plus pour ce mois-ci.

Il arrive que ces conflits s'exaspèrent jusqu'à provoquer une rupture. Mais, généralement, la femme tout en refusant la domination de son époux veut cependant le « garder » Elle lutte contre lui afin de défendre son autonomie, et elle combat contre le reste du monde pour conserver la « situation » qui la voue à la dépendance. Ce double jeu est difficile à jouer, ce qui explique en partie l'état d'inquiétude et de nervosité dans lequel quantité de femmes passent leur vie. Stekel en donne un exemple très significatif :

> Mme Z. T. qui n'a jamais joui est mariée à un homme très cultivé. Mais elle ne peut pas supporter sa supériorité et elle commença à vouloir l'égaler en étudiant sa spécialité. Comme c'était trop pénible, elle abandonna ses études dès ses fiançailles. L'homme est très connu et il a de nombreuses élèves qui courent après lui. Elle se propose de ne pas se laisser aller à ce culte ridicule. Dans son ménage, elle fut insensible dès le début et le resta. Elle n'arrivait à l'orgasme que par l'onanisme quand son mari la quittait satisfait et elle le lui racontait. Elle refusait ses essais de l'exciter par des caresses… Bientôt elle commença à ridiculiser et à déprécier le travail de son mari. Elle n'arrivait pas à « comprendre ces oies qui couraient après lui, elle qui connaissait les coulisses de la vie privée du grand homme ». Dans leurs querelles quotidiennes, il venait des expressions telles que : « Ce n'est pas à moi que tu imposes par ton griffonnage ! » ou : « Tu crois que tu peux faire de moi ce que tu veux parce que tu es un écrivaillon. » Le mari s'occupait de plus en plus de ses élèves, elle s'entourait de jeunes gens. Elle continua ainsi pendant des années jusqu'à ce que son mari devînt amoureux d'une autre femme. Elle avait toujours supporté ses petites liaisons, elle se faisait même l'amie des « pauvres sottes » abandonnées… Mais alors elle changea d'attitude et s'abandonna sans orgasme au premier venu des jouvenceaux. Elle avoua à son mari l'avoir trompé, il l'admit parfaitement. On pourrait se séparer tranquillement… Elle refusa le divorce. Il y eut une grande explication et une réconciliation… Elle s'abandonna en pleurant et éprouva son premier orgasme intense…

On voit que dans sa lutte contre son mari elle n'a jamais envisagé de le quitter.

C'est tout un art d'« attraper un mari » : c'est un métier de le « retenir ». Il y faut beaucoup de doigté. À une jeune femme acariâtre, une sœur prudente disait : « Fais attention, à force de faire des scènes à Marcel, tu vas perdre ta *situation*. » L'enjeu est le plus sérieux qui soit : la sécurité matérielle et morale, un foyer à soi, la dignité d'épouse, un succédané plus ou moins réussi de l'amour, du bonheur. La femme apprend vite que son attrait érotique n'est que la plus faible de ses armes ; il se dissipe avec l'accoutumance ; et il y a hélas ! d'autres femmes désirables par le monde ; elle s'emploie pourtant à se faire séduisante, à plaire : souvent elle est partagée entre l'orgueil qui l'incline vers la frigidité et l'idée que par son ardeur sensuelle elle flattera et attachera son mari. Elle compte aussi sur la force des habitudes, sur le charme qu'il trouve dans un logis agréable, son goût de la bonne chère, sa tendresse pour les enfants ; elle s'applique à « lui faire honneur » par sa manière de recevoir, de s'habiller et à prendre de l'ascendant sur lui par ses conseils, son influence ; autant qu'elle le peut elle se rendra indispensable, soit à sa réussite mondaine, soit à son travail. Mais, surtout, toute une tradition enseigne aux épouses l'art de « savoir prendre un homme » ; il faut découvrir et flatter ses faiblesses, doser adroitement la flatterie et le dédain, la docilité et la résistance, la vigilance et l'indulgence. Ce dernier mélange est tout spécialement délicat. Il ne faut laisser au mari ni trop ni trop peu de liberté. Trop complaisante, la femme voit son mari lui échapper : l'argent, l'ardeur amoureuse qu'il dépense avec d'autres femmes, il l'en frustre ; elle court le risque qu'une maîtresse ne prenne sur lui assez de pouvoir pour obtenir un divorce ou du moins pour prendre dans sa vie la première place. Cependant, si elle lui interdit toute aventure, si elle l'excède par sa surveillance, ses scènes, ses exigences, elle peut l'indisposer contre elle gravement. Il s'agit de savoir « faire des concessions » à bon escient ; que le mari donne quelques « coups de canif dans le contrat » on fermera les yeux ; mais, à d'autres moments, il faut les ouvrir tout grands ; en particulier la femme mariée se méfie des jeunes filles qui seraient trop heureuses, pense-

t-elle, de lui voler sa «position». Pour arracher son mari à
une rivale inquiétante, elle l'emmènera en voyage, elle
essaiera de le distraire; au besoin — prenant modèle sur
Mme de Pompadour — elle suscitera une autre rivale moins
dangereuse; si rien ne réussit, elle aura recours aux crises de
larmes, crises de nerfs, tentatives de suicide, etc.; mais trop
de scènes et de récriminations chasseront le mari hors du
foyer; la femme se rendra insupportable au moment où elle
a le plus urgent besoin de séduire; si elle veut gagner la partie, elle dosera habilement larmes touchantes et héroïques
sourires, chantage et coquetterie. Dissimuler, ruser, haïr et
craindre en silence, miser sur la vanité et les faiblesses d'un
homme, apprendre à le déjouer, à le jouer, à le manœuvrer,
c'est une bien triste science. La grande excuse de la femme
c'est qu'on lui a imposé d'engager dans le mariage tout
d'elle-même : elle n'a pas de métier, pas de capacités, pas
de relations personnelles, son nom même n'est plus à elle;
elle n'est rien que «la moitié» de son mari. S'il l'abandonne, elle ne trouvera le plus souvent aucun secours ni en
soi ni hors de soi. Il est facile de jeter la pierre à Sophie Tolstoï comme font A. de Monzie et Montherlant : mais si elle
eût refusé l'hypocrisie de la vie conjugale où fût-elle allée?
quel destin l'attendait? Certes, elle semble avoir été une très
odieuse mégère : mais peut-on lui demander d'avoir aimé
son tyran et béni son esclavage? Pour qu'il y ait entre époux
loyauté et amitié, la condition *sine qua non* c'est qu'ils
soient tous deux libres à l'égard l'un de l'autre et concrètement égaux. Tant que l'homme possède seul l'autonomie
économique et qu'il détient — de par la loi et les mœurs —
les privilèges que confère la virilité, il est naturel qu'il apparaisse si souvent comme un tyran, ce qui incite la femme à
la révolte et la ruse.

Nul ne songe à nier les tragédies et les mesquineries
conjugales : mais ce que soutiennent les défenseurs du
mariage c'est que les conflits des époux viennent de la mauvaise volonté des individus, non de l'institution. Tolstoï,

entre autres, a décrit dans l'épilogue de *Guerre et Paix* le couple idéal : celui de Pierre et de Natacha. Celle-ci a été une jeune fille coquette et romanesque ; mariée elle étonne tout son entourage parce qu'elle renonce à la toilette, au monde, à toute distraction pour se consacrer exclusivement à son mari et à ses enfants ; elle devient le type même de la matrone.

Elle n'avait plus cette flamme de vie toujours brûlante qui faisait son charme autrefois. Maintenant, souvent, on n'apercevait d'elle que son visage et son corps, on ne voyait pas son âme, on ne voyait que la forte femelle, belle et féconde.

Elle réclame de Pierre un amour aussi exclusif que celui qu'elle lui voue ; elle est jalouse de lui ; il renonce à toute sortie, à toute camaraderie pour se consacrer, lui aussi, tout entier à sa famille.

Il n'osait ni aller dîner dans les clubs, ni entreprendre un voyage de longue durée, excepté pour ses affaires au nombre desquelles sa femme fait entrer ses travaux dans les sciences auxquelles sans y rien comprendre elle attribuait une extrême importance.

Pierre était « sous la pantoufle de sa femme », mais en revanche :

Natacha dans l'intimité s'était faite l'esclave de son mari. Toute la maison était régentée par les soi-disant ordres du mari, c'est-à-dire par les désirs de Pierre que Natacha s'efforçait de deviner.

Quand Pierre est parti loin d'elle, Natacha au retour l'accueille avec impatience parce qu'elle a souffert de son absence ; mais il règne entre les époux une merveilleuse entente ; ils se comprennent à demi-mot. Entre ses enfants, sa maison, le mari aimé et respecté, elle goûte un bonheur à peu près sans mélange.

Ce tableau idyllique mérite d'être étudié de plus près.

Natacha et Pierre sont unis, dit Tolstoï, comme l'âme au corps ; mais quand l'âme quitte le corps, c'est une seule mort ; qu'arriverait-il si Pierre cessait d'aimer Natacha ? Lawrence aussi refuse l'hypothèse de l'inconstance masculine : Don Ramon aimera toujours la petite Indienne Teresa qui lui a fait don de son âme. Pourtant un des plus ardents zélateurs de l'amour unique, absolu, éternel, André Breton, est bien forcé d'admettre qu'au moins dans les circonstances actuelles cet amour peut se tromper d'objet : erreur ou inconstance, c'est pour la femme le même abandon. Pierre, robuste et sensuel, sera attiré charnellement par d'autres femmes ; Natacha est jalouse : bientôt les rapports vont s'aigrir ; ou il la quittera, ce qui ruinera sa vie à elle, ou il mentira et la supportera avec rancune, ce qui gâche sa vie à lui, ou ils vivront de compromis et de demi-mesures, ce qui les rendra tous les deux malheureux. On objectera que Natacha aura du moins ses enfants : mais les enfants ne sont une source de joie qu'au sein d'une forme équilibrée, dont le mari est un des sommets ; pour l'épouse délaissée, jalouse, ils deviennent un fardeau ingrat. Tolstoï admire l'aveugle dévouement de Natacha aux idées de Pierre ; mais un autre homme, Lawrence, qui réclame aussi de la femme un aveugle dévouement, se moque de Pierre et de Natacha ; un homme peut donc, de l'avis d'autres hommes, être une idole d'argile et non un vrai dieu ; à lui rendre un culte, on perd sa vie au lieu de la sauver ; comment savoir ? les prétentions masculines se contestent, l'autorité ne joue plus : il faut que la femme juge et critique, elle ne saurait n'être qu'un écho docile. D'ailleurs, c'est l'avilir que de lui imposer des principes, des valeurs auxquels elle n'adhère par aucun mouvement libre ; ce qu'elle peut partager de la pensée de l'époux, elle ne saurait le partager qu'à travers un jugement autonome ; ce qui lui est étranger, elle ne doit avoir ni à l'approuver ni à le refuser ; elle ne peut emprunter à un autre ses propres raisons d'exister.

La plus radicale condamnation du mythe Pierre-Natacha,

c'est le couple Léon-Sophie qui la fournit. Sophie a de la répulsion pour son mari, elle le trouve « assommant » ; il la trompe avec toutes les paysannes des environs, elle est jalouse et s'ennuie ; elle vit dans la nervosité ses multiples grossesses et ses enfants ne remplissent ni le vide de son cœur ni celui de ses jours ; pour elle le foyer est un aride désert ; pour lui un enfer. Et cela finit par cette vieille femme hystérique se couchant à demi nue dans la nuit mouillée de la forêt, par ce vieil homme traqué qui prend la fuite, reniant enfin l'« union » de toute une vie.

Certes le cas de Tolstoï est exceptionnel ; il y a quantité de ménages qui « marchent bien », c'est-à-dire où les époux arrivent à un compromis ; ils vivent l'un à côté de l'autre sans trop se brimer, sans trop se mentir. Mais il est une malédiction à laquelle ils échappent fort rarement : c'est l'ennui. Que le mari réussisse à faire de sa femme un écho de lui-même ou que chacun se retranche dans son univers, au bout de quelques mois ou de quelques années, ils n'ont plus rien à se communiquer. Le couple est une communauté dont les membres ont perdu leur autonomie sans se délivrer de leur solitude ; ils sont statiquement assimilés l'un à l'autre au lieu de soutenir l'un avec l'autre un rapport dynamique et vivant ; c'est pourquoi dans le domaine spirituel comme sur le plan érotique, ils ne peuvent rien se donner, rien échanger. Dans une de ses meilleures nouvelles *Too bad !* Dorothy Parker a résumé le triste roman de maintes vies conjugales ; c'est le soir et Mr. Welton rentre à la maison :

Mrs. Welton ouvrit la porte à son coup de sonnette.
— Eh bien ! dit-elle gaiement.
Ils se sourirent d'un air animé.
— Hello ! dit-il. Tu es restée à la maison ?
Ils s'embrassèrent légèrement. Avec un intérêt poli, elle le regarda pendre son manteau, son chapeau, sortir les journaux de sa poche et lui en tendre un.
— Tu as apporté les journaux ! dit-elle en le prenant.

— Eh bien? Qu'est-ce que tu as fait toute la journée? demanda-t-il.

Elle avait attendu la question; elle s'était représenté avant son retour comment elle lui raconterait tous les petits incidents de la journée... Mais à présent cela semblait une longue histoire insipide.

— Oh! rien, dit-elle avec un petit rire gai. As-tu eu une bonne après-midi?

— Eh bien! commença-t-il... Mais son intérêt s'évanouit avant qu'il eût commencé à parler... D'ailleurs, elle était occupée à arracher un fil d'une frange de laine sur un des coussins.

— Oh, ça a été, dit-il.

... Elle savait assez bien parler aux autres gens... Ernest aussi était assez bavard en société... Elle essaya de se rappeler de quoi ils parlaient avant d'être mariés, pendant leurs fiançailles. Ils n'avaient jamais eu grand-chose à se dire. Mais elle ne s'en était pas inquiétée... Il y avait eu les baisers et des choses qui vous occupent l'esprit. Mais on ne peut compter sur les baisers et le reste pour faire passer les soirées au bout de sept ans.

On pourrait croire qu'on s'habitue en sept ans, qu'on se rend compte que c'est comme ça, et qu'on s'y résigne. Mais non. Ça finit par vous porter sur les nerfs. Ce n'est pas un de ces silences douillets, amicaux, qui tombent parfois entre les gens. Ça vous donne l'impression qu'il y a quelque chose à faire, que vous ne remplissez pas votre devoir. Comme une maîtresse de maison, quand sa soirée ne marche pas... Ernest allait lire laborieusement et vers la moitié du journal il commencerait à bâiller. Il se passait quelque chose à l'intérieur de Mrs. Welton quand il faisait ça. Elle murmurerait qu'elle devrait parler à Délia et elle se précipiterait à la cuisine. Elle resterait là un long moment, regardant vaguement dans les pots, vérifiant les listes de blanchissage, et quand elle reviendrait il serait en train de faire sa toilette de nuit.

En une année, trois cents de leurs soirées se passaient comme ça. Sept fois trois cents, ça fait plus de deux mille.

On prétend parfois que ce silence même est signe d'une intimité plus profonde que toute parole; et certes nul ne songe à nier que la vie conjugale ne crée une intimité : il en est ainsi de tous les rapports de famille qui n'en recouvrent pas moins des haines, des jalousies, des rancœurs. Jouhandeau marque fortement la différence entre cette intimité et une vraie fraternité humaine quand il écrit :

Élise est ma femme et sans doute aucun de mes amis, aucun des membres de ma famille, aucun de mes proches membres ne m'est plus intime qu'elle, mais si proche de moi que soit la place qu'elle s'est faite, que je lui ai faite dans mon univers le plus privé, si enracinée qu'elle soit à l'inextricable tissu de ma chair et de mon âme (et c'est là tout le mystère et tout le drame de notre indissoluble union), l'inconnu qui passe en ce moment sur le boulevard et que j'aperçois à peine de ma fenêtre, quel qu'il soit, humainement m'est moins étranger qu'elle.

Il dit ailleurs :

On s'aperçoit qu'on est victime d'un poison, mais qu'on s'y est habitué. Comment y renoncer désormais sans renoncer à soi ?

Et encore :

Quand je pense à elle j'éprouve que l'amour conjugal n'a aucun rapport ni avec la sympathie, ni avec la sensualité, ni avec la passion, ni avec l'amitié, ni avec l'amour. Adéquat à lui seul, réductible ni à l'un ni à l'autre de ces divers sentiments, il a sa nature propre, son essence particulière et son mode unique selon le couple qu'il assemble.

Les avocats de l'amour conjugal[1] plaident volontiers qu'il n'est pas un amour et que cela même lui donne un caractère merveilleux. Car la bourgeoisie a inventé dans ces dernières années un style épique : la routine prend figure d'aventure, la fidélité, d'une folie sublime, l'ennui devient sagesse et les haines familiales sont la forme la plus profonde de l'amour. En vérité, que deux individus se détestent sans pouvoir cependant se passer l'un de l'autre n'est pas de toutes les relations humaines la plus vraie, la plus émouvante, c'en est la plus pitoyable. L'idéal serait au contraire

1. Il peut y avoir amour à l'intérieur du mariage ; mais alors on ne parle pas d'« amour conjugal » ; quand on prononce ces mots c'est que l'amour est absent ; de même quand on dit d'un homme qu'il est « *très* communiste » on indique par là qu'il n'est pas un communiste ; un « grand honnête homme » est un homme qui n'appartient pas à la simple catégorie des hommes honnêtes, etc.

que des êtres humains se suffisant parfaitement chacun, ne soient enchaînés l'un à l'autre que par le libre consentement de leur amour. Tolstoï admire que le lien de Natacha avec Pierre soit quelque chose « d'indéfinissable, mais de ferme, de solide comme était l'union de sa propre âme à son corps ». Si l'on accepte l'hypothèse dualiste, le corps ne représente pour l'âme qu'une pure facticité ; ainsi dans l'union conjugale, chacun aurait pour l'autre l'inéluctable lourdeur du donné contingent ; c'est en tant que présence absurde et non choisie, condition nécessaire et matière même de l'existence qu'il faudrait l'assumer et l'aimer. On fait entre ces deux mots une confusion volontaire et c'est de là que naît la mystification : ce qu'on assume, on ne l'aime pas. On assume son corps, son passé, sa situation présente : mais l'amour est mouvement vers un autre, vers une existence séparée de la sienne, une fin, un avenir ; la manière d'assumer un fardeau, une tyrannie ce n'est pas de l'aimer mais de se révolter. Une relation humaine n'a pas de valeur tant qu'elle est subie dans l'immédiat ; les rapports des enfants aux parents par exemple ne prennent de prix que lorsqu'ils se réfléchissent dans une conscience ; on ne saurait admirer dans les rapports conjugaux qu'ils retombent à l'immédiat et que les conjoints y engloutissent leur liberté. Ce mélange complexe d'attachement, de rancune, de haine, de consigne, de résignation, de paresse, d'hypocrisie, appelé amour conjugal, on ne prétend le respecter que parce qu'il sert d'alibi. Mais il en est de l'amitié comme de l'amour physique : pour qu'elle soit authentique, il faut d'abord qu'elle soit libre. Liberté ne signifie pas caprice : un sentiment est un engagement qui dépasse l'instant ; mais il n'appartient qu'à l'individu de confronter sa volonté générale et ses conduites singulières de manière à maintenir sa décision ou au contraire à la briser ; le sentiment est libre quand il ne dépend d'aucune consigne étrangère, quand il est vécu dans une sincérité sans peur. La consigne de « l'amour conjugal » invite au contraire à tous les refoulements et à tous les mensonges. Et d'abord elle interdit aux époux de véritablement se connaître. L'intimité quotidienne ne crée ni compréhension ni sympathie. Le mari respecte trop sa femme pour s'intéresser aux avatars de sa vie psychologique : ce serait lui reconnaître une secrète autonomie qui pourrait s'avérer gênante, dangereuse ; au lit prend-elle vraiment du plaisir ? Aime-t-elle vraiment son mari ? Est-elle vraiment heureuse de lui obéir ? Il préfère ne pas s'interroger ; ces questions lui semblent même choquantes. Il a épousé une «honnête femme» ; par essence elle est vertueuse, dévouée, fidèle, pure, heureuse, et elle pense ce qu'il faut penser. Un malade après avoir remercié ses amis, ses proches, ses infirmières dit à sa jeune femme qui, pendant six mois, n'avait pas quitté son chevet : «Toi, je ne te remercie pas, tu n'as fait que ton devoir.» D'aucune de ses qualités il ne fait un mérite : elles sont garanties par la société, elles sont impliquées par l'institution même du mariage ; il ne s'avise pas que sa femme ne sort pas d'un livre de Bonald, qu'elle est un individu de chair et d'os ; il prend pour donnée sa fidélité aux consignes qu'elle s'impose : qu'elle ait des tentations à vaincre, que peut-être elle y succombe, qu'en tout cas sa patience, sa chasteté, sa décence soient de difficiles conquêtes, il n'en tient pas compte ; il ignore plus radicalement encore ses rêves, ses fantasmes, ses nostalgies, le climat affectif dans lequel elle coule ses jours. Ainsi Chardonne nous montre dans *Ève* un mari qui pendant des années tient un journal de sa vie conjugale : il parle de sa femme avec des nuances délicates ; mais seulement de sa femme telle qu'il la voit, telle qu'elle est pour lui sans jamais lui restituer sa dimension d'individu libre : il est foudroyé quand il apprend soudain qu'elle ne l'aime pas, qu'elle le quitte. On a souvent parlé de la désillusion de l'homme naïf et loyal devant la perfidie féminine : c'est avec scandale que les maris de Bernstein découvrent que la compagne de leur vie est voleuse, méchante, adultère ; ils encaissent le coup avec un courage viril mais l'auteur n'en échoue pas moins à les faire apparaître généreux et forts : ils nous semblent surtout des butors dénués de sensibilité et de bonne volonté ; l'homme reproche aux femmes leur dissimulation mais il faut beaucoup de complaisance pour se laisser duper avec tant de constance. La femme est vouée à l'immoralité parce que la morale consiste pour elle à incarner une inhumaine entité : la femme forte, la mère admirable, l'honnête femme, etc. Dès qu'elle pense, qu'elle rêve, qu'elle dort, qu'elle désire, qu'elle respire sans consigne, elle trahit l'idéal masculin. C'est pourquoi tant de femmes ne se laissent aller à « être elles-mêmes » qu'en l'absence de leur mari. Réciproquement, la femme ne connaît pas son mari ; elle croit apercevoir son vrai visage parce qu'elle le saisit dans sa contingence quotidienne : mais l'homme est d'abord ce qu'il *fait* dans le monde au milieu des autres hommes. Refuser de comprendre le mouvement de sa transcendance, c'est le dénaturer. « On épouse un poète, dit Élise, et quand on est sa femme, ce qu'on remarque d'abord c'est qu'il oublie de tirer la chaîne des cabinets[1]. » Il n'en demeure pas moins un poète et la femme qui ne s'intéresse pas à ses œuvres le connaît moins qu'un lointain lecteur. Ce n'est souvent pas la faute de la femme si cette complicité lui est interdite : elle ne peut se mettre au courant des affaires de son mari, elle n'a pas l'expérience, la culture nécessaire pour le « suivre » : elle échoue à s'unir à lui à travers les projets bien plus essentiels pour lui que la monotone répétition des journées. Dans certains cas privilégiés la femme peut réussir à devenir pour son mari une véritable compagne : elle discute ses projets, lui donne des conseils, participe à ses travaux. Mais elle se berce d'illusions si elle croit par là réaliser une œuvre personnelle : il demeure la seule liberté agissante et responsable. Il faut qu'elle l'aime pour trouver sa joie à le servir ; sinon elle n'éprouvera que du dépit parce qu'elle se sentira frustrée du produit de ses efforts. Les

---

1. Cf. Jouhandeau, *Chroniques maritales.*

hommes — fidèles à la consigne donnée par Balzac de traiter la femme en esclave tout en la persuadant qu'elle est reine — exagèrent à plaisir l'importance de l'influence exercée par les femmes ; au fond ils savent fort bien qu'ils mentent. Georgette Le Blanc fut dupe de cette mystification quand elle réclama de Maeterlinck qu'il inscrivît leurs deux noms sur le livre qu'ils avaient, croyait-elle, écrit ensemble ; dans la Préface dont il fit précéder les *Souvenirs* de la cantatrice, Grasset lui explique sans ménagement que tout homme est prompt à saluer dans la femme qui partage sa vie une associée, une inspiratrice mais qu'il n'en regarde pas moins son travail comme n'appartenant qu'à lui ; avec raison. En toute action, en toute œuvre c'est le moment du choix et de la décision qui compte. La femme joue généralement le rôle de cette boule de verre que consultent les voyantes : une autre ferait tout aussi bien l'affaire. Et la preuve, c'est que bien souvent l'homme accueille avec la même confiance une autre conseillère, une autre collaboratrice. Sophie Tolstoï copiait les manuscrits de son mari, les mettait au net : il en chargea plus tard une de ses filles ; elle comprit alors que même son zèle ne l'avait pas rendue indispensable. Il n'y a qu'un travail autonome qui puisse assurer à la femme une authentique autonomie[1].

La vie conjugale prend selon les cas des figures différentes. Mais pour une quantité de femmes la journée se déroule à peu près de la même manière. Le matin, le mari quitte son épouse hâtivement : c'est avec plaisir qu'elle entend la porte se refermer derrière lui ; elle aime se retrouver libre, sans consigne, souveraine dans sa maison. Les enfants à leur tour partent pour l'école : elle restera seule

1. Il y a parfois entre homme et femme une *vraie* collaboration, où les deux sont également autonomes : comme dans le couple Joliot-Curie par exemple. Mais alors la femme aussi compétente que le mari sort de son rôle d'épouse ; leur relation n'est plus d'ordre conjugal. Il y a aussi des femmes qui se servent de l'homme pour atteindre des buts personnels ; elles échappent à la condition de femme mariée.

tout le jour; le bébé qui s'agite dans le berceau ou qui joue dans son parc n'est pas une compagnie. Elle passe un temps plus ou moins long à sa toilette, au ménage; si elle a une bonne, elle lui donne ses ordres, traîne un peu dans la cuisine en bavardant; sinon elle va flâner au marché, échange quelques mots sur le prix de la vie avec ses voisines ou avec les fournisseurs. Si mari et enfants reviennent à la maison pour déjeuner, elle ne profite pas beaucoup de leur présence; elle a trop à faire à préparer le repas, servir, desservir; le plus souvent ils ne rentrent pas. De toute façon, elle a devant elle une longue après-midi vide. Elle conduit ses plus jeunes enfants au jardin public et tricote ou coud tout en les surveillant; ou, assise chez elle près de la fenêtre, elle raccommode; ses mains travaillent, son esprit n'est pas occupé; elle ressasse ses soucis; elle esquisse des projets; elle rêvasse, elle s'ennuie; aucune de ses occupations ne se suffit à elle-même; sa pensée est tendue vers le mari, les enfants qui porteront ces chemises, qui mangeront le plat qu'elle prépare; elle ne vit que pour eux; et lui en sont-ils seulement reconnaissants? Son ennui se change peu à peu en impatience, elle commence à attendre anxieusement leur retour. Les enfants rentrent de l'école, elle les embrasse, les interroge; mais ils ont des devoirs à faire, ils ont envie de s'amuser entre eux, ils s'échappent, ils ne sont pas une distraction. Et puis, ils ont eu de mauvaises notes, ils ont perdu un foulard, ils font du bruit, du désordre, ils se battent : il faut toujours plus ou moins les gronder. Leur présence fatigue la mère plutôt qu'elle ne l'apaise. Elle attend de plus en plus impérieusement son mari. Que fait-il? Pourquoi n'est-il pas déjà rentré? Il a travaillé, vu le monde, causé avec des gens, il n'a pas pensé à elle; elle se met à ruminer avec nervosité qu'elle est bien sotte de lui sacrifier sa jeunesse; il ne lui en sait pas gré. Le mari s'acheminant vers la maison où sa femme est enfermée sent bien qu'il est vaguement coupable; les premiers temps du mariage, il apportait en offrande un bouquet de fleurs, un menu cadeau; mais ce rite perd bientôt tout sens; maintenant il arrive les mains vides, et il s'empresse d'autant moins qu'il appréhende l'accueil quotidien. En effet, souvent la femme se venge par une scène de l'ennui, de l'attente de la journée; par là, elle prévient aussi la déception d'une présence qui ne comblera pas les espoirs de l'attente. Même si elle tait ses griefs, le mari de son côté est déçu. Il ne s'est pas amusé à son bureau, il est fatigué; il a un désir contradictoire d'excitation et de repos. Le visage trop familier de sa femme ne l'arrache pas à soi-même; il sent qu'elle voudrait lui faire partager ses soucis, qu'elle attend aussi de lui distraction et détente : sa présence lui pèse sans le combler, il ne trouve pas auprès d'elle un vrai délassement. Les enfants, non plus, n'apportent ni divertissement ni paix; repas et soirée se passent dans une vague mauvaise humeur; lisant, écoutant la T.S.F., causant mollement, chacun sous le couvert de l'intimité demeurera seul. Cependant, la femme se demande avec un espoir anxieux — ou une appréhension non moins anxieuse — si cette nuit — enfin! encore! — il se passera quelque chose. Elle s'endort déçue, irritée ou soulagée; c'est avec plaisir qu'elle entendra claquer la porte demain matin. Le sort des femmes est d'autant plus dur qu'elles sont plus pauvres et plus surchargées de besogne; il s'éclaire quand elles ont à la fois des loisirs et des distractions. Mais ce schéma : ennui, attente, déception, se retrouve dans bien des cas.

Certaines évasions[1] se proposent à la femme; mais, pratiquement, elles ne sont pas permises à toutes. En particulier en province, les chaînes du mariage sont lourdes; il faut que la femme trouve une manière d'assumer une situation à laquelle elle ne peut échapper. Il y en a, on l'a vu, qui se gonflent d'importance et deviennent des matrones tyranniques, des mégères. D'autres se complaisent dans un rôle de victime, elles se font les douloureuses esclaves de leur

1. Cf. ch. VII.

mari, de leurs enfants, et y prennent une joie masochiste.
D'autres perpétuent les conduites narcissistes que nous
avons décrites à propos de la jeune fille : elles souffrent
elles aussi de ne se réaliser dans aucune entreprise et, ne se
faisant rien être, de n'être rien ; indéfinies, elles se sentent
illimitées et se pensent méconnues ; elles se rendent un culte
mélancolique ; elles se réfugient dans des rêves, des comédies, des maladies, des manies, des scènes ; elles créent des
drames autour d'elles ou s'enferment dans un monde imaginaire ; la « souriante madame Beudet » qu'a peinte Amiel
est de cette espèce. Enfermée dans la monotonie d'une vie
provinciale, auprès d'un mari qui est un butor, n'ayant ni
l'occasion d'agir ni celle d'aimer, elle est rongée par le sentiment du vide et de l'inutilité de sa vie ; elle essaie de trouver une compensation dans des rêveries romanesques, dans
les fleurs dont elle s'entoure, dans ses toilettes, son personnage : son mari dérange même ces jeux. Elle finit par tenter de le tuer. Les conduites symboliques dans lesquelles
s'évade la femme peuvent entraîner des perversions, ses
obsessions aboutir à des crimes. Il y a des crimes conjugaux
qui sont dictés moins par l'intérêt que par une pure haine.
Ainsi, Mauriac nous montre Thérèse Desqueyroux essayant
d'empoisonner son mari comme fit naguère Mme Lafarge.
On a acquitté récemment une femme de quarante ans qui
avait supporté pendant vingt ans un mari odieux et qui un
jour, froidement, avec l'aide de son grand fils, l'avait étranglé. Il n'y avait pas, pour elle, d'autre moyen de se délivrer
d'une situation intolérable.

À une femme qui entend vivre sa situation dans la lucidité, dans l'authenticité, il ne reste souvent d'autre secours
qu'un orgueil stoïque. Parce qu'elle dépend de tout et de
tous, elle ne peut connaître qu'une liberté tout intérieure,
donc abstraite ; elle refuse les principes et les valeurs toutes
faites, elle juge, elle interroge, par là elle échappe à l'esclavage conjugal ; mais sa réserve hautaine, son adhésion à la
formule « Supporte et abstiens-toi » ne constituent qu'une

attitude négative. Raidie dans le renoncement, le cynisme, il lui manque un emploi positif de ses forces ; tant qu'elle est ardente, vivante, elle s'ingénie à les utiliser : elle aide autrui, elle console, protège, donne, elle multiplie ses occupations ; mais elle souffre de ne rencontrer aucune tâche qui vraiment l'exige, de ne consacrer son activité à aucune fin. Souvent rongée par sa solitude et sa stérilité, elle finit par se renier, se détruire. Un remarquable exemple d'une telle destinée nous est fourni par Mme de Charrière. Dans le livre attachant qu'il lui a consacré[1], Geoffrey Scott la dépeint « Traits de feu, front de glace ». Mais ce n'est pas sa raison qui a éteint en elle cette flamme de vie dont Hermenches disait qu'elle eût « réchauffé un cœur de Lapon » ; c'est le mariage qui a lentement assassiné l'éclatante Belle de Zuylen ; elle a fait de sa résignation raison : il eût fallu de l'héroïsme ou du génie pour inventer une autre issue. Que ses hautes et rares qualités n'aient pas suffi à la sauver est une des plus éclatantes condamnations de l'institution conjugale qui se rencontre dans l'histoire.

Brillante, cultivée, intelligente, ardente, Mlle de Zuylen étonnait l'Europe ; elle effrayait les épouseurs ; elle en refusa cependant plus de douze, mais d'autres, plus acceptables peut-être, reculèrent. Le seul homme qui l'intéressait, Hermenches, il n'était pas question qu'elle en fît son mari : elle entretint avec lui une correspondance de douze années ; mais cette amitié, ses études, finirent par ne plus lui suffire. « Vierge et martyre », c'est un pléonasme, disait-elle ; et les contraintes de la vie de Zuylen lui étaient insupportables ; elle voulait devenir femme, être libre. À trente ans elle épousa M. de Charrière ; elle appréciait « l'honnêteté de cœur » qu'elle trouvait en lui, « son esprit de justice », et elle décida d'abord de faire de lui « le mari le plus tendrement aimé qui soit au monde ». Plus tard, Benjamin Constant racontera qu'« elle l'avait beaucoup tourmenté pour lui

---

1. *Le Portrait de Zélide.*

imprimer un mouvement égal au sien » ; elle ne réussit pas à vaincre son flegme méthodique ; enfermée à Colombier entre ce mari honnête et morne, un beau-père sénile, deux belles-sœurs sans charme, Mme de Charrière commença à s'ennuyer ; la société provinciale de Neufchâtel lui déplaisait par son esprit étroit ; elle tuait ses journées en lavant le linge de la maison et en jouant le soir à la «Comète ». Un jeune homme traversa sa vie, brièvement, et la laissa plus seule encore qu'auparavant. «Prenant l'ennui pour muse », elle écrivit quatre romans sur les mœurs de Neufchâtel, et le cercle de ses amis se restreignit encore. Dans une de ses œuvres, elle peignit le long malheur d'un mariage entre une femme vive et sensible, un homme bon mais froid et lourd : la vie conjugale lui apparaissait comme une suite de malentendus, de déceptions, de menues rancunes. Il était visible qu'elle-même était malheureuse ; elle tomba malade, se rétablit, revint à la longue solitude accompagnée qu'était sa vie. «Il est évident que la routine de la vie de Colombier et la douceur négative et soumise de son mari creusaient des vides perpétuels que ne pouvait combler aucune activité », écrit son biographe. C'est alors que surgit Benjamin Constant, qui l'occupa passionnément pendant huit ans. Quand, trop fière pour le disputer à Mme de Staël, elle eut renoncé à lui, son orgueil se durcit. Elle lui avait écrit un jour : «Le séjour de Colombier m'était odieux et je n'y revenais jamais sans désespoir. Je ne l'ai plus voulu quitter et me le suis rendu supportable. » Elle s'y enferma et ne sortit pas de son jardin pendant quinze ans ; ainsi appliquait-elle le précepte stoïque : chercher à vaincre son cœur plutôt que la fortune. Prisonnière, elle ne pouvait trouver la liberté qu'en choisissant sa prison. «Elle acceptait la présence de M. de Charrière à ses côtés comme elle acceptait les Alpes », dit Scott. Mais elle était trop lucide pour ne pas comprendre que cette résignation n'était après tout que duperie ; elle devint si renfermée, si dure, on la devinait si désespérée qu'elle effrayait. Elle avait ouvert sa maison aux émigrés qui affluaient à Neufchâtel, elle les protégeait, les secourait, les dirigeait ; elle écrivait des œuvres élégantes et désenchantées que Hüber, philosophe allemand dans la misère, traduisait ; elle prodiguait ses conseils à un cercle de jeunes femmes et enseignait Locke à sa favorite, Henriette ; elle aimait jouer le rôle de providence auprès des paysans des environs ; évitant de plus en plus soigneusement la société neufchâteloise, elle rétrécissait orgueilleusement sa vie ; elle « ne s'efforçait plus qu'à créer de la routine et à la supporter. Ses gestes d'infinie bonté mêmes comportaient quelque chose d'effrayant, tant était glaçant le sang-froid qui les dictait... Elle fit à ceux qui l'entouraient l'effet d'une ombre qui passe dans une pièce vide[1] ». À de rares occasions — une visite par exemple — la flamme de vie se réveillait. Mais « les années passaient de façon aride. M. et Mme de Charrière vieillissaient côte à côte, séparés par tout un monde, et plus d'un visiteur, poussant un soupir de soulagement au sortir de la maison, avait l'impression d'échapper à une tombe close... La pendule battait son tic-tac, M. de Charrière, en bas, travaillait à ses mathématiques ; de la grange montait le son rythmé des fléaux... La vie se poursuivait bien que les fléaux l'eussent vidée de son grain... Une vie de petits faits, désespérément réduits à boucher les moindres crevasses de la journée, voilà où en était arrivée cette Zélide qui détestait la petitesse ».

On dira peut-être que la vie de M. de Charrière ne fut pas plus gaie que celle de sa femme : du moins l'avait-il choisie ; et il semble qu'elle convenait à sa médiocrité. Que plutôt on imagine un homme doué des qualités exceptionnelles de Belle de Zuylen, il est certain qu'il ne se fût pas consumé dans l'aride solitude de Colombier. Il se serait taillé sa place dans le monde où il eût entrepris, lutté, agi, vécu. Combien de femmes englouties dans le mariage ont été, selon le mot de Stendhal, « perdues pour l'humanité » ! On a dit que le

1. G. Scott.

mariage diminue l'homme : c'est souvent vrai ; mais presque toujours il annihile la femme. Marcel Prévost, défenseur du mariage, l'admet lui-même.

Cent fois retrouvant au bout de quelques mois ou de quelques années une jeune femme que j'avais connue jeune fille, j'étais frappé par la banalité de son caractère, par l'insignifiance de sa vie.

Ce sont presque les mêmes mots qu'on trouve sous la plume de Sophie Tolstoï six mois après ses noces.

Mon existence est d'une telle banalité : c'est une mort. Tandis que lui a une vie pleine, une vie intérieure, du talent et l'immortalité. (23.12.1863.)

Quelques mois plus tôt, elle laissait échapper une autre plainte :

Comment une femme pourrait-elle se contenter d'être assise toute la journée, une aiguille à la main, de jouer du piano, d'être seule, absolument seule, si elle pense que son mari ne l'aime pas et l'a pour toujours réduite en esclavage ? (9 mai 1863.)

Douze ans plus tard, elle écrit ces mots auxquels souscrivent encore à présent bien des femmes (22.10.1875) :

Aujourd'hui, demain, les mois, les années, c'est toujours, toujours la même chose. Je me réveille le matin et n'ai pas le courage de sortir du lit. Qui est-ce qui m'aidera à me secouer ? Qu'est-ce qui m'attend ? Oui, je sais, le cuisinier va venir et puis ce sera le tour de Niannia. Ensuite je m'assoirai en silence et prendrai ma broderie anglaise, puis je ferai répéter la grammaire et les gammes. Quand le soir sera venu je me remettrai à ma broderie anglaise pendant que petite tante et Pierre feront leurs éternelles patiences…

La plainte de Mme Proudhon rend exactement le même son. «Vous avez vos idées, disait-elle à son mari. Et moi, quand vous êtes à votre travail, quand les enfants sont en classe, je n'ai rien. »

Souvent dans les premières années la femme se berce d'illusions, elle essaie d'admirer inconditionnellement son mari, de l'aimer sans réserve, de se sentir indispensable à lui et aux enfants ; et puis ses vrais sentiments se découvrent ; elle s'aperçoit que son mari pourrait se passer d'elle, que ses enfants sont faits pour se détacher d'elle : ils sont toujours plus ou moins ingrats. Le foyer ne la protège plus contre sa liberté vide ; elle se retrouve, solitaire, délaissée, un sujet ; et elle ne trouve pas d'emploi à faire d'elle-même. Affections, habitudes peuvent être encore un grand secours, non un salut. Tous les écrivains féminins qui sont sincères ont noté cette mélancolie qui habite le cœur des «femmes de trente ans»; c'est un trait commun aux héroïnes de Katherine Mansfield, de Dorothy Parker, de Virginia Woolf. Cécile Sauvage qui chanta si gaiement au début de sa vie mariage et maternité exprime plus tard une délicate détresse. Il est remarquable que si l'on compare le nombre des suicides féminins perpétrés par des célibataires et par des femmes mariées, on trouve que celles-ci sont solidement protégées contre le dégoût de vivre entre vingt et trente ans (surtout de vingt-cinq à trente) mais non pas dans les années suivantes. «Quant au mariage, écrit Halbwachs[1], il protège les femmes en province aussi bien qu'à Paris surtout jusqu'à trente ans mais de moins en moins aux âges suivants.»

Le drame du mariage, ce n'est pas qu'il n'assure pas à la femme le bonheur qu'il lui promet — il n'y a pas d'assurance sur le bonheur — c'est qu'il la mutile — il la voue à la répétition et à la routine. Les vingt premières années de la vie féminine sont d'une extraordinaire richesse ; la femme traverse les expériences de la menstruation, de la sexualité, du mariage, de la maternité ; elle découvre le monde et son destin. À vingt ans, maîtresse d'un foyer, liée à jamais à un homme, un enfant dans les bras, voilà sa vie finie pour tou-

1. *Les Causes du suicide*, p. 195-239. La remarque citée s'applique à la France et à la Suisse mais non à la Hongrie ni au Oldenbourg.

jours. Les vraies actions, le vrai travail sont l'apanage de l'homme : elle n'a que des occupations qui sont parfois harassantes mais qui ne la comblent jamais. On lui a vanté le renoncement, le dévouement ; mais il lui semble souvent fort vain de se consacrer « à l'entretien de deux êtres quelconques jusqu'à la fin de leur vie ». C'est très beau de s'oublier, encore faut-il savoir pour qui, pour quoi. Et le pire est que son dévouement même apparaît comme importun ; il se convertit aux yeux du mari en une tyrannie à laquelle il essaie de se soustraire ; et cependant c'est lui qui l'impose à la femme comme sa suprême, son unique justification ; en l'épousant il l'oblige à se donner à lui tout entière ; il n'accepte pas l'obligation réciproque qui est d'accepter ce don. Le mot de Sophie Tolstoï : « Je vis par lui, pour lui, j'exige la même chose pour moi », est certainement révoltant ; mais Tolstoï exigeait en effet qu'elle ne vécût que pour lui et par lui, attitude que seule la réciprocité peut justifier. C'est la duplicité du mari qui voue la femme à un malheur dont il se plaint ensuite d'être lui-même victime. De même qu'au lit il la veut à la fois chaude et froide, il la réclame totalement donnée et cependant sans poids ; il lui demande de le fixer sur terre et de le laisser libre, d'assurer la répétition monotone des journées et de ne pas l'ennuyer, d'être toujours présente et jamais importune ; il veut l'avoir tout à lui et ne pas lui appartenir ; vivre en couple et demeurer seul. Ainsi dès le moment où il l'épouse il la mystifie. Elle passe son existence à mesurer l'étendue de cette trahison. Ce que dit D. H. Lawrence à propos de l'amour sexuel est généralement valable : l'union de deux êtres humains est vouée à l'échec si elle est un effort pour se compléter l'un par l'autre, ce qui suppose une mutilation originelle ; il faudrait que le mariage fût la mise en commun de deux existences autonomes, non une retraite, une annexion, une fuite, un remède. C'est ce que comprend Nora[1] quand elle décide

---

1. Ibsen, *Maison de poupée.*

qu'avant de pouvoir être une épouse et une mère, il lui faut devenir d'abord une personne. Il faudrait que le couple ne se considérât pas comme une communauté, une cellule fermée, mais que l'individu fût en tant que tel intégré à une société au sein de laquelle il pourrait s'épanouir sans secours ; alors il lui serait permis de créer en pure générosité des liens avec un autre individu également adapté à la collectivité, liens qui seraient fondés sur la reconnaissance de deux libertés.

Ce couple équilibré n'est pas une utopie ; il en existe, parfois dans le cadre même du mariage, le plus souvent audehors ; certains sont unis par un grand amour sexuel qui les laisse libres de leurs amitiés et de leurs occupations ; d'autres sont liés par une amitié qui n'entrave pas leur liberté sexuelle ; plus rarement il en est qui sont à la fois amants et amis mais sans chercher l'un dans l'autre leur exclusive raison de vivre. Quantité de nuances sont possibles dans les rapports d'un homme et d'une femme : dans la camaraderie, le plaisir, la confiance, la tendresse, la complicité, l'amour, ils peuvent être l'un pour l'autre la plus féconde source de joie, de richesse, de force qui se propose à un être humain. Ce ne sont pas les individus qui sont responsables de l'échec du mariage : c'est — à l'encontre de ce que prétendent Bonald, Comte, Tolstoï — l'institution elle-même qui est originellement pervertie. Déclarer qu'un homme et une femme qui ne se sont même pas choisis *doivent* se suffire de toutes les manières à la fois pendant toute leur vie est une monstruosité qui engendre nécessairement hypocrisie, mensonge, hostilité, malheur.

La forme traditionnelle du mariage est en train de se modifier : mais il constitue encore une oppression que les deux époux ressentent de manière diverse. À ne considérer que les droits abstraits dont ils jouissent, ils sont aujourd'hui presque des égaux ; ils se choisissent plus librement qu'autrefois, ils peuvent beaucoup plus aisément se séparer, surtout en Amérique où le divorce est chose courante ; il y a entre les époux moins de différence d'âge et de culture que naguère ; le mari reconnaît plus volontiers à sa femme l'autonomie qu'elle revendique ; il arrive qu'ils partagent à égalité les soins du ménage ; leurs distractions sont communes : camping, bicyclette, natation, etc. Elle ne passe pas ses journées à attendre le retour de l'époux : elle fait du sport, elle appartient à des associations, à des clubs, elle s'occupe audehors, elle a même parfois un petit métier qui lui rapporte un peu d'argent. Beaucoup de jeunes ménages donnent l'impression d'une parfaite égalité. Mais tant que l'homme conserve la responsabilité économique du couple, ce n'est qu'une illusion. C'est lui qui fixe le domicile conjugal d'après les exigences de son travail : elle le *suit* de la province à Paris, de Paris en province, aux colonies, à l'étranger ; le niveau de vie s'établit d'après ses gains ; le rythme des jours, des semaines, de l'année se règle sur ses occupations ; relations et amitiés dépendent le plus souvent de sa profession. Étant plus positivement intégré que sa femme à la société, il garde la direction du couple dans les domaines intellectuels, politiques, moraux. Le divorce n'est pour la femme qu'une possibilité abstraite si elle n'a pas les moyens de gagner elle-même sa vie : si en Amérique l'« alimony » est pour l'homme une lourde charge, en France le sort de la femme, de la mère abandonnée avec une pension dérisoire est un scandale. Mais l'inégalité profonde vient de ce que l'homme s'accomplit concrètement dans le travail ou l'action tandis que pour l'épouse, en tant que telle, la liberté n'a qu'une figure négative : la situation des jeunes Américaines entre autres rappelle celle des Romaines émancipées de la décadence. On a vu que celles-ci avaient le choix entre deux types de conduites : les unes perpétuaient le mode de vie et les vertus de leurs grandmères ; les autres passaient leur temps dans une vaine agitation ; de même quantité d'Américaines demeurent des « femmes d'intérieur » conformes au modèle traditionnel ; les autres pour la plupart ne font que dissiper leurs forces et leur temps. En France, le mari eût-il toute la bonne volonté du monde, dès que la jeune femme est mère les charges du foyer ne l'accablent pas moins qu'autrefois.

C'est un lieu commun de déclarer que dans les ménages modernes, et surtout aux U.S.A., la femme a réduit l'homme en esclavage. Le fait n'est pas nouveau. Depuis les Grecs les mâles se sont plaints de la tyrannie de Xanthippe ; ce qui est vrai, c'est que la femme intervient dans des domaines qui, autrefois, lui étaient condamnés ; je connais par exemple des femmes d'étudiants qui apportent à la réussite de leur mâle un acharnement frénétique ; elles règlent son emploi du temps, son régime, elles surveillent son travail ; elles le sèvrent de toutes distractions, c'est tout juste si elles ne l'enferment pas à clé. Il est vrai aussi que l'homme est plus désarmé que naguère devant ce despotisme, il reconnaît à la femme des droits abstraits et il comprend qu'elle ne peut les rendre concrets qu'à travers lui : c'est à ses propres dépens qu'il compensera l'impuissance, la stérilité à laquelle la femme est condamnée ; pour que se réalise dans leur association une apparente égalité, il faut que ce soit lui qui donne le plus du fait qu'il possède davantage. Mais précisément, si elle reçoit, prend, exige, c'est qu'elle est la plus pauvre. La dialectique du maître et de l'esclave trouve ici son application la plus concrète : en opprimant on devient opprimé. C'est par leur souveraineté même que les mâles sont enchaînés ; c'est parce qu'ils gagnent seuls de l'argent que l'épouse exige des chèques, parce que seuls ils exercent un métier qu'elle leur impose d'y réussir, parce que seuls ils incarnent la transcendance qu'elle veut la leur voler en faisant siens leurs projets, leurs succès. Et inversement, la tyrannie exercée par la femme ne fait que manifester sa dépendance : elle sait que la réussite du couple, son avenir, son bonheur, sa justification reposent aux mains de l'autre ; si elle cherche âprement à le soumettre à sa volonté, c'est qu'elle est aliénée en lui. C'est de sa faiblesse qu'elle se fait une arme ; mais le fait est qu'elle est faible. L'esclavage conjugal est plus quotidien et plus irritant pour le mari ;

mais il est plus profond pour la femme ; la femme qui retient son mari auprès d'elle pendant des heures parce qu'elle s'ennuie le brime et lui pèse ; mais en fin de compte il peut se passer d'elle bien plus facilement qu'elle de lui ; s'il la quitte, c'est elle qui aura sa vie ruinée. La grande différence c'est que chez la femme la dépendance est intériorisée : elle *est* esclave même quand elle se conduit avec une apparente liberté ; tandis que l'homme est essentiellement autonome et c'est du dehors qu'il est enchaîné. S'il a l'impression que c'est lui la victime, c'est que les charges qu'il supporte sont les plus évidentes : la femme se nourrit de lui comme un parasite ; mais un parasite n'est pas un maître triomphant. En vérité, de même que biologiquement les mâles et les femelles ne sont jamais victimes l'un de l'autre mais tous ensemble de l'espèce, de même aussi les époux subissent ensemble l'oppression d'une institution qu'ils n'ont pas créée. Si l'on dit que *les hommes* oppriment *les femmes*, le mari s'indigne ; c'est lui qui se sent opprimé : il l'est ; mais le fait est que c'est le code masculin, c'est la société élaborée par les mâles et dans leur intérêt, qui a défini la condition féminine sous une forme qui est à présent pour les deux sexes une source de tourments.

C'est dans leur intérêt commun qu'il faudrait modifier la situation, en interdisant que le mariage soit pour la femme une « carrière ». Les hommes qui se déclarent antiféministes sous prétexte que « les femmes sont déjà bien assez empoisonnantes comme ça » raisonnent sans beaucoup de logique : c'est justement parce que le mariage en fait des « mantes religieuses », des « sangsues », des « poisons » qu'il faut transformer le mariage et, par conséquent, la condition féminine en général. La femme pèse si lourdement sur l'homme parce qu'on lui interdit de se reposer sur soi : il se délivrera en la délivrant, c'est-à-dire en lui donnant quelque chose à *faire* en ce monde.

Il y a des jeunes femmes qui déjà s'essaient à conquérir cette liberté positive ; mais rares sont celles qui persévèrent longtemps dans leurs études ou leur métier : le plus souvent elles savent que les intérêts de leur travail seront sacrifiés à la carrière de leur mari ; elles n'apporteront au foyer qu'un salaire d'appoint ; elles ne s'engagent que timidement dans une entreprise qui ne les arrache pas à la servitude conjugale. Celles mêmes qui ont un sérieux métier n'en tirent pas les mêmes bénéfices sociaux que les hommes : les femmes d'avocats, par exemple, ont droit à une pension à la mort de leur mari ; on a refusé aux avocates de verser symétriquement une pension à leurs époux en cas de décès. C'est dire qu'on ne considère pas que la femme qui travaille entretienne le couple à égalité avec l'homme. Il y a des femmes qui trouvent dans leur profession une véritable indépendance ; mais nombreuses sont celles pour qui le travail « au-dehors » ne représente dans les cadres du mariage qu'une fatigue supplémentaire. D'ailleurs, le plus souvent, la naissance d'un enfant les oblige à se cantonner dans leur rôle de matrone ; il est actuellement fort difficile de concilier travail et maternité.

C'est précisément l'enfant qui selon la tradition doit assurer à la femme une autonomie concrète qui la dispense de se vouer à aucune autre fin. Si en tant qu'épouse elle n'est pas un individu complet, elle le devient en tant que mère : l'enfant est sa joie et sa justification. C'est par lui qu'elle achève de se réaliser sexuellement et socialement ; c'est donc par lui que l'institution du mariage prend son sens et atteint son but. Examinons donc cette suprême étape du développement de la femme.

CHAPITRE VI

*La mère*

C'est par la maternité que la femme accomplit intégralement son destin physiologique ; c'est là sa vocation « naturelle » puisque tout son organisme est orienté vers la perpétuation de l'espèce. Mais on a dit déjà que la société humaine n'est jamais abandonnée à la nature. Et en particulier depuis environ un siècle, la fonction reproductrice n'est plus commandée par le seul hasard biologique, elle est contrôlée par des volontés[1]. Certains pays ont officiellement adopté des méthodes précises de « birth-control » ; dans les nations soumises à l'influence du catholicisme, il s'opère clandestinement : ou bien l'homme pratique le coïtus interruptus, ou la femme après l'acte amoureux chasse de son corps les spermatozoïdes. C'est souvent entre amants ou époux une source de conflits et de rancune ; l'homme s'irrite d'avoir à surveiller son plaisir ; la femme déteste la corvée du lavage ; il en veut à la femme de son ventre trop fécond ; elle redoute ces germes de vie qu'il risque de déposer en elle. Et c'est pour tous deux la consternation quand, malgré les précautions, elle se trouve « prise ». Le cas est fréquent dans les pays où les méthodes anticonceptionnelles

1. Cf. vol. Ier, Deuxième partie « Histoire », section V, où on trouvera un historique de la question du « birth-control » et de l'avortement.

sont rudimentaires. Alors l'anti-physis prend une forme particulièrement grave : c'est l'avortement. Également interdit dans les pays qui autorisent le «birth-control», il a beaucoup moins d'occasions de s'y proposer. Mais en France c'est une opération à laquelle quantité de femmes se trouvent acculées et qui hante la vie amoureuse de la plupart d'entre elles.

Il est peu de sujets sur lesquels la société bourgeoise déploie plus d'hypocrisie : l'avortement est un crime répugnant auquel il est indécent de faire allusion. Qu'un écrivain décrive les joies et les souffrances d'une accouchée, c'est parfait ; qu'il parle d'une avortée, on l'accuse de se vautrer dans l'ordure et de décrire l'humanité sous un jour abject : or, il y a en France chaque année autant d'avortements que de naissances. C'est un phénomène si répandu qu'il faut le considérer comme un des risques normalement impliqués par la condition féminine. Le code s'obstine cependant à en faire un délit : il exige que cette opération délicate soit exécutée clandestinement. Rien de plus absurde que les arguments invoqués contre la législation de l'avortement. On prétend que c'est une intervention dangereuse. Mais les médecins honnêtes reconnaissent avec le docteur Magnus Hirschfeld que : «L'avortement fait par la main d'un véritable médecin spécialiste, dans une clinique et avec les mesures préventives nécessaires, ne comporte pas ces graves dangers dont la loi pénale affirme l'existence.» C'est au contraire sous sa forme actuelle qu'il fait courir à la femme de grands risques. Le manque de compétence des «faiseuses d'anges», les conditions dans lesquelles elles opèrent, engendrent quantité d'accidents, parfois mortels. La maternité forcée aboutit à jeter dans le monde des enfants chétifs, que leurs parents seront incapables de nourrir, qui deviendront les victimes de l'Assistance publique ou des «enfants martyrs». Il faut remarquer d'ailleurs que la société si acharnée à défendre les droits de l'embryon se désintéresse des enfants dès qu'ils sont nés ; on poursuit les avorteuses

au lieu de s'appliquer à réformer cette scandaleuse institution nommée Assistance publique ; on laisse en liberté les
responsables qui en livrent les pupilles à des tortionnaires ;
on ferme les yeux sur l'horrible tyrannie qu'exercent dans
des « maisons d'éducation » ou dans des demeures privées
les bourreaux d'enfants ; et si on refuse d'admettre que le
fœtus appartient à la femme qui le porte, en revanche on
consent que l'enfant soit la chose de ses parents ; dans la
même semaine, on vient de voir un chirurgien se suicider
parce qu'il était convaincu de manœuvres abortives et un
père qui avait battu son fils presque à mort condamné à trois
mois de prison *avec sursis*. Récemment un père a laissé
mourir son fils du croup, faute de soins ; une mère a refusé
d'appeler un médecin auprès de sa fille, au nom de son
abandon inconditionné à la volonté divine : au cimetière,
des enfants lui ont jeté des pierres ; mais quelques journalistes s'étant indignés, une cohorte d'honnêtes gens ont
protesté que les enfants appartenaient aux parents, que
tout contrôle étranger serait inacceptable. Il y a aujourd'hui
« un million d'enfants en péril », dit le journal *Ce soir* ; et
*France-Soir* imprime que : « Cinq cent mille enfants sont
*signalés* comme se trouvant en danger physique ou moral. »
En Afrique du Nord, la femme arabe n'a pas la possibilité
de se faire avorter : sur dix enfants qu'elle engendre, il en
meurt sept ou huit et personne ne s'en soucie parce que les
pénibles et absurdes maternités ont tué le sentiment maternel. Si la morale y trouve son compte, que penser d'une telle
morale ? Il faut ajouter que les hommes les plus respectueux
de la vie embryonnaire sont aussi ceux qui se montrent les
plus empressés quand il s'agit de condamner des adultes à
une mort militaire.

Les raisons pratiques invoquées contre l'avortement légal
sont sans aucun poids ; quant aux raisons morales, elles se
réduisent au vieil argument catholique : le fœtus a une âme
à qui on ferme le paradis en le supprimant sans baptême.
Il est remarquable que l'Église autorise à l'occasion le

meurtre des hommes faits : dans les guerres, ou quand il s'agit de condamnés à mort ; elle réserve pour le fœtus un humanitarisme intransigeant. Il n'est pas racheté par le baptême : mais au temps des guerres saintes contre les Infidèles, ceux-ci ne l'étaient pas non plus et le massacre en était hautement encouragé. Les victimes de l'Inquisition n'étaient sans doute pas toutes en état de grâce, non plus qu'aujourd'hui le criminel qu'on guillotine et les soldats morts sur le champ de bataille. Dans tous ces cas, l'Église s'en remet à la grâce de Dieu ; elle admet que l'homme n'est dans sa main qu'un instrument et que le salut d'une âme se joue entre elle et Dieu. Pourquoi donc défendre à Dieu d'accueillir l'âme embryonnaire dans son ciel ? Si un concile l'y autorisait, il ne protesterait pas plus qu'à la belle époque du pieux massacre des Indiens. En vérité, on bute ici contre une vieille tradition têtue qui n'a rien à voir avec la morale. Il faut compter aussi avec ce sadisme masculin dont j'ai déjà eu l'occasion de parler. Le livre que le docteur Roy dédia en 1943 à Pétain en est un exemple éclatant ; c'est un monument de mauvaise foi. Il insiste paternellement sur les dangers de l'avortement ; mais rien ne lui semble plus hygiénique qu'une césarienne. Il veut que l'avortement soit considéré comme un crime et non comme un délit ; et il souhaite qu'il soit interdit même sous sa forme thérapeutique, c'est-à-dire quand la grossesse met en danger la vie ou la santé de la mère : il est immoral de choisir entre une vie et une autre, déclare-t-il, et fort de cet argument, il conseille de sacrifier la mère. Il déclare que le fœtus n'appartient pas à la mère, c'est un être autonome. Cependant, quand ces mêmes médecins « bien pensants » exaltent la maternité, ils affirment que le fœtus fait partie du corps maternel, qu'il n'est pas un parasite se nourrissant à ses dépens. On voit combien l'antiféminisme est encore vivace par cet acharnement que mettent certains hommes à refuser tout ce qui pourrait affranchir la femme.

D'ailleurs, la loi qui voue à la mort, à la stérilité, à la

maladie quantité de jeunes femmes est totalement impuissante à assurer un accroissement de la natalité. Un point sur lequel s'accordent partisans et ennemis de l'avortement légal, c'est le radical échec de la répression. D'après les professeurs Doléris, Balthazard, Lacassagne, il y aurait eu en France cinq cent mille avortements par an aux environs de 1933 ; une statistique (citée par le docteur Roy) dressée en 1938 estimait le nombre à un million. En 1941, le docteur Aubertin de Bordeaux hésitait entre huit cent mille et un million. C'est ce dernier chiffre qui semble le plus proche de la vérité. Dans un article de *Combat* daté de mars 1948, le docteur Desplas écrit :

L'avortement est entré dans les mœurs... La répression a pratiquement échoué... Dans la Seine, en 1943, 1 300 enquêtes ont entraîné 750 inculpations dont 360 femmes arrêtées, 513 condamnations de moins d'un an à plus de cinq ans, ce qui est peu par rapport aux 15 000 avortements présumés dans le département. Sur le territoire, on compte 10 000 instances.

Il ajoute :

L'avortement dit criminel est aussi familier à toutes les classes sociales que les politiques anticonceptionnelles acceptées par notre société hypocrite. Les deux tiers des avortées sont des femmes mariées... On peut estimer approximativement qu'il y a en France autant d'avortements que de naissances.

Du fait que l'opération se pratique dans des conditions souvent désastreuses, beaucoup d'avortements se terminent par la mort de l'avortée.

Deux cadavres de femmes avortées arrivent par semaine à l'institut médico-légal de Paris ; beaucoup provoquent des maladies définitives.

On a dit parfois que l'avortement était un «crime de classe» et c'est en grande partie vrai. Les pratiques anti-conceptionnelles sont beaucoup plus répandues dans la bourgeoisie ; l'existence du cabinet de toilette en rend l'application plus facile que chez les ouvriers ou les paysans privés d'eau courante ; les jeunes filles de la bourgeoisie sont plus prudentes que les autres ; dans les ménages, l'enfant représente une charge moins lourde : la pauvreté, la crise du logement, la nécessité pour la femme de travailler hors de la maison sont parmi les causes les plus fréquentes de l'avortement. Il semble que le plus souvent c'est après deux maternités que le couple décide de limiter les naissances ; si bien que l'avortée aux traits hideux, c'est aussi cette mère magnifique qui berce dans ses bras deux anges blonds : la même femme. Dans un document publié dans les *Temps modernes* d'octobre 1945, sous le nom « Salle commune », Mme Geneviève Sarreau décrit une salle d'hôpital où elle a eu l'occasion de séjourner et où beaucoup des malades venaient de subir des curetages : quinze sur dix-huit avaient fait des fausses couches dont plus de la moitié avaient été provoquées. Le numéro 9 était la femme d'un fort de la halle ; elle avait eu en deux mariages dix enfants vivants dont il ne restait que trois, et elle avait fait sept fausses couches, dont cinq provoquées ; elle employait volontiers la technique de la « tringle », qu'elle exposait avec complaisance, et aussi des comprimés dont elle indiqua les noms à ses compagnes. Le numéro 16, âgée de seize ans, mariée, avait eu des aventures et souffrait d'une salpingite par suite d'un avortement. Le numéro 7, âgée de trente-cinq ans, expliquait : « Ça fait vingt ans que je suis mariée ; je ne l'ai jamais aimé : vingt ans je me suis conduite proprement. C'est il y a trois mois que j'ai eu un amoureux. Une seule fois, dans une chambre d'hôtel. Je me suis trouvée enceinte… Alors, il fallait bien, n'est-ce pas ? Je l'ai fait passer. Personne n'en sait rien, ni mon mari, ni… lui. Maintenant, c'est fini ; jamais je ne recommencerai. On souffre trop… je ne parle pas du curetage… Non, non, c'est autre chose : c'est… c'est l'amour-propre, voyez-vous. » Le numéro 14 avait eu cinq enfants en cinq ans ; à quarante ans elle avait l'air d'une vieille femme. Il y avait chez toutes une résignation faite de désespoir : « La femme est faite pour souffrir », disaient-elles tristement.

La gravité de cette épreuve varie beaucoup selon les circonstances. La femme bourgeoisement mariée ou confortablement entretenue, appuyée par un homme, ayant argent et relations, est très avantagée ; d'abord, elle obtient beaucoup plus facilement qu'une autre la licence d'un avortement « thérapeutique » ; au besoin, elle a les moyens de se payer un voyage en Suisse où l'avortement est libéralement toléré ; dans les conditions actuelles de la gynécologie, c'est une opération bénigne quand elle est effectuée par un spécialiste avec toutes les garanties de l'hygiène et, s'il le faut, les ressources de l'anesthésie ; à défaut de complicité officielle, elle trouve des secours officieux qui sont aussi sûrs : elle connaît de bonnes adresses, elle a assez d'argent pour payer des soins consciencieux et sans attendre que sa grossesse soit avancée ; on la traitera avec égard ; certaines de ces privilégiées prétendent que ce petit accident est profitable à la santé et donne de l'éclat au teint. En revanche, il y a peu de détresses plus pitoyables que celle d'une jeune fille isolée, sans argent, qui se voit acculée à un « crime » pour effacer une « faute » que son entourage ne lui pardonnerait pas : c'est chaque année en France le cas d'environ trois cent mille employées, secrétaires, étudiantes, ouvrières, paysannes ; la maternité illégitime est encore une tare si affreuse que beaucoup préfèrent le suicide ou l'infanticide à l'état de fille-mère : c'est dire qu'aucune pénalité ne saurait les empêcher de « faire passer l'enfant ». Un cas banal qui se rencontre à des milliers d'exemplaires, c'est celui qui est relaté dans une confession recueillie par le docteur Liepmann[1]. Il s'agit d'une Berlinoise, enfant naturelle, fille d'un cordonnier et d'une domestique :

1. *Jeunesse et sexualité.*

Je liai connaissance avec le fils d'un voisin de dix ans plus âgé que moi… Les caresses me furent tellement nouvelles que, ma foi, je me laissai faire. Toutefois en aucune façon ce n'était là de l'amour. Cependant, il continua à m'initier de toute manière, me donnant à lire des livres sur la femme ; et finalement je lui fis don de ma virginité. Quand après une attente de deux mois j'acceptai une place d'institutrice à l'école maternelle de Speuze j'étais enceinte. Je ne revis pas du tout mes époques pendant deux autres mois. Mon séducteur m'écrivait qu'il fallait absolument m'occuper de faire revenir mes affaires en buvant du pétrole et en mangeant du savon noir. Vous dépeindre maintenant les tourments que j'ai soufferts, je n'en suis plus capable… J'ai dû toute seule aller jusqu'au bout de cette misère. La crainte d'avoir un enfant m'a fait faire la chose affreuse. C'est alors que j'ai appris la haine de l'homme.

Le pasteur de l'école, ayant appris l'histoire par une lettre égarée, lui fait un long sermon et elle se sépare du jeune homme ; on la traite en brebis galeuse.

C'est comme si j'eusse vécu dix-huit mois dans une maison de correction.

Puis elle devient bonne d'enfant chez un professeur et y reste quatre ans.

À cette époque, j'ai appris à connaître un magistrat. Je fus heureuse d'avoir un vrai homme à aimer. Avec mon amour je lui donnai tout. Nos rapports eurent pour conséquence qu'à vingt-quatre ans je mis au monde un garçon bien constitué. L'enfant a aujourd'hui dix ans. Je n'ai pas revu le père depuis neuf ans et demi… comme je trouvais insuffisante la somme de deux mille cinq cents marks et que de son côté en refusant de donner son nom à l'enfant il reniait sa paternité, tout a été fini entre nous. Aucun homme ne m'inspire plus de désirs.

C'est souvent le séducteur lui-même qui convainc la femme de se débarrasser de l'enfant. Ou bien il l'a déjà abandonnée quand elle se trouve enceinte, ou elle veut généreusement lui cacher sa disgrâce, ou elle ne trouve aucun secours en lui. Parfois, elle ne refuse pas l'enfant sans regret ; soit parce qu'elle ne se décide pas tout de suite à le

supprimer, soit parce qu'elle ne connaît aucune adresse, ou
parce qu'elle n'a pas d'argent disponible et qu'elle a perdu
son temps à essayer des drogues inefficaces ; elle est arrivée
au troisième, quatrième, cinquième mois de sa grossesse,
quand elle entreprend de s'en débarrasser ; la fausse couche
sera alors infiniment plus dangereuse, plus douloureuse,
plus compromettante qu'au cours des premières semaines.
La femme le sait ; c'est dans l'angoisse et le désespoir qu'elle
tente de se délivrer. À la campagne, l'usage de la sonde
n'est guère connu ; la paysanne qui a « fauté » se laisse tomber de l'échelle du grenier, elle se jette du haut de l'escalier,
et souvent elle se blesse sans résultat ; aussi arrive-t-il qu'on
trouve dans les haies, les fourrés, les fosses d'aisances,
quelque petit cadavre étranglé. En ville, les femmes s'en-
traident. Mais il n'est pas toujours facile de mettre la main
sur une « faiseuse d'anges », et encore moins de réunir la
somme exigée ; la femme enceinte demande du secours à
une amie ou elle s'opère elle-même ; ces chirurgiennes
d'occasion sont souvent peu compétentes ; elles ont vite
fait de se perforer avec la tringle et l'épingle à tricoter ; un
médecin m'a raconté qu'une cuisinière ignorante, voulant
s'injecter du vinaigre dans l'utérus, l'injecta dans la vessie,
ce qui provoqua d'atroces souffrances. Brutalement déclenchée et mal soignée, la fausse couche, souvent plus pénible
qu'un accouchement normal, s'accompagne de troubles nerveux pouvant aller jusqu'au bord de la crise épileptique,
provoque parfois de graves maladies internes et peut déclencher une hémorragie mortelle. Colette a raconté, dans *Gri-
biche*, la dure agonie d'une petite danseuse de music-hall
abandonnée aux mains ignorantes de sa mère ; un remède
habituel, dit-elle, c'était de boire une solution de savon
concentrée et ensuite de courir pendant un quart d'heure :
par de tels traitements, c'est souvent en tuant la mère qu'on
supprime l'enfant. On m'a parlé d'une dactylo qui est
demeurée quatre jours dans sa chambre, baignant dans son
sang, sans manger ni boire, parce qu'elle n'avait pas osé

appeler. Il est difficile d'imaginer délaissement plus affreux que celui où la menace de la mort se confond avec celle du crime et de la honte. L'épreuve est moins rude dans le cas des femmes pauvres, mais mariées, qui agissent avec l'accord de leur mari et sans être tourmentées d'inutiles scrupules : une assistante sociale me disait que dans la « zone » elles se donnent mutuellement des conseils, se prêtent des instruments et s'assistent aussi simplement que s'il s'agissait de s'extirper des cors aux pieds. Mais elles subissent de dures souffrances physiques ; dans les hôpitaux on est obligé d'accueillir la femme dont la fausse couche est commencée ; mais on la *punit* sadiquement en lui refusant tout calmant pendant les douleurs et pendant l'opération ultime du curetage. Comme on le voit entre autres dans le témoignage recueilli par G. Sarreau, ces persécutions n'indignent même pas les femmes trop habituées à la souffrance : mais elles sont sensibles aux humiliations dont on les abreuve. Le fait que l'opération subie est clandestine et criminelle en multiplie les dangers et lui donne un caractère abject et angoissant. Douleur, maladie, mort prennent la figure d'un châtiment : on sait quelle distance sépare la souffrance de la torture, l'accident de la punition ; à travers les risques qu'elle assume, la femme se saisit comme coupable, c'est cette interprétation de la douleur et de la faute qui est singulièrement pénible.

Cet aspect moral du drame est ressenti selon les circonstances avec plus ou moins d'intensité. Pour les femmes très « affranchies », grâce à leur fortune, leur situation sociale, le milieu libre auquel elles appartiennent, pour celles à qui pauvreté ou misère ont enseigné le dédain de la morale bourgeoise, il ne se pose guère de questions : il y a un moment plus ou moins désagréable à passer et il faut qu'il se passe, c'est tout. Mais quantité de femmes sont intimidées par une morale qui garde à leurs yeux son prestige bien qu'elles ne puissent y conformer leur conduite ; elles respectent intérieurement la loi qu'elles enfreignent et elles souffrent de commettre un délit ; elles souffrent encore davantage d'avoir à se chercher des complices. Elles subissent d'abord l'humiliation de quémander : elles quémandent une adresse, les soins du médecin, de la sage-femme ; elles risquent de se faire rabrouer avec hauteur ; ou elles s'exposent à une connivence dégradante. Inviter délibérément autrui à commettre un délit, c'est une situation que la plupart des hommes ignorent et que la femme vit dans un mélange de peur et de honte. Cette intervention qu'elle réclame, souvent, dans son cœur elle la repousse. Elle est divisée à l'intérieur d'elle-même. Il se peut que son désir spontané soit de garder cet enfant qu'elle empêche de naître ; même si elle ne souhaite pas positivement la maternité, elle ressent avec malaise l'ambiguïté de l'acte qu'elle accomplit. Car s'il n'est pas vrai que l'avortement soit un assassinat, il ne saurait non plus être assimilé à une simple pratique anticonceptionnelle ; un événement a eu lieu qui est un commencement absolu et dont on arrête le développement. Certaines femmes seront hantées par la mémoire de cet enfant qui n'a pas été. Hélène Deutsch[1] cite le cas d'une femme mariée, psychologiquement normale, qui ayant perdu deux fois à cause de sa condition physique des fœtus de trois mois leur fit édifier deux petites tombes qu'elle traita avec grande piété même après la naissance de nombreux enfants. À plus forte raison, si la fausse couche a été provoquée, la femme aura souvent le sentiment d'avoir commis un péché. Le remords qui suit dans l'enfance le désir jaloux de la mort du petit frère nouveau-né ressuscite, et la femme se sent coupable d'avoir réellement tué un enfant. Des mélancolies pathologiques peuvent exprimer ce sentiment de culpabilité. À côté des femmes qui pensent avoir attenté à une vie étrangère, il y en a beaucoup qui estiment avoir été mutilées d'une part d'elles-mêmes ; de là naît une rancune contre l'homme qui a accepté ou sollicité cette mutilation.

---

1. *Psychology of Women.*

H. Deutsch, encore, cite le cas d'une jeune fille, profondément éprise de son amant, qui insista elle-même pour faire disparaître un enfant qui eût été un obstacle à leur bonheur ; au sortir de l'hôpital, elle refusa et pour toujours de revoir l'homme qu'elle aimait. Si une rupture aussi définitive est rare, en revanche, il est fréquent que la femme devienne frigide, soit à l'égard de tous les hommes, soit à l'égard de celui qui l'a rendue enceinte.

Les hommes ont tendance à prendre l'avortement à la légère ; ils le regardent comme un de ces nombreux accidents auxquels la malignité de la nature a voué les femmes : ils ne mesurent pas les valeurs qui y sont engagées. La femme renie les valeurs de la féminité, ses valeurs, au moment où l'éthique mâle se conteste de la façon la plus radicale. Tout son avenir moral en est ébranlé. En effet, on répète à la femme depuis son enfance qu'elle est faite pour engendrer et on lui chante la splendeur de la maternité ; les inconvénients de sa condition — règles, maladies, etc. —, l'ennui des tâches ménagères, tout est justifié par ce merveilleux privilège qu'elle détient de mettre des enfants au monde. Et voilà que l'homme, pour garder sa liberté, pour ne pas handicaper son avenir, dans l'intérêt de son métier, demande à la femme de renoncer à son triomphe de femelle. L'enfant n'est plus du tout un trésor sans prix : engendrer n'est plus une fonction sacrée : cette prolifération devient contingente, importune, c'est encore une des tares de la féminité. La corvée mensuelle de la menstruation apparaît en comparaison comme bénie : voilà qu'on guette anxieusement le retour de cet écoulement rouge qui avait plongé la fillette dans l'horreur ; c'est en lui promettant les joies de l'enfantement qu'on l'avait consolée. Même consentant à l'avortement, le désirant, la femme le ressent comme un sacrifice de sa féminité : il faut que définitivement elle voie dans son sexe une malédiction, une espèce d'infirmité, un danger. Allant au bout de ce reniement, certaines femmes deviennent homosexuelles à la suite du traumatisme de l'avortement. Cependant, au même moment où l'homme pour mieux réussir son destin d'homme demande à la femme de sacrifier ses possibilités charnelles, il dénonce l'hypocrisie du code moral des mâles. Ceux-ci interdisent universellement l'avortement ; mais ils l'acceptent singulièrement comme une solution commode ; il leur est possible de se contredire avec un cynisme étourdi ; mais la femme éprouve ces contradictions dans sa chair blessée ; elle est généralement trop timide pour se révolter délibérément contre la mauvaise foi masculine ; tout en se pensant victime d'une injustice qui la décrète criminelle malgré elle, elle se sent souillée, humiliée ; c'est elle qui incarne sous une figure concrète et immédiate, en soi, la faute de l'homme ; il commet la faute, mais il s'en débarrasse sur elle ; il dit des mots seulement, d'un ton suppliant, menaçant, raisonnable, furieux : il les oublie vite ; à elle de traduire ces phrases dans la douleur et le sang. Quelquefois il ne dit rien, il s'en va ; mais son silence et sa fuite sont un démenti encore plus évident de tout le code moral institué par les mâles. Il ne faut pas s'étonner de ce qu'on appelle «l'immoralité» des femmes, thème favori des misogynes ; comment n'éprouveraient-elles pas une intime défiance à l'égard des principes arrogants que les hommes publiquement affichent et qu'en secret ils dénoncent ? Elles apprennent à ne plus croire ce que disent les hommes quand ils exaltent la femme, ni quand ils exaltent l'homme : la seule chose sûre, c'est ce ventre fourragé et saignant, ces lambeaux de vie rouge, cette absence de l'enfant. C'est au premier avortement que la femme commence à «comprendre». Pour beaucoup d'entre elles, le monde n'aura plus jamais tout à fait la même figure. Et cependant, faute de la diffusion des méthodes anticonceptionnelles, l'avortement est aujourd'hui en France la seule voie ouverte à la femme qui ne veut pas mettre au monde des enfants condamnés à mourir de misère. Stekel[1] l'a dit très justement : «La défense de l'avortement est une loi immo-

---

1. *La Femme frigide.*

rale puisqu'elle doit être obligatoirement violée, tous les jours, à toutes les heures.»

\*

Le *birth-control* et l'avortement légal permettraient à la femme d'assumer librement ses maternités. En fait c'est en partie une volonté délibérée, en partie le hasard qui décident de la fécondité féminine. Tant que l'insémination artificielle n'est pas devenue une pratique courante, il arrive que la femme souhaite la maternité sans l'obtenir — soit parce qu'elle n'a pas commerce avec les hommes, ou que son mari est stérile, ou qu'elle est mal conformée. Et, en revanche, elle se trouve souvent contrainte à engendrer contre son gré. Grossesse et maternité seront vécues de manière très différente selon qu'elles se déroulent dans la révolte, dans la résignation, la satisfaction, l'enthousiasme. Il faut prendre garde que les décisions et les sentiments avoués de la jeune mère ne correspondent pas toujours à ses désirs profonds. Une fille-mère peut être matériellement accablée par la charge qui lui est soudain imposée, s'en désoler ouvertement, et trouver cependant dans l'enfant l'assouvissement de rêves secrètement caressés; inversement, une jeune mariée qui accueille sa grossesse avec joie et fierté peut la redouter en silence, la détester, à travers des obsessions, des fantasmes, des souvenirs infantiles qu'elle-même refuse de reconnaître. C'est une des raisons qui rend sur ce sujet les femmes si secrètes. Leur silence vient en partie de ce qu'elles se plaisent à entourer de mystère une expérience qui est exclusivement leur apanage; mais aussi, elles sont déconcertées par les contradictions et les conflits dont elles sont alors le siège. «Les préoccupations de la grossesse sont un rêve qui est oublié aussi complètement que le rêve des douleurs de l'accouchement[1]», a

1. N. Hale.

dit une femme. Ce sont les complexes vérités qui se découvrent alors à elles qu'elles s'appliquent à ensevelir dans l'oubli.

On a vu que dans l'enfance et l'adolescence, la femme passe par rapport à la maternité par plusieurs phases. Toute petite, c'est un miracle et un jeu : elle trouve dans la poupée, elle pressent dans l'enfant à venir un objet à posséder et à dominer. Adolescente, elle y voit, au contraire, une menace contre l'intégrité de sa précieuse personne. Ou bien elle la refuse farouchement, comme l'héroïne de Colette Audry[1] qui nous confie :

> Chaque petit enfant qui jouait sur le sable, je l'exécrais d'être sorti d'une femme... Les grandes personnes aussi je les exécrais d'avoir la haute main sur des enfants, de les purger, de les fesser, de les habiller, de les avilir de toutes les manières : les femmes avec leurs corps mous toujours prêts à bourgeonner de nouveaux petits, les hommes qui regardaient toute cette pulpe de femmes et d'enfants à eux, d'un air satisfait et indépendant. Mon corps était à moi toute seule, je ne l'aimais que bruni, incrusté du sel de la mer, griffé par les ajoncs. Il devait rester dur et scellé.

Ou bien elle la redoute tout en la souhaitant, ce qui conduit à des fantasmes de grossesse et à toutes sortes d'angoisses. Il y a des jeunes filles qui se complaisent à exercer l'autorité que confère la maternité mais qui ne sont pas disposées à en assumer pleinement les responsabilités. C'est le cas de cette Lydia citée par H. Deutsch qui, à l'âge de seize ans, placée comme bonne chez des étrangers, s'occupait des enfants confiés à ses soins avec le plus extraordinaire dévouement : c'était une prolongation des rêveries infantiles où elle formait couple avec sa mère pour élever un enfant ; brusquement, elle se mit à négliger son service, à se montrer indifférente aux enfants, à sortir, à flirter ; le temps des jeux était fini et elle commençait à se soucier de sa vraie vie où le désir de maternité tenait peu de place. Certaines femmes

---

1. *On joue perdant*, « L'Enfant ».

ont pendant toute leur existence le désir de dominer des enfants, mais elles gardent l'horreur du travail biologique de la parturition : elles se font sages-femmes, infirmières, institutrices ; elles sont des tantes dévouées, mais elles se refusent à enfanter. Certaines aussi, sans repousser avec dégoût la maternité, sont trop absorbées par leur vie amoureuse ou par une carrière pour lui faire une place dans leur existence. Ou elles ont peur de la charge que représenterait l'enfant pour elles ou pour leur mari.

Souvent la femme assume délibérément sa stérilité soit en se dérobant à tous rapports sexuels, soit par les pratiques du « birth-control » ; mais il y a aussi des cas où elle n'avoue pas sa crainte de l'enfant et où c'est un processus psychique de défense qui empêche la conception ; il se produit en elle des troubles fonctionnels décelables à un examen médical, mais d'origine nerveuse. Le docteur Arthus[1] en cite entre autres un exemple frappant :

Mme H... avait été très mal préparée à sa vie de femme par sa mère ; celle-ci lui avait toujours prédit les pires catastrophes si elle venait à être enceinte... Lorsque Mme H... fut mariée elle se crut enceinte le mois suivant ; elle reconnut son erreur ; puis encore une fois au bout de trois mois : nouvelle erreur. Au bout d'un an elle alla consulter un gynécologue qui se refusa à reconnaître en elle ou en son mari une cause quelconque d'infécondité. Après trois années, elle en vit un autre qui lui dit : « Vous serez enceinte quand vous en parlerez moins... » Après cinq ans de mariage, Mme H... et son mari avaient admis qu'ils n'auraient pas d'enfant. Le bébé naquit au bout de six ans.

L'acceptation ou le refus de la conception est influencé par les mêmes facteurs que la grossesse en général. Au cours de celle-ci se ravivent les rêves infantiles du sujet et ses angoisses d'adolescente ; elle est vécue de manière très différente selon les rapports que la femme soutient avec sa mère, avec son mari, avec elle-même.

Devenant mère à son tour, la femme prend en quelque

1. *Le Mariage.*

sorte la place de celle qui l'a enfantée : c'est là pour elle une totale émancipation. Si elle la souhaite sincèrement, elle se réjouira de sa grossesse et aura à cœur de la conduire sans secours ; encore dominée, et consentant à l'être, elle se remet au contraire dans les mains maternelles : le nouveau-né lui semblera un frère ou une sœur plutôt que son propre fruit ; si tout à la fois elle veut et n'ose pas s'affranchir, elle redoute que l'enfant au lieu de la sauver ne la fasse retomber sous le joug : cette angoisse peut provoquer des fausses couches ; H. Deutsch cite le cas d'une jeune femme qui, devant accompagner son mari dans un voyage et abandonner l'enfant à sa mère, accoucha d'un bébé mort-né ; elle s'étonna de ne pas le pleurer davantage car elle l'avait vivement désiré ; mais elle aurait eu horreur de le livrer à sa mère qui l'eût dominée à travers lui. On a vu que le sentiment de culpabilité à l'égard de la mère est fréquent chez l'adolescente ; s'il est encore vivace, la femme s'imagine qu'une malédiction pèse sur sa progéniture ou sur elle-même : l'enfant, croit-elle, la tuera en venant au monde ou il mourra en naissant. C'est le remords qui souvent provoque cette angoisse, si fréquente chez les jeunes femmes, de ne pas mener leur grossesse à terme. On voit dans cet exemple rapporté par H. Deutsch combien le rapport à la mère peut prendre une importance néfaste :

Mrs. Smith, benjamine d'une famille nombreuse qui ne comptait qu'un garçon, avait été accueillie avec dépit par sa mère qui voulait un fils ; elle n'en souffrit pas trop grâce à l'affection de son père et d'une sœur aînée. Mais quand elle fut mariée et attendit un enfant, bien qu'elle le désirât ardemment, la haine qu'elle avait éprouvée autrefois pour sa mère lui rendit haïssable l'idée d'être elle-même mère ; elle accoucha un mois avant terme d'un enfant mort-né. Enceinte une seconde fois, elle eut peur d'un nouvel accident ; heureusement une de ses amies intimes se trouva grosse en même temps qu'elle ; elle avait une mère très affectueuse qui protégea les deux jeunes femmes pendant leur grossesse ; mais l'amie avait conçu un mois plus tôt que Mrs. Smith qui fut effrayée à l'idée d'achever seule sa grossesse ; à la surprise de tout le monde, l'amie demeura enceinte pendant un mois encore après le terme prévu pour sa délivrance[1] et les deux femmes accouchèrent le même jour. Les amies décidèrent de concevoir le même jour leur prochain enfant et Mrs. Smith commença sans inquiétude sa nouvelle grossesse. Mais son amie au cours du troisième mois dut quitter la ville ; le jour où elle l'apprit, Mrs. Smith fit une fausse couche. Elle ne put plus jamais avoir d'autre enfant ; le souvenir de sa mère pesait trop lourdement sur elle.

Un rapport non moins important, c'est celui que la femme soutient avec le père de son enfant. Une femme déjà mûre, indépendante, peut vouloir un enfant qui n'appartienne qu'à elle : j'en ai connu une dont les yeux s'allumaient à la vue d'un beau mâle, non par désir sensuel, mais parce qu'elle jugeait ses capacités d'étalon ; ce sont ces maternelles amazones qui saluent avec enthousiasme le miracle de l'insémination artificielle. Si le père de l'enfant partage leur vie, elles lui refusent tout droit sur leur progéniture, elles essaient — telle la mère de Paul dans *Amants et fils* — de former avec leur petit un couple fermé. Mais, dans la majorité des cas, la femme a besoin d'un appui masculin pour accepter ses nouvelles responsabilités ; elle ne se dévouera joyeusement au nouveau-né que si un homme se dévoue à elle.

Plus elle est infantile et timide, plus ce besoin est urgent. Ainsi H. Deutsch raconte l'histoire d'une jeune femme qui épousa à quinze ans un garçon de seize ans qui l'avait engrossée. Petite fille, elle avait toujours aimé les bébés et assisté sa mère dans les soins que celle-ci donnait à ses frères et sœurs. Mais une fois mère elle-même de deux enfants, elle fut prise de panique. Elle exigeait que son mari restât sans cesse auprès d'elle ; il dut prendre un travail qui lui permit de demeurer au foyer de longues heures. Elle vivait dans une constante anxiété, exagérant les disputes de ses enfants, donnant une excessive importance aux moindres incidents de leurs journées. Beaucoup de jeunes mères demandent ainsi

1. H. Deutsch affirme avoir vérifié que l'enfant est vraiment né dix mois après avoir été conçu.

du secours à leur mari que parfois elles chassent hors du foyer en l'accablant de leurs soucis. H. Deutsch cite d'autres cas curieux, celui-ci entre autres :

> Une jeune femme mariée se crut enceinte et en fut extrêmement heureuse ; séparée de son mari par un voyage, elle eut une aventure très brève et qu'elle accepta précisément parce que, comblée par sa maternité, rien d'autre ne lui paraissait tirer à conséquence ; revenue près de son mari, elle apprit un peu plus tard qu'en vérité elle s'était trompée sur la date de la conception : celle-ci datait du moment de son voyage. Quand l'enfant fut né, elle se demanda brusquement s'il était fils de son mari ou de son amant de rencontre ; elle devint incapable de sentiment à l'égard de l'enfant désiré ; angoissée, malheureuse, elle eut recours à un psychiatre et ne s'intéressa au bébé que lorsqu'elle se fut décidée à considérer son mari comme le père du nouveau-né.

La femme qui a de l'affection pour son mari modèlera souvent ses sentiments sur ceux qu'il éprouve : elle accueille grossesse et maternité avec joie ou mauvaise humeur selon qu'il en est fier ou importuné. Parfois l'enfant est souhaité afin de consolider une liaison, un mariage, et l'attachement que lui porte la mère dépend de la réussite ou de l'échec de ses plans. Si c'est de l'hostilité qu'elle ressent à l'égard du mari, la situation est encore différente : elle peut se vouer âprement à l'enfant dont elle dénie au père la possession, ou au contraire considérer avec haine le rejeton de l'homme détesté. Mme H. N..., dont nous avons raconté d'après Stekel la nuit de noces, fut tout de suite enceinte et elle détesta toute sa vie la petite fille conçue dans l'horreur de cette brutale initiation. On voit aussi dans le *Journal* de Sophie Tolstoï que l'ambivalence de ses sentiments à l'égard de son mari se reflète dans sa première grossesse. Elle écrit :

> Cet état m'est insupportable physiquement et moralement. Physiquement, je suis constamment malade et, moralement, j'éprouve un ennui, un vide, une angoisse terribles. Et pour Liova, j'ai cessé d'exister... Je ne peux lui donner aucune joie puisque je suis enceinte.

Le seul plaisir qu'elle trouve dans cet état est d'ordre masochiste : sans doute est-ce l'échec de ses rapports amoureux qui lui a donné un besoin infantile d'autopunition.

Depuis hier je suis tout à fait malade, j'ai peur de faire une fausse couche. Cette douleur dans le ventre me procure même une jouissance. C'est comme lorsque j'étais enfant et que j'avais fait une sottise, maman me pardonnait mais, moi, je ne me pardonnais pas. Je me pinçais, ou piquais fortement la main jusqu'à ce que la douleur devînt intolérable. Pourtant je la supportais et y trouvais un immense plaisir... Quand... l'enfant sera là, *cela* recommencera, c'est dégoûtant ! Tout me paraît fastidieux. Les heures sonnent si tristement. Tout est morne. Ah ! si Liova !...

Mais la grossesse est surtout un drame qui se joue chez la femme entre soi et soi ; elle la ressent à la fois comme un enrichissement et comme une mutilation ; le fœtus est une partie de son corps, et c'est un parasite qui l'exploite ; elle le possède et elle est possédée par lui ; il résume tout l'avenir et, en le portant, elle se sent vaste comme le monde ; mais cette richesse même l'annihile, elle a l'impression de ne plus être rien. Une existence neuve va se manifester et justifier sa propre existence, elle en est fière ; mais elle se sent aussi jouet de forces obscures, elle est ballottée, violentée. Ce qu'il y a de singulier chez la femme enceinte, c'est qu'au moment même où son corps se transcende il est saisi comme immanent : il se replie sur lui-même dans les nausées et les malaises ; il cesse d'exister pour lui seul et c'est alors qu'il devient plus volumineux qu'il n'a jamais été. La transcendance de l'artisan, de l'homme d'action est habitée par une subjectivité, mais chez la future mère l'opposition sujet et objet s'abolit ; elle forme avec cet enfant dont elle est gonflée un couple équivoque que la vie submerge ; prise aux rets de la nature, elle est plante et bête, une réserve de colloïdes, une couveuse, un œuf ; elle effraie les enfants au corps égoïste et fait ricaner les jeunes gens parce qu'elle est un être humain, conscience et liberté, qui est devenu un instrument passif de la vie. La vie n'est habituellement qu'une condition de l'existence ; dans la gestation elle apparaît comme créatrice ; mais c'est une étrange création qui se réalise dans la contingence et la facticité. Il y a des femmes pour qui les joies de la grossesse et de l'allaitement sont si fortes qu'elles veulent indéfiniment les répéter ; dès que le bébé est sevré, elles se sentent frustrées. Ces femmes, qui sont des «pondeuses» plutôt que des mères, cherchent avidement la possibilité d'aliéner leur liberté au profit de leur chair : leur existence leur apparaît tranquillement justifiée par la passive fertilité de leur corps. Si la chair est pure inertie, elle ne peut incarner, même sous une forme dégradée, la transcendance ; elle est paresse et ennui, mais dès qu'elle bourgeonne elle devient souche, source, fleur, elle se dépasse, elle est mouvement vers l'avenir en même temps qu'une présence épaisse. La séparation dont la femme a jadis souffert au moment de son sevrage est compensée ; elle est noyée à nouveau dans le courant de la vie, réintégrée au tout, chaînon dans la chaîne sans fin des générations, chair qui existe pour et par une autre chair. La fusion cherchée dans les bras du mâle et qui est refusée aussitôt qu'accordée, la mère la réalise quand elle sent l'enfant dans son ventre lourd ou qu'elle le presse contre ses seins gonflés. Elle n'est plus un objet soumis à un sujet ; elle n'est pas non plus un sujet angoissé par sa liberté, elle est cette réalité équivoque : la vie. Son corps est enfin à elle puisqu'il est à l'enfant qui lui appartient. La société lui en reconnaît la possession et le revêt, en outre, d'un caractère sacré. Le sein qui était naguère un objet érotique, elle peut l'exhiber, c'est une source de vie : au point que des tableaux pieux nous montrent la Vierge Mère découvrant sa poitrine en suppliant son Fils d'épargner l'humanité. Aliénée dans son corps et dans sa dignité sociale, la mère a l'illusion pacifiante de se sentir un être *en soi*, une *valeur* toute faite.

Mais ce n'est qu'une illusion. Car elle ne fait pas vraiment l'enfant : il se fait en elle ; sa chair engendre seulement de la chair : elle est incapable de fonder une existence qui aura à se fonder elle-même ; les créations qui émanent de la liberté posent l'objet comme valeur et le revêtent d'une nécessité : dans le sein maternel, l'enfant est injustifié, il n'est encore qu'une prolifération gratuite, un fait brut dont la contingence est symétrique de celle de la mort. La mère peut avoir *ses* raisons de vouloir *un* enfant, mais elle ne saurait donner à *cet* autre qui va être demain ses propres raisons d'être ; elle l'engendre dans la généralité de son corps, non dans la singularité de son existence. C'est ce que comprend l'héroïne de Colette Audry quand elle dit :

Je n'avais jamais pensé qu'il pût donner un sens à ma vie... Son être avait germé en moi et j'avais dû le mener à bien, quoi qu'il advienne, jusqu'au terme, sans pouvoir hâter les choses même s'il avait fallu en mourir. Puis il avait été là, né de moi ; ainsi il ressemblait à l'œuvre que j'aurais pu faire dans ma vie... mais enfin il ne l'était pas [1].

En un sens le mystère de l'incarnation se répète en chaque femme ; tout enfant qui naît est un dieu qui se fait homme : il ne saurait se réaliser comme conscience et liberté s'il ne venait pas au monde ; la mère se prête à ce mystère, mais elle ne le commande pas ; la suprême vérité de cet être qui se façonne dans son ventre lui échappe. C'est cette équivoque qu'elle traduit par deux fantasmes contradictoires : toute mère a l'idée que son enfant sera un héros ; elle exprime ainsi son émerveillement à l'idée d'engendrer une conscience et une liberté ; mais elle redoute aussi d'accoucher d'un infirme, d'un monstre, parce qu'elle connaît l'affreuse contingence de la chair, et cet embryon qui l'habite est seulement chair. Il y a des cas où c'est tel ou tel mythe qui l'emporte : mais souvent la femme oscille entre l'un et l'autre. Elle est sensible aussi à une autre équivoque. Prise dans le grand cycle de l'espèce, elle affirme la vie contre le temps et la mort : par là elle est promise à l'immortalité ; mais elle éprouve aussi dans

1. *On joue perdant*, « L'Enfant ».

sa chair la réalité du mot de Hegel : « La naissance des enfants est la mort des parents. » L'enfant, dit-il encore, est pour les parents « l'être pour soi de leur amour qui tombe en dehors d'eux », et, inversement, il obtiendra son être pour soi « dans la séparation de la source, une séparation dans laquelle cette source se tarit ». Ce dépassement de soi est aussi pour la femme préfiguration de sa mort. Elle traduit cette vérité par la peur qu'elle ressent quand elle imagine l'accouchement : elle redoute d'y perdre sa propre vie.

La signification de la grossesse étant ainsi ambiguë, il est naturel que l'attitude de la femme soit ambivalente : elle se modifie d'ailleurs aux divers stades de l'évolution du fœtus. Il faut souligner d'abord qu'au début du processus l'enfant n'est pas présent ; il n'a encore qu'une existence imaginaire ; la mère peut rêver à ce petit individu qui naîtra dans quelques mois, s'affairer à lui préparer un berceau, une layette : elle ne saisit concrètement que les troubles phénomènes organiques dont elle est le siège. Certains prêtres de la Vie et de la Fécondité prétendent mystiquement que la femme reconnaît à la qualité du plaisir éprouvé que l'homme vient de la rendre mère : c'est un de ces mythes qu'il faut mettre au rebut. Elle n'a jamais une intuition décisive de l'événement : elle l'induit à partir de signes incertains. Ses règles s'arrêtent, elle épaissit, ses seins deviennent lourds et lui font mal, elle éprouve des vertiges, des nausées ; parfois elle se croit tout simplement malade et c'est un médecin qui la renseigne. Alors elle sait que son corps a reçu une destination qui le transcende ; jour après jour, un polype né de sa chair et étranger à sa chair va s'engraisser en elle ; elle est la proie de l'espèce qui lui impose ses mystérieuses lois et généralement cette aliénation l'effraie : son effroi se traduit par des vomissements. Ceux-ci sont en partie provoqués par les modifications des sécrétions gastriques qui se produisent alors ; mais si cette réaction, inconnue des autres femelles mammifères, prend de l'importance, c'est pour des motifs psychiques ; elle manifeste le caractère aigu que revêt alors

chez la femelle humaine le conflit entre espèce et individu[1].
Même si la femme désire profondément l'enfant, son corps
se révolte d'abord quand il lui faut enfanter. Dans *Les États
nerveux d'angoisse*, Stekel affirme que le vomissement de
la femme enceinte exprime toujours un certain refus de l'enfant; et si celui-ci est accueilli avec hostilité — pour des
raisons souvent inavouées — les troubles stomacaux s'exagèrent.

« La psychanalyse nous a enseigné que l'exagération psychique des symptômes du vomissement ne se rencontre
qu'au cas où l'expulsion orale traduit des émotions d'hostilité à l'égard de la grossesse ou du fœtus », dit H. Deutsch.
Elle ajoute que : « Souvent le contenu psychique du vomissement de la grossesse est exactement le même que dans les
vomissements hystériques des jeunes filles provenant d'un
fantasme de grossesse[2]. » Dans les deux cas est ravivée la
vieille idée de fécondation par la bouche qu'on rencontre
chez les enfants. Pour les femmes infantiles en particulier,
la grossesse est, comme autrefois, assimilée à une maladie de l'appareil digestif. H. Deutsch cite une malade qui
étudiait avec anxiété son vomissement pour voir s'il ne s'y
trouvait pas des fragments d'embryon; cependant elle *savait*,
disait-elle, que cette obsession était absurde. La boulimie,
le manque d'appétit, les dégoûts marquent la même hésitation entre le désir de conserver et celui de détruire l'embryon. J'ai connu une jeune femme qui souffrait à la fois
de vomissements exaspérés et de constipation farouche;
elle m'a dit d'elle-même un jour qu'elle avait l'impression à la fois de chercher à rejeter le fœtus et de s'efforcer
de le retenir; ce qui correspondait exactement à ses désirs

---

1. Cf. vol. Ier, ch. Ier.
2. On m'a cité très précisément le cas d'un homme qui pendant les
premiers mois de la grossesse de sa femme — que cependant il aimait
peu — a présenté exactement les symptômes de nausée, de vertige et de
vomissement qu'on rencontre chez les femmes enceintes. Ils tradui-
saient évidemment d'une manière hystérique des conflits inconscients.

avoués. Le docteur Arthus[1] cite l'exemple suivant que je résume :

> Mme T... présente des troubles graves de grossesse avec vomissements incoercibles... La situation est si inquiétante qu'on doit songer à pratiquer une interruption de la grossesse en cours... La jeune femme est désolée... La brève analyse qui peut être pratiquée révèle [que] : Mme T... fait une identification inconsciente avec une de ses anciennes amies de pension qui a joué un très grand rôle dans sa vie affective et qui est décédée des suites de sa première grossesse. Dès que cette cause peut être révélée, les symptômes s'améliorent ; après une quinzaine de jours les vomissements se produisent encore parfois, mais ne présentent plus aucun danger

Constipation, diarrhées, travail d'expulsion manifestent toujours le même mélange de désir et d'angoisse ; le résultat en est parfois une fausse couche : presque toutes les fausses couches spontanées ont une origine psychique. Ces malaises s'accentuent d'autant plus que la femme leur attache plus d'importance et qu'elle « s'écoute » davantage. En particulier, les fameuses « envies » des femmes enceintes sont des obsessions d'origine infantile complaisamment caressées : elles portent toujours sur des aliments, par suite de la vieille idée de fécondation alimentaire ; la femme se sentant en désarroi dans son corps traduit, comme il arrive souvent dans les psychasthénies, ce sentiment d'étrangeté par un désir sur lequel parfois elle se fascine. Il y a d'ailleurs une « culture » de ces envies par la tradition, comme il y eut naguère une culture de l'hystérie ; la femme s'attend à avoir des envies, elle les guette, elle s'en invente. On m'a cité une jeune fille-mère qui avait eu une envie si frénétique d'épinards qu'elle avait couru en acheter au marché et qu'elle trépignait d'impatience en les regardant cuire : elle exprimait ainsi l'angoisse de sa solitude ; sachant ne pouvoir compter que sur elle-même, c'est avec une hâte fiévreuse qu'elle s'empressait de satisfaire ses désirs. La duchesse

---

1. *Le Mariage.*

d'Abrantès a décrit d'une façon très amusante dans ses *Mémoires* un cas où l'envie est impérieusement suggérée par l'entourage de la femme. Elle se plaint d'avoir été entourée pendant sa grossesse de trop de sollicitude.

Ces soins, ces prévenances augmentent le malaise, le mal de cœur, les maux de nerfs et les mille et une souffrances qui sont presque toujours les compagnes des premières grossesses. Je l'ai éprouvé... Ce fut ma mère qui commença un jour où je dînais chez elle... «Ah! mon Dieu, me dit-elle tout à coup en posant sa fourchette et en me regardant d'un air consterné, ah! mon Dieu! je n'ai pas songé à te demander quelle était *ton envie*.

— Mais je n'en ai pas, lui répondis-je.

— Tu n'as pas d'envie, dit ma mère... Tu n'as pas d'envie! mais cela ne s'est jamais vu! Tu te trompes. C'est que tu n'y fais pas attention. J'en parlerai à ta belle-mère.»

Et voilà mes deux mères consultant entre elles. Et voilà Junot qui dans la terreur que je n'aille lui faire quelque enfant à hure de sanglier... me demandait tous les matins: «Laure, de quoi as-tu donc envie?» Ma belle-sœur qui revint de Versailles ajouta au chœur des questions... ce qu'elle avait vu de personnes défigurées par des envies non satisfaites ne pouvait se nombrer... Je finis par m'effrayer moi-même... Je cherchai dans ma tête ce qui me plaisait le mieux et je ne trouvai rien. Enfin, un jour, il m'arriva de réfléchir en mangeant une pastille d'ananas qu'un ananas devait être une bien excellente chose... Une fois que je me persuadai que j'avais *envie* d'un ananas, j'éprouvai d'abord un désir très vif; puis il augmenta lorsque Corcelet déclara que... ce n'était pas le moment. Oh! alors j'éprouvai cette souffrance qui tient de la rage et qui vous met dans l'état de mourir ou de le satisfaire.

(Junot, après quantité de démarches, finit par recevoir un ananas des mains de Mme Bonaparte. La duchesse d'Abrantès l'accueillit avec joie et passa la nuit à le sentir et à le toucher, le médecin lui ayant ordonné de ne le manger qu'au matin. Quand enfin Junot le lui servit):

Je repoussai l'assiette loin de moi. «Mais... je ne sais pas ce que j'ai, je ne puis manger de l'ananas.» Il me ramenait le nez sur la maudite assiette, ce qui provoqua une assertion positive que je ne pouvais pas manger de l'ananas. Il fallut non seulement l'emporter, mais ouvrir les fenêtres, parfumer ma chambre pour enlever jusqu'au moindre vestige d'une odeur qu'une seconde avait suffi pour me rendre odieuse. Ce qu'il y a de plus singulier dans ce fait c'est que depuis je n'ai jamais pu manger de l'ananas sans me faire une sorte de violence...

Ce sont les femmes dont on s'occupe trop, ou qui s'occupent trop d'elles-mêmes qui présentent le plus de phénomènes morbides. Celles qui traversent le plus facilement l'épreuve de la grossesse, ce sont d'une part les matrones totalement vouées à leur fonction de pondeuse, d'autre part les femmes viriles qui ne se fascinent pas sur les aventures de leur corps et qui ont à cœur de les surmonter avec aisance : Mme de Staël menait une grossesse aussi rondement qu'une conversation.

Quand la grossesse se poursuit, le rapport entre la mère et le fœtus change. Celui-ci s'est solidement installé dans le ventre maternel, les deux organismes se sont adaptés l'un à l'autre et il y a entre eux des échanges biologiques qui permettent à la femme de retrouver son équilibre. Elle ne se sent plus possédée par l'espèce : c'est elle qui possède le fruit de ses entrailles. Les premiers mois, elle était une femme quelconque, et diminuée par le travail secret qui s'accomplissait en elle ; plus tard elle est avec évidence une mère et ses défaillances sont l'envers de sa gloire. L'impotence dont elle souffrait devient en s'accentuant un alibi. Beaucoup de femmes trouvent alors dans leur grossesse une merveilleuse paix : elles se sentent justifiées ; elles avaient toujours eu le goût de s'observer, d'épier leur corps ; elles n'osaient pas, par sens de leurs devoirs sociaux, s'intéresser à lui avec trop de complaisance : à présent elles en ont le droit ; tout ce qu'elles font pour leur propre bien-être, elles le font aussi pour l'enfant. On ne leur demande plus ni travail ni effort ; elles n'ont plus à se soucier du reste du monde ; les rêves d'avenir qu'elles caressent donnent leur sens au moment présent ; elles n'ont qu'à se laisser vivre : elles sont en vacances. La raison de leur existence est là, dans leur ventre, et leur donne une parfaite impression de plénitude. « C'est comme un petit poêle en hiver qui est toujours allumé, qui est là, pour vous seule, entièrement soumis à votre volonté. C'est aussi une douche fraîche tombant sans arrêt pendant l'été.

C'est là », dit une femme citée par Hélène Deutsch. Comblée, la femme connaît aussi la satisfaction de se sentir « intéressante », ce qui a été depuis son adolescence son plus profond désir ; comme épouse, elle souffrait de sa dépendance à l'égard de l'homme ; à présent elle n'est plus objet sexuel, servante, mais elle incarne l'espèce, elle est promesse de vie, d'éternité ; son entourage la respecte ; ses caprices mêmes deviennent sacrés : c'est ce qui l'encourage, on l'a vu, à inventer des « envies ». « La grossesse permet à la femme de rationaliser des actes qui autrement paraîtraient absurdes », dit Hélène Deutsch. Justifiée par la présence dans son sein d'un autre, elle jouit enfin pleinement d'être soi-même.

Colette a décrit dans *L'Étoile Vesper* cette phase de sa grossesse.

Insidieusement, sans hâte, la béatitude des femelles pleines m'envahissait. Je n'étais plus tributaire d'aucun malaise, d'aucun malheur. Euphorie, ronronnement, de quel nom, le scientifique ou le familier, nommer cette préservation ? Il faut qu'elle m'ait comblée puisque je ne l'oublie pas... On se lasse de taire ce qu'on n'a jamais dit, en l'espèce, l'état d'orgueil, de banale magnificence que je goûtais à préparer mon fruit... Chaque soir je disais un peu adieu à l'un des bons temps de ma vie. Je savais bien que je le regretterais. Mais l'allégresse, le ronronnement, l'euphorie submergeaient tout, et sur moi régnaient la douce bestialité, la nonchalance dont me chargeaient mon poids accru et les sourds appels de la créature que je formais.

Sixième, septième mois... Premières fraises, premières roses. Puis-je appeler ma grossesse autrement qu'une longue fête ? On oublie les affres du terme, on n'oublie pas une longue fête unique : je n'en ai rien oublié. Je me souviens surtout que le sommeil, à des heures capricieuses, s'emparait de moi et que j'étais reprise, comme dans mon enfance, par le besoin de dormir sur la terre, sur l'herbe, sur la terre échauffée. Unique « envie », saine envie.

Vers la fin j'avais l'air d'un rat qui traîne un œuf volé. Incommode à moi-même il m'arrivait d'être trop fatiguée pour me coucher... Sous le poids, sous la fatigue, ma longue fête ne s'interrompait pas encore. On me portait sur un pavois de privilèges et de soins...

Cette grossesse heureuse, Colette nous dit qu'un de ses amis la nomma une «grossesse d'homme». Et elle apparaît en effet comme le type de ces femmes qui supportent vaillamment leur état parce qu'elles ne s'absorbent pas en lui. Elle poursuivait en même temps son travail d'écrivain. «L'enfant manifesta qu'il arrivait le premier et je vissai le capuchon de mon stylo.»

D'autres femmes s'appesantissent davantage; elles ruminent indéfiniment leur importance neuve. Pour peu qu'on les y encourage, elles reprennent à leur compte les mythes masculins: elles opposent à la lucidité de l'esprit la nuit féconde de la Vie, à la conscience claire les mystères de l'intériorité, à la liberté stérile le poids de ce ventre qui est là dans son énorme facticité; la future mère se sent humus et glèbe, source, racine; quand elle s'assoupit, son sommeil est celui du chaos où fermentent les mondes. Il y en a qui plus oublieuses de soi s'enchantent surtout du trésor de vie qui grandit en elles. C'est cette joie qu'exprime Cécile Sauvage au long de ses poèmes *L'Âme en bourgeon*:

> *Tu m'appartiens ainsi que l'aurore à la plaine*
> *Autour de toi ma vie est une chaude laine*
> *Où tes membres frileux poussent dans le secret.*

Et plus loin:

> *Ô toi que je cajole avec crainte dans l'ouate*
> *Petite âme en bourgeon attachée à ma fleur*
> *D'un morceau de mon cœur je façonne ton cœur*
> *Ô mon fruit cotonneux, petite bouche moite.*

Et dans une lettre à son mari:

C'est drôle, il me semble que j'assiste à la formation d'une infime planète et que j'en pétris le globe frêle. Je n'ai jamais été si près de la vie. Je n'ai jamais si bien senti que je suis sœur de la terre avec les végé-

tations et les sèves. Mes pieds marchent sur la terre comme sur une bête
vivante. Je songe au jour plein de flûtes, d'abeilles réveillées, de rosée
car voici qu'il se cabre et s'agite en moi. Si tu savais quelle fraîcheur de
printemps et quelle jeunesse cette âme en bourgeon met dans mon cœur.
Et dire que c'est là l'âme enfantine de Pierrot et qu'elle élabore dans la
nuit de mon être deux grands yeux d'infini pareils aux siens.

En revanche, les femmes qui sont profondément coquettes,
qui se saisissent essentiellement comme objet érotique, qui
s'aiment dans la beauté de leur corps, souffrent de se voir
déformées, enlaidies, incapables de susciter le désir. La
grossesse ne leur apparaît pas du tout comme une fête ou un
enrichissement, mais comme une diminution de leur moi.

On lit entre autres dans *Ma vie* par Isadora Duncan :

L'enfant faisait maintenant sentir sa présence... Mon beau corps de
marbre se détendait, se brisait, se déformait... En marchant au bord
de la mer, je sentais parfois un excès de force et de vigueur et je me
disais parfois que cette petite créature serait à moi, à moi seule ; mais
d'autres jours... j'avais l'impression d'être un pauvre animal pris au
piège... Avec des alternatives d'espoir et de désespoir, je pensais souvent aux pèlerinages de ma jeunesse, à mes courses errantes, à mes
découvertes de l'art, et tout cela n'était qu'un prologue ancien, perdu
dans la brume qui aboutissait à l'attente d'un enfant, chef-d'œuvre à la
portée de n'importe quelle paysanne... Je commençai à être prise de
toutes sortes de frayeurs. Vainement je me disais que toutes les femmes
ont des enfants. C'était quelque chose de naturel et pourtant j'avais
peur. Peur de quoi ? Certes pas de la mort ni même de la souffrance,
j'avais une peur inconnue de ce que je ne connaissais pas. De plus en
plus mon beau corps se déformait à mes yeux étonnés. Où étaient mes
gracieuses formes juvéniles de naïade ? Où était mon ambition, ma
renommée ? Souvent en dépit de moi-même je me sentais misérable et
vaincue. La lutte avec la vie, cette géante, était inégale ; mais alors je
pensais à l'enfant qui allait naître et toute ma tristesse s'évanouissait.
Heures cruelles d'attente dans la nuit. Comme nous payons cher la
gloire d'être mère !...

Dans le dernier stade de la grossesse, la séparation
s'ébauche entre la mère et l'enfant. Les femmes ressentent
de manière différente son premier mouvement, ce coup de

pied frappé aux portes du monde, frappé contre la paroi du ventre qui l'enferme à l'écart du monde. Certaines accueillent avec émerveillement ce signal qui annonce la présence d'une vie autonome ; d'autres se pensent alors avec répugnance comme le réceptacle d'un individu étranger. De nouveau, l'union du fœtus et du corps maternel se trouble : l'utérus descend, la femme a une sensation de pression, de tension, des difficultés respiratoires. Elle est possédée cette fois non par l'espèce indistincte, mais par cet enfant qui va naître ; il n'était jusqu'alors qu'une image, un espoir ; il devient lourdement présent. Sa réalité crée de nouveaux problèmes. Tout passage est angoissant : l'accouchement apparaît comme singulièrement effrayant. Quand la femme se rapproche de son terme, toutes ses terreurs infantiles se raniment ; si par suite d'un sentiment de culpabilité elle se croit maudite par sa mère, elle se persuade qu'elle va mourir ou que l'enfant mourra. Tolstoï a peint dans *Guerre et Paix* sous les traits de Lise une de ces femmes infantiles qui voient dans l'accouchement une condamnation à mort : et elle meurt en effet.

L'accouchement prendra selon les cas un caractère très différent : la mère souhaite à la fois garder dans son ventre le trésor de chair qui est un précieux morceau de son moi et se débarrasser d'un gêneur ; elle veut tenir enfin son rêve entre ses mains, mais elle a peur des responsabilités nouvelles que va créer cette matérialisation : l'un ou l'autre désir peut l'emporter, mais souvent elle est divisée. Souvent aussi ce n'est pas d'un cœur décidé qu'elle aborde l'angoissante épreuve : elle entend se prouver et prouver à son entourage — à sa mère, à son mari — qu'elle est capable de la surmonter sans aide ; mais en même temps elle en veut au monde, à la vie, à ses proches, des souffrances qui lui sont infligées et elle adopte par protestation une conduite passive. Les femmes indépendantes — matrones ou femmes viriles — ont à cœur de jouer un rôle actif dans les moments qui précèdent l'accouchement et pendant l'accouchement même ; très infantiles, elles s'abandonnent passivement à la sage-femme, à leur mère ; certaines mettent leur orgueil à ne pas crier ; d'autres refusent toute consigne. D'une manière générale, on peut dire que dans cette crise elles expriment leur attitude profonde à l'égard du monde en général, et de leur maternité en particulier : elles sont stoïques, résignées, revendicantes, impérieuses, révoltées, inertes, tendues... Ces dispositions psychologiques ont une énorme influence sur la durée et la difficulté de l'accouchement (qui dépend aussi bien entendu de facteurs purement organiques). Ce qui est significatif, c'est que normalement la femme — comme certaines femelles domestiques — a besoin d'un secours pour accomplir la fonction à laquelle la nature la voue ; il y a des paysannes aux mœurs rudes et des filles-mères honteuses qui s'accouchent elles-mêmes : mais leur solitude entraîne souvent la mort de l'enfant ou chez la mère des maladies inguérissables. Dans le moment même où la femme achève de réaliser son destin féminin, elle est encore dépendante : ce qui prouve aussi que dans l'espèce humaine la nature ne se distingue jamais de l'artifice. Naturellement, le conflit entre l'intérêt de l'individu féminin et celui de l'espèce est si aigu qu'il entraîne souvent la mort ou de la mère, ou de l'enfant : ce sont les interventions humaines de la médecine, de la chirurgie qui ont considérablement diminué — et même presque éliminé — les accidents naguère si fréquents. Les méthodes de l'anesthésie sont en train de démentir l'affirmation biblique : « Tu enfanteras dans la douleur » ; couramment utilisées en Amérique, elles commencent à se répandre en France ; en mars 1949, un décret vient de les rendre obligatoires en Angleterre[1].

---

1. J'ai dit déjà que certains antiféministes s'indignaient au nom de la nature et de la Bible qu'on prétendît supprimer les souffrances de l'enfantement ; elles seraient une des sources de « l'instinct » maternel. H. Deutsch semble tentée par cette opinion ; quand la mère n'a pas senti le travail de l'accouchement, elle ne reconnaît pas profondément l'enfant pour sien au moment où on le lui présente, dit-elle ; cependant elle convient que le même sentiment de vide et d'étrangeté se rencontre

Quelles sont exactement les souffrances qu'elles épargnent à la femme, il est difficile de le savoir. Le fait que la délivrance dure parfois plus de vingt-quatre heures et parfois s'achève en deux ou trois heures interdit toute généralisation. Pour certaines femmes, l'enfantement est un martyre. C'est le cas d'Isadora Duncan : elle avait vécu sa grossesse dans l'angoisse et sans doute des résistances psychiques aggravèrent-elles encore les douleurs de la délivrance ; elle écrit :

On peut dire ce qu'on veut de l'Inquisition espagnole, aucune femme qui a eu un enfant ne saurait la redouter. C'était un jeu en comparaison. Sans trêve, sans arrêt, sans pitié, cet invisible et cruel génie me tenait dans ses griffes, me déchirait les os et les nerfs. On dit que de telles souffrances sont vite oubliées. Tout ce que je peux répondre c'est qu'il me suffit de fermer les yeux pour entendre à nouveau mes cris et mes plaintes.

Certaines femmes considèrent au contraire que c'est une épreuve relativement facile à supporter. Un petit nombre y trouve un plaisir sensuel.

Je suis un être tellement sexuel que l'accouchement même est pour moi un acte sexuel, écrit l'une[1]. J'avais une très belle « Madame ». Elle me baignait et me donnait des injections. C'était assez pour me mettre dans un état de haute excitation avec des frissons nerveux.

Il y en a qui disent avoir éprouvé pendant leurs couches une impression de puissance créatrice ; elles ont vraiment

---

aussi chez des accouchées qui ont souffert ; et elle soutient tout au long de son livre que l'amour maternel est un sentiment, une attitude consciente, non un instinct ; qu'il n'est pas nécessairement lié à la grossesse ; selon elle une femme peut aimer maternellement un enfant adopté, celui que le mari a eu d'un premier lit. etc. Cette contradiction provient évidemment de ce qu'elle a voué la femme au masochisme et que sa thèse lui commande d'accorder une haute valeur aux souffrances féminines.

1. Le sujet dont Stekel a recueilli une confession que nous avons en partie résumée.

accompli un travail volontaire et producteur ; beaucoup, au contraire, se sont senties passives, un instrument souffrant, torturé.

Les premiers rapports de la mère avec le nouveau-né sont également variables. Certaines femmes souffrent de ce vide que maintenant elles éprouvent dans leur corps : il leur semble qu'on leur a volé leur trésor.

> *Je suis la ruche sans parole*
> *Dont l'essaim est parti dans l'air*
> *Je n'apporte plus la becquée*
> *De mon sang à ton frêle corps*
> *Mon être est la maison fermée*
> *Dont on vient d'enlever un mort,*

écrit Cécile Sauvage. Et encore :

> *Tu n'es plus tout à moi. Ta tête*
> *Réfléchit déjà d'autres cieux.*

Et aussi :

> *Il est né, j'ai perdu mon jeune bien-aimé*
> *Maintenant il est né, je suis seule, je sens*
> *S'épouvanter en moi le vide de mon sang...*

En même temps, cependant, il y a chez toute jeune mère une curiosité émerveillée. C'est un étrange miracle de voir, de tenir un être vivant formé en soi, sorti de soi. Mais quelle part la mère a-t-elle eue au juste dans l'événement extraordinaire qui jette sur terre une existence neuve ? Elle l'ignore. Il n'existerait pas sans elle et cependant il lui échappe. Il y a une tristesse étonnée à le voir dehors, coupé de soi. Et presque toujours une déception. La femme voudrait le sentir *sien* aussi sûrement que sa propre main : mais tout ce qu'il éprouve est enfermé en lui, il est opaque, impénétrable, séparé ; elle ne le reconnaît même pas puisqu'elle ne le connaît pas ; sa grossesse, elle l'a vécue sans lui : elle n'a aucun passé commun avec ce petit étranger ; elle s'attendait qu'il lui soit tout de suite familier ; mais non, c'est un nouveau venu et elle est stupéfaite de l'indifférence avec laquelle elle l'accueille. Pendant les rêveries de la grossesse, il était une image, il était infini et la mère jouait en pensée sa maternité future ; maintenant, c'est un tout petit individu fini, et il est là pour de vrai, contingent, fragile, exigeant. La joie qu'enfin il soit là, bien réel, se mêle au regret qu'il ne soit que cela.

C'est par l'allaitement que beaucoup de jeunes mères retrouvent sur leur enfant par-delà la séparation un intime rapport animal ; c'est une fatigue plus épuisante que celle de la grossesse, mais qui permet à la nourrice de perpétuer l'état de « vacances », de paix, de plénitude que savourait la femme enceinte.

> Quand le bébé tétait, dit à propos d'une de ses héroïnes Colette Audry[1], il n'y avait justement rien autre à faire et cela aurait pu durer des heures ; elle ne pensait même pas à ce qui viendrait après. Il n'y avait qu'à attendre qu'il se détachât du sein comme une grosse abeille.

Mais il y a des femmes qui ne peuvent pas nourrir et en qui l'indifférence étonnée des premières heures se perpétue tant qu'elles n'ont pas retrouvé avec l'enfant des liens concrets. Ce fut le cas, entre autres, de Colette à qui il ne fut pas possible d'allaiter sa fille et qui décrit avec son habituelle sincérité ses premiers sentiments maternels[2] :

> La suite, c'est la contemplation d'une personne nouvelle qui est entrée dans la maison sans venir du dehors... Mettais-je à ma contemplation assez d'amour ? Je n'ose pas l'affirmer. Certes j'avais l'habitude — je l'ai encore — de l'émerveillement. Je l'exerçais sur l'assemblage de prodiges qu'est le nouveau-né : ses ongles, pareils en transparence à

---

1. *On joue perdant.*
2. Colette, *L'Étoile Vesper.*

l'écaille bombée de la crevette rose, la plante de ses pieds, venus à nous sans toucher terre. Le léger plumage de ses cils, abaissés sur la joue, interposés entre les paysages terrestres et le songe bleuâtre de l'œil. Le petit sexe, amande à peine incisée, bivalve, clos exactement, lèvre à lèvre. Mais la minutieuse admiration que je dédiais à ma fille je ne la nommais pas, je ne la sentais pas amour. Je guettais... Je ne puisais pas, à des spectacles que ma vie avait si longtemps attendus, la vigilance et l'émulation des mères éblouies. Quand viendrait donc pour moi le signe qui accomplit une deuxième, une plus difficile effraction ? Je dus accepter qu'une somme d'avertissements, de furtifs soulèvements jaloux, des prémonitions fausses, et même des vraies, la fierté de disposer d'une vie dont j'étais l'humble créancière, la conscience un peu perfide de donner à l'autre une leçon de modestie, me changeassent enfin en une mère ordinaire. Encore ne me rassérénai-je que lorsque le langage intelligible fleurit sur des lèvres ravissantes, lorsque la connaissance, la malice et même la tendresse firent d'un poupon standard une fille, et d'une fille, ma fille !

Il y a aussi beaucoup de mères qui sont effrayées par leurs nouvelles responsabilités. Pendant la grossesse, elles n'avaient qu'à s'abandonner à leur chair ; aucune initiative n'était exigée d'elles. Maintenant, il y a en face d'elles une personne qui a sur elles des droits. Certaines femmes caressent gaiement leur enfant tant qu'elles sont à l'hôpital, encore gaies et insouciantes, mais commencent à le regarder comme un fardeau dès qu'elles rentrent chez elles. Même l'allaitement ne leur apporte aucune joie, au contraire, elles redoutent d'abîmer leur poitrine ; c'est avec rancune qu'elles sentent leurs seins crevassés, leurs glandes douloureuses ; la bouche de l'enfant les blesse : il leur semble qu'il aspire leurs forces, leur vie, leur bonheur. Il leur inflige une dure servitude et il ne fait plus partie d'elles : il apparaît comme un tyran ; elles regardent avec hostilité ce petit individu étranger qui menace leur chair, leur liberté, leur moi tout entier.

Beaucoup d'autres facteurs interviennent. Les relations de la femme avec sa mère conservent toute leur importance. H. Deutsch cite le cas d'une jeune nourrice dont le lait tarissait chaque fois que sa mère venait la voir ; souvent elle demande de l'aide, mais elle est jalouse des soins qu'une autre donne au bébé et éprouve à l'égard de celui-ci de la morosité. Les rapports avec le père de l'enfant, les sentiments qu'il nourrit lui-même ont aussi une grande influence. Tout un ensemble de raisons économiques, sentimentales, définit l'enfant comme un fardeau, une chaîne, ou une libération, un joyau, une sécurité. Il y a des cas où l'hostilité devient une haine déclarée qui se traduit par une extrême négligence ou de mauvais traitements. Le plus souvent la mère, consciente de ses devoirs, la combat ; elle en éprouve un remords qui engendre des angoisses où se prolongent les appréhensions de la grossesse. Tous les psychanalystes admettent que les mères qui vivent dans l'obsession de faire du mal à leurs enfants, celles qui imaginent d'horribles accidents éprouvent envers eux une inimitié qu'elles s'efforcent de refouler. Ce qui est en tout cas remarquable et qui distingue ce rapport de tout autre rapport humain, c'est que dans les premiers temps l'enfant lui-même n'intervient pas : ses sourires, ses balbutiements n'ont d'autre sens que celui que la mère leur donne ; il dépend d'elle, non de lui, qu'il lui semble charmant, unique, ou ennuyeux, banal, odieux. C'est pourquoi les femmes froides, insatisfaites, mélancoliques, qui attendaient de l'enfant une compagnie, une chaleur, une excitation qui les arrachent à elles-mêmes, sont toujours profondément désappointées. Comme le « passage » de la puberté, de l'initiation sexuelle, du mariage, celui de la maternité engendre une déception morose chez les sujets qui espèrent qu'un événement extérieur peut rénover et justifier leur vie. C'est le sentiment qu'on rencontre chez Sophie Tolstoï. Elle écrit :

> Ces neuf mois ont été les plus terribles de ma vie. Quant au dixième, mieux vaut n'en pas parler.

En vain s'efforce-t-elle d'inscrire dans son journal une joie conventionnelle : c'est sa tristesse et sa peur des responsabilités qui nous frappent.

Tout s'est accompli. J'ai accouché, j'ai eu ma part de souffrances, je me suis relevée et peu à peu je rentre dans la vie avec une peur et une inquiétude constantes au sujet de l'enfant et surtout de mon mari. Quelque chose s'est brisé en moi. Quelque chose me dit que je souffrirai constamment, je crois que c'est la crainte de ne pas m'acquitter de mes devoirs envers *ma famille*. J'ai cessé d'être naturelle parce que j'ai peur de ce vulgaire amour d'une femelle pour ses petits et peur d'aimer exagérément mon mari. On affirme que c'est une vertu d'aimer son mari et ses enfants. Cette idée me console parfois... Que le sentiment maternel est puissant et comme il me semble naturel d'être mère. C'est l'enfant de Liova et voilà pourquoi je l'aime.

Mais on sait que précisément elle n'affiche tant d'amour pour son mari que parce qu'elle ne l'aime pas ; cette antipathie rejaillit sur l'enfant conçu dans des étreintes qui l'écœuraient.

K. Mansfield a décrit l'hésitation d'une jeune mère qui chérit son mari mais subit avec répulsion ses caresses. Elle éprouve devant ses enfants à la fois de la tendresse et une impression de vide qu'elle interprète avec morosité comme une complète indifférence. Linda, se reposant dans le jardin auprès de son dernier-né, pense à son mari, Stanley[1].

À présent elle l'avait épousé ; et même elle l'aimait. Pas le Stanley que tout le monde connaissait, pas le Stanley quotidien ; mais un Stanley timide, sensible, innocent, qui s'agenouillait chaque soir pour dire ses prières. Mais le malheur était... qu'elle voyait *son* Stanley si rarement. Il y avait des éclairs, des instants de calme mais le reste du temps elle avait l'impression de vivre dans une maison toujours prête à prendre feu, sur un bateau qui faisait chaque jour naufrage. Et c'est toujours Stanley qui était au cœur du danger. Elle passait tout son temps à le sauver, à le soigner, à le calmer et à écouter son histoire. Le temps qui lui restait, elle le passait dans la peur d'avoir des enfants... C'était très beau de dire qu'avoir des enfants est le sort commun des femmes. Ce n'était pas vrai. Elle, par exemple, pourrait prouver que c'était faux. Elle était brisée, affaiblie, découragée par ses grossesses. Et ce qui était le plus dur à supporter, c'est qu'elle n'aimait pas ses enfants. Ce n'est pas la peine de feindre... Non, c'est comme si un vent froid l'avait glacée à

1. *Sur la baie.*

chacun de ces terribles voyages ; il ne lui restait plus de chaleur à leur donner. Quant au petit garçon, eh bien ! grâce au ciel il appartenait à sa mère, à Béryl, à qui voulait. Elle l'avait à peine tenu dans ses bras. Il lui était si indifférent tandis qu'il reposait à ses pieds. Elle abaissa son regard... Il y avait quelque chose de si bizarre, si inattendu dans son sourire que Linda sourit à son tour. Mais elle se reprit et dit à l'enfant froidement : « Je n'aime pas les bébés. — Tu n'aimes pas les bébés ? » Il ne pouvait pas le croire. « Tu ne m'aimes pas ? » Il agitait stupidement ses bras vers sa mère. Linda se laissa tomber sur l'herbe. « Pourquoi continues-tu à sourire ? » dit-elle sévèrement. « Si tu savais ce que je pensais, tu ne rirais pas... » Linda était si étonnée de la confiance de cette petite créature. Ah non, sois sincère. Ce n'était pas ce qu'elle sentait ; c'était quelque chose de tout à fait différent, quelque chose de si neuf, de si... Des larmes dansèrent dans ses yeux, elle murmura doucement à l'enfant : « Bonjour, mon drôle de petit... »

Tous ces exemples suffisent à montrer qu'il n'existe pas d'« instinct » maternel : le mot ne s'applique en aucun cas à l'espèce humaine. L'attitude de la mère est définie par l'ensemble de sa situation et par la manière dont elle l'assume. Elle est, comme on vient de le voir, extrêmement variable.

Le fait est cependant que si les circonstances ne sont pas positivement défavorables, la mère trouvera dans l'enfant un enrichissement.

C'était comme une réponse de la réalité de sa propre existence... par lui elle avait prise sur toutes choses et sur elle-même pour commencer,

écrit C. Audry à propos d'une jeune mère.

Elle prête à une autre ces paroles :

Il pesait sur mes bras, sur ma poitrine comme ce qu'il y a de plus lourd au monde, jusqu'à la limite de mes forces. Il m'enfonçait en terre dans le silence et la nuit. D'un seul coup il m'avait jeté le poids du monde sur les épaules. C'est bien pourquoi je l'avais voulu lui. Seule j'étais trop légère.

Si certaines femmes qui sont des « pondeuses » plutôt que des mères se désintéressent de l'enfant dès qu'il est sevré, dès qu'il est né, et ne souhaitent qu'une nouvelle grossesse, beaucoup au contraire éprouvent que c'est la séparation même qui leur donne l'enfant; il n'est plus un morceau indistinct de leur moi mais une parcelle du monde; il ne hante plus sourdement le corps, mais on peut le voir, le toucher; après la mélancolie de la délivrance, Cécile Sauvage exprime la joie de la maternité possessive :

> *Te voilà mon petit amant*
> *Sur le grand lit de ta maman*
> *Je peux t'embrasser, te tenir,*
> *Soupeser ton bel avenir;*
> *Bonjour ma petite statue*
> *De sang, de joie et de chair nue,*
> *Mon petit double, mon émoi...*

On a dit et répété que la femme trouve heureusement dans l'enfant un équivalent du pénis : c'est tout à fait inexact. En fait, l'homme adulte a cessé de voir dans son pénis un jouet merveilleux : la valeur que garde son organe, c'est celle des objets désirables dont il assure la possession; de même la femme adulte envie au mâle la proie qu'il annexe, non l'instrument de cette annexion; l'enfant assouvit cet érotisme agressif que l'étreinte masculine ne comble pas : il est l'homologue de cette maîtresse qu'elle livre au mâle et que celui-ci n'est pas pour elle; bien entendu il n'y a pas équivalence exacte : toute relation est originale; mais la mère trouve dans l'enfant — comme l'amant dans l'aimée — une plénitude charnelle et ceci non dans la reddition mais dans la domination; elle saisit en lui ce que l'homme recherche dans la femme : un autre à la fois nature et conscience qui soit sa proie, son *double*. Il incarne toute la nature. L'héroïne de C. Audry nous dit qu'elle trouvait dans son enfant :

La peau qui était pour mes doigts, qui avait tenu la promesse de tous les petits chats, de toutes les fleurs...

Sa chair a cette douceur, cette tiède élasticité que, petite fille, la femme a convoitée à travers la chair maternelle et, plus tard, partout dans le monde. Il est plante, bête, il y a dans ses yeux les pluies et les rivières, l'azur du ciel et de la mer, ses ongles sont du corail, ses cheveux une végétation soyeuse, c'est une poupée vivante, un oiseau, un chaton; ma fleur, ma perle, mon poussin, mon agneau... la mère murmure presque les mots de l'amant et comme lui elle se sert avidement de l'adjectif possessif; elle use des mêmes modes d'appropriation : caresses, baisers; elle serre l'enfant contre son corps, elle l'enveloppe dans la chaleur de ses bras, de son lit. Parfois ces rapports revêtent un caractère nettement sexuel. Ainsi, dans la confession recueillie par Stekel et que j'ai déjà citée, on lit :

J'allaitais mon fils, mais sans joie car il ne poussait pas et nous perdions tous deux du poids. Cela représentait quelque chose de sexuel pour moi et j'éprouvais un sentiment de honte en lui donnant le sein. J'avais la sensation adorable de sentir le petit corps chaud qui se serrait contre le mien; je frissonnais quand je sentais ses petites mains me toucher... Tout mon amour se détachait de mon moi pour aller vers mon fils... L'enfant était trop souvent avec moi. Dès qu'il me voyait au lit, il avait alors deux ans, il se traînait vers le lit, essayant de se mettre sur moi. Il caressait mes seins avec ses petites mains et voulait descendre avec son doigt; ce qui me faisait plaisir au point que j'avais de la peine à le renvoyer. Souvent j'ai dû lutter contre la tentation de jouer avec son pénis...

La maternité revêt une nouvelle figure lorsque l'enfant grandit; les premiers temps il n'est qu'un «poupon-standard», il n'existe que dans sa généralité : peu à peu il s'individualise. Les femmes très dominatrices ou très charnelles se refroidissent alors à son égard; c'est à ce moment au contraire que certaines autres — comme Colette — commencent à s'y intéresser. Le rapport de la mère à l'enfant devient de plus en plus complexe : il est un double et parfois elle est tentée de totalement s'aliéner en lui, mais il est un sujet autonome, donc rebelle ; il est chaudement réel, aujourd'hui, mais c'est au fond de l'avenir un adolescent, un adulte imaginaire ; c'est une richesse, un trésor : c'est aussi une charge, un tyran. La joie que la mère peut trouver en lui est une joie de générosité ; il faut qu'elle se complaise à servir, à donner, à créer du bonheur telle la mère que peint C. Audry :

> Il avait donc une enfance heureuse comme dans les livres, mais qui était à l'enfance des livres comme les vraies roses aux roses des cartes postales. Et ce bonheur à lui sortait de moi comme le lait dont je l'avais nourri.

Comme l'amoureuse, la mère s'enchante de se sentir nécessaire ; elle est justifiée par les exigences auxquelles elle répond ; mais ce qui fait la difficulté et la grandeur et l'amour maternel, c'est qu'il n'implique pas de réciprocité ; la femme n'a pas en face d'elle un homme, un héros, un demi-dieu, mais une petite conscience balbutiante, noyée dans un corps fragile et contingent ; l'enfant ne détient aucune valeur, il ne peut en conférer aucune ; en face de lui la femme demeure seule ; elle n'attend aucune récompense en échange de ses dons, c'est à sa propre liberté de les justifier. Cette générosité mérite les louanges que les hommes inlassablement lui décernent ; mais la mystification commence quand la religion de la Maternité proclame que toute mère est exemplaire. Car le dévouement maternel peut être vécu dans une parfaite authenticité ; mais, en fait, c'est rarement le cas. Ordinairement, la maternité est un étrange compromis de narcissisme, d'altruisme, de rêve, de sincérité, de mauvaise foi, de dévouement, de cynisme.

Le grand danger que nos mœurs font courir à l'enfant, c'est que la mère à qui on le confie pieds et poings liés est presque toujours une femme insatisfaite : sexuellement elle

est frigide ou inassouvie ; socialement elle se sent inférieure
à l'homme ; elle n'a pas de prise sur le monde ni sur l'avenir ; elle cherchera à compenser à travers l'enfant toutes ces
frustrations ; quand on a compris à quel point la situation
actuelle de la femme lui rend difficile son plein épanouissement, combien de désirs, de révoltes, de prétentions,
de revendications l'habitent sourdement, on s'effraie que
des enfants sans défense lui soient abandonnés. Comme au
temps où tour à tour elle dorlotait et torturait ses poupées,
ses conduites sont symboliques : mais ces symboles deviennent pour l'enfant une âpre réalité. Une mère qui fouette son
enfant ne bat pas seulement l'enfant, en un sens elle ne le
bat pas du tout : elle se venge d'un homme, du monde, ou
d'elle-même ; mais c'est bien l'enfant qui reçoit les coups.
Mouloudji a fait sentir dans *Enrico* ce pénible malentendu :
Enrico comprend bien que ce n'est pas lui que sa mère
frappe si follement ; et éveillée de son délire elle sanglote de
remords et de tendresse ; il ne lui en garde pas rancune, mais
il n'est pas moins défiguré par ces coups. De même la mère
décrite dans *L'Asphyxie*, de Violette Leduc, en se déchaî-
nant contre sa fille se venge du séducteur qui l'a abandonnée, de la vie qui l'a humiliée et vaincue. On a toujours
connu cet aspect cruel de la maternité ; mais avec une
pudeur hypocrite on a désarmé l'idée de « mauvaise mère »
en inventant le type de la marâtre ; c'est l'épouse du second
lit qui tourmente l'enfant d'une « bonne mère » défunte. En
vérité, en Mme Fichini c'est une mère, exact pendant de
l'édifiante Mme de Fleurville, que Mme de Ségur nous
décrit. Depuis *Poil de carotte*, de Jules Renard, les actes
d'accusation se sont multipliés : *Enrico, L'Asphyxie, La
Haine maternelle* de S. de Tervagnes, *Vipère au poing*
d'Hervé Bazin. Si les types tracés dans ces romans sont un
peu exceptionnels, c'est que la majorité des femmes refou-
lent par moralité et décence leurs impulsions spontanées ;
mais celles-ci se manifestent par éclairs à travers scènes,
gifles, colères, insultes, punitions, etc. À côté des mères

franchement sadiques, il en est beaucoup qui sont surtout capricieuses ; ce qui les enchante c'est de dominer ; tout petit, le bébé est un jouet : si c'est un garçon elles s'amusent sans scrupule de son sexe ; si c'est une fille elles en font une poupée ; plus tard, elles veulent qu'un petit esclave leur obéisse aveuglément : vaniteuses, elles exhibent l'enfant comme un animal savant ; jalouses et exclusives, elles l'isolent du reste du monde. Souvent aussi la femme ne renonce pas à être récompensée des soins qu'elle donne à l'enfant : elle modèle à travers lui un être imaginaire qui la reconnaîtra avec gratitude pour une mère admirable et en qui elle se reconnaîtra. Quand Cornélie montrant ses fils disait avec fierté : « Voilà mes joyaux », elle donnait le plus néfaste exemple à la postérité ; trop de mères vivent dans l'espoir de répéter un jour ce geste orgueilleux ; et elles n'hésitent pas à sacrifier à cette fin le petit individu de chair et d'os dont l'existence contingente, indécise, ne les comble pas. Elles lui imposent de ressembler à leur mari ou au contraire de ne pas lui ressembler, ou de réincarner un père, une mère, un ancêtre vénéré ; elles imitent un modèle prestigieux : une socialiste allemande admirait profondément Lily Braun, raconte H. Deutsch, la célèbre agitatrice avait un fils génial et qui mourut jeune ; son imitatrice s'entêta à traiter son propre fils en futur génie et le résultat fut qu'il devint un bandit. Nuisible à l'enfant, cette tyrannie désadaptée est toujours pour la mère une source de déception. H. Deutsch en cite un autre exemple frappant, celui d'une Italienne dont elle suivit l'histoire pendant plusieurs années.

Mme Mazetti avait de nombreux enfants et se plaignait sans cesse d'être en difficulté ou avec l'un ou avec l'autre ; elle demandait de l'aide mais il était difficile de l'aider parce qu'elle se pensait supérieure à tout le monde et surtout à son mari et à ses enfants ; elle se conduisait avec beaucoup de pondération et de hauteur hors de sa famille : mais chez elle, au contraire, elle était très excitée et faisait des scènes violentes. Elle était issue d'un milieu pauvre et inculte et elle avait toujours voulu « s'élever » ; elle suivait des cours du soir et aurait peut-être satisfait ses ambitions si elle ne s'était mariée à seize ans avec un homme qui l'attirait sexuellement et qui l'avait rendue mère. Elle continua à essayer de sortir de son milieu en suivant des cours, etc.; le mari était un bon ouvrier qualifié, que l'attitude agressive et supérieure de sa femme conduisit, par réaction, à l'alcoolisme; c'est peut-être pour s'en venger qu'il l'engrossa un grand nombre de fois. Séparée de son mari, après un temps où elle se résigna à sa condition, elle commença à traiter ses enfants de la même manière que leur père; dans leur premier âge, ils la satisfirent : ils travaillaient bien, ils avaient de bonnes notes en classe, etc. Mais quand Louise, l'aînée, eut seize ans, la mère eut peur qu'elle ne répétât sa propre expérience : elle devint si sévère et si dure que Louise en effet, par vengeance, eut un enfant illégitime. Les enfants prenaient dans l'ensemble le parti de leur père contre leur mère qui les assommait avec ses hautes exigences morales; elle ne pouvait jamais s'attacher tendrement qu'à un enfant à la fois, mettant en lui tous ses espoirs; et puis elle changeait de favori, sans raison, ce qui rendait les enfants furieux et jaloux. Une fille après l'autre se mit à fréquenter des hommes, à attraper la syphilis et à ramener à la maison des enfants illégitimes; les garçons devinrent voleurs. Et la mère ne voulait pas comprendre que c'était ses exigences idéales qui les avaient poussés dans ce chemin.

Cet entêtement éducateur et le sadisme capricieux dont j'ai parlé se mélangent souvent; la mère donne comme prétexte à ses colères qu'elle veut « former » l'enfant; et inversement l'échec de son entreprise exaspère son hostilité.

Une autre attitude assez fréquente et qui n'est pas moins néfaste à l'enfant, c'est le dévouement masochiste; certaines mères, pour compenser le vide de leur cœur et se punir d'une hostilité qu'elles ne veulent pas s'avouer, se font les esclaves de leur progéniture; elles cultivent indéfiniment une anxiété morbide, elles ne supportent pas que l'enfant s'éloigne d'elles; elles renoncent à tout plaisir, à toute vie personnelle, ce qui leur permet d'emprunter une figure de victime; et elles puisent dans ces sacrifices le droit de dénier ainsi à l'enfant toute indépendance; ce renoncement se concilie facilement avec une volonté tyrannique de domination; la *mater dolorosa* fait de ses souffrances une arme dont elle use sadiquement; ses scènes de résignation engendrent chez l'enfant des sentiments de culpabilité qui souvent pèseront sur lui toute sa vie : elles sont plus nocives encore que des scènes agressives. Ballotté, déconcerté, l'enfant ne trouve aucune attitude de défense : tantôt des coups, tantôt des larmes le dénoncent comme criminel. La grande excuse de la mère c'est que l'enfant est bien loin de lui apporter cet heureux accomplissement d'elle-même qu'on lui a promis depuis sa propre enfance : elle s'en prend à lui de la mystification dont elle a été victime et qu'innocemment il dénonce. De ses poupées, elle disposait à son gré ; quand elle assistait dans les soins d'un bébé une sœur, une amie, c'était sans responsabilité. À présent la société, son mari, sa mère et son propre orgueil lui demandent compte de cette petite vie étrangère comme si elle était son œuvre : le mari en particulier s'irrite des défauts de l'enfant comme d'un dîner raté ou d'une inconduite de sa femme ; ses exigences abstraites pèsent souvent lourdement sur le rapport de la mère à l'enfant ; une femme indépendante — grâce à sa solitude, son insouciance ou son autorité dans le foyer — sera beaucoup plus sereine que celles sur qui pèsent des volontés dominatrices auxquelles elle doit, bon gré mal gré, obéir en faisant obéir l'enfant. Car la grande difficulté est d'enfermer dans des cadres prévus une existence mystérieuse comme celle des bêtes, turbulente et désordonnée comme les forces naturelles, humaine cependant ; on ne peut ni dresser l'enfant en silence comme on dresse un chien ni le persuader avec des mots d'adulte : il joue de cette équivoque, opposant aux mots l'animalité de ses sanglots, de ses convulsions et aux contraintes l'insolence du langage. Certes, le problème ainsi posé est passionnant et quand elle en a le loisir la mère se plaît à être une éducatrice : tranquillement installé dans un jardin public, le bébé est encore un alibi comme au temps où il nichait dans son ventre ; souvent, étant demeurée plus ou moins infantile, elle s'enchante de bêtifier avec lui, ressuscitant les jeux, les mots, les préoccupations, les joies des temps ensevelis.

Mais quand elle lave, cuisine, allaite un autre enfant, fait le marché, reçoit des visites et surtout quand elle s'occupe de son mari, l'enfant n'est plus qu'une présence importune, harassante; elle n'a pas le loisir de le «former»; il faut d'abord l'empêcher de nuire; il casse, il déchire, il salit, il est un constant danger pour les objets et pour lui-même; il s'agite, il crie, il parle, il fait du bruit: il vit pour son compte; et cette vie dérange celle de ses parents. Leur intérêt et le sien ne se recoupent pas: de là le drame. Sans cesse encombrés par lui, les parents sans cesse lui infligent des sacrifices dont il ne comprend pas les raisons: ils le sacrifient à leur tranquillité et aussi à son propre avenir. Il est naturel qu'il se rebelle. Il ne comprend pas les explications que sa mère tente de lui donner: elle ne peut pénétrer dans sa conscience à lui; ses rêves, ses phobies, ses obsessions, ses désirs forment un monde opaque: la mère ne peut que réglementer du dehors, à tâtons, un être qui éprouve ces lois abstraites comme une violence absurde. Quand l'enfant grandit, l'incompréhension demeure: il entre dans un monde d'intérêts, de valeurs d'où la mère s'est exclue; souvent il l'en méprise. Le garçon en particulier, fier de ses prérogatives masculines, se rit des ordres d'une femme: elle exige que ses devoirs soient faits, mais elle ne saurait résoudre les problèmes qu'il a à traiter, traduire ce texte latin; elle ne peut pas le «suivre». La mère parfois s'énerve jusqu'aux larmes dans cette tâche ingrate dont le mari mesure rarement la difficulté: gouverner un être avec qui on ne communique pas et qui est cependant un être humain; s'immiscer dans une liberté étrangère qui ne se définit et s'affirme qu'en se révoltant contre vous.

La situation est différente selon que l'enfant est un garçon ou une fille; et bien que le premier soit plus «difficile» la mère généralement s'en accommode mieux. À cause du prestige dont la femme revêt les hommes, et aussi des privilèges que ceux-ci détiennent concrètement, beaucoup de femmes souhaitent des fils. «C'est merveilleux de mettre au monde un homme !» disent-elles ; on a vu qu'elles rêvaient d'engendrer un «héros», et le héros est évidemment de sexe mâle. Le fils sera un chef, un conducteur d'hommes, un soldat, un créateur ; il imposera sa volonté sur la face de la terre et sa mère participera à son immortalité ; les maisons qu'elle n'a pas construites, les pays qu'elle n'a pas explorés, les livres qu'elle n'a pas lus, il les lui donnera. À travers lui elle possédera le monde : mais à condition qu'elle possède son fils. De là naît le paradoxe de son attitude. Freud considère que la relation de la mère et du fils est celle où l'on rencontre le moins d'ambivalence ; mais en fait dans la maternité, comme dans le mariage et dans l'amour, la femme a une attitude équivoque à l'égard de la transcendance masculine ; si sa vie conjugale ou amoureuse l'a rendue hostile aux hommes, ce sera une satisfaction pour elle que de dominer le mâle réduit à sa figure infantile ; elle traitera avec une familiarité ironique le sexe aux prétentions arrogantes : parfois elle effraiera l'enfant en lui annonçant qu'on le lui ôtera s'il n'est pas sage. Même si, plus humble, plus pacifique, elle respecte dans son fils le héros à venir, afin qu'il soit vraiment sien elle s'efforce de le réduire à sa réalité immanente : de même qu'elle traite son mari en enfant, elle traite l'enfant en bébé. Il est trop rationnel, trop simple, de croire qu'elle souhaite châtrer son fils ; son rêve est plus contradictoire : elle le veut infini et cependant tenant dans le creux de sa main, dominant le monde entier, et agenouillé devant elle. Elle l'encourage à se montrer douillet, gourmand, égoïste, timide, sédentaire, elle lui interdit le sport, la camaraderie, elle le rend défiant de lui-même, parce qu'elle entend *l'avoir* à elle ; mais elle est déçue s'il ne devient pas en même temps un aventurier, un champion, un génie dont elle pourrait s'enorgueillir. Que son influence soit souvent néfaste — comme l'a affirmé Montherlant, comme l'a illustré Mauriac dans *Génitrix* — c'est hors de doute. Heureusement pour le garçon, il peut assez facilement échapper à cette emprise : les mœurs, la société l'y encouragent. Et la mère elle-même s'y résigne : elle sait bien que la lutte contre l'homme est inégale. Elle se console en jouant les *mater dolorosa* ou en ruminant l'orgueil d'avoir engendré un de ses vainqueurs.

La petite fille est plus totalement livrée à sa mère ; les prétentions de celle-ci en sont accrues. Leurs rapports revêtent un caractère beaucoup plus dramatique. Dans une fille, la mère ne salue pas un membre de la caste élue : elle y cherche son double. Elle projette en elle toute l'ambiguïté de son rapport à soi ; et quand s'affirme l'altérité de cet *alter ego*, elle se sent trahie. C'est entre mère et fille que les conflits dont nous avons parlé prennent une forme exaspérée.

Il y a des femmes qui sont assez satisfaites de leur vie pour souhaiter se réincarner en une fille ou du moins pour l'accueillir sans déception ; elles voudront donner à leur enfant les chances qu'elles ont eues, celles aussi qu'elles n'ont pas eues : elles lui feront une jeunesse heureuse. Colette a tracé le portrait d'une de ces mères équilibrées et généreuses ; Sido chérit sa fille dans sa liberté ; elle la comble sans jamais rien exiger parce qu'elle tire sa joie de son propre cœur. Il se peut que, se dévouant à ce double en qui elle se reconnaît et se dépasse, la mère finisse par s'aliéner totalement en elle ; elle renonce à son moi, son seul souci est le bonheur de son enfant ; elle se montrera même égoïste et dure à l'égard du reste du monde ; le danger qui la menace, c'est de devenir importune à celle qu'elle adore, comme Mme de Sévigné le fut pour Mme de Grignan ; la fille essaiera avec mauvaise humeur de se débarrasser d'un dévouement tyrannique ; souvent elle y réussit mal, elle demeure toute sa vie infantile, timide devant ses responsabilités parce qu'elle a été trop « couvée ». Mais c'est surtout une certaine forme masochiste de la maternité qui risque de peser lourdement sur la jeune fille. Certaines femmes sentent leur féminité comme une malédiction absolue : elles souhaitent ou accueillent une fille avec l'amer plaisir de se retrouver en une autre victime; et, en même temps, elles s'estiment coupables de l'avoir mise au monde; leurs remords, la pitié qu'elles éprouvent à travers leur fille pour elles-mêmes se traduisent par d'infinies anxiétés; elles ne quitteront pas l'enfant d'un seul pas; elles dormiront dans le même lit qu'elle pendant quinze ans, vingt ans; la petite fille sera annihilée par le feu de cette passion inquiète.

La majorité des femmes à la fois revendique et déteste leur condition féminine; c'est dans le ressentiment qu'elles la vivent. Le dégoût qu'elles éprouvent pour leur sexe pourrait les inciter à donner à leurs filles une éducation virile: elles sont rarement assez généreuses. Irritée d'avoir engendré une femme, la mère l'accueille avec cette équivoque malédiction: « Tu seras femme. » Elle espère racheter son infériorité en faisant de celle qu'elle regarde comme son double une créature supérieure; et elle tend aussi à lui infliger la tare dont elle a souffert. Parfois, elle cherche à imposer exactement à l'enfant son propre destin: « Ce qui était assez bon pour moi l'est aussi pour toi; c'est ainsi qu'on m'a élevée, tu partageras mon sort. » Parfois, au contraire, elle lui interdit farouchement de lui ressembler: elle veut que son expérience serve, c'est une manière de reprendre son coup. La femme galante met sa fille au couvent, l'ignorante la fait instruire. Dans *L'Asphyxie*, la mère qui voit dans sa fille la conséquence détestée d'une faute de jeunesse lui dit avec fureur:

> Essaie de comprendre. Si ça t'arrivait une chose pareille, je te renierais. Moi, je ne savais rien. Le péché! c'est vague, le péché! Si un homme t'appelait, n'y va pas. Suis ton chemin. Ne te retourne pas. Tu m'entends? Tu es prévenue, il ne faut pas que ça t'arrive et, si cela t'arrivait, je n'aurais aucune pitié, je te laisserais dans le ruisseau.

On a vu que Mme Mazetti, à force de vouloir épargner à sa fille l'erreur qu'elle avait elle-même commise, l'y avait précipitée. Stekel raconte un cas complexe de « haine maternelle » à l'égard d'une fille:

Je connaissais une mère qui dès sa naissance ne pouvait supporter sa quatrième fille, une charmante et gentille petite créature... Elle l'accusait d'avoir hérité de tous les défauts de son mari... L'enfant était née à une époque où un autre homme lui avait fait la cour, un poète dont elle avait été passionnément amoureuse; elle espérait que — comme dans *Les Affinités électives* de Goethe — l'enfant prendrait les traits de l'homme aimé. Mais dès sa naissance elle ressembla à son père. En outre la mère voyait dans cette enfant son propre reflet : l'enthousiasme, la douceur, la dévotion, la sensualité. Elle aurait voulu être forte, inflexible, dure, chaste, énergique. Elle se détestait beaucoup plus que son mari dans l'enfant.

C'est quand la fillette grandit que naissent de véritables conflits; on a vu qu'elle souhaitait affirmer contre sa mère son autonomie : aux yeux de la mère, c'est là un trait d'odieuse ingratitude; elle s'entête à «mater» cette volonté qui se dérobe; elle n'accepte pas que son double devienne *une autre*. Le plaisir que l'homme goûte auprès des femmes : se sentir absolument supérieur, la femme ne le connaît qu'auprès de ses enfants et surtout de ses filles; elle se sent frustrée s'il lui faut renoncer à ses privilèges, à son autorité. Mère passionnée ou mère hostile, l'indépendance de l'enfant ruine ses espoirs. Elle est doublement jalouse : du monde qui lui prend sa fille, de sa fille qui en conquérant une part du monde la lui vole. Cette jalousie porte d'abord sur les rapports de la fillette avec son père; parfois, la mère se sert de l'enfant pour attacher le mari au foyer : en cas d'échec, elle est dépitée mais, si sa manœuvre réussit, elle est prompte à raviver sous une forme inversée son complexe infantile : elle s'irrite contre sa fille, comme naguère contre sa propre mère; elle boude, elle se pense abandonnée et incomprise. Une Française, mariée à un étranger qui aimait beaucoup ses filles, disait un jour avec colère : «J'en ai assez de vivre avec des métèques!» Souvent l'aînée, favorite du père, est particulièrement en butte aux persécutions maternelles. La mère l'accable de tâches ingrates, exige d'elle un sérieux au-dessus de son âge : puisqu'elle est une rivale, on la traitera en adulte ; elle apprendra elle aussi que « la vie n'est pas un roman, tout n'est pas rose, on ne fait pas ce qu'on veut, on n'est pas sur terre pour s'amuser... ». Bien souvent, la mère gifle l'enfant à tort et à travers simplement « pour lui apprendre » ; elle tient entre autres à lui prouver qu'elle demeure la maîtresse : car ce qui l'agace le plus, c'est qu'elle n'a aucune supériorité véritable à opposer à une enfant de onze à douze ans ; celle-ci peut déjà s'acquitter parfaitement des tâches ménagères, c'est « une petite femme » ; elle a même une vivacité, une curiosité, une lucidité qui la rendent à bien des égards supérieure aux femmes adultes. La mère se plaît à régner sans conteste sur son univers féminin ; elle se veut unique, irremplaçable ; et voilà que sa jeune assistante la réduit à la pure généralité de sa fonction. Elle gronde durement sa fille si, après deux jours d'absence, elle trouve la maison en désordre ; mais elle entre dans des transes furieuses s'il s'avère que la vie familiale s'est parfaitement poursuivie sans elle. Elle n'accepte pas que sa fille devienne vraiment un double, un substitut d'elle-même. Cependant, il lui est encore plus intolérable qu'elle s'affirme franchement comme une autre. Elle déteste systématiquement les amies en qui sa fille cherche du secours contre l'oppression familiale et qui « lui montent la tête » ; elle les critique, défend à sa fille de les voir trop souvent ou même prend prétexte de leur « mauvaise influence » pour lui interdire radicalement de les fréquenter. Toute influence qui n'est pas la sienne est mauvaise ; elle a une animosité particulière à l'égard des femmes de son âge — professeurs, mères de camarades — vers qui la fillette tourne son affection : elle déclare ces sentiments absurdes ou malsains. Parfois, il suffit pour l'exaspérer de la gaieté, de l'inconscience, des jeux et des rires de l'enfant ; elle les pardonne plus volontiers aux garçons ; ils usent de leur privilège mâle, c'est naturel, elle a renoncé depuis longtemps à une impossible compétition. Mais pourquoi cette autre

femme jouirait-elle d'avantages qui lui sont refusés ?
Emprisonnée dans les pièges du sérieux, elle envie toutes
les occupations et les amusements qui arrachent la fillette à
l'ennui du foyer ; cette évasion est un démenti de toutes les
valeurs auxquelles elle s'est sacrifiée. Plus l'enfant grandit,
plus la rancune ronge le cœur maternel ; chaque année achemine la mère vers son déclin ; d'année en année le corps
juvénile s'affirme, s'épanouit ; cet avenir qui s'ouvre devant
sa fille, il semble à la mère qu'on le lui dérobe ; c'est de là
que vient l'irritation de certaines femmes, quand leurs filles
ont leurs premières règles : elles leur en veulent d'être dorénavant sacrées femmes. À cette nouvelle venue s'offrent,
contre la répétition et la routine qui sont le lot de l'aînée, des
possibilités encore indéfinies : ce sont ces chances que la
mère envie et déteste ; ne pouvant les faire siennes, elle
essaie souvent de les diminuer, de les supprimer : elle garde
sa fille à la maison, la surveille, la tyrannise, elle la fagote
exprès, elle lui refuse tous loisirs, elle entre dans des colères
sauvages si l'adolescente se maquille, si elle « sort » ; toute
sa rancune à l'égard de la vie, elle la tourne contre cette
jeune vie qui s'élance vers un avenir neuf ; elle essaie d'humilier la jeune fille, elle tourne en ridicule ses initiatives,
elle la brime. Une lutte ouverte se déclare souvent entre
elles, c'est normalement la plus jeune qui gagne car le
temps travaille pour elle ; mais sa victoire a goût de faute :
l'attitude de sa mère engendre en elle à la fois révolte et
remords ; la seule présence de la mère fait d'elle une coupable : on a vu que ce sentiment peut lourdement grever tout
son avenir. Bon gré mal gré, la mère finit par accepter sa
défaite ; quand sa fille devient adulte, il se rétablit entre elles
une amitié plus ou moins tourmentée. Mais l'une demeure à
jamais déçue, frustrée ; l'autre se croira souvent poursuivie
par une malédiction.

Nous reviendrons sur les rapports que soutient avec ses
grands enfants une femme avancée en âge : mais c'est évidemment pendant leurs vingt premières années qu'ils occu-

pent dans la vie de leur mère la plus grande place. De la description que nous venons d'en faire, la dangereuse fausseté de deux préjugés couramment admis ressort avec évidence. Le premier, c'est que la maternité suffise en tout cas à combler une femme : il n'en est rien. Il y a quantité de mères qui sont malheureuses, aigries, insatisfaites. L'exemple de Sophie Tolstoï qui accoucha plus de douze fois est significatif ; elle ne cesse de répéter au long de son journal que tout lui paraît inutile et vide dans le monde et en elle-même. Les enfants lui procurent une sorte de paix masochiste. «Avec les enfants, je n'ai déjà plus le sentiment d'être jeune. Je suis calme et heureuse.» Renoncer à sa jeunesse, à sa beauté, à sa vie personnelle lui apporte un peu de calme ; elle se sent âgée, justifiée. «Le sentiment de leur être indispensable m'est un grand bonheur.» Ils sont une arme qui lui permet de refuser la supériorité de son mari. «Mes seules ressources, mes seules armes pour rétablir entre nous l'égalité, ce sont les enfants, l'énergie, la joie, la santé…» Mais ils ne suffisent absolument pas à donner un sens à une existence rongée par l'ennui. Le 25 janvier 1875, après un moment d'exaltation, elle écrit :

*Moi aussi je veux et je peux tout*[1]. Mais dès que ce sentiment passe, je constate que je ne veux et ne puis rien, rien si ce n'est soigner les poupons, manger, boire, dormir, aimer mon mari et mes enfants, ce qui en définitive devrait être le bonheur mais ce qui me rend triste et comme hier me donne envie de pleurer.

Et onze ans plus tard :

Je me consacre énergiquement et avec un ardent désir de bien faire à l'éducation des enfants. Mais mon Dieu ! comme je suis impatiente, irascible, comme je crie !… Combien est triste cette éternelle lutte avec les enfants !

1. C'est S. Tolstoï qui souligne.

Le rapport de la mère avec ses enfants se définit au sein de la forme globale qu'est sa vie ; il dépend de ses relations avec son mari, avec son passé, avec ses occupations, avec soi-même ; c'est une erreur néfaste autant qu'absurde de prétendre voir dans l'enfant une panacée. C'est la conclusion à laquelle aboutit aussi H. Deutsch, dans l'ouvrage que j'ai souvent cité et où elle étudie à travers son expérience de psychiatre les phénomènes de la maternité. Elle place très haut cette fonction ; c'est par elle, estime-t-elle, que la femme s'accomplit totalement : mais à condition qu'elle soit *librement* assumée et *sincèrement* voulue ; il faut que la jeune femme soit dans une situation psychologique, morale et matérielle qui lui permette d'en supporter la charge ; sinon les conséquences en seront désastreuses. En particulier, il est criminel de conseiller l'enfant comme remède à des mélancoliques ou à des névrosées ; c'est faire le malheur de la femme et de l'enfant. La femme équilibrée, saine, consciente de ses responsabilités est seule capable de devenir une « bonne mère ».

J'ai dit que la malédiction qui pèse sur le mariage, c'est que trop souvent les individus s'y rejoignent dans leur faiblesse, non dans leur force, c'est que chacun demande à l'autre au lieu de se plaire à lui donner. C'est un leurre encore plus décevant que de rêver atteindre par l'enfant une plénitude, une chaleur, une valeur qu'on n'a pas su créer soi-même ; il n'apporte de joie qu'à la femme capable de vouloir avec désintéressement le bonheur d'un autre, à celle qui sans retour sur soi cherche un dépassement de sa propre existence. Certes, l'enfant est une entreprise à laquelle on peut valablement se destiner ; mais pas plus qu'aucune autre elle ne représente de justification toute faite ; et il faut qu'elle soit voulue pour elle-même, non pour d'hypothétiques bénéfices. Stekel dit très justement :

Les enfants ne sont pas des ersatz de l'amour ; ils ne remplacent pas un but de vie brisée ; ils ne sont pas du matériel destiné à remplir le vide de notre vie ; ils sont une responsabilité et un lourd devoir ; ils sont les fleurons les plus généreux de l'amour libre. Ils ne sont ni le jouet des parents, ni l'accomplissement de leur besoin de vivre, ni des succédanés de leurs ambitions insatisfaites. Des enfants : c'est l'obligation de former des êtres heureux.

Une telle obligation n'a rien de *naturel* : la nature ne saurait jamais dicter de choix moral ; celui-ci implique un engagement. Enfanter, c'est prendre un engagement ; si la mère ensuite s'y dérobe, elle commet une faute contre une existence humaine, contre une liberté ; mais personne ne peut le lui imposer. Le rapport des parents aux enfants, comme celui des époux, devrait être librement voulu. Et il n'est pas même vrai que l'enfant soit pour la femme un accomplissement privilégié ; on dit volontiers d'une femme qu'elle est coquette, ou amoureuse, ou lesbienne, ou ambitieuse « faute d'enfant » ; sa vie sexuelle, les buts, les valeurs qu'elle poursuit seraient des succédanés de l'enfant. En fait, il y a primitivement indétermination : on peut dire aussi bien que c'est faute d'amour, faute d'occupation, faute de pouvoir assouvir ses tendances homosexuelles que la femme souhaite un enfant. C'est une morale sociale et artificielle qui se cache sous ce pseudo-naturalisme. Que l'enfant soit la fin suprême de la femme, c'est là une affirmation qui a tout juste la valeur d'un slogan publicitaire.

Le second préjugé immédiatement impliqué par le premier, c'est que l'enfant trouve un sûr bonheur dans les bras maternels. Il n'y a pas de mère « dénaturée » puisque l'amour maternel n'a rien de naturel : mais, précisément à cause de cela, il y a de mauvaises mères. Et une des grandes vérités que la psychanalyse a proclamées, c'est le danger que constituent pour l'enfant les parents « normaux » eux-mêmes. Les complexes, les obsessions, les névroses dont souffrent les adultes ont leur racine dans leur passé familial ; les parents qui ont leurs propres conflits, leurs querelles, leurs drames, sont pour l'enfant la compagnie la moins sou-

haitable. Profondément marqués par la vie du foyer paternel, ils abordent leurs propres enfants à travers des complexes et des frustrations : et cette chaîne de misère se
perpétuera indéfiniment. En particulier, le sado-masochisme
maternel crée chez la fille un sentiment de culpabilité qui se
traduira par des conduites sado-masochistes à l'égard de ses
enfants, sans fin. Il y a une mauvaise foi extravagante dans
la conciliation du mépris que l'on voue aux femmes et du
respect dont on entoure les mères. C'est un criminel paradoxe que de refuser à la femme toute activité publique, de
lui fermer les carrières masculines, de proclamer en tous
domaines son incapacité, et de lui confier l'entreprise la
plus délicate, la plus grave aussi qui soit : la formation d'un
être humain. Il y a une quantité de femmes à qui les mœurs,
la tradition refusent encore l'éducation, la culture, les responsabilités, les activités, qui sont le privilège des hommes
et à qui, cependant, on met sans scrupule des enfants dans
les bras, comme naguère on les consolait avec des poupées
de leur infériorité par rapport aux petits garçons ; on les
empêche de vivre ; par compensation, on leur permet de
jouer avec des jouets de chair et d'os. Il faudrait que la
femme fût parfaitement heureuse ou qu'elle fût une sainte
pour résister à la tentation d'abuser de ses droits. Montes-
quieu avait peut-être raison quand il disait qu'il vaudrait
mieux confier aux femmes le gouvernement de l'État que
celui d'une famille ; car, dès qu'on lui en donne l'occasion, la femme est aussi raisonnable, aussi efficace qu'un
homme : c'est dans la pensée abstraite, dans l'action concertée qu'elle surmonte le plus aisément son sexe ; il lui est
bien plus difficile, *actuellement*, de se délivrer de son passé
de femme, de trouver un équilibre affectif que rien dans sa
situation ne favorise. L'homme aussi est beaucoup plus
équilibré et rationnel dans son travail qu'au foyer ; il conduit
ses calculs avec une précision mathématique : il devient
illogique, menteur, capricieux près de la femme avec qui il
se « laisse aller » ; de même, elle se « laisse aller » avec l'en-

fant. Et cette complaisance est plus dangereuse, parce qu'elle peut mieux se défendre contre son mari que l'enfant ne peut se défendre contre elle. Il serait évidemment souhaitable pour le bien de l'enfant que sa mère fût une personne complète et non mutilée, une femme qui trouve dans son travail, dans son rapport à la collectivité, un accomplissement de soi qu'elle ne chercherait pas à atteindre tyranniquement à travers lui ; et il serait souhaitable aussi qu'il soit abandonné à ses parents infiniment moins qu'il ne l'est à présent, que ses études, ses distractions se déroulent au milieu d'autres enfants, sous le contrôle d'adultes qui n'auraient avec lui que des liens impersonnels et purs.

Même au cas où l'enfant apparaît comme une richesse au sein d'une vie heureuse ou du moins équilibrée, il ne saurait borner l'horizon de sa mère. Il ne l'arrache pas à son immanence ; elle façonne sa chair, elle l'entretient, le soigne : elle ne peut jamais créer qu'une situation de fait qu'il appartient à la seule liberté de l'enfant de dépasser ; quand elle mise sur son avenir, c'est encore par procuration qu'elle se transcende à travers l'univers et le temps, c'est-à-dire qu'une fois de plus elle se voue à la dépendance. Non seulement l'ingratitude, mais l'échec de son fils sera le démenti de tous ses espoirs : comme dans le mariage ou l'amour, elle remet à un autre le soin de justifier sa vie alors que la seule conduite authentique, c'est de librement l'assumer. On a vu que l'infériorité de la femme venait originellement de ce qu'elle s'est d'abord bornée à répéter la vie tandis que l'homme inventait des raisons de vivre, à ses yeux plus essentielles que la pure facticité de l'existence ; enfermer la femme dans la maternité, ce serait perpétuer cette situation. Elle réclame aujourd'hui de participer au mouvement par lequel l'humanité tente sans cesse de se justifier en se dépassant ; elle ne peut consentir à donner la vie que si la vie a un sens ; elle ne saurait être mère sans essayer de jouer un rôle dans la vie économique, politique, sociale. Ce n'est pas la même chose d'engendrer de la chair à canon, des esclaves, des victimes ou des hommes libres. Dans une société convenablement organisée, où l'enfant serait en grande partie pris en charge par la collectivité, la mère soignée et aidée, la maternité ne serait absolument pas inconciliable avec le travail féminin. Au contraire : c'est la femme qui travaille — paysanne, chimiste ou écrivain — qui a la grossesse la plus facile du fait qu'elle ne se fascine pas sur sa propre personne ; c'est la femme qui a la vie personnelle la plus riche qui donnera le plus à l'enfant et qui lui demandera le moins, c'est celle qui acquiert dans l'effort, dans la lutte, la connaissance des vraies valeurs humaines qui sera la meilleure éducatrice. Si trop souvent, aujourd'hui, la femme a peine à concilier le métier qui la retient pendant des heures hors du foyer et qui lui prend toutes ses forces avec l'intérêt de ses enfants, c'est que, d'une part, le travail féminin est encore trop souvent un esclavage ; d'autre part, qu'aucun effort n'a été fait pour assurer le soin, la garde, l'éducation des enfants hors du foyer. Il s'agit là d'une carence sociale : mais c'est un sophisme de la justifier en prétendant qu'une loi inscrite au ciel ou dans les entrailles de la terre réclame que mère et enfant s'appartiennent exclusivement l'un à l'autre ; cette mutuelle appartenance ne constitue en vérité qu'une double et néfaste oppression.

C'est une mystification de soutenir que la femme devient par la maternité l'égale concrète de l'homme. Les psychanalystes se sont donné beaucoup de peine pour démontrer que l'enfant lui apportait un équivalent du pénis : mais si enviable que soit cet attribut, personne ne prétend que sa seule possession puisse justifier une existence ni qu'elle en soit la fin suprême. On a aussi énormément parlé des droits sacrés de la femme mais ce n'est pas en tant que mère que les femmes ont conquis le bulletin de vote ; la fille-mère est encore méprisée ; c'est seulement dans le mariage que la mère est glorifiée, c'est-à-dire en tant qu'elle demeure subordonnée au mari. Tant que celui-ci demeure le chef économique de la famille, bien qu'elle s'occupe bien davantage des enfants, ils dépendent beaucoup plus de lui que d'elle. C'est pourquoi, on l'a vu, le rapport de la mère aux enfants est étroitement commandé par celui qu'elle soutient avec son époux.

Ainsi les rapports conjugaux, la vie ménagère, la maternité forment un ensemble dont tous les moments se commandent ; tendrement unie à son mari, la femme peut porter allégrement les charges du foyer ; heureuse dans ses enfants, elle sera indulgente à son mari. Mais cette harmonie n'est pas facile à réaliser car les différentes fonctions assignées à la femme s'accordent mal entre elles. Les journaux féminins enseignent abondamment à la ménagère l'art de garder son attrait sexuel tout en faisant sa vaisselle, de rester élégante au cours de sa grossesse, de concilier coquetterie, maternité et économie ; mais celle qui s'astreindrait à suivre avec vigilance leurs conseils serait vite affolée et défigurée par les soucis ; il est fort malaisé de demeurer désirable quand on a les mains gercées et le corps déformé par les maternités ; c'est pourquoi une femme amoureuse a souvent de la rancune à l'égard des enfants qui ruinent sa séduction et la privent des caresses de son mari ; si elle est au contraire profondément mère, elle est jalouse de l'homme qui revendique aussi les enfants comme siens. D'autre part, l'idéal ménager contredit, on l'a vu, le mouvement de la vie ; l'enfant est ennemi des parquets cirés. L'amour maternel souvent se perd dans les réprimandes et les colères que dicte le souci du foyer bien tenu. Il n'est pas étonnant que la femme qui se débat parmi ces contradictions passe bien souvent ses journées dans la nervosité et l'aigreur ; elle perd toujours sur quelque tableau et ses gains sont précaires, ils ne s'inscrivent en aucune réussite sûre. Ce n'est jamais par son travail même qu'elle peut se sauver ; il l'occupe mais ne constitue pas sa justification : celle-ci repose sur des libertés étrangères. La femme enfermée au foyer ne peut fonder elle-même son existence ; elle n'a pas les moyens de s'affirmer dans sa singularité : et cette singularité ne lui est par conséquent pas reconnue. Chez les Arabes, les Indiens, dans beaucoup de populations rurales, la femme n'est qu'une femelle domestique qu'on apprécie selon le travail qu'elle fournit et qu'on remplace sans regret si elle disparaît. Dans la civilisation moderne, elle est aux yeux de son mari plus ou moins individualisée ; mais à moins qu'elle ne renonce tout à fait à son moi, s'engloutissant comme Natacha dans un dévouement passionné et tyrannique envers sa famille, elle souffre d'être réduite à sa pure généralité. Elle est *la* maîtresse de maison, *l'*épouse, *la* mère unique et indistincte ; Natacha se complaît dans cet anéantissement souverain et, repoussant toute confrontation, nie les *autres*. Mais la femme occidentale moderne souhaite au contraire être remarquée par autrui en tant que *cette* maîtresse de maison, *cette* épouse, *cette* mère, *cette* femme. C'est là la satisfaction qu'elle cherchera dans sa vie sociale.

# CHAPITRE VII

# La vie de société

La famille n'est pas une communauté fermée sur soi :
par-delà sa séparation elle établit des communications avec
d'autres cellules sociales ; le foyer n'est pas seulement un
« intérieur » dans lequel se confine le couple ; il est aussi
l'expression de son standard de vie, de sa fortune, de son
goût : il doit être exhibé aux yeux d'autrui. C'est essentiellement la femme qui ordonnera cette vie mondaine.
L'homme est relié à la collectivité, en tant que producteur et
citoyen, par les liens d'une solidarité organique fondée sur
la division du travail ; le couple est une personne sociale,
défini par la famille, la classe, le milieu, la race auxquels il
appartient, rattaché par les liens d'une solidarité mécanique
aux groupes qui sont situés socialement d'une manière analogue ; c'est la femme qui est susceptible de l'incarner avec
le plus de pureté : les relations professionnelles du mari souvent ne coïncident pas avec l'affirmation de sa valeur
sociale ; tandis que la femme qu'aucun travail n'exige peut
se cantonner dans la fréquentation de ses pairs ; en outre,
elle a les loisirs d'assurer dans ses « visites » et ses « réceptions » ces rapports pratiquement inutiles et qui, bien
entendu, n'ont d'importance que dans les catégories appli-
quées à tenir leur rang dans la hiérarchie sociale, c'est-à-
dire qui s'estiment supérieures à certaines autres. Son

intérieur, sa figure même, que mari et enfants ne voient pas parce qu'ils en sont investis, elle s'enchante de les exhiber. Son devoir mondain qui est de « représenter » se confondra avec le plaisir qu'elle éprouve à se montrer.

Et, d'abord, il faut qu'elle se représente soi-même ; à la maison, vaquant à ses occupations, elle est seulement vêtue : pour sortir, pour recevoir, elle « s'habille ». La toilette a un double caractère : elle est destinée à manifester la dignité sociale de la femme (son standard de vie, sa fortune, le milieu auquel elle appartient) mais, en même temps, elle concrétisera le narcissisme féminin ; elle est une livrée et une parure ; à travers elle, la femme qui souffre de ne rien *faire* croit exprimer son *être*. Soigner sa beauté, s'habiller, c'est une sorte de travail qui lui permet de s'approprier sa personne comme elle s'approprie son foyer par le travail ménager ; son moi lui semble alors choisi et recréé par elle-même. Les mœurs l'incitent à s'aliéner ainsi dans son image. Les vêtements de l'homme comme son corps doivent indiquer sa transcendance et non arrêter le regard[1] ; pour lui ni l'élégance ni la beauté ne consistent à se constituer en objet ; aussi ne considère-t-il pas normalement son apparence comme un reflet de son être. Au contraire, la société même demande à la femme de se faire objet érotique. Le but des modes auxquelles elle est asservie n'est pas de la révéler comme un individu autonome, mais au contraire de la couper de sa transcendance pour l'offrir comme une proie aux désirs mâles : on ne cherche pas à servir ses projets, mais au contraire à les entraver. La jupe est moins commode que le pantalon, les souliers à hauts talons gênent la marche ; ce sont les robes et les escarpins les moins pratiques, les chapeaux et les bas les plus fragiles qui

---

1. Voir vol. Ier. Il y a exception pour les pédérastes qui, précisément, se saisissent comme des objets sexuels ; et aussi pour les dandys qu'il faudrait étudier à part. Aujourd'hui en particulier le « zuitsuitisme » des Noirs d'Amérique, qui s'habillent de costumes clairs aux coupes voyantes, s'explique par des raisons très complexes.

sont les plus élégants; que le costume déguise le corps, le déforme ou le moule, en tout cas il le livre aux regards. C'est pourquoi la toilette est un jeu enchanteur pour la petite fille qui souhaite se contempler; plus tard son autonomie d'enfant s'insurge contre les contraintes des mousselines claires et des souliers vernis; dans l'âge ingrat elle est partagée entre le désir et le refus de s'exhiber; quand elle a accepté sa vocation d'objet sexuel elle se complaît à se parer.

Par la parure, avons-nous dit[1], la femme s'apparente à la nature tout en prêtant à celle-ci la nécessité de l'artifice; elle devient pour l'homme fleur et gemme : elle le devient pour soi-même. Avant de lui donner les ondulations de l'eau, la chaude douceur des fourrures, elle se les approprie. Plus intimement que sur ses bibelots, ses tapis, ses coussins, ses bouquets, elle a prise sur les plumes, les perles, les brocarts, les soieries qu'elle mêle à sa chair; leur aspect chatoyant, leur tendre contact compensent l'âpreté de l'univers érotique qui est son partage : elle y attache d'autant plus de prix que sa sensualité est plus insatisfaite. Si beaucoup de lesbiennes s'habillent virilement, ce n'est pas seulement par imitation des mâles et défi à la société : elles n'ont pas besoin des caresses du velours et du satin parce qu'elles en saisissent sur un corps féminin les qualités passives[2]. La femme vouée à la rude étreinte masculine — même si elle la goûte et davantage encore si elle la ressent sans plaisir — ne peut étreindre d'autre proie charnelle que son propre corps : elle le parfume pour le changer en fleur et l'éclat des diamants qu'elle attache à son cou ne se distingue pas de celui de sa peau; afin de les posséder, elle s'identifie à toutes les richesses du monde. Elle n'en convoite pas seulement les trésors sensuels mais parfois aussi les valeurs sentimentales, idéales. Tel bijou est un souvenir, tel autre un

---

1. Vol. 1er, Troisième partie « Mythes », ch. 1.
2. Sandor, dont Krafft-Ebing a raconté le cas, adorait les femmes bien habillées mais ne « s'habillait » pas.

symbole. Il y a des femmes qui se font bouquet, volière ; d'autres qui sont des musées, d'autres des hiéroglyphes. Georgette Leblanc nous dit dans ses *Mémoires*, évoquant les années de sa jeunesse :

> J'étais toujours vêtue en tableau. Je me promenais en Van Eyck, en allégorie de Rubens ou en Vierge de Memling. Je me vois encore traversant une rue de Bruxelles un jour d'hiver avec une robe de velours améthyste rehaussée de vieux galons d'argent empruntés à quelque chasuble. Traînant une longue queue dont le souci m'eût paru méprisable, je balayais consciencieusement les trottoirs. Mon béguin de fourrure jaune encadrait mes cheveux blonds, mais le plus insolite était le diamant posé en ferronnière sur le milieu de mon front. Pourquoi tout cela ? Parce que cela me plaisait simplement et qu'ainsi je croyais vivre en dehors de toute convention. Plus on riait sur mon passage, plus je redoublais d'inventions burlesques. J'aurais eu honte de changer quelque chose à mon aspect parce qu'on s'en moquait. Cela m'eût semblé une capitulation dégradante... Chez moi c'était encore bien autre chose. Les anges de Gozzoli, de Fra Angelico, les Burne Jones et les Watts étaient mes modèles. J'étais toujours vêtue d'azur et d'aurore ; mes amples robes s'étalaient en queues multiples autour de moi.

C'est dans les asiles qu'on trouve les plus beaux exemples de cette appropriation magique de l'univers. La femme qui ne contrôle pas son amour des objets précieux et des symboles oublie sa propre figure et risque de s'habiller avec extravagance. Ainsi la toute petite fille voit surtout dans la toilette un déguisement qui la change en fée, en reine, en fleur ; elle se croit belle dès qu'elle est chargée de guirlandes et de rubans parce qu'elle s'identifie à ces oripeaux merveilleux ; charmée par la couleur d'une étoffe, la jeune fille naïve ne remarque pas la teinte blafarde qui se reflète sur son visage ; on trouve aussi ce mauvais goût généreux chez des adultes artistes ou intellectuelles plus fascinées par le monde extérieur que conscientes de leur propre figure : éprises de ces tissus antiques, de ces bijoux anciens, elles s'enchantent d'évoquer la Chine ou le Moyen Âge et ne jettent sur leur miroir qu'un coup d'œil rapide ou prévenu. On s'étonne parfois des étranges accoutrements auxquels se plaisent les femmes âgées : diadèmes, dentelles, robes éclatantes, colliers baroques, attirent fâcheusement l'attention sur leurs traits ravagés. C'est souvent qu'ayant renoncé à séduire la toilette est redevenue pour elles un jeu gratuit comme dans leur enfance. Une femme élégante au contraire peut à la rigueur chercher dans sa toilette des plaisirs sensuels ou esthétiques, mais il faut qu'elle les concilie avec l'harmonie de son image : la couleur de sa robe flattera son teint, la coupe soulignera ou rectifiera sa ligne ; c'est elle-même parée qu'elle chérit avec complaisance et non les objets qui la parent.

La toilette n'est pas seulement parure : elle exprime, avons-nous dit, la situation sociale de la femme. Seule la prostituée dont la fonction est exclusivement celle d'un objet érotique doit se manifester sous cet unique aspect ; comme jadis sa chevelure safran et les fleurs qui semaient sa robe, aujourd'hui les talons hauts, les satins collants, le maquillage violent, les parfums épais annoncent sa profession. On blâme toute autre femme de s'habiller « comme une grue ». Ses vertus érotiques sont intégrées à la vie sociale et ne doivent apparaître que sous cette figure assagie. Mais il faut souligner que la décence ne consiste pas à se vêtir avec une rigoureuse pudeur. Une femme qui sollicite trop clairement le désir mâle a mauvais genre ; mais celle qui semble le répudier n'est pas plus recommandable : on pense qu'elle veut se masculiniser, c'est une lesbienne ; ou se singulariser : c'est une excentrique ; en refusant son rôle d'objet, elle défie la société : c'est une anarchiste. Si elle veut seulement ne pas se faire remarquer, il faut qu'elle conserve sa féminité. C'est la coutume qui réglemente le compromis entre l'exhibitionnisme et la pudeur ; tantôt c'est la gorge et tantôt la cheville que « l'honnête femme » doit cacher ; tantôt la jeune fille a droit à souligner ses appas afin d'attirer des prétendants tandis que la femme mariée renonce a toute parure : tel est l'usage dans beaucoup de civilisations paysannes; tantôt on impose aux jeunes filles des toilettes vaporeuses, aux couleurs de dragées, à la coupe discrète, tandis que leurs aînées ont droit à des robes collantes, des tissus lourds, des teintes riches, des coupes provocantes; sur un corps de seize ans le noir semble voyant parce que la règle à cet âge est de n'en pas porter[1]. Il faut, bien entendu, se plier à ces lois; mais en tout cas, et même dans les milieux les plus austères, le caractère sexuel de la femme sera souligné : une femme de pasteur ondule ses cheveux, se maquille légèrement, suit la mode avec discrétion, marquant par le souci de son charme physique qu'elle accepte son rôle de femelle. Cette intégration de l'érotisme à la vie sociale est particulièrement évidente dans la «robe du soir». Pour signifier qu'il y a fête, c'est-à-dire luxe et gaspillage, ces robes doivent être coûteuses et fragiles, on les veut aussi incommodes qu'il est possible; les jupes sont longues et si larges ou si entravées qu'elles interdisent la marche; sous les bijoux, les volants, les paillettes, les fleurs, les plumes, les faux cheveux, la femme est changée en poupée de chair; cette chair même s'exhibe; comme gratuitement s'épanouissent les fleurs, la femme étale ses épaules, son dos, sa poitrine; sauf dans les orgies, l'homme ne doit pas indiquer qu'il la convoite : il n'a droit qu'aux regards et aux étreintes de la danse; mais il peut s'enchanter d'être le roi d'un monde aux si tendres trésors. D'homme à homme, la fête prend ici la figure d'un potlatch; chacun offre en cadeau à tous les autres la vision de ce corps qui est son bien. En robe du soir, la femme est déguisée en femme pour le plaisir de tous les mâles et l'orgueil de son propriétaire.

Cette signification sociale de la toilette permet à la femme d'exprimer par sa manière de s'habiller son attitude à l'égard de la société; soumise à l'ordre établi, elle se confère une

---

1. Dans un film d'ailleurs stupide situé au siècle dernier, Bette Davis faisait scandale en portant au bal une robe rouge alors que le blanc était de rigueur jusqu'au mariage. Son acte était regardé comme une rébellion contre l'ordre établi.

personnalité discrète et de bon ton; beaucoup de nuances sont possibles : elle se fera fragile, enfantine, mystérieuse, candide, austère, gaie, posée, un peu hardie, effacée selon son choix. Ou, au contraire, elle affirmera par son originalité son refus des conventions. Il est frappant que dans beaucoup de romans la femme «affranchie» se singularise par une audace de toilette qui souligne son caractère d'objet sexuel, donc sa dépendance : ainsi, dans *This age of innocence* d'Edith Wharton, la jeune divorcée au passé aventureux, au cœur audacieux, est d'abord présentée comme exagérément décolletée; le frisson de scandale qu'elle suscite lui renvoie le reflet tangible de son mépris pour le conformisme. Ainsi, la jeune fille s'amusera à s'habiller en femme, la femme âgée en petite fille, la courtisane en femme du monde et celle-ci en vamp. Même si chacune s'habille selon sa condition, il y a encore là un jeu. L'artifice comme l'art se situe dans l'imaginaire. Non seulement gaine, soutien-gorge, teintures, maquillages déguisent corps et visage; mais la femme la moins sophistiquée dès qu'elle est «habillée» ne se propose pas à la perception : elle est comme le tableau, la statue, comme l'acteur sur la scène, un analogon à travers lequel est suggéré un sujet absent qui est son personnage mais qu'elle n'est pas. C'est cette confusion avec un objet irréel, nécessaire, parfait comme un héros de roman, comme un portrait ou un buste, qui la flatte; elle s'efforce de s'aliéner en lui et de s'apparaître ainsi à elle-même pétrifiée, justifiée.

C'est ainsi qu'à travers les *Écrits intimes* de Marie Bashkirtseff, nous la voyons de page en page multiplier inlassablement sa figure. Elle ne nous fait grâce d'aucune de ses robes : à chaque toilette neuve, elle se croit une autre et elle s'adore à neuf.

J'ai pris un grand châle à maman, j'ai fait une fente pour la tête et j'ai cousu les deux côtés. Ce châle qui tombe en plis classiques me donne un air oriental, biblique, étrange.

Je vais chez Laferrière et Caroline en trois heures de temps me fait une robe dans laquelle j'ai l'air d'être enveloppée d'un nuage. Tout cela est une pièce de crêpe anglais qu'elle drape sur moi et qui me rend mince, élégante, longue.

Enveloppée d'une robe de laine chaude à plis harmonieux, une figure de Lefebvre lequel sait si bien dessiner ces corps souples et jeunes dans de pudiques draperies.

Ce refrain se répète jour après jour : « J'étais charmante en noir... En gris, j'étais charmante... J'étais en blanc, charmante. »

Mme de Noailles, qui accordait aussi beaucoup d'importance à sa parure, évoque avec tristesse dans ses *Mémoires* le drame d'une robe manquée.

J'aimais la vivacité des couleurs, leur audacieux contraste, une robe me semblait un paysage, une amorce avec le destin, une promesse d'aventure. Au moment de revêtir la robe exécutée par des mains hésitantes, je ne manquais pas de souffrir de tous les défauts qui m'étaient révélés.

Si la toilette a pour beaucoup de femmes une importance si considérable, c'est qu'elle leur livre illusoirement à la fois le monde et leur propre moi. Un roman allemand, *La Jeune Fille en soie artificielle*[1], raconte la passion éprouvée par une jeune fille pauvre pour un manteau de petit-gris ; elle en aime avec sensualité la chaleur caressante, la tendresse fourrée ; sous les peaux précieuses, c'est elle-même transfigurée qu'elle chérit ; elle possède enfin la beauté du monde que jamais elle n'avait étreinte et le destin radieux qui jamais n'avait été le sien.

Et voilà que j'ai vu un manteau suspendu à un crochet, une fourrure si molle, si douce, si tendre, si grise, si timide : j'avais envie de l'embrasser tant je l'aimais. Elle avait un air de consolation et de Toussaint et de sécurité complète, comme un ciel. C'était du vrai petit-gris. Silencieusement, j'ai ôté mon imperméable, passé le petit-gris. Cette fourrure était comme un diamant pour ma peau qui l'aimait et ce qu'on aime, on

1. I. Keun.

ne le rend pas une fois qu'on l'a. À l'intérieur, une doublure en crêpe
marocain, pure soie, avec de la broderie à la main. Le manteau m'enve-
loppait et il parlait plus que moi au cœur d'Hubert… Je suis si élégante
avec cette fourrure. Elle est comme un homme rare qui me rendrait précieuse à travers son amour pour moi. Ce manteau me veut et je le veux :
nous nous avons.

Puisque la femme est un objet, on comprend que la
manière dont elle est parée et habillée modifie sa valeur
intrinsèque. Ce n'est pas pure futilité si elle attache tant
d'importance à des bas de soie, des gants, un chapeau : tenir
son rang est une impérieuse obligation. En Amérique, une
part énorme du budget de la travailleuse est consacrée aux
soins de beauté et aux vêtements ; en France, cette charge
est moins lourde ; néanmoins, la femme est d'autant plus
respectée qu'elle «représente mieux» ; plus elle a besoin de
trouver du travail, plus il lui est utile d'avoir un air cossu :
l'élégance est une arme, une enseigne, un porte-respect, une
lettre de recommandation.

Elle est une servitude ; les valeurs qu'elle confère se
paient ; elles se paient si cher que, parfois, un inspecteur
surprend dans les grands magasins une femme du monde ou
une actrice en train de dérober des parfums, des bas de soie,
du linge. C'est pour s'habiller que beaucoup de femmes se
prostituent ou «se font aider» ; c'est la toilette qui commande leurs besoins d'argent. Être bien habillée réclame
aussi du temps et des soins ; c'est une tâche qui est parfois
source de joies positives : en ce domaine aussi il y a
«découverte de trésors cachés», marchandages, ruses, combinaisons, invention ; adroite, la femme peut même devenir
créatrice. Les journées d'exposition — les soldes surtout —
sont des aventures frénétiques. Une robe neuve est à elle
seule une fête. Le maquillage, la coiffure sont l'ersatz d'une
œuvre d'art. Aujourd'hui, plus que naguère[1], la femme

1. Il semble cependant d'après de récentes enquêtes qu'en France les
gymnases féminins soient aujourd'hui presque déserts ; c'est surtout

connaît la joie de modeler son corps par les sports, la gymnastique, les bains, les massages, les régimes ; elle décide de son poids, de sa ligne, de la couleur de sa peau ; l'esthétique moderne lui permet d'intégrer à sa beauté des qualités actives : elle a droit à des muscles exercés, elle refuse l'envahissement de la graisse ; dans la culture physique, elle s'affirme comme sujet ; il y a là pour elle une sorte de libération à l'égard de la chair contingente ; mais cette libération retourne facilement à la dépendance. La star d'Hollywood triomphe de la nature : mais elle se retrouve objet passif entre les mains du producteur.

À côté de ces victoires dans lesquelles la femme peut à bon droit se complaire, la coquetterie implique — comme les soins du ménage — une lutte contre le temps ; car son corps aussi est un objet que la durée ronge. Colette Audry a décrit ce combat, symétrique de celui que dans sa maison la ménagère livre à la poussière [1].

Déjà ce n'était plus la chair compacte de la jeunesse ; le long de ses bras et de ses cuisses le dessin des muscles s'accusait sous une couche de graisse et de peau un peu détendue. Inquiète, elle bouleversa de nouveau son emploi du temps : la journée s'ouvrirait sur une demi-heure de gymnastique et le soir, avant de se mettre au lit, un quart d'heure de massage. Elle se mit à consulter des manuels de médecine, des journaux de mode, à surveiller son tour de taille. Elle se prépara des jus de fruits, se purgea de temps en temps et fit la vaisselle avec des gants de caoutchouc. Ses deux soucis finirent par ne faire qu'un : rajeunir si bien son corps, fourbir si bien sa maison qu'elle aboutirait un jour à une sorte de période étale, à une sorte de point mort... le monde serait comme arrêté, suspendu hors du vieillissement et du déchet... À la piscine, elle prenait maintenant de vraies leçons pour améliorer son style et les magazines de beauté la tenaient en haleine par des recettes indéfiniment renouvelées. Ginger Rogers nous confie : « Je me donne chaque matin cent coups de brosse, cela prend exactement deux minutes et demie et j'ai des cheveux de soie... » Comment affiner vos chevilles :

entre 1920-1940 que les Françaises se sont adonnées à la culture physique. Les difficultés ménagères pèsent en ce moment trop durement sur elles.

1. *On joue perdant.*

dressez-vous tous les jours trente fois de suite sur la pointe des pieds sans reposer les talons, cet exercice ne demande qu'une minute ; qu'est-ce qu'une minute dans une journée ? Une autre fois, c'était le bain d'huile pour les ongles, la pâte au citron pour les mains, les fraises écrasées sur les joues.

La routine ici encore fige en corvées les soins de beauté, l'entretien de la garde-robe. L'horreur de la dégradation qu'entraîne tout devenir vivant suscite en certaines femmes froides ou frustrées l'horreur de la vie même : elles cherchent à se conserver comme d'autres conservent les meubles et les confitures ; cet entêtement négatif les rend ennemies de leur propre existence et hostiles à autrui : les bons repas déforment la ligne, le vin gâte le teint, trop sourire ride le visage, le soleil abîme la peau, le repos alourdit, le travail use, l'amour cerne les yeux, les baisers enflamment les joues, les caresses déforment les seins, les étreintes flétrissent la chair, la maternité enlaidit le visage et le corps ; on sait combien de jeunes mères repoussent avec colère l'enfant émerveillé par leur robe de bal. « Ne me touche pas, tu as les mains moites, tu vas me salir » ; la coquette oppose les mêmes rebuffades aux empressements du mari ou de l'amant. Comme on couvre les meubles sous des housses, elle voudrait se soustraire aux hommes, au monde, au temps. Mais toutes ces précautions n'empêchent pas l'apparition des cheveux blancs, des pattes-d'oie. Dès sa jeunesse, la femme sait que ce destin est inéluctable. Et malgré toute sa prudence elle est victime d'accidents : une goutte de vin tombe sur sa robe, une cigarette la brûle ; alors disparaît la créature de luxe et de fête qui se pavanait en souriant dans le salon : elle prend le visage sérieux et dur de la ménagère ; on découvre soudain que sa toilette n'était pas une gerbe, un feu d'artifice, une splendeur gratuite et périssable destinée à illuminer généreusement un instant : c'est une richesse, un capital, un placement, elle a coûté des sacrifices ; sa perte est un désastre irréparable. Taches, accrocs, robes manquées, indéfrisables ratées, sont des catastrophes encore plus graves qu'un rôti brûlé ou un vase brisé : car la coquette ne s'est pas seulement aliénée dans des choses, elle s'est voulue chose, et c'est sans intermédiaire qu'elle se sent en danger dans le monde. Les rapports qu'elle soutient avec couturière et modiste, ses impatiences, ses exigences manifestent son esprit de sérieux et son insécurité. La robe réussie crée en elle le personnage de son rêve ; mais dans une toilette défraîchie, manquée, elle se sent déchue.

> « De la robe dépendait mon humeur, ma tenue et l'expression de mon visage, tout… », écrit Marie Bashkirtseff. Et encore : « Ou bien il faut se promener toute nue, ou bien il faut être habillée selon son physique, son goût, son caractère. Quand je ne suis pas dans ces conditions, je me sens gauche, commune et par conséquent humiliée. Que devient l'humeur et l'esprit ? Ils pensent aux chiffons et alors on est bête, ennuyé, on ne sait où se fourrer. »

Beaucoup de femmes préfèrent renoncer à une fête que de s'y rendre mal habillées, même si elles ne doivent pas être remarquées.

Cependant, quoique certaines femmes affirment : « Moi, je ne m'habille que pour moi », on a vu que dans le narcissisme même le regard d'autrui est impliqué. Ce n'est guère que dans les asiles que les coquettes gardent avec entêtement une foi entière en des regards absents ; normalement, elles réclament des témoins.

> « Je voudrais plaire, qu'on dise que je suis belle et que Liova le vît et l'entendît… À quoi servirait d'être belle ? Mon charmant petit Pétia aime sa vieille niannia comme il eût aimé une beauté et Liovotchka se fût habitué au plus hideux visage… J'ai envie de m'onduler. Nul ne le saura mais ce n'en sera pas moins charmant. Quel besoin ai-je que l'on me voie ? Les rubans et les nœuds me font plaisir, je voudrais une nouvelle ceinture de cuir et maintenant que j'ai écrit cela, j'ai envie de pleurer… », écrit Sophie Tolstoï, après dix ans de mariage.

Le mari s'acquitte très mal de ce rôle. Ici encore ses exigences sont duplices. Si sa femme est trop attrayante, il devient jaloux; cependant, tout époux est plus ou moins le roi Candaule; il veut que sa femme lui fasse honneur; qu'elle soit élégante, jolie ou du moins «bien»; sinon, il lui dira avec humeur les mots du père Ubu: «Vous êtes bien laide aujourd'hui! est-ce parce que nous avons du monde?» Dans le mariage, avons-nous vu, les valeurs érotiques et sociales sont mal conciliées; cet antagonisme se reflète ici. La femme qui souligne son attrait sexuel a mauvais genre aux yeux de son mari; il blâme des audaces qui le séduiraient chez une étrangère et ce blâme tue en lui tout désir; si la femme s'habille décemment, il l'approuve mais avec froideur: il ne la trouve pas attirante et le lui reproche vaguement. À cause de cela, il la regarde rarement pour son propre compte: c'est à travers les yeux d'autrui qu'il l'inspecte. «Que dira-t-on d'elle?» Il prévoit mal parce qu'il attribue à autrui sa perspective de mari. Rien de plus irritant pour une femme que de le voir goûter chez une autre les robes ou les allures qu'il critique chez elle. Spontanément d'ailleurs, il est trop proche d'elle pour la voir; elle a pour lui un immuable visage; il ne remarque ni ses toilettes ni ses changements de coiffure. Même un mari amoureux ou un amant épris sont souvent indifférents à la toilette de la femme. S'ils l'aiment ardemment dans sa nudité, les parures les plus seyantes ne font que la déguiser; et ils la chériront mal vêtue, fatiguée, aussi bien qu'éclatante. S'ils ne l'aiment plus, les robes les plus flatteuses seront sans promesse. La toilette peut être un instrument de conquête, mais non une arme défensive; son art est de créer des mirages, elle offre aux regards un objet imaginaire: dans l'étreinte charnelle, dans la fréquentation quotidienne tout mirage se dissipe; les sentiments conjugaux comme l'amour physique se situent sur le terrain de la réalité. Ce n'est pas pour l'homme aimé que la femme s'habille. Dorothy Parker, dans une de ses nouvelles[1], décrit une jeune femme qui, attendant avec impa-

---

1. *The Lovely Eva.*

tience son mari qui vient en permission, décide de se faire belle pour l'accueillir :

> Elle acheta une nouvelle robe ; noire : il aimait les robes noires ; simple, il aimait les robes simples ; et si chère, qu'elle ne voulait pas penser à son prix…
> — … Aimes-tu ma robe ?
> — Oh oui ! dit-il. Je t'ai toujours aimée dans cette robe.
> Ce fut comme si elle se changeait en un morceau de bois.
> — Cette robe, dit-elle en articulant avec une clarté insultante, est toute neuve. Je ne l'ai jamais portée. Au cas où ça t'intéresserait, je l'ai achetée exprès pour la circonstance.
> — Pardon, chérie, dit-il. Oh ! bien sûr, maintenant je vois qu'elle ne ressemble pas du tout à l'autre ; elle est magnifique ; je t'aime toujours en noir.
> — À des moments pareils, dit-elle, je souhaite presque avoir une autre raison de porter du noir.

On a dit souvent que la femme s'habillait pour exciter la jalousie des autres femmes : cette jalousie est en effet un signe éclatant de réussite ; mais elle n'est pas seule visée. À travers les suffrages envieux ou admiratifs, la femme cherche une affirmation absolue de sa beauté, de son élégance, de son goût : d'elle-même. Elle s'habille pour se montrer ; elle se montre pour se faire être. Elle se soumet par là à une douloureuse dépendance ; le dévouement de la ménagère est utile même s'il n'est pas reconnu ; l'effort de la coquette est vain s'il ne s'inscrit en aucune conscience. Elle cherche une définitive valorisation d'elle-même ; c'est cette prétention à l'absolu qui rend sa quête si harassante ; blâmé par une seule voix ce chapeau n'*est* pas beau ; un compliment la flatte mais un démenti la ruine ; et comme l'absolu ne se manifeste que par une série indéfinie d'apparitions, elle n'aura jamais tout à fait gagné ; c'est pourquoi la coquette est si susceptible ; c'est pourquoi aussi certaines femmes jolies et adulées peuvent être tristement convaincues qu'elles ne sont ni belles ni élégantes, qu'il leur manque précisément l'approbation suprême d'un juge qu'elles ne connaissent pas : elles visent un en-soi qui est irréalisable. Rares sont les coquettes superbes qui incarnent elles-mêmes les lois de l'élégance, que nul ne peut prendre en faute parce que ce sont elles qui définissent par décrets le succès et l'échec ; celles-là, tant que dure leur règne, peuvent se penser comme une réussite exemplaire. Le malheur, c'est que cette réussite ne sert à rien ni à personne.

La toilette implique aussitôt des sorties et des réceptions, et d'ailleurs c'est là sa destination originelle. La femme promène de salon en salon son tailleur neuf et elle convie d'autres femmes à la voir régner sur son « intérieur ». En certains cas particulièrement solennels, le mari l'accompagne dans ses « visites » ; mais la plupart du temps, c'est pendant qu'il vaque à son travail qu'elle remplit ses « devoirs mondains ». On a mille fois décrit l'implacable ennui qui pèse sur ces réunions. Il vient de ce que les femmes rassemblées par les « obligations mondaines » n'ont rien à se communiquer. Aucun intérêt commun ne lie la femme de l'avocat à celle du médecin — et pas davantage celle du docteur Dupont à celle du docteur Durand. Il est de mauvais ton dans une conversation générale de parler des incartades de ses enfants et de ses soucis domestiques. On est donc réduit à des considérations sur le temps, le dernier roman à la mode, quelques idées générales empruntées aux maris. La coutume du « jour de Madame » tend de plus en plus à disparaître ; mais, sous diverses formes, la corvée de la « visite » survit en France. Les Américaines substituent volontiers à la conversation le bridge, ce qui n'est un avantage que pour les femmes qui aiment ce jeu.

Cependant la vie mondaine revêt des formes plus attrayantes que cette oiseuse exécution d'un devoir de politesse. Recevoir, ce n'est pas seulement accueillir autrui dans sa demeure particulière ; c'est changer celle-ci en un domaine enchanté ; la manifestation mondaine est à la fois fête et potlatch. La maîtresse de maison expose ses trésors : argenterie, linge, cristaux ; elle fleurit la maison : éphémères, inutiles, les fleurs incarnent la gratuité des fêtes qui sont dépense et luxe ; épanouies dans les vases, vouées à une mort rapide, elles sont feu de joie, encens et myrrhe, libation, sacrifice. La table se charge de mets raffinés, de vins précieux. Il s'agit, assouvissant les besoins des convives, d'inventer des dons gracieux qui préviennent leurs désirs ; le repas se change en une mystérieuse cérémonie. V. Woolf souligne ce caractère dans ce passage de Mrs. Dalloway :

> Et alors commença par les portes battantes le va-et-vient silencieux et charmant de soubrettes en tabliers et bonnets blancs, non pas servantes du besoin mais prêtresses d'un mystère, de la grande mystification opérée par les maîtresses de maison de Mayfair de une heure et demie à deux heures. Sur un geste de la main, le mouvement de la rue s'arrête et à sa place s'élève cette illusion trompeuse : d'abord voilà les aliments qui sont donnés pour rien, et puis la table se couvre toute seule de cristaux et d'argenterie, de vanneries, de jattes de fruits rouges ; un voile de crème brune masque le turbot ; dans les cocottes, les poulets découpés nagent, le feu brûle, coloré, cérémonieux ; et avec le vin et le café — donnés pour rien — de joyeuses visions se lèvent devant les yeux rêveurs, les yeux qui méditent doucement, à qui la vie apparaît musicale, mystérieuse…

La femme qui préside à ces mystères est fière de se sentir créatrice d'un moment parfait, dispensatrice du bonheur, de la gaieté. C'est par elle que les convives se trouvent réunis, c'est par elle qu'un événement a lieu, elle est source gratuite de joie, d'harmonie.

C'est justement ce que sent Mrs. Dalloway.

> Mais supposons que Peter lui dise : Bon ! bon ! mais vos soirées, quelle est la raison de ces soirées ? Tout ce qu'elle peut répondre est ceci (tant pis si personne ne comprend) : Elles sont une offrande… Voilà Un tel qui vit dans South Kennington, un autre qui vit dans Bayswater et un troisième disons dans Mayfair. Et elle a sans cesse le sentiment de leur existence ; et elle se dit : Quel regret ! quel dommage ! Et elle se dit : Que ne peut-on les réunir ! Et elle les réunit. C'est une offrande ; c'est combiner, créer. Mais pour qui ?
> Une offrande pour la joie d'offrir peut-être. En tout cas, c'est son présent. Elle n'a rien d'autre…

Une autre personne, n'importe qui, aurait pu se tenir là, faire tout aussi bien. Pourtant c'était bien un peu admirable, pensait-elle. Elle avait fait que cela fût.

S'il y a dans cet hommage rendu à autrui pure générosité, la fête est vraiment une fête. Mais la routine sociale a vite fait de changer le potlatch en institution, le don en obligation et de guinder la fête en rite. Tout en savourant le « dîner en ville », l'invitée songe qu'il faudra le rendre : elle se plaint parfois d'avoir été trop bien reçue. « Les X... ont voulu nous épater », dit-elle à son mari avec aigreur. On m'a raconté entre autres que pendant la dernière guerre les thés étaient devenus dans une petite ville du Portugal le plus coûteux des potlatchs : à chaque réunion la maîtresse de maison se devait de servir une variété et une quantité de gâteaux plus grande qu'à la réunion précédente ; cette charge devint si lourde qu'un jour toutes les femmes décidèrent d'un commun accord de ne plus rien offrir avec le thé. La fête en de telles circonstances perd son caractère généreux et magnifique ; c'est une corvée parmi d'autres ; les accessoires qui expriment la festivité ne sont qu'une source de soucis : il faut surveiller les cristaux, la nappe, mesurer champagne et petits fours ; une tasse cassée, la soie d'un fauteuil brûlée, c'est un désastre ; demain il faudra nettoyer, ranger, remettre en ordre : la femme redoute ce surcroît de travail. Elle éprouve cette multiple dépendance qui définit le destin de la ménagère : elle dépend du soufflé, du rôti, du boucher, de la cuisinière, de l'extra ; elle dépend du mari qui fronce les sourcils dès que quelque chose cloche ; elle dépend des invités qui jaugent les meubles, les vins et qui décident si oui ou non la soirée a été réussie. Seules les femmes généreuses ou sûres d'elles-mêmes traverseront d'un cœur serein une telle épreuve. Un triomphe peut leur donner une vive satisfaction. Mais beaucoup ressemblent sur ce point à Mrs. Dalloway dont V. Woolf nous dit : « Tout en les aimant, ces triomphes... et leur éclat et l'excitation qu'ils donnent, elle en sentait aussi le vide, le faux-semblant.» La femme ne peut vraiment s'y complaire que si elle ne leur attache pas trop d'importance ; sinon elle connaîtra les tourments de la vanité jamais satisfaite. Il y a d'ailleurs peu de femmes assez fortunées pour trouver dans la «mondanité» un emploi de leur vie. Celles qui s'y consacrent entièrement essaient à l'ordinaire non seulement de se rendre par là un culte mais aussi de dépasser cette vie mondaine vers certains buts : les vrais «salons» ont un caractère ou littéraire ou politique. Elles s'efforcent par ce moyen de prendre de l'ascendant sur les hommes et de jouer un rôle personnel. Elles s'évadent de la condition de la femme mariée. Celle-ci n'est généralement pas comblée par les plaisirs, les triomphes éphémères qui lui sont dispensés rarement et qui souvent représentent pour elle une fatigue autant qu'une distraction. La vie mondaine exige qu'elle «représente», qu'elle s'exhibe, mais ne crée pas entre elle et autrui une véritable communication. Elle ne l'arrache pas à sa solitude.

«Chose douloureuse à penser, écrit Michelet, la femme, l'être relatif qui ne peut vivre qu'à deux, est plus souvent seule que l'homme. Lui, il trouve partout la société, se crée des rapports nouveaux. Elle, elle n'est rien sans la famille. Et la famille l'accable ; tout le poids porte sur elle.» Et, en effet, la femme enfermée, séparée, ne connaît pas les joies de la camaraderie qui implique la poursuite en commun de certains buts ; son travail n'occupe pas son esprit, sa formation ne lui a donné ni le goût ni l'habitude de l'indépendance, et cependant elle passe ses journées dans la solitude ; on a vu que c'est un des malheurs dont se plaignait Sophie Tolstoï. Son mariage l'a souvent éloignée du foyer paternel, de ses amitiés de jeunesse. Colette a décrit dans *Mes apprentissages* le déracinement d'une jeune mariée transportée de sa province à Paris ; elle ne trouve de secours que dans la longue correspondance qu'elle échange avec sa mère ; mais des lettres ne remplacent pas une présence et elle ne peut avouer à Sido ses déceptions. Souvent il n'y a plus de véritable intimité entre la jeune femme et sa famille : ni sa mère ni ses sœurs ne sont des amies. Aujourd'hui, par suite de la crise du logement, beaucoup de jeunes mariés vivent dans leur famille ou leur belle-famille ; mais ces présences imposées sont loin de toujours constituer pour elle une vraie compagnie.

Les amitiés féminines qu'elle parvient à conserver ou à créer seront précieuses à la femme ; elles ont un caractère très différent des relations que connaissent les hommes ; ceux-ci communiquent entre eux en tant qu'individus à travers les idées, les projets qui leur sont personnels ; les femmes, enfermées dans la généralité de leur destin de femmes, sont unies par une sorte de complicité immanente. Et ce que d'abord elles cherchent les unes auprès des autres, c'est l'affirmation de l'univers qui leur est commun. Elles ne discutent pas des opinions : elles échangent des confidences et des recettes ; elles se liguent pour créer une sorte de contre-univers dont les valeurs l'emportent sur les valeurs mâles ; réunies, elles trouvent la force de secouer leurs chaînes ; elles nient la domination sexuelle de l'homme en se confiant les unes aux autres leur frigidité, en raillant cyniquement les appétits de leur mâle, ou sa maladresse ; elles contestent aussi avec ironie la supériorité morale et intellectuelle de leur mari et des hommes en général. Elles confrontent leurs expériences : grossesses, accouchements, maladies des enfants, maladies personnelles, soins ménagers deviennent les événements essentiels de l'histoire humaine. Leur travail n'est pas une technique : en se transmettant des recettes de cuisine, de ménage, elles lui donnent la dignité d'une science secrète fondée sur des traditions orales. Parfois elles examinent ensemble des problèmes moraux. Les «petites correspondances» des journaux féminins donnent un bon échantillon de ces échanges ; on n'imagine guère de «courrier des cœurs» réservé à des hommes ; ils se rencontrent dans *le* monde qui est *leur* monde ; tandis que les femmes ont à définir, mesurer, explorer leur propre domaine ; elles se communiquent surtout des conseils de beauté, des recettes de cuisine et de tricot, et elles demandent des avis ; à travers leur goût du bavardage et de l'exhibition, on sent parfois percer de vraies angoisses. La femme sait que le code masculin n'est pas le sien, que l'homme même escompte qu'elle ne l'observera pas, puisqu'il la pousse à l'avortement, à l'adultère, à des fautes, des trahisons, des mensonges qu'il condamne officiellement ; elle demande donc aux autres femmes de l'aider à définir une sorte de « loi du milieu », un code moral proprement féminin. Ce n'est pas seulement par malveillance que les femmes commentent et critiquent si longuement les conduites de leurs amies : pour les juger et pour se conduire elles-mêmes, il leur faut beaucoup plus d'invention morale qu'aux hommes.

Ce qui donne leur valeur à de tels rapports, c'est la vérité qu'ils comportent. Devant l'homme, la femme est toujours en représentation ; elle ment en feignant de s'accepter comme l'autre inessentiel, elle ment en dressant devant lui à travers mimiques, toilettes, paroles concertées, un personnage imaginaire ; cette comédie réclame une constante tension ; près de son mari, près de son amant, toute femme pense plus ou moins : « Je ne suis pas moi-même » ; le monde mâle est dur, il a des arêtes tranchantes, les voix y sont trop sonores, les lumières trop crues, les contacts rudes. Auprès des autres femmes, la femme est derrière le décor ; elle fourbit ses armes, elle ne combat pas ; elle combine sa toilette, invente un maquillage, prépare ses ruses : elle traîne en pantoufles et en peignoir dans les coulisses avant de monter sur la scène ; elle aime cette atmosphère tiède, douce, détendue. Colette décrit ainsi les moments qu'elle passait avec son amie Marco :

Confidences brèves, amusements de recluses, heures qui ressemblent tantôt à celles d'un ouvroir, tantôt aux loisirs d'une convalescence[1]...

1. *Le Képi.*

Elle se plaisait à jouer auprès de la femme plus âgée le rôle de conseillère :

Par les chaudes après-midi, sous le store du balcon, Marco entretenait son linge. Elle cousait mal mais avec soin et je tirais vanité des conseils que je lui donnais... « Il ne faut pas mettre de la comète bleu ciel aux chemises, le rose est plus joli dans le linge et près de la peau. » Je ne tardais pas à lui en donner d'autres qui visaient sa poudre de riz, la couleur de son rouge à lèvres, un dur trait de crayon dont elle cernait le beau dessin de sa paupière. « Vous croyez ? vous croyez ? » disait-elle. Ma jeune autorité ne fléchissait pas. Je prenais le peigne, j'ouvrais une petite brèche gracieuse dans sa frange éponge, je me montrais experte à lui embraser le regard, à allumer une rouge aurore au haut de ses pommettes, près des tempes.

Un peu plus loin, elle nous montre Marco se préparant anxieusement à affronter un jeune homme qu'elle voudrait conquérir :

.. Elle voulait essuyer ses yeux mouillés, je l'en empêchai.

— Laissez-moi faire.

De mes deux pouces, je lui soulevai vers le front les paupières supérieures pour que les deux larmes prêtes à couler se résorbassent et que le mascara des cils ne fondît pas à leur contact.

— Là ! Attendez, ce n'est pas fini.

Je retouchai tous ses traits. Sa bouche tremblait un peu. Elle se laissa faire patiemment, en soupirant comme si je la pansais. Pour finir, je chargeai la houppe de son sac d'une poudre plus rosée. Nous ne parlions ni l'une ni l'autre.

— ... Quoi qu'il arrive, lui dis-je, ne pleurez pas. À aucun prix ne vous laissez dominer par les larmes.

... Elle passa la main entre sa frange et son front.

— J'aurais dû acheter samedi dernier cette robe noire que j'ai vue chez le revendeur... Dites-moi, est-ce que vous pourriez me prêter des bas très fins ? à cette heure-ci, je n'ai plus le temps.

— Mais oui, mais oui.

— Merci. Ne pensez-vous pas qu'une fleur pour éclaircir ma robe ? Non, pas de fleur au corsage. Est-ce vrai que le parfum d'iris soit passé de mode ? Il me semble que j'aurais des tas de choses à vous demander ; des tas de choses...

Et dans un autre de ses livres encore, *Le Toutounier*, Colette a évoqué cet envers de la vie des femmes. Trois sœurs malheureuses ou inquiètes dans leurs amours se rassemblent chaque nuit autour du vieux canapé de leur enfance ; là elles se détendent, ruminant les soucis du jour, préparant les batailles du lendemain, goûtant les fugitifs plaisirs d'un repos soigneux, d'un bon sommeil, d'un bain chaud, d'une crise de larmes, elles ne se parlent guère mais chacune crée pour les autres une espèce de nid ; et tout ce qui se passe entre elles est vrai.

Pour certaines femmes, cette intimité frivole et chaude est plus précieuse que la pompe sérieuse des relations avec les hommes. C'est en une autre femme que la narcissiste trouve, comme au temps de son adolescence, un double privilégié ; c'est dans ses yeux attentifs et compétents qu'elle pourra admirer sa robe bien coupée, son intérieur raffiné. Par-delà le mariage, l'amie de cœur demeure un témoin de choix : elle peut aussi continuer d'apparaître comme un objet désirable, désiré. En presque toute jeune fille, avons-nous dit, il y a des tendances homosexuelles : les étreintes souvent maladroites du mari ne les effacent pas ; de là vient cette douceur sensuelle que la femme connaît auprès de ses semblables et qui n'a pas d'équivalent chez les hommes normaux. Entre les deux amies, l'attachement sensuel peut se sublimer en sentimentalité exaltée, ou se traduire par des caresses diffuses ou précises. Leurs étreintes peuvent aussi n'être qu'un jeu qui distrait leurs loisirs — c'est le cas pour les femmes de harem dont le principal souci est de tuer le temps — ou elles peuvent prendre une importance primordiale.

Cependant, il est rare que la complicité féminine s'élève jusqu'à une véritable amitié ; les femmes se sentent plus spontanément solidaires que les hommes, mais du sein de cette solidarité ce n'est pas chacune vers l'autre qu'elles se dépassent : ensemble, elles sont tournées vers le monde masculin dont elles souhaitent accaparer chacune pour soi les valeurs. Leurs rapports ne sont pas construits sur leur singularité, mais immédiatement vécus dans la généralité : et par là s'introduit aussitôt un élément d'hostilité. Natacha[1] qui chérissait les femmes de sa famille parce qu'elle pouvait exhiber sous leurs yeux les couches de ses nourrissons éprouvait cependant à leur égard de la jalousie : en chacune pouvait s'incarner aux yeux de Pierre *la* femme. L'entente des femmes provient de ce qu'elles s'identifient les unes aux autres : mais par là même chacune conteste sa compagne. Une maîtresse de maison a avec sa bonne des rapports bien plus intimes qu'un homme — à moins qu'il ne soit pédéraste — n'en a jamais avec son valet de chambre ou son chauffeur ; elles échangent des confidences, par moments elles se font complices ; mais il y a aussi entre elles une rivalité hostile, car la patronne tout en se déchargeant de l'exécution du travail veut s'en assurer la responsabilité et le mérite ; elle veut se penser irremplaçable, indispensable. « Dès que je ne suis pas là, tout va de travers. » Elle essaie âprement de prendre sa servante en faute ; si celle-ci s'acquitte trop bien de ses tâches, l'autre ne peut plus connaître la fierté de se sentir unique. De même, elle s'irrite systématiquement contre les institutrices, gouvernantes, nourrices, bonnes d'enfants qui s'occupent de sa progéniture, contre les parentes et amies qui l'aident dans ses tâches ; elle en donne comme prétexte qu'elles ne respectent pas « sa volonté », qu'elles ne se conduisent pas selon « ses idées à elle » ; la vérité est qu'elle n'a ni volonté, ni idées particulières ; ce qui l'agace au contraire c'est que d'autres s'acquittent de sa fonction exactement de la manière dont elle s'en fût acquittée. C'est là une des sources principales de toutes les discussions familiales et domestiques qui empoisonnent la vie du foyer : chaque femme exige d'autant plus âprement d'être la souveraine qu'elle n'a aucun moyen

1. Tolstoï, *Guerre et Paix.*

de faire reconnaître ses mérites singuliers. Mais c'est surtout sur le terrain de la coquetterie et de l'amour que chacune voit dans l'autre une ennemie ; j'ai signalé cette rivalité chez les jeunes filles : elle se perpétue souvent toute la vie. On a vu que l'idéal de l'élégante, de la mondaine, c'est une valorisation absolue ; elle souffre de ne jamais sentir une gloire autour de sa tête ; il lui est odieux de percevoir le plus mince halo autour d'un autre front ; tous les suffrages que recueille une autre, elle les lui vole ; et qu'est-ce qu'un absolu qui n'est pas unique ? Une amoureuse sincère se contente d'être glorifiée en un cœur, elle n'enviera pas à ses amies leurs succès superficiels ; mais elle se sent en danger dans son amour même. Le fait est que le thème de la femme trompée par sa meilleure amie n'est pas seulement un poncif littéraire ; plus deux femmes sont amies, plus leur dualité devient dangereuse. La confidente est invitée à voir à travers les yeux de l'amoureuse, à sentir avec son cœur, avec sa chair : elle est attirée par l'amant, fascinée par l'homme qui séduit son amie ; elle se croit assez protégée par sa loyauté pour se laisser aller à ses sentiments ; elle est agacée aussi de ne jouer qu'un rôle inessentiel : elle est bientôt prête à céder, à s'offrir. Prudentes, beaucoup de femmes dès qu'elles aiment évitent les «amies intimes». Cette ambivalence ne permet guère aux femmes de se reposer sur leurs sentiments réciproques. L'ombre du mâle pèse toujours lourdement sur elles. Même lorsqu'elles ne parlent pas de lui, on peut lui appliquer le vers de Saint-John Perse :

*Et le soleil n'est pas nommé, mais sa présence est parmi nous.*

Ensemble elles se vengent de lui, lui dressent des pièges, le maudissent, l'insultent : mais elles l'attendent. Tant qu'elles stagnent dans le gynécée, elles baignent dans la contingence, dans la fadeur et l'ennui ; ces limbes ont retenu un peu de la chaleur du sein maternel : mais ce sont des limbes. La femme ne s'y attarde avec plaisir qu'à condition d'escompter bientôt en émerger. Ainsi ne se plaît-elle dans la moiteur de la salle de bains qu'en imaginant le salon illuminé où elle fera tout à l'heure son entrée. Les femmes sont les unes pour les autres des camarades de captivité, elles s'aident à supporter leur prison, même à préparer leur évasion : mais le libérateur viendra du monde masculin.

Pour la grande majorité des femmes, ce monde, après le mariage, conserve son éclat ; le mari seul perd son prestige ; la femme découvre que la pure essence d'homme en lui s'est dégradée : mais l'homme n'en demeure pas moins la vérité de l'univers, la suprême autorité, le merveilleux, l'aventure, le maître, le regard, la proie, le plaisir, le salut ; il incarne encore la transcendance, il est la réponse à toutes les questions. Et l'épouse la plus loyale ne consent jamais tout à fait à renoncer à lui pour s'enfermer dans un morne tête-à-tête avec un individu contingent. Son enfance lui a laissé le besoin impérieux d'un guide ; quand le mari échoue à remplir ce rôle, elle se tourne vers un autre homme. Parfois le père, un frère, un oncle, un parent, un vieil ami a gardé son ancien prestige : c'est sur lui qu'elle s'appuiera. Il y a deux catégories d'hommes que leur profession destine à devenir des confidents et des mentors : les prêtres et les médecins. Les premiers ont ce grand avantage qu'ils ne font pas payer leurs consultations ; le confessionnal les livre sans défense aux bavardages des dévotes ; ils se dérobent le plus possible aux « punaises de sacristie », aux « grenouilles de bénitier » ; mais c'est leur devoir de diriger leurs ouailles sur les chemins de la morale, devoir d'autant plus urgent que les femmes prennent plus d'importance sociale et politique et que l'Église s'efforce de faire d'elles son instrument. Le « directeur de conscience » dicte à sa pénitente ses opinions politiques, gouverne son vote ; et bien des maris se sont irrités de le voir s'immiscer dans leur vie conjugale : c'est à lui de définir les pratiques qui sont dans le secret de l'alcôve licites ou illicites ; il s'intéresse à l'éducation des enfants ; il conseille la femme touchant l'ensemble des conduites qu'elle tient avec son mari ; celle qui a toujours salué dans l'homme un dieu s'agenouille avec délices aux pieds du mâle qui est le substitut terrestre de Dieu. Le médecin est mieux défendu en ce sens qu'il réclame des émoluments ; et il peut fermer sa porte aux clientes trop indiscrètes ; mais il est en butte à des poursuites plus précises, plus têtues ; les trois quarts des hommes que persécutent les érotomanes sont des médecins ; dénuder son corps devant un homme représente pour maintes femmes un grand plaisir exhibitionniste.

Je connais quelques femmes, dit Stekel, qui trouvent leur seule satisfaction dans l'examen par un médecin qui leur est sympathique. C'est particulièrement parmi les vieilles filles qu'on trouve un grand nombre de malades qui viennent voir le médecin pour se faire examiner «très soigneusement» pour des pertes sans importance ou pour un trouble quelconque. D'autres souffrent de la phobie du cancer ou des infections (par les W.-C.) et ces phobies leur donnent un prétexte à se faire examiner.

Il cite entre autres les deux cas suivants :

Une vieille fille, B. V..., quarante-trois ans, riche, va voir un médecin une fois par mois, après ses règles, en exigeant un examen très soigneux parce qu'elle croyait que quelque chose n'allait pas. Elle change chaque mois de médecin et joue chaque fois la même comédie. Le médecin lui demande de se déshabiller et de se coucher sur la table ou le divan. Elle s'y refuse en disant qu'elle est trop pudique, qu'elle ne peut pas faire une chose pareille, que c'est contre la nature ! Le médecin la force ou la persuade doucement, elle se déshabille enfin, lui expliquant qu'elle est vierge et qu'il ne devrait pas la blesser. Il lui promet de faire un toucher rectal. Souvent l'orgasme se produit dès l'examen du médecin ; il se répète, intensifié, pendant le toucher rectal. Elle se présente toujours sous un faux nom et paye de suite... Elle avoue qu'elle a joué avec l'espoir d'être violée par un médecin...

Mme L. M..., trente-huit ans, mariée, me dit être complètement insensible auprès de son mari. Elle vient se faire analyser. Après deux séances seulement, elle m'avoue avoir un amant. Mais il n'arrivait pas à lui faire atteindre l'orgasme. Elle n'en avait qu'en se faisant examiner par un gynécologue. (Son père était gynécologue !) Toutes les deux ou trois séances à peu près, elle était poussée par le besoin d'aller chez un médecin pour demander un examen. De temps en temps, elle demandait un traitement et c'étaient les époques les plus heureuses. La dernière fois, un gynécologue l'avait massée longtemps à cause d'une prétendue descente de la matrice. Chaque massage avait entraîné plusieurs orgasmes. Elle explique sa passion pour ces examens par le premier toucher qui avait provoqué le premier orgasme de sa vie…

La femme s'imagine facilement que l'homme à qui elle s'est exhibée a été impressionné par son charme physique ou la beauté de son âme et ainsi se persuade-t-elle, dans les cas pathologiques, être aimée du prêtre ou du médecin. Même si elle est normale, elle a l'impression qu'entre lui et elle existe un lien subtil ; elle se complaît dans une respectueuse obéissance ; parfois, d'ailleurs, elle y puise une sécurité qui l'aide à accepter sa vie.

Il y a des femmes, cependant, qui ne se contentent pas d'étayer leur existence sur une autorité morale ; elles ont aussi besoin au sein de cette existence d'exaltation romanesque. Si elles ne veulent ni tromper ni quitter leur époux, elles auront recours à la même manœuvre que la jeune fille effrayée par les mâles de chair et d'os : elles s'abandonnent à des passions imaginaires. Stekel en donne plusieurs exemples[1] :

Une femme mariée, très décente, du meilleur monde, se plaint d'état nerveux et de dépressions. Un soir à l'Opéra, elle se rend compte qu'elle est follement amoureuse du ténor. Elle se sent profondément agitée en l'écoutant. Elle devient une admiratrice fervente du chanteur. Elle ne manque aucune représentation, achète sa photo, rêve de lui, elle lui envoie même une gerbe de roses avec une dédicace : «D'une inconnue reconnaissante.» Elle se décide même à lui écrire une lettre (signée également «une inconnue»). Mais elle reste à distance. L'occasion se présente pour elle de faire la connaissance du chanteur. Elle sait immédiatement qu'elle n'ira pas. Elle ne veut pas le connaître de près. Elle

1. Stekel, *La Femme frigide.*

n'a pas besoin de sa présence. Elle est heureuse d'aimer avec enthousiasme et de rester une épouse fidèle.

Une dame s'abandonnait au culte de Kainz, acteur très célèbre de Vienne. Elle avait installé dans son appartement une chambre de Kainz avec d'innombrables portraits du grand artiste. Dans un coin se trouvait une bibliothèque de Kainz. Tout ce qu'elle avait pu collectionner : livres, brochures ou journaux parlant de son héros, était soigneusement conservé ainsi qu'une collection de programmes de théâtres, premières ou jubilés de Kainz. Le tabernacle était une photographie signée du grand artiste. Lorsque son idole mourut, la femme porta son deuil pendant un an et entreprit de longs voyages pour écouter des conférences sur Kainz. Le culte de Kainz avait immunisé son érotisme et sa sensualité.

On se rappelle avec quelles larmes fut accueillie la mort de Rudolph Valentino. Les femmes mariées autant que les jeunes filles rendent des cultes à des héros de cinéma. Ce sont parfois leurs images qu'elles évoquent lorsqu'elles se livrent à des plaisirs solitaires ou lorsque dans les étreintes conjugales elles font appel à des fantasmes ; souvent aussi ceux-ci ressuscitent sous la figure d'un grand-père, un frère, un professeur, etc., quelque souvenir infantile.

Cependant, il y a aussi dans l'entourage de la femme des hommes de chair et d'os ; qu'elle soit sexuellement comblée, qu'elle soit frigide ou frustrée — sauf au cas très rare d'un amour complet, absolu, exclusif — elle accorde le plus grand prix à leurs suffrages. Le regard trop quotidien de son mari ne réussit plus à animer son image ; elle a besoin que des yeux encore pleins de mystère la découvrent elle-même comme mystère ; il faut une conscience souveraine en face d'elle pour recueillir ses confidences, réveiller les photographies pâlies, pour faire exister cette fossette au coin de sa bouche, ce battement de cils qui n'appartient qu'à elle ; elle n'est désirable, aimable que si on la désire, si on l'aime. Si elle s'accommode à peu près de son mariage, ce sont surtout des satisfactions de vanité qu'elle cherche près des autres hommes : elle les invite à participer au culte qu'elle se rend ;

elle séduit, elle plaît, contente de rêver à des amours défendues, de penser : Si je voulais... ; elle aime mieux charmer
de nombreux adorateurs que de s'en attacher profondément
aucun ; plus ardente, moins farouche que la jeune fille, sa
coquetterie demande aux mâles de la confirmer dans la
conscience de sa valeur et de son pouvoir ; elle est souvent
d'autant plus hardie qu'ancrée dans son foyer, ayant réussi à
conquérir un homme, elle mène le jeu sans grands espoirs et
sans grands risques.

Il arrive qu'après une période de fidélité plus ou moins
longue la femme ne se borne plus à ces flirts et ces coquetteries. Souvent, c'est par rancune qu'elle se décide à tromper son mari. Adler prétend que l'infidélité de la femme est
toujours une vengeance ; c'est aller trop loin ; mais le fait est
qu'elle cède souvent moins à la séduction de l'amant qu'à
un désir de défier son époux : « Il n'est pas le seul homme
au monde — il y en a d'autres à qui je peux plaire — je ne
suis pas son esclave, il se croit bien malin et il se laisse
duper. » Il se peut que le mari bafoué garde aux yeux de la
femme une importance primordiale ; comme la jeune fille
parfois prend un amant par révolte contre sa mère, pour se
plaindre de ses parents, leur désobéir, s'affirmer, ainsi une
femme que ses rancunes mêmes attachent à son époux
cherche dans l'amant un confident, un témoin qui contemple
son personnage de victime, un complice qui l'aide à ravaler son mari ; elle lui parle sans cesse de celui-ci sous prétexte de le livrer en pâture à son mépris ; et si l'amant ne
joue pas bien son rôle, elle se détourne de lui avec humeur
soit pour retourner vers son mari, soit pour chercher un
autre consolateur. Mais très souvent, c'est moins la rancune que la déception qui la jette aux bras d'un amant ;
dans le mariage, elle ne rencontre pas l'amour ; elle se
résigne difficilement à ne jamais connaître les voluptés, les
joies dont l'attente a charmé sa jeunesse. Le mariage, en
frustrant les femmes de toute satisfaction érotique, en leur
déniant la liberté et la singularité de leurs sentiments, les

conduit par une dialectique nécessaire et ironique à l'adultère.

> Nous les dressons dès l'enfance aux entremises de l'amour, dit Montaigne, leur grâce, leur attifeure, leur science, leur parole, toute leur instruction ne regarde qu'à ce but. Leurs gouvernantes ne leur impriment autre chose que le visage de l'amour, ne fût-ce qu'en le leur représentant continuellement pour les en dégoûter...

Et il ajoute un peu plus loin :

> C'est donc folie d'essayer à brider aux femmes un désir qui leur est si cuisant et si naturel.

Et Engels déclare :

> Avec la monogamie apparaissent d'une façon permanente deux figures sociales caractéristiques : l'amant de la femme et le cocu... À côté de la monogamie et de l'hétaïrisme, l'adultère devient une institution sociale inéluctable, proscrite, rigoureusement punie, mais impossible à supprimer.

Si les étreintes conjugales ont excité la curiosité de la femme sans assouvir ses sens, telle *L'Ingénue libertine* de Colette, elle cherche à achever son éducation dans des lits étrangers. Si son mari a réussi à éveiller sa sexualité, du fait qu'elle n'a pas pour lui d'attachement singulier, elle voudra goûter avec d'autres les plaisirs qu'il lui a découverts.

Des moralistes se sont indignés de la préférence accordée à l'amant, et j'ai signalé l'effort de la littérature bourgeoise pour réhabiliter la figure du mari ; mais il est absurde de le défendre en montrant que souvent aux yeux de la société — c'est-à-dire des autres hommes — il a plus de valeur que son rival : ce qui est important ici, c'est ce qu'il représente pour la femme. Or, il y a deux traits essentiels qui le rendent odieux. D'abord c'est lui qui assume le rôle ingrat d'initiateur ; les exigences contradictoires de la vierge qui se rêve à la fois violentée et respectée le condamnent presque nécessairement à un échec ; elle en demeure à jamais frigide entre ses bras ; auprès de l'amant elle ne connaît ni les affres de la défloration ni les premières humiliations de la pudeur vaincue ; le traumatisme de la surprise lui est épargné : elle sait à peu près ce qui l'attend ; plus sincère, moins susceptible, moins naïve que la nuit de ses noces, elle ne confond plus l'amour idéal et l'appétit physique, le sentiment et le trouble : quand elle prend un amant, c'est bien un amant qu'elle veut. Cette lucidité est un aspect de la liberté de son choix. Car c'est là l'autre tare qui pèse sur le mari : il a été ordinairement subi, et non élu. Ou elle l'a accepté par résignation, ou elle lui a été livrée par sa famille ; en tout cas, l'eût-elle épousé par amour, en l'épousant, elle en a fait son maître ; leurs rapports sont devenus un devoir et souvent il lui est apparu sous la figure d'un tyran. Sans doute le choix de l'amant est-il limité par les circonstances, mais il y a dans ce rapport une dimension de liberté ; se marier, c'est une obligation, prendre un amant, c'est un luxe ; c'est parce qu'il l'a sollicitée que la femme lui cède : elle est sûre sinon de son amour, du moins de son désir ; ce n'est pas pour obéir aux lois qu'il s'exécute. Il a aussi ce privilège qu'il n'use pas ses séductions et son prestige dans les frottements de la vie quotidienne : il demeure à distance, un autre. Aussi la femme a-t-elle dans leurs rencontres l'impression de sortir de soi, d'accéder à des richesses neuves : elle se sent autre. C'est là ce que certaines femmes recherchent avant tout dans une liaison : d'être occupées, étonnées, arrachées à elles-mêmes par l'autre. Une rupture laisse en elles un sentiment désespéré de vide. Janet[1] cite plusieurs cas de ces mélancolies qui nous montrent en creux ce que la femme recherchait et trouvait dans l'amant :

Une femme de trente-neuf ans, navrée d'avoir été abandonnée par un littérateur qui pendant cinq ans l'avait associée à ses travaux, écrit à

1. Cf. *Les Obsessions et la psychasthénie*.

Janet : « Il avait une vie si riche et il était si tyrannique que je ne pouvais m'occuper que de lui et je ne pouvais penser à autre chose. »

Une autre, âgée de trente et un ans, était devenue malade par suite d'une rupture avec un amant qu'elle adorait. « Je voudrais être un encrier de son bureau pour le voir, l'entendre », écrit-elle. Et elle explique : « Seule, je m'ennuie, mon mari ne fait pas travailler ma tête suffisamment, il ne sait rien, il ne m'apprend rien, il ne *m'étonne* pas…, il n'a que du bon sens ordinaire, cela m'assomme. » De l'amant au contraire, elle écrivait : « C'est un homme *étonnant*, jamais je ne lui ai vu une minute de trouble, d'émotion, de gaieté, de laisser-aller, toujours maître de lui, persifleur, toujours froid à vous faire mourir de chagrin. Avec cela un toupet, un sang-froid, une finesse d'esprit, une vivacité d'intelligence qui me faisaient perdre la tête… »

Il y a des femmes qui ne goûtent ce sentiment de plénitude et d'excitation joyeuse que dans les premiers moments d'une liaison ; si l'amant ne leur donne pas tout de suite du plaisir — ce qui arrive fréquemment la première fois, les partenaires étant intimidés et mal adaptés l'un à l'autre — elles éprouvent à son égard de la rancune et du dégoût ; ces « Messalines » multiplient les expériences et quittent un amant après l'autre. Mais il arrive aussi que la femme éclairée par l'échec conjugal soit attirée cette fois par l'homme qui précisément lui convient et qu'il se crée entre eux une liaison durable. Souvent, il lui plaira parce qu'il est d'un type radicalement opposé à celui de son époux. C'est sans doute le contraste que Sainte-Beuve offrait avec Victor Hugo qui séduisit Adèle. Stekel cite le cas suivant :

Mme P. H… est mariée depuis huit ans à un membre d'un club d'athlétisme. Elle va consulter dans une clinique gynécologique pour une légère salpingite en se plaignant que son mari ne la laisse pas tranquille… elle n'éprouve que des douleurs. L'homme est rude et brutal. Il finit par prendre une maîtresse, elle en est heureuse. Elle veut divorcer et dans le bureau de l'avocat fait connaissance d'un secrétaire qui est juste l'opposé de son mari. Il est mince, fragile, frêle, mais très aimable et doux. Ils deviennent intimes ; l'homme recherche son amour et lui écrit des lettres tendres et a mille petits égards pour elle. Ils découvrent des intérêts spirituels communs… Le premier baiser fait disparaître son anesthésie… La puissance relativement faible de cet homme entraîne les orgasmes les plus intenses chez la femme… Après le divorce, ils se marièrent et vécurent très heureux… Il arrivait à entraîner l'orgasme par des baisers et des caresses. C'était cette même femme que le mari extrêmement puissant accusait de frigidité !

Toutes les liaisons ne s'achèvent pas ainsi en conte de fées. Il arrive, de même que la jeune fille rêve d'un libérateur qui l'arrachera au foyer paternel, que la femme attende que l'amant la délivre du joug conjugal : c'est un thème souvent exploité que celui de l'amoureux ardent qui se glace et s'enfuit quand sa maîtresse commence à parler de mariage ; souvent elle est blessée par ses réticences et ces rapports à leur tour sont pervertis par la rancune et l'hostilité. Si une liaison se stabilise, elle finit souvent par prendre un caractère familier, conjugal ; on y retrouve l'ennui, la jalousie, la prudence, la ruse, tous les vices du mariage. Et la femme rêve d'un autre homme qui l'arrachera à cette routine.

L'adultère revêt d'ailleurs des caractères très différents selon les mœurs et les circonstances. L'infidélité conjugale apparaît encore dans notre civilisation où se survivent les traditions patriarcales comme beaucoup plus grave pour la femme que pour l'homme :

Inique estimation des vices ! dit Montaigne. Nous faisons et poisons les vices non selon nature mais selon notre intérêt, par où ils prennent tant de formes inégales. L'âpreté de nos décrets rend l'application des femmes à ce vice plus aspre et vicieuse que porte sa condition et l'engage à des suites pires que n'est leur cause.

On a vu les raisons originelles de cette sévérité : l'adultère de la femme risque, introduisant dans la famille le fils d'un étranger, de frustrer les héritiers légitimes ; le mari est le maître, l'épouse sa propriété. Les changements sociaux, la pratique du « birth-control », ont enlevé à ces motifs beaucoup de leur force. Mais la volonté de maintenir la femme en état de dépendance perpétue les interdits dont on l'entoure encore. Souvent elle les intériorise ; elle ferme les yeux sur les fredaines conjugales sans que sa religion, sa moralité, sa « vertu » lui permettent d'envisager aucune réciprocité. Le contrôle exercé par son entourage — en particulier dans les « petites villes » du Vieux comme du Nouveau Monde — est beaucoup plus sévère que celui qui pèse sur son mari : il sort davantage, il voyage, et on tolère avec plus d'indulgence ses écarts ; elle risque de perdre sa réputation et sa situation de femme mariée. On a souvent décrit les ruses par lesquelles la femme parvient à déjouer ces surveillances : je connais une petite ville portugaise, d'une sévérité antique, où les jeunes femmes ne sortent qu'accompagnées par une belle-mère ou une belle-sœur ; mais le coiffeur loue des chambres situées au-dessus de son officine ; entre la « mise en plis » et le coup de peigne, les amants s'étreignent hâtivement. Dans les grandes villes, la femme a beaucoup moins de geôliers : mais les « cinq à sept » qui se pratiquaient naguère ne permettaient guère non plus aux sentiments illégitimes de s'épanouir heureusement. Hâtif, clandestin, l'adultère ne crée pas des relations humaines et libres ; les mensonges qu'il implique achèvent de dénier aux rapports conjugaux toute dignité.

Dans beaucoup de milieux, les femmes ont aujourd'hui conquis partiellement leur liberté sexuelle. Mais c'est encore pour elles un difficile problème que de concilier leur vie conjugale avec des satisfactions érotiques. Le mariage n'impliquant généralement pas l'amour physique, il semblerait raisonnable de dissocier franchement l'un de l'autre. On admet que l'homme peut être un excellent mari, et cependant volage : ses caprices sexuels ne l'empêchent pas en effet de mener en amitié avec sa femme l'entreprise d'une vie commune ; cette amitié sera même d'autant plus pure, moins ambivalente, qu'elle ne représente pas une chaîne. On pourrait admettre qu'il en soit de même pour l'épouse ; elle souhaite souvent partager l'existence de son mari, créer avec lui un foyer pour leurs enfants, et cependant connaître d'autres étreintes. Ce sont les compromis de prudence et d'hypocrisie qui rendent l'adultère dégradant ; un pacte de liberté et de sincérité abolirait une des tares des mariages. Cependant, il faut reconnaître qu'*aujourd'hui* l'irritante formule qui inspira la Francillon de Dumas fils : « Pour la femme, ce n'est pas la même chose », garde une certaine vérité. La différence n'a rien de *naturel*. On prétend que la femme a moins besoin que l'homme d'activité sexuelle : rien n'est moins sûr. Les femmes refoulées font des épouses acariâtres, des mères sadiques, des ménagères maniaques, des créatures malheureuses et dangereuses ; en tout cas, ses désirs fussent-ils plus rares, ce n'est pas une raison pour trouver superflu qu'elle les satisfasse. La différence vient de l'ensemble de la situation érotique de l'homme et de la femme telle que la tradition et la société actuelle la définissent. On considère encore chez la femme l'acte amoureux comme un *service* qu'elle rend à l'homme et qui fait donc apparaître celui-ci comme son maître ; on a vu qu'il peut toujours *prendre* une inférieure mais qu'elle se dégrade si elle *se livre* à un mâle qui n'est pas son pair ; son consentement a en tout cas le caractère d'une reddition, d'une chute. Une femme accepte souvent de bon cœur que son mari possède d'autres femmes : elle en est même flattée ; il semble qu'Adèle Hugo ait vu sans regret son époux fougueux porter ses ardeurs vers d'autres lits ; certaines mêmes imitant la Pompadour acceptent de se faire entremetteuses[1]. Au contraire, dans l'étreinte, la femme est changée en objet, en proie ; il semble au mari qu'elle se soit imprégnée d'un mana étranger, elle a cessé d'être sienne, on la lui a volée. Et le fait est qu'au lit la femme souvent se sent, se veut et par conséquent est dominée ; le fait est aussi qu'à cause du prestige viril elle a tendance à approuver, à imiter le mâle qui l'ayant possédée incarne à ses yeux l'homme tout entier.

1. Je parle ici du mariage. Dans l'amour on verra que l'attitude du couple est inversée.

Le mari s'irrite, non sans raison, d'entendre dans une bouche familière l'écho d'une pensée étrangère : il lui semble un peu que c'est lui qu'on a possédé, violé. Si Mme de Charrière rompit avec le jeune Benjamin Constant — qui entre deux femmes viriles jouait le rôle féminin — c'est qu'elle ne supportait pas de le sentir marqué par l'influence détestée de Mme de Staël. Tant que la femme se fait esclave et reflet de l'homme à qui elle « se donne », elle doit reconnaître que ses infidélités l'arrachent plus radicalement à son mari que des infidélités réciproques.

Si elle garde son intégrité, elle peut cependant craindre que le mari ne soit compromis dans la conscience de l'amant. Même une femme est prompte à s'imaginer qu'en couchant avec un homme — fût-ce une fois, en hâte, sur un canapé — elle a pris une supériorité sur l'épouse légitime ; à plus forte raison un homme qui croit posséder sa maîtresse estime qu'il joue un tour au mari. C'est pourquoi dans *La Tendresse* de Bataille, dans *Belle de nuit* de Kessel, la femme a soin de choisir des amants de basse condition : elle cherche près d'eux des satisfactions sensuelles, mais elle ne veut pas leur donner barre sur un mari respecté. Dans *La Condition humaine*, Malraux nous montre un couple où homme et femme ont fait un pacte de liberté réciproque : cependant quand May raconte à Kyo qu'elle a couché avec un camarade, il souffre en pensant que cet homme s'est imaginé l'avoir « eue » ; il a choisi de respecter son indépendance, parce qu'il sait bien qu'on n'*a* jamais personne ; mais les idées complaisantes caressées par un autre le blessent et l'humilient à travers May. La société confond la femme libre et la femme facile ; l'amant même ne reconnaît pas volontiers la liberté dont il profite ; il préfère croire que sa maîtresse a cédé, s'est laissé entraîner, qu'il l'a conquise, séduite. Une femme orgueilleuse peut prendre personnellement son parti de la vanité de son partenaire ; mais il lui sera odieux qu'un mari estimé en supporte l'arrogance. Il est très difficile à une femme d'agir en égale de l'homme tant que

cette égalité n'est pas universellement reconnue et concrètement réalisée.

De toute façon, adultère, amitiés, vie mondaine ne constituent dans la vie conjugale que des divertissements ; ils
peuvent aider à en supporter les contraintes mais ne les
brisent pas. Ce ne sont là que de fausses évasions qui ne permettent aucunement à la femme de reprendre authentiquement en main sa destinée.

# CHAPITRE VIII

# Prostituées et hétaïres

Le mariage, avons-nous vu[1], a comme corrélatif immédiat la prostitution. « L'hétaïrisme, dit Morgan, suit l'humanité jusque dans sa civilisation comme une obscure ombre portée sur la famille. » Par prudence, l'homme voue son épouse à la chasteté mais il ne se satisfait pas du régime qu'il lui impose.

> Les roys de Perse, raconte Montaigne qui approuve leur sagesse, appelaient leurs femmes à la compaignie de leurs festins ; mais quand le vin venait à les échauffer en bon escient et qu'il leur allait tout à fait lascher la bride à la volupté, ils les r'envoiaient en leur privé pour ne les faire participantes de leurs appétits immodérez et faisaient venir en leur lieu des femmes auxquelles ils n'eussent point cette obligation de respect.

Il faut des égouts pour garantir la salubrité des palais, disaient les Pères de l'Église. Et Mandeville dans un ouvrage qui fit du bruit : « Il est évident qu'il existe une nécessité de sacrifier une partie des femmes pour conserver l'autre et pour prévenir une saleté d'une nature plus repoussante. » Un des arguments des esclavagistes américains en faveur de l'esclavage, c'est que les Blancs du Sud étant tous déchar-

1. Vol. Ier, 2e partie.

gés des besognes serviles pouvaient entretenir entre eux les relations les plus démocratiques, les plus raffinées ; de même, l'existence d'une caste de « filles perdues » permet de traiter « l'honnête femme » avec le respect le plus chevaleresque. La prostituée est un bouc émissaire ; l'homme se délivre sur elle de sa turpitude et il la renie. Qu'un statut légal la mette sous une surveillance policière ou qu'elle travaille dans la clandestinité, elle est en tout cas traitée en paria.

Du point de vue économique, sa situation est symétrique de celle de la femme mariée. « Entre celles qui se vendent par la prostitution et celles qui se vendent par le mariage, la seule différence consiste dans le prix et la durée du contrat », dit Marro[1]. Pour toutes deux l'acte sexuel est un service ; la seconde est engagée à vie par un seul homme ; la première a plusieurs clients qui la paient à la pièce. Celle-là est protégée par un mâle contre tous les autres, celle-ci est défendue par tous contre l'exclusive tyrannie de chacun. En tout cas les bénéfices qu'elles retirent du don de leurs corps sont limités par la concurrence ; le mari sait qu'il aurait pu s'assurer une autre épouse : l'accomplissement des « devoirs conjugaux » n'est pas une grâce, c'est l'exécution d'un contrat. Dans la prostitution, le désir masculin, étant non singulier mais spécifique, peut s'assouvir sur n'importe quel corps. Épouses ou hétaïres ne réussissent à exploiter l'homme que si elles prennent sur lui un ascendant singulier. La grande différence entre elles, c'est que la femme légitime, opprimée en tant que femme mariée, est respectée en tant que personne humaine ; ce respect commence à faire sérieusement échec à l'oppression. Tandis que la prostituée n'a pas les droits d'une personne, en elle se résument toutes les figures à la fois de l'esclavage féminin.

Il est naïf de se demander quels motifs poussent la femme à la prostitution ; on ne croit plus aujourd'hui à la théorie de

---

1. *La Puberté.*

Lombroso qui assimilait prostituées et criminels et qui voyait dans les uns et les autres des dégénérés; il est possible, comme l'affirment des statistiques, que d'une manière générale le niveau mental des prostituées soit un peu en dessous de la moyenne et que certaines soient franchement débiles : les femmes dont les facultés mentales sont ralenties choisissent volontiers un métier qui ne réclame d'elles aucune spécialisation; mais la plupart sont normales, certaines très intelligentes. Aucune fatalité héréditaire, aucune tare physiologique ne pèse sur elles. En vérité, dans un monde où sévissent misère et chômage, dès qu'une profession est ouverte, il y a des gens pour l'embrasser; aussi longtemps qu'existeront la police, la prostitution, il y aura des policiers, des prostituées. D'autant qu'en moyenne ces métiers rapportent plus que beaucoup d'autres. Il est bien hypocrite de s'étonner des offres que suscite la demande masculine; c'est là un processus économique rudimentaire et universel. «De toutes les causes de la prostitution, écrivait en 1857 Parent-Duchâtelet au cours de son enquête, aucune n'est plus active que le manque de travail et la misère qui est la conséquence inévitable des salaires insuffisants.» Les moralistes bien pensants répondent en ricanant que les récits apitoyants des prostituées sont des romans à l'usage du client naïf. En effet, dans beaucoup de cas, la prostituée aurait pu gagner sa vie par un autre moyen : mais si celui qu'elle a choisi ne lui semble pas le pire, cela ne prouve pas qu'elle a le vice dans le sang; plutôt cela condamne une société où ce métier est encore un de ceux qui paraît à beaucoup de femmes le moins rebutant. On demande : pourquoi l'a-t-elle choisi? La question est plutôt : pourquoi ne l'eût-elle pas choisi? On a remarqué entre autres qu'une grande partie des «filles» se rencontraient parmi les servantes; c'est ce qu'a établi pour tous les pays Parent-Duchâtelet, ce que Lily Braun notait en Allemagne et Ryckère pour la Belgique. Environ 50 % des prostituées ont été d'abord domestiques. Un coup d'œil sur les

« chambres de bonnes » suffit à expliquer le fait. Exploitée, asservie, traitée en objet plutôt qu'en personne, la bonne à tout faire, la femme de chambre n'attend de l'avenir aucune amélioration de son sort ; parfois, il lui faut subir les caprices du maître de la maison : de l'esclavage domestique, des amours ancillaires, elle glisse vers un esclavage qui ne saurait être plus dégradant et qu'elle rêve plus heureux. En outre, les femmes en service sont très souvent des déracinées ; on estime que 80 % des prostituées parisiennes viennent de la province ou de la campagne. La proximité de sa famille, le souci de sa réputation empêcheraient la femme d'embrasser une profession généralement déconsidérée ; mais perdue dans une grande ville, n'étant plus intégrée à la société, l'idée abstraite de « moralité » ne lui oppose aucun barrage. Autant la bourgeoisie entoure l'acte sexuel — et surtout la virginité — de tabous redoutables, autant ils apparaissent dans beaucoup de milieux paysans et ouvriers comme une chose indifférente. Quantité d'enquêtes concordent sur ce point : il y a un grand nombre de jeunes filles qui se laissent déflorer par le premier venu et qui trouveront ensuite naturel de se donner au premier venu. Dans une enquête portant sur cent prostituées, le docteur Bizard a relevé les faits suivants : une avait été déflorée à onze ans, deux à douze ans, deux à treize ans, six à quatorze ans, sept à quinze ans, vingt et une à seize ans, dix-neuf à dix-sept ans, dix-sept à dix-huit ans, six à dix-neuf ans ; les autres, après vingt et un ans. Il y en avait donc 5 % qui avaient été violées avant la formation. Plus de la moitié disaient s'être données par amour ; les autres avaient consenti par ignorance. Le premier séducteur est souvent jeune. C'est le plus souvent un camarade d'atelier, un collègue de bureau, un ami d'enfance ; ensuite viennent les militaires, les contremaîtres, les valets de chambre, les étudiants ; la liste du docteur Bizard comportait, en outre, deux avocats, un architecte, un médecin, un pharmacien. Il est assez rare que ce soit, comme le veut la légende, le patron lui-même qui joue ce

rôle d'initiateur : mais souvent c'est son fils ou son neveu
ou un de ses amis. Commenge, dans son étude, signale aussi
quarante-cinq jeunes filles de douze à dix-sept ans qui
auraient été déflorées par des inconnus qu'elles n'avaient
ensuite jamais revus ; elles avaient consenti avec indifférence, sans éprouver de plaisir. Entre autres, le docteur
Bizard a relevé plus précisément les cas suivants :

Mlle G. de Bordeaux, en rentrant du couvent à dix-huit ans, se laisse
entraîner par curiosité, sans penser à mal, dans une roulotte où elle est
déflorée par un forain inconnu.

Une enfant de treize ans se donne sans réfléchir à un monsieur qu'elle
a rencontré dans la rue, qu'elle ne connaît pas et qu'elle ne reverra
jamais.

M... nous raconte textuellement qu'elle a été déflorée à l'âge de dix-
sept ans par un jeune homme qu'elle ne connaissait pas... elle s'est
laissé faire par complète ignorance.

R... déflorée à dix-sept ans et demi par un jeune homme qu'elle
n'avait jamais vu et qu'elle avait par hasard rencontré chez un médecin
du voisinage qu'elle était allée chercher pour sa sœur malade, qui l'a
ramenée en auto pour qu'elle soit plus vite rentrée et qui en réalité, après
avoir eu ce qu'il voulait d'elle, l'a plantée là en pleine rue.

B... déflorée à quinze ans et demi « sans penser à ce qu'elle faisait »,
dit textuellement notre cliente, par un jeune homme qu'elle n'a jamais
revu ; neuf mois après, elle a accouché d'un enfant bien portant.

S... déflorée à quatorze ans par un jeune homme qui l'attira chez lui
sous le prétexte de lui faire connaître sa sœur. Le jeune homme en réalité n'avait pas de sœur mais il avait la syphilis et contamina la fillette.

R... déflorée à dix-huit ans dans une ancienne tranchée du front par
un cousin marié avec qui elle visitait les champs de bataille, qui l'a mise
enceinte et qui l'a obligée à quitter sa famille.

C... à dix-sept ans, déflorée sur la plage un soir d'été par un jeune
homme dont elle vient de faire connaissance à l'hôtel et à cent mètres
de leurs deux mamans qui causent de frivolités. Contaminée de blen-
norragie.

L... déflorée à treize ans par son oncle en écoutant la T.S.F. tandis
que sa tante, qui aimait à se coucher tôt, reposait tranquillement dans la
chambre voisine.

Ces jeunes filles qui ont cédé passivement n'en ont pas
moins subi, on peut en être certain, le traumatisme de la

défloration ; on voudrait savoir quelle influence psychologique cette brutale expérience a eue sur leur avenir ; mais on ne psychanalyse pas les « filles », elles sont maladroites à se décrire et se dérobent derrière des clichés. Chez certaines, la facilité à se donner au premier venu s'explique par l'existence des phantasmes de prostitution dont nous avons parlé : par rancune familiale, par horreur de leur sexualité naissante, par désir de jouer à la grande personne, il y a de très jeunes filles qui imitent les prostituées ; elles se maquillent violemment, fréquentent les garçons, se montrent coquettes et provocantes ; elles qui sont encore infantiles, asexuées, froides, croient pouvoir jouer avec le feu impunément ; un jour, un homme les prend au mot et elles glissent des rêves aux actes.

« Quand une porte a été enfoncée, ensuite c'est difficile de la tenir fermée », disait une jeune prostituée de quatorze ans[1]. Cependant, la jeune fille se décide rarement à faire le trottoir tout de suite après sa défloration. Dans certains cas, elle demeure attachée à son premier amant et continue à vivre avec lui ; elle prend un métier « honnête » ; quand l'amant l'abandonne, un autre la console ; puisqu'elle n'appartient plus à un seul homme, elle estime pouvoir se donner à tous ; parfois, c'est l'amant — le premier, le second — qui suggère ce moyen de gagner de l'argent. Il y a aussi beaucoup de jeunes filles qui sont prostituées par leurs parents : en certaines familles — telle la célèbre famille américaine des Juke — toutes les femmes sont vouées à ce métier. Parmi les jeunes vagabondes, on compte aussi un grand nombre de fillettes abandonnées par leurs proches, qui commencent par la mendicité et glissent de là au trottoir. En 1857, Parent-Duchâtelet, sur 5 000 prostituées, avait trouvé que 1 441 avaient été influencées par la pauvreté, 1 425 séduites et abandonnées, 1 255 abandonnées et laissées sans ressources par leurs parents. Les enquêtes modernes suggèrent à peu

1. Citée par Marro, *La Puberté*.

près les mêmes conclusions. La maladie pousse souvent à la prostitution la femme devenue incapable d'un vrai travail, ou qui a perdu sa place, elle détruit l'équilibre précaire du budget, elle oblige la femme à s'inventer hâtivement des ressources neuves. De même, la naissance d'un enfant. Plus de la moitié des femmes de Saint-Lazare ont eu au moins un enfant ; beaucoup en ont élevé de trois à six ; le docteur Bizard en signale une qui en avait mis au monde quatorze, dont huit vivaient encore quand il la connut. Il en est peu, dit-il, qui abandonnent leur petit ; et il arrive que ce soit pour le nourrir que la fille-mère devienne une prostituée. Il cite ce cas entre autres :

Déflorée en province, à l'âge de dix-neuf ans, par un patron de soixante ans alors qu'elle était encore dans sa famille, elle a été obligée, étant enceinte, de quitter les siens et a accouché d'une fille bien portante qu'elle a très correctement élevée. Après ses couches, elle est venue à Paris, s'est placée comme nourrice et a commencé à faire la noce à l'âge de vingt-neuf ans. Elle se prostitue donc depuis trente-trois ans. À bout de forces et de courage, elle demande maintenant à être hospitalisée à Saint-Lazare.

On sait qu'il y a aussi recrudescence de la prostitution pendant les guerres et dans les crises qui les suivent.

L'auteur de la *Vie d'une prostituée*, publiée en partie dans les *Temps modernes* [1], raconte ainsi ses débuts :

Je me suis mariée à seize ans avec un homme de treize ans plus âgé que moi. C'est pour sortir de chez mes parents que je me suis mariée. Mon mari ne pensait qu'à me faire des gosses. « Comme cela, tu resteras à la maison, tu ne sortiras pas », qu'il disait. Il ne voulait pas que je me maquille, ne voulait pas m'emmener au cinéma. J'avais la belle-mère à supporter, qui venait à la maison tous les jours et donnait toujours raison à son salaud de fils. Mon premier enfant était un garçon, Jacques ; quatorze mois plus tard, j'accouchai d'un autre, Pierre… Comme je m'ennuyais beaucoup, je me suis mise à suivre des cours

---

1. Elle a fait paraître clandestinement ce récit sous le pseudonyme de Marie-Thérèse ; je la désignerai par ce nom.

d'infirmière, cela me plaisait bien… Je suis rentrée à l'hôpital dans la banlieue de Paris, chez les femmes. Une infirmière qui était une gamine m'a appris des choses que je ne connaissais pas avant. Coucher avec mon mari était plutôt une corvée. Chez les hommes, je suis restée six mois sans faire un seul béguin. Voilà qu'un jour, un vrai blédard, genre vache, mais joli garçon, rentre dans ma chambre privée… Il m'a fait comprendre que je pourrais changer de vie, que j'irais avec lui à Paris, que je ne travaillerais plus… Il savait bien m'endormir… Je me suis décidée à partir avec lui… Pendant un mois, j'ai été vraiment heureuse… Un jour, il a amené une femme bien habillée, chic, en disant : « Voilà, celle-là se défend bien. » Au début, je ne marchais pas. J'ai même trouvé une place d'infirmière dans une clinique du quartier pour lui faire voir que je ne voulais pas faire le trottoir, mais je ne pouvais pas résister longtemps. Il me disait : « Tu m'aimes pas. Quand on aime bien son homme, on travaille pour lui. » Je pleurais. À la clinique, j'étais toute triste. Finalement, je me suis laissé emmener chez le coiffeur… J'ai commencé à faire des passes ! Julot me suivait par-derrière pour voir si je me défendais bien et pour pouvoir m'avertir au cas où les poulets venaient à moi…

Par certains côtés, cette histoire est conforme à l'histoire classique de la fille vouée au trottoir par un souteneur. Il arrive que ce dernier rôle soit joué par le mari. Et quelquefois aussi par une femme. L. Faivre a fait, en 1931, une enquête sur 510 jeunes prostituées[1] ; il a trouvé que 284 d'entre elles vivaient seules, 132 avec un ami, 94 avec une amie à qui les unissaient ordinairement des liens homosexuels. Il cite (avec leur orthographe) les extraits de lettres suivants :

Suzanne, dix-sept ans. Je me suis livré à la prostitution avec surtout des prostituées. Une qui m'a garder longtemps, était très jalouse, aussi j'ai quitté la ruc dc…

Andrée, quinze ans et demi. J'ai quitter mes parents pour habité avec une amie rencontrée dans un bal, je m'apercevais vite qu'elle voulait m'aimer comme un homme, je suis restée avec elle quatre mois, puis…

Jeanne, quatorze ans. Mon pauvre petit papa s'appelait X…, il est mort des suites de la guerre à l'hôpital en 1922. Ma mère s'est remariée. J'allais à l'école pour obtenir mon certificat d'études, puis l'ayant

1. *Les Jeunes Prostituées vagabondes en prison.*

obtenu je dus apprendre la couture… puis gagnant très peu, les disputes commencèrent avec mon beau-père… J'ai dû être placée bonne chez Mme X…, rue… J'étais seule depuis dix jours avec sa jeune fille qui pouvait avoir vingt-cinq ans environ ; j'aperçu un changement très grand envers elle. Puis un jour, tout comme un jeune homme, elle m'avoua son grand amour. J'hésitais puis ayant peur d'être renvoyé, je finis par céder ; je compris alors certaines choses… J'ai travaillé, puis me trouvant sans travail je dus aller au Bois où je me prostituai avec des femmes. Je fis connaissance d'une dame très généreuse, etc.

Assez souvent la femme n'envisage la prostitution que comme un moyen provisoire d'augmenter ses ressources. Mais on a maintes fois décrit la manière dont elle se trouve ensuite enchaînée. Si les cas de « traite des blanches » où elle est entraînée dans l'engrenage par violence, fausses promesses, mystifications, etc., sont relativement rares, ce qui est fréquent, c'est qu'elle soit retenue dans la carrière contre son gré. Le capital nécessaire à ses débuts lui a été fourni par un souteneur ou une maquerelle qui s'est acquis des droits sur elle, qui recueille la plus grande part de ses bénéfices et dont elle n'arrive pas à se libérer. « Marie-Thérèse » a mené pendant plusieurs années une véritable lutte avant d'y réussir.

J'ai compris enfin que Julot voulait que mon pognon et j'ai pensé que loin de lui, je pourrais mettre un peu d'argent de côté… À la maison au début, j'étais timide, je n'osais pas m'approcher des clients et leur dire « tu montes ». La femme d'un copain à Julot me surveillait de près et comptait même mes passes… Voilà que Julot m'écrit que je dois remettre mon argent chaque soir à la patronne, « comme cela, on ne te volera pas… » Quand je voulais m'acheter une robe, la taulière m'a dit que Julot avait défendu de me donner mon pognon… j'ai décidé de quitter au plus vite cette taule. Quand la patronne a appris que je voulais partir, elle m'a pas mis de tampon [1] avant la visite comme les autres fois et j'ai été arrêtée et mise à l'hôpital… J'ai dû retourner à la taule pour gagner l'argent de mon voyage… mais je ne suis restée au bordel que

1. « Un tampon pour endormir les gono qu'on donnait aux femmes avant la visite si bien que le docteur ne trouvait une femme malade que quand la taulière voulait se débarrasser d'elle. »

quatre semaines… J'ai travaillé quelques jours à Barbès comme avant mais j'en voulais trop à Julot pour pouvoir rester à Paris : on s'engueulait, il me tapait dessus, une fois il m'a presque jetée par la fenêtre… Je me suis arrangée avec un placeur pour aller en province. Quand je me suis rendu compte que le placeur connaissait Julot, je ne suis pas allée au rendez-vous comme convenu. Les deux gonzesses du placeur m'ont rencontrée après rue Belhomme et m'ont foutu une trempe… Le lendemain, j'ai fait ma valise et je suis partie toute seule pour l'île de T… Au bout de trois semaines, j'en avais marre de la taule, j'ai écrit au docteur quand il est venu pour la visite de me marquer sortante… Julot m'a aperçue sur le boulevard Magenta et m'a frappée… J'avais la figure marquée après la trempe sur le boulevard Magenta. J'avais marre de Julot. J'ai donc fait un contrat pour partir en Allemagne…

La littérature a popularisé la figure du « Julot ». Il joue dans la vie de la fille un rôle protecteur. Il lui avance de l'argent pour s'acheter des toilettes, ensuite il la défend contre la concurrence des autres femmes, contre la police — il est parfois lui-même un policier — contre les clients. Ceux-ci seraient heureux de pouvoir consommer sans payer ; il y en a qui assouviraient volontiers sur la femme leur sadisme. À Madrid, voici quelques années, une jeunesse fasciste et dorée s'amusait à jeter les prostituées dans le fleuve, par les nuits froides ; en France, des étudiants en gaieté emmenèrent parfois des femmes dans la campagne pour les y abandonner à la nuit, entièrement nues ; pour toucher son argent, éviter les mauvais traitements, la prostituée a besoin d'un homme. Il lui apporte aussi un appui moral : « Seule on travaille moins bien, on a moins de cœur à l'ouvrage, on se laisse aller », disent certaines. Souvent elle a pour lui de l'amour ; c'est par amour qu'elle a embrassé son métier ou qu'elle le justifie ; il y a dans son milieu une énorme supériorité de l'homme sur la femme : cette distance favorise l'amour-religion, ce qui explique l'abnégation passionnée de certaines prostituées. Dans la violence de leur mâle, elles voient le signe de sa virilité et se soumettent à lui avec d'autant plus de docilité. Elles connaissent près de lui les jalousies, les tourments, mais aussi les joies de l'amoureuse.

Cependant, elles n'ont parfois pour lui qu'hostilité et rancune : c'est par peur, c'est parce qu'il les tient, qu'elles demeurent sous sa coupe, comme on vient de voir dans le cas de Marie-Thérèse. Souvent, alors, elles se consolent avec «un béguin» choisi parmi les clients.

Toutes les femmes en plus de leur Julot avaient des béguins, moi aussi, écrit Marie-Thérèse. C'était un marin très beau garçon. Malgré qu'il faisait bien l'amour, je ne pouvais pas prendre mon pied avec lui mais on avait beaucoup d'amitié l'un pour l'autre. Souvent, il montait avec moi sans faire l'amour, juste pour parler, il me disait que je devrais sortir de là, que ma place n'était pas ici.

Elles se consolent aussi avec des femmes. Un grand nombre de prostituées sont homosexuelles. On a vu qu'il y avait souvent à l'origine de leur carrière une aventure homosexuelle et que beaucoup continuaient à vivre avec une amie. Selon Anna Rueling, en Allemagne, environ 20 % des prostituées seraient homosexuelles. Faivre signale qu'en prison les jeunes détenues échangent des lettres pornographiques, d'un accent passionné, qu'elles signent «Unies pour la vie». Ces lettres sont l'homologue de celles que s'écrivent les écolières nourrissant en leurs cœurs des «flammes»; celles-ci sont moins averties, plus timides; celles-là vont au bout de leurs sentiments, à la fois dans leurs mots et dans leurs actes. On voit dans la vie de Marie-Thérèse — qui fut initiée à la volupté par une femme — quel rôle privilégié joue la «copine» en face du client méprisé, du souteneur autoritaire :

Julot a amené une fille, une pauvre bonniche qui n'avait même pas de chaussures à se mettre. On lui achète tout aux puces et puis elle vient avec moi pour travailler. Elle était bien gentille et comme en plus elle aimait les femmes, on s'entendait bien. Elle me rappelait tout ce que j'ai appris avec l'infirmière. On rigolait souvent et au lieu de travailler on partait au cinéma. J'étais contente de l'avoir avec nous.

On voit que la copine remplit à peu près le rôle que joue l'amie de cœur pour la femme honnête confinée parmi des femmes : c'est elle qui est une camarade de plaisir, c'est avec elle que les rapports sont libres, gratuits, qu'ils peuvent donc être voulus ; fatiguée des hommes, dégoûtée d'eux ou souhaitant une diversion, c'est dans les bras d'une autre femme que souvent la prostituée cherchera détente et plaisir. En tout cas, la complicité dont j'ai parlé et qui unit immédiatement les femmes existe plus fortement en ce cas qu'en aucun autre. Du fait que leurs rapports avec la moitié de l'humanité sont de nature commerciale, que l'ensemble de la société les traite en parias, les prostituées ont entre elles une étroite solidarité ; il leur arrive d'être rivales, de se jalouser, s'insulter, se battre ; mais elles ont profondément besoin les unes des autres pour constituer un « contre-univers » où elles retrouvent leur dignité humaine ; la camarade est la confidente et le témoin privilégié ; c'est elle qui apprécie la robe, la coiffure qui sont des moyens destinés à séduire l'homme, mais qui apparaissent comme fins en soi dans les regards envieux ou admiratifs des autres femmes.

Quant aux rapports de la prostituée avec ses clients, les avis sont très partagés et les cas sans doute variables. On a souvent souligné qu'elle réserve à l'amant de cœur le baiser sur la bouche, expression d'une libre tendresse, et qu'elle n'établit aucune comparaison entre les étreintes amoureuses et les étreintes professionnelles. Les témoignages des hommes sont suspects parce que leur vanité les incite à se laisser duper par des comédies de jouissance. Il faut dire que les circonstances sont très différentes quand il s'agit d'un « abattage » qui souvent s'accompagne d'une fatigue physique épuisante, d'une passe rapide, d'un « couché », ou de relations suivies avec un client familier. Marie-Thérèse exerçait d'ordinaire son métier avec indifférence, mais elle évoque certaines nuits avec délices ; elle a eu des « béguins » et dit que toutes ses camarades en avaient aussi ; il arrive que la femme refuse de se faire payer par un client qui lui a plu et quelquefois, s'il est dans la gêne, elle lui propose son aide. Dans l'ensemble, cependant, la femme travaille « à

froid». Certaines n'ont pour l'ensemble de leur clientèle
qu'une indifférence nuancée d'un peu de mépris. «Oh! que
les hommes sont cornichons! Que les femmes peuvent leur
mettre plein la tête de tout ce qu'elles veulent!» écrit
Marie-Thérèse. Mais beaucoup éprouvent une rancune
dégoûtée à l'égard des hommes; elles sont entre autres
écœurées par leurs vices. Soit parce qu'ils vont au bordel
afin d'assouvir les vices qu'ils n'osent pas avouer à leur
femme ou à leur maîtresse, soit parce que le fait d'être au
bordel les incite à s'inventer des vices, quantité d'hommes
exigent de la femme «des fantaisies». Marie-Thérèse se
plaignait en particulier que les Français fussent d'une imagination insatiable. Les malades soignées par le docteur
Bizard lui ont confié que «tous les hommes sont plus ou
moins vicieux». Une de mes amies a longuement causé à
l'hôpital Beaujon avec une jeune prostituée, très intelligente, qui avait commencé par être domestique et qui vivait
avec un souteneur qu'elle adorait. «*Tous* les hommes sont
des vicieux, disait-elle, sauf le mien. C'est pour ça que je
l'aime. Si jamais je lui découvre un vice, je le quitte. La première fois, le client n'ose pas toujours, il a l'air normal;
mais quand il revient, il commence à vouloir des choses...
Vous dites que votre mari n'a pas de vice : vous verrez. Ils
en ont tous.» À cause de ces vices, elle les détestait. Une
autre de mes amies, en 1943, à Fresnes, était devenue intime
avec une prostituée. Celle-ci soutenait que 90 % de ses
clients avaient des vices, 50 % environ étant des pédérastes
honteux. Ceux qui montraient trop d'imagination l'ef-
frayaient. Un officier allemand lui avait demandé de se promener nue dans la chambre avec des fleurs dans les bras
tandis qu'il imitait l'envol d'un oiseau; malgré sa courtoisie
et sa générosité, elle s'enfuyait chaque fois qu'elle l'apercevait. Marie-Thérèse avait horreur de la «fantaisie» bien
qu'elle fût tarifiée beaucoup plus haut que le coït simple, et
que souvent elle exigeât de la femme moins de dépense. Ces
trois femmes étaient particulièrement intelligentes et sen-

sibles. Sans doute se rendaient-elles compte que dès qu'elles n'étaient plus protégées par la routine du métier, dès que l'homme cessait d'être un client en général et s'individualisait, elles étaient la proie d'une conscience, d'une liberté capricieuse : il ne s'agissait plus d'un simple marché. Certaines prostituées, cependant, se spécialisent dans la « fantaisie » parce qu'elle rapporte davantage. Dans leur hostilité à l'égard du client entre souvent un ressentiment de classe. Hélène Deutsch raconte longuement l'histoire d'Anna, une jolie prostituée blonde, enfantine, généralement très douce, mais qui avait des crises d'excitation furieuse contre certains hommes. Elle appartenait à une famille ouvrière ; son père buvait, sa mère était malade : ce ménage malheureux lui donna une telle horreur de la vie de famille qu'elle ne consentit jamais à se marier, bien que tout au long de sa carrière on le lui proposât souvent. Les jeunes gens du quartier la débauchèrent ; elle aimait bien son métier ; mais quand, atteinte de tuberculose, on l'envoya à l'hôpital, elle développa une haine farouche à l'égard des médecins ; les hommes « respectables » lui étaient odieux ; elle ne supportait pas la politesse, la sollicitude de son docteur. « Ne savons-nous pas que ces hommes laissent facilement tomber leur masque d'amabilité, de dignité, de maîtrise de soi, et qu'ils se conduisent comme des brutes ? » disait-elle. À part cela, elle était mentalement tout à fait équilibrée. Elle prétendit mensongèrement avoir un enfant en nourrice, sinon elle ne mentait pas. Elle mourut de tuberculose. Une autre jeune prostituée, Julia, qui depuis l'âge de quinze ans se donnait à tous les garçons qu'elle rencontrait, n'aimait que les hommes pauvres et faibles ; avec eux, elle était douce et gentille ; les autres, elle les considérait comme « des bêtes sauvages méritant les pires traitements ». (Elle avait un complexe très prononcé qui manifestait une vocation maternelle insatisfaite : elle entrait en transes furieuses dès qu'on prononçait devant elle les mots mère, enfant, ou des mots ayant une sonorité voisine.)

La plupart des prostituées sont moralement adaptées à leur condition ; cela ne veut pas dire qu'elles sont héréditairement ou congénitalement immorales mais qu'elles se sentent, avec raison, intégrées à une société qui leur réclame leurs services. Elles savent bien que les discours édifiants du policier qui les met en carte sont pur verbiage et les sentiments élevés que leurs clients affichent hors du bordel les intimident peu. Marie-Thérèse explique à la boulangère chez qui elle habite à Berlin :

> Moi, j'aime tout le monde. Quand il s'agit de pognon, Madame... Oui, car coucher avec un homme à l'œil, enfin pour rien, il se dit la même chose sur vous, celle-là, c'est une putain, que si vous faites payer, il vous juge comme une putain, oui, mais maline ; car quand vous demandez de l'argent à un homme vous pouvez être sûre qu'il vous dit tout de suite après : « Oh ! je ne savais pas que tu faisais ce travail » ou : « As-tu un homme ? » Voilà. Payée ou pas, pour moi c'est la même chose. « Ah ! oui, elle répond. Vous avez raison. » Car, je lui dis, vous allez faire la queue pendant une demi-heure pour avoir un ticket de chaussures. Moi, pour une demi-heure, je tire un coup. J'ai les chaussures sans payer, au contraire, si je sais faire mon baratin je suis encore payée avec. Alors, vous voyez que j'ai raison.

Ce n'est pas leur situation morale et psychologique qui rend pénible l'existence des prostituées. C'est leur condition matérielle qui est dans la plupart des cas déplorable. Exploitées par le souteneur, la taulière, elles vivent dans l'insécurité et les trois quarts d'entre elles sont sans argent. Au bout de cinq ans de métier, il y en a environ 75 % qui ont la syphilis, dit le docteur Bizard qui en a soigné des légions ; entre autres, les mineures inexpérimentées sont contaminées avec une effrayante facilité ; il y en a près de 25 % qui doivent être opérées par suite de complications blennorragiques. Une sur vingt a la tuberculose, 60 % deviennent alcooliques ou intoxiquées ; 40 % meurent avant quarante ans. Il faut ajouter que, malgré les précautions, il leur arrive de temps à autre de se trouver enceintes et qu'elles s'opèrent généralement dans de mauvaises conditions. La basse prostitution est un pénible métier où la femme opprimée sexuellement et économiquement, soumise à l'arbitraire de la police, à une humiliante surveillance médicale, aux caprices des clients, promise aux microbes et à la maladie, à la misère, est vraiment ravalée au niveau d'une chose[1].

De la basse prostituée à la grande hétaïre, il y a quantités d'échelons. La différence essentielle, c'est que la première fait commerce de sa pure généralité, si bien que la concurrence la maintient à un niveau de vie misérable, tandis que la seconde s'efforce de se faire reconnaître dans sa singularité : si elle y réussit, elle peut aspirer à de hautes destinées. La beauté, le charme ou le sex-appeal sont ici nécessaires mais ne suffisent pas : il faut que la femme soit *distinguée* par l'opinion. C'est à travers un désir d'homme que sa valeur souvent se dévoilera : mais elle ne sera « lancée » que quand l'homme aura proclamé son prix aux yeux du monde. Au siècle dernier, c'était l'hôtel, l'équipage, les perles qui témoignaient de l'ascendant pris par une « cocotte » sur son protecteur et qui l'élevaient au rang de demi-mondaine ; son mérite s'affirmait aussi longtemps que des hommes continuaient à se ruiner pour elle. Les changements sociaux et économiques ont aboli le type des Blanche d'Antigny. Il n'y a plus de « demi-monde » au sein duquel puisse s'affirmer une réputation. C'est d'une autre manière qu'une ambitieuse s'efforcera de conquérir la renommée. La dernière incarnation de l'hétaïre, c'est la star. Flanquée d'un mari — rigoureusement exigé par Hollywood — ou d'un ami sérieux, elle ne s'en apparente pas moins à Phryné, à Imperia, à Casque d'Or. Elle livre la

---

1. Ce n'est évidemment pas par des mesures négatives et hypocrites qu'on peut modifier la situation. Pour que la prostitution disparaisse il faudrait deux conditions : qu'un métier décent fût assuré à toutes les femmes ; que les mœurs n'opposent aucun obstacle à la liberté de l'amour. C'est seulement en supprimant les besoins auxquels elle répond qu'on supprimera la prostitution.

Femme aux rêves des hommes qui lui donnent en échange fortune et gloire.

Il y a toujours eu entre la prostitution et l'art un passage incertain, du fait qu'on associe de manière équivoque beauté et volupté ; en vérité, ce n'est pas la Beauté qui engendre le désir ; mais la théorie platonicienne de l'amour propose à la lubricité d'hypocrites justifications. Phryné dénudant sa poitrine offre à l'Aréopage la contemplation d'une pure idée. L'exhibition d'un corps sans voile devient un spectacle d'art ; les « burlesques » américains ont fait du déshabillage un drame. « Le nu est chaste », affirment les vieux messieurs qui, sous le nom de « nus artistiques », collectionnent des photos obscènes. Au bordel, le moment du « choix » est déjà une parade ; dès qu'il se complique, ce sont des « tableaux vivants », des « poses artistiques » qui se proposent aux clients. La prostituée qui souhaite acquérir une valeur singulière ne se borne plus à montrer passivement sa chair ; elle s'efforce à des talents particuliers. Les « Joueuses de flûte » grecques charmaient les hommes par leur musique et leurs danses. Les Ouled-Naïl exécutant la danse du ventre, les Espagnoles qui dansent et chantent dans le Barrio-Chino ne font que se proposer d'une manière raffinée au choix de l'amateur. C'est pour trouver des « protecteurs » que Nana monte sur la scène. Certains music-halls, comme naguère certains cafés-concerts, sont de simples bordels. Tous les métiers où la femme s'exhibe peuvent être utilisés à des fins galantes. Certes, il y a des girls, des taxi-girls, des danseuses nues, des entraîneuses, des pin-up, des mannequins, des chanteuses, des actrices qui ne permettent pas à leur vie érotique d'empiéter sur leur métier ; plus celui-ci implique de technique, d'invention, plus il peut être pris en soi comme but ; mais souvent une femme qui « se produit » en public pour gagner sa vie est tentée de faire de ses charmes un commerce plus intime. Inversement, la courtisane souhaite un métier qui lui serve d'alibi. Rares sont celles qui, comme la Léa de Colette, à un ami l'appelant «Chère artiste», répondraient : «Artiste ? vraiment, mes amants sont bien indiscrets.» Nous avons dit que c'est sa réputation qui lui confère une valeur marchande : c'est sur la scène ou à l'écran qu'on peut se faire «un nom» qui deviendra un fonds de commerce.

Cendrillon ne rêve pas toujours au Prince Charmant : mari ou amant, elle redoute qu'il ne se change en tyran ; elle préfère rêver à sa propre image riant aux portes des grands cinémas. Mais c'est le plus souvent grâce à des «protections» masculines qu'elle arrivera à ses fins ; et ce sont les hommes — mari, amant, soupirant — qui confirment son triomphe en la faisant participer à leur fortune ou à leur renommée. C'est cette nécessité de *plaire* à des individus, à la foule, qui apparente la «vedette» à l'hétaïre. Elles jouent dans la société un rôle analogue : je me servirai du mot d'hétaïre pour désigner toutes les femmes qui traitent, non leur corps seulement, mais leur personne entière comme un capital à exploiter. Leur attitude est très différente de celle d'un créateur qui se transcendant dans une œuvre dépasse le donné et fait appel en autrui à une liberté à qui il ouvre l'avenir ; l'hétaïre ne dévoile pas le monde, elle n'ouvre à la transcendance humaine aucun chemin [1] : au contraire, elle cherche à la capter à son profit ; s'offrant aux suffrages de ses admirateurs, elle ne renie pas cette féminité passive qui la voue à l'homme : elle la doue d'un pouvoir magique qui lui permet de prendre les mâles au piège de sa présence, et de s'en nourrir ; elle les engloutit avec elle dans l'immanence.

Par ce chemin, la femme réussit à acquérir une certaine indépendance. Se prêtant à plusieurs hommes, elle n'appartient définitivement à aucun ; l'argent qu'elle amasse, le

1. Il arrive qu'elle soit *aussi* une artiste et que cherchant à plaire elle invente et crée. Elle peut alors ou cumuler ces deux fonctions, ou dépasser le stade de la galanterie et se ranger dans la catégorie des femmes actrices, cantatrices, danseuses, etc., dont nous parlons plus loin.

nom qu'elle «lance» comme on lance un produit, lui assurent une autonomie économique. Les femmes les plus libres
de l'Antiquité grecque n'étaient ni les matrones ni les
basses prostituées, mais les hétaïres. Les courtisanes de la
Renaissance, les geishas japonaises jouissent d'une liberté
infiniment plus grande que leurs contemporaines. En France,
la femme qui nous apparaît comme la plus virilement indépendante, c'est peut-être Ninon de Lenclos. Paradoxalement, ces femmes qui exploitent à l'extrême leur féminité
se créent une situation presque équivalente à celle d'un
homme ; à partir de ce sexe qui les livre aux mâles comme
objets, elles se retrouvent sujets. Non seulement elles
gagnent leur vie comme les hommes, mais elles vivent dans
une compagnie presque exclusivement masculine ; libres de
mœurs et de propos, elles peuvent s'élever — telle Ninon
de Lenclos — jusqu'à la plus rare liberté d'esprit. Les plus
distinguées sont souvent entourées d'artistes et d'écrivains que les «honnêtes femmes» ennuient. C'est dans
l'hétaïre que les mythes masculins trouvent leur plus séduisante incarnation : elle est plus qu'aucune autre chair et
conscience, idole, inspiratrice, muse ; peintres et sculpteurs
la voudront pour modèle ; elle nourrira les rêves des poètes ;
c'est en elle que l'intellectuel explorera les trésors de
l'«intuition» féminine ; elle est plus facilement intelligente
que la matrone parce qu'elle est moins guindée dans l'hypocrisie. Celles qui sont supérieurement douées ne se conten-
teront pas de ce rôle d'Égérie ; elles sentiront le besoin de
manifester de manière autonome la valeur que le suffrage
d'autrui leur confère ; elles voudront traduire leurs vertus
passives en activités. Émergeant dans le monde comme
sujets souverains, elles écrivent des vers, de la prose, pei-
gnent, composent de la musique. Ainsi Imperia se rendit
célèbre parmi les courtisanes italiennes. Il se peut aussi
qu'utilisant l'homme comme instrument elle exerce par cet
intermédiaire des fonctions viriles : les «grandes favorites»

à travers leurs puissants amants participèrent au gouvernement du monde[1].

Cette libération peut se traduire entre autres sur le plan érotique. Il arrive que dans l'argent ou les services qu'elle extorque à l'homme la femme trouve une compensation au complexe d'infériorité féminine ; l'argent a un rôle purificateur ; il abolit la lutte des sexes. Si beaucoup de femmes qui ne sont pas des professionnelles tiennent à soutirer à leur amant chèques et cadeaux, ce n'est pas seulement par cupidité : faire payer l'homme — le payer aussi comme on verra plus loin — c'est le changer en un instrument. Par là, la femme se défend d'en être un ; peut-être croit-il « l'avoir », mais cette possession sexuelle est illusoire ; c'est elle qui l'*a* sur le terrain beaucoup plus solide de l'économie. Son amour-propre est satisfait. Elle peut s'abandonner aux étreintes de l'amant ; elle ne cède pas à une volonté étrangère ; le plaisir ne saurait lui être « infligé », il apparaîtra plutôt comme un bénéfice supplémentaire ; elle ne sera pas « prise » puisqu'elle est payée.

Cependant la courtisane a la réputation d'être frigide. Il lui est utile de savoir gouverner son cœur et son ventre : sentimentale ou sensuelle, elle risque de subir l'ascendant d'un homme qui l'exploitera ou l'accaparera ou la fera souffrir. Parmi les étreintes qu'elle accepte il en est beaucoup — surtout au début de sa carrière — qui l'humilient ; sa révolte contre l'arrogance mâle s'exprime par sa frigidité. Les hétaïres comme les matrones se confient volontiers les « trucs » qui leur permettent de travailler au « chiqué ». Ce mépris, ce dégoût de l'homme montre bien qu'au jeu exploiteur-exploité elles ne sont pas du tout sûres d'avoir gagné. Et en effet, dans l'immense majorité des cas, c'est encore la dépendance qui est leur lot.

1. De même que certaines femmes utilisent le mariage pour servir leurs propres fins, d'autres emploient leurs amants comme des moyens pour atteindre un but politique, économique, etc. Elles dépassent la situation d'hétaïre comme les autres celle de matrone.

Aucun homme n'est définitivement leur maître. Mais elles ont de l'homme le besoin le plus urgent. La courtisane perd tous ses moyens d'existence s'il cesse de la désirer ; la débutante sait que tout son avenir est en leurs mains ; même la star, privée d'appui masculin, voit pâlir son prestige : quittée par Orson Welles, c'est avec un air souffreteux d'orpheline que Rita Hayworth a erré à travers l'Europe avant d'avoir rencontré Ali Khan. La plus belle n'est jamais sûre du lendemain, car ses armes sont magiques et la magie est capricieuse ; elle est rivée à son protecteur — mari ou amant — presque aussi étroitement qu'une épouse «honnête» à son époux. Elle lui doit non seulement le service du lit mais il lui faut subir sa présence, sa conversation, ses amis et surtout les exigences de sa vanité. En payant à sa régulière de hauts escarpins, une jupe de satin, le souteneur fait un placement qui lui rapportera des rentes ; l'industriel, le producteur en offrant perles et fourrures à son amie affirme à travers elle fortune et puissance : que la femme soit un moyen pour gagner de l'argent ou un prétexte pour le dépenser, c'est la même servitude. Les dons dont elle est accablée sont des chaînes. Et ces toilettes, ces bijoux qu'elle porte sont-ils vraiment à elle ? L'homme parfois en réclame la restitution après la rupture, comme fit naguère avec élégance Sacha Guitry. Pour «garder» son protecteur sans renoncer à ses plaisirs, la femme utilisera les ruses, les manœuvres, les mensonges, l'hypocrisie qui déshonorent la vie conjugale ; ne fît-elle que jouer la servilité, ce jeu est lui-même servile. Belle, célèbre, elle peut, si le maître du jour lui devient odieux, s'en choisir un autre. Mais la beauté est un souci, c'est un trésor fragile ; l'hétaïre dépend étroitement de son corps que le temps impitoyablement dégrade ; c'est pour elle que la lutte contre le vieillissement prend l'aspect le plus dramatique. Si elle est douée d'un grand prestige, elle pourra survivre à la ruine de son visage et de ses formes. Mais le soin de cette renommée qui est son bien le plus sûr la soumet à la plus dure des tyrannies : celle de l'opinion. On sait dans quel esclavage tombent les vedettes de Hollywood. Leur corps n'est plus à elles ; le producteur décide de la couleur de leurs cheveux, de leur poids, leur ligne, leur type ; pour modifier la courbe d'une joue on leur arrachera des dents. Régimes, gymnastique, essayages, maquillage sont une corvée quotidienne. Sous la rubrique « Personal appearance » sont prévus les sorties, les flirts ; la vie privée n'est plus qu'un moment de la vie publique. En France, le règlement n'est pas écrit ; mais une femme prudente et adroite sait ce que sa « publicité » réclame d'elle. La vedette qui refuse de se plier à ces exigences connaîtra de brutales ou lentes mais inéluctables déchéances. La prostituée qui ne livre que son corps est peut-être moins esclave que la femme qui fait métier de plaire. Une femme « arrivée » qui a dans les mains un vrai métier, dont le talent est reconnu — actrice, cantatrice, danseuse — échappe à la condition d'hétaïre ; elle peut connaître une véritable indépendance ; mais la plupart demeurent toute leur vie en danger ; il leur faut sans répit séduire à neuf le public et les hommes.

Très souvent la femme entretenue intériorise sa dépendance ; soumise à l'opinion, elle en reconnaît les valeurs ; elle admire le « beau monde » et en adopte les mœurs ; elle veut être considérée à partir des normes bourgeoises. Parasite de la riche bourgeoisie, elle adhère à ses idées ; elle « pense bien » ; naguère elle mettait volontiers ses filles au couvent et vieillie elle allait elle-même à la messe, se convertissant avec éclat. Elle est du côté des conservateurs. Elle est trop fière d'avoir réussi à se faire sa place dans ce monde pour souhaiter qu'il change. Le combat qu'elle mène pour « arriver » ne la dispose pas à des sentiments de fraternité et de solidarité humaine ; elle a payé ses succès par trop de complaisances d'esclave pour souhaiter sincèrement la liberté universelle. Zola a souligné ce trait chez Nana :

En matière de livres et de drames Nana avait des opinions très arrêtées : elle voulait des œuvres tendres et nobles, des choses pour la faire rêver et lui grandir l'âme... Elle s'emporta contre les républicains. Que voulaient-ils donc, ces sales gens qui ne se lavaient jamais ? Est-ce qu'on n'était pas heureux, est-ce que l'empereur n'avait pas tout fait pour le peuple ? Une jolie ordure, le peuple ! Elle le connaissait, elle pouvait en parler : Non, voyez-vous, ce serait un grand malheur pour tout le monde, leur république. Ah ! que Dieu nous conserve l'empereur le plus longtemps possible.

Pendant les guerres, personne n'étale un patriotisme aussi agressif que les grandes grues ; par la noblesse des sentiments qu'elles affectent, elles espèrent s'élever au niveau des duchesses. Lieux communs, clichés, préjugés, émotions conventionnelles sont le fond de leurs conversations publiques et souvent elles ont jusque dans le secret de leur cœur perdu toute sincérité. Entre le mensonge et l'hyperbole le langage se détruit. Toute la vie de l'hétaïre est une parade : ses paroles, ses mimiques sont destinées non à exprimer ses pensées mais à produire un effet. Elle joue à son protecteur la comédie de l'amour : par moments elle se la joue à elle-même. À l'opinion elle joue des comédies de décence et de prestige : elle finit par se croire un parangon de vertu et une idole sacrée. Une mauvaise foi entêtée gouverne sa vie intérieure et permet à ses mensonges concertés d'emprunter le naturel de la vérité. Il y a parfois dans sa vie des mouvements spontanés : elle n'ignore pas tout à fait l'amour ; elle a des « béguins », des « toquades » ; quelquefois même elle est « mordue ». Mais celle qui donne trop de place au caprice, au sentiment, au plaisir, perdra vite sa « situation ». Généralement, elle apporte à ses fantaisies la prudence de l'épouse adultère ; elle se cache à son producteur et à l'opinion ; elle ne peut donc pas donner beaucoup d'elle-même à ses « amants de cœur » ; ils ne sont qu'une distraction, un répit. D'ailleurs elle est généralement trop obsédée par le souci de sa réussite pour pouvoir s'oublier dans un véritable amour. Quant aux autres femmes, il

arrive assez souvent que l'hétaïre les aime sensuellement ;
ennemie des hommes qui lui imposent leur domination, elle
trouvera dans les bras d'une amie à la fois un voluptueux
repos et une revanche : ainsi Nana auprès de sa chère Satin.
De même qu'elle souhaite jouer dans le monde un rôle actif
afin d'employer positivement sa liberté, elle se plaît aussi à
posséder d'autres êtres : de très jeunes gens qu'elle s'amusera même à « aider », ou de jeunes femmes qu'elle entre-
tiendra volontiers, auprès de qui en tout cas elle sera un
personnage viril. Qu'elle soit ou non homosexuelle, elle aura
avec l'ensemble des femmes les rapports complexes dont
j'ai parlé : elle a besoin d'elles comme juges et témoins,
comme confidentes et complices, pour créer ce « contre-univers » que toute femme opprimée par l'homme réclame.
Mais la rivalité féminine atteint ici son paroxysme. La prostituée qui fait commerce de sa généralité a des concurrentes ;
mais s'il y a assez de travail pour toutes, à travers leurs disputes mêmes, elles se sentent solidaires. L'hétaïre qui cherche
à se « distinguer » est a priori hostile à celle qui convoite
comme elle une place privilégiée. C'est en ce cas que les
thèmes connus sur les « rosseries » féminines trouvent toute
leur vérité.

Le plus grand malheur de l'hétaïre c'est que non seulement son indépendance est l'envers mensonger de mille
dépendances, mais que cette liberté même est négative. Une
actrice comme Rachel, une danseuse comme Isadora Duncan, même si elles sont aidées par des hommes, ont un métier
qui les exige et les justifie ; elles atteignent dans un travail
voulu, aimé, une liberté concrète. Mais pour l'immense
majorité des femmes l'art, le métier ne sont qu'un moyen ;
elles n'engagent pas de vrais projets. Le cinéma en particulier qui soumet la vedette au metteur en scène ne lui permet pas l'invention, les progrès d'une activité créatrice. *On*
exploite ce qu'elle *est* ; elle ne crée pas d'objet neuf. Encore
est-il bien rare de devenir une vedette. Dans la « galanterie »
proprement dite, aucun chemin ne s'ouvre à la transcen-

dance. Ici encore l'ennui accompagne le confinement de la femme dans l'immanence. Zola a indiqué ce trait chez Nana.

Cependant dans son luxe, au milieu de cette cour, Nana s'ennuyait à crever. Elle avait des hommes pour toutes les minutes de la nuit et de l'argent jusque dans les tiroirs de sa toilette, mais ça ne la contentait plus, elle sentait comme un vide quelque part, un trou qui la faisait bâiller. Sa vie se traînait inoccupée, ramenant les mêmes heures monotones… Cette certitude qu'on la nourrirait la laissait allongée la journée entière, sans un effort, endormie au fond de cette crainte et de cette soumission de couvent, comme enfermée dans son métier de fille. Elle tuait le temps à des plaisirs bêtes dans son unique attente de l'homme.

La littérature américaine a cent fois décrit cet ennui opaque qui écrase Hollywood et qui prend le voyageur à la gorge dès son arrivée : les acteurs et les figurants s'y ennuient d'ailleurs autant que les femmes dont ils partagent la condition. En France même, les sorties officielles ont souvent le caractère de corvées. Le protecteur qui règne sur la vie de la starlette est un homme âgé, qui a pour amis des hommes d'âge : leurs préoccupations sont étrangères à la jeune femme, leurs conversations l'assomment ; il y a un fossé bien plus profond encore que dans le mariage bourgeois entre la débutante de vingt ans et le banquier de quarante-cinq ans qui passent leurs jours et leurs nuits côte à côte.

Le moloch à qui l'hétaïre sacrifie plaisir, amour, liberté, c'est sa carrière. L'idéal de la matrone, c'est un bonheur statique qui enveloppe ses relations avec son mari et ses enfants. La « carrière » s'étale à travers le temps, mais elle n'en est pas moins un objet immanent qui se résume dans un nom. Le nom s'enfle sur les affiches et dans les bouches au fur et à mesure que, dans l'échelle sociale, des degrés de plus en plus élevés sont gravis. Selon son tempérament, la femme administre son entreprise avec prudence ou avec audace. L'une y goûte les satisfactions d'une ménagère pliant du beau linge dans son armoire, l'autre, l'ivresse de l'aventure. Tantôt la femme se borne à maintenir sans cesse en équilibre une situation sans cesse menacée, et qui parfois s'écroule ; tantôt elle édifie sans fin, comme une tour de Babel visant en vain le ciel, sa renommée. Certaines, mêlant la galanterie à d'autres activités, apparaissent comme de vraies aventurières : elles sont espionnes, comme Mata Hari, ou agents secrets ; elles n'ont généralement pas l'initiative de leurs projets, elles sont plutôt des instruments entre des mains masculines. Mais, dans l'ensemble, l'attitude de l'hétaïre a des analogies avec celle de l'aventurier ; comme celui-ci, elle est souvent à mi-chemin entre le *sérieux* et l'*aventure* proprement dite ; elle vise des valeurs toutes faites : argent et gloire ; mais elle attache au fait de les conquérir autant de prix qu'à leur possession ; et, finalement, la valeur suprême à ses yeux, c'est sa réussite subjective. Elle justifie, elle aussi, cet individualisme par un nihilisme plus ou moins systématique, mais vécu avec d'autant plus de conviction qu'elle est hostile aux hommes et voit dans les autres femmes des ennemies. Si elle est assez intelligente pour sentir le besoin d'une justification morale, elle invoquera un nietzschéisme plus ou moins bien assimilé ; elle affirmera le droit de l'être d'élite sur le vulgaire. Sa personne lui apparaît comme un trésor dont la simple existence est don : si bien qu'en se consacrant à soi-même elle prétendra servir la collectivité. La destinée de la femme dévouée à l'homme est hantée par l'amour : celle qui exploite le mâle se repose dans le culte qu'elle se rend. Si elle attache tant de prix à sa gloire, ce n'est pas seulement par intérêt économique : elle y cherche l'apothéose de son narcissisme.

# CHAPITRE IX

## De la maturité à la vieillesse

L'histoire de la femme — du fait que celle-ci est encore enfermée dans ses fonctions de femelle — dépend beaucoup plus que celle de l'homme de son destin physiologique ; et la courbe de ce destin est plus heurtée, plus discontinue que la courbe masculine. Chaque période de la vie féminine est étale et monotone : mais les passages d'un stade à un autre sont d'une dangereuse brutalité ; ils se trahissent par des crises beaucoup plus décisives que chez le mâle : puberté, initiation sexuelle, ménopause. Tandis que celui-ci vieillit continûment, la femme est brusquement dépouillée de sa féminité ; c'est encore jeune qu'elle perd l'attrait érotique et la fécondité d'où elle tirait, aux yeux de la société et à ses propres yeux, la justification de son existence et ses chances de bonheur : il lui reste à vivre, privée de tout avenir, environ la moitié de sa vie d'adulte.

« L'âge dangereux » est caractérisé par certains troubles organiques[1], mais ce qui leur donne leur importance, c'est la valeur symbolique qu'ils revêtent. La crise est ressentie de manière beaucoup moins aiguë par les femmes qui n'ont pas essentiellement misé sur leur féminité ; celles qui travaillent durement — dans leur foyer ou au-dehors —

1. Cf. vol. Ier, ch. Ier.

accueillent avec soulagement la disparition de la servitude menstruelle ; la paysanne, la femme d'ouvrier, que menacent sans cesse de nouvelles grossesses, sont heureuses quand, enfin, ce risque est éludé. En cette conjoncture, comme en quantité d'autres, c'est moins du corps lui-même que proviennent les malaises de la femme que de la conscience angoissée qu'elle en prend. Le drame moral s'ouvre d'ordinaire avant que les phénomènes physiologiques ne se soient déclarés et il ne s'achève que lorsqu'ils sont depuis longtemps liquidés.

Bien avant la définitive mutilation, la femme est hantée par l'horreur du vieillissement. L'homme mûr est engagé dans des entreprises plus importantes que celles de l'amour ; ses ardeurs érotiques sont moins vives que dans sa jeunesse ; et puisqu'on ne lui demande pas les qualités passives d'un objet, l'altération de son visage et de son corps ne ruinent pas ses possibilités de séduction. Au contraire, c'est généralement vers trente-cinq ans que la femme, ayant enfin surmonté toutes ses inhibitions, atteint son plein épanouissement érotique : c'est alors que ses désirs sont les plus violents et qu'elle veut le plus âprement les assouvir ; elle a misé bien plus que l'homme sur les valeurs sexuelles qu'elle détient ; pour retenir son mari, s'assurer des protections, dans la plupart des métiers qu'elle exerce, il est nécessaire qu'elle plaise ; on ne lui a permis d'avoir de prise sur le monde que par la médiation de l'homme : que deviendra-t-elle quand elle n'aura plus de prise sur lui ? C'est ce qu'elle se demande anxieusement tandis qu'elle assiste impuissante à la dégradation de cet objet de chair avec lequel elle se confond ; elle lutte ; mais teinture, peeling, opérations esthétiques ne feront jamais que prolonger sa jeunesse agonisante. Du moins peut-elle ruser avec le miroir. Mais quand s'ébauche le processus fatal, irréversible, qui va détruire en elle tout l'édifice bâti pendant la puberté, elle se sent touchée par la fatalité même de la mort.

On pourrait croire que c'est la femme qui s'est le plus

ardemment enivrée de sa beauté, de sa jeunesse, qui connaît les pires désarrois ; mais non ; la narcissiste est trop soucieuse de sa personne pour n'avoir pas prévu l'inéluctable échéance et ne s'être pas aménagé des positions de repli ; elle souffrira, certes, de sa mutilation : mais, du moins, ne sera-t-elle pas prise de court et s'adaptera-t-elle assez vite. La femme qui s'est oubliée, dévouée, sacrifiée, sera beaucoup plus bouleversée par la révélation soudaine. « Je n'avais qu'une vie à vivre ; voilà quel a été mon lot, me voilà ! » À l'étonnement de son entourage, il se produit alors en elle un radical changement : c'est que, délogée de ses retraites, arrachée à ses projets, elle se trouve mise brusquement, sans secours, en face de soi-même. Passé cette borne contre laquelle elle a buté à l'improviste, il lui semble qu'elle ne fera plus que se survivre ; son corps sera sans promesse ; les rêves, les désirs qu'elle n'a pas réalisés demeureront à jamais inaccomplis ; c'est dans cette perspective nouvelle qu'elle se retourne vers le passé ; le moment est venu de tirer un trait, de faire des comptes ; elle dresse son bilan. Et elle s'épouvante des étroites limitations que lui a infligées la vie. En face de cette histoire brève et décevante qui a été la sienne, elle retrouve les conduites de l'adolescente au seuil d'un avenir encore inaccessible : elle refuse sa finitude ; elle oppose à la pauvreté de son existence la richesse nébuleuse de sa personnalité. Du fait qu'étant femme elle a subi plus ou moins passivement son destin, il lui semble qu'on lui a volé ses chances, qu'on l'a dupée, qu'elle a glissé de la jeunesse à la maturité sans en prendre conscience. Elle découvre que son mari, son milieu, ses occupations n'étaient pas dignes d'elle ; elle se sent incomprise. Elle s'isole de l'entourage auquel elle s'estime supérieure ; elle s'enferme avec le secret qu'elle porte dans son cœur et qui est la mystérieuse clé de son malheureux sort ; elle cherche à faire le tour de ces possibilités qu'elle n'a pas épuisées. Elle se met à tenir un journal intime ; si elle trouve des confidents compréhensifs, elle s'épanche dans des

conversations indéfinies ; et elle rumine à longueur de journée, à longueur de nuit ses regrets, ses griefs. Comme la
jeune fille rêve à ce que *sera* son avenir, elle évoque ce qui
*aurait pu* être son passé ; elle se représente les occasions
qu'elle a laissé échapper et se forge de beaux romans rétros-
pectifs. H. Deutsch cite le cas d'une femme qui avait rompu
très jeune un mariage malheureux et qui avait ensuite passé
de longues années sereines auprès d'un second époux : à
quarante-cinq ans, elle se mit à regretter douloureusement
son premier mari et à sombrer dans la mélancolie. Les préoccupations de l'enfance et de la puberté se ravivent, la
femme rabâche indéfiniment l'histoire de ses jeunes années
et des sentiments endormis pour ses parents, des frères et
sœurs, des amis d'enfance, s'exaltent à nouveau. Parfois,
elle s'abandonne à une morosité rêveuse et passive. Mais, le
plus souvent, elle essaie dans un sursaut de sauver son existence manquée. Cette personnalité qu'elle vient de se
découvrir par contraste avec la mesquinerie de son destin,
elle l'affiche, l'exhibe, elle en vante les mérites, elle
réclame impérieusement qu'on lui fasse justice. Mûrie par
l'expérience, elle pense qu'elle est capable enfin de se mettre
en valeur ; elle voudrait reprendre son coup. Et d'abord,
dans un pathétique effort, elle essaie d'arrêter le temps. Une
femme maternelle affirme qu'elle peut encore enfanter :
elle cherche avec passion à créer encore une fois la vie. Une
femme sensuelle s'efforce de conquérir un nouvel amant.
La coquette est plus que jamais avide de plaire. Elles déclarent toutes que jamais elles ne se sont senties si jeunes. Elles
veulent persuader autrui que le passage du temps ne les
a pas vraiment touchées ; elles se mettent à « s'habiller
jeune », elles adoptent des mimiques enfantines. La femme
vieillissante sait bien que si elle cesse d'être un objet érotique, ce n'est pas seulement parce que sa chair ne livre plus
à l'homme de fraîches richesses : c'est aussi que son passé,
son expérience font d'elle bon gré, mal gré, une personne ;
elle a lutté, aimé, voulu, souffert, joui pour son compte :

cette autonomie intime ; elle essaie de la renier ; elle exagère sa féminité, elle se pare, se parfume, elle se fait tout
charme, toute grâce, pure immanence ; elle admire avec un
œil naïf et des intonations enfantines l'interlocuteur masculin, elle évoque volubilement ses souvenirs de petite fille ;
au lieu de parler, elle pépie, elle bat des mains, elle rit aux
éclats. C'est avec une sorte de sincérité qu'elle joue cette
comédie. Car l'intérêt nouveau qu'elle se porte, son désir de
s'arracher aux anciennes routines et de repartir à neuf lui
donnent l'impression d'un recommencement.

En vérité, ce n'est pas d'un véritable départ qu'il est
question ; elle ne découvre pas dans le monde des buts vers
lesquels elle se projetterait dans un mouvement libre et efficace. Son agitation prend une forme excentrique, incohérente et vaine parce qu'elle n'est destinée qu'à compenser
symboliquement les erreurs et les échecs passés. Entre
autres, la femme s'efforcera avant qu'il ne soit trop tard de
réaliser tous ses désirs d'enfant et d'adolescente : celle-ci se
remet au piano, celle-là se met à sculpter, à écrire, à voya-
ger, elle apprend le ski, les langues étrangères. Tout ce
qu'elle avait jusqu'alors refusé d'elle-même, elle décide
— toujours avant qu'il ne soit trop tard — de l'accueillir.
Elle avoue sa répugnance pour un époux que naguère
elle tolérait et elle devient frigide entre ses bras ; ou, au
contraire, elle s'abandonne aux ardeurs qu'elle refrénait ;
elle accable l'époux de ses exigences ; elle revient à la pratique de la masturbation abandonnée depuis l'enfance. Les
tendances homosexuelles — qui existent de manière larvée
chez presque toutes les femmes — se déclarent. Souvent, le
sujet les reporte sur sa fille ; mais parfois, aussi, c'est à propos d'une amie que naissent des sentiments insolites. Dans
son ouvrage, *Sex, Life and Faith*, Rom Landau raconte l'histoire suivante qui lui fut confiée par l'intéressée :

Mme X… approchait de la cinquantaine ; mariée depuis vingt-cinq
ans, mère de trois enfants adultes, occupant une position proéminente

dans les organisations sociales et charitables de sa ville, elle rencontra à Londres une femme plus jeune qu'elle de dix ans et qui se dévouait comme elle aux œuvres sociales. Elles devinrent amies et Mlle Y... lui proposa de descendre chez elle à son prochain voyage. Mme X... accepta et, le second soir de son séjour, elle se trouva soudain en train d'embrasser passionnément son hôtesse : elle assura à plusieurs reprises n'avoir pas eu la moindre idée de la manière dont la chose était arrivée ; elle passa la nuit avec son amie et rentra chez elle, terrifiée. Jusqu'alors elle ignorait tout de l'homosexualité, elle ne savait même pas qu'une « pareille chose » pouvait exister. Elle pensait à Mlle Y... avec passion et pour la première fois de sa vie trouva les caresses et le baiser quotidien de son mari peu agréables. Elle décida de revoir son amie pour « tirer les choses au clair » et sa passion ne fit que grandir ; ces rapports l'emplissaient de délices qu'elle n'avait jamais connues jusqu'à ce jour. Mais elle était tourmentée par l'idée d'avoir commis un péché et elle s'adressa à un médecin pour savoir s'il y avait une « explication scientifique » de son état et s'il pouvait être justifié par quelque argument moral

En ce cas, le sujet a cédé à un élan spontané et en a été lui-même profondément déconcerté. Mais, souvent, c'est délibérément que la femme cherche à vivre les romans qu'elle n'a pas connus, que bientôt elle ne pourra plus connaître. Elle s'éloigne de son foyer, à la fois parce qu'il lui semble indigne d'elle et qu'elle souhaite la solitude, à la fois pour quêter l'aventure. Si elle la rencontre, elle s'y jette avidement. Ainsi, dans cette histoire rapportée par Stekel :

Mme B. Z... avait quarante ans, trois enfants et derrière elle vingt ans de vie conjugale quand elle commença à penser qu'elle était incomprise, qu'elle avait manqué sa vie ; elle se livra à diverses activités nouvelles et entre autres elle partit en montagne faire du ski ; là elle rencontra un homme de trente ans dont elle devint la maîtresse ; mais bientôt après il tomba amoureux de la fille de Mme B. Z... elle consentit à les marier afin de garder auprès d'elle son amant ; il y avait entre mère et fille un amour homosexuel, inavoué, mais très vif, qui explique en partie cette décision. Néanmoins la situation devint bientôt intolérable, l'amant quittant parfois le lit de la mère pendant la nuit pour rejoindre la fille. Mme B. Z... tenta de se suicider. C'est alors — elle avait quarante-six ans — qu'elle fut traitée par Stekel. Elle se décida à une rupture et sa fille renonça de son côté à son projet de mariage. Mme B. Z... redevint alors une épouse exemplaire et sombra dans la dévotion.

La femme sur qui pèse une tradition de décence et d'honnêteté ne va pas toujours jusqu'aux actes. Mais ses rêves se peuplent de fantasmes érotiques qu'elle suscite aussi pendant la veille ; elle manifeste à ses enfants une tendresse exaltée et sensuelle ; elle nourrit à propos de son fils des obsessions incestueuses ; elle tombe secrètement amoureuse d'un jeune homme après l'autre ; comme l'adolescente, elle est hantée par des idées de viol ; elle connaît aussi le vertige de la prostitution ; chez elle aussi l'ambivalence de ses désirs et de ses craintes engendre une anxiété qui parfois provoque des névroses : elle scandalise alors ses proches par des conduites bizarres qui ne font en vérité que traduire sa vie imaginaire.

La frontière de l'imaginaire et du réel est encore plus indécise dans cette période troublée que pendant la puberté. Un des traits les plus accusés chez la femme vieillissante, c'est un sentiment de dépersonnalisation qui lui fait perdre tous repères objectifs. Les gens qui en pleine santé ont vu la mort de très près disent aussi avoir éprouvé une curieuse impression de dédoublement ; quand on se sent conscience, activité, liberté, l'objet passif dont se joue la fatalité apparaît nécessairement comme un autre : ce n'est pas *moi* qu'une automobile renverse ; ce n'est pas *moi* cette vieille femme dont le miroir renvoie le reflet. La femme qui « ne s'est jamais sentie aussi jeune » et qui jamais ne s'est vue aussi âgée ne parvient pas à concilier ces deux aspects d'elle-même ; c'est en rêve que le temps coule, que la durée la ronge. Ainsi, la réalité s'éloigne et s'amenuise : du même coup, elle ne se distingue plus bien de l'illusion. La femme se fie à ses évidences intérieures plutôt qu'à cet étrange monde où le temps avance à reculons, où son double ne lui ressemble plus, où les événements l'ont trahie. Ainsi est-elle disposée aux extases, aux illuminations, aux délires. Et puisque l'amour est alors plus que jamais son essentielle préoccupation, il est normal qu'elle s'abandonne à l'illusion qu'elle est aimée. Neuf sur dix des érotomanes sont des femmes; et celles-ci ont presque toutes de quarante à cinquante ans.

Cependant il n'est pas donné à tout le monde de pouvoir si hardiment franchir le mur de la réalité. Frustrées, même dans leurs rêves, de tout amour humain, beaucoup de femmes cherchent du secours auprès de Dieu; c'est au moment de la ménopause que la coquette, l'amoureuse, la dissipée, se fait dévote; les vagues idées de destinée, de secret, de personnalité incomprise que caresse la femme au bord de son automne trouvent dans la religion une unité rationnelle. La dévote considère sa vie manquée comme une épreuve envoyée par le Seigneur; son âme a puisé dans le malheur des mérites exceptionnels qui lui valent d'être singulièrement visitée par la grâce de Dieu; elle croira volontiers que le ciel lui envoie des illuminations, ou même — comme Mme Krüdener — qu'il la charge impérieusement d'une mission. Ayant plus ou moins perdu le sens du réel, la femme est pendant cette crise accessible à toutes les suggestions: un directeur est bien placé pour prendre sur son âme un puissant ascendant. Elle accueillera aussi avec enthousiasme des autorités plus contestées; elle est une proie toute désignée pour les sectes religieuses, les spirites, les prophètes, les guérisseurs, pour tous les charlatans. C'est que non seulement elle a perdu tout sens critique en perdant contact avec le monde donné, mais qu'aussi elle est avide d'une définitive vérité: il lui faut le remède, la formule, la clé qui, brusquement, la sauvera en sauvant l'univers. Elle méprise plus que jamais une logique qui ne saurait évidemment s'appliquer à son cas singulier; seuls lui semblent convaincants les arguments qui lui sont tout spécialement destinés: les révélations, inspirations, messages, signes, voire miracles, se mettent alors à fleurir autour d'elle. Ses découvertes l'entraînent parfois dans les chemins de l'action : elle se jette dans des affaires, des entreprises, des aventures dont quelque conseiller ou des voix intérieures lui ont soufflé l'idée. Parfois, elle se borne à se sacrer la déten- trice de la vérité et de la sagesse absolue. Active ou contem- plative, son attitude s'accompagne de fiévreuses exaltations. La crise de la ménopause coupe en deux avec brutalité la vie féminine ; c'est cette discontinuité qui donne à la femme l'illusion d'une « nouvelle vie » ; c'est un *autre* temps qui s'ouvre devant elle : elle l'aborde avec une fer- veur de convertie ; elle est convertie à l'amour, à la vie, à Dieu, à l'art, à l'humanité : dans ces entités, elle se perd et se magnifie. Elle est morte et ressuscitée, elle considère la terre d'un regard qui a percé les secrets de l'au-delà et elle croit s'envoler vers des cimes intouchées.

La terre cependant ne change pas ; les cimes demeurent hors d'atteinte ; les messages reçus — fût-ce dans une éblouissante évidence — se laissent mal déchiffrer ; les lumières intérieures s'éteignent ; il reste devant la glace une femme qui a encore vieilli d'un jour depuis la veille. Aux moments de ferveur succèdent de mornes heures de dépres- sion. L'organisme indique ce rythme puisque la diminution des sécrétions hormonales est compensée par une suracti- vité de l'hypophyse ; mais c'est surtout la situation psycho- logique qui commande cette alternance. Car l'agitation, les illusions, la ferveur ne sont qu'une défense contre la fatalité de ce qui a été. De nouveau, l'angoisse prend à la gorge celle dont la vie est déjà consommée sans que cependant la mort l'accueille. Au lieu de lutter contre le désespoir, elle choisit souvent de s'en intoxiquer. Elle rabâche des griefs, des regrets, des récriminations ; elle imagine de la part des voisins, des proches, de noires machinations ; si elle a une sœur ou une amie de son âge qui soit associée à sa vie, il arrive qu'elles construisent ensemble des délires de persé- cution. Mais surtout elle se met à développer à l'égard de son mari une jalousie morbide : elle est jalouse de ses amis, de ses sœurs, de son métier ; et à tort ou à raison elle accuse quelque rivale d'être responsable de tous ses maux. C'est entre cinquante et cinquante-cinq ans que les cas pathologiques de jalousie sont les plus nombreux.

Les difficultés de la ménopause se prolongeront — parfois jusqu'à sa mort — chez la femme qui ne se décide pas à vieillir ; si elle n'a d'autres ressources que l'exploitation de ses charmes, elle luttera pied à pied pour les conserver ; elle luttera aussi avec rage si ses désirs sexuels demeurent vivaces. Le cas n'est pas rare. On demandait à la princesse Metternich à quel âge une femme cesse d'être tourmentée par la chair : « Je ne sais pas, dit-elle, je n'ai que soixante-cinq ans. » Le mariage qui selon Montaigne n'offre jamais à la femme que « peu de rafraîchissement » devient un remède de plus en plus insuffisant à mesure qu'elle avance en âge ; souvent, elle paie dans sa maturité les résistances, la froideur de sa jeunesse ; quand elle commence enfin à connaître les fièvres du désir, le mari s'est depuis longtemps résigné à son indifférence : il s'est arrangé. Dépouillée de ses attraits par l'accoutumance et le temps, l'épouse n'a guère de chances de réveiller la flamme conjugale. Dépitée, décidée à « vivre sa vie », elle aura moins de scrupules que naguère — si jamais elle en a eu — à prendre des amants ; mais encore faudra-t-il qu'ils se laissent prendre : c'est une chasse à l'homme. Elle déploie mille ruses : feignant de s'offrir, elle s'impose ; de la politesse, de l'amitié, de la gratitude, elle fait des pièges. Ce n'est pas seulement par goût de la chair fraîche qu'elle s'attaque à de jeunes gens : c'est d'eux seulement qu'elle peut espérer cette tendresse désintéressée que l'adolescent parfois éprouve pour une maîtresse maternelle ; elle-même est devenue agressive, dominatrice : c'est la docilité de Chéri qui comble Léa autant que sa beauté ; Mme de Staël, passé la quarantaine, se choisissait des pages qu'elle écrasait de son prestige ; et puis un homme timide, novice, est plus facile à capturer. Quand séduction et manèges s'avèrent vraiment inefficaces, il reste à l'entêtée une ressource : c'est de payer. Le conte des « cannivets » populaire au Moyen Âge illustre le destin de ces insatiables ogresses : une jeune femme, en remerciement de ses faveurs, demandait à chacun de ses amants un petit « cannivet » qu'elle rangeait dans une armoire ; un jour vint où l'armoire fut pleine : mais à ce moment-là ce furent ses amants qui se mirent à lui réclamer après chaque nuit d'amour un cannivet ; l'armoire en peu de temps fut vidée ; tous les cannivets avaient été rendus : il fallut en racheter d'autres. Certaines femmes envisagent la situation avec cynisme : elles ont fait leur temps, c'est leur tour de « rendre les cannivets ». L'argent peut même jouer à leurs yeux un rôle inverse de celui qu'il joue pour la courtisane, mais également purificateur : il change le mâle en un instrument et permet à la femme cette liberté érotique que refusait jadis son jeune orgueil. Mais plus romanesque que lucide, la maîtresse-bienfaitrice tente souvent d'acheter un mirage de tendresse, d'admiration, de respect ; elle se persuade même qu'elle donne pour le plaisir de donner, sans que rien lui soit demandé : ici encore un jeune homme est un amant de choix car on peut se targuer envers lui d'une générosité maternelle ; et puis il a un peu de ce « mystère » que l'homme demande aussi à la femme qu'il « aide » parce qu'ainsi la crudité du marché se camoufle en énigme. Mais il est rare que la mauvaise foi soit longtemps clémente ; la lutte des sexes se change en un duel entre exploitant et exploité où la femme risque, déçue, bafouée, d'essuyer de cruelles défaites. Prudente, elle se résignera à « désarmer », sans trop attendre, même si toutes ses ardeurs ne sont pas encore éteintes.

Du jour où la femme consent à vieillir, sa situation change. Jusqu'alors, elle était une femme encore jeune, acharnée à lutter contre un mal qui mystérieusement l'enlaidissait et la déformait ; elle devient un être différent, asexué mais achevé : une femme âgée. On peut considérer qu'alors la crise de son retour d'âge est liquidée. Mais il n'en faudrait pas conclure qu'il lui sera dorénavant facile de vivre. Quand elle a renoncé à lutter contre la fatalité du temps, un autre combat s'ouvre : il faut qu'elle conserve une place sur terre.

C'est dans son automne, dans son hiver que la femme s'affranchit de ses chaînes ; elle prend prétexte de son âge pour éluder les corvées qui lui pèsent ; elle connaît trop son mari pour se laisser encore intimider par lui, elle élude ses étreintes, elle s'arrange à ses côtés — dans l'amitié, l'indifférence ou l'hostilité — une vie à elle ; s'il décline plus vite qu'elle, elle prend en main la direction du couple. Elle peut aussi se permettre de braver la mode, l'opinion ; elle se soustrait aux obligations mondaines, aux régimes et aux soins de beauté : telle Léa que Chéri retrouve affranchie des couturières, des corsetières, des coiffeurs et béatement installée dans la gourmandise. Quant à ses enfants, ils sont assez grands pour se passer d'elle, ils se marient, ils quittent la maison. Déchargée de ses devoirs, elle découvre enfin sa liberté. Malheureusement dans l'histoire de chaque femme se répète le fait que nous avons constaté au cours de l'histoire de la femme : elle découvre cette liberté au moment où elle ne trouve plus rien à en faire. Cette répétition n'a rien d'un hasard : la société patriarcale a donné à toutes les fonctions féminines la figure d'une servitude ; la femme n'échappe à l'esclavage que dans les moments où elle perd toute efficacité. Vers cinquante ans, elle est en pleine possession de ses forces, elle se sent riche d'expériences ; c'est vers cet âge que l'homme accède aux plus hautes situations, aux postes les plus importants : quant à elle, la voilà mise à la retraite. On ne lui a appris qu'à se dévouer et personne ne réclame plus son dévouement. Inutile, injustifiée, elle contemple ces longues années sans promesses qui lui restent à vivre et elle murmure : « Personne n'a besoin de moi ! »

Elle ne se résigne pas tout de suite. Parfois elle s'accroche avec détresse à son époux ; elle l'accable de ses soins plus impérieusement que jamais ; mais la routine de la vie conjugale est trop bien établie ; ou elle sait depuis longtemps qu'elle n'est pas nécessaire à son mari, ou il ne lui semble plus assez précieux pour la justifier. Assurer l'entretien de leur vie commune, c'est une tâche aussi contingente que de veiller solitairement sur soi-même. C'est vers ses enfants qu'elle se tournera avec espoir : pour eux les jeux ne sont pas encore faits ; le monde, l'avenir leur est ouvert ; elle voudrait s'y précipiter après eux. La femme qui a eu la chance d'engendrer dans un âge avancé se trouve privilégiée : elle est encore une jeune mère au moment où les autres deviennent des aïeules. Mais en général, entre quarante et cinquante ans, la mère voit ses petits se changer en adultes. C'est dans l'instant où ils lui échappent qu'elle s'efforce avec passion de se survivre à travers eux.

Son attitude est différente selon qu'elle escompte son salut d'un fils ou d'une fille ; c'est dans celui-là qu'elle met ordinairement son plus avide espoir. Le voilà qui vient à elle enfin du fond du passé, l'homme dont autrefois elle guettait à l'horizon l'apparition merveilleuse ; depuis les premiers vagissements du nouveau-né, elle a attendu ce jour où il lui dispenserait tous les trésors dont le père n'a pas su la combler. Entre-temps, elle a administré des gifles et des purges mais elle les a oubliées ; celui qu'elle a porté dans son ventre, c'était déjà un de ces demi-dieux qui gouvernent le monde et le destin des femmes : maintenant, il va la reconnaître dans la gloire de sa maternité. Il va la défendre contre la suprématie de l'époux, la venger des amants qu'elle a eus et de ceux qu'elle n'a pas eus, il sera son libérateur, son sauveur. Elle retrouve devant lui les conduites de séduction et de parade de la jeune fille guettant le Prince Charmant ; elle pense, quand elle se promène à ses côtés, élégante, charmante encore, qu'elle semble sa «sœur aînée» ; elle s'enchante si — prenant modèle sur les héros des films américains — il la taquine et la bouscule, rieur et respectueux : c'est avec une orgueilleuse humilité qu'elle reconnaît la supériorité virile de celui qu'elle a porté dans ses flancs. Dans quelle mesure peut-on qualifier ces sentiments d'incestueux ? Il est certain que quand elle se représente avec complaisance appuyée au bras de son fils, le mot de « sœur aînée » traduit pudiquement des fantasmes équivoques ; quand elle dort, quand elle ne se surveille pas, ses rêveries l'emportent parfois très loin ; mais j'ai déjà dit que rêves et fantasmes sont bien loin de toujours exprimer le désir caché d'un acte réel : souvent ils se suffisent, ils sont l'accomplissement achevé d'un désir qui ne réclame qu'un assouvissement imaginaire. Quand la mère joue d'une manière plus ou moins voilée à voir en son fils un amant, il ne s'agit que d'un jeu. L'érotisme proprement dit a d'ordinaire peu de place dans ce couple. Mais c'est un couple ; c'est du fond de sa féminité que la mère salue en son fils l'homme souverain ; elle se remet entre ses mains avec autant de ferveur que l'amoureuse et, en échange de ce don, elle escompte être élevée à la droite du dieu. Pour obtenir cette assomption, l'amoureuse en appelle à la liberté de l'amant : elle assume généreusement un risque ; la rançon, ce sont ses exigences anxieuses. La mère estime qu'elle s'est acquis des droits sacrés par le seul fait d'enfanter ; elle n'attend pas que son fils se reconnaisse en elle pour le regarder comme sa créature, son bien ; elle est moins exigeante que l'amante parce qu'elle est d'une mauvaise foi plus tranquille ; ayant façonné une chair, elle fait sienne une existence : elle s'en approprie les actes, les œuvres, les mérites. En exaltant son fruit, c'est sa propre personne qu'elle porte aux nues.

Vivre par procuration, c'est toujours un expédient précaire. Les choses peuvent ne pas tourner comme on avait souhaité. Il arrive souvent que le fils ne soit qu'un propre à rien, un voyou, un raté, un fruit sec, un ingrat. Sur le héros qu'il doit incarner, la mère a ses idées à elle. Rien de plus rare que celle qui respecte authentiquement en son enfant la personne humaine, qui reconnaît sa liberté jusque dans ses échecs, qui assume avec lui les risques impliqués par tout engagement. On rencontre bien plus couramment des émules de cette Spartiate trop vantée qui condamnait allégrement son rejeton à la gloire ou à la mort ; ce que le fils a à faire sur terre, c'est de justifier l'existence de sa mère en s'emparant à leur profit commun des valeurs qu'elle-même respecte. La mère exige que les projets de l'enfant-dieu soient conformes à son propre idéal et que la réussite en soit assurée. Toute femme veut engendrer un héros, un génie ; mais toutes les mères des héros, des génies, ont commencé par clamer qu'ils leur brisaient le cœur. C'est contre sa mère que l'homme le plus souvent conquiert les trophées dont elle rêvait de se parer et qu'elle ne reconnaît même pas quand il les jette à ses pieds. Même si elle approuve en principe les entreprises de son fils, elle est déchirée par une contradiction analogue à celle qui torture l'amoureuse. Pour justifier sa vie — et celle de sa mère — il faut qu'il la dépasse vers des fins ; et il est amené pour les atteindre à compromettre sa santé, à courir des dangers : mais il conteste la valeur du don que sa mère lui a fait quand il place certains buts au-dessus du pur fait de vivre. Elle s'en scandalise ; elle ne règne sur l'homme en souveraine que si cette chair qu'elle a engendrée est pour lui le bien suprême : il n'a pas le droit de détruire cette œuvre qu'elle a accomplie dans la souffrance. « Tu vas te fatiguer, tu te rendras malade, il va t'arriver malheur », lui corne-t-elle aux oreilles. Cependant, elle sait bien que vivre ne suffit pas, sinon procréer même serait superflu ; elle est la première à s'irriter si son rejeton est un paresseux, un lâche. Elle n'est jamais en repos. Quand il part pour la guerre, elle veut qu'il en revienne vivant mais décoré. Dans sa carrière, elle souhaite qu'il « arrive » mais elle tremble qu'il ne se surmène. Quoi qu'il fasse, c'est toujours dans le souci qu'elle assistera impuissante au déroulement d'une histoire qui est la sienne et qu'elle ne commande pas : elle a peur qu'il ne fasse fausse route, peur qu'il ne réussisse pas, peur qu'en réussissant il ne tombe malade. Même si elle lui fait confiance, la différence d'âge et de sexe ne permet pas que s'établisse entre son fils et elle une vraie complicité ; elle n'est pas au courant de ses travaux ; aucune collaboration ne lui est demandée.

C'est pourquoi, même si elle admire son fils avec l'orgueil le plus démesuré, la mère demeure insatisfaite. Croyant avoir engendré non seulement une chair, mais fondé une existence absolument nécessaire, elle se sent rétrospectivement justifiée ; mais des droits ne sont pas une occupation : elle a besoin pour remplir ses journées de perpétuer son action bénéfique ; elle veut se sentir indispensable à son dieu ; la mystification du dévouement se trouve en ce cas dénoncée de la manière la plus brutale : l'épouse va la dépouiller de ses fonctions. On a souvent décrit l'hostilité qu'elle éprouve à l'égard de cette étrangère qui lui « prend » son enfant. La mère a élevé la facticité contingente de la parturition à la hauteur d'un mystère divin : elle se refuse à admettre qu'une décision humaine puisse avoir plus de poids. À ses yeux les valeurs sont toutes faites, elles procèdent de la nature, du passé : elle méconnaît le prix d'un libre engagement. Son fils lui doit la vie ; que doit-il à cette femme qu'hier encore il ignorait ? C'est par quelque maléfice qu'elle l'a persuadé de l'existence d'un lien qui jusqu'ici n'*existait* pas ; elle est intrigante, intéressée, dangereuse. La mère attend avec impatience que l'imposture se découvre ; encouragée par le vieux mythe de la bonne mère aux mains consolantes qui panse les blessures infligées par la mauvaise femme, elle guette sur le visage de son fils les signes du malheur : elle les découvre même s'il les nie ; elle le plaint alors qu'il ne se plaint de rien ; elle épie sa bru, elle la critique, elle oppose à toutes ses innovations le passé, la coutume qui condamnent la présence même de l'intruse. Chacune entend à sa manière le bonheur du bien-aimé ; la femme veut voir en lui un homme à travers qui elle maîtrisera le monde ; la mère essaie pour le garder de le ramener à son enfance ; aux projets de la jeune femme qui attend que son mari *devienne* riche ou important, elle oppose les lois de son immuable essence : il *est* fragile, il ne faut pas qu'il se surmène. Le conflit entre le passé et l'avenir s'exaspère lorsque la nouvelle venue se trouve enceinte à son tour. « La naissance des enfants est la mort des parents » ; c'est alors que cette vérité prend toute sa force cruelle : la mère qui espérait se survivre dans son fils comprend qu'il la condamne à mort. Elle a donné la vie : la vie va se poursuivre sans elle ; elle n'est plus *la* Mère : seulement un chaînon ; elle tombe du ciel des idoles intemporelles ; elle n'est plus qu'un individu fini, périmé. C'est alors que dans les cas pathologiques sa haine s'exaspère jusqu'à entraîner une névrose ou la pousse au crime ; c'est quand la grossesse de sa bru fut déclarée que Mme Lefebvre après l'avoir longtemps détestée se décida à l'assassiner[1].

Normalement, la grand-mère surmonte son hostilité ; parfois elle s'entête à voir dans le nouveau-né l'enfant de son seul fils, et elle l'aime avec tyrannie ; mais généralement la jeune mère, la mère de celle-ci, le revendiquent ; jalouse, la grand-mère nourrit pour le bébé une de ces affections ambiguës ou l'inimitié se dissimule sous la figure de l'anxiété.

L'attitude de la mère à l'égard de sa grande fille est très ambivalente : en son fils, elle cherche un dieu ; dans sa fille, elle trouve un double. Le « double » est un personnage ambigu ; il assassine celui dont il émane, comme on voit

1. En août 1925, une bourgeoise du Nord, Mme Lefebvre, âgée de soixante ans, qui vivait avec son mari et ses enfants, tua sa belle-fille enceinte de six mois pendant un voyage en auto, alors que son fils conduisait. Condamnée à mort, graciée, elle acheva sa vie dans une maison disciplinaire où elle ne manifesta aucun remords ; elle pensait avoir été approuvée par Dieu quand elle tua sa belle-fille « comme on arrache la mauvaise herbe, la mauvaise graine, comme on tue une bête sauvage ». De cette sauvagerie elle donnait comme unique preuve que la jeune femme lui avait dit un jour : « Vous m'avez maintenant, donc il faut maintenant compter avec moi. » Ce fut quand elle soupçonna la grossesse de sa belle-fille qu'elle acheta un revolver, soi-disant pour se défendre contre les voleurs. Après la ménopause elle s'était désespérément accrochée à sa maternité : pendant douze ans elle avait éprouvé des malaises qui exprimaient symboliquement une grossesse imaginaire.

dans les contes de Poe, dans *Le Portrait de Dorian Gray*, dans l'histoire que conte Marcel Schwob. Ainsi la fille en devenant femme condamne sa mère à mort ; et cependant elle lui permet de se survivre. Les conduites de la mère sont fort différentes selon qu'elle saisit dans l'épanouissement de son enfant une promesse de ruine ou de résurrection.

Beaucoup de mères se raidissent dans l'hostilité ; elles n'acceptent pas d'être supplantées par l'ingrate qui leur doit la vie ; on a souligné souvent la jalousie de la coquette à l'égard de la fraîche adolescente qui dénonce ses artifices : celle qui a détesté en toute femme une rivale haïra la rivale jusque dans son enfant ; elle l'éloigne ou la séquestre, ou s'ingénie à lui refuser ses chances. Celle qui mettait sa gloire à être, de manière exemplaire et unique, l'Épouse, la Mère, ne refuse pas moins farouchement de se laisser détrôner ; elle continue à affirmer que sa fille n'est qu'une enfant, elle considère ses entreprises comme un jeu puéril ; elle est trop jeune pour se marier, trop fragile pour procréer ; si elle s'entête à vouloir un époux, un foyer, des enfants, ce ne seront jamais que de faux-semblants ; inlassablement la mère critique, raille, ou prophétise des malheurs. Si on le lui permet, elle condamne sa fille à une éternelle enfance ; sinon, elle essaie de ruiner cette vie d'adulte que l'autre prétend s'arroger. On a vu qu'elle réussit souvent : quantité de jeunes femmes demeurent stériles, font des fausses couches, se montrent incapables d'allaiter et d'élever leur enfant, de diriger leur maison à cause de cette influence maléfique. Leur vie conjugale s'avère impossible. Malheureuses, isolées, elles trouveront un refuge dans les bras souverains de leur mère. Si elles lui résistent, un conflit perpétuel les opposera l'une à l'autre ; la mère frustrée reporte en grande partie sur son gendre l'irritation que provoque en elle l'insolente indépendance de sa fille.

La mère qui s'identifie passionnément à sa fille n'est pas moins tyrannique ; ce qu'elle veut c'est, munie de sa mûre expérience, recommencer sa jeunesse : ainsi sauvera-t-elle son passé tout en se sauvant de lui ; elle se choisira elle-même un gendre conforme à ce mari rêvé qu'elle n'a pas eu ; coquette, tendre, elle s'imaginera volontiers que c'est elle qu'en quelque région de son cœur il épouse ; à travers sa fille, elle assouvira ses vieux désirs de richesse, de succès, de gloire ; on a décrit souvent ces femmes qui « poussent » fougueusement leur enfant dans les chemins de la galanterie, du cinéma ou du théâtre ; sous prétexte de les surveiller, elles s'approprient leur vie : on m'en a cité qui vont jusqu'à mettre dans leur lit les soupirants de la jeune fille. Mais il est rare que celle-ci supporte indéfiniment cette tutelle ; du jour où elle aura trouvé un mari ou un protecteur sérieux, elle se rebellera. La belle-mère qui avait commencé par chérir son gendre lui devient alors hostile ; elle gémit sur l'ingratitude humaine, se pose en victime ; elle devient à son tour une mère ennemie. Pressentant ces déceptions, beaucoup de femmes se guindent dans l'indifférence quand elles voient leurs enfants grandir : mais elles en tirent alors peu de joie. Il faut à une mère un rare mélange de générosité et de détachement pour trouver dans la vie de ses enfants un enrichissement sans se faire leur tyran ni les changer en bourreaux.

Les sentiments de la grand-mère à l'égard de ses petits-enfants prolongent ceux qu'elle éprouve envers sa fille : souvent, elle reporte sur eux son hostilité. Ce n'est pas seulement par souci de l'opinion que tant de femmes obligent leur fille séduite à se faire avorter, à abandonner l'enfant, à le supprimer : elles sont trop heureuses de lui interdire la maternité ; elles s'entêtent à vouloir en détenir seules le privilège. Même à la mère légitime, elles conseilleront volontiers de faire passer l'enfant, de ne pas l'allaiter, de l'éloigner. Elles-mêmes nieront par leur indifférence cette petite existence impudente ; ou bien elles seront sans cesse occupées à gronder l'enfant, à le punir, voire à le maltraiter. Au contraire, la mère qui s'identifie à sa fille en accueille souvent les enfants avec plus d'avidité que la jeune femme :

celle-ci est déconcertée par l'arrivée du petit inconnu ; la grand-mère le reconnaît : elle recule de vingt ans à travers le temps, elle redevient une jeune accouchée ; toutes les joies de la possession et de la domination que depuis bien longtemps ses enfants ne lui donnaient plus lui sont rendues, tous les désirs de maternité auxquels elle avait renoncé au moment de la ménopause sont miraculeusement comblés ; c'est elle la véritable mère, elle prend le bébé en charge avec autorité et si on le lui abandonne elle se dévouera à lui avec passion. Malheureusement pour elle, la jeune femme tient à affirmer ses droits : la grand-mère n'est autorisée qu'à jouer le rôle d'assistante que naguère ses aînées ont joué auprès d'elle ; elle se sent détrônée ; et puis il faut compter avec la mère de son gendre dont elle est naturellement jalouse. Le dépit pervertit souvent l'amour spontané qu'elle portait d'abord à l'enfant. L'anxiété qu'on remarque souvent chez les grand-mères traduit l'ambivalence de leurs sentiments : elles chérissent le bébé dans la mesure où il leur appartient, elles sont hostiles au petit étranger qu'il est aussi pour elles, elles ont honte de cette inimitié. Cependant si, en renonçant à les posséder tout entiers, la grand-mère garde pour ses petits-enfants une chaude affection, elle peut jouer dans leur vie un rôle privilégié de divinité tutélaire : ne se reconnaissant ni droits ni responsabilités, elle les aime en pure générosité ; elle ne caresse pas à travers eux des rêves narcissistes, elle ne leur demande rien, elle ne les sacrifie pas à un avenir auquel elle ne sera pas présente : ce qu'elle chérit ce sont les petits êtres de chair et d'os qui sont là aujourd'hui dans leur contingence et leur gratuité ; elle n'est pas une éducatrice ; elle n'incarne pas la justice abstraite, la loi. C'est de là que viendront les conflits qui parfois l'opposent aux parents.

Il arrive que la femme n'ait pas de descendance ou ne s'intéresse pas à sa postérité ; à défaut de liens naturels avec des enfants ou des petits-enfants, elle essaie parfois d'en créer artificiellement des homologues. Elle propose à de jeunes gens une tendresse maternelle; que son affection demeure ou non platonique, ce n'est pas seulement par hypocrisie qu'elle déclare aimer son jeune protégé «comme un fils»: les sentiments d'une mère, inversement, sont amoureux. Il est vrai que les émules de Mme de Warens se plaisent à combler, à aider, à former un homme avec générosité: elles se veulent source, condition nécessaire, fondement d'une existence qui les dépasse; elles se font mères et se recherchent en leur amant bien plus sous cette figure que sous celle d'une maîtresse. Très souvent aussi ce sont des filles que la femme maternelle adopte: là encore leurs rapports revêtent des formes plus ou moins sexuelles; mais que ce soit platoniquement ou charnellement, ce qu'elle cherche en ses protégées, c'est son double miraculeusement rajeuni. L'actrice, la danseuse, la cantatrice deviennent des pédagogues: elles forment des élèves; l'intellectuelle — telle Mme de Charrière dans la solitude de Colombier — endoctrine des disciples; la dévote réunit autour d'elle des filles spirituelles; la femme galante devient maquerelle. Si elles apportent à leur prosélytisme un zèle si ardent, ce n'est jamais par pur intérêt: elles cherchent passionnément à se réincarner. Leur tyrannique générosité engendre à peu près les mêmes conflits qu'entre les mères et les filles unies par les liens du sang. Il est possible aussi d'adopter des petits-enfants: les grand-tantes, les marraines jouent volontiers un rôle analogue à celui des grand-mères. Mais il est en tout cas bien rare que la femme trouve dans sa postérité — naturelle ou élue — une justification de sa vie déclinante: elle échoue à faire sienne l'entreprise d'une de ces jeunes existences. Ou elle s'entête dans son effort pour l'annexer, elle se consume dans des luttes et des drames qui la laissent déçue, brisée; ou elle se résigne à une participation modeste. C'est le cas le plus ordinaire. La mère vieillie, la grand-mère répriment leurs désirs dominateurs, elles dissimulent leurs rancunes; elles se contentent de ce que leurs enfants veulent bien leur donner. Mais alors elles ne trouvent pas en eux beaucoup de secours. Elles demeurent disponibles devant le désert de l'avenir, en proie à la solitude, au regret, à l'ennui.

On touche là à la lamentable tragédie de la femme âgée : elle se sait inutile ; tout au long de sa vie la femme bourgeoise a souvent à résoudre le dérisoire problème : Comment tuer le temps ? Mais une fois les enfants élevés, le mari arrivé, ou du moins installé, les journées n'en finissent pas de mourir. Les « ouvrages de dames » ont été inventés afin de dissimuler cette horrible oisiveté ; les mains brodent, tricotent, elles bougent ; il ne s'agit pas là d'un vrai travail car l'objet produit n'est pas le but visé ; il n'a guère d'importance et souvent c'est un problème que de savoir à quoi le destiner : on s'en débarrasse en le donnant à une amie, à une organisation charitable, en encombrant les cheminées et les guéridons ; ce n'est pas non plus un jeu découvrant dans sa gratuité la pure joie d'exister ; et c'est à peine un alibi puisque l'esprit demeure vacant : c'est le divertissement absurde, tel que le décrit Pascal ; avec l'aiguille ou le crochet, la femme tisse tristement le néant même de ses jours. L'aquarelle, la musique, la lecture ont tout juste le même rôle ; la femme désœuvrée n'essaie pas en s'y adonnant d'élargir sa prise sur le monde, mais seulement de se désennuyer ; une activité qui n'ouvre pas l'avenir retombe dans la vanité de l'immanence ; l'oisive commence un livre, le rejette, ouvre le piano, le referme, revient à sa broderie, bâille et finit par décrocher le téléphone. C'est dans la vie mondaine, en effet, qu'elle cherche le plus volontiers du secours ; elle sort, fait des visites, elle attache — telle Mrs. Dalloway — une énorme importance à ses réceptions ; elle assiste à tous les mariages, à tous les enterrements ; n'ayant plus d'existence à soi, elle se nourrit des présences d'autrui ; de coquette, elle devient commère : elle observe, elle commente ; elle compense son inaction en dispersant autour d'elle critiques et conseils. Elle met son expérience au service de tous ceux qui ne la lui demandent pas. Si elle

en a les moyens, elle se met à tenir un salon ; elle espère
ainsi s'approprier des entreprises et des réussites étrangères ;
on sait avec quel despotisme Mme du Deffand,
Mme Verdurin gouvernaient leurs sujets. Être un centre
d'attraction, un carrefour, une inspiratrice, créer une
« ambiance », c'est déjà un ersatz d'action. Il y a d'autres
manières plus directes d'intervenir dans le cours du monde ;
en France, il existe des « œuvres » et quelques « associations », mais c'est surtout en Amérique que les femmes se
groupent dans des clubs où elles jouent au bridge, distribuent des prix littéraires, et méditent des améliorations
sociales. Ce qui caractérise sur les deux continents la plupart de ces organisations, c'est qu'elles sont en soi leur
propre raison d'être : les buts qu'elles prétendent poursuivre
leur servent seulement de prétexte. Les choses se passent
exactement comme dans l'apologue de Kafka[1] : personne
ne se soucie de bâtir la tour de Babel ; autour de son empla-
cement idéal se construit une vaste agglomération qui
consume toutes ses forces à s'administrer, à s'agrandir, à
régler ses dissensions intestines. Ainsi les dames d'œuvre
passent le plus clair de leur temps à organiser leur organisation ; elles élisent un bureau, discutent ses statuts, se disputent entre elles et luttent de prestige avec l'association
rivale : il ne faut pas qu'on leur vole *leurs* pauvres, *leurs*
malades, *leurs* blessés, *leurs* orphelins ; elles les laisseront
plutôt mourir que de les céder à leurs voisins. Et elles sont
bien loin de souhaiter un régime qui supprimant injustices et
abus rendrait leur dévouement inutile ; elles bénissent les
guerres, les famines qui les transforment en bienfaitrices de
l'humanité. Il est clair qu'à leurs yeux les passe-montagnes,
les colis ne sont pas destinés aux soldats, aux affamés, mais
que ceux-ci sont faits tout exprès pour recevoir des tricots et
des paquets.

Malgré tout, certains de ces groupes atteignent des résul-

1. *Les Armes de la ville*

tats positifs. Aux U.S.A. l'influence des « Moms » vénérées est puissante ; elle s'explique par les loisirs que leur laisse une existence parasitaire : de là vient qu'elle soit néfaste. « Ne connaissant rien en médecine, art, science, religion, droit, santé, hygiène…, dit Philipp Wyllie[1] en parlant de la Mom américaine, elle s'intéresse rarement à ce qu'elle fait en tant que membre de l'une de ces innombrables organisations : il lui suffit que ce soit *quelque chose*. » Leur effort n'est pas intégré à un plan cohérent et constructif, il ne vise pas des fins objectives : il ne tend qu'à manifester impérieusement leurs goûts, leurs préjugés ou à servir leurs intérêts. Dans le domaine culturel par exemple, elles jouent un rôle considérable : ce sont elles qui consomment le plus de livres ; mais elles lisent comme on fait une patience ; la littérature prend son sens et sa dignité quand elle s'adresse à des individus engagés dans des projets, quand elle les aide à se dépasser vers des horizons plus larges ; il faut qu'elle soit intégrée au mouvement de la transcendance humaine ; au lieu que la femme ravale livres et œuvres d'art en les engloutissant dans son immanence ; le tableau devient bibelot, la musique rengaine, le roman une rêverie aussi vaine qu'une têtière au crochet. Ce sont les Américaines qui sont responsables de l'avilissement des best-sellers : ceux-ci non seulement ne prétendent qu'à plaire, mais encore à plaire à des oisives en mal d'évasion. Quant à l'ensemble de leurs activités, Philipp Wyllie le définit ainsi :

Elles terrorisent les politiciens jusqu'à les pousser à une servilité pleurnicharde et terrifient les pasteurs ; elles ennuient les présidents de banque et pulvérisent les directeurs d'école. Mom multiplie les organisations dont le but réel est de réduire ses proches à une complaisance abjecte à ses désirs égoïstes… elle expulse de la ville, et de l'État si c'est possible, les jeunes prostituées… elle s'arrange pour que les lignes d'autobus passent où c'est pratique pour elle plutôt que pour les travailleurs… elle donne des foires et des fêtes de charité prodigieuses et

1. *Génération de vipères.*

en remet le produit au concierge pour qu'il achète de la bière pour soigner la gueule de bois des membres du comité le lendemain matin...
Les clubs fournissent à Mom des occasions incalculables de fourrer son nez dans les affaires des autres.

Il y a beaucoup de vérité dans cette satire agressive. N'étant spécialisées ni en politique, ni en économie, ni en aucune discipline technique, les vieilles dames n'ont sur la société aucune prise concrète ; elles ignorent les problèmes que pose l'action ; elles sont incapables d'élaborer aucun programme constructif. Leur morale est abstraite et formelle comme les impératifs de Kant ; elles prononcent des interdits au lieu de chercher à découvrir les chemins du progrès ; elles n'essaient pas de créer positivement des situations neuves : elles s'attaquent à ce qui est déjà afin d'en éliminer le mal ; c'est ce qui explique que toujours elles se coalisent contre quelque chose : contre l'alcool, la prostitution, la pornographie ; elles ne comprennent pas qu'un effort purement négatif est voué à l'insuccès, comme l'a prouvé en Amérique l'échec de la prohibition, en France celui de la loi qu'a fait voter Marthe Richard. Tant que la femme demeure une parasite, elle ne peut pas efficacement participer à l'élaboration d'un monde meilleur.

Il arrive malgré tout que certaines femmes s'engageant tout entières dans quelque entreprise deviennent vraiment agissantes ; alors, elles ne cherchent plus seulement à s'occuper, elles visent des fins ; productrices autonomes, elles s'évadent de la catégorie parasitaire que nous considérions ici : mais cette conversion est rare. La majorité des femmes dans leurs activités privées ou publiques visent non un résultat à atteindre, mais une manière de s'occuper : et toute occupation est vaine quand elle n'est qu'un passe-temps. Beaucoup d'entre elles en souffrent ; ayant derrière elles une vie déjà achevée, elles connaissent le même désarroi que les adolescents dont la vie ne s'est pas encore ouverte ; rien ne les sollicite, autour des uns et des autres, c'est le désert ;

devant toute action ils murmurent : À quoi bon ? Mais l'adolescent est emporté bon gré mal gré dans une existence
d'homme qui lui dévoile des responsabilités, des buts, des
valeurs ; il est jeté dans le monde, il prend parti, il s'engage.
La femme d'âge, si on lui suggère de repartir à neuf vers
l'avenir, répond tristement : C'est trop tard. Ce n'est pas que
le temps lui soit dorénavant mesuré : une femme est mise à
la retraite très tôt ; mais il lui manque l'élan, la confiance,
l'espoir, la colère qui lui permettraient de découvrir autour
d'elle des fins neuves. Elle se réfugie dans la routine qui a
toujours été son lot ; elle fait de la répétition un système, elle
se jette dans des manies ménagères ; elle s'enfonce de plus
en plus profondément dans la dévotion ; elle se guinde dans
le stoïcisme comme Mme de Charrière. Elle devient sèche,
indifférente, égoïste.

C'est tout à fait vers la fin de sa vie, quand elle a renoncé
à la lutte, quand l'approche de la mort la délivre de l'angoisse de l'avenir, que la vieille femme trouve d'ordinaire la
sérénité. Son mari était souvent plus âgé qu'elle, elle assiste
à sa déchéance avec une silencieuse complaisance : c'est sa
revanche ; s'il meurt le premier, elle supporte allégrement
ce deuil ; on a maintes fois remarqué que les hommes sont
bien plus accablés par un tardif veuvage : ils tirent plus de
bénéfices que la femme du mariage, et surtout dans leurs
vieux jours ; car alors l'univers s'est concentré dans les
limites du foyer ; les jours présents ne débordent plus sur
l'avenir : c'est elle qui en assure le rythme monotone et qui
règne sur eux ; quand il a perdu ses fonctions publiques,
l'homme devient totalement inutile ; la femme garde du
moins la direction de la maison ; elle est nécessaire à son
mari tandis qu'il est seulement importun. De leur indépendance, elles tirent de l'orgueil ; elles se mettent enfin à
regarder le monde avec leurs propres yeux ; elles se rendent
compte qu'elles ont été toute leur vie dupées et mystifiées ;
lucides, méfiantes, elles atteignent souvent un savoureux
cynisme. En particulier, la femme qui « a vécu » a une

connaissance des hommes qu'aucun homme ne partage : car elle a vu non leur figure publique, mais l'individu contingent que chacun d'eux se laisse aller à être en l'absence de ses semblables ; elle connaît aussi les femmes, qui ne se montrent dans leur spontanéité qu'à d'autres femmes : elle connaît l'envers du décor. Mais si son expérience lui permet de dénoncer mystifications et mensonges, elle ne suffit pas à lui découvrir la vérité. Amusée ou amère, la sagesse de la vieille femme demeure encore toute négative : elle est contestation, accusation, refus ; elle est stérile. Dans sa pensée comme dans ses actes, la plus haute forme de liberté que puisse connaître la femme-parasite c'est le défi stoïcien ou l'ironie sceptique. À aucun âge de sa vie, elle ne réussit à être à la fois efficace et indépendante.

# CHAPITRE X

# Situation et caractère de la femme

Il nous est possible à présent de comprendre pourquoi, dans les réquisitoires dressés contre la femme, des Grecs à nos jours, se retrouvent tant de traits communs ; sa condition est demeurée la même à travers de superficiels changements, et c'est elle qui définit ce qu'on appelle le « caractère » de la femme : elle « se vautre dans l'immanence », elle a l'esprit de contradiction, elle est prudente et mesquine, elle n'a pas le sens de la vérité, ni de l'exactitude, elle manque de moralité, elle est bassement utilitaire, elle est menteuse, comédienne, intéressée... Il y a dans toutes ces affirmations une vérité. Seulement les conduites que l'on dénonce ne sont pas dictées à la femme par ses hormones ni préfigurées dans les cases de son cerveau : elles sont indiquées en creux par sa situation. Dans cette perspective, nous allons essayer de prendre sur celle-ci une vue synthétique, ce qui nous obligera à certaines répétitions, mais qui nous permettra de saisir dans l'ensemble de son conditionnement économique, social, historique, « l'éternel féminin ».

On oppose parfois le « monde féminin » à l'univers masculin, mais il faut souligner encore une fois que les femmes n'ont jamais constitué une société autonome et fermée ; elles sont intégrées à la collectivité gouvernée par les mâles et où elles occupent une place subordonnée ; elles sont unies seulement en tant qu'elles sont des semblables par une solidarité mécanique : il n'y a pas entre elles cette solidarité organique sur laquelle se fonde toute communauté unifiée ; elles se sont toujours efforcées — au temps des mystères d'Éleusis comme aujourd'hui dans les clubs, les salons, les ouvroirs — de se liguer pour affirmer un « contre-univers », mais c'est encore du sein de l'univers masculin qu'elles le posent. Et de là vient le paradoxe de leur situation : elles appartiennent à la fois au monde mâle et à une sphère dans laquelle ce monde est contesté ; enfermées dans celle-ci, investies par celui-là, elles ne peuvent s'installer nulle part avec tranquillité. Leur docilité se double toujours d'un refus, leur refus d'une acceptation ; en cela leur attitude se rapproche de celle de la jeune fille ; mais elle est plus difficile à soutenir parce qu'il ne s'agit plus seulement pour la femme adulte de rêver sa vie à travers des symboles, mais de la vivre.

La femme elle-même reconnaît que l'univers dans son ensemble est masculin ; ce sont les hommes qui l'ont façonné, régi, et qui encore aujourd'hui le dominent ; quant à elle, elle ne s'en considère pas comme responsable ; il est entendu qu'elle est inférieure, dépendante ; elle n'a pas appris les leçons de la violence, elle n'a jamais émergé comme un sujet en face des autres membres de la collectivité ; enfermée dans sa chair, dans sa demeure, elle se saisit comme passive en face de ces dieux à face humaine qui définissent fins et valeurs. En ce sens, il y a de la vérité dans le slogan qui la condamne à demeurer « une éternelle enfant » ; on a dit aussi des ouvriers, des esclaves noirs, des indigènes colonisés qu'ils étaient « de grands enfants » aussi longtemps qu'on ne les a pas craints ; cela signifiait qu'ils devaient accepter sans discussion les vérités et les lois que leur proposaient d'autres hommes. Le lot de la femme, c'est l'obéissance et le respect. Elle n'a pas de prise, même en pensée, sur cette réalité qui l'investit. C'est à ses yeux une présence opaque. En effet, elle n'a pas fait l'apprentissage des techniques qui lui permettraient de dominer la matière ; quant à elle, ce n'est pas avec la matière qu'elle est aux prises, mais avec la vie, et celle-ci ne se laisse pas maîtriser par les outils : on ne peut qu'en subir les lois secrètes. Le monde n'apparaît pas à la femme comme un «ensemble d'ustensiles» intermédiaire entre sa volonté et ses fins, comme le définit Heidegger : il est au contraire une résistance têtue, indomptable ; il est dominé par la fatalité et traversé de mystérieux caprices. Ce mystère d'une fraise de sang qui dans le ventre de la mère se change en un être humain, aucune mathématique ne peut le mettre en équation, aucune machine ne saurait le hâter ou le ralentir ; elle éprouve la résistance de la durée que les plus ingénieux appareils échouent à diviser ou à multiplier ; elle l'éprouve dans sa chair soumise au rythme de la lune et que les années d'abord mûrissent puis corrodent. Quotidiennement, la cuisine lui enseigne aussi patience et passivité ; c'est une alchimie ; il faut obéir au feu, à l'eau, «attendre que le sucre fonde», que la pâte lève et aussi que le linge sèche, que les fruits mûrissent. Les travaux du ménage se rapprochent d'une activité technique ; mais ils sont trop rudimentaires, trop monotones pour convaincre la femme des lois de la causalité mécanique. D'ailleurs, même en ce domaine, les choses ont leurs caprices ; il y a des tissus qui «reviennent» et d'autres qui ne «reviennent» pas au lavage, des taches qui s'effacent et d'autres qui s'entêtent, des objets qui se cassent tout seuls, des poussières qui germent comme des plantes. La mentalité de la femme perpétue celle des civilisations agricoles qui adorent les vertus magiques de la terre : elle croit à la magie. Son érotisme passif lui découvre le désir non comme volonté et agression mais comme une attraction analogue à celle qui fait osciller le pendule du sourcier ; la seule présence de sa chair gonfle et dresse le sexe mâle ; pourquoi une eau cachée ne ferait-elle pas tressaillir la baguette du coudrier ? Elle se sent entourée d'ondes, de radiations, de fluides ; elle croit à la télépathie,

à l'astrologie, à la radiesthésie, au baquet de Mesmer, à la
théosophie, aux tables tournantes, aux voyantes, aux guérisseurs ; elle introduit dans la religion les superstitions primitives : cierges, ex-voto, etc. ; elle incarne dans les saints les
antiques esprits de la nature : celui-ci protège les voyageurs,
celle-ci les accouchées, cet autre retrouve les objets perdus ;
et bien entendu aucun prodige ne l'étonne. Son attitude sera
celle de la conjuration et de la prière ; pour obtenir un certain résultat, elle obéira à certains rites éprouvés. Il est facile
de comprendre pourquoi elle est routinière ; le temps n'a pas
pour elle une dimension de nouveauté, ce n'est pas un
jaillissement créateur ; parce qu'elle est vouée à la répétition, elle ne voit dans l'avenir qu'un duplicata du passé ; si
l'on connaît le mot et la formule, la durée s'allie aux puissances de la fécondité : mais celle-ci même obéit au rythme
des mois, des saisons ; le cycle de chaque grossesse, de
chaque floraison reproduit identiquement celui qui le précéda ; dans ce mouvement circulaire le seul devenir du
temps est une lente dégradation : il ronge les meubles et les
vêtements comme il abîme le visage ; les puissances fertiles
sont peu à peu détruites par la fuite des années. Aussi la
femme ne fait-elle pas confiance à cette force acharnée à
défaire.

Non seulement elle ignore ce qu'est une véritable action,
capable de changer la face du monde, mais elle est perdue
au milieu de ce monde comme au cœur d'une immense et
confuse nébuleuse. Elle sait mal se servir de la logique masculine. Stendhal remarquait qu'elle la manie aussi adroitement que l'homme si le besoin l'y pousse. Mais c'est un
instrument qu'elle n'a guère l'occasion d'utiliser. Un syllo-
gisme ne sert ni à réussir une mayonnaise, ni à calmer les
pleurs d'un enfant ; les raisonnements masculins ne sont pas
adéquats à la réalité dont elle a l'expérience. Et au royaume
des hommes, puisqu'elle ne *fait* rien, sa pensée, ne se cou-
lant en aucun projet, ne se distingue pas du rêve ; elle n'a
pas le sens de la vérité, faute d'efficacité ; elle n'est jamais

aux prises qu'avec des images et des mots : c'est pourquoi
elle accueille sans gêne les assertions les plus contradictoires ; elle se soucie peu d'élucider les mystères d'un
domaine qui est de toute façon hors de sa portée ; elle se
contente à son propos de connaissances horriblement
vagues : elle confond les partis, les opinions, les lieux, les
gens, les événements ; c'est dans sa tête un étrange tohu-
bohu. Mais après tout, y voir clair ce n'est pas son affaire :
on lui a enseigné à accepter l'autorité masculine ; elle
renonce donc à critiquer, à examiner et juger pour son
compte. Elle s'en remet à la caste supérieure. C'est pourquoi le monde masculin lui apparaît une réalité transcendante, un absolu. «Les hommes font les dieux, dit Frazer,
les femmes les adorent.» Ils ne peuvent pas s'agenouiller
avec une totale conviction devant les idoles qu'ils ont for-
gées ; mais quand les femmes rencontrent sur leur chemin
ces grandes statues, elles n'imaginent pas qu'aucune main
les ait fabriquées et elles se prosternent docilement[1]. En
particulier, elles aiment que l'Ordre, le Droit s'incarnent en
un chef. Dans tout Olympe, il y a un dieu souverain ; la
prestigieuse essence virile doit se rassembler en un archétype dont père, mari, amants ne sont que d'incertains reflets.
Il est quelque peu humoristique de dire que le culte qu'elles
rendent à ce grand totem est sexuel ; ce qui est vrai, c'est
qu'en face de lui elles satisfont pleinement le rêve infantile
de démission et d'agenouillement. En France, les généraux :
Boulanger, Pétain, de Gaulle[2], ont toujours eu les femmes

1. Cf. J.-P. Sartre, *Les Mains sales*. «Hœderer : Elles sont butées, tu
comprends, elles reçoivent les idées toutes faites, alors elles y croient
comme au bon Dieu. C'est nous qui faisons les idées et nous connais-
sons la cuisine ; nous ne sommes jamais tout à fait sûrs d'avoir raison.»
2. «Sur le passage du général le public était surtout composé de
femmes et d'enfants» (*Les Journaux*, à propos de la tournée de septembre 1948 en Savoie).
«Les hommes applaudirent le discours du général, mais les femmes
se distinguaient par leur enthousiasme. On en remarquait certaines qui
exprimaient littéralement de l'extase, faisant un sort presque à chaque

pour eux ; on se rappelle aussi avec quels frémissements de plume les femmes journalistes de *L'Humanité* évoquaient naguère Tito et son bel uniforme. Le général, le dictateur — regard d'aigle, menton volontaire —, c'est le père céleste qu'exige l'univers du sérieux, le garant absolu de toutes les valeurs. C'est de leur inefficacité et de leur ignorance que naît le respect accordé par les femmes aux héros et aux lois du monde masculin ; elles les reconnaissent non par un jugement, mais par un acte de foi : la foi tire sa force fanatique du fait qu'elle n'est pas un savoir : elle est aveugle, passionnée, têtue, stupide ; ce qu'elle pose, elle le pose inconditionnellement, contre la raison, contre l'histoire, contre tous les démentis. Cette révérence butée peut prendre selon les circonstances deux figures : c'est tantôt au contenu de la loi, tantôt à sa seule forme vide que la femme adhère avec passion. Si elle fait partie de l'élite privilégiée qui tire bénéfice de l'ordre social donné, elle le veut inébranlable et se fait remarquer par son intransigeance. L'homme sait qu'il peut reconstruire d'autres institutions, une autre éthique, un autre code ; se saisissant comme transcendance, il envisage aussi l'histoire comme un devenir ; le plus conservateur sait qu'une certaine évolution est fatale et qu'il doit y adapter son action et sa pensée ; la femme ne participant pas à l'histoire n'en comprend pas les nécessités ; elle se méfie de l'avenir et souhaite arrêter le temps. Les idoles proposées par son père, ses frères, son mari, si on les abat, elle ne pressent aucun moyen de repeupler le ciel ; elle s'acharne à les défendre. Pendant la guerre de Sécession nul parmi les sudistes n'était aussi passionnément esclavagiste que les femmes ; en Angleterre au moment de la guerre des Boers, en France contre la Commune, ce sont elles qui se montrèrent les plus enragées ; elles cherchent à compenser par l'intensité des sentiments qu'elles affichent leur inaction ;

mot et applaudissant en criant avec une telle ferveur que leur visage tournait au rouge d'un coquelicot » (*Aux écoutes*, 11 avril 1947).

en cas de victoire, elles se déchaînent comme des hyènes sur l'ennemi abattu ; en cas de défaite, elles se refusent âprement à toute conciliation ; leurs idées n'étant que des attitudes, il leur est indifférent de défendre les causes les plus périmées : elles peuvent être légitimistes en 1914, tzaristes en 1949. L'homme parfois les encourage en souriant : il lui plaît de voir reflétées sous une forme fanatique les opinions qu'il exprime avec plus de mesure ; mais parfois aussi il s'agace de l'aspect stupide et têtu que revêtent alors ses propres idées.

C'est seulement dans les civilisations et les classes fortement intégrées que la femme fait ainsi figure d'irréductible. Généralement, sa foi étant aveugle, elle respecte la loi simplement parce qu'elle est la loi ; que la loi change, elle garde son prestige ; aux yeux des femmes, la force crée le droit puisque les droits qu'elles reconnaissent aux hommes viennent de leur force ; c'est pourquoi, quand une collectivité se décompose, elles sont les premières à se jeter aux pieds des vainqueurs. D'une manière générale, elles acceptent ce qui est. Un des traits qui les caractérisent, c'est la résignation. Quand on a déterré les statues de cendre de Pompéi, on a remarqué que les hommes étaient figés dans des mouvements de révolte, défiant le ciel ou cherchant à s'enfuir, tandis que les femmes courbées, repliées sur elles-mêmes, tournaient leurs visages vers la terre. Elles se savent impuissantes contre les choses : les volcans, les policiers, les patrons, les hommes. « Les femmes sont faites pour souffrir, disent-elles. C'est la vie… on n'y peut rien. » Cette résignation engendre la patience que souvent on admire chez elles. Elles endurent beaucoup mieux que l'homme la souffrance physique ; elles sont capables d'un courage stoïque quand les circonstances l'exigent : à défaut de l'audace agressive du mâle, beaucoup de femmes se distinguent par la calme ténacité de leur résistance passive ; elles font face aux crises, à la misère, au malheur, plus énergiquement que leurs maris ; respectueuses de la durée qu'aucune hâte ne peut vaincre, elles ne mesurent pas leur temps ; quand elles appliquent à quelque entreprise leur entêtement tranquille, elles obtiennent parfois des réussites éclatantes. « Ce que femme veut », dit le proverbe. Chez une femme généreuse, la résignation prend la figure de l'indulgence : elle admet tout, elle ne condamne personne parce qu'elle estime que ni les gens ni les choses ne peuvent être différents de ce qu'ils sont. Une orgueilleuse peut en faire une vertu hautaine, telle Mme de Charrière raidie dans son stoïcisme. Mais aussi elle engendre une stérile prudence ; les femmes essaient toujours de conserver, de raccommoder, d'arranger plutôt que de détruire et reconstruire à neuf ; elles préfèrent les compromis et les transactions aux révolutions. Au XIXᵉ siècle, elles ont constitué un des plus grands obstacles à l'effort d'émancipation ouvrière : pour une Flora Tristan, une Louise Michel, combien de ménagères égarées de timidité suppliaient leur mari de ne prendre aucun risque ! Elles avaient peur non seulement des grèves, du chômage, de la misère : elles craignaient que la révolte ne fût une faute. On comprend que, subir pour subir, elles préfèrent la routine à l'aventure : elles se taillent plus facilement un maigre bonheur à la maison que sur les routes. Leur sort se confond avec celui des choses périssables : elles perdraient tout en les perdant. Seul un sujet libre, s'affirmant par-delà la durée, peut faire échec à toute ruine ; ce suprême recours, on l'a interdit à la femme. C'est essentiellement parce qu'elle n'a jamais éprouvé les pouvoirs de la liberté qu'elle ne croit pas à une libération : le monde lui semble régi par un obscur destin contre lequel il est présomptueux de se dresser. Ces chemins dangereux qu'on veut l'obliger à suivre, elle ne les a pas elle-même frayés : il est normal qu'elle ne s'y précipite pas avec enthousiasme [1]. Qu'on lui ouvre l'avenir, elle ne se

---

1. Cf. Gide, *Journal*. « Créuse ou la femme de Loth : l'une s'attarde, l'autre regarde en arrière, ce qui est une façon de s'attarder. Il n'y a pas de plus grand cri de passion que celui-ci :
   *Et Phèdre, au Labyrinthe avec vous descendue*
   *Se serait avec vous retrouvée ou perdue.*

cramponne plus au passé. Quand on appelle concrètement les femmes à l'action, quand elles se reconnaissent dans les buts qu'on leur désigne, elles sont aussi hardies et courageuses que les hommes[1].

Beaucoup des défauts qu'on leur reproche : médiocrité, petitesse, timidité, mesquinerie, paresse, frivolité, servilité, expriment simplement le fait que l'horizon leur est barré. La femme est, dit-on, sensuelle, elle se vautre dans l'immanence ; mais d'abord on l'y a enfermée. L'esclave emprisonnée dans le harem n'éprouve aucune passion morbide pour la confiture de roses, les bains parfumés : il faut bien qu'elle tue le temps ; dans la mesure où la femme étouffe dans un morne gynécée — maison close ou foyer bourgeois — elle se réfugiera aussi dans le confort et le bienêtre ; d'ailleurs, si elle poursuit avidement la volupté, c'est bien souvent parce qu'elle en est frustrée ; sexuellement inassouvie, vouée à l'âpreté mâle, « condamnée aux laideurs masculines », elle se console avec des sauces crémeuses, des vins capiteux, des velours, les caresses de l'eau, du soleil, d'une amie, d'un jeune amant. Si elle apparaît à l'homme comme un être tellement « physique », c'est que sa condition l'incite à attacher une extrême importance à son animalité. La chair ne crie pas plus fort chez elle que chez le mâle : mais elle en épie les moindres murmures et les amplifie ; la volupté, comme le déchirement de la souffrance, c'est le foudroyant triomphe de l'immédiat ; par la violence de l'instant, l'avenir et l'univers sont niés : en dehors de la flambée charnelle, ce qu'il y a n'est rien ; pendant cette brève apothéose, elle n'est plus mutilée ni frustrée. Mais encore

---

Mais la passion l'aveugle ; au bout de quelques pas en vérité, elle se serait assise, ou bien elle aurait voulu revenir en arrière — ou enfin se serait fait porter. »

1. C'est ainsi que l'attitude des femmes du prolétariat a profondément changé depuis un siècle ; en particulier pendant les dernières grèves dans les mines du Nord elles ont fait preuve d'autant de passion et d'énergie que les hommes, manifestant et luttant à leurs côtés.

une fois, elle n'accorde tant de prix à ces triomphes de l'immanence que parce que celle-ci est son seul lot. Sa frivolité a la même cause que son « matérialisme sordide » ; elle donne de l'importance aux petites choses faute d'avoir accès aux grandes : d'ailleurs les futilités qui remplissent ses journées sont souvent des plus sérieuses ; elle doit à sa toilette, à sa beauté, son charme et ses chances. Elle se montre souvent paresseuse, indolente ; mais les occupations qui se proposent à elle sont aussi vaines que le pur écoulement du temps ; si elle est bavarde, écrivassière, c'est pour tromper son oisiveté : elle substitue aux actes impossibles des mots. Le fait est que lorsqu'une femme est engagée dans une entreprise digne d'un être humain, elle sait se montrer aussi active, efficace, silencieuse, aussi ascétique qu'un homme. On l'accuse d'être servile ; elle est toujours prête, dit-on, à se coucher aux pieds de son maître et à baiser la main qui l'a frappée. Il est vrai qu'elle manque généralement d'un véritable orgueil ; les conseils que les « courriers des cœurs » dispensent aux épouses trompées, aux amantes délaissées sont inspirés par un esprit d'abjecte soumission ; la femme s'épuise en scènes arrogantes et finit par ramasser les miettes que le mâle veut bien lui jeter. Mais que peut faire sans appui masculin une femme pour qui l'homme est à la fois le seul moyen et la seule raison de vivre ? Elle est bien obligée d'encaisser toutes les humiliations ; l'esclave ne saurait avoir le sens de « la dignité humaine » ; c'est assez pour lui s'il tire son épingle du jeu. Enfin si elle est « terre à terre », « pot-au-feu », bassement utilitaire, c'est qu'on lui impose de consacrer son existence à préparer des aliments et nettoyer des déjections : ce n'est pas de là qu'elle peut tirer le sens de la grandeur. Elle doit assurer la monotone répétition de la vie dans sa contingence et sa facticité : il est naturel qu'elle-même répète, recommence, sans jamais inventer, que le temps lui paraisse tourner en rond sans conduire nulle part ; elle s'occupe sans jamais rien *faire* : elle s'aliène donc dans ce qu'elle *a* ; cette dépendance à l'égard des choses, conséquence de celle où la tiennent les hommes, explique sa prudente économie, son avarice. Sa vie n'est pas dirigée vers des fins : elle s'absorbe à produire ou entretenir des choses qui ne sont jamais que des moyens : nourriture, vêtements, habitat ; ce sont là des intermédiaires inessentiels entre la vie animale et la libre existence ; la seule valeur qui s'attache au moyen inessentiel, c'est l'utilité ; c'est au niveau de l'utile que vit la ménagère et elle ne se flatte elle-même que d'être utile à ses proches. Mais aucun existant ne saurait se satisfaire d'un rôle inessentiel : il fait aussitôt des moyens des fins — comme on l'observe entre autres chez les politiciens — et la valeur du moyen devient à ses yeux valeur absolue. Ainsi l'utilité règne au ciel de la ménagère plus haut que la vérité, la beauté, la liberté ; et c'est dans cette perspective qui est la sienne qu'elle envisage l'univers entier ; et c'est pourquoi elle adopte la morale aristotélicienne du juste milieu, de la médiocrité. Comment trouverait-on en elle audace, ardeur, détachement, grandeur ? Ces qualités n'apparaissent qu'au cas où une liberté se jette à travers un avenir ouvert, émergeant par-delà tout donné. On enferme la femme dans une cuisine ou dans un boudoir, et on s'étonne que son horizon soit borné ; on lui coupe les ailes, et on déplore qu'elle ne sache pas voler. Qu'on lui ouvre l'avenir, elle ne sera plus obligée de s'installer dans le présent.

On fait preuve de la même inconséquence lorsque, l'enfermant dans les limites de son moi ou de son foyer, on lui reproche son narcissisme, son égoïsme avec leur cortège : vanité, susceptibilité, méchanceté, etc. ; on lui enlève toute possibilité de communication concrète avec autrui ; elle n'éprouve pas dans son expérience l'appel ni les bénéfices de la solidarité puisqu'elle est tout entière vouée à sa propre famille, séparée ; on ne saurait donc attendre d'elle qu'elle se dépasse vers l'intérêt général. Elle se cantonne obstinément dans le seul domaine qui lui soit familier, où elle puisse exercer une prise sur les choses et au sein duquel elle retrouve une précaire souveraineté.

Cependant, elle a beau fermer les portes, aveugler les fenêtres, la femme ne trouve pas dans son foyer une absolue sécurité ; cet univers masculin qu'elle respecte de loin sans oser s'y aventurer l'investit ; et justement parce qu'elle est incapable de le saisir à travers des techniques, une logique sûre, des connaissances articulées, elle se sent comme l'enfant et le primitif entourée de dangereux mystères. Elle y projette sa conception magique de la réalité : le cours des choses lui semble fatal et cependant tout peut arriver ; elle distingue mal le possible de l'impossible, elle est prête à croire n'importe qui ; elle accueille et propage toutes les rumeurs, elle déclenche les paniques ; même dans les périodes de calme, elle vit dans le souci ; la nuit, dans le demi-sommeil, le gisant inerte s'effraie des visages de cauchemar que revêt la réalité : ainsi pour la femme condamnée à la passivité l'avenir opaque est hanté par les fantômes de la guerre, de la révolution, de la famine, de la misère ; ne pouvant agir, elle s'inquiète. Le mari, le fils, quand ils se lancent dans une entreprise, quand ils sont emportés par un événement, prennent leurs risques pour leur propre compte : leurs projets, les consignes auxquelles ils obéissent leur tracent dans l'obscurité un sûr chemin ; mais la femme se débat dans une nuit confuse ; elle « s'en fait », parce qu'elle ne fait rien ; en imagination, tous les possibles ont la même réalité : le train peut dérailler, l'opération peut rater, l'affaire peut échouer ; ce qu'elle essaie vainement de conjurer dans ses longues ruminations moroses, c'est le spectre de sa propre impuissance.

Le souci traduit sa méfiance à l'égard du monde donné ; s'il lui semble chargé de menaces, prêt à sombrer dans d'obscures catastrophes, c'est qu'elle ne s'y sent pas heureuse. La plupart du temps, elle ne se résigne pas à être résignée ; elle sait bien que ce qu'elle subit, elle le subit malgré elle : elle est femme sans avoir été consultée ; elle n'ose pas se révolter ; c'est de mauvais cœur qu'elle se soumet ; son attitude est une constante récrimination. Tous ceux qui reçoivent les confidences des femmes, médecins, prêtres, assistantes sociales savent que le mode le plus habituel en est la plainte ; entre amies, elles gémissent chacune sur ses propres maux et toutes ensemble sur l'injustice du sort, le monde et les hommes en général. Un individu libre ne s'en prend qu'à soi de ses échecs, il les assume : mais c'est par autrui que tout arrive à la femme, c'est autrui qui est responsable de ses malheurs. Son désespoir furieux récuse tous les remèdes ; proposer des solutions à une femme entêtée à se plaindre n'arrange rien : aucune ne lui semble acceptable. Elle veut vivre sa situation précisément comme elle la vit : dans une colère impulsante. Qu'on lui propose un changement elle jette les bras au ciel : « Il ne manquerait plus que ça ! » Elle sait que son malaise est plus profond que les prétextes qu'elle en donne, et qu'il ne suffit pas d'un expédient pour l'en délivrer : elle s'en prend au monde entier parce qu'il a été édifié sans elle, et contre elle ; depuis l'adolescence, depuis l'enfance, elle proteste contre sa condition ; on lui a promis des compensations, on lui a assuré que, si elle abdiquait ses chances entre les mains de l'homme, elles lui seraient rendues au centuple et elle s'estime mystifiée ; elle met tout l'univers masculin en accusation ; la rancune est l'envers de la dépendance : quand on donne tout on ne reçoit jamais assez en retour. Cependant, elle a aussi besoin de respecter l'univers mâle ; elle se sentirait en danger, sans toit au-dessus de sa tête, si elle le contestait dans son ensemble : elle adopte l'attitude manichéiste qui lui est aussi suggérée par son expérience ménagère. L'individu qui agit se reconnaît comme responsable au même titre que les autres du mal et du bien, il sait que c'est à lui de définir des fins, de les faire triompher ; il éprouve dans l'action l'ambiguïté de toute solution ; justice et injustice, gains et pertes sont inextricablement mêlés. Mais quiconque est passif se met hors jeu et refuse de poser même en pensée les problèmes éthiques : le bien *doit* être réalisé et s'il ne l'est pas il y a une faute dont il faut punir les coupables. Comme l'enfant, la femme se représente le bien et le mal en simples images d'Épinal ; le manichéisme rassure l'esprit en supprimant l'angoisse du choix ; décider entre un fléau et un moindre fléau, entre un bénéfice présent et un plus grand bénéfice à venir, avoir soi-même à définir ce qui est défaite, ce qui est victoire, c'est prendre de terribles risques ; pour le manichéiste le bon grain est clairement distinct de l'ivraie, et il n'y a qu'à arracher l'ivraie ; la poussière se condamne elle-même et la propreté est parfaite absence de souillure ; nettoyer, c'est expulser déchets et boue. Ainsi la femme pense que « tout est de la faute » des Juifs, ou des francs-maçons, ou des bolcheviques, ou du gouvernement ; elle est toujours *contre* quelqu'un ou quelque chose ; parmi les anti-dreyfusards, les femmes ont été plus acharnées encore que les hommes ; elles ne savent pas toujours où réside le principe malin ; mais ce qu'elles attendent d'un « bon gouvernement », c'est qu'il le chasse comme on chasse la poussière de la maison. Pour les gaullistes ferventes, de Gaulle apparaît comme le roi des balayeurs ; plumeaux et torchons en main, elles l'imaginent récurant et astiquant pour faire une France « propre ».

Mais ces espoirs se situent toujours dans un avenir incertain ; en attendant le mal continue à ronger le bien ; et comme elle n'a pas sous la main les Juifs, les bolcheviques, les francs-maçons, la femme cherche un responsable contre qui elle puisse plus concrètement s'indigner : le mari est une victime d'élection. C'est en lui que s'incarne l'univers masculin, c'est à travers lui que la société mâle a pris la femme en charge et l'a mystifiée ; il supporte le poids du monde, et si les choses tournent mal, c'est de sa faute. Quand il rentre le soir, elle se plaint à lui des enfants, des fournisseurs, du ménage, du prix de la vie, de ses rhumatismes, du temps qu'il fait : et elle veut qu'il se sente coupable. Elle nourrit souvent à son égard des griefs particuliers ; mais il est coupable avant tout d'être un homme ; il peut bien avoir lui aussi ses maladies, ses soucis : « Ce n'est pas la même chose » ; il détient un privilège qu'elle ressent constamment comme une injustice. Il est remarquable que l'hostilité qu'elle éprouve à l'égard du mari, de l'amant, l'attache à eux au lieu de l'en éloigner ; un homme qui s'est mis à détester femme ou maîtresse cherche à la fuir : mais elle veut avoir sous la main l'homme qu'elle hait pour le faire payer. Choisir de récriminer, ce n'est pas choisir de se débarrasser de ses maux mais de s'y vautrer ; sa suprême consolation, c'est de se poser en martyre. La vie, les hommes l'ont vaincue : elle fera de cette défaite même une victoire. C'est pourquoi, comme dans son enfance, elle s'abandonnera si allégrement à la frénésie des larmes et des scènes.

C'est assurément parce que sa vie s'enlève sur un fond de révolte impuissante que la femme a tant de facilité à pleurer ; sans doute a-t-elle physiologiquement un moindre contrôle que l'homme de son système nerveux et sympathique ; son éducation lui a appris à se laisser aller : les consignes jouent ici un grand rôle puisque Diderot, Benjamin Constant versaient des déluges de larmes, alors que les hommes ont cessé de pleurer depuis que la coutume le leur défend. Mais surtout la femme est toujours disposée à adopter à l'égard du monde une conduite d'échec parce qu'elle ne l'a jamais franchement assumé. L'homme consent au monde ; le malheur même ne changera pas son attitude, il lui fera face, il ne se « laissera pas abattre » ; tandis qu'il suffit d'une contrariété pour découvrir à neuf à la femme l'hostilité de l'univers et l'injustice de son sort ; alors, elle se précipite dans son plus sûr refuge : soi-même ; ce sillage tiède sur ses joues, cette brûlure dans ses orbites, c'est la présence sensible de son âme douloureuse ; douces à la peau, à peine salées sur la langue, les larmes sont aussi une tendre et amère caresse ; le visage flambe sous un ruissellement d'eau clémente ; les larmes sont à la fois plainte et consolation, fièvre et apaisante fraîcheur. Elles sont aussi un suprême alibi ; brusques comme l'orage, s'échappant par saccades, cyclone, ondée, giboulée, elles métamorphosent la femme en une fontaine plaintive, en un ciel tourmenté ; ses yeux ne voient plus, un brouillard les voile : ils ne sont plus même un regard, ils se fondent en pluie ; aveugle, la femme retourne à la passivité des choses naturelles. On la veut vaincue : elle sombre dans sa défaite ; elle coule à pic, elle se noie, elle échappe à l'homme qui la contemple, impuissant comme devant une cataracte. Il juge ce procédé déloyal : mais elle estime que la lutte est déloyale dès le départ parce qu'on ne lui a mis en main aucune arme efficace. Elle recourt une fois de plus à une conjuration magique. Et le fait que ses sanglots exaspèrent le mâle lui fournit une raison de plus pour s'y précipiter.

Si les larmes ne suffisent pas à exprimer sa révolte, elle jouera des scènes dont la violence incohérente déconcertera l'homme encore bien davantage. Dans certains milieux, il arrive que l'homme frappe son épouse avec de vrais coups ; dans d'autres, précisément parce qu'il est le plus fort et que son poing est un instrument efficace, il s'interdit toute violence. Mais la femme, comme l'enfant, se livre à des déchaînements symboliques : elle peut se jeter sur l'homme, le griffer, ce ne sont que des gestes. Mais surtout elle s'emploie à mimer dans son corps à travers des crises nerveuses les refus qu'elle ne peut concrètement réaliser. Ce n'est pas seulement pour des raisons physiologiques qu'elle est sujette aux manifestations convulsives : la convulsion est une intériorisation d'une énergie qui jetée vers le monde échoue à en saisir aucun objet ; c'est une dépense à vide de toutes les puissances de négation suscitées par la situation. La mère a rarement des crises de nerfs en face de ses jeunes enfants parce qu'elle peut les battre, les punir : c'est en face de son grand fils, de son mari, de son amant sur qui elle n'a pas de prise que la femme s'abandonne à des désespoirs furieux. Les scènes hystériques de Sophie Tolstoï sont significatives ; certes, elle a eu le grand tort de ne jamais chercher à comprendre son mari et à travers son journal elle ne semble ni généreuse, ni sensible, ni sincère, elle est loin de nous apparaître comme une figure attachante ; mais qu'elle ait eu tort ou raison ne change rien à l'horreur de sa situation : toute sa vie elle n'a fait que subir à travers de constantes récriminations les étreintes conjugales, les maternités, la solitude, le mode de vie que son mari lui imposait : quand les nouvelles décisions de Tolstoï ont exaspéré le conflit, elle s'est trouvée sans arme contre la volonté ennemie qu'elle refusait de toute son impuissante volonté ; elle s'est jetée dans des comédies de refus — faux suicides, fausses fugues, fausses maladies, etc. — odieuses pour son entourage, pour elle-même épuisantes : on ne voit guère quelle autre issue lui était ouverte puisqu'elle n'avait aucune raison positive de faire taire ses sentiments de révolte, et aucun moyen efficace de les exprimer.

Il y a bien une issue qui s'ouvre à la femme arrivée au bout du refus, c'est le suicide. Mais il semble qu'elle en use moins souvent que l'homme. Les statistiques sont ici très ambiguës[1] : si on considère les suicides réussis, il y a beaucoup plus d'hommes que de femmes qui attentent à leurs jours ; mais les tentatives de suicide sont plus fréquentes chez celles-ci. Ce peut être parce qu'elles se satisfont plus souvent de comédies : elles *jouent* plus souvent que l'homme le suicide mais le *veulent* plus rarement. C'est aussi en partie parce que les moyens brutaux leur répugnent : elles n'emploient presque jamais les armes blanches ni les armes à feu. Elles se noient beaucoup plus volontiers, telle Ophélie, manifestant l'affinité de la femme avec l'eau passive et pleine de nuit où il semble que la vie puisse passivement se dissoudre. Dans l'ensemble, on observe ici l'ambiguïté que j'ai déjà signalée : ce que la femme déteste, elle ne cherche pas sincèrement à le quitter. Elle joue la rupture mais finalement demeure près de l'homme qui la fait souffrir ; elle feint de quitter la vie qui la moleste mais il est relativement

---

1. Voir Halbwachs, *Les Causes du suicide.*

rare qu'elle se tue. Elle n'a pas le goût des solutions définitives : elle proteste contre l'homme, contre la vie, contre sa condition, mais elle ne s'en évade pas.

Il y a quantité de conduites féminines qui doivent s'interpréter comme des protestations. On a vu que souvent la femme trompe son mari par défi et non par plaisir ; elle sera étourdie et dépensière tout exprès parce qu'il est méthodique et économe. Les misogynes qui accusent la femme d'être « toujours en retard » pensent qu'il lui manque « le sens de l'exactitude ». En vérité, on a vu combien elle se plie docilement aux exigences du temps. Ses retards sont délibérément consentis. Certaines coquettes croient par là exaspérer le désir de l'homme et donner d'autant plus de prix à leur présence ; mais surtout la femme en infligeant à l'homme quelques moments d'attente proteste contre cette longue attente qu'est sa propre vie. En un sens toute son existence est une attente puisqu'elle est enfermée dans les limbes de l'immanence, de la contingence et que sa justification est toujours dans les mains d'un autre : elle attend les hommages, les suffrages des hommes, elle attend l'amour, elle attend la gratitude et les éloges du mari, de l'amant ; elle attend d'eux ses raisons d'exister, sa valeur et son être même. Elle attend d'eux sa subsistance ; qu'elle ait en main le carnet de chèques ou qu'elle reçoive chaque semaine ou chaque mois les sommes que le mari lui alloue, il faut qu'il ait touché sa paye, qu'il ait obtenu cette augmentation pour qu'elle puisse régler l'épicier ou s'acheter une robe neuve. Elle attend leur présence : sa dépendance économique la met à leur disposition ; elle n'est qu'un élément de la vie masculine tandis que l'homme est sa vie tout entière ; le mari a ses occupations hors du foyer, la femme subit son absence tout au long des journées ; c'est l'amant — fût-il passionné — qui décide des séparations et des rencontres d'après ses obligations. Au lit, elle attend le désir du mâle, elle attend — parfois anxieusement — son propre plaisir. Tout ce qu'elle peut faire, c'est arriver en retard au rendez-vous que l'amant a fixé, c'est ne pas être prête à l'heure que le mari a désignée ; par là, elle affirme l'importance de ses propres occupations, elle revendique son indépendance, elle redevient pour un moment le sujet essentiel dont l'autre subit passivement la volonté. Mais ce sont de timides revanches ; si entêtée qu'elle soit à faire «poser» les hommes, elle ne compensera jamais les heures infinies qu'elle passe à guetter, à espérer, à se soumettre au bon plaisir du mâle.

D'une manière générale, bien que reconnaissant en gros la suprématie des hommes, acceptant leur autorité, adorant leurs idoles, elle va pied à pied contester leur règne ; de là vient ce fameux «esprit de contradiction» qu'on lui a souvent reproché ; ne possédant pas un domaine autonome, elle ne peut opposer des vérités, des valeurs positives à celles qu'affirment les mâles ; elle peut seulement les nier. Sa négation est plus ou moins systématique selon la manière dont sont dosés en elle respect et rancune. Mais le fait est qu'elle connaît toutes les failles du système masculin et qu'elle s'empresse de les dénoncer.

Les femmes n'ont pas de prise sur le monde des hommes parce que leur expérience ne leur apprend pas à manier logique et technique : inversement, la puissance des instruments mâles s'abolit aux frontières du domaine féminin. Il y a toute une région de l'expérience humaine que le mâle choisit délibérément d'ignorer parce qu'il échoue à la *penser* : cette expérience, la femme la *vit*. L'ingénieur, si précis quand il dresse ses plans, se conduit chez lui en démiurge : un mot et voilà son repas servi, ses chemises amidonnées, ses enfants silencieux ; procréer, c'est un acte aussi rapide que le coup de baguette de Moïse ; il ne s'étonne pas de ces miracles. La notion de miracle diffère de l'idée de magie : elle pose au sein d'un monde rationnellement déterminé la radicale discontinuité d'un événement sans cause contre lequel toute pensée se brise ; tandis que les phénomènes magiques sont unifiés par des forces secrètes dont une conscience docile peut épouser — sans le comprendre — le devenir continu. Le nouveau-né est miraculeux pour le père démiurge, magique pour la mère qui en a subi dans son ventre le mûrissement. L'expérience de l'homme est intelligible, mais trouée de vides ; celle de la femme est, dans ses limites propres, obscure mais pleine. Cette opacité l'alourdit ; dans ses rapports avec elle, le mâle lui semble léger : il a la légèreté des dictateurs, des généraux, des juges, des bureaucrates, des codes et des principes abstraits. C'est ce que voulait dire, sans doute, cette ménagère qui murmurait un jour en haussant les épaules : « Les hommes, ça ne pense pas ! » Elles disent aussi : « Les hommes, ça ne sait pas ; ça ne connaît pas la vie. » Au mythe de la mante religieuse, elles opposent le symbole du bourdon frivole et importun.

On comprend que, dans cette perspective, la femme récuse la logique masculine. Non seulement celle-ci ne mord pas sur son expérience, mais elle sait aussi qu'aux mains des hommes la raison devient une forme sournoise de violence ; leurs affirmations péremptoires sont destinées à la mystifier. On veut l'enfermer dans un dilemme : Ou tu es d'accord, ou tu ne l'es pas ; au nom de tout le système des principes admis, elle doit être d'accord : en refusant son adhésion, c'est le système entier qu'elle refuse ; elle ne peut se permettre un pareil éclat ; elle n'a pas les moyens de reconstruire une autre société : pourtant, elle n'adhère pas à celle-ci. À mi-chemin entre la révolte et l'esclavage, elle se résigne à contrecœur à l'autorité masculine. C'est par violence qu'il faut en chaque occasion lui faire endosser les conséquences de son incertaine soumission. Le mâle poursuit la chimère d'une compagne librement esclave : il veut qu'en lui cédant elle cède à l'évidence d'un théorème ; mais elle sait qu'il a lui-même choisi les postulats auxquels s'accrochent ses vigoureuses déductions ; tant qu'elle évite de les remettre en question, il lui fermera facilement la bouche ; néanmoins, il ne la convaincra pas parce qu'elle en devine l'arbitraire. Ainsi l'accusera-t-il avec irritation d'entêtement, d'illogisme : elle refuse de jouer le jeu parce qu'elle sait que les dés sont pipés.

La femme ne pense pas positivement que la vérité est *autre* que ce que les hommes prétendent : elle admet plutôt que la vérité n'*est* pas. Ce n'est pas seulement le devenir de la vie qui la met en défiance à l'égard du principe d'identité, ni les phénomènes magiques dont elle est entourée qui ruinent la notion de causalité : c'est au cœur du monde masculin lui-même, c'est en elle, en tant qu'appartenant à ce monde, qu'elle saisit l'ambiguïté de tout principe, de toute valeur, de tout ce qui existe. Elle sait que la morale masculine est en ce qui la concerne une vaste mystification. L'homme lui assène pompeusement son code de vertu et d'honneur ; mais en douce il l'invite à y désobéir : il escompte même cette désobéissance ; sans elle, toute cette belle façade derrière laquelle il s'abrite s'effondrerait.

L'homme s'autorise volontiers de l'idée hégélienne selon laquelle le citoyen acquiert sa dignité éthique en se transcendant vers l'universel : en tant qu'individu singulier il a droit au désir, au plaisir. Ses rapports avec la femme se situent donc dans une région contingente où la morale ne s'applique plus, où les conduites sont indifférentes. Avec les autres hommes, il a des relations où des valeurs sont engagées ; il est une liberté affrontant d'autres libertés selon des lois que tous universellement reconnaissent ; mais auprès de la femme — elle a été inventée à ce dessein — il cesse d'assumer son existence, il s'abandonne au mirage de l'en-soi, il se situe sur un plan inauthentique ; il se montre tyrannique, sadique, violent, ou puéril, masochiste, plaintif ; il essaie de satisfaire ses obsessions, ses manies ; il se « détend », il se « relâche » au nom des droits qu'il s'est acquis dans sa vie publique. Sa femme est souvent étonnée — comme Thérèse Desqueyroux — par le contraste entre la haute tenue de ses propos, de ses conduites publiques et « ses patientes inventions d'ombre ». Il prêche la repopulation : il est habile à ne pas engendrer plus d'enfants qu'il ne lui convient. Il exalte les épouses chastes et fidèles : mais il invite à l'adultère la femme de son voisin. On a vu avec quelle hypocrisie les hommes décrètent que l'avortement est criminel alors que chaque année en France un million de femmes sont mises par l'homme en situation de se faire avorter ; très souvent le mari ou l'amant leur imposent cette solution ; souvent aussi ils supposent tacitement qu'en cas de besoin elle sera adoptée. Ils escomptent de manière avouée que la femme consentira à se rendre coupable d'un délit : son « immoralité » est nécessaire à l'harmonie de la société morale respectée par les hommes. L'exemple le plus flagrant de cette duplicité, c'est l'attitude du mâle en face de la prostitution : c'est sa demande qui crée l'offre ; j'ai dit avec quel scepticisme dégoûté les prostituées considèrent les messieurs respectables qui flétrissent le vice en général mais montrent beaucoup d'indulgence pour leurs manies personnelles ; cependant, on considère comme perverses et débauchées les filles qui vivent de leur corps, et non les mâles qui en usent. Une anecdote illustre cet état d'esprit : à la fin du siècle dernier, la police découvrit dans une maison close deux fillettes de douze à treize ans ; il y eut un procès où elles déposèrent ; elles parlèrent de leurs clients qui étaient des messieurs importants ; l'une d'elles ouvrit la bouche pour donner un nom. Le procureur l'arrêta précipitamment : *Ne salissez pas le nom d'un honnête homme !* Un monsieur décoré de la Légion d'honneur demeure un honnête homme au moment où il déflore une petite fille ; il a ses faiblesses, mais qui n'en a pas ? Tandis que la petite fille qui n'accède pas à la région éthique de l'universel — qui n'est ni un magistrat, ni un général, ni un grand Français, rien qu'une petite fille — joue sa valeur morale dans la région contingente de la sexualité : c'est une perverse, une dévoyée, une vicieuse bonne pour la maison de correction. L'homme peut en quantité de cas sans salir sa haute figure perpétrer en complicité avec la femme des actes qui pour elle sont flétrissants. Elle entend mal ces subtilités ; ce qu'elle comprend, c'est que l'homme n'agit pas conformément aux principes qu'il affiche et qu'il lui demande d'y désobéir; il ne veut pas ce qu'il dit vouloir : aussi ne lui donne-t-elle pas ce qu'elle feint de lui donner. Elle sera une chaste et fidèle épouse : et elle cédera en cachette à ses désirs; elle sera une mère admirable : mais elle pratiquera avec soin le «birth-control» et elle se fera avorter au besoin. L'homme officiellement la désavoue, c'est la règle du jeu; mais il est clandestinement reconnaissant à celle-ci de sa «petite vertu», à celle-là de sa stérilité. La femme a le rôle de ces agents secrets qu'on laisse fusiller s'ils se font prendre, et qu'on comble de récompenses s'ils réussissent; à elle d'endosser toute l'immoralité des mâles : ce n'est pas seulement la prostituée, ce sont toutes les femmes qui servent d'égout au palais lumineux et sain dans lequel habitent les honnêtes gens. Quand ensuite on leur parle de dignité, d'honneur, de loyauté, de toutes les hautes vertus viriles, il ne faut pas s'étonner qu'elles refusent de «marcher». Elles ricanent en particulier quand les mâles vertueux viennent leur reprocher d'être intéressées, comédiennes, menteuses[1] : elles savent bien qu'on ne leur ouvre aucune autre issue. L'homme aussi s'«intéresse» à l'argent, au succès : mais il a les moyens de les conquérir par son travail; on a assigné à la femme un rôle de parasite : tout parasite est nécessairement un exploiteur; elle a besoin du mâle pour acquérir une dignité humaine, pour manger, jouir, procréer; c'est par le service du sexe qu'elle s'assure ses bienfaits; et puisqu'on l'enferme dans cette fonction, elle est tout entière un instrument d'exploitation. Quant aux mensonges, sauf dans le cas de la prostitution, il ne s'agit pas entre elle et son protecteur d'un franc marché. L'homme même réclame qu'elle lui joue une comédie : il veut qu'elle soit l'*Autre*; mais tout existant, si éperdument qu'il se renie, demeure sujet; il la veut objet : elle se

1. «Toute ce petit air délicat et Sainte N'y touche accumulé par tout un passé d'esclavage, sans autre arme de salut et gagne-pain que cet air séduisant sans le vouloir qui attend son heure.» Jules Laforgue.

*fait* objet; dans le moment où elle se fait être, elle exerce une libre activité; c'est là sa trahison originelle; la plus docile, la plus passive est encore conscience; et il suffit parfois que le mâle s'aperçoive que se donnant à lui elle le regarde et le juge pour qu'il se sente dupé; elle ne doit être qu'une chose offerte, une proie. Cependant, cette chose, il exige aussi qu'elle la lui livre librement : au lit, il lui demande d'éprouver du plaisir; au foyer, il faut qu'elle reconnaisse sincèrement sa supériorité et ses mérites; dans l'instant où elle obéit, elle doit donc feindre l'indépendance cependant qu'à d'autres moments elle joue activement la comédie de la passivité. Elle ment pour retenir l'homme qui lui assure son pain quotidien : scènes et larmes, transports d'amour, crises de nerfs; et elle ment aussi pour échapper à la tyrannie que par intérêt elle accepte. Il l'encourage à des comédies dont profitent son impérialisme et sa vanité : elle retourne contre lui ses pouvoirs de dissimulation; elle prend ainsi des revanches doublement délicieuses : car, en le trompant, elle assouvit des désirs singuliers et elle goûte le plaisir de le bafouer. L'épouse, la courtisane mentent en feignant des transports qu'elles n'éprouvent pas; ensuite elles s'amusent avec un amant, avec des amies, de la naïve vanité de leur dupe : «Non seulement ils nous "ratent", mais ils veulent encore qu'on se fatigue à crier de plaisir», disent-elles avec rancune. Ces conversations ressemblent à celles des domestiques qui disent à l'office du mal de leurs «singes». La femme a les mêmes défauts parce qu'elle est victime de la même oppression paternaliste; elle a le même cynisme parce qu'elle voit l'homme de bas en haut comme le valet voit ses maîtres. Mais il est clair qu'aucun de ces traits ne manifeste une essence ou une volonté originelle perverties : ils reflètent une situation. «Il y a fausseté partout où il y a régime coercitif», dit Fourier. «La prohibition et la contrebande sont inséparables en amour comme en marchandises.» Et les hommes savent si bien que les défauts de la femme manifestent sa condition que, soucieux de maintenir la hiérarchie des sexes, ils encouragent chez leur compagne ces traits mêmes qui les autorisent à la mépriser. Sans doute le mari, l'amant s'irritent des tares de la femme singulière avec laquelle ils vivent; cependant, prônant les charmes de la féminité en général, ils la pensent inséparable de ses tares. Si la femme n'est pas perfide, futile, lâche, indolente, elle perd sa séduction. Dans *Maison de poupée*, Helmer explique combien l'homme se sent juste, fort, compréhensif, indulgent, quand il pardonne à la faible femme ses fautes puériles. Ainsi les maris de Bernstein s'attendrissent — avec la complicité de l'auteur — sur la femme voleuse, méchante, adultère; ils mesurent, en se penchant sur elle avec indulgence, leur sagesse virile. Les racistes américains, les colons français souhaitent aussi que le Noir se montre chapardeur, paresseux, menteur : il prouve par là son indignité; il met le bon droit du côté des oppresseurs; s'il s'obstine à être honnête, loyal, on le regarde comme une mauvaise tête. Les défauts de la femme s'exagèrent donc d'autant plus qu'elle n'essaiera pas de les combattre mais qu'au contraire elle s'en fera une parure.

Récusant les principes logiques, les impératifs moraux, sceptique devant les lois de la nature, la femme n'a pas le sens de l'universel; le monde lui apparaît comme un ensemble confus de cas singuliers; c'est pourquoi elle croit plus facilement aux ragots d'une voisine qu'à un exposé scientifique; sans doute elle respecte le livre imprimé, mais ce respect glisse au long des pages écrites sans en accrocher le contenu : au contraire l'anecdote racontée par un inconnu dans une queue ou dans un salon revêt aussitôt une écrasante autorité; dans son domaine, tout est magie; dehors, tout est mystère; elle ne connaît pas le critérium de la vraisemblance; seule l'expérience immédiate emporte sa conviction : sa propre expérience ou celle d'autrui, dès qu'il l'affirme avec assez de force. Quant à elle, du fait qu'isolée dans son foyer elle ne se confronte pas activement avec les autres femmes, elle se considère spontanément comme un cas singulier; elle attend toujours que le destin et les hommes fassent en sa faveur une exception; bien plus qu'aux raisonnements valables pour tous elle croit aux illuminations qui la traversent; elle admet facilement qu'elles lui sont envoyées par Dieu ou par quelque obscur esprit du monde; de certains malheurs, certains accidents, elle pense avec tranquillité: «Ça ne m'arrivera pas à moi»; inversement, elle s'imagine que «pour moi on fera une exception»: elle a le goût des passe-droits; le commerçant lui accordera un rabais, le sergent de ville la laissera passer sans coupe-file; on lui a appris à surestimer la valeur de son sourire et on a oublié de lui dire que toutes les femmes souriaient. Ce n'est pas qu'elle se pense plus extraordinaire que sa voisine: c'est qu'elle ne se compare pas; pour la même raison il est rare que l'expérience lui inflige aucun démenti: elle essuie un échec, un autre, mais elle ne totalise pas.

C'est pourquoi les femmes ne réussissent pas à construire solidement un «contre-univers» d'où elles puissent défier les mâles; sporadiquement, elles déblatèrent contre les hommes en général, elles se racontent des histoires de lit et d'accouchement, elles se communiquent des horoscopes et des recettes de beauté. Mais pour bâtir vraiment ce «monde du ressentiment» que leur rancune souhaite, elles manquent de conviction; leur attitude à l'égard de l'homme est trop ambivalente. En effet, c'est un enfant, un corps contingent et vulnérable, c'est un naïf, un bourdon importun, un tyran mesquin, un égoïste, un vaniteux: et c'est aussi le héros libérateur, la divinité qui dispense les valeurs. Son désir est un appétit grossier, ses étreintes une corvée dégradante: cependant la fougue, la puissance virile apparaissent aussi comme une énergie démiurgique. Quand une femme dit avec extase: «C'est un homme!» elle évoque à la fois la vigueur sexuelle et l'efficacité sociale du mâle qu'elle admire: en l'une et l'autre s'exprime la même souveraineté créatrice; elle n'imagine pas qu'il soit un grand artiste, un grand homme d'affaires, un général, un chef sans être un amant puissant : ses réussites sociales ont toujours un attrait sexuel ; inversement, elle est prête à reconnaître du génie au mâle qui l'assouvit. C'est d'ailleurs un mythe masculin qu'elle reprend ici. Le phallus pour Lawrence et pour tant d'autres, c'est à la fois une énergie vivante et la transcendance humaine. Ainsi la femme peut voir dans les plaisirs du lit une communion avec l'esprit du monde. Vouant à l'homme un culte mystique, elle se perd et se retrouve dans sa gloire. La contradiction est ici facilement levée grâce à la pluralité des individus qui participent à la virilité. Certains — ceux dont elle éprouve la contingence dans la vie quotidienne — sont l'incarnation de la misère humaine ; en d'autres s'exalte la grandeur de l'homme. Mais la femme accepte même que ces deux figures se confondent en une seule. « Si je deviens célèbre, écrivait une jeune fille amoureuse d'un homme qu'elle tenait pour supérieur, R... m'épousera sûrement car sa vanité sera flattée ; il bomberait le torse en se promenant à mon bras. » Cependant elle l'admirait follement. Le même individu peut fort bien être, aux yeux de la femme, avare, mesquin, vaniteux, dérisoire et un dieu : après tout, les dieux ont leurs faiblesses. Un individu qu'on aime dans sa liberté, dans son humanité, on a pour lui cette exigeante sévérité qui est l'envers d'une authentique estime ; tandis qu'une femme agenouillée devant son mâle peut fort bien se vanter de « savoir le prendre », de « le manœuvrer », elle flatte complaisamment « ses petits côtés » sans qu'il perde son prestige ; c'est la preuve qu'elle n'éprouve pas d'amitié pour sa personne singulière, telle qu'elle s'accomplit dans des actes réels ; elle se prosterne aveuglément devant l'essence générale à laquelle l'idole participe : la virilité, c'est une aura sacrée, une valeur donnée, figée, qui s'affirme en dépit des petitesses de l'individu qui la porte ; celui-ci ne compte pas ; au contraire, la femme jalouse de son privilège se complaît à prendre sur lui des supériorités malignes.

L'ambiguïté des sentiments que la femme porte à l'homme

se retrouve dans son attitude générale à l'égard de soi-même et du monde ; le domaine où elle est enfermée est investi par l'univers masculin ; mais il est hanté par des puissances obscures dont les hommes eux-mêmes sont les jouets ; qu'elle s'allie à ces magiques vertus, elle conquerra à son tour le pouvoir. La société asservit la Nature ; mais la Nature la domine ; l'Esprit s'affirme par-delà la Vie ; mais il s'éteint si la vie ne le supporte plus. La femme s'autorise de cette équivoque pour accorder plus de vérité à un jardin qu'à une ville, à une maladie qu'à une idée, à un accouchement qu'à une révolution ; elle s'efforce de rétablir ce règne de la terre, de la Mère, rêvé par Baschoffen, afin de se retrouver l'essentiel en face de l'inessentiel. Mais comme elle est, elle aussi, un existant qu'habite une transcendance, elle ne saurait valoriser cette région où elle est confinée qu'en la transfigurant : elle lui prête une dimension transcendante. L'homme vit dans un univers cohérent qui est une réalité pensée. La femme est aux prises avec une réalité magique qui ne se laisse pas penser : elle s'en évade par des pensées privées de contenu réel. Au lieu d'assumer son existence, elle contemple au ciel la pure Idée de son destin, au lieu d'agir, elle dresse dans l'imaginaire sa statue ; au lieu de raisonner elle rêve. De là vient qu'étant si « physique » elle soit aussi si artificielle, qu'étant si terrestre elle se fasse si éthérée. Sa vie se passe à récurer des casseroles et c'est un merveilleux roman ; vassale de l'homme, elle se croit son idole ; humiliée dans sa chair, elle exalte l'Amour. Parce qu'elle est condamnée à ne connaître que la facticité contingente de la vie, elle se fait prêtresse de l'Idéal.

Cette ambivalence se marque dans la manière dont la femme saisit son corps. C'est un fardeau : rongé par l'espèce, saignant chaque mois, proliférant passivement, il n'est pas pour elle le pur instrument de sa prise sur le monde mais une présence opaque ; il ne s'assure pas avec certitude le plaisir et il se crée des douleurs qui le déchirent ; il enferme des menaces : elle se sent en danger dans ses « intérieurs ».

C'est un corps « hystérique », à cause de l'intime liaison des sécrétions endocrines avec les systèmes nerveux et sympathiques qui commandent muscles et viscères ; il exprime des réactions que la femme refuse d'assumer : dans les sanglots, les convulsions, les vomissements, il lui échappe, il la trahit ; il est sa vérité la plus intime, mais c'est une vérité honteuse et qu'elle tient cachée. Et, cependant, il est aussi son double merveilleux ; elle le contemple avec éblouissement dans le miroir ; il est promesse de bonheur, œuvre d'art, vivante statue ; elle le modèle, le pare, l'exhibe. Quand elle se sourit dans la glace elle oublie sa contingence charnelle ; dans l'étreinte amoureuse, dans la maternité, son image s'anéantit. Mais souvent, rêvant sur elle-même, elle s'étonne d'être à la fois cette héroïne et cette chair.

La Nature lui offre symétriquement un double visage : elle alimente le pot-au-feu et incite aux effusions mystiques. En devenant une ménagère, une mère, la femme a renoncé à ses libres échappées dans les plaines et les bois, elle leur a préféré la calme culture du jardin potager, elle a apprivoisé les fleurs et les a mises dans des vases : cependant elle s'exalte encore devant les clairs de lune et les couchers de soleil. Dans la faune et la flore terrestres, elle voit avant tout des aliments, des ornements ; cependant il y circule une sève qui est générosité et magie. La Vie n'est pas seulement immanence et répétition : elle a aussi une éblouissante face de lumière ; dans les prairies en fleurs elle se révèle comme Beauté. Accordée à la nature par la fertilité de son ventre, la femme se sent aussi balayée par le souffle qui l'anime et qui est esprit. Et, dans la mesure où elle demeure insatisfaite, où elle se sent comme la jeune fille inaccomplie, illimitée, son âme aussi s'engouffrera sur les routes indéfiniment déroulées, vers les horizons sans bornes. Asservie au mari, aux enfants, au foyer, c'est avec ivresse qu'elle se retrouvera seule, souveraine au flanc des collines ; elle n'est plus épouse, mère, ménagère, mais un être humain ; elle contemple le monde passif : et elle se souvient qu'elle est toute une conscience, une irréductible liberté. Devant le mystère de l'eau, l'élan des cimes, la suprématie du mâle s'abolit ; quand elle marche à travers les bruyères, quand elle plonge sa main dans la rivière, elle ne vit pas pour autrui, mais pour soi. La femme qui a maintenu son indépendance à travers toutes ses servitudes aimera ardemment dans la Nature sa propre liberté. Les autres y trouveront seulement le prétexte à des extases distinguées ; et elles hésiteront au crépuscule entre la crainte d'attraper un rhume et une pâmoison de l'âme.

Cette double appartenance au monde charnel et à un monde «poétique» définit la métaphysique, la sagesse, à laquelle adhère plus ou moins explicitement la femme. Elle s'efforce de confondre vie et transcendance ; c'est dire qu'elle récuse le cartésianisme et toutes les doctrines qui s'y apparentent ; elle se trouve à son aise dans un naturalisme analogue à celui des stoïciens ou des néo-platoniciens du XVIe siècle : il n'est pas étonnant que les femmes, Marguerite de Navarre en tête, se soient attachées à une philosophie si matérielle et si spirituelle à la fois. Socialement manichéiste, la femme a un besoin profond d'être ontologiquement optimiste : les morales de l'action ne lui conviennent pas puisqu'il lui est interdit d'agir ; elle subit le donné : il faut donc que le donné soit le Bien ; mais un Bien qu'on reconnaît comme celui de Spinoza par la raison, ou comme celui de Leibniz par un calcul, ne saurait la toucher. Elle réclame un bien qui soit une Harmonie vivante et au sein duquel elle se situe par le seul fait de vivre. La notion d'harmonie est une des clés de l'univers féminin : elle implique la perfection dans l'immobilité, la justification immédiate de chaque élément à partir du tout et sa participation passive à la totalité. Dans un monde harmonieux, la femme atteint ainsi ce que recherchera l'homme dans l'action : elle mord sur le monde, elle est exigée par lui, elle coopère au triomphe du Bien. Les moments que les femmes considèrent comme des révélations sont ceux où elles découvrent leur accord avec une réalité reposant en paix sur soi-même : ce sont ces moments de bonheur lumineux que V. Woolf — dans *Mrs. Dalloway*, dans la *Promenade au phare* —, que K. Mansfield, tout au long de son œuvre, accordent à leurs héroïnes comme une suprême récompense. La joie qui est un bondissement de liberté est réservée à l'homme ; ce que la femme connaît c'est une impression de souriante plénitude[1]. On comprend que la simple ataraxie puisse prendre à ses yeux une haute valeur puisqu'elle vit normalement dans la tension du refus, de la récrimination, de la revendication ; et on ne saurait lui reprocher de goûter une belle après-midi ou la douceur d'un soir. Mais c'est un leurre d'y chercher la définition véritable de l'âme cachée du monde. Le Bien *n'est* pas ; le monde n'est pas harmonie et aucun individu n'y a une place nécessaire.

Il y a une justification, une compensation suprême que la société s'est toujours attachée à dispenser à la femme : la religion. Il faut une religion pour les femmes comme il en faut une pour le peuple, exactement pour les mêmes raisons : quand on condamne un sexe, une classe à l'immanence, il est nécessaire de lui offrir le mirage d'une transcendance. L'homme a tout avantage à faire endosser par un Dieu les codes qu'il fabrique : et singulièrement puisqu'il exerce sur la femme une autorité souveraine, il est bon que celle-ci lui ait été conférée par l'être souverain. Entre autres

---

1. Entre une foule de textes, je citerai ces lignes de Mabel Dodge où le passage à une vision globale du monde n'est pas explicite mais est clairement suggéré : «C'était un calme jour d'automne tout or et pourpre. Frieda et moi nous triions les fruits et nous étions assises par terre, les pommes rouges empilées en tas autour de nous. Nous avions momentanément fait trêve. Le soleil et la terre féconde nous réchauffaient et nous parfumaient, et les pommes étaient des signes vivants de plénitude, de paix et d'abondance. La terre débordait d'une sève qui coulait aussi dans nos veines, et nous nous sentions gaies, indomptables et chargées de richesses comme des vergers. Pour un moment nous étions unies dans ce sentiment qu'ont parfois les femmes d'être parfaites, de se suffire entièrement elles-mêmes, et qui provenait de notre riche et heureuse santé.»

chez les juifs, les mahométans, les chrétiens, l'homme est le maître par le droit divin : la crainte de Dieu étouffera chez l'opprimée toute velléité de révolte. On peut miser sur sa crédulité. La femme adopte devant l'univers masculin une attitude de respect et de foi : Dieu dans son ciel lui apparaît à peine moins lointain qu'un ministre et le mystère de la Genèse rejoint celui des centrales électriques. Mais surtout, si elle se jette si volontiers dans la religion, c'est que celle-ci vient combler un besoin profond. Dans la civilisation moderne qui fait — même chez la femme — sa part à la liberté, elle apparaît beaucoup moins comme un instrument de contrainte que comme un instrument de mystification. On demande moins à la femme d'accepter au nom de Dieu son infériorité que de se croire, grâce à lui, l'égale du mâle suzerain ; on supprime la tentation même d'une révolte en prétendant surmonter l'injustice. La femme n'est plus frustrée de sa transcendance puisqu'elle va destiner à Dieu son immanence ; c'est seulement au ciel que se mesurent les mérites des âmes et non d'après leurs accomplissements terrestres ; ici-bas, il n'y a jamais, selon le mot de Dostoïevski, que des occupations : cirer des souliers ou bâtir un pont, c'est la même vanité ; par-delà les discriminations sociales, l'égalité des sexes est rétablie. C'est pourquoi la petite fille et l'adolescente se jettent dans la dévotion avec une ferveur infiniment plus grande que leurs frères ; le regard de Dieu qui transcende sa transcendance humilie le garçon : il demeurera à jamais un enfant sous cette puissante tutelle, c'est une castration plus radicale que celle dont il se sent menacé par l'existence de son père. Tandis que «l'éternelle enfant» trouve son salut dans ce regard qui la métamorphose en une sœur des anges ; il annule le privilège du pénis. Une foi sincère aide beaucoup la fillette à éviter tout complexe d'infériorité : elle n'est ni mâle ni femelle, mais une créature de Dieu. C'est pourquoi on trouve en beaucoup de grandes saintes une fermeté toute virile : sainte Brigitte, sainte Catherine de Sienne prétendaient avec arrogance

régenter le monde; elles ne reconnaissaient aucune autorité masculine : Catherine dirigeait même fort durement ses
directeurs; Jeanne d'Arc, sainte Thérèse allaient leur chemin avec une intrépidité qu'aucun homme n'a surpassée.
L'Église veille à ce que Dieu n'autorise jamais les femmes
à se soustraire à la tutelle des mâles; elle a remis exclusivement entre les mains masculines ces armes redoutables :
refus d'absolution, excommunication; entêtée dans ses
visions, Jeanne d'Arc a été brûlée. Cependant, bien que soumise par la volonté de Dieu même à la loi des hommes, la
femme trouve en Lui un solide recours contre eux. La
logique masculine est contestée par les mystères; l'orgueil
des mâles devient un péché, leur agitation est non seulement
absurde, mais coupable : pourquoi modeler à neuf ce monde
que Dieu même a créé? La passivité à laquelle la femme
est vouée est sanctifiée. Égrenant son chapelet au coin du
feu, elle se sait plus proche du ciel que son mari qui court
les meetings politiques. Il n'est pas besoin de rien *faire*
pour sauver son âme, il suffit de *vivre* sans désobéir. La synthèse de la vie et de l'esprit est consommée : la mère n'engendre pas seulement une chair, elle donne à Dieu une âme;
c'est une œuvre plus haute que de percer les futiles secrets
de l'atome. Avec la complicité du père céleste la femme
peut revendiquer hautement contre l'homme la gloire de sa
féminité.

Non seulement Dieu rétablit ainsi le sexe féminin en
général dans sa dignité, mais chaque femme trouvera dans
la céleste absence un appui singulier; en tant que personne
humaine, elle n'a pas grand poids; mais dès qu'elle agit au
nom d'une inspiration divine, ses volontés deviennent
sacrées. Mme Guyon dit qu'elle apprit à propos de la maladie d'une religieuse «ce que c'était de commander par le
Verbe et d'obéir par le même Verbe»; ainsi la dévote
camoufle en humble obéissance son autorité; élevant ses
enfants, dirigeant un couvent, organisant une œuvre, elle
n'est qu'un docile outil entre des mains surnaturelles; on ne

peut lui désobéir sans offenser Dieu lui-même. Certes, les hommes non plus ne dédaignent pas cet appui ; mais il n'est guère solide quand ils affrontent des semblables qui peuvent également le revendiquer : le conflit se règle pour finir sur un plan humain. La femme invoque la volonté divine pour justifier absolument son autorité aux yeux de ceux qui lui sont déjà naturellement subordonnés, pour la justifier à ses propres yeux. Si cette coopération lui est si utile, c'est qu'elle est surtout occupée de ses rapports avec soi-même — même quand ces rapports intéressent autrui ; c'est seulement dans ces débats tout intérieurs que le silence suprême peut avoir force de loi. En vérité, la femme prend prétexte de la religion pour satisfaire ses désirs. Frigide, masochiste, sadique, elle se sanctifie en renonçant à la chair, en jouant les victimes, en étouffant autour d'elle tout élan vivant ; se mutilant, s'annihilant, elle gagne des rangs dans la hiérarchie des élus ; quand elle martyrise mari et enfants, en les privant de tout bonheur terrestre elle leur prépare une place de choix dans le paradis ; Marguerite de Cortone « pour se punir d'avoir péché », nous disent ses pieux biographes, maltraitait l'enfant de sa faute ; elle ne lui donnait à manger qu'après avoir nourri tous les mendiants de passage ; la haine de l'enfant non désiré est, on l'a vu, fréquente : c'est une aubaine de pouvoir s'y livrer avec une rage vertueuse. De son côté, une femme dont la morale est peu rigoureuse s'arrange commodément avec Dieu ; la certitude d'être demain purifiée du péché par l'absolution aide souvent la femme pieuse à vaincre ses scrupules. Qu'elle ait choisi l'ascétisme ou la sensualité, l'orgueil ou l'humilité, le souci qu'elle a de son salut l'encourage à se livrer à ce plaisir qu'elle préfère à tous : s'occuper de soi ; elle écoute les mouvements de son cœur, elle épie les tressaillements de sa chair, justifiée par la présence en elle de la grâce comme la femme enceinte par celle de son fruit. Non seulement elle s'examine avec une tendre vigilance, mais elle se raconte à un directeur ; au temps jadis, elle pouvait même goûter l'ivresse des confessions publiques. On nous raconte que Marguerite de Cortone *pour se punir d'un mouvement de vanité* monta sur la terrasse de sa maison et se mit à pousser des cris comme une femme qui enfante : « Levez-vous, habitants de Cortone, levez-vous avec des chandelles et des lanternes et sortez pour entendre la pécheresse ! » Elle énumérait tous ses péchés, clamant sa misère aux étoiles. Par cette bruyante humilité, elle satisfaisait ce besoin d'exhibitionnisme dont on trouve tant d'exemples chez les femmes narcissistes. La religion autorise chez la femme la complaisance à soi-même ; elle lui donne le guide, le père, l'amant, la divinité tutélaire dont elle a un besoin nostalgique ; elle alimente ses rêveries ; elle occupe ses heures vides. Mais surtout elle confirme l'ordre du monde, elle justifie la résignation en apportant l'espoir d'un avenir meilleur dans un ciel asexué. C'est pourquoi les femmes sont encore aujourd'hui entre les mains de l'Église un si puissant atout ; c'est pourquoi l'Église est si hostile à toute mesure susceptible de faciliter leur émancipation. Il faut une religion pour les femmes : il faut des femmes, de « vraies femmes » pour perpétuer la religion.

On voit que l'ensemble du « caractère » de la femme : ses convictions, ses valeurs, sa sagesse, sa morale, ses goûts, ses conduites, s'expliquent par sa situation. Le fait que sa transcendance lui est refusée lui interdit normalement l'accès aux plus hautes attitudes humaines : héroïsme, révolte, détachement, invention, création ; mais chez les mâles mêmes elles ne sont pas si communes. Il y a beaucoup d'hommes qui sont, comme la femme, confinés dans le domaine de l'intermédiaire, du moyen inessentiel ; l'ouvrier s'en évade par l'action politique exprimant une volonté révolutionnaire ; mais les hommes des classes que précisément on appelle « moyennes » s'y installent délibérément ; voués comme la femme à la répétition des tâches quotidiennes, aliénés dans des valeurs toutes faites, respectueux de l'opinion et ne cherchant sur terre qu'un vague confort, l'employé, le commerçant, le bureaucrate ne détiennent sur leurs compagnes aucune supériorité ; cuisinant, lessivant, menant sa maison, élevant ses enfants, elle manifeste plus d'initiative et d'indépendance que l'homme asservi à des consignes ; il doit tout le jour obéir à des supérieurs, porter un faux col et affirmer son rang social ; elle peut traîner en peignoir dans son appartement, chanter, rire avec ses voisines ; elle agit à sa guise, prend de menus risques, cherche à atteindre efficacement certains résultats. Elle vit beaucoup moins que son mari dans la convention et dans l'apparence. L'univers bureaucratique que Kafka — entre autres choses — a décrit, cet univers de cérémonies, de gestes absurdes, de conduites sans but est essentiellement masculin ; elle mord bien davantage sur la réalité ; quand il a aligné des chiffres ou converti en monnaie des boîtes de sardines, il n'a rien saisi que d'abstrait ; l'enfant repu dans son berceau, le linge blanc, le rôti, sont des biens plus tangibles ; cependant, justement parce que dans la poursuite concrète de ces buts elle éprouve leur contingence — et corrélativement sa propre contingence —, il arrive souvent qu'elle ne s'aliène pas en eux : elle demeure disponible. Les entreprises de l'homme sont à la fois des projets et des fuites : il se laisse manger par sa carrière, par son personnage ; il est volontiers important, sérieux ; contestant la logique et la morale masculines, elle ne tombe pas dans ces pièges : c'est là ce que Stendhal goûtait si fort chez elle ; elle n'élude pas dans l'orgueil l'ambiguïté de sa condition ; elle ne se dérobe pas derrière le masque de la dignité humaine ; elle découvre avec plus de sincérité ses pensées indisciplinées, ses émotions, ses réactions spontanées. C'est pourquoi sa conversation est beaucoup moins ennuyeuse que celle de son mari, dès qu'elle parle en son propre nom et non comme la loyale moitié de son seigneur ; il débite des idées dites générales, c'est-à-dire des mots, des formules qu'on retrouve dans les colonnes de son journal ou dans des ouvrages spécialisés ; elle livre une expérience limitée mais concrète. La fameuse « sensibilité féminine » tient un peu du mythe, un peu de la comédie ; mais le fait est aussi que la femme est plus attentive que l'homme à soi-même et au monde. Sexuellement, elle vit dans un climat masculin qui est âpre : elle a par compensation le goût des « jolies choses », ce qui peut engendrer de la mièvrerie mais aussi de la délicatesse ; parce que son domaine est limité, les objets qu'elle atteint lui paraissent précieux : ne les enfermant ni dans des concepts, ni dans des projets, elle en dévoile les richesses ; son désir d'évasion s'exprime par son goût de la fête : elle s'enchante de la gratuité d'un bouquet de fleurs, d'un gâteau, d'une table bien dressée, elle se plaît à transformer le vide de ses loisirs en une offrande généreuse ; aimant les rires, les chansons, les parures, les bibelots, elle est prête aussi à accueillir tout ce qui palpite autour d'elle : le spectacle de la rue, celui du ciel ; une invitation, une sortie lui ouvrent des horizons neufs ; l'homme bien souvent refuse de participer à ces plaisirs ; quand il entre dans la maison, les voix joyeuses se taisent, les femmes de la famille prennent l'air ennuyé et décent qu'il attend d'elles. Du sein de la solitude, de la séparation, la femme tire le sens de la singularité de sa vie : le passé, la mort, l'écoulement du temps, elle en a une expérience plus intime que l'homme ; elle s'intéresse aux aventures de son cœur, de sa chair, de son esprit parce qu'elle sait qu'elle n'a sur terre que ce seul lot ; et aussi, du fait qu'elle est passive, elle subit la réalité qui la submerge d'une manière plus passionnée, plus pathétique que l'individu absorbé par une ambition ou un métier ; elle a le loisir et le goût de s'abandonner à ses émotions, d'étudier ses sensations et d'en dégager le sens. Quand son imagination ne se perd pas en vains rêves, elle devient sympathie : elle essaie de comprendre autrui dans sa singularité et de le recréer en elle ; à l'égard de son mari, de son amant, elle est capable d'une véritable identification : elle fait siens ses projets, ses soucis, d'une manière qu'il ne saurait imiter. Elle accorde son attention anxieuse au monde entier ; il lui apparaît comme une énigme : chaque être, chaque objet peut être une réponse ; elle interroge avidement. Quand elle vieillit, son attente déçue se convertit en ironie et en un cynisme souvent savoureux ; elle refuse les mystifications masculines, elle voit l'envers contingent, absurde, gratuit de l'imposant édifice bâti par les mâles. Sa dépendance lui interdit le détachement ; mais elle puise parfois dans le dévouement qui lui est imposé une vraie générosité ; elle s'oublie en faveur du mari, de l'amant, de l'enfant, elle cesse de penser à soi, elle est tout entière offrande, don. Étant mal adaptée à la société des hommes, elle est souvent obligée d'inventer elle-même ses conduites ; elle peut moins se contenter de recettes toutes faites, de clichés ; si elle est de bonne volonté, il y a en elle une inquiétude plus proche de l'authenticité que l'assurance importante de son époux.

Mais elle n'aura sur le mâle ces privilèges qu'à condition de repousser les mystifications qu'il lui propose. Dans les classes supérieures, les femmes se font ardemment complices de leurs maîtres parce qu'elles tiennent à profiter des bénéfices qu'ils leur assurent. On a vu que les grandes bourgeoises, les aristocrates ont toujours défendu leurs intérêts de classe avec plus d'entêtement encore que leur époux : elles n'hésitent pas à leur sacrifier radicalement leur autonomie d'être humain ; elles étouffent en elles toute pensée, tout jugement critique, tout élan spontané ; elles répètent en perroquets les opinions admises, elles se confondent avec l'idéal que le code masculin leur impose ; dans leur cœur, sur leur visage même toute sincérité est morte. La ménagère retrouve une indépendance dans son travail, dans le soin des enfants : elle y puise une expérience bornée mais concrète : celle qui « se fait servir » n'a plus aucune prise sur le monde ; elle vit dans le rêve et dans l'abstraction, dans le vide. Elle ne sait pas la portée des idées qu'elle affiche ; les mots qu'elle débite ont perdu dans sa bouche tout leur sens ; le financier, l'industriel, parfois même le général, assument des fatigues, des soucis, ils prennent des risques ; ils achètent leurs privilèges par un marché injuste, mais du moins ils paient de leurs personnes ; leurs épouses en échange de tout ce qu'elles reçoivent ne donnent rien, ne font rien ; et elles croient avec une foi d'autant plus aveugle à leurs imprescriptibles droits. Leur vaine arrogance, leur radicale incapacité, leur ignorance butée en font les êtres les plus inutiles, les plus nuls qu'ait jamais produits l'espèce humaine.

Il est donc aussi absurde de parler de « la femme » en général que de « l'homme » éternel. Et on comprend pourquoi toutes les comparaisons où l'on s'efforce de décider si la femme est supérieure, inférieure ou égale à l'homme sont oiseuses : leurs situations sont profondément différentes. Si l'on confronte ces situations mêmes, il est évident que celle de l'homme est infiniment préférable, c'est-à-dire qu'il a beaucoup plus de possibilités concrètes de projeter dans le monde sa liberté ; il en résulte nécessairement que les réalisations masculines l'emportent de loin sur celles des femmes : à celles-ci, il est à peu près interdit de rien *faire*. Cependant, confronter l'usage que dans leurs limites hommes et femmes font de leur liberté est a priori une tentative dépourvue de sens, puisque précisément ils en usent librement. Sous des formes diverses, les pièges de la mauvaise foi, les mystifications du sérieux les guettent les uns comme les autres ; la liberté est entière en chacun. Seulement du fait qu'elle demeure chez la femme abstraite et vide, elle ne saurait authentiquement s'assumer que dans la révolte : c'est là le seul chemin ouvert à ceux qui n'ont la possibilité de rien construire ; il faut qu'ils refusent les limites de leur situation et cherchent à s'ouvrir les chemins de l'avenir ; la résignation n'est qu'une démission et une fuite ; il n'y a pour la femme aucune autre issue que de travailler à sa libération.

Cette libération ne saurait être que collective, et elle exige avant tout que s'achève l'évolution économique de la condition féminine. Cependant il y a eu, il y a encore quantité de femmes qui cherchent solitairement à réaliser leur salut individuel. Elles essaient de justifier leur existence au sein de leur immanence, c'est-à-dire de réaliser la transcendance dans l'immanence. C'est cet ultime effort — parfois ridicule, souvent pathétique — de la femme emprisonnée pour convertir sa prison en un ciel de gloire, sa servitude en souveraine liberté que nous trouvons chez la narcissiste, chez l'amoureuse, chez la mystique.

*Troisième partie*

# JUSTIFICATIONS

# CHAPITRE XI

## *La narcissiste*

On a prétendu parfois que le narcissisme était l'attitude fondamentale de toute femme[1] ; mais à étendre abusivement cette notion on la ruine comme La Rochefoucauld a ruiné celle d'égoïsme. En fait, le narcissisme est un processus d'aliénation bien défini : le moi est posé comme une fin absolue et le sujet se fuit en lui. Beaucoup d'autres attitudes — authentiques ou inauthentiques — se rencontrent chez la femme : nous en avons déjà étudié quelques-unes. Ce qui est vrai, c'est que les circonstances invitent la femme plus que l'homme à se tourner vers soi et à se vouer son amour.

Tout amour réclame la dualité d'un sujet et d'un objet. La femme est conduite au narcissisme par deux chemins convergents. Comme sujet, elle se sent frustrée ; petite fille, elle a été privée de cet *alter ego* qu'est pour le garçon un pénis ; plus tard, sa sexualité agressive est demeurée insatisfaite. Et ce qui est beaucoup plus important, les activités viriles lui sont défendues. Elle s'occupe, mais elle ne *fait* rien ; à travers ses fonctions d'épouse, mère, ménagère, elle n'est pas reconnue dans sa singularité. La vérité de l'homme est dans les maisons qu'il construit, les forêts qu'il défriche, les malades qu'il guérit : ne pouvant s'accomplir à travers

1. Cf. Helen Deutsch, *Psychology of Women.*

des projets et des buts, la femme s'efforcera de se saisir dans l'immanence de sa personne. Parodiant le mot de Sieyès, Marie Bashkirtseff écrivait. « Que suis-je ? Rien. Que voudrais-je être ? Tout. » C'est parce qu'elles ne sont rien que quantité de femmes limitent farouchement leurs intérêts à leur seul moi, qu'elles l'hypertrophient de manière à le confondre avec Tout. « Je suis mon héroïne à moi », disait encore Marie Bashkirtseff. Un homme qui agit nécessairement se confronte. Inefficace, séparée, la femme ne peut ni se situer ni prendre sa mesure ; elle se donne une souveraine importance parce qu'aucun objet important ne lui est accessible.

Si elle peut ainsi *se* proposer à ses propres désirs, c'est que depuis l'enfance elle s'est apparue comme un objet. Son éducation l'a encouragée à s'aliéner dans son corps tout entier, la puberté lui a révélé ce corps comme passif et désirable ; c'est une chose vers laquelle elle peut tourner ses mains qu'émeut le satin, le velours, et qu'elle peut contempler avec un regard d'amant. Il arrive que, dans le plaisir solitaire, la femme se dédouble en un sujet mâle et un objet femelle ; ainsi Irène, dont Dalbiez[1] a étudié le cas, se disait : « Je vais m'aimer » ou plus passionnément : « Je vais me posséder » ou dans un paroxysme : « Je vais me féconder. » Marie Bashkirtseff est aussi à la fois sujet et objet quand elle écrit : « C'est pourtant dommage que personne ne me voie les bras et le torse, toute cette fraîcheur et toute cette jeunesse. »

En vérité, il n'est pas possible d'être *pour soi* positivement *autre*, et de se saisir dans la lumière de la conscience comme objet. Le dédoublement est seulement rêvé. C'est la poupée qui chez l'enfant matérialise ce rêve ; elle se reconnaît en elle plus concrètement que dans son propre corps parce qu'il y a

---

1. *La Psychanalyse.* Dans son enfance, Irène aimait uriner comme les garçons ; elle se voit souvent en rêve sous forme d'ondine, ce qui confirme les idées d'Havelock Ellis sur le rapport entre le narcissisme et ce qu'il nomme « ondinisme », c'est-à-dire un certain érotisme urinaire.

de l'une à l'autre séparation. Ce besoin d'être deux pour établir entre soi et soi un tendre dialogue, Mme de Noailles l'a exprimé entre autres dans *Le Livre de ma vie*.

> J'aimais les poupées, je prêtais à leur immobilité l'animation de ma propre existence ; je n'eusse pas dormi sous la chaleur d'une couverture sans qu'elles fussent aussi enveloppées de laine et de duvet... Je rêvais de goûter vraiment la pure solitude dédoublée... Ce besoin de persister intacte, d'être deux fois moi-même, je l'éprouvais avec avidité dans ma petite enfance... Ah ! que j'ai souhaité dans les instants tragiques où ma douceur rêveuse était le jouet des injurieuses larmes avoir à mes côtés une autre petite Anna qui jetterait ses bras autour de mon cou, qui me consolerait, me comprendrait... Au cours de ma vie, je la rencontrai en mon cœur et je la retins fortement : elle me secourut non sous la forme de la consolation que j'avais espérée, mais sous celle du courage.

L'adolescente laisse dormir ses poupées. Mais, tout au long de sa vie, la femme sera puissamment aidée dans son effort pour se quitter et se rejoindre par la magie du miroir. Rank a mis en lumière la relation entre le miroir et le double dans les mythes et dans les rêves. C'est surtout dans le cas de la femme que le reflet se laisse assimiler au moi. La beauté mâle est indication de transcendance, celle de la femme a la passivité de l'immanence : la seconde seule est faite pour arrêter le regard et peut donc être prise au piège immobile du tain ; l'homme qui se sent et se veut activité, subjectivité, ne se reconnaît pas dans son image figée ; elle n'a guère pour lui d'attrait, puisque le corps de l'homme ne lui apparaît pas comme objet de désir ; tandis que la femme se sachant, se faisant objet croit vraiment *se* voir dans la glace : passif et donné, le reflet est comme elle-même une chose ; et comme elle convoite la chair féminine, sa chair, elle anime de son admiration, de son désir, les vertus inertes qu'elle aperçoit. Mme de Noailles qui s'y connaissait nous confie :

> J'étais moins vaniteuse des dons de l'esprit, si vigoureux en moi que je ne les mettais pas en doute, que de l'image reflétée par un miroir

fréquemment consulté... Seul le plaisir physique contente l'âme pleinement.

Les mots de «plaisir physique» sont ici vagues et impropres. Ce qui contente l'âme, c'est, tandis que l'esprit aura à faire ses preuves, que le visage contemplé est là, aujourd'hui, donné, indubitable. Tout l'avenir est ramassé dans cette nappe de lumière dont le cadre fait un univers; hors ces étroites limites, les choses ne sont qu'un chaos désordonné; le monde est réduit à ce morceau de verre où resplendit une image : l'Unique. Chaque femme noyée dans son reflet règne sur l'espace et le temps, seule, souveraine; elle a tous les droits sur les hommes, sur la fortune, la gloire, la volupté. Marie Bashkirtseff était si enivrée de sa beauté qu'elle voulait la fixer dans un marbre impérissable; c'est elle-même qu'elle eût ainsi vouée à l'immortalité :

> En rentrant je me déshabille, je me mets nue et reste frappée de la beauté de mon corps comme si je ne l'avais jamais vu. Il faut faire ma statue, mais comment? Sans me marier c'est presque impossible. Et il faut absolument, je n'aurais qu'à enlaidir, me gâter... Il faut prendre un mari, ne fût-ce que pour faire faire ma statue.

Cécile Sorel se préparant à un rendez-vous amoureux se peint ainsi :

> Je suis devant mon miroir. Je voudrais être plus belle. Je me bats avec ma crinière de lionne. Des étincelles jaillissent sous mon peigne. Ma tête est un soleil au milieu de mes cheveux dressés comme des rayons d'or.

Je me rappelle aussi une jeune femme que j'ai vue un matin dans les lavabos d'un café; elle tenait une rose à la main et elle avait l'air un peu ivre; elle approchait ses lèvres de la glace comme pour boire son image et elle murmurait en souriant : «Adorable, je me trouve adorable.» À la fois prêtresse et idole, la narcissiste plane nimbée de gloire au cœur de

l'éternité et, de l'autre côté des nuées, des créatures agenouillées l'adorent : elle est Dieu se contemplant soi-même.
«Je m'aime, je suis mon Dieu ! » disait Mme Mejerowsky.
Devenir Dieu, c'est réaliser l'impossible synthèse de l'en-soi
et du pour-soi : les moments où un individu s'imagine y
avoir réussi sont pour lui des moments privilégiés de joie,
d'exaltation, de plénitude. À dix-neuf ans, Roussel un jour
dans un grenier sentit autour de sa tête l'aura de la gloire : il
n'en guérit jamais. La jeune fille qui a vu au fond du miroir la
beauté, le désir, l'amour, le bonheur, revêtus de ses propres
traits — animés, croit-elle, par sa propre conscience —
essaiera pendant toute sa vie d'épuiser les promesses de cette
éblouissante révélation. «C'est toi que j'aime», confie un
jour Marie Bashkirtseff à son reflet. Elle écrit un autre jour :
«Je m'aime tant, je me rends si heureuse que j'ai été comme
folle à dîner.» Même si la femme n'est pas d'une irrépro-
chable beauté, elle verra transparaître sur son visage les singulières richesses de son âme et cela suffira à son ivresse.
Dans le roman où elle s'est peinte sous les traits de Valérie,
Mme Krüdener se décrit ainsi :

> Elle a quelque chose de particulier que je n'ai encore vu à aucune
> femme. On peut avoir autant de grâce, beaucoup plus de beauté et être
> loin d'elle. On ne l'admire peut-être pas mais elle a quelque chose
> d'idéal et de charmant qui force à s'en occuper. On dirait à la voir si
> délicate, si svelte, que c'est une pensée...

On a tort de s'étonner que même les déshéritées puissent
parfois connaître l'extase du miroir : elles sont émues par
le seul fait d'être une chose de chair, qui est là ; comme
l'homme, il suffit pour les étonner de la pure générosité d'une
jeune chair féminine ; et puisqu'elles se saisissent comme
sujet singulier, avec un peu de mauvaise foi, elles doueront
aussi d'un charme singulier leurs qualités spécifiques ; elles
découvriront dans leur visage ou leur corps quelque trait
gracieux, rare, piquant ; elles se croiront belles du seul fait
qu'elles se sentent femmes.

D'ailleurs le miroir, quoique privilégié, n'est pas le seul instrument de dédoublement. Dans le dialogue intérieur, chacun peut tenter de se créer un frère jumeau. Étant seule la plus grande partie du jour, s'ennuyant aux tâches ménagères, la femme a le loisir de façonner en rêve sa propre figure. Jeune fille, elle rêvait à l'avenir ; enfermée dans un présent indéfini, elle se raconte son histoire ; elle la retouche de manière à y introduire un ordre esthétique, transformant dès avant sa mort sa vie contingente en un destin.

On sait, entre autres, combien les femmes sont attachées à leurs souvenirs d'enfance ; la littérature féminine en fait foi ; l'enfance n'occupe en général qu'une place secondaire dans les autobiographies masculines ; les femmes, au contraire, se bornent souvent au récit de leurs premières années ; celles-ci sont la matière privilégiée de leurs romans, de leurs contes. Une femme qui se raconte à une amie, à un amant, commence presque toutes ses histoires par ces mots : « Quand j'étais petite fille... » Elles gardent une nostalgie de cette période. C'est qu'en ce temps elles sentaient sur leur tête la main bienveillante et imposante du père tout en goûtant les joies de l'indépendance ; protégées et justifiées par les adultes, elles étaient des individus autonomes devant qui s'ouvrait un libre avenir : tandis que, maintenant, elles sont imparfaitement défendues par le mariage et l'amour et elles sont devenues des servantes ou des objets, emprisonnées dans le présent. Elles régnaient sur le monde, jour après jour elles en faisaient la conquête : et les voilà séparées de l'univers, vouées à l'immanence et à la répétition. Elles se sentent déchues. Mais ce dont elles souffrent le plus, c'est d'être englouties dans la généralité : une épouse, une mère, une ménagère, une femme parmi des millions d'autres ; enfant, chacune a au contraire vécu sa condition d'une manière singulière ; elle ignorait les analogies existant entre son apprentissage du monde et celui de ses camarades ; par ses parents, ses professeurs, ses amies, elle était reconnue dans son individualité, elle se croyait incomparable à toute autre, unique, promise à des chances uniques. Elle se retourne avec émotion vers cette jeune sœur dont elle a abdiqué la liberté, les exigences, la souveraineté et qu'elle a plus ou moins trahie. La femme qu'elle est devenue regrette cet être humain qu'elle fut ; elle essaie de retrouver au fond de soi cette enfant morte. « Petite fille », ces mots la touchent ; mais plus encore ceux-ci : « Drôle de petite fille », qui ressuscitent l'originalité perdue.

Elle ne se borne pas à s'émerveiller de loin devant cette enfance si rare : elle essaie de la raviver en elle. Elle cherche à se convaincre que ses goûts, ses idées, ses sentiments ont gardé une fraîcheur insolite. Perplexe, interrogeant le vide, tout en jouant avec un collier ou en tourmentant une bague, elle murmure : « C'est drôle… moi, c'est comme ça que je suis… Figurez-vous : l'eau me fascine… Oh ! moi, je raffole de la campagne. » Chaque préférence paraît une excentricité, chaque opinion un défi au monde. Dorothy Parker a noté sur le vif ce trait si répandu. Elle décrit ainsi Mrs. Welton :

> Elle aimait à se penser comme une femme qui ne pouvait être heureuse si elle n'était entourée de fleurs épanouies… Elle avouait aux gens par petits élans de confidence combien elle aimait les fleurs. Il y avait presque un ton d'excuse dans cette petite confession, comme si elle eût demandé à ses auditeurs de ne pas juger son goût trop insolite. Elle semblait attendre que son interlocuteur tombât à la renverse, frappé d'étonnement et s'écriant : « Non, vraiment ! où en arrivons-nous ! » De temps en temps elle confessait d'autres menues prédilections ; toujours avec un peu de perplexité, comme si dans sa délicatesse elle eût naturellement répugné à mettre son cœur à nu, elle disait combien elle aimait la couleur, la campagne, les distractions, une pièce vraiment intéressante, de jolies étoffes, des vêtements bien coupés, le soleil. Mais c'était son amour des fleurs qu'elle avouait le plus souvent. Elle avait l'impression que ce goût, plus qu'aucun autre, la distinguait du commun des mortels.

La femme cherche volontiers à confirmer ces analyses par ses conduites ; elle choisit une couleur : « Moi, le vert, c'est ma couleur » ; elle a une fleur préférée, un parfum, un musicien favori, des superstitions, des manies qu'elle traite avec respect ; et il n'est pas besoin qu'elle soit belle pour exprimer sa personnalité dans ses toilettes et dans son intérieur. Le personnage qu'elle campe a plus ou moins de cohérence et d'originalité selon son intelligence, son entêtement et la profondeur de son aliénation. Certaines ne font que mélanger au hasard quelques traits épars et brouillés ; d'autres créent systématiquement une figure dont elles jouent le rôle avec constance : on a dit déjà que la femme faisait mal le départ entre ce jeu et la vérité. Autour de cette héroïne, la vie s'organise en un roman triste ou merveilleux, toujours un peu étrange. Parfois, c'est un roman qui a été déjà écrit. Je ne sais combien de jeunes filles m'ont dit s'être reconnues dans la Judy de *Poussière* ; je me rappelle une vieille dame très laide qui avait coutume de dire : « Lisez *Le Lys dans la vallée* : c'est mon histoire » ; enfant, je regardais avec une stupeur révérente ce lis fané. D'autres, plus vaguement, murmurent : « Ma vie, c'est tout un roman. » Il y a une étoile faste ou néfaste au-dessus de leur front. « Ces choses-là n'arrivent qu'à moi », disent-elles. La guigne s'attache à leurs pas, ou la chance leur sourit : en tout cas, elles ont un destin. Cécile Sorel écrit, avec cette naïveté dont elle ne se départ pas tout au long de ses *Mémoires* : « C'est ainsi que j'ai fait mon entrée dans le monde. Mes premiers amis s'appelaient génie et beauté. » Et dans *Le Livre de ma vie* qui est un fabuleux monument narcissiste, Mme de Noailles écrit :

Les gouvernantes un jour disparurent : le sort prit leur place. Il maltraita autant qu'il l'avait comblée la créature puissante et faible, il la maintint au-dessus des naufrages où elle apparut ainsi qu'une Ophélie combative, sauvant ses fleurs et dont la voix toujours s'élève. Il lui demanda d'espérer que fût vraiment exacte cette ultime promesse : Les Grecs utilisent la mort.

Il faut encore citer comme exemple de littérature narcissiste le passage suivant :

De robuste petite fille que j'étais, aux membres délicats mais arrondis, et aux joues colorées, j'acquis ce caractère physique plus frêle, plus nuageux qui fit de moi une adolescente pathétique, en dépit de la source de vie qui peut jaillir de mon désert, de ma famine, de mes brèves et mystérieuses morts aussi étrangement que du rocher de Moïse. Je ne vanterai pas mon courage comme j'en aurais le droit. Je l'assimile à mes forces, à mes chances. Je pourrais le décrire comme on dit : j'ai les yeux verts, les cheveux noirs, la main petite et puissante…

Et ces lignes encore :

Aujourd'hui il m'est permis de reconnaître que, soutenue par l'âme et ses forces d'harmonie, j'ai vécu au son de ma voix…

À défaut de beauté, d'éclat, de bonheur, la femme se choisira un personnage de victime ; elle s'entêtera à incarner les *Mater dolorosa*, les épouses incomprises, elle sera à ses yeux « la femme la plus malheureuse du monde ». C'est le cas de cette mélancolique que décrit Stekel[1] :

Chaque année à Noël, Mme H. W…, pâle, vêtue de couleurs sombres, vient chez moi pour se plaindre de son sort. C'est une histoire triste qu'elle raconte en versant des larmes. Une vie manquée, un ménage raté ! La première fois qu'elle vint, je fus ému aux larmes et prêt à pleurer avec elle… Entre-temps, deux longues années se sont écoulées et elle habite toujours les ruines de ses espérances en pleurant sa vie perdue. Ses traits accusent les premiers symptômes de déclin, ce qui lui donne une autre raison de se plaindre. « Que suis-je devenue, moi dont la beauté était tant admirée ! » Elle multiplie ses plaintes, souligne son désespoir parce que tous ses amis connaissent son sort malheureux. Elle ennuie tout le monde de ses plaintes… C'est une autre occasion pour elle de se sentir malheureuse, seule et incomprise. Il n'y avait plus d'issue à ce labyrinthe de douleurs… Cette femme trouvait sa jouissance dans *ce rôle tragique*. Elle se grisait littéralement de la pensée d'être la femme la plus malheureuse de la terre. Tous les efforts pour lui faire prendre part à la vie active échouèrent.

Un trait commun à la petite Mme Welton, à la superbe Anna de Noailles, à l'infortunée malade de Stekel, à la mul-

1. *La Femme frigide.*

titude des femmes marquées par un destin exceptionnel, c'est qu'elles se sentent incomprises ; leur entourage ne reconnaît pas — ou pas assez — leur singularité ; elles traduisent positivement cette ignorance, cette indifférence d'autrui par l'idée qu'elles enferment en elles un secret. Le fait est que beaucoup ont silencieusement enseveli des épisodes d'enfance et de jeunesse qui avaient eu pour elles une grande importance ; elles savent que leur biographie officielle ne se confond pas avec leur véritable histoire. Mais surtout, faute de se réaliser dans sa vie, l'héroïne chérie par la narcissiste n'est qu'un imaginaire ; son unité ne lui est pas conférée par le monde concret : c'est un principe caché, une espèce de « force », de « vertu » aussi obscure que le phlogistique ; la femme croit en sa présence, mais si elle voulait la découvrir à autrui, elle serait aussi embarrassée que le psychasthénique s'acharnant à confesser d'impalpables crimes. Dans les deux cas, le « secret » se réduit à la conviction vide de posséder au fond de soi une clé permettant de déchiffrer et de justifier sentiments et conduites. C'est leur aboulie, leur inertie qui donne aux psychasthéniques cette illusion ; et c'est faute de pouvoir s'exprimer dans l'action quotidienne que la femme aussi se croit habitée par un mystère inexprimable : le fameux mythe du mystère féminin l'y encourage et se trouve en retour confirmé.

Riche de ses trésors méconnus, qu'elle soit marquée par une étoile faste ou néfaste, la femme prend à ses propres yeux la nécessité des héros de tragédie qu'un destin gouverne. Sa vie tout entière se transfigure en un drame sacré. Sous la robe choisie avec solennité se dressent à la fois une prêtresse vêtue de la livrée sacerdotale et une idole parée par des mains fidèles, offerte à l'adoration des dévots. Son intérieur devient le temple où se déroule son culte. Marie Bashkirtseff accorde autant de soin au cadre qu'elle installe autour d'elle qu'à ses robes :

Près du bureau, un fauteuil genre ancien, de sorte que lorsqu'on entre je n'ai qu'un petit mouvement à imprimer à ce fauteuil pour me trouver en face des gens…, près du pédantesque bureau avec les livres pour fond, entre des tableaux et des plantes, et les jambes et les pieds en vue au lieu d'être coupée en deux comme avant par ce bois noir. Au-dessus du divan sont suspendues les deux mandolines et la guitare. Mettez au milieu de cela une jeune fille blonde et blanche aux mains toutes petites et fines, veinées de bleu.

Quand elle se pavane dans les salons, quand elle s'abandonne aux bras d'un amant, la femme accomplit sa mission : elle est Vénus dispensant au monde les trésors de sa beauté. Ce n'est pas elle-même, c'est la Beauté que Cécile Sorel défendait quand elle brisa le verre de la caricature de Bib ; on voit dans ses *Mémoires* qu'à tous les instants de sa vie elle a convié les mortels au culte de l'Art. De même Isadora Duncan, telle qu'elle se peint dans *Ma vie* :

Après les représentations, écrit-elle, vêtue de ma tunique et ma chevelure couronnée de roses, j'étais si jolie ! Pourquoi ne pas faire profiter de ce charme ? Pourquoi un homme qui travaille toute la journée de son cerveau… ne serait-il pas enlacé par ces bras splendides et ne trouverait-il pas quelques consolations à sa peine et quelques heures de beauté et d'oubli ?

La générosité de la narcissiste lui est profitable : mieux que dans les miroirs, c'est dans les yeux admiratifs d'autrui qu'elle aperçoit son double nimbé de gloire. Faute d'un public complaisant, elle ouvre son cœur à un confesseur, à un médecin, à un psychanalyste ; elle va consulter des chiromanciennes, des voyantes. « Ce n'est pas que j'y croie », disait une apprentie starlette, « mais j'aime tant qu'on me parle de moi ! » ; elle se raconte à ses amies ; dans l'amant, plus avidement qu'aucune autre chose, elle cherche un témoin. L'amoureuse oublie vite son moi ; mais quantité de femmes sont incapables d'un véritable amour, précisément parce qu'elles ne s'oublient jamais. À l'intimité de l'alcôve, elles préfèrent une scène plus vaste. De là l'importance que prend pour elles la vie mondaine : elles ont besoin de regards pour les contempler, d'oreilles pour les écouter ; à leur personnage, il faut le plus large public possible. Décrivant une fois de plus sa chambre, Marie Bashkirtseff laisse échapper cet aveu :

> De cette façon *je suis en scène* quand on entre et qu'on me trouve à écrire.

Et plus loin :

> Je suis décidée à me payer une *mise en scène considérable*. Je vais bâtir un hôtel plus beau que celui de Sarah et des ateliers plus grands..

De son côté, Mme de Noailles écrit :

> J'ai aimé et j'aime l'agora… Aussi ai-je souvent pu rassurer des amis qui s'excusaient du nombre de leurs convives dont ils craignaient que je fusse importunée par ce sincère aveu : je n'aime pas *jouer devant des banquettes vides*.

La toilette, la conversation satisfont en grande partie ce goût féminin de la parade. Mais une narcissiste ambitieuse souhaite s'exhiber de manière plus rare et plus variée. En particulier, faisant de sa vie une pièce offerte aux applaudissements du public, elle se complaira à se mettre en scène pour de bon. Mme de Staël a raconté longuement dans *Corinne* comment elle charma les foules italiennes en récitant des poèmes qu'elle accompagnait sur une harpe. À Coppet, une de ses distractions préférées, c'était de déclamer des rôles tragiques ; sous la figure de Phèdre, elle adressait volontiers aux jeunes amants qu'elle déguisait en Hippolyte des déclarations ardentes. Mme Krüdener se spécialisait dans la danse du châle, qu'elle décrit ainsi dans *Valérie* :

> Valérie demanda son châle d'une mousseline bleu foncé, elle écarta ses cheveux de dessus son front ; elle mit son châle sur sa tête ; il des-

cendait le long de ses tempes et de ses épaules ; son front se dessina à la manière antique, ses cheveux disparurent, ses paupières se baissèrent, son sourire habituel s'effaça peu à peu : sa tête s'inclina, son châle tomba mollement sur ses bras croisés, sur sa poitrine, et ce vêtement bleu, cette figure pure et douce semblaient avoir été dessinés par le Corrège pour exprimer la tranquille résignation ; et quand ses yeux se relevèrent, que ses lèvres essayèrent un sourire, on eût dit voir, comme Shakespeare la peignit, la Patience souriant à la Douleur auprès d'un monument.

... C'est Valérie qu'il faut voir. C'est elle qui à la fois timide, noble, profondément sensible, trouble, entraîne, émeut, arrache des larmes et fait palpiter le cœur comme il palpite quand il est dominé par un grand ascendant ; c'est elle qui possède cette grâce charmante qui ne peut s'apprendre mais que la nature a révélée en secret à quelques êtres supérieurs.

Si les circonstances le lui permettent, rien ne donnera à la narcissiste une satisfaction aussi profonde que de se consacrer publiquement au théâtre :

Le théâtre, dit Georgette Leblanc, m'apportait ce que j'y avais cherché : un motif d'exaltation. Aujourd'hui il m'apparaît comme la *caricature de l'action* ; quelque chose d'indispensable aux tempéraments excessifs.

L'expression dont elle se sert est frappante : faute d'agir, la femme s'invente des succédanés d'action ; le théâtre représente pour certaines un ersatz privilégié. L'actrice peut d'ailleurs viser des fins très différentes. Pour certaines, jouer est un moyen de gagner sa vie, un simple métier ; pour d'autres, c'est l'accès à une renommée qui sera exploitée à des fins galantes ; pour d'autres encore, le triomphe de leur narcissisme ; les plus grandes — Rachel, la Duse — sont des artistes authentiques qui se transcendent dans le rôle qu'elles créent ; la cabotine, au contraire, se soucie non de ce qu'elle accomplit, mais de la gloire qui en rejaillira sur elle ; elle cherche avant tout à se mettre en valeur. Une narcissiste entêtée sera limitée en art comme en amour faute de savoir se donner.

Ce défaut se fera gravement sentir dans toutes ses activités. Elle sera tentée par tous les chemins qui peuvent conduire vers la gloire ; mais jamais elle ne s'y engagera sans réserve. Peinture, sculpture, littérature sont des disciplines qui réclament un sévère apprentissage et qui exigent un travail solitaire ; beaucoup de femmes s'y essaient, mais elles renoncent vite si elles ne sont pas poussées par un désir positif de création ; beaucoup aussi de celles qui persévèrent ne font jamais que « jouer » à travailler. Marie Bashkirtseff, si avide de gloire, passait des heures devant son chevalet ; mais elle s'aimait trop pour aimer vraiment peindre. Elle l'avoue elle-même après des années de dépit : « Oui, je ne me donne pas la peine de peindre, je me suis observée aujourd'hui, je *triche*... » Quand une femme réussit, comme Mme de Staël, Mme de Noailles, à bâtir une œuvre, c'est qu'elle n'est pas exclusivement absorbée par le culte qu'elle se rend : mais une des tares qui pèsent sur quantité d'écrivains féminins, c'est une complaisance à l'égard d'elles-mêmes qui nuit à leur sincérité, les limite et les diminue.

Beaucoup de femmes imbues du sentiment de leur supériorité ne sont cependant pas capables de la manifester aux yeux du monde ; leur ambition sera alors d'utiliser comme truchement un homme qu'elles convaincront de leurs mérites ; elles ne visent pas par de libres projets des valeurs singulières ; elles veulent annexer à leur moi des valeurs toutes faites ; elles se tourneront donc vers ceux qui détiennent influence et gloire dans l'espoir, — se faisant muses, inspiratrices, égéries, — de s'identifier à eux. Un exemple frappant, c'est celui de Mabel Dodge dans ses rapports avec Lawrence :

Je voulais, dit-elle, séduire son esprit, le contraindre à produire certaines choses... J'avais besoin de son âme, de sa volonté, de son imagination créatrice et de sa vision lumineuse. Pour me rendre maîtresse de ces instruments essentiels, il me fallait dominer son sang... J'ai toujours cherché à faire faire des choses aux autres, sans même chercher à faire quoi que ce soit moi-même. J'acquérais le sentiment d'une sorte d'activité, de fécondité par procuration. C'était *une sorte de compensation au sentiment désolé de n'avoir rien à faire.*

Et plus loin :

> Je voulais que Lawrence conquît par moi, qu'il se servît de *mon* expérience, de *mes* observations, de *mon* Taos et qu'il formulât tout cela dans une magnifique création d'art.

De même Georgette Leblanc voulait être pour Maeterlinck « aliment et flamme » ; mais elle voulait aussi voir son nom inscrit sur le livre composé par le poète. Il ne s'agit pas ici d'ambitieuses ayant choisi des fins personnelles et utilisant des hommes pour les atteindre — comme firent la princesse des Ursins, Mme de Staël — mais de femmes animées par un désir tout subjectif d'*importance*, qui ne visent aucun but objectif, et qui prétendent s'approprier la transcendance d'un autre. Elles sont loin d'y toujours réussir ; mais elles sont adroites à se masquer leur échec et à se persuader qu'elles sont douées d'une irrésistible séduction. Se sachant aimables, désirables, admirables, elles se sentent sûres d'être aimées, désirées, admirées. Toute narcissiste est Bélise. Même l'innocente Brett dévouée à Lawrence se fabrique un petit personnage qu'elle doue d'une grave séduction :

> Je lève les yeux pour m'apercevoir que vous me regardez avec malice de votre air de faune, une lueur provocante brille dans vos yeux, Pan. Je vous dévisage d'un air solennel et digne jusqu'à ce que la lueur s'éteigne sur votre visage.

Ces illusions peuvent engendrer de véritables délires ; ce n'est pas sans raison que Clérambault considérait l'érotomanie comme « une sorte de délire professionnel » ; se sentir femme, c'est se sentir objet désirable, c'est se croire désirée et aimée. Il est remarquable que sur dix malades atteints de « l'illusion d'être aimés », il y en a neuf qui sont des femmes. On voit très clairement que ce qu'elles recherchent dans leur amant imaginaire, c'est une apothéose de leur narcissisme. Elles le veulent doué d'une valeur inconditionnée : prêtre, médecin, avocat, homme supérieur ; et la vérité catégorique que ses conduites découvrent, c'est que son idéale maîtresse est supérieure à toutes les autres femmes, qu'elle possède d'irrésistibles et souveraines vertus.

L'érotomanie peut apparaître au sein de diverses psychoses ; mais son contenu est toujours le même. Le sujet est illuminé et glorifié par l'amour d'un homme de grande valeur, qui a été brusquement fasciné par ses charmes — alors qu'elle n'attendait rien de lui — et qui lui manifeste ses sentiments de manière détournée mais impérieuse ; cette relation demeure parfois idéale, et parfois revêt une forme sexuelle ; mais ce qui la caractérise essentiellement c'est que le demi-dieu puissant et glorieux aime plus qu'il n'est aimé et qu'il manifeste sa passion par des conduites bizarres et ambiguës. Parmi le grand nombre de cas rapportés par les psychiatres, en voici un, tout à fait typique, que je résume d'après Ferdière[1]. Il s'agit d'une femme de quarante-huit ans, Marie-Yvonne, qui fait la confession suivante :

Il s'agit de maître Achille, ancien député et sous-secrétaire d'État, membre du Barreau et du Conseil de l'Ordre. Je le connais depuis le 12 mai 1920 ; la veille j'avais cherché à le rencontrer au Palais ; j'avais remarqué de loin sa forte taille, mais je ne savais pas qui le l'était ; ça m'a fait un froid dans le dos... Oui, il y a entre lui et moi une affaire de sentiment, un sentiment réciproque : les yeux, les regards se sont croisés. Dès la première fois que je l'ai vu j'ai eu un faible pour lui ; lui, c'est pareil... Il s'est en tout cas déclaré le premier : c'était vers le début de 1922 ; il me recevait dans son salon, toujours seule ; un jour il a même renvoyé son fils... Un jour... il s'est levé et il est venu vers moi tout en continuant la conversation. J'ai compris tout de suite que c'était un élan sentimental... Il m'a donné des paroles à comprendre. Par différentes amabilités il m'a donné à comprendre que les sentiments réciproques s'étaient rencontrés. Une autre fois, toujours dans son cabinet il s'est rapproché de moi en disant : « C'est vous, c'est vous toute seule et pas une autre que vous, Madame, vous entendez bien. » J'ai été tellement

1. *L'Érotomanie.*

saisie que je n'ai pas su quoi répondre; j'ai dit seulement: Maître, merci! Une autre fois encore il m'a accompagnée de son cabinet jusqu'à la rue; il s'est même débarrassé d'un monsieur qui l'accompagnait, il lui a donné vingt sous dans l'escalier et lui a dit: Laissez-moi, mon garçon, vous voyez que je suis avec madame! Tout cela c'était pour m'accompagner et rester seul avec moi. Il me serrait toujours les mains fortement. Au cours de sa première plaidoirie il a lancé un boniment pour faire comprendre qu'il était célibataire.

Il a envoyé un chanteur dans la cour pour me faire comprendre son amour... Il regardait sous mes fenêtres; je pourrais vous chanter sa romance... Il a fait défiler devant ma porte la musique de la commune. J'ai été bête. J'aurais dû répondre à toutes ses avances. J'ai refroidi maître Achille... alors il a cru que je le repoussais et il a agi; il aurait mieux fait de parler ouvertement; il s'est vengé. Maître Achille croyait que j'avais un sentiment pour B... et il était jaloux... Il m'a fait souffrir par l'envoûtement à l'aide de ma photographie; voilà au moins ce que j'ai découvert cette année à force d'études dans les livres, dans les dictionnaires. Il a suffisamment travaillé cette photo: tout vient de là...

Ce délire se change, en effet, facilement en un délire de persécution. Et on trouve ce processus même dans les cas normaux. La narcissiste ne peut admettre qu'autrui ne s'intéresse pas passionnément à elle; si elle a la preuve évidente qu'elle n'est pas adorée, elle suppose aussitôt qu'on la hait. Toutes les critiques elle les attribue à la jalousie, au dépit. Ses échecs sont le résultat de noires machinations: et, par là, ils la confirment dans l'idée de son importance. Elle glisse facilement à la mégalomanie ou au délire de persécution qui en est la figure inversée: centre de son univers et ne connaissant d'autre univers que le sien, la voilà centre absolu du monde.

Mais c'est aux dépens de la vie réelle que la comédie narcissiste se déroule; un personnage imaginaire sollicite l'admiration d'un public imaginaire; la femme en proie à son moi perd toute prise sur le monde concret, elle ne se soucie d'établir avec autrui aucun rapport réel; Mme de Staël n'eût pas déclamé *Phèdre* de si bon cœur si elle eût pressenti les railleries que ses «admirateurs» notaient le soir sur leurs carnets; mais la narcissiste refuse d'admettre qu'on puisse la voir autrement qu'elle ne se montre : c'est ce qui explique que, si occupée à se contempler, elle réussisse si mal à se juger et qu'elle sombre si facilement dans le ridicule. Elle n'écoute plus, elle parle, et quand elle parle elle débite son rôle :

Ça m'amuse, écrit Marie Bashkirtseff. Je ne cause pas avec lui, je *joue* et me sentant devant un bon public je suis excellente d'intonations enfantines et fantaisistes et d'attitudes.

Elle se regarde trop pour rien voir ; elle ne comprend d'autrui que ce qu'elle en reconnaît ; ce qu'elle ne peut assimiler à son cas, à son histoire lui demeure étranger. Elle se plaît à multiplier les expériences : elle veut connaître l'ivresse et les tourments de l'amoureuse, les pures joies de la maternité, l'amitié, la solitude, les larmes, les rires ; mais faute de pouvoir jamais se donner, ses sentiments et ses émotions sont fabriqués. Sans doute Isadora Duncan pleura-t-elle avec de vraies larmes la mort de ses enfants. Mais quand elle jeta leurs cendres à la mer dans un grand geste théâtral, elle n'était qu'une comédienne ; et on ne peut lire sans malaise ce passage de *Ma vie*, où elle évoque son chagrin :

Je sens la tiédeur de mon propre corps. Je baisse les yeux sur mes jambes nues que j'étire, sur la douceur de mes seins, sur mes bras qui ne restent jamais immobiles, mais qui flottent sans cesse en douces ondulations, et je vois que depuis douze ans je suis lasse, que cette poitrine enferme une douleur intarissable, que ces mains ont été marquées par la tristesse et que, quand je suis seule, ces yeux sont rarement secs.

Dans le culte de son moi, l'adolescente peut puiser le courage d'aborder l'avenir inquiétant ; mais c'est une étape qu'il faut vite dépasser : sinon l'avenir se referme. L'amoureuse qui enferme l'amant dans l'immanence du couple le voue avec elle à la mort : la narcissiste en s'aliénant dans son double imaginaire s'anéantit. Ses souvenirs se figent, ses conduites se stéréotypent, elle ressasse des mots, répète des mimiques qui se sont peu à peu vidés de tout contenu : de là vient l'impression de pauvreté que donnent tant de «journaux intimes», ou d'«autobiographies féminines»; tout occupée à s'encenser la femme qui ne fait rien ne se fait rien être et encense un rien.

Son malheur, c'est que, malgré toute sa mauvaise foi, elle connaît ce néant. Il ne saurait y avoir de relation réelle entre un individu et son double parce que ce double n'existe pas. La narcissiste subit un radical échec. Elle ne peut se saisir comme totalité, plénitude, elle ne peut maintenir l'illusion d'être en soi — pour soi. Sa solitude, comme celle de tout être humain, est éprouvée comme contingence et délaissement. Et c'est pourquoi — à moins d'une conversion — elle est condamnée à se fuir sans répit vers la foule, vers le bruit, vers autrui. Ce serait une lourde erreur de croire qu'en se choisissant comme fin suprême, elle échappe à la dépendance : elle se voue au contraire au plus étroit esclavage; elle ne prend pas appui sur sa liberté, elle fait de soi un objet qui est en danger dans le monde et dans les consciences étrangères. Non seulement son corps et son visage sont une chair vulnérable et que le temps dégrade, mais c'est, pratiquement, une entreprise coûteuse que de parer l'idole, de lui dresser un piédestal, de lui bâtir un temple : on a vu que pour inscrire ses formes dans un marbre immortel Marie Bashkirtseff eût consenti à un mariage d'argent. Des fortunes masculines ont payé l'or, l'encens, la myrrhe qu'Isadora Duncan ou Cécile Sorel déposaient aux pieds de leur trône. Puisque c'est l'homme qui incarne pour la femme la destinée, c'est par le nombre et la qualité des hommes soumis à leur pouvoir que les femmes mesurent ordinairement leur réussite. Mais la réciprocité joue de nouveau ici; la «mante religieuse», qui tente de faire du mâle son instrument, ne parvient pas par là à s'affranchir de lui, car pour l'enchaîner elle doit lui plaire. La femme américaine, se voulant idole, se fait l'esclave de ses adorateurs, elle ne s'habille, ne vit, ne respire que par l'homme et pour lui. En vérité, la narcissiste est aussi dépendante que l'hétaïre. Si elle échappe à la domination d'un homme singulier, c'est en acceptant la tyrannie de l'opinion. Ce lien qui la rive à autrui n'implique pas la réciprocité de l'échange ; si elle cherchait à se faire reconnaître par la liberté d'autrui tout en la reconnaissant aussi comme fin à travers des activités, elle cesserait d'être narcissiste. Le paradoxe de son attitude, c'est qu'elle réclame d'être valorisée par un monde auquel elle dénie toute valeur, puisqu'elle seule compte à ses propres yeux. Le suffrage étranger est une puissance inhumaine, mystérieuse, capricieuse, qu'il faut chercher à capter magiquement. En dépit de sa superficielle arrogance, la narcissiste se sait menacée ; c'est pourquoi elle est inquiète, susceptible, irritable, sans cesse aux aguets ; sa vanité n'est jamais rassasiée ; plus elle vieillit, plus elle cherche anxieusement éloges et succès, plus elle soupçonne autour d'elle de complots ; égarée, obsédée, elle s'enfonce dans la nuit de la mauvaise foi et finit souvent par édifier autour d'elle un délire paranoïaque. C'est à elle que s'applique singulièrement la parole : « Qui veut sauver sa vie la perdra. »

## CHAPITRE XII

## *L'amoureuse*

Le mot « amour » n'a pas du tout le même sens pour l'un et l'autre sexe et c'est là une source des graves malentendus qui les séparent. Byron a dit justement que l'amour n'est dans la vie de l'homme qu'une occupation, tandis qu'il est la vie même de la femme. C'est la même idée qu'exprime Nietzsche dans *Le Gai Savoir* :

Le même mot d'amour, dit-il, signifie en effet deux choses différentes pour l'homme et pour la femme. Ce que la femme entend par amour est assez clair : ce n'est pas seulement le dévouement, c'est un don total de corps et d'âme, sans restriction, sans nul égard pour quoi que ce soit. C'est cette absence de condition qui fait de son amour une *foi* [1], la seule qu'elle ait. Quant à l'homme, s'il aime une femme c'est cet amour-là qu'il *veut* [1] d'elle ; il est par conséquent bien loin de postuler pour soi le même sentiment que pour la femme ; s'il se trouvait des hommes qui éprouvassent aussi ce désir d'abandon total, ma foi, ce ne seraient pas des hommes.

Des hommes ont pu être à certains moments de leur existence des amants passionnés, mais il n'en est pas un qu'on puisse définir comme « un grand amoureux » ; dans leurs emportements les plus violents, ils n'abdiquent jamais totalement ; même s'ils tombent à genoux devant leur maîtresse,

1. C'est Nietzsche qui souligne.

ce qu'ils souhaitent encore c'est la posséder, l'annexer ; ils demeurent au cœur de leur vie comme des sujets souverains ; la femme aimée n'est qu'une valeur parmi d'autres ; ils veulent l'intégrer à leur existence, non engloutir en elle leur existence entière. Pour la femme au contraire, l'amour est une totale démission au profit d'un maître.

Il faut que la femme oublie sa propre personnalité quand elle aime, écrit Cécile Sauvage. C'est une loi de la nature. Une femme n'existe pas sans un maître. Sans un maître, c'est un bouquet éparpillé.

En vérité, ce n'est pas d'une loi de la nature qu'il s'agit. C'est la différence de leur situation qui se reflète dans la conception que l'homme et la femme se font de l'amour. L'individu qui est sujet, qui est soi-même, s'il a le goût généreux de la transcendance, s'efforce d'élargir sa prise sur le monde : il est ambitieux, il agit. Mais un être inessentiel ne peut découvrir l'absolu au cœur de sa subjectivité ; un être voué à l'immanence ne saurait se réaliser dans des actes. Enfermée dans la sphère du relatif, destinée au mâle dès son enfance, habituée à voir en lui un souverain à qui il ne lui est pas permis de s'égaler, ce que rêvera la femme qui n'a pas étouffé sa revendication d'être humain, c'est de dépasser son être vers un de ces êtres supérieurs, c'est de s'unir, de se confondre avec le sujet souverain ; il n'y a pas pour elle d'autre issue que de se perdre corps et âme en celui qu'on lui désigne comme l'absolu, comme l'essentiel. Puisqu'elle est de toute façon condamnée à la dépendance, plutôt que d'obéir à des tyrans — parents, mari, protecteur — elle préfère servir un dieu ; elle choisit de vouloir si ardemment son esclavage qu'il lui apparaîtra comme l'expression de sa liberté ; elle s'efforcera de surmonter sa situation d'objet inessentiel en l'assumant radicalement ; à travers sa chair, ses sentiments, ses conduites, elle exaltera souverainement l'aimé, elle le posera comme la valeur et la réalité suprême : elle s'anéantira devant lui. L'amour devient pour elle une religion.

On a vu que l'adolescente commence par vouloir s'identifier aux mâles; quand elle y renonce elle cherche alors à participer à leur virilité en se faisant aimer par l'un d'eux; ce n'est pas l'individualité de cet homme-ci ou de celui-là qui la séduit; elle est amoureuse de l'homme en général. «Et vous, les hommes que j'aimerai, comme je vous attends! écrit Irène Reweliotty. Comme je me réjouis de vous connaître bientôt. Toi surtout, le premier.» Il faut, bien entendu, que le mâle appartienne à la même classe, à la même race que la sienne: le privilège du sexe ne joue que dans ce cadre; pour qu'il soit un demi-dieu, il doit évidemment être d'abord un être humain; pour la fille de l'officier colonial, l'indigène n'est pas un homme; si la jeune fille se donne à un «inférieur», c'est qu'elle cherche à se dégrader parce qu'elle ne se croit pas digne de l'amour. Normalement, elle recherche l'homme en qui s'affirme la supériorité mâle; elle est vite amenée à constater que beaucoup d'individus du sexe élu sont tristement contingents et terrestres; mais elle a d'abord à leur égard un préjugé favorable; ils ont moins à faire la preuve de leur valeur qu'à ne pas trop grossièrement la démentir: c'est ce qui explique tant d'erreurs souvent lamentables; la jeune fille naïve est prise au miroir de la virilité. Selon les circonstances la valeur mâle se manifestera à ses yeux par la force physique, l'élégance, la richesse, la culture, l'intelligence, l'autorité, la situation sociale, un uniforme militaire: mais ce qu'elle souhaite toujours c'est que dans l'amant se résume l'essence de l'homme. La familiarité suffit souvent à détruire son prestige; il s'effondre au premier baiser, ou dans la fréquentation quotidienne, ou pendant la nuit de noces. L'amour à distance cependant n'est qu'un fantasme, non une expérience réelle. C'est quand il est charnellement confirmé que le désir d'amour devient un amour passionné. Inversement, l'amour peut naître des étreintes physiques, la femme sexuellement dominée exaltant l'homme qui lui paraissait d'abord insignifiant. Mais ce qui arrive souvent c'est que la femme ne réussisse à transformer aucun des hommes qu'elle connaît en un dieu. L'amour tient moins de place dans la vie féminine qu'on ne l'a souvent prétendu. Mari, enfants, foyer, plaisirs, mondanités, vanité, sexualité, carrière sont beaucoup plus importants. Presque toutes les femmes ont rêvé du « grand amour » : elles en ont connu des ersatz, elles s'en sont approchées ; sous des figures inachevées, meurtries, dérisoires, imparfaites, mensongères, il les a visitées ; mais très peu lui ont vraiment dédié leur existence. Les grandes amoureuses sont le plus souvent des femmes qui n'ont pas usé leur cœur dans des amourettes juvéniles ; elles ont d'abord accepté le destin féminin traditionnel : mari, maison, enfants ; ou elles ont connu une dure solitude ; ou elles ont misé sur quelque entreprise qui a plus ou moins échoué ; quand elles entrevoient la chance de sauver leur vie décevante en la dédiant à un être d'élite, elles se donnent éperdument à cet espoir. Mlle Aïssé, Juliette Drouet, Mme d'Agoult avaient presque trente ans au début de leur vie amoureuse, Julie de Lespinasse non loin de quarante ans ; aucune fin ne se proposait à elles, elles n'étaient en mesure de rien entreprendre qui leur parût valable, il n'y avait pour elles d'autre issue que l'amour.

Même si l'indépendance lui est permise, ce chemin est encore celui qui paraît à la plupart des femmes le plus attrayant ; il est angoissant d'assumer l'entreprise de sa vie ; l'adolescent lui aussi se tourne volontiers vers des femmes plus âgées que lui en qui il recherche un guide, une éducatrice, une mère ; mais sa formation, les mœurs, les consignes qu'il rencontre en lui-même lui interdisent de s'arrêter définitivement à la solution facile de l'abdication ; il n'envisage de telles amours que comme une étape. La chance de l'homme — à l'âge adulte comme dans sa petite enfance — c'est qu'on le contraint de s'engager dans les voies les plus ardues, mais les plus sûres ; le malheur de la femme c'est qu'elle est entourée de tentations presque irrésistibles ; tout l'incite à suivre la pente de la facilité : au lieu de l'inviter à lutter pour son compte, on lui dit qu'elle n'a qu'à se laisser glisser et qu'elle atteindra des paradis enchanteurs ; quand elle s'aperçoit qu'elle a été dupe d'un mirage, il est trop tard ; dans cette aventure ses forces se sont épuisées.

Les psychanalystes prétendent volontiers que la femme poursuit en son amant l'image de son père ; mais c'est parce qu'il est homme, non parce qu'il est père, que celui-ci éblouissait l'enfant et tout homme participe à cette magie ; la femme ne souhaite pas réincarner un individu en un autre, mais ressusciter une situation : celle qu'elle a connue petite fille, à l'abri des adultes ; elle a été profondément intégrée au foyer familial, elle y a goûté la paix d'une quasi-passivité ; l'amour lui rendra sa mère aussi bien que son père, il lui rendra son enfance ; ce qu'elle souhaite, c'est retrouver un plafond au-dessus de sa tête, des murs qui lui cachent son délaissement au sein du monde, des lois qui la défendent contre sa liberté. Ce rêve infantile hante quantité d'amours féminines ; la femme est heureuse que l'amant l'appelle «ma petite fille, mon enfant chérie» ; les hommes savent bien que ces mots : «Tu as l'air d'une toute petite fille», sont parmi ceux qui touchent le plus sûrement le cœur des femmes : on a vu combien d'entre elles ont souffert de devenir adultes ; beaucoup s'entêtent à «faire l'enfant», à prolonger indéfiniment leur enfance dans leur attitude et les toilettes. Redevenir une enfant entre des bras d'homme les comble. C'est le thème de cette rengaine à succès :

> *Je me sens dans tes bras si petite*
> *Si petite, ô mon amour...*

thème qui se répète inlassablement dans les conversations et les correspondances amoureuses. «Baby, mon bébé», murmure l'amant ; et la femme se nomme «ta petite, ta toute petite». Irène Reweliotty écrit : «Quand donc viendra-t-il, celui qui saura me dominer ?» Et croyant l'avoir rencontré : «J'aime te sentir un homme et supérieur à moi.»

Une psychasthénique étudiée par Janet[1] illustre de la façon la plus saisissante cette attitude :

Aussi loin que je me souvienne, toutes les sottises ou toutes les bonnes actions que j'ai pu commettre viennent de la même cause, une aspiration à un amour parfait et idéal où je puisse me donner tout entière, confier tout mon être à un autre être, Dieu, homme ou femme, si supérieur à moi que je n'aurais plus besoin de penser à me conduire dans la vie ou à veiller sur moi. Trouver quelqu'un qui m'aimerait assez pour se donner la peine de me faire vivre, quelqu'un à qui j'obéirais aveuglément et en toute confiance, sûre qu'il m'éviterait toute défaillance et me mènerait tout droit, très doucement et avec beaucoup d'amour, vers la perfection. Combien j'envie l'amour idéal de Marie-Madeleine et de Jésus : être le disciple ardent d'un maître adoré et qui en vaut la peine ; vivre et mourir pour son idole, croire en lui sans aucun doute possible, tenir enfin la victoire définitive de l'Ange sur la bête, me tenir dans ses bras si enveloppée, si petite, si blottie dans sa protection et tellement à lui que je n'existe plus.

Quantité d'exemples nous ont déjà prouvé que ce rêve d'anéantissement est en vérité une avide volonté d'être. Dans toutes les religions, l'adoration de Dieu se confond pour le dévot avec le souci de son propre salut ; la femme en se livrant tout entière à l'idole espère qu'il va lui donner tout à la fois la possession d'elle-même et celle de l'univers qui se résume en lui. La plupart du temps, c'est d'abord la justification, l'exaltation de son ego qu'elle demande à son amant. Beaucoup de femmes ne s'abandonnent à l'amour que si elles sont aimées en retour : et l'amour qu'on leur manifeste suffit parfois à les rendre amoureuses. La jeune fille s'est rêvée à travers des yeux d'homme : c'est dans des yeux d'homme que la femme croit enfin se trouver.

Marcher près de toi, écrit Cécile Sauvage, faire avancer mes tout petits pieds que tu aimais, les sentir si menus dans leurs hauts souliers à tige de feutre me donnait de l'amour pour tout l'amour dont tu les entourais. Les moindres mouvements de mes mains dans mon manchon,

1. *Les Obsessions et la psychasthénie.*

de mes bras, de mon visage, les inflexions de ma voix m'emplissaient
de bonheur.

La femme se sent douée d'une sûre et haute valeur; elle a
enfin la permission de se chérir à travers l'amour qu'elle
inspire. Dans l'amant, elle s'enivre de rencontrer un témoin.
C'est ce qu'avoue *La Vagabonde* de Colette.

J'ai cédé, je l'avoue, j'ai cédé en permettant à cet homme de revenir
demain, au désir de conserver en lui non un amoureux, non un ami, mais
un avide spectateur de ma vie et de ma personne... Il faut terriblement
vieillir, m'a dit un jour Margot, pour renoncer à la vanité de vivre
devant quelqu'un.

Dans une de ses lettres à Middleton Murry, Katherine
Mansfield raconte qu'elle vient d'acheter un ravissant corset mauve; elle ajoute aussitôt: « Quel dommage qu'il n'y
ait personne pour le *voir*! » Il n'est pire amertume que de se
sentir la fleur, le parfum, le trésor qu'aucun désir n'exige:
qu'est-ce qu'une richesse qui ne m'enrichit pas moi-même
et dont personne ne souhaite le don? L'amour est le révéla-
teur qui fait apparaître en traits positifs et clairs la terne
image négative aussi vaine qu'un cliché blanc; par lui le
visage de la femme, les courbes de son corps, ses souvenirs
d'enfance, ses anciennes larmes, ses robes, ses habitudes,
son univers, tout ce qu'elle est, tout ce qui lui appartient
échappe à la contingence et devient nécessaire: elle est un
merveilleux cadeau au pied de l'autel de son dieu.

Avant qu'il eût posé gentiment ses mains sur ses épaules, avant que
ses yeux se fussent saturés d'elle, elle n'avait jamais été qu'une femme
pas très jolie dans un monde incolore et morne. Dès l'instant où il l'avait
embrassée, elle était debout dans la lumière nacrée de l'immortalité[1].

C'est pourquoi les hommes doués d'un prestige social et
habiles à flatter la vanité féminine susciteront des passions

1. M. Webb, *Le Poids des ombres*.

même s'ils n'ont aucune séduction physique. De par leur situation élevée, ils incarnent la Loi, la Vérité : leur conscience dévoile une réalité incontestée. La femme qu'ils louent se sent changée en un trésor sans prix. C'est de là que venaient par exemple, au dire d'Isadora Duncan[1], les succès de d'Annunzio.

Quand d'Annunzio aime une femme, il élève son âme au-dessus de la terre jusqu'aux régions où se meut et resplendit Béatrice. Tour à tour, il fait participer chaque femme à l'essence divine, il l'emporte si haut, si haut qu'elle se figure vraiment sur le plan de Béatrice... Il jetait tour à tour sur chaque favorite un voile étincelant. Elle s'élevait au-dessus des autres mortels et marchait entourée d'une étrange clarté. Mais quand le caprice du poète prenait fin et qu'il l'abandonnait pour une autre, le voile de lumière disparaissait, l'auréole s'éteignait et la femme retombait à l'argile ordinaire... S'entendre louer avec cette magie particulière à d'Annunzio est une joie comparable à celle qu'Ève put éprouver quand elle entendit la voix du serpent dans le Paradis. D'Annunzio peut donner à chaque femme l'impression qu'elle est le centre de l'Univers.

C'est seulement dans l'amour que la femme peut harmonieusement concilier son érotisme et son narcissisme ; on a vu déjà qu'il y a entre ces deux systèmes une opposition qui rend très difficile l'adaptation de la femme à son destin sexuel. Se faire objet charnel, proie, contredit le culte qu'elle se rend : il lui semble que les étreintes flétrissent et souillent son corps ou qu'elles dégradent son âme. C'est pourquoi certaines femmes choisissent la frigidité, pensant maintenir ainsi l'intégrité de leur ego. D'autres dissocient les voluptés animales et les sentiments élevés. Un cas très caractéristique c'est celui de Mme D. S..., rapporté par Stekel et que j'ai cité déjà à propos du mariage :

Frigide avec un mari respecté, après sa mort elle rencontra un jeune homme également artiste, grand musicien, elle devint sa maîtresse. Son

---

1. I. Duncan, *Ma vie.*

amour était et est encore si absolu qu'elle ne se sent heureuse qu'auprès de lui. Toute sa vie est remplie par Lothar. Mais, tout en l'aimant ardemment, elle restait frigide dans ses bras. Un autre homme croisa son chemin. C'était un forestier costaud et brutal qui un jour, seul avec elle, la prit simplement, sans beaucoup d'histoires. Elle fut tellement consternée qu'elle se laissa faire. Mais dans ses bras elle éprouva l'orgasme le plus violent. «Dans ses bras, dit-elle, je me rétablis pour des mois. C'est comme une ivresse sauvage mais suivie d'un dégoût indescriptible dès que je pense à Lothar. Je déteste Paul et j'aime Lothar. Pourtant Paul me satisfait. Chez Lothar, tout m'attire. Mais il paraît que je me change en grue pour jouir puisque comme femme du monde la jouissance m'est refusée.» Elle refuse d'épouser Paul mais continue à coucher avec lui; dans ces moments, elle «se transforme en un autre être et des paroles crues s'échappent de sa bouche, telles qu'elle n'oserait jamais les prononcer».

Stekel ajoute que «pour beaucoup de femmes, la chute dans l'animalité est la condition de l'orgasme». Elles voient dans l'amour physique un avilissement qui ne saurait se concilier avec des sentiments d'estime et d'affection. Mais pour d'autres au contraire c'est par l'estime, la tendresse, l'admiration de l'homme que cet avilissement peut être aboli. Elles ne consentent à se donner à un homme que si elles s'en croient profondément aimées; il faut à une femme beaucoup de cynisme, d'indifférence ou d'orgueil pour considérer les relations physiques comme un échange de plaisirs où chaque partenaire trouve également son compte. L'homme autant — et plus peut-être que la femme — se révolte contre qui veut sexuellement l'exploiter[1]; mais c'est elle qui a généralement l'impression que son partenaire use d'elle comme d'un instrument. Seule une admiration exaltée peut compenser l'humiliation d'un acte qu'elle considère comme une défaite. On a vu que l'acte amoureux exige d'elle une aliénation profonde; elle baigne dans la langueur de la passi-

---

1. Cf. entre autres *L'Amant de Lady Chatterley*. Par la bouche de Mellors, Lawrence exprime son horreur des femmes qui font de lui un instrument de plaisir.

vité ; les yeux fermés, anonyme, perdue, elle se sent soulevée par des vagues, roulée dans la tourmente, ensevelie dans
la nuit : nuit de la chair, de la matrice, du tombeau ; anéan-
tie, elle rejoint le Tout, son moi s'abolit. Mais quand
l'homme se sépare d'elle, elle se trouve rejetée sur terre, sur
un lit, dans la lumière ; elle reprend un nom, un visage : elle
est une vaincue, une proie, un objet. C'est alors que l'amour
lui devient nécessaire. De même qu'après le sevrage l'enfant cherche le regard rassurant de ses parents, il faut que
par les yeux de l'amant qui la contemple la femme se sente
réintégrée au Tout dont sa chair s'est douloureusement détachée. Elle est rarement tout à fait comblée ; même si elle a
connu l'apaisement du plaisir, elle n'est pas définitivement
délivrée de l'envoûtement charnel ; son trouble se prolonge
en sentiment ; en lui dispensant la volupté, l'homme l'attache à lui et ne la libère pas. Lui, cependant, n'éprouve plus
pour elle de désir : elle ne lui pardonne cette indifférence
d'un moment que s'il lui a dédié un sentiment intemporel
et absolu. Alors l'immanence de l'instant est dépassée ; les
brûlants souvenirs ne sont plus un regret mais un trésor ; en
s'éteignant, la volupté devient espoir et promesse ; la jouissance est justifiée ; la femme peut glorieusement assumer sa
sexualité parce qu'elle la transcende ; le trouble, le plaisir,
le désir ne sont plus un état mais un don ; son corps n'est
plus un objet : c'est un cantique, une flamme. Alors, elle
peut s'abandonner passionnément à la magie de l'érotisme ;
la nuit se change en lumière ; l'amoureuse peut ouvrir les
yeux, regarder l'homme qui l'aime et dont le regard la glo-
rifie ; par lui le néant devient plénitude d'être et l'être est
transfiguré en valeur ; elle ne sombre plus dans une mer de
ténèbres, elle est soulevée sur des ailes, exaltée vers le ciel.
L'abandon devient extase sacrée. Quand elle *reçoit* l'homme
aimé, la femme est habitée, visitée comme la Vierge par
le Saint-Esprit, comme le croyant par l'hostie ; c'est ce qui
explique l'analogie obscène des cantiques pieux et des chan-

sons grivoises : ce n'est pas que l'amour mystique ait toujours un caractère sexuel ; mais la sexualité de l'amoureuse revêt une couleur mystique. « Mon Dieu, mon adoré, mon maître... », les mêmes mots s'échappent des lèvres de la sainte agenouillée et de l'amoureuse couchée sur le lit ; l'une offre sa chair aux traits du Christ, elle tend les mains pour recevoir les stigmates, elle appelle la brûlure de l'Amour divin ; l'autre est aussi offrande et attente : traits, dard, flèches s'incarnent dans le sexe mâle. En toutes deux, c'est le même rêve, le rêve infantile, le rêve mystique, le rêve amoureux : en s'abolissant au sein de l'autre, exister souverainement.

On[1] a prétendu parfois que ce désir d'anéantissement conduisait au masochisme. Mais comme je l'ai rappelé à propos de l'érotisme, on ne peut parler de masochisme que lorsque j'essaie « de me faire fasciner moi-même par mon objectivité par autrui »[2], c'est-à-dire lorsque la conscience du sujet se retourne vers l'ego pour le saisir dans sa situation humiliée. Or l'amoureuse n'est pas seulement une narcissiste aliénée dans son moi : elle éprouve aussi un désir passionné de déborder ses propres limites et de devenir infinie, grâce au truchement d'un autre qui accède à l'infinie réalité. Elle s'abandonne d'abord à l'amour pour *se* sauver ; mais le paradoxe de l'amour idolâtre, c'est qu'afin de se sauver elle finit par *se* renier totalement. Son sentiment prend une dimension mystique ; elle ne demande plus au dieu de l'admirer, de l'approuver ; elle veut se fondre en lui, s'oublier dans ses bras. « J'aurais voulu être une sainte de l'amour, écrit Mme d'Agoult. J'enviais le martyre dans de tels moments d'exaltation et de fureur ascétique. » Ce qui se fait jour dans ces paroles, c'est le désir d'une radicale destruction de soi-même abolissant les frontières qui la séparent du bien-aimé : il ne s'agit pas de masochisme, mais

---

1. C'est entre autres la thèse d'H. Deutsch, *Psychology of Women*.
2. Cf. Sartre, *L'Être et le Néant*.

d'un rêve d'union extatique. C'est le même rêve qui inspire ces mots de Georgette Leblanc : « À cette époque, on m'aurait demandé ce que je souhaitais le plus au monde que sans hésiter j'aurais dit : être pour son esprit aliment et flamme. »

Pour réaliser cette union, ce que la femme souhaite d'abord, c'est servir ; c'est en répondant aux exigences de l'amant qu'elle se sentira nécessaire ; elle sera intégrée à son existence à lui, elle participera à sa valeur, elle sera justifiée ; même les mystiques se plaisent à croire, selon le mot d'Angelus Silésius, que Dieu a besoin de l'homme ; sinon le don qu'ils font d'eux-mêmes serait vain. Plus l'homme multiplie ses demandes, plus la femme se sent comblée. Bien que la réclusion imposée par Hugo à Juliette Drouet pèse à la jeune femme, on sent qu'elle est heureuse de lui obéir : demeurer assise au coin du feu, c'est faire quelque chose pour le bonheur du maître. Elle essaie avec passion de lui être positivement utile. Elle lui cuisine des plats fins, lui installe un foyer : notre petit « chez-toi », disait-elle gentiment ; elle veille à l'entretien de ses vêtements.

Je veux que tu taches, que tu déchires tous tes habits le plus possible et que ce soit moi seule qui les raccommode et les nettoie sans partage, lui écrit-elle.

Pour lui, elle lit des journaux, découpe des articles, classe des lettres et des notes, copie des manuscrits. Elle se désole quand le poète confie une partie de ce travail à sa fille Léopoldine. On trouve de pareils traits chez toute femme amoureuse. Au besoin elle se tyrannise elle-même au nom de l'amant ; il faut que tout ce qu'elle est, tout ce qu'elle a, tous les instants de sa vie lui soient dévoués et trouvent ainsi leur raison d'être ; elle ne veut rien posséder qu'en lui ; ce qui la rendrait malheureuse, c'est qu'il ne lui réclamât rien, au point qu'un amant délicat invente des exigences. Elle a cherché d'abord dans l'amour une confirmation de ce qu'elle était, de son passé, de son personnage ; mais elle y engage aussi son avenir : pour le justifier, elle le destine à celui qui détient toutes les valeurs ; c'est ainsi qu'elle se délivre de sa transcendance : elle la subordonne à celle de l'autre essentiel dont elle se fait la vassale et l'esclave. C'est afin de se trouver, de se sauver qu'elle a commencé par se perdre en lui : le fait est que peu à peu elle s'y perd ; toute la réalité est en l'autre. L'amour qui se définissait au départ comme une apothéose narcissiste s'accomplit dans les joies âpres d'un dévouement qui conduit souvent à une automutilation. Aux premiers temps d'une grande passion, la femme devient plus jolie, plus élégante que naguère : «Quand Adèle me coiffe, je regarde mon front parce que vous l'aimez», écrit Mme d'Agoult. Ce visage, ce corps, cette chambre, ce moi, elle leur a trouvé une raison d'être, elle les chérit par la médiation de cet homme aimé qui l'aime. Mais un peu plus tard, elle renonce au contraire à toute coquetterie ; si l'amant le désire, elle modifie cette figure qui lui était d'abord plus précieuse que l'amour même ; elle s'en désintéresse ; ce qu'elle est, ce qu'elle a, elle en fait le fief de son souverain ; ce qu'il dédaigne, elle le renie ; elle voudrait lui consacrer chaque palpitation de son cœur, chaque goutte de sang, la moelle de ses os ; et c'est ce qui se traduit par un rêve de martyre : exagérer le don de soi jusqu'à la torture, jusqu'à la mort, être le sol que foule l'aimé, n'être rien d'autre que ce qui répond à son appel. Tout ce qui est inutile à l'aimé, elle l'anéantit avec emportement. Si ce cadeau qu'elle fait de soi est intégralement accepté, le masochisme n'apparaît pas : on en voit peu de traces chez Juliette Drouet. Dans l'excès de son adoration, elle s'agenouillait parfois devant le portrait du poète et lui demandait pardon des fautes qu'elle avait pu commettre ; elle ne se retournait pas avec colère contre elle-même. Mais le glissement de l'enthousiasme généreux à la rage masochiste est facile. L'amante qui se retrouve devant l'amant dans la situation de l'enfant devant ses parents retrouve aussi ce sentiment de culpabilité qu'elle connaissait auprès d'eux ; elle ne choisit pas de se révolter contre lui tant qu'elle l'aime : elle se révolte contre soi. S'il l'aime moins qu'elle ne le souhaite, si elle échoue à l'absorber, à le rendre heureux, à lui suffire, tout son narcissisme se convertit en dégoût, en humiliation, en haine de soi qui l'incite à des autopunitions. Pendant une crise plus ou moins longue, parfois pendant toute sa vie, elle se fera victime volontaire, elle s'acharnera à nuire à ce moi qui n'a pas su combler l'amant. Alors son attitude est proprement masochiste. Mais il ne faut pas confondre ces cas où l'amoureuse cherche sa propre souffrance afin de se venger d'elle-même, et ceux où ce qu'elle vise c'est la confirmation de la liberté de l'homme et de sa puissance. C'est un lieu commun — et semble-t-il une vérité — que la prostituée est fière d'être battue par son homme : mais ce n'est pas l'idée de sa personne battue et asservie qui l'exalte, c'est la force, l'autorité, la souveraineté du mâle dont elle dépend ; elle aime aussi le voir maltraiter un autre mâle, elle l'excite souvent à des compétitions dangereuses : elle veut que son maître détienne les valeurs reconnues dans le milieu auquel elle appartient. La femme qui se soumet avec plaisir à des caprices masculins admire aussi dans la tyrannie qui s'exerce sur elle l'évidence d'une liberté souveraine. Il faut prendre garde que si pour quelque raison le prestige de l'amant s'est trouvé ruiné, les coups et les exigences deviendront odieux : ils n'ont de prix que s'ils manifestent la divinité du bien-aimé. En ce cas, c'est une joie enivrante que de se sentir la proie d'une liberté étrangère : c'est pour un existant la plus surprenante aventure que de se trouver fondé par la volonté diverse et impérieuse d'un autre ; on se fatigue d'habiter toujours la même peau ; l'obéissance aveugle est la seule chance de changement radical que puisse connaître un être humain. Voilà la femme esclave, reine, fleur, biche, vitrail, paillasson, servante, courtisane, muse, compagne, mère, sœur, enfant selon les rêves fugaces, les ordres impérieux de l'amant : elle se plie avec ravissement à ces métamorphoses tant qu'elle n'a pas reconnu qu'elle gardait toujours sur ses lèvres le goût identique de la soumission. Sur le plan de l'amour comme sur celui de l'érotisme, il nous apparaît que le masochisme est un des chemins dans lesquels s'engage la femme insatisfaite, déçue par l'autre et par soi-même ; mais ce n'est pas la pente naturelle d'une démission heureuse. Le masochisme perpétue la présence du moi sous une figure meurtrie, déchue ; l'amour vise à l'oubli de soi en faveur du sujet essentiel.

Le but suprême de l'amour humain comme de l'amour mystique, c'est l'identification avec l'aimé. La mesure des valeurs, la vérité du monde sont dans sa conscience à lui ; c'est pourquoi ce n'est pas encore assez de le servir. La femme essaie de voir avec ses yeux ; elle lit les livres qu'il lit, préfère les tableaux et la musique qu'il préfère, elle ne s'intéresse qu'aux paysages qu'elle voit avec lui, aux idées qui viennent de lui ; elle adopte ses amitiés, ses inimitiés, ses opinions ; quand elle s'interroge, c'est sa réponse à lui qu'elle s'efforce d'entendre ; elle veut dans ses poumons l'air qu'il a déjà respiré ; les fruits, les fleurs qu'elle ne reçoit pas de ses mains n'ont ni parfum ni goût ; son espace hodologique même est bouleversé : le centre du monde, ce n'est plus l'endroit où elle se tient mais celui où se trouve l'aimé ; toutes les routes partent de sa maison et y conduisent. Elle se sert de ses mots, refait ses gestes, prend ses manies et ses tics. « Je *suis* Heathcliff », dit Catherine dans *Wuthering Heights* ; c'est le cri de toute amoureuse ; elle est une autre incarnation de l'aimé, son reflet, son double : elle est *lui*. Son propre monde, elle le laisse s'effondrer dans la contingence : c'est dans son univers à lui qu'elle vit.

Le bonheur suprême de l'amoureuse, c'est d'être reconnue par l'homme aimé comme une partie de lui-même ; quand il dit « nous », elle est associée et identifiée à lui, elle partage son prestige et règne avec lui sur le reste du monde ; elle ne se lasse pas de redire — fût-ce abusivement — ce « nous » savoureux. Nécessaire à un être qui est l'absolue nécessité, qui se projette dans le monde vers des buts nécessaires et qui lui restitue le monde sous la figure de la nécessité, l'amoureuse connaît dans sa démission la possession magnifique de l'absolu. C'est cette certitude qui lui donne de si hautes joies ; elle se sent exaltée à la droite du dieu ; peu lui importe de n'avoir que la seconde place si elle a *sa* place, à jamais, dans un univers merveilleusement ordonné. Aussi longtemps qu'elle aime, qu'elle est aimée et nécessaire à l'aimé, elle se sent totalement justifiée : elle goûte paix et bonheur. Tel fut peut-être le sort de Mlle Aïssé auprès du chevalier d'Aydie avant que les scrupules de la religion n'eussent troublé son âme, ou celui de Juliette Drouet dans l'ombre de Hugo.

Mais il est rare que cette glorieuse félicité soit stable. Aucun homme n'est Dieu. Les rapports que la mystique soutient avec la divine absence dépendent de sa seule ferveur : mais l'homme divinisé et qui n'est pas Dieu est présent. C'est de là que vont naître les tourments de l'amoureuse. Son destin le plus ordinaire est résumé dans les paroles célèbres de Julie de Lespinasse : « À tous les instants de ma vie, mon ami, je vous aime, je souffre et je vous attends. » Certes, pour les hommes aussi la souffrance est liée à l'amour ; mais leurs peines ou ne durent pas longtemps ou ne sont pas dévorantes ; Benjamin Constant voulut mourir pour Juliette Récamier : en un an, il était guéri. Stendhal regretta pendant des années Métilde, mais c'est un regret qui embaumait sa vie plutôt qu'il ne la détruisait. Tandis qu'en s'assumant comme l'inessentiel, en acceptant une totale dépendance, la femme se crée un enfer ; toute amoureuse se reconnaît dans la petite sirène d'Andersen qui ayant échangé par amour sa queue de poisson contre des jambes de femme marchait sur des aiguilles et des charbons ardents. Il n'est pas vrai que l'homme aimé soit inconditionnellement nécessaire et elle ne lui est pas nécessaire ; il n'est pas en mesure de justifier celle qui se consacre à son culte, et il ne se laisse pas posséder par elle.

Un amour authentique devrait assumer la contingence de l'autre, c'est-à-dire ses manques, ses limites, et sa gratuité originelle ; il ne prétendrait pas être un salut, mais une relation inter-humaine. L'amour idolâtre confère à l'aimé une valeur absolue : c'est là un premier mensonge qui éclate à tous les regards étrangers : «*Il* ne mérite pas tant d'amour», chuchote-t-on autour de l'amoureuse ; la postérité sourit avec pitié quand elle évoque la pâle figure du comte Guibert. C'est pour la femme une déception déchirante que de découvrir les failles, la médiocrité de son idole. Colette a fait souvent allusion − dans *La Vagabonde*, dans *Mes apprentissages* — à cette amère agonie ; la désillusion est plus cruelle encore que celle de l'enfant qui voit s'écrouler le prestige paternel parce que la femme avait elle-même choisi celui à qui elle a fait don de tout son être. Même si l'élu est digne du plus profond attachement, sa vérité est terrestre : ce n'est plus lui qu'aime la femme agenouillée devant un être suprême ; elle est dupe de cet esprit de sérieux qui se refuse à mettre les valeurs «entre parenthèses», c'est-à-dire à reconnaître qu'elles ont leur source dans l'existence humaine ; sa mauvaise foi dresse des barrières entre elle et celui qu'elle adore. Elle l'encense, elle se prosterne, mais elle n'est pas pour lui une amie puisqu'elle ne réalise pas qu'il est en danger dans le monde, que ses projets et ses fins sont fragiles comme lui-même ; le considérant comme la Loi, la Vérité, elle méconnaît sa liberté qui est hésitation et angoisse. Ce refus d'appliquer à l'amant une mesure humaine explique beaucoup des paradoxes féminins. La femme réclame de l'amant une faveur, il l'accorde : il est généreux, riche, magnifique, il est royal, il est divin ; s'il refuse, le voilà avare, mesquin, cruel, c'est un être démoniaque ou bestial. On serait tenté d'objecter · si un «oui» surprend comme une superbe extravagance faut-il s'étonner d'un «non»? Si le non manifeste un si abject égoïsme, pourquoi tant admirer le «oui»? Entre le surhumain et l'inhumain, n'y a-t-il pas de place pour l'humain?

C'est qu'un dieu déchu n'est pas un homme : c'est une imposture ; l'amant n'a d'autre alternative que de prouver qu'il est vraiment ce roi qu'on adule, ou de se dénoncer comme un usurpateur. Dès qu'on ne l'adore plus, il faut le piétiner. Au nom de cette gloire dont elle a nimbé le front de l'aimé, l'amoureuse lui interdit toute faiblesse ; elle est déçue et irritée s'il ne se conforme pas à cette image qu'elle lui a substituée ; s'il est fatigué, étourdi, s'il a faim ou soif hors de propos, s'il se trompe, s'il se contredit, elle décrète qu'il est « en dessous de lui-même » et elle lui en fait grief. Par ce biais, elle va jusqu'à lui reprocher toutes les initiatives qu'elle-même n'apprécie pas ; elle juge son juge, et pour qu'il mérite de demeurer son maître, elle lui dénie sa liberté. Le culte qu'elle lui rend se satisfait parfois mieux de l'absence que de la présence ; il y a des femmes, avons-nous vu, qui se vouent à des héros morts ou inaccessibles, afin de n'avoir jamais à les confronter avec des êtres de chair et d'os ; ceux-ci fatalement contredisent leurs rêves. De là viennent les slogans désabusés : « Il ne faut pas croire au Prince Charmant. Les hommes ne sont que de pauvres êtres. » Ils ne sembleraient pas des nains si on ne leur demandait d'être des géants.

C'est là une des malédictions qui pèsent sur la femme passionnée : sa générosité se convertit aussitôt en exigence. S'étant aliénée en un autre, elle veut aussi se récupérer : il lui faut annexer cet autre qui détient son être. Elle se donne tout entière à lui : mais il faut qu'il soit tout entier disponible pour recevoir dignement ce don. Elle lui dédie tous ses instants : il faut qu'à chaque instant il soit présent ; elle ne veut vivre que par lui : mais elle veut vivre ; il doit se consacrer à la faire vivre.

Je vous aime quelquefois bêtement et, dans ces moments-là, je ne comprends pas que je ne pourrais pas, ne saurais et ne devrais être pour vous une pensée absorbante comme vous l'êtes pour moi, écrit Mme d'Agoult à Liszt.

Elle essaie de refréner le souhait spontané : être tout pour lui. Il y a le même appel dans la plainte de Mlle de Lespinasse :

Mon Dieu! si vous saviez ce que sont les jours, ce qu'est la vie dénuée de l'intérêt et du plaisir de vous voir! Mon ami, la dissipation, l'occupation, le mouvement vous suffisent; et moi, mon bonheur c'est vous, ce n'est que vous; je ne voudrais pas vivre si je ne devais vous voir et vous aimer tous les moments de ma vie.

D'abord l'amoureuse s'enchantait de combler le désir de son amant; ensuite — tel le pompier légendaire qui par amour de son métier allume partout des incendies — elle s'applique à éveiller ce désir afin d'avoir à le combler; si elle n'y réussit pas, elle se sent humiliée, inutile au point que l'amant feindra des ardeurs qu'il n'éprouve pas. En se faisant esclave, elle a trouvé le plus sûr moyen de l'enchaîner. C'est là un autre mensonge de l'amour et que quantité d'hommes — Lawrence, Montherlant — ont dénoncé avec rancune : il se prend pour un don quand il est une tyrannie. Benjamin Constant a peint âprement dans *Adolphe* les chaînes que noue autour de l'homme la trop généreuse passion d'une femme. «Elle ne calculait pas ses sacrifices, parce qu'elle était occupée à me les faire accepter», dit-il avec cruauté d'Éléonore. L'acceptation est en effet un engagement qui ligote l'amant, sans qu'il ait même le bénéfice d'apparaître comme celui qui donne; la femme réclame qu'il accueille avec gratitude les fardeaux dont elle l'accable. Et sa tyrannie est insatiable. L'homme amoureux est autoritaire : mais quand il a obtenu ce qu'il voulait, il est satisfait; tandis qu'il n'y a pas de limites au dévouement exigeant de la femme. Un amant qui a confiance en sa maîtresse accepte sans déplaisir qu'elle s'absente, qu'elle s'occupe loin de lui : sûr qu'elle lui appartient, il aime mieux posséder une liberté qu'une chose. Au contraire, l'absence de l'amant est toujours pour la femme une torture : il est un regard, un juge, dès qu'il fixe ses yeux sur autre chose qu'elle, il la frustre; tout ce qu'il voit, il le lui vole; loin de lui, elle est dépossédée à la fois d'elle-même et du monde; même assis à ses

côtés, lisant, écrivant, il l'abandonne, il la trahit. Elle hait
son sommeil. Baudelaire s'attendrit sur la femme endormie : « Tes beaux yeux sont las, pauvre amante. » Proust
s'enchante à regarder dormir Albertine[1] ; c'est que la jalousie mâle est simplement la volonté d'une possession exclusive ; la bien-aimée, quand le sommeil lui rend la candeur
désarmée de l'enfance, n'appartient à personne : pour
l'homme, cette certitude suffit. Mais le dieu, le maître, ne
doit pas s'abandonner au repos de l'immanence ; c'est d'un
regard hostile que la femme contemple cette transcendance
foudroyée ; elle déteste son inertie animale, ce corps qui
n'existe plus *pour elle* mais *en soi*, abandonné à une contingence dont sa propre contingence est la rançon. Violette
Leduc a exprimé avec force ce sentiment :

Je hais les dormeurs. Je me penche sur eux avec mes mauvaises intentions. Leur soumission m'exaspère. Je hais leur sérénité inconsciente,
leur fausse anesthésie, leur visage d'aveugle studieux, leur saoulerie raisonnable, leur application d'incapable... J'ai guetté, j'ai attendu longtemps la bulle rose qui sortirait de la bouche de mon dormeur. Je ne
réclamais de lui qu'une bulle de présence. Je ne l'ai pas eue... J'ai vu
que ses paupières de nuit étaient des paupières de mort... Je me réfu-
giais dans la gaieté de ses paupières quand cet homme était intraitable.
Le sommeil est dur quand il s'y met. Il a tout raflé. Je hais mon dormeur
qui peut se créer avec de l'inconscient une paix qui m'est étrangère. Je
hais son front de miel... Il est au fond de lui-même à s'affairer pour son
repos. Il récapitule je ne sais quoi... Nous étions partis à tire-d'aile.
Nous voulions quitter la terre en utilisant notre tempérament. Nous
avions décollé, escaladé, guetté, attendu, fredonné, abouti, gémi, gagné
et perdu ensemble. C'était une sérieuse école buissonnière. Nous avions
déniché une nouvelle sorte de néant. Maintenant tu dors. Ton efface-
ment n'est pas honnête... Si mon dormeur bouge, ma main touche, malgré elle, la semence. C'est le grenier aux cinquante sacs de grain qui est
étouffant, despotique. Les bourses intimes d'un homme qui dort sont
tombées sur ma main... J'ai les petits sacs de semence. J'ai dans ma
main les champs qui seront labourés, les vergers qui seront soignés, la
force des eaux qui sera transformée, les quatre planches qui seront

---

1.  Qu'Albertine soit un Albert n'y change rien ; l'attitude de Proust
est ici en tout cas l'attitude virile.

clouées, les bâches qui seront relevées. J'ai dans ma main les fruits, les fleurs, les bêtes sélectionnées. J'ai dans ma main le bistouri, le sécateur, la sonde, le revolver, les forceps et tout cela ne me fait pas la main pleine. La semence du monde qui dort n'est que le superflu ballant du prolongement de l'âme…

Toi, quand tu dors, je te hais[1].

Il ne faut pas que le dieu s'endorme, sinon il devient glaise, chair ; il ne faut pas qu'il cesse d'être présent, sinon sa créature sombre dans le néant. Pour la femme, le sommeil de l'homme est avarice et trahison. L'amant parfois réveille sa maîtresse : c'est pour l'étreindre ; elle le réveille simplement pour qu'il ne dorme pas, qu'il ne s'éloigne pas, qu'il ne pense qu'à elle, qu'il soit là, enfermé dans la chambre, dans le lit, dans ses bras — comme Dieu dans le tabernacle — c'est ce que souhaite la femme : c'est une geôlière.

Et, cependant, elle ne consent pas vraiment que l'homme ne soit rien d'autre que son prisonnier. C'est là un des douloureux paradoxes de l'amour : captif, le dieu se dépouille de sa divinité. La femme sauve sa transcendance en la lui destinant : mais il faut qu'il l'emporte vers le monde tout entier. Si deux amants s'engloutissent ensemble dans l'absolu de la passion, toute la liberté se dégrade en immanence ; seule la mort peut alors leur apporter une solution : c'est un des sens du mythe de *Tristan et Yseult*. Deux amants qui se destinent exclusivement l'un à l'autre sont déjà morts : ils meurent d'ennui. Marcel Arland dans *Terres étrangères* a décrit cette lente agonie d'un amour qui se dévore lui-même. La femme connaît ce danger. Sauf dans des crises de frénésie jalouse, elle-même réclame de l'homme qu'il soit projet, action : il n'est plus un héros s'il n'accomplit aucun exploit. Le chevalier qui part vers de nouvelles prouesses offense sa dame ; mais elle le méprise s'il demeure assis à ses pieds. C'est là la torture de l'impossible amour ; la femme veut *avoir* l'homme tout entier, mais elle exige de lui qu'il dépasse tout donné

1. *Je hais les dormeurs.*

dont la possession serait possible : on n'*a* pas une liberté ;
elle veut enfermer *ici* un existant qui est selon le mot de Heidegger « un être des lointains », elle sait bien que cette tentative est condamnée. « Mon ami, je vous aime comme il faut
aimer, avec excès, avec folie, transport et désespoir », écrit
Julie de Lespinasse. L'amour idolâtre, s'il est lucide, ne peut
être que désespéré. Car l'amante qui demande à l'amant
d'être héros, géant, demi-dieu, réclame de n'être pas tout
pour lui alors qu'elle ne peut connaître de bonheur qu'à
condition de le contenir tout entier en elle.

La passion de la femme, renonciation totale à toute espèce de droits
propres, postule précisément que le même sentiment, le même désir de
renoncement n'existe pas pour l'autre sexe, dit Nietzsche[1], car si tous
deux renonçaient à eux-mêmes par amour, il en résulterait, ma foi, je ne
sais trop quoi, disons peut-être l'horreur du vide ? La femme veut être
prise… elle exige donc quelqu'un qui *prenne*, qui ne se donne pas lui-
même, qui ne s'abandonne pas, mais qui veuille tout au contraire enrichir son moi dans l'amour… La femme se donne, l'homme s'augmente
d'elle…

Du moins, la femme pourra trouver sa joie dans cet enrichissement qu'elle apporte au bien-aimé ; elle n'est pas Tout
pour lui : mais elle essaiera de se croire indispensable ; il n'y
a pas de degré dans la nécessité. S'il « ne peut pas se passer
d'elle », elle se considère comme le fondement de sa précieuse existence, et elle tire de là son propre prix. Elle met
sa joie à le servir : mais il faut qu'il reconnaisse ce service
avec gratitude ; le don devient exigence selon l'ordinaire
dialectique du dévouement[2]. Et une femme à l'esprit scru-
puleux s'interroge : Est-ce vraiment de *moi* qu'il a besoin ?
L'homme la chérit, la désire d'une tendresse et d'un désir
singuliers : mais n'aurait-il pas pour une autre un sentiment
qui serait aussi singulier ? Beaucoup d'amoureuses se laissent leurrer ; elles veulent ignorer que dans le singulier le

1. *Le Gai Savoir.*
2. Que nous avons tenté d'indiquer dans *Pyrrhus et Cinéas.*

général est enveloppé, et l'homme leur facilite l'illusion parce que d'abord il la partage ; il y a souvent dans son désir une fougue qui semble défier le temps ; dans l'instant où il veut cette femme, il la veut avec passion, il ne veut qu'elle : et, certes, l'instant est un absolu mais un absolu d'un instant. Dupée, la femme passe à l'éternel. Divinisée par l'étreinte du maître, elle croit avoir été toujours divine et destinée au dieu : elle seule. Mais le désir mâle est aussi fugace qu'impérieux ; une fois assouvi, il meurt assez vite tandis que c'est le plus souvent après l'amour que la femme devient sa prisonnière. C'est le thème de toute une littérature facile et de faciles chansons. « Un jeune homme passait, une fille chantait... Un jeune homme chantait, une fille pleurait. » Et si l'homme est durablement attaché à la femme, cela ne signifie encore pas qu'elle lui soit nécessaire. C'est pourtant ce qu'elle réclame : son abdication ne la sauve qu'à condition de lui restituer son empire ; on ne peut échapper au jeu de la réciprocité. Il faut donc qu'elle souffre, ou qu'elle se mente. Le plus souvent, elle s'agrippe d'abord au mensonge. Elle imagine l'amour de l'homme comme l'exacte contrepartie de celui qu'elle lui porte ; elle prend avec mauvaise foi le désir pour de l'amour, l'érection pour le désir, l'amour pour une religion. Elle force l'homme à lui mentir : Tu m'aimes ? Autant qu'hier ? Tu m'aimeras toujours ? Adroitement, elle pose les questions au moment où le temps manque pour donner des réponses nuancées et sincères, ou bien où les circonstances les interdisent ; c'est au cours de l'étreinte amoureuse, à l'orée d'une convalescence, dans les sanglots ou sur le quai d'une gare qu'elle interroge impérieusement ; des réponses arrachées, elle fait des trophées ; et, faute de réponses, elle fait parler les silences ; toute véritable amoureuse est plus ou moins paranoïaque. Je me souviens d'une amie qui devant le silence prolongé d'un amant lointain déclarait : « Quand on veut rompre, on écrit, pour annoncer la rupture » ; puis ayant reçu une lettre sans ambiguïté : « Quand on veut vraiment rompre, on n'écrit pas. » Il est souvent très difficile devant les confidences reçues de décider où commence le délire pathologique. Décrite par l'amoureuse en panique, la conduite de l'homme apparaît toujours comme extravagante : c'est un névrosé, un sadique, un refoulé, un masochiste, un démon, un inconsistant, un lâche ou tout cela ensemble ; il défie les explications psychologiques les plus subtiles. «X... m'adore, il est follement jaloux, il voudrait que je porte un masque quand je sors ; mais c'est un être si étrange et qui se méfie tellement de l'amour que, quand je sonne chez lui, il me reçoit sur le palier et ne me laisse même pas entrer.» Ou encore : «Z... m'adorait. Mais il était trop orgueilleux pour me demander d'aller vivre à Lyon où il habite : j'y ai été, je me suis installée chez lui. Au bout de huit jours, sans une dispute, il m'a mise à la porte. Je l'ai revu deux fois. La troisième fois que je lui ai téléphoné, il a raccroché au milieu de la conversation. C'est un névrosé.» Ces mystérieuses histoires s'éclaircissent quand l'homme explique : «Je ne l'aimais absolument pas», ou : «J'avais de l'amitié pour elle, mais je n'aurais pas pu supporter de vivre un mois avec elle.» Trop entêtée, la mauvaise foi conduit à l'asile : un des traits constants de l'érotomanie, c'est que les conduites de l'amant apparaissent comme énigmatiques et paradoxales ; par ce biais, le délire de la malade réussit toujours à briser les résistances de la réalité. Une femme normale finit parfois par être vaincue par la vérité, et par reconnaître qu'elle n'est plus aimée. Mais, tant qu'elle n'a pas été acculée à cet aveu, elle triche toujours un peu. Même dans l'amour réciproque, il y a entre les sentiments des amants une différence fondamentale qu'elle s'efforce de masquer. Il faut bien que l'homme soit capable de se justifier sans elle puisqu'elle espère être justifiée par lui. S'il lui est nécessaire, c'est qu'elle fuit sa liberté : mais s'il assume la liberté sans laquelle il ne serait ni héros ni simplement homme, rien ni personne ne sauraient lui être nécessaires. La dépendance qu'accepte la femme vient de sa faiblesse : comment trouverait-elle une dépendance réciproque dans celui qu'elle aime dans sa force ?

Une âme passionnément exigeante ne saurait trouver de repos dans l'amour parce qu'elle vise une fin contradictoire. Déchirée, tourmentée, elle risque de devenir un fardeau pour celui dont elle se rêvait l'esclave ; faute de se sentir indispensable, elle se rend importune, odieuse. C'est là aussi une tragédie fort courante. Plus sage, moins intransigeante, l'amoureuse se résigne. Elle n'est pas tout, elle n'est pas nécessaire : il lui suffit d'être utile ; une autre occuperait facilement sa place : elle se contente d'être celle qui est là. Elle reconnaît sa servitude sans demander de réciprocité. Elle peut goûter alors un bonheur modeste ; mais, même dans ces limites, il ne sera pas sans nuages. Bien plus douloureusement que l'épouse, l'amoureuse attend. Si l'épouse elle-même est exclusivement une amoureuse, les charges de la maison, de la maternité, ses occupations, ses plaisirs n'ont aucune valeur à ses yeux : c'est la présence de l'époux qui l'arrache aux limbes de l'ennui. « Quand tu n'es plus là, il me semble que ce n'est même plus la peine de regarder le jour ; tout ce qui m'arrive est alors comme mort, je ne suis plus qu'une petite robe vide jetée sur une chaise », écrit Cécile Sauvage aux premiers temps de son mariage[1]. Et on a vu que, très souvent, c'est hors du mariage que naît et s'épanouit l'amour passion. Un des plus remarquables exemples d'une vie tout entière vouée à l'amour, c'est celui de Juliette Drouet : elle n'est qu'une attente indéfinie. « Il faut toujours en revenir au même point de départ, c'est-à-dire à t'attendre éternellement », écrit-elle à Hugo. « Je vous attends ainsi qu'un écureuil en cage. » « Mon Dieu ! que c'est donc triste pour une nature comme la mienne d'attendre depuis un bout de la vie jusqu'à l'autre. » « Quelle journée ! J'ai cru qu'elle ne passerait pas tant je t'ai attendu et maintenant je trouve qu'elle a passé trop vite

1. Le cas est différent si la femme a trouvé dans le mariage son autonomie ; alors l'amour entre les deux époux peut être un libre échange de deux êtres dont chacun se suffit.

puisque je ne t'ai pas vu… » « Je trouve la journée éternelle… » « Je vous attends parce qu'après tout j'aime encore mieux vous attendre que croire que vous ne viendrez pas du tout. » Il est vrai que Hugo, après avoir fait rompre Juliette avec son riche protecteur le prince Demidoff, l'avait confinée dans un petit appartement et pendant douze années lui interdit de sortir seule, afin qu'elle ne renouât avec aucun de ses amis d'autrefois. Mais même quand le sort de celle qui s'appelait « votre pauvre victime cloîtrée » se fut adouci, elle n'en continua pas moins à n'avoir d'autre raison de vivre que son amant et à ne le voir que bien peu. « Je t'aime mon Victor bien aimé », écrit-elle en 1841, « mais j'ai le cœur triste et plein d'amertume ; je te vois si peu, si peu, et le peu que je te vois, tu m'appartiens si peu que tous ces peus là font un tout de tristesse qui m'emplit le cœur et l'esprit. » Elle rêve de concilier indépendance et amour. « Je voudrais être à la fois indépendante et esclave, indépendante par un état qui me nourrisse et esclave de mon amour seulement. » Mais, ayant définitivement échoué dans sa carrière d'actrice, elle dut « depuis un bout de la vie jusqu'à l'autre » se résigner à n'être qu'une amante. Malgré ses efforts pour rendre service à l'idole, les heures étaient trop vides : les dix-sept mille lettres qu'elle écrivit à Hugo au rythme de trois cents à quatre cents chaque année en témoignent. Entre les visites du maître, elle ne pouvait que tuer le temps. La pire horreur, dans la condition de la femme de harem, c'est que ses jours sont des déserts d'ennui : quand le mâle n'use pas de cet objet qu'elle est pour lui, elle n'est absolument plus rien. La situation de l'amoureuse est analogue : elle ne veut être que cette femme aimée, rien d'autre n'a de prix à ses yeux. Pour exister, il lui faut donc que l'amant soit auprès d'elle, occupé par elle ; elle attend sa venue, son désir, son réveil ; et, dès qu'il l'a quittée, elle recommence à l'attendre. C'est la malédiction qui pèse sur l'héroïne de *Back Street*[1], sur celle d'*Intem-*

---

1. Fanny Hurst, *Back Street*.

*péries*[1], prêtresses et victimes de l'amour pur. C'est la dure punition infligée à qui n'a pas pris son destin entre ses propres mains.

Attendre peut être une joie ; pour celle qui guette le bien-aimé sachant qu'il accourt vers elle, sachant qu'il l'aime, l'attente est une éblouissante promesse. Mais passé l'ivresse confiante de l'amour qui change l'absence même en présence, il se mêle au vide de l'absence les tourments de l'inquiétude : l'homme peut ne plus jamais revenir. J'ai connu une femme qui à chaque rencontre accueillait son amant avec étonnement. « Je pensais que tu ne reviendrais plus », disait-elle. Et s'il demandait pourquoi : « Tu *pourrais* ne pas revenir ; quand je t'attends, j'ai toujours l'impression que je ne te reverrai plus. » Surtout il peut cesser d'aimer : il peut aimer une autre femme. Car la violence avec laquelle la femme tente de s'illusionner, disant : « Il m'aime à la folie, il ne peut aimer que moi », n'exclut pas les tortures de la jalousie. C'est le propre de la mauvaise foi de permettre des affirmations passionnées et contradictoires. Ainsi le fou qui se prend opiniâtrement pour Napoléon n'est pas embarrassé pour reconnaître qu'il est aussi garçon coiffeur. Rarement la femme consent à se demander : M'aime-t-il vraiment ? mais cent fois elle s'interroge : N'en aime t-il pas une autre ? Elle n'admet pas que la ferveur de l'amant ait pu s'éteindre peu à peu, ni qu'il accorde moins de prix qu'elle à l'amour : tout de suite, elle s'invente des rivales. Elle considère l'amour à la fois comme un sentiment libre et comme un envoûtement magique ; et elle estime que « son » mâle continue à l'aimer dans sa liberté tandis qu'il est « embobiné », « pris au piège » par une intrigante adroite. L'homme saisit la femme en tant qu'assimilée à lui, dans son immanence ; c'est pourquoi il joue facilement les Boubouroche ; il a peine à imaginer qu'elle soit aussi une autre qui lui échappe ; la jalousie n'est d'ordinaire chez lui qu'une crise passagère, comme

1. R. Lehmann, *Intempéries*.

l'amour même : il arrive que la crise soit violente et même meurtrière, mais il est rare que l'inquiétude s'installe durablement en lui. La jalousie apparaît surtout chez lui comme un dérivatif : quand ses affaires marchent mal, quand il se sent molesté par la vie, alors il se dit bafoué par sa femme[1]. Au contraire, la femme aimant l'homme dans son altérité, dans sa transcendance, se sent à chaque instant en danger. Il n'y a pas une grande distance entre la trahison de l'absence et l'infidélité. Dès qu'elle se sent mal aimée, elle devient jalouse : étant donné ses exigences, c'est toujours plus ou moins son cas ; ses reproches, ses griefs, quels qu'en soient les prétextes, se traduisent par des scènes de jalousie : c'est ainsi qu'elle exprimera l'impatience et l'ennui de l'attente, l'amer sentiment de sa dépendance, le regret de n'avoir qu'une existence mutilée. C'est toute sa destinée qui est en jeu dans chaque regard que l'homme aimé adresse à une autre femme puisqu'elle a aliéné en lui son être tout entier. Aussi s'irrite-t-elle si les yeux de son amant se tournent un instant vers une étrangère ; s'il lui rappelle qu'elle vient de contempler longuement un inconnu, elle répond avec conviction : «Ce n'est pas la même chose.» Elle a raison. Un homme regardé par une femme n'en reçoit rien : le don ne commence qu'au moment où la chair féminine se fait proie. Tandis que la femme convoitée est aussitôt métamorphosée en objet désirable et désiré ; et l'amoureuse dédaignée «retombe à l'argile ordinaire». Ainsi est-elle sans cesse aux aguets. Que fait-il ? Que regarde-t-il ? À qui parle-t-il ? Ce qu'un sourire lui a donné, un sourire peut le lui reprendre ; il suffit d'un instant pour la précipiter de «la lumière nacrée de l'immortalité» dans le crépuscule quotidien. Elle a tout reçu de l'amour, elle peut tout perdre en le perdant. Imprécise ou définie, sans fondement ou justifiée, la jalousie est pour la femme une torture affolante parce qu'elle est une

---

1. C'est ce qui ressort, entre autres, de l'ouvrage de Lagache : *Nature et formes de la jalousie.*

radicale contestation de l'amour : il faut, si la trahison est
certaine, ou bien renoncer à faire de l'amour une religion,
ou renoncer à cet amour ; c'est un bouleversement si radical
qu'on comprend que l'amoureuse doutant et s'abusant tour
à tour soit obsédée par le désir et par la crainte de découvrir
la mortelle vérité.

À la fois arrogante et anxieuse, il arrive souvent que la
femme étant sans cesse jalouse le soit toujours à faux :
Juliette Drouet connut les affres du soupçon à propos de
toutes les femmes qu'approchait Hugo, oubliant seulement
de craindre Léonie Biard, qu'il eut pendant huit ans pour
maîtresse. Dans l'incertitude, toute femme est une rivale, un
danger. L'amour tue l'amitié du fait que l'amoureuse s'enferme dans l'univers de l'homme aimé ; la jalousie exaspère
sa solitude et, par là, rend encore sa dépendance plus étroite.
Elle y trouve cependant un recours contre l'ennui : garder
un mari, c'est un travail ; garder un amant, c'est une espèce
de sacerdoce. La femme qui, perdue dans une adoration
heureuse négligeait sa personne, recommence à s'en soucier
dès qu'elle pressent une menace. Toilette, soins du foyer,
parades mondaines, deviennent les moments d'un combat.
La lutte est une activité tonique ; tant qu'elle est à peu
près sûre de vaincre, la guerrière y trouve un plaisir poignant. Mais la crainte angoissée de la défaite transforme
en une humiliante servitude le don généreusement consenti.
L'homme pour se défendre attaque. Une femme, même
orgueilleuse, est contrainte de se faire douce et passive ;
manœuvres, prudence, ruse, sourires, charme, docilité sont
ses meilleures armes. Je revois cette jeune femme à la porte
de qui je sonnai un soir à l'improviste ; je l'avais quittée
deux heures plus tôt, mal maquillée, vêtue avec négligence,
l'œil morne ; à présent, elle *l'*attendait ; quand elle m'aperçut elle reprit son visage ordinaire mais un instant j'eus le
temps de la voir, préparée pour lui, crispée dans la peur et
dans l'hypocrisie, prête à toutes les souffrances derrière son
sourire enjoué ; elle était coiffée avec soin, un fard insolite

animait ses joues et ses lèvres, une blouse de dentelle d'une blancheur éclatante la déguisait. Habits de fête, armes de combat. Les masseurs, les visagistes, les «esthéticiens» savent quel tragique sérieux leurs clientes apportent à des soins qui semblent futiles ; il faut inventer pour l'amant des séductions neuves, il faut devenir cette femme qu'il souhaite rencontrer et posséder. Mais tout effort est vain : elle ne ressuscitera pas en elle cette image de l'Autre qui l'avait d'abord attiré, qui peut l'attirer chez une autre. Il y a chez l'amant la même duplice et impossible exigence que chez le mari : il veut sa maîtresse absolument sienne et pourtant étrangère ; il la veut conforme exactement à son rêve et différente de tout ce qu'invente son imagination, une réponse à son attente et une surprise imprévue. Cette contradiction déchire la femme et la voue à l'échec. Elle essaie de se modeler sur le désir de l'amant ; beaucoup de femmes qui s'étaient épanouies dans les premiers temps d'un amour qui confirmait leur narcissisme effraient par une servilité maniaque lorsqu'elles se sentent moins aimées ; obsédées, appauvries, elles irritent l'amant ; se donnant à lui aveuglément, la femme a perdu cette dimension de liberté qui la rendait d'abord fascinante. Il cherchait en elle son reflet : mais s'il le retrouve trop fidèlement, il s'ennuie. Un des malheurs de l'amoureuse, c'est que son amour même la défigure, l'anéantit ; elle n'est plus que cette esclave, cette servante, ce miroir trop docile, cet écho trop fidèle. Quand elle s'en rend compte, sa détresse lui ôte encore du prix ; dans les larmes, les revendications, les scènes, elle achève de perdre tout attrait. Un existant est ce qu'il fait ; pour être, elle s'est fiée à une conscience étrangère et elle a renoncé à rien faire. «Je ne sais qu'aimer», écrit Julie de Lespinasse. *Moi qui ne suis qu'amour* : ce titre de roman[1] est la devise de l'amoureuse ; elle n'est qu'amour et, quand l'amour est privé de son objet, elle n'est plus rien.

1. Par Dominique Rolin.

Souvent elle comprend son erreur; alors elle essaie de réaffirmer sa liberté, de retrouver son altérité; elle devient coquette. Désirée par d'autres hommes, elle intéresse à nouveau l'amant blasé : c'est le thème rebattu de maints romans «rosses»; l'éloignement suffit parfois à lui rendre du prestige; Albertine paraît fade quand elle est présente et docile; à distance elle redevient mystérieuse et Proust jaloux la valorise à nouveau. Mais ces manœuvres sont délicates; si l'homme les perce à jour, elles ne font que lui révéler dérisoirement la servitude de son esclave. Et leur réussite même n'est pas sans danger : c'est parce qu'elle est sienne que l'amant dédaigne sa maîtresse, mais c'est parce qu'elle est sienne qu'il lui est attaché; est-ce le dédain, est-ce l'attachement que ruinera une infidélité? Il se peut que, dépité, l'homme se détourne de l'indifférente : il la veut libre, soit; mais il la veut donnée. Elle connaît ce risque : sa coquetterie en est paralysée. Il est presque impossible à une amoureuse de jouer adroitement ce jeu; elle a trop peur d'être prise à son piège. Et dans la mesure où elle révère encore son amant, elle répugne à le duper : comment demeurerait-il à ses yeux un dieu? si elle gagne la partie, elle détruit son idole; si elle la perd, elle se perd elle-même. Il n'y a pas de salut.

Une amoureuse prudente — mais ces deux mots jurent ensemble — s'efforce de convertir la passion de l'amant en tendresse, en amitié, en habitude; ou elle essaie de l'attacher par des liens solides : un enfant, un mariage; ce désir du mariage hante quantité de liaisons : c'est celui de la sécurité; la maîtresse adroite profite de la générosité du jeune amour pour prendre une assurance sur l'avenir : mais quand elle se livre à ces spéculations, elle ne mérite plus le nom d'amoureuse. Car celle-ci rêve follement de capter à jamais la liberté de l'amant, mais non de l'annihiler. Et c'est pourquoi, sauf le cas très rare où le libre engagement se perpétue pendant toute une vie, l'amour-religion conduit à la catastrophe. Avec Mora, Mlle de Lespinasse eut la chance de se lasser la première : elle se lassa parce qu'elle avait rencontré Guibert qui en retour fut prompt à se lasser d'elle. L'amour de Mme d'Agoult et de Liszt mourut de cette dialectique implacable : la fougue, la vitalité, l'ambition qui rendaient Liszt si aimable le vouaient à d'autres amours. La religieuse portugaise ne pouvait qu'être abandonnée. La flamme qui rendait d'Annunzio si captivant[1] avait pour rançon son infidélité. Une rupture peut marquer profondément un homme : mais, enfin, il a sa vie d'homme à mener. La femme délaissée n'est plus rien, n'a plus rien. Si on lui demande : « Comment viviez-vous, avant ? » elle ne s'en souvient même plus. Ce monde qui était sien, elle l'a laissé tomber en cendres pour adopter une nouvelle patrie dont elle est brusquement chassée ; elle a renié toutes les valeurs auxquelles elle croyait, brisé ses amitiés ; elle se retrouve sans toit sur sa tête, et tout autour d'elle c'est le désert. Comment recommencerait-elle une nouvelle vie puisque en dehors de l'aimé il n'y a rien ? Elle se réfugie dans des délires comme naguère dans le cloître ; ou si elle est trop raisonnable, il ne lui reste qu'à mourir : très vite, comme Mlle de Lespinasse, ou à petit feu ; l'agonie peut durer longtemps. Quand pendant dix ans, vingt ans, une femme s'est vouée à un homme corps et âme, quand il s'est maintenu fermement sur le piédestal où elle l'a haussé, son abandon est une catastrophe foudroyante. « Que puis-je faire ? demandait cette femme de quarante ans, que puis-je faire si Jacques ne m'aime plus ? » Elle s'habillait, se coiffait, se maquillait avec minutie ; mais son visage durci, déjà défait, ne pouvait plus guère susciter un amour neuf ; elle-même, après vingt années passées dans l'ombre d'un homme, pouvait-elle en aimer un autre ? Il reste encore beaucoup d'années à vivre quand on a quarante ans. Je revois cette autre femme qui avait gardé de beaux yeux, des traits nobles malgré une face bouffie de souffrance et qui laissait, sans même s'en apercevoir, les larmes

1. Au dire d'Isadora Duncan.

couler sur ses joues en public, aveugle, sourde. Maintenant le dieu dit à une autre les mots inventés pour elle ; reine détrônée, elle ne sait plus si elle a jamais régné sur un vrai royaume. Si la femme est encore jeune, elle a des chances de guérir : un nouvel amour la guérira ; parfois, elle s'y donnera avec un peu plus de réserve, comprenant que ce qui n'est pas unique ne saurait être absolu ; mais souvent elle s'y brisera avec plus de violence encore que la première fois, parce qu'il lui faudra racheter aussi sa défaite passée. L'échec de l'amour absolu n'est une épreuve féconde que si la femme est capable de se reprendre en main ; séparée d'Abélard, Héloïse ne fut pas une épave parce que dirigeant une abbaye elle se construisit une existence autonome. Les héroïnes de Colette ont trop d'orgueil et de ressources pour se laisser briser par une déception amoureuse : Renée Méré se sauve par le travail Et « Sido » disait à sa fille qu'elle ne s'inquiétait pas trop de son destin sentimental parce qu'elle savait que Colette était autre chose encore qu'une amoureuse. Mais il y a peu de crimes qui entraînent pire punition que cette faute généreuse : se remettre tout entière entre des mains autres.

L'amour authentique devrait être fondé sur la reconnaissance réciproque de deux libertés ; chacun des amants s'éprouverait alors comme soi-même et comme l'autre ; aucun n'abdiquerait sa transcendance, aucun ne se mutilerait ; tous deux dévoileraient ensemble dans le monde des valeurs et des fins. Pour l'un et l'autre l'amour serait révélation de soi-même par le don de soi et enrichissement de l'univers. Dans son ouvrage sur *La Connaissance de soi*, George Gusdorf résume très exactement ce que *l'homme* demande à l'amour :

L'amour nous révèle à nous-mêmes en nous faisant sortir de nous-mêmes. Nous nous affirmons au contact de ce qui nous est étranger et complémentaire. L'amour comme forme de la connaissance découvre de nouveaux cieux et de nouvelles terres dans le paysage même où nous

avons toujours vécu. Ici le grand secret : le monde est autre, moi-même
*je suis autre*. Et je ne suis plus seul à le savoir. Mieux même : c'est quelqu'un qui me l'a appris. La femme joue donc un rôle indispensable et
capital dans la conscience que l'homme prend de lui-même.

De là vient l'importance que revêt pour le jeune homme
l'apprentissage amoureux[1] ; on a vu comme Stendhal, Malraux s'émerveillent du miracle qui fait que « moi-même je
suis autre ». Mais Gusdorf a tort d'écrire : « Et *pareillement*
l'homme représente pour la femme un intermédiaire indispensable d'elle-même à elle-même », car aujourd'hui sa
situation n'est pas *pareille* ; l'homme est révélé sous une
figure autre mais il demeure soi-même et son visage neuf
est intégré à l'ensemble de sa personnalité. Il n'en serait de
même pour la femme que si elle existait aussi essentiellement comme pour-soi ; ce qui impliquerait qu'elle possédât
une indépendance économique, qu'elle se projetât vers des
buts propres et se dépassât sans intermédiaire vers la collectivité. Alors des amours à égalité sont possibles, tel celui
que Malraux décrit entre Kyo et May. Il se peut même que
la femme joue le rôle viril et dominateur comme Mme de
Warens en face de Rousseau, Léa en face de Chéri. Mais,
dans la majorité des cas, la femme ne se connaît que comme
autre : son pour-autrui se confond avec son être même ;
l'amour n'est pas pour elle un intermédiaire de soi à soi
parce qu'elle ne se retrouve pas dans son existence subjective ; elle demeure engloutie dans cette amante que l'homme
a non seulement révélée mais créée ; son salut dépend de
cette liberté despotique qui l'a fondée et qui peut en un instant l'anéantir. Elle passe sa vie à trembler devant celui qui
tient son destin entre ses mains sans tout à fait le savoir,
sans tout à fait le vouloir ; elle est en danger dans un autre,
témoin angoissé et impuissant de son propre destin. Tyran
malgré lui, malgré lui bourreau, cet autre en dépit d'elle et
de lui a un visage ennemi : au lieu de l'union cherchée,

1. Voir vol. Ier.

l'amoureuse connaît la plus amère des solitudes, au lieu de la complicité, la lutte et souvent la haine. L'amour chez la femme est une suprême tentative pour surmonter en l'assumant la dépendance à laquelle elle est condamnée ; mais même consentie la dépendance ne saurait se vivre que dans la peur et la servilité.

Les hommes ont proclamé à l'envi que l'amour est pour la femme son suprême accomplissement. « Une femme qui aime en femme n'en devient que plus profondément femme », dit Nietzsche ; et Balzac : « Dans l'ordre élevé, la vie de l'homme est la gloire, la vie de la femme est l'amour. La femme n'est égale à l'homme qu'en faisant de sa vie une perpétuelle offrande, comme celle de l'homme est une perpétuelle action. » Mais c'est encore là une cruelle mystification puisque, ce qu'elle offre, ils ne se soucient aucunement de l'accepter. L'homme n'a pas besoin du dévouement inconditionné qu'il réclame, ni de l'amour idolâtre qui flatte sa vanité ; il ne les accueille qu'à condition de ne pas satisfaire aux exigences que réciproquement ces attitudes impliquent. Il prêche à la femme de donner : et ses dons l'excèdent ; elle se retrouve tout embarrassée de ses inutiles cadeaux, tout embarrassée de sa vaine existence. Le jour où il sera possible à la femme d'aimer dans sa force, non dans sa faiblesse, non pour se fuir, mais pour se trouver, non pour se démettre, mais pour s'affirmer, alors l'amour deviendra pour elle comme pour l'homme source de vie et non mortel danger. En attendant, il résume sous sa figure la plus pathétique la malédiction qui pèse sur la femme enfermée dans l'univers féminin, la femme mutilée, incapable de se suffire à soi-même. Les innombrables martyres de l'amour ont témoigné contre l'injustice d'une destinée qui leur propose comme ultime salut un stérile enfer.

# CHAPITRE XIII

# *La mystique*

L'amour a été assigné à la femme comme sa suprême vocation et, quand elle l'adresse à un homme, en lui elle recherche Dieu : si les circonstances lui interdisent l'amour humain, si elle est déçue ou exigeante, c'est en Dieu même qu'elle choisira d'adorer la divinité. Certes, il y a eu des hommes qui ont aussi brûlé de cette flamme ; mais ils sont rares et leur ferveur revêtait une figure intellectuelle fort épurée. Au lieu que les femmes qui s'abandonnent aux délices des épousailles célestes sont légion : et elles les vivent d'une manière étrangement affective. La femme est accoutumée à vivre à genoux, normalement, elle attend que son salut descende du ciel où trônent les mâles ; eux aussi sont enveloppés de nuées : c'est par-delà les voiles de leur présence charnelle que leur majesté se révèle. L'Aimé est toujours plus ou moins absent ; il communique avec son adoratrice par des signes ambigus ; elle ne connaît son cœur que par un acte de foi ; et plus il lui apparaît comme supérieur, plus ses conduites lui semblent impénétrables. On a vu que dans l'érotomanie cette foi résistait à tous les démentis. La femme n'a pas besoin de voir ni de toucher pour sentir à ses côtés la Présence. Qu'il s'agisse d'un médecin, d'un prêtre ou de Dieu, elle connaîtra les mêmes incontestables évidences, elle accueillera en esclave dans son cœur les flots d'un amour qui tombe d'en haut. Amour humain, amour divin se confondent, non parce que celui-ci serait une sublimation de celui-là, mais parce que le premier est aussi un mouvement vers un transcendant, vers l'absolu. Il s'agit en tout cas pour l'amoureuse de sauver son existence contingente en l'unissant au Tout incarné en une Personne souveraine.

Cette équivoque est flagrante dans de nombreux cas — pathologiques ou normaux — où l'amant est divinisé, où Dieu revêt des traits humains. Je citerai seulement celui-ci que rapporte Ferdière dans son ouvrage sur l'érotomanie. C'est la malade qui parle :

En 1923, j'ai correspondu avec un journaliste de *La Presse* ; chaque jour, je lisais ses articles de morale, je lisais entre les lignes ; il me semblait qu'il me répondait, qu'il me donnait des conseils ; je faisais des lettres d'amour ; je lui écrivais beaucoup... En 1924, ça m'est venu brusquement : il me semblait que Dieu cherchait une femme, qu'il allait venir me parler ; j'avais l'impression qu'il m'avait donné une mission, qu'il m'avait choisie pour fonder un temple ; je me croyais le centre d'une agglomération très importante où il y aurait des femmes que soigneraient des docteurs... C'est à ce moment-là que... j'ai été transférée à l'asile de Clermont... Il y avait là des jeunes docteurs qui voulaient refaire le monde : dans mon cabanon, je sentais leurs baisers sur mes doigts, je sentais dans mes mains leurs organes sexuels ; une fois, ils m'ont dit : « Tu n'es pas sensible, mais sensuelle ; retourne-toi » ; je me suis retournée et je les ai sentis en moi : c'était très agréable... Le chef de service, le docteur D..., était comme un dieu ; je sentais bien qu'il y avait quelque chose quand il venait près de mon lit ; il me regardait d'un air de dire : je suis tout à toi. Il m'aimait vraiment : un jour, il m'a regardée avec insistance d'une façon vraiment extraordinaire... ses yeux, de verts sont devenus bleus comme le ciel ; ils se sont grandis intensément d'une façon formidable... il regardait l'effet produit tout en parlant à une autre malade et il souriait... et je suis restée ainsi bloquée là-dessus, bloquée sur le docteur D..., un clou ne chasse pas l'autre et malgré tous mes amants (j'en ai eu quinze ou seize), je n'ai pu me séparer de lui ; c'est par là qu'il est coupable... Depuis plus de douze ans, j'ai toujours eu des conversations mentales avec lui... quand je voulais l'oublier, il se manifestait de nouveau... il était parfois un peu moqueur... « Tu vois, je te fais peur, disait-il encore, tu pourras en aimer d'autres, mais tu me reviendras toujours... » Je lui écrivais fréquemment des lettres, lui fixant même des rendez-vous auxquels je me rendais. L'année passée, je suis allée le voir ; il s'est composé une attitude ; il n'y avait pas de chaleur ; je me suis sentie toute bête et je suis partie… On me dit bien qu'il a épousé une autre femme, mais il m'aimera toujours… c'est mon époux et pourtant l'acte ne s'est jamais passé, l'acte qui ferait la soudure… «Abandonne tout, dit-il parfois, avec moi tu monteras toujours, tu ne seras pas comme un être de la terre.» Vous voyez : chaque fois que je cherche Dieu, je trouve un homme ; je ne sais plus maintenant vers quelle religion me tourner.

Il s'agit ici d'un cas pathologique. Mais on rencontre chez beaucoup de dévotes cette inextricable confusion entre l'homme et Dieu. C'est surtout le confesseur qui occupe entre ciel et terre une place équivoque. Il écoute avec des oreilles charnelles la pénitente qui lui exhibe son âme, mais c'est une lumière surnaturelle qui brille dans le regard dont il l'enveloppe ; c'est un homme divin, c'est Dieu présent sous l'apparence d'un homme. Mme Guyon décrit en ces termes sa rencontre avec le père La Combe : «Il me sembla qu'une influence de grâce venait de lui à moi par le plus intime de l'âme et retournait de moi à lui de sorte qu'il éprouvait le même effet.» C'est l'intervention du religieux qui l'arracha à la sécheresse dont elle souffrait depuis des années et qui embrasa à nouveau son âme de ferveur. Elle vécut à ses côtés pendant toute sa grande période mystique. Et elle avoue : «Ce n'était plus qu'une entière unité, cela de manière que *je ne pouvais plus le distinguer de Dieu.*» Il serait trop sommaire de dire qu'elle était amoureuse en vérité d'un homme et qu'elle feignait d'aimer Dieu : elle aimait aussi cet homme parce qu'il était à ses yeux autre chose que lui-même. Tout comme la malade de Ferdière, ce qu'elle cherchait indistinctement à atteindre, c'était la source suprême des valeurs. C'est là ce que vise toute mystique. L'intermédiaire mâle lui est parfois utile pour prendre son élan vers le désert du ciel ; mais il n'est pas indispensable. Distinguant mal la réalité du jeu, l'acte de la conduite magique, l'objet et l'imaginaire, la femme est singulièrement apte à présentifier à travers son corps une absence. Ce

qui est beaucoup moins humoristique, c'est d'identifier
comme on l'a fait parfois mysticisme et érotomanie : l'éro-
tomane se sent valorisée par l'amour d'un être souverain ;
c'est celui-ci qui prend l'initiative du rapport amoureux, il
aime plus passionnément qu'il n'est aimé ; il fait connaître
ses sentiments par des signes évidents mais secrets ; il est
jaloux et s'irrite du manque de ferveur de l'élue : il n'hésite
pas alors à la punir ; il ne se manifeste presque jamais sous
une figure charnelle et concrète. Tous ces traits se retrouvent chez les mystiques ; en particulier, Dieu chérit de toute
éternité l'âme qu'il embrase de son amour, il a versé son
sang pour elle, il lui prépare de splendides apothéoses ; tout
ce qu'elle peut faire c'est s'abandonner sans résistance à ses
feux.

On admet aujourd'hui que l'érotomanie revêt une figure
tantôt platonique, tantôt sexuelle. De même le corps a plus
ou moins de part dans les sentiments que la mystique voue
à Dieu. Ses effusions sont calquées sur celles que connaissent les amants terrestres. Tandis qu'Angèle de Foligno
contemplait une image du Christ serrant saint François
dans ses bras, il lui dit : « Voilà comme je te tiendrai serrée,
et beaucoup plus qu'on ne le peut voir des yeux du corps...
je ne te quitterai jamais si tu m'aimes. » Mme Guyon écrit :
« L'amour ne me laissait pas un instant de repos. Je lui
disais : Ô mon amour, c'est assez, laissez-moi. » « Je veux
l'amour qui traverse l'âme de frissons ineffables, l'amour
qui me met en pâmoison... » « Ô mon Dieu ! si vous fai-
siez sentir aux femmes les plus sensuelles ce que je sens,
elles quitteraient bientôt leurs faux plaisirs pour jouir d'un
bien si véritable. » On connaît la célèbre vision de sainte
Thérèse :

L'ange tenait dans ses mains un long dard doré. De temps en temps,
il le plongeait dans mon cœur et le poussait jusque dans mes entrailles.
Lorsqu'il retirait le dard, c'était comme s'il allait m'arracher les
entrailles et j'en restais tout enflammée d'amour divin... Ce dont je suis

certaine, c'est que la douleur pénètre jusqu'au fond même des entrailles et il me semble que celles-ci se déchirent lorsque mon époux spirituel retire la flèche sur laquelle il les a transpercées.

On prétend parfois avec piété que la pauvreté du langage oblige la mystique à emprunter ce vocabulaire érotique ; mais elle ne dispose aussi que d'un seul corps, et elle emprunte à l'amour terrestre non seulement des mots mais des attitudes physiques ; elle a pour s'offrir à Dieu les mêmes conduites que lorsqu'elle s'offre à un homme. Cela ne diminue d'ailleurs en rien la valeur de ses sentiments. Quand Angèle de Foligno devient tour à tour : « pâle et sèche » ou « grasse et rubiconde », selon les mouvements de son cœur, quand elle se répand en déluges de larmes [1], quand elle tombe de son haut, on ne peut guère considérer ces phénomènes comme purement « spirituels », mais les expliquer seulement par son excessive « émotivité » c'est invoquer la « vertu dormitive » du pavot ; le corps n'est jamais la *cause* des expériences subjectives puisqu'il est sous sa figure objective le sujet lui-même : celui-ci vit ses attitudes dans l'unité de son existence. Adversaires et admirateurs des mystiques pensent que donner un contenu sexuel aux extases de sainte Thérèse, c'est la ravaler au rang d'une hystérique. Mais ce qui diminue le sujet hystérique, ce n'est pas le fait que son corps exprime activement ses obsessions : c'est qu'il soit obsédé, c'est que sa liberté soit envoûtée et annulée ; la maîtrise qu'un fakir acquiert sur son organisme ne l'en rend pas l'esclave ; la mimique corporelle peut être enveloppée dans l'élan d'une liberté. Les textes de sainte Thérèse ne prêtent guère à équivoque et ils justifient la statue du Bernin qui nous montre la sainte pâmée dans les excès d'une foudroyante volupté ; il n'en serait pas moins faux d'interpréter ses émotions comme une simple « sublimation sexuelle » ; il n'y a pas d'abord un désir sexuel inavoué qui prend figure

---

1. « Les larmes brûlaient ses joues au point qu'elle devait y appliquer de l'eau froide », rapporte un de ses biographes.

d'amour divin; l'amoureuse elle-même n'est pas d'abord la proie d'un désir sans objet qui se fixerait ensuite sur un individu; c'est la présence de l'amant qui suscite en elle un trouble immédiatement intentionné vers lui; ainsi, d'un seul mouvement, sainte Thérèse cherche à s'unir à Dieu et vit cette union dans son corps; elle n'est pas l'esclave de ses nerfs et de ses hormones : il faut plutôt admirer en elle l'intensité d'une foi qui pénètre au plus intime de sa chair. En vérité, comme sainte Thérèse elle-même l'avait compris, la valeur d'une expérience mystique se mesure non d'après la manière dont elle a été subjectivement vécue, mais d'après sa portée objective. Les phénomènes de l'extase sont à peu près les mêmes chez sainte Thérèse ou chez Marie Alacoque : l'intérêt de leur message est fort différent. Sainte Thérèse pose d'une manière tout intellectuelle le dramatique problème du rapport entre l'individu et l'Être transcendant; elle a vécu en femme une expérience dont le sens dépasse toute spécification sexuelle; il faut la ranger à côté de saint Jean de la Croix. Mais elle est une éclatante exception. Ce que nous livrent ses sœurs mineures c'est une vision essentiellement féminine du monde et du salut; ce n'est pas un transcendant qu'elles visent : c'est la rédemption de leur féminité[1].

La femme cherche d'abord dans l'amour divin ce que l'amoureuse demande à celui de l'homme : l'apothéose de son narcissisme; c'est pour elle une miraculeuse aubaine que ce souverain regard attentivement, amoureusement fixé sur elle. À travers sa vie de jeune fille, de jeune femme, Mme Guyon avait toujours été tourmentée du désir d'être aimée et admirée. Une mystique protestante moderne, Mlle Vée, écrit : « Rien ne me rend malheureuse comme de n'avoir personne s'intéressant à moi d'une façon spéciale et sympathique à ce qui se passe en moi. » Mme Krüdener

---

1. Chez Catherine de Sienne, les préoccupations théologiques gardent cependant beaucoup d'importance. Elle est, elle aussi, d'un type assez viril.

s'imaginait que Dieu était sans cesse occupé d'elle, au point que, raconte Sainte-Beuve, «dans ses moments les plus décisifs avec son amant elle gémit : Mon Dieu que je suis heureuse ! Je vous demande pardon de l'excès de mon bonheur !». On comprend l'ivresse qui envahit le cœur de la narcissiste quand le ciel tout entier devient son miroir ; son image divinisée est infinie comme Dieu même, elle ne s'éteindra jamais ; et en même temps elle sent dans sa poitrine brûlante, palpitante, noyée d'amour, son âme créée, rachetée, chérie par l'adorable Père ; c'est son double, c'est elle-même qu'elle étreint, infiniment magnifiée par la médiation de Dieu. Ces textes de sainte Angèle de Foligno sont particulièrement significatifs. Voici comme Jésus lui parle :

Ma douce fille, ma fille, mon aimée, mon temple. Ma fille, mon aimée, *aime-moi car je t'aime*, beaucoup, beaucoup plus que tu ne peux m'aimer. Toute ta vie : ton manger, ton boire, ton dormir, toute ta vie me plaît. Je ferai en toi de grandes choses aux yeux des nations ; en toi, je serai connu et en toi mon nom sera loué par un grand nombre de peuples. Ma fille, mon épouse qui m'es douce, je t'aime beaucoup.

Et encore :

Ma fille qui m'es beaucoup plus douce que je ne te suis doux, mes délices, le cœur de Dieu tout-puissant est maintenant sur ton cœur... Le Dieu tout-puissant a déposé en toi beaucoup d'amour, *plus qu'en aucune femme de cette ville* ; il a fait de toi ses délices.

Une autre fois :

Je te porte un tel amour que je ne me soucie plus de tes défaillances et que mes yeux ne les regardent plus. J'ai déposé en toi un grand trésor.

L'élue ne saurait manquer de répondre avec passion à des déclarations si ardentes et qui tombent de si haut. Elle essaie de rejoindre l'amant par la technique habituelle chez l'amoureuse : par l'anéantissement. «Je n'ai qu'une seule affaire qui est d'aimer, m'oublier, et m'anéantir», écrit Marie

Alacoque. L'extase mime corporellement cette abolition du moi ; le sujet ne voit, ne sent plus, il oublie son corps, le renie. Par la violence de cet abandon, par l'acceptation éperdue de la passivité est indiquée en creux l'éblouissante et souveraine Présence. Le quiétisme de Mme Guyon érigeait cette passivité en système : quant à elle, elle passait une grande partie de son temps dans une sorte de catalepsie ; elle dormait tout éveillée.

La plupart des mystiques ne se contentent pas de s'abandonner passivement à Dieu : elles s'appliquent activement à s'anéantir par la destruction de leur chair. Certes, l'ascétisme a été pratiqué aussi par les moines et les religieux. Mais l'acharnement que met la femme à bafouer sa chair prend des caractères singuliers. On a vu combien l'attitude de la femme à l'égard de son corps est ambiguë : c'est à travers l'humiliation et la souffrance qu'elle le métamorphose en gloire. Livrée à un amant comme chose à plaisir, elle devient temple, idole ; déchirée par les douleurs de l'accouchement, elle crée des héros. La mystique va torturer sa chair pour avoir le droit de la revendiquer, la réduisant à l'abjection, elle l'exalte comme instrument de son salut. Ainsi s'expliquent les étranges excès auxquels se sont livrées certaines saintes. Sainte Angèle de Foligno raconte qu'elle but avec délices l'eau dans laquelle elle venait de laver les mains et les pieds des lépreux :

> Ce breuvage nous inonda d'une telle suavité que la joie nous suivit et nous ramena chez nous. Jamais je n'avais bu avec de pareilles délices. Il s'était arrêté dans mon gosier un morceau de peau écailleuse sortie des plaies du lépreux. Au lieu de le rejeter, je fis de grands efforts pour l'avaler et j'y réussis. Il me sembla que je venais de communier. Jamais je n'exprimerai les délices dont j'étais noyée.

On sait que Marie Alacoque nettoya de sa langue les vomissements d'une malade ; elle décrit dans son autobiographie le bonheur qu'elle ressentit quand elle eut rempli sa bouche des excréments d'un homme atteint de diarrhée ;

Jésus la récompensa en maintenant pendant trois heures ses lèvres collées contre son Sacré-Cœur. C'est surtout dans les pays d'une ardente sensualité comme l'Italie et l'Espagne que la dévotion prend des couleurs charnelles : dans un village des Abruzzes, les femmes aujourd'hui encore déchirent leurs langues au long d'un chemin de croix en léchant les cailloux du sol. En toutes ces pratiques, elles ne font qu'imiter le Rédempteur qui sauva la chair par l'avilissement de sa propre chair : c'est d'une manière beaucoup plus concrète que les mâles qu'elles sont sensibles à ce grand mystère.

C'est sous la figure de l'époux que Dieu apparaît le plus volontiers à la femme ; parfois il se découvre dans sa gloire, éblouissant de blancheur et de beauté, dominateur ; il la revêt d'une robe de noces, il la couronne, la prend par la main et lui promet une céleste apothéose. Mais le plus souvent il est un être de chair : l'alliance que Jésus avait donnée à sainte Catherine et qu'elle portait, invisible, à son doigt, c'était cet «anneau de chair» que lui avait retranché la Circoncision. Surtout, il est un corps maltraité et sanglant : c'est dans la contemplation du Crucifié qu'elle se noie avec le plus de ferveur ; elle s'identifie à la Vierge Mère tenant dans ses bras la dépouille de son Fils, ou à Madeleine debout au pied de la croix et qu'arrose le sang du Bien-Aimé. Ainsi assouvit-elle des fantasmes sadomasochistes. Dans l'humiliation du Dieu, elle admire la déchéance de l'Homme ; inerte, passif, couvert de plaies, le crucifié est l'image inversée de la martyre blanche et rouge offerte aux fauves, aux poignards, aux mâles, et à qui la petite fille s'est si souvent identifiée : elle est bouleversée de trouble en voyant que l'Homme, l'Homme-Dieu a assumé son rôle. C'est elle qui est couchée sur le bois, promise à la splendeur de la Résurrection. C'est elle : elle le prouve ; son front saigne sous la couronne d'épines, ses mains, ses pieds, son flanc sont transpercés par un invisible fer. Sur les trois cent vingt et un stigmatisés que compte l'Église catholique, il y a quarante-sept hommes seulement ; les autres — Hélène de Hongrie, Jeanne de la

Croix, G. d'Osten, Osane de Mantoue, Claire de Mont-falcon — ce sont des femmes, qui ont en moyenne dépassé l'âge de la ménopause. La plus célèbre, Catherine Emmerich, fut marquée prématurément. À l'âge de vingt-quatre ans, ayant souhaité les souffrances de la couronne d'épines, elle vit venir à elle un jeune homme éblouissant qui lui enfonça cette couronne sur la tête. Le lendemain, ses tempes et son front enflèrent, du sang se mit à couler. Quatre ans plus tard, en extase, elle vit le Christ avec ses plaies d'où partaient des rayons pointus comme de fines lames et qui fit jaillir des gouttes de sang des mains, des pieds, du flanc de la sainte. Elle avait des sueurs de sang, elle crachait le sang. À présent encore, chaque vendredi saint, Thérèse Neumann tourne elle aussi vers ses visiteurs un visage ruisselant du sang du Christ. Dans les stigmates s'achève la mystérieuse alchimie qui change la chair en gloire puisqu'ils sont, sous la forme d'une sanglante douleur, la présence même de l'amour divin. On comprend assez pourquoi les femmes s'attachent singulièrement à la métamorphose du flux rouge en pure flamme d'or. Elles ont la hantise de ce sang qui s'échappe du flanc du roi des hommes. Sainte Catherine de Sienne en parle dans presque toutes ses lettres. Angèle de Foligno s'abîmait dans la contemplation du cœur de Jésus et de la plaie béante de son côté. Catherine Emmerich revêtait une chemise rouge afin de ressembler à Jésus quand il était pareil « à un linge trempé dans du sang »; elle voyait toutes choses « à travers le sang de Jésus ». Marie Alacoque, on a vu en quelles circonstances, s'abreuva pendant trois heures au Sacré-Cœur de Jésus. C'est elle qui proposa à l'adoration des fidèles l'énorme caillot rouge nimbé des dards flamboyants de l'amour. C'est là l'emblème qui résume le grand rêve féminin : du sang à la gloire par l'amour.

Extases, visions, dialogues avec Dieu, cette expérience intérieure suffit à certaines femmes. D'autres éprouvent le besoin de la communiquer au monde à travers des actes. Le lien de l'action à la contemplation prend deux formes très

différentes. Il y a des femmes d'action comme sainte Catherine, sainte Thérèse, Jeanne d'Arc, qui savent fort bien quels
buts elles se proposent et qui inventent lucidement les
moyens de les atteindre : leurs révélations ne font que donner une figure objective à leurs certitudes ; elles les encouragent à suivre les chemins qu'elles se sont tracés avec
précision. Il y a des femmes narcissistes comme Mme Guyon,
Mme Krüdener, qui, à bout de silencieuse ferveur, se sentent soudain « dans un état apostolique [1] ». Elles ne sont pas
très précises sur leurs tâches ; et — tout comme les dames
d'œuvres en mal d'agitation — elles se soucient peu de ce
qu'elles font pourvu que ce soit *quelque chose*. C'est ainsi
qu'après s'être exhibée en ambassadrice, en romancière,
Mme Krüdener intériorisa l'idée qu'elle se faisait de ses
mérites : ce n'est pas pour faire triompher des idées définies, c'est pour se confirmer dans son rôle d'inspirée de
Dieu qu'elle prit en main le destin d'Alexandre Ier. S'il suffit souvent d'un peu de beauté et d'intelligence pour que la
femme se sente revêtue d'un caractère sacré, à plus forte raison quand elle se sait l'élue de Dieu, elle se pense chargée
de mission : elle prêche des doctrines incertaines, elle fonde
volontiers des sectes, ce qui lui permet d'opérer, à travers
les membres de la collectivité qu'elle inspire, une enivrante
multiplication de sa personnalité.

La ferveur mystique comme l'amour et le narcissisme
même peuvent être intégrés à des vies actives et indépendantes. Mais en soi ces efforts de salut individuel ne sauraient aboutir qu'à des échecs ; ou la femme se met en
rapport avec un irréel : son double, ou Dieu ; ou elle crée un
irréel rapport avec un être réel ; elle n'a en tout cas pas de
prise sur le monde ; elle ne s'évade pas de sa subjectivité ; sa
liberté demeure mystifiée ; il n'est qu'une manière de l'accomplir authentiquement : c'est de la projeter par une action
positive dans la société humaine.

1. Mme Guyon.

*Quatrième partie*

# VERS LA LIBÉRATION

# CHAPITRE XIV

## *La femme indépendante*

Le code français ne range plus l'obéissance au nombre des devoirs de l'épouse et chaque citoyenne est devenue une électrice; ces libertés civiques demeurent abstraites quand elles ne s'accompagnent pas d'une autonomie économique; la femme entretenue — épouse ou courtisane — n'est pas affranchie du mâle parce qu'elle a dans les mains un bulletin de vote; si les mœurs lui imposent moins de contraintes qu'autrefois, ces licences négatives n'ont pas modifié profondément sa situation; elle reste enfermée dans sa condition de vassale. C'est par le travail que la femme a en grande partie franchi la distance qui la séparait du mâle; c'est le travail qui peut seul lui garantir une liberté concrète. Dès qu'elle cesse d'être une parasite, le système fondé sur sa dépendance s'écroule; entre elle et l'univers il n'est plus besoin d'un médiateur masculin. La malédiction qui pèse sur la femme vassale, c'est qu'il ne lui est permis de rien faire: alors, elle s'entête dans l'impossible poursuite de l'être à travers le narcissisme, l'amour, la religion; productrice, active, elle reconquiert sa transcendance; dans ses projets elle s'affirme concrètement comme sujet; par son rapport avec le but qu'elle poursuit, avec l'argent et les droits qu'elle s'approprie, elle éprouve sa responsabilité. Beaucoup de femmes ont conscience de ces avantages,

même parmi celles qui exercent les métiers les plus modestes.
J'ai entendu une femme de journée, en train de laver le carreau d'un hall d'hôtel, qui déclarait : « Je n'ai jamais rien
demandé à personne. Je suis arrivée toute seule. » Elle était
aussi fière de se suffire qu'un Rockefeller. Cependant il ne
faudrait pas croire que la simple juxtaposition du droit de
vote et d'un métier soit une parfaite libération : le travail
aujourd'hui n'est pas la liberté. C'est seulement dans un
monde socialiste que la femme en accédant à l'un s'assure-
rait l'autre. La majorité des travailleurs sont aujourd'hui
des exploités. D'autre part, la structure sociale n'a pas
été profondément modifiée par l'évolution de la condition
féminine ; ce monde qui a toujours appartenu aux hommes
conserve encore la figure qu'ils lui ont imprimée. Il ne faut
pas perdre de vue ces faits d'où la question du travail féminin tire sa complexité. Une dame importante et bien pensante a fait récemment une enquête auprès des ouvrières des
usines Renault : elle affirme que celles-ci préféreraient rester au foyer plutôt que de travailler à l'usine. Sans doute,
elles n'accèdent à l'indépendance économique qu'au sein
d'une classe économiquement opprimée ; et d'autre part les
tâches accomplies à l'usine ne les dispensent pas des corvées du foyer[1]. Si on leur avait proposé de choisir entre quarante heures de travail hebdomadaire à l'usine *ou* dans
la maison, elles auraient sans doute fourni de tout autres
réponses ; et peut-être même accepteraient-elles allégrement
le cumul si en tant qu'ouvrières elles s'intégraient à un
monde qui serait leur monde, à l'élaboration duquel elles
participeraient avec joie et orgueil. À l'heure qu'il est, sans
même parler des paysannes[2], la majorité des femmes qui
travaillent ne s'évadent pas du monde féminin traditionnel ;
elles ne reçoivent pas de la société, ni de leur mari, l'aide
qui leur serait nécessaire pour devenir concrètement les

---

1. J'ai dit dans *Le deuxième sexe*, t. Ier, 2e partie « Histoire », section v, combien celles-ci sont lourdes pour la femme qui travaille dehors.
2. Dont nous avons examiné la condition, t. Ier, *ibid.*, p. 229.

égales des hommes. Seules celles qui ont une foi politique,
qui militent dans les syndicats, qui font confiance à l'avenir,
peuvent donner un sens éthique aux ingrates fatigues quotidiennes ; mais privées de loisirs, héritant d'une tradition de
soumission, il est normal que les femmes commencent seulement à développer un sens politique et social. Il est normal
que, ne recevant pas en échange de leur travail les bénéfices
moraux et sociaux qu'elles seraient en droit d'escompter,
elles en subissent sans enthousiasme les contraintes. On
comprend aussi que la midinette, l'employée, la secrétaire
ne veuillent pas renoncer aux avantages d'un appui masculin. J'ai dit déjà que l'existence d'une caste privilégiée à
laquelle il lui est permis de s'agréger rien qu'en livrant son
corps est pour une jeune femme une tentation presque irrésistible ; elle est vouée à la galanterie du fait que ses salaires
sont minimes tandis que le standard de vie que la société
exige d'elle est très haut ; si elle se contente de ce qu'elle
gagne, elle ne sera qu'une paria : mal logée, mal vêtue, toutes
les distractions et l'amour même lui seront refusés. Les gens
vertueux lui prêchent l'ascétisme ; en vérité, son régime alimentaire est souvent aussi austère que celui d'une carmé-
lite ; seulement, tout le monde ne peut pas prendre Dieu
pour amant : il faut qu'elle plaise aux hommes pour réussir
sa vie de femme. Elle se fera donc aider : c'est ce qu'escompte cyniquement l'employeur qui lui alloue un salaire
de famine. Parfois, cette aide lui permettra d'améliorer sa
situation et de conquérir une véritable indépendance ; parfois, au contraire, elle abandonnera son métier pour se faire
entretenir. Souvent elle cumule ; elle se libère de son amant
par le travail, elle s'évade de son travail grâce à l'amant ;
mais aussi elle connaît la double servitude d'un métier et
d'une protection masculine. Pour la femme mariée, le salaire
ne représente en général qu'un appoint ; pour la « femme qui
se fait aider », c'est le secours masculin qui apparaît comme
inessentiel ; mais ni l'une ni l'autre n'achètent par leur effort
personnel une totale indépendance.

Cependant, il existe aujourd'hui un assez grand nombre de privilégiées qui trouvent dans leur profession une autonomie économique et sociale Ce sont elles qu'on met en cause quand on s'interroge sur les possibilités de la femme et sur son avenir. C'est pourquoi bien qu'elles ne constituent encore qu'une minorité, il est particulièrement intéressant d'étudier de près leur situation ; c'est à leur propos que les débats entre féministes et antiféministes se prolongent. Ceux-ci affirment que les femmes émancipées d'aujourd'hui ne réussissent dans le monde rien d'important et que, d'autre part, elles ont peine à trouver leur équilibre intérieur. Ceux-là exagèrent les résultats qu'elles obtiennent et s'aveuglent sur leur désarroi. En vérité, rien n'autorise à dire qu'elles font fausse route ; et cependant il est certain qu'elles ne sont pas tranquillement installées dans leur nouvelle condition : elles ne sont encore qu'à moitié du chemin. La femme qui s'affranchit économiquement de l'homme n'est pas pour autant dans une situation morale, sociale, psychologique identique à celle de l'homme. La manière dont elle s'engage dans sa profession et dont elle s'y consacre dépend du contexte constitué par la forme globale de sa vie. Or, quand elle aborde sa vie d'adulte, elle n'a pas derrière elle le même passé qu'un garçon ; elle n'est pas considérée par la société avec les mêmes yeux ; l'univers se présente à elle dans une perspective différente. Le fait d'être une femme pose aujourd'hui à un être humain autonome des problèmes singuliers.

Le privilège que l'homme détient et qui se fait sentir dès son enfance, c'est que sa vocation d'être humain ne contrarie pas sa destinée de mâle. Par l'assimilation du phallus et de la transcendance, il se trouve que ses réussites sociales ou spirituelles le douent d'un prestige viril. Il n'est pas divisé. Tandis qu'il est demandé à la femme pour accomplir sa féminité de se faire objet et proie, c'est-à-dire de renoncer à ses revendications de sujet souverain. C'est ce conflit qui caractérise singulièrement la situation de la femme affranchie. Elle refuse de se cantonner dans son rôle de femelle parce qu'elle ne veut pas se mutiler; mais ce serait aussi une mutilation de répudier son sexe. L'homme est un être humain sexué; la femme n'est un individu complet, et l'égale du mâle, que si elle est aussi un être humain sexué. Renoncer à sa féminité, c'est renoncer à une part de son humanité. Les misogynes ont souvent reproché aux femmes de tête de « se négliger »; mais ils leur ont aussi prêché : si vous voulez être nos égales, cessez de vous peindre la figure et de vernir vos ongles. Ce dernier conseil est absurde. Précisément parce que l'idée de féminité est définie artificiellement par les coutumes et les modes, elle s'impose du dehors à chaque femme; elle peut évoluer de manière que ses canons se rapprochent de ceux adoptés par les mâles : sur les plages, le pantalon est devenu féminin. Cela ne change rien au fond de la question : l'individu n'est pas libre de la modeler à sa guise. Celle qui ne s'y conforme pas se dévalue sexuellement et par conséquent socialement puisque la société a intégré les valeurs sexuelles. En refusant des attributs féminins, on n'acquiert pas des attributs virils; même la travestie ne réussit pas à faire d'elle-même un homme : c'est une travestie. On a vu que l'homosexualité constitue elle aussi une spécification : la neutralité est impossible. Il n'est aucune attitude négative qui n'implique une contrepartie positive. L'adolescente croit souvent qu'elle peut simplement mépriser les conventions; mais par là même elle manifeste; elle crée une situation nouvelle entraînant des conséquences qu'il lui faudra assumer. Dès qu'on se soustrait à un code établi on devient un insurgé. Une femme qui s'habille de manière extravagante ment quand elle affirme avec un air de simplicité qu'elle suit son bon plaisir, rien de plus : elle sait parfaitement que suivre son bon plaisir est une extravagance. Inversement, celle qui ne souhaite pas faire figure d'excentrique se conforme aux règles communes. À moins qu'il ne représente une action positivement efficace, c'est un mauvais calcul que de choisir le défi : on y consume plus de temps et de forces qu'on n'en économise. Une femme qui ne désire pas choquer, qui n'entend pas socialement se dévaluer doit vivre en femme sa condition de femme : très souvent sa réussite professionnelle même l'exige. Mais tandis que le conformisme est pour l'homme tout naturel — la coutume s'étant réglée sur ses besoins d'individu autonome et actif — il faudra que la femme qui est elle aussi sujet, activité, se coule dans un monde qui l'a vouée à la passivité. C'est une servitude d'autant plus lourde que les femmes confinées dans la sphère féminine en ont hypertrophié l'importance : de la toilette, du ménage, elles ont fait des arts difficiles. L'homme n'a guère à se soucier de ses vêtements ; ils sont commodes, adaptés à sa vie active, il n'est pas besoin qu'ils soient recherchés ; à peine font-ils partie de sa personnalité ; en outre, nul ne s'attend qu'il les entretienne lui-même : quelque femme bénévole ou rémunérée le décharge de ce soin. La femme au contraire sait que quand on la regarde on ne la distingue pas de son apparence : elle est jugée, respectée, désirée à travers sa toilette. Ses vêtements ont été primitivement destinés à la vouer à l'impotence et ils sont demeurés fragiles : les bas se déchirent ; les talons s'éculent, les blouses et les robes claires se salissent, les plissés se déplissent ; cependant, elle devra réparer elle-même la plupart de ces accidents ; ses semblables ne viendront pas bénévolement à son secours et elle aura scrupule à grever encore son budget pour des travaux qu'elle *peut* exécuter elle-même : les permanentes, mises en plis, fards, robes neuves coûtent déjà assez cher. Quand elles rentrent le soir, la secrétaire, l'étudiante ont toujours un bas à remailler, une blouse à laver, une jupe à repasser. La femme qui gagne largement sa vie s'épargnera ces corvées ; mais elle sera astreinte à une élégance plus compliquée, elle perdra du temps en courses, essayages, etc. La tradition impose aussi à la femme, même célibataire, un certain souci de son intérieur ; un fonctionnaire nommé dans une ville nouvelle habite facilement l'hôtel; sa collègue cherchera à s'installer un «chez-soi»; elle devra l'entretenir avec scrupule car on n'excuserait pas chez elle une négligence qu'on trouverait naturelle chez un homme. Ce n'est pas d'ailleurs le seul souci de l'opinion qui l'incite à consacrer du temps et des soins à sa beauté, à son ménage. Elle désire pour sa propre satisfaction demeurer une vraie femme. Elle ne réussit à s'approuver à travers le présent et le passé qu'en cumulant la vie qu'elle s'est faite avec la destinée que sa mère, que ses jeux d'enfant et ses fantasmes d'adolescente lui avaient préparée. Elle a nourri des rêves narcissistes; à l'orgueil phallique du mâle elle continue à opposer le culte de son image; elle veut s'exhiber, charmer. Sa mère, ses aînées, lui ont insufflé le goût du nid : un intérieur à elle, ç'a été la forme primitive de ses rêves d'indépendance; elle n'entend pas les renier même quand elle a trouvé la liberté sur d'autres chemins. Et dans la mesure où elle se sent encore mal assurée dans l'univers masculin, elle garde le besoin d'une retraite, symbole de ce refuge intérieur qu'elle a été habituée à chercher en soi-même. Docile à la tradition féminine, elle cirera ses parquets, elle fera elle-même sa cuisine, au lieu d'aller, comme son collègue, manger au restaurant. Elle veut vivre à la fois comme un homme et comme une femme : par là elle multiplie ses tâches et ses fatigues.

Si elle entend demeurer pleinement femme, c'est qu'elle entend aussi aborder l'autre sexe avec le maximum de chances. C'est dans le domaine sexuel que les problèmes les plus difficiles vont se poser. Pour être un individu complet, l'égale de l'homme, il faut que la femme ait accès au monde masculin comme le mâle au monde féminin, qu'elle ait accès à *l'autre*; seulement les exigences de *l'autre* ne sont pas dans les deux cas symétriques. Une fois conquises, la fortune, la célébrité, apparaissant comme des vertus immanentes, peuvent augmenter l'attrait sexuel de la femme; mais le fait d'être une activité autonome contredit sa féminité : elle le

sait. La femme indépendante — et surtout l'intellectuelle
qui pense sa situation — souffrira en tant que femelle d'un
complexe d'infériorité ; elle n'a pas les loisirs de consacrer
à sa beauté des soins aussi attentifs que la coquette dont le
seul souci est de séduire ; elle aura beau suivre les conseils
des spécialistes, elle ne sera jamais au domaine de l'élégance qu'un amateur ; le charme féminin exige que la transcendance se dégradant en immanence n'apparaisse plus que
comme une subtile palpitation charnelle ; il faut être une
proie spontanément offerte : l'intellectuelle sait qu'elle
s'offre, elle sait qu'elle est une conscience, un sujet ; on ne
réussit pas à volonté à tuer son regard et à changer ses yeux
en une flaque de ciel ou d'eau ; on n'arrête pas à coup sûr
l'élan d'un corps qui se tend vers le monde pour le métamorphoser en une statue animée de sourdes vibrations. L'intellectuelle essaiera avec d'autant plus de zèle qu'elle a peur
d'échouer : mais ce zèle conscient est encore une activité et
il manque son but. Elle commet des erreurs analogues à
celles que suggère la ménopause : elle essaie de nier sa céré-
bralité comme la femme vieillissante essaie de nier son âge ;
elle s'habille en petite fille, elle se surcharge de fleurs, de
falbalas, d'étoffes criardes ; elle exagère les mimiques
enfantines et émerveillées. Elle folâtre, sautille, babille, elle
joue la désinvolture, l'étourderie, le primesaut. Mais elle ressemble à ces acteurs qui faute d'éprouver l'émotion qui
entraînerait la détente de certains muscles contractent par un
effort de volonté les antagonistes, abaissant les paupières ou
les coins de la bouche au lieu de les laisser tomber ; ainsi la
femme de tête pour mimer l'abandon se crispe. Elle le sent,
elle s'en irrite ; dans le visage éperdu de naïveté passe soudain un éclat d'intelligence trop aigu ; les lèvres promet-
teuses se pincent. Si elle a du mal à plaire c'est qu'elle n'est
pas comme ses petites sœurs esclaves une pure volonté de
plaire ; le désir de séduire, si vif qu'il soit, n'est pas descendu au fond de ses os ; dès qu'elle se sent maladroite, elle
s'irrite de sa servilité ; elle veut prendre sa revanche en

jouant le jeu avec des armes masculines : elle parle au lieu d'écouter, elle étale des pensées subtiles, des émotions inédites ; elle contredit son interlocuteur au lieu de l'approuver, elle essaie de prendre le dessus sur lui. Mme de Staël mélangeait assez adroitement les deux méthodes pour remporter des triomphes foudroyants : il était rare qu'on lui résistât. Mais l'attitude de défi, si fréquente entre autres chez les Américaines, agace les hommes plus souvent qu'elle ne les domine ; ce sont eux d'ailleurs qui l'attirent par leur propre défiance ; s'ils acceptaient d'aimer au lieu d'une esclave une semblable — comme le font d'ailleurs ceux d'entre eux qui sont à la fois dénués d'arrogance et de complexe d'infériorité — les femmes seraient beaucoup moins hantées par le souci de leur féminité ; elles y gagneraient du naturel, de la simplicité, et elles se retrouveraient femmes sans tant de peine puisque, après tout, elles le sont.

Le fait est que les hommes commencent à prendre leur parti de la condition nouvelle de la femme ; ne se sentant plus a priori condamnée, celle-ci a retrouvé beaucoup d'aisance : aujourd'hui la femme qui travaille ne néglige pas pour autant sa féminité et elle ne perd pas son attrait sexuel. Cette réussite — qui marque déjà un progrès vers l'équilibre — demeure cependant incomplète ; il est encore beaucoup plus difficile à la femme qu'à l'homme d'établir avec l'autre sexe les relations qu'elle désire. Sa vie érotique et sentimentale rencontre de nombreux obstacles. Sur ce point la femme vassale n'est d'ailleurs aucunement privilégiée : sexuellement et sentimentalement, la majorité des épouses et des courtisanes sont radicalement frustrées. Si les difficultés sont plus évidentes chez la femme indépendante, c'est qu'elle n'a pas choisi la résignation mais la lutte. Tous les problèmes vivants trouvent dans la mort une solution silencieuse ; une femme qui s'emploie à vivre est donc plus divisée que celle qui enterre sa volonté et ses désirs ; mais elle n'acceptera pas qu'on lui offre celle-ci en exemple. C'est seulement en se comparant à l'homme qu'elle s'estimera désavantagée.

Une femme qui se dépense, qui a des responsabilités, qui connaît l'âpreté de la lutte contre les résistances du monde, a besoin — comme le mâle — non seulement d'assouvir ses désirs physiques mais de connaître la détente, la diversion, qu'apportent d'heureuses aventures sexuelles. Or, il y a encore des milieux où cette liberté ne lui est pas concrètement reconnue ; elle risque, si elle en use, de compromettre sa réputation, sa carrière ; du moins réclame-t-on d'elle une hypocrisie qui lui pèse. Plus elle a réussi à s'imposer socialement, plus on fermera volontiers les yeux ; mais, en province surtout, elle est dans la plupart des cas sévèrement épiée. Même dans les circonstances les plus favorables — quand la crainte de l'opinion ne joue plus — sa situation n'est pas équivalente ici à celle de l'homme. Les différences proviennent à la fois de la tradition et des problèmes que pose la nature singulière de l'érotisme féminin.

L'homme peut facilement connaître des étreintes sans lendemain qui suffisent à la rigueur à calmer sa chair et à le détendre moralement. Il y a eu des femmes — en petit nombre — pour réclamer que l'on ouvrît des bordels pour femmes ; dans un roman intitulé *Le Numéro 17*, une femme proposait qu'on créât des maisons où les femmes pourraient aller se faire « soulager sexuellement » par des sortes de « taxi-boys »[1]. Il paraît qu'un établissement de ce genre exista naguère à San Francisco ; seules le fréquentaient les filles de bordel, tout amusées de payer au lieu de se faire payer : leurs souteneurs le firent fermer. Outre que cette solution est utopique et peu souhaitable, elle aurait sans doute peu de succès : on a vu que la femme n'obtenait pas un « soulagement » aussi mécaniquement que l'homme ; la plupart estimeraient la situation peu propice à un abandon voluptueux. En tout cas le fait est que cette ressource leur est

1. L'auteur — dont j'ai oublié le nom, oubli qu'il ne semble pas urgent de réparer — explique longuement comment ils pourraient être dressés à satisfaire n'importe quelle cliente, quel genre de vie il faudrait leur imposer, etc.

aujourd'hui refusée. La solution qui consiste à ramasser dans la rue un partenaire d'une nuit ou d'une heure — à supposer que la femme douée d'un fort tempérament, ayant surmonté toutes ses inhibitions, l'envisage sans dégoût — est beaucoup plus dangereuse pour elle que pour le mâle. Le risque de maladie vénérienne est plus grave pour elle du fait que c'est à lui de prendre des précautions pour éviter la contamination; et, si prudente soit-elle, elle n'est jamais tout à fait assurée contre la menace d'un enfant. Mais surtout dans des relations entre inconnus — relations qui se situent sur un plan brutal — la différence de force physique compte beaucoup. Un homme n'a pas grand-chose à craindre de la femme qu'il ramène chez lui; il suffit d'un peu de vigilance. Il n'en est pas de même pour la femme qui introduit un mâle dans sa maison. On m'a parlé de deux jeunes femmes qui, fraîchement débarquées à Paris et avides de «voir la vie», après une tournée des grands-ducs avaient invité à souper deux séduisants maquereaux de Montmartre : elles se retrouvèrent au matin dévalisées, brutalisées et menacées de chantage. Un cas plus significatif est celui de cette femme d'une quarantaine d'années, divorcée, qui travaillait durement tout le jour pour nourrir trois grands enfants et de vieux parents. Encore belle et attrayante, elle n'avait absolument pas les loisirs de mener une vie mondaine, de faire la coquette, de conduire décemment quelque entreprise de séduction qui l'eût d'ailleurs ennuyée. Cependant, elle avait des sens exigeants; et elle estimait avoir comme un homme le droit de les apaiser. Certains soirs, elle s'en allait rôder dans les rues et elle s'arrangeait pour lever un homme. Mais une nuit, après une heure ou deux heures passées dans un fourré du bois de Boulogne, son amant ne consentit pas à la laisser partir : il voulait son nom, son adresse, la revoir, se mettre en ménage avec elle; comme elle refusait, il la frappa violemment et ne l'abandonna que meurtrie, terrorisée. Quant à s'attacher un amant, comme souvent l'homme s'attache une maîtresse, en l'entretenant ou en l'aidant, ce n'est possible qu'aux femmes fortunées. Il en est qui s'accommodent de ce marché : payant le mâle, elles en font un instrument, ce qui leur permet d'en user avec un dédaigneux abandon. Mais il faut d'ordinaire qu'elles soient âgées pour dissocier si crûment érotisme et sentiment, alors que dans l'adolescence féminine l'union en est, on l'a vu, si profonde. Il y a quantité d'hommes mêmes qui n'acceptent jamais cette division entre chair et conscience. À plus forte raison, la majorité des femmes ne consentira pas à l'envisager. Il y a d'ailleurs là une duperie à laquelle elles sont plus sensibles que l'homme : le client payant est lui aussi un instrument, son partenaire s'en sert comme d'un gagne-pain. L'orgueil viril masque au mâle les équivoques du drame érotique : il se ment spontanément ; plus facilement humiliée, plus susceptible, la femme est aussi plus lucide ; elle ne réussira à s'aveugler qu'au prix d'une mauvaise foi plus rusée. S'acheter un mâle, à supposer qu'elle en ait les moyens, ne lui semblera généralement pas satisfaisant.

Il ne s'agit pas seulement pour la plupart des femmes — comme aussi des hommes — d'assouvir leurs désirs, mais de maintenir en les assouvissant leur dignité d'être humain. Quand le mâle jouit de la femme, quand il la fait jouir, il se pose comme l'unique sujet : impérieux conquérant, généreux donateur ou les deux ensemble. Elle veut réciproquement affirmer qu'elle asservit son partenaire à son plaisir et qu'elle le comble de ses dons. Aussi quand elle s'impose à l'homme soit par les bienfaits qu'elle lui promet, soit en misant sur sa courtoisie, soit en éveillant par des manœuvres son désir dans sa pure généralité, se persuade-t-elle volontiers qu'elle le comble. Grâce à cette conviction profitable, elle peut le solliciter sans se sentir humiliée puisqu'elle prétend agir par générosité. Ainsi dans *Le Blé en herbe* la « dame en blanc » qui convoite les caresses de Phil lui dit avec hauteur : « Je n'aime que les mendiants et les affamés. » En vérité, elle s'arrange adroitement pour qu'il adopte une attitude de suppliant. Alors, dit Colette, «elle se hâta vers l'étroit et obscur royaume où son orgueil pouvait croire que la plainte est l'aveu de la détresse et où les quémandeuses de sa sorte boivent l'illusion de la libéralité». Mme de Warens est le type de ces femmes qui choisissent des amants jeunes ou malheureux ou de condition inférieure pour donner à leurs appétits la figure de la générosité. Mais il en est aussi d'intrépides qui s'attaquent aux mâles les plus robustes et qui s'enchantent de les combler alors qu'ils n'ont cédé que par politesse ou terreur.

Inversement, si la femme qui prend l'homme à son piège veut s'imaginer qu'elle donne, celle qui se donne entend affirmer qu'elle prend. «Moi, je suis une femme qui prends», me disait un jour une jeune journaliste. En vérité dans cette affaire, excepté dans les cas de viol, personne ne prend vraiment l'autre; mais la femme ici se ment doublement. Car le fait est que l'homme séduit souvent par sa fougue, son agressivité, il emporte activement le consentement de sa partenaire. Sauf des cas exceptionnels — entre autres Mme de Staël que j'ai déjà citée — il n'en va pas ainsi chez la femme : elle ne peut guère faire plus que s'offrir ; car la plupart des mâles sont âprement jaloux de leur rôle ; ils veulent éveiller chez la femme un trouble singulier, non être élus pour assouvir son besoin dans sa généralité : choisis, ils se sentent exploités[1]. «Une femme qui n'a pas peur des hommes leur fait peur», me disait un jeune homme. Et souvent, j'ai entendu des adultes déclarer : «J'ai horreur qu'une femme prenne l'initiative.» Que la femme se propose trop hardiment, l'homme se dérobe : il tient à conquérir. La femme ne peut donc prendre qu'en se faisant proie : il faut qu'elle devienne une chose passive, une promesse de soumission. Si elle réussit, elle pensera que cette conjuration magique, elle l'a effectuée volontairement, elle se retrouvera sujet.

---

1. Ce sentiment est la contrepartie de celui que nous avons indiqué chez la jeune fille. Seulement elle finit par se résigner à son destin.

Mais elle court le risque d'être figée en un objet inutile par
le dédain du mâle. C'est pourquoi elle est si profondément
humiliée s'il repousse ses avances. L'homme aussi se met
parfois en colère quand il estime qu'il a été joué ; cependant,
il n'a fait qu'échouer dans une entreprise, rien de plus. Au
lieu que la femme a consenti à se faire chair dans le trouble,
l'attente, la promesse ; elle ne pouvait gagner qu'en se perdant : elle reste perdue. Il faut être grossièrement aveugle ou
exceptionnellement lucide pour prendre son parti d'une telle
défaite. Et lors même que la séduction réussit, la victoire
demeure équivoque ; en effet, selon l'opinion publique,
c'est l'homme qui vainc, qui *a* la femme. On n'admet pas
qu'elle puisse comme l'homme assumer ses désirs : elle est
leur proie. Il est entendu que le mâle a intégré à son individualité les forces spécifiques : tandis que la femme est l'esclave de l'espèce [1]. On se la représente tantôt comme pure
passivité : c'est une « Marie couche-toi là ; il n'y a que l'autobus qui ne lui soit pas passé sur le corps » ; disponible,
ouverte, c'est un ustensile ; elle cède mollement à l'envoûtement du trouble, elle est fascinée par le mâle qui la cueille
comme un fruit. Tantôt on la regarde comme une activité
aliénée : il y a un diable qui trépigne dans sa matrice, au
fond de son vagin guette un serpent avide de se gorger du
sperme mâle. En tout cas, on refuse de penser qu'elle soit
simplement libre. En France surtout on confond avec entêtement femme libre et femme facile, l'idée de facilité impliquant une absence de résistance et de contrôle, un manque,
la négation même de la liberté. La littérature féminine essaie
de combattre ce préjugé : par exemple dans *Grisélidis*, Clara
Malraux insiste sur le fait que son héroïne ne cède pas à un
entraînement mais accomplit un acte qu'elle revendique. En
Amérique, on reconnaît dans l'activité sexuelle de la femme

---

1. On a vu au tome I$^{er}$, ch. I$^{er}$, qu'il y a une certaine vérité dans cette
opinion. Mais ce n'est précisément pas au moment du désir que se manifeste l'asymétrie : c'est dans la procréation. Dans le désir la femme et
l'homme assument identiquement leur fonction naturelle.

une liberté, ce qui la favorise beaucoup. Mais le dédain qu'affectent en France pour les « femmes qui couchent » les hommes mêmes qui profitent de leurs faveurs paralyse un grand nombre de femmes. Elles ont horreur des représentations qu'elles susciteraient, des mots dont elles seraient le prétexte.

Même si la femme méprise les rumeurs anonymes, elle éprouve dans le commerce avec son partenaire des difficultés concrètes ; car l'opinion s'incarne en lui. Bien souvent, il considère le lit comme le terrain où doit s'affirmer son agressive supériorité. Il veut prendre et non recevoir, non pas échanger mais ravir. Il cherche à posséder la femme au-delà de ce qu'elle lui donne ; il exige que son consentement soit une défaite, et les mots qu'elle murmure, des aveux qu'il lui arrache ; qu'elle admette son plaisir, elle reconnaît son esclavage. Quand Claudine défie Renaud par sa promptitude à se soumettre à lui, il la devance : il se hâte de la violer alors qu'elle allait s'offrir ; il l'oblige à garder les yeux ouverts pour contempler dans leur tournoiement son triomphe. Ainsi, dans *La Condition humaine*, l'autoritaire Ferral s'entête à allumer la lampe que Valérie veut éteindre. Orgueilleuse, revendicante, c'est en adversaire que la femme aborde le mâle ; dans cette lutte, elle est beaucoup moins bien armée que lui ; d'abord il a la force physique et il lui est plus facile d'imposer ses volontés ; on a vu aussi que tension et activité s'harmonisent avec son érotisme tandis que la femme en refusant la passivité détruit l'envoûtement qui l'amène à la volupté ; que dans ses attitudes et ses mouvements elle mime la domination, elle ne parvient pas au plaisir : la plupart des femmes qui sacrifient à leur orgueil deviennent frigides. Rares sont les amants qui permettent à leur maîtresse d'assouvir des tendances autoritaires ou sadiques ; et plus rares encore sont les femmes qui tirent de cette docilité une pleine satisfaction érotique.

Il y a un chemin qui semble pour la femme beaucoup moins épineux : c'est celui du masochisme. Quand pendant le jour on travaille, on lutte, on prend des responsabilités et des risques, c'est une détente que de s'abandonner la nuit à des caprices puissants. Amoureuse ou naïve, la femme en effet se plaît souvent à s'anéantir au profit d'une volonté tyrannique. Mais encore faut-il qu'elle se sente réellement dominée. Il n'est pas facile à celle qui vit quotidiennement parmi des hommes de croire à l'inconditionnelle suprématie des mâles. On m'a cité le cas d'une femme non pas vraiment masochiste mais très « féminine », c'est-à-dire qui goûtait profondément le plaisir de l'abdication entre des bras masculins ; elle avait eu depuis l'âge de dix-sept ans plusieurs maris et de nombreux amants dont elle avait tiré beaucoup de joie ; ayant mené à bien une entreprise difficile au cours de laquelle elle avait commandé à des hommes, elle se plaignait d'être devenue frigide : il y avait une démission béate qui lui était devenue impossible parce qu'elle était habituée à dominer les mâles, parce que leur prestige s'était évanoui. Quand la femme commence à douter de leur supériorité, leurs prétentions ne font que diminuer l'estime qu'elle pourrait leur porter. Au lit, dans les moments où l'homme se veut le plus farouchement mâle, du fait même qu'il mime la virilité, il apparaît comme infantile à des yeux avertis : il ne fait que conjurer le vieux complexe de castration, l'ombre de son père ou quelque autre fantasme. Ce n'est pas toujours par orgueil que la maîtresse refuse de céder aux caprices de son amant : elle souhaite avoir affaire à un adulte qui vit un moment réel de sa vie, non à un petit garçon qui se raconte des histoires. La masochiste est singulièrement déçue : une complaisance maternelle, excédée ou indulgente, n'est pas l'abdication dont elle rêve. Ou elle devra se contenter elle aussi de jeux dérisoires, feignant de se croire dominée et asservie, ou elle courra après les hommes dits « supérieurs » dans l'espoir de se dénicher un maître, ou elle deviendra frigide.

On a vu qu'il est possible d'échapper aux tentations du sadisme et du masochisme lorsque les deux partenaires se reconnaissent mutuellement comme des semblables ; dès qu'il y a chez l'homme et chez la femme un peu de modestie et quelque générosité, les idées de victoire et de défaite s'abolissent : l'acte d'amour devient un libre échange. Mais, paradoxalement, il est beaucoup plus difficile à la femme qu'à l'homme de reconnaître comme son semblable un individu de l'autre sexe. Précisément parce que la caste des mâles détient la supériorité, l'homme peut vouer une affectueuse estime à quantité de femmes singulières : une femme est facile à aimer, elle a d'abord le privilège d'introduire l'amant dans un monde différent du sien et qu'il se plaît à explorer à ses côtés ; elle intrigue, elle amuse, du moins pendant quelque temps ; et puis du fait que sa situation est limitée, subordonnée, toutes ses qualités apparaissent comme des conquêtes tandis que ses erreurs sont excusables. Stendhal admire Mme de Rênal et Mme de Chastel-ler malgré leurs préjugés détestables ; qu'une femme ait des idées fausses, qu'elle soit peu intelligente, peu clairvoyante, peu courageuse, l'homme ne l'en tient pas pour responsable : elle est victime, pense-t-il — avec raison souvent — de sa situation ; il rêve à ce qu'elle aurait pu être, à ce qu'elle sera peut-être : on peut lui faire crédit, on peut lui prêter beaucoup puisqu'elle n'*est* rien de défini ; c'est à cause de cette absence que l'amant se lassera vite : mais d'elle provient le mystère, le charme qui le séduit et qui l'incline à une facile tendresse. Il est beaucoup moins aisé d'éprouver pour un homme de l'amitié : car il est ce qu'il s'est fait être, sans recours ; il faut l'aimer dans sa présence et sa vérité, non dans des promesses et des possibilités incertaines ; il est responsable de ses conduites, de ses idées ; il est sans excuse. Avec lui, il n'y a de fraternité que si on approuve ses actes, ses buts, ses opinions ; Julien peut aimer une légitimiste ; une Lamiel ne saurait chérir un homme dont elle méprise les idées. Même prête à des compromis, la femme aura peine à adopter une attitude indulgente. Car l'homme ne lui ouvre pas un vert paradis d'enfance, elle le rencontre dans ce monde qui est leur monde commun : il n'apporte que lui-même. Fermé sur soi, défini, décidé, il favorise peu les rêves ; quand il parle il faut l'écouter ; il se prend au sérieux : s'il n'intéresse pas il ennuie, sa présence pèse. Seuls les très jeunes gens se laissent parer de merveilleux facile, on peut chercher en eux mystère et promesse, leur trouver des excuses, les prendre à la légère : c'est une des raisons qui les rend aux yeux des femmes mûres si séduisants. Seulement la plupart du temps ils préfèrent quant à eux des femmes jeunes. La femme de trente ans est rejetée vers les mâles adultes. Et sans doute, parmi ceux-là elle en rencontrera qui ne décourageront pas son estime ni son amitié ; mais elle aura de la chance s'ils n'affichent alors aucune arrogance. Le problème quand elle souhaite une histoire, une aventure, où elle puisse engager son cœur avec son corps, c'est de rencontrer un homme qu'elle puisse considérer comme un égal sans qu'il se regarde comme supérieur.

On me dira qu'en général les femmes ne font pas tant d'histoires ; elles saisissent l'occasion sans trop se poser de questions, et puis elles se débrouillent avec leur orgueil et leur sensualité. C'est vrai. Mais ce qui est vrai aussi, c'est qu'elles ensevelissent au secret de leurs cœurs quantité de déceptions, d'humiliations, de regrets, de rancunes dont on ne trouve pas — en moyenne — d'équivalents chez les hommes. D'une affaire plus ou moins manquée, l'homme tire à peu près à coup sûr le bénéfice du plaisir ; elle peut fort bien n'en recueillir aucun profit ; même indifférente, elle se prête avec politesse à l'étreinte quand le moment décisif est venu : il arrive que l'amant se découvre impuissant et elle souffrira de s'être compromise dans une dérisoire équipée ; si elle n'arrive pas à la volupté, c'est alors qu'elle se sent « eue », jouée ; si elle est comblée, elle souhaitera retenir durablement son amant. Elle est rarement tout à fait sincère quand elle prétend n'envisager qu'une aventure sans lendemain tout en escomptant le plaisir, car le plaisir, loin de la délivrer, l'attache ; une séparation, fût-elle soi-disant à l'amiable, la blesse. Il est beaucoup plus rare d'entendre une femme parler amicalement d'un ancien amant qu'un homme de ses maîtresses.

La nature de son érotisme, les difficultés d'une libre vie sexuelle incitent la femme à la monogamie. Cependant, liaison ou mariage se concilient beaucoup moins aisément pour elle que pour l'homme avec une carrière. Il arrive qu'amant ou mari lui demande d'y renoncer : elle hésite, telle la Vagabonde de Colette qui souhaite ardemment à ses côtés une chaleur virile mais qui redoute les entraves conjugales ; qu'elle cède, la voilà de nouveau vassale ; qu'elle refuse, elle se condamne à une solitude desséchante. Aujourd'hui l'homme accepte généralement que sa compagne conserve son métier ; les romans de Colette Yver qui nous montrent la jeune femme acculée à sacrifier sa profession pour maintenir la paix du foyer sont quelque peu périmés ; la vie en commun de deux êtres libres est pour chacun un enrichissement, et dans les occupations de son conjoint chacun trouve le gage de sa propre indépendance ; la femme qui se suffit affranchit son mari de l'esclavage conjugal qui était la rançon du sien. Si l'homme est d'une scrupuleuse bonne volonté, amants et époux arrivent dans une générosité sans exigence à une parfaite égalité[1]. C'est même l'homme parfois qui joue le rôle de serviteur dévoué ; ainsi, auprès de George Eliot, Lewes créait l'atmosphère propice que l'épouse crée d'ordinaire autour du mari-suzerain. Mais, la plupart du temps, c'est encore la femme qui fait les frais de l'harmonie du foyer. Il semble naturel à l'homme que ce soit elle qui tienne la maison, qui assure seule le soin et l'éducation des enfants. La femme même estime qu'en se mariant elle a assumé des charges dont sa vie personnelle ne la dispense pas ; elle ne veut pas que son mari soit privé des avantages qu'il aurait trouvés en s'associant une « vraie femme » : elle

1. Il semble que la vie de Clara et Robert Schumann ait été pendant un temps une réussite de ce genre.

se veut élégante, bonne ménagère, mère dévouée comme le sont traditionnellement les épouses. C'est une tâche qui devient facilement accablante. Elle l'assume à la fois par égard pour son partenaire et par fidélité à soi : car elle tient, on l'a vu déjà, à ne rien manquer de son destin de femme. Elle sera pour le mari un double en même temps qu'elle est soi-même ; elle se chargera de ses soucis, elle participera à ses réussites autant qu'elle s'intéressera à son propre sort et parfois même davantage. Élevée dans le respect de la supériorité mâle, il se peut qu'elle estime encore que c'est à l'homme d'occuper la première place ; parfois aussi elle craint en la revendiquant de ruiner son ménage ; partagée entre le désir de s'affirmer et celui de s'effacer, elle est divisée, déchirée.

Il y a cependant un avantage que la femme peut tirer de son infériorité même : puisqu'elle a au départ moins de chances que l'homme, elle ne se sent pas a priori coupable à son égard ; ce n'est pas à elle de compenser l'injustice sociale, et elle n'en est pas sollicitée. Un homme de bonne volonté se doit de « ménager » les femmes puisqu'il est plus favorisé qu'elles ; il se laissera enchaîner par des scrupules, par de la pitié, il risque d'être la proie de femmes qui sont « collantes », « dévorantes » du fait qu'elles sont désarmées. La femme qui conquiert une indépendance virile a le grand privilège d'avoir affaire sexuellement à des individus eux-mêmes autonomes et actifs qui — généralement — ne joueront pas dans sa vie un rôle de parasite, qui ne l'enchaîneront pas par leur faiblesse et l'exigence de leurs besoins. Seulement rares sont en vérité les femmes qui savent créer avec leur partenaire un libre rapport ; elles se forgent elles-mêmes les chaînes dont il ne souhaite pas les charger : elles adoptent à son égard l'attitude de l'amoureuse. Pendant vingt ans d'attente, de rêve, d'espoir, la jeune fille a caressé le mythe du héros libérateur et sauveur : l'indépendance conquise dans le travail ne suffit pas à abolir son désir d'une abdication glorieuse. Il faudrait qu'elle eût été élevée exac-

tement[1] comme un garçon pour pouvoir surmonter aisément
le narcissisme de l'adolescence : mais elle perpétue dans
sa vie d'adulte ce culte du moi auquel toute sa jeunesse l'a
inclinée ; de ses réussites professionnelles, elle fait des
mérites dont elle enrichit son image ; elle a besoin qu'un
regard venu d'en haut révèle et consacre sa valeur. Même si
elle est sévère pour les hommes dont elle prend quotidiennement la mesure, elle n'en révère pas moins l'Homme et,
si elle le rencontre, elle est prête à tomber à ses genoux. Se
faire justifier par un dieu, c'est plus facile que de se justifier
par son propre effort ; le monde l'encourage à croire en la
possibilité d'un salut *donné* : elle choisit d'y croire. Parfois,
elle renonce entièrement à son autonomie, elle n'est plus
qu'une amoureuse ; le plus souvent elle essaie une conciliation ; mais l'amour idolâtre, l'amour abdication est dévasta-
teur : il occupe toutes les pensées, tous les instants, il est
obsédant, tyrannique. En cas de déboires professionnels, la
femme cherche passionnément un refuge dans l'amour : ses
échecs se traduisent par des scènes et des exigences dont
l'amant fait les frais. Mais ses peines de cœur sont loin de
redoubler son zèle professionnel : généralement, elle s'irrite
au contraire contre le genre de vie qui lui interdit la voie
royale du grand amour. Une femme, qui travaillait il y a dix
ans dans une revue politique dirigée par des femmes, me
disait que dans les bureaux on parlait rarement de politique
et sans cesse d'amour : celle-ci se plaignait qu'on ne l'aimât
que pour son corps, méconnaissant sa belle intelligence ;
celle-là gémissait qu'on n'appréciât que son esprit sans
jamais s'intéresser à ses appas charnels. Ici encore, pour que
la femme pût être amoureuse à la manière d'un homme,
c'est-à-dire sans mettre son *être* même en question, dans la
liberté, il faudrait qu'elle se pensât son égale, qu'elle le fût
concrètement : il faudrait qu'elle s'engageât avec la même

---

1. C'est-à-dire non seulement selon les mêmes méthodes, mais dans
le même climat, ce qui est aujourd'hui impossible malgré tous les
efforts de l'éducateur.

décision dans ses entreprises, ce qui, on va le voir, n'est pas encore fréquent.

Il y a une fonction féminine qu'il est actuellement presque impossible d'assumer en toute liberté, c'est la maternité ; en Angleterre, en Amérique, la femme peut du moins la refuser à son gré grâce aux pratiques du *birth-control* ; on a vu qu'en France elle est souvent acculée à des avortements pénibles et coûteux ; souvent elle se trouve chargée d'un enfant dont elle ne voulait pas et qui ruine sa vie professionnelle. Si cette charge est lourde, c'est qu'inversement les mœurs n'autorisent pas la femme à procréer quand il lui plaît : la fille-mère scandalise et, pour l'enfant, une naissance illégitime est une tare ; il est rare qu'on puisse devenir mère sans accepter les chaînes du mariage ou sans déchoir. Si l'idée d'insémination artificielle intéresse tant les femmes ce n'est pas qu'elles souhaitent éviter l'étreinte mâle : c'est qu'elles espèrent que la maternité libre va enfin être admise par la société. Il faut ajouter que faute de crèches, de jardins d'enfants convenablement organisés, il suffit d'un enfant pour paralyser entièrement l'activité de la femme ; elle ne peut continuer à travailler qu'en l'abandonnant à des parents, des amis ou des servantes. Elle a à choisir entre la stérilité qui souvent est ressentie comme une douloureuse frustration et entre des charges difficilement compatibles avec l'exercice d'une carrière.

Ainsi la femme indépendante est aujourd'hui divisée entre ses intérêts professionnels et les soucis de sa vocation sexuelle ; elle a peine à trouver son équilibre ; si elle l'assure c'est au prix de concessions, de sacrifices, d'acrobaties qui exigent d'elle une perpétuelle tension. C'est là beaucoup plus que dans les données physiologiques qu'il faut chercher la raison de la nervosité, de la fragilité que souvent on observe en elle. Il est difficile de décider dans quelle mesure la constitution physique de la femme représente en soi un handicap. On s'est souvent interrogé entre autres sur l'obstacle créé par la menstruation. Les femmes qui se sont fait

connaître par des travaux ou des actions semblaient lui attacher peu d'importance : est-ce parce que précisément elles
devaient leur réussite à la bénignité de leurs troubles men-
suels ? On peut se demander si ce n'est pas inversement le
choix d'une vie active et ambitieuse qui leur a conféré ce
privilège : car l'intérêt que la femme accorde à ses malaises
les exaspère ; les sportives, les femmes d'action en souffrent
moins que les autres parce qu'elles passent outre leurs souffrances. Assurément, celles-ci ont aussi des causes organiques et j'ai vu des femmes des plus énergiques passer
chaque mois vingt-quatre heures au lit en proie à d'impitoyables tortures ; mais leurs entreprises n'en ont jamais été
entravées. Je suis convaincue que la plus grande partie
des malaises et maladies qui accablent les femmes ont des
causes psychiques : c'est ce que m'ont dit d'ailleurs des
gynécologues. C'est à cause de la tension morale dont j'ai
parlé, à cause de toutes les tâches qu'elles assument, des
contradictions au milieu desquelles elles se débattent que
les femmes sont sans cesse harassées, à la limite de leurs
forces ; ceci ne signifie pas que leurs maux soient imaginaires : ils sont réels et dévorants comme la situation qu'ils
expriment. Mais la situation ne dépend pas du corps, c'est
lui qui dépend d'elle. Ainsi, la santé de la femme ne nuira
pas à son travail quand la travailleuse aura dans la société la
place qu'il lui faut ; au contraire, le travail aidera puissamment à son équilibre physique en lui interdisant de s'en préoccuper sans cesse.

Quand on juge les accomplissements professionnels de la
femme et qu'à partir de là on prétend anticiper sur son avenir, il ne faut pas perdre de vue cet ensemble de faits. C'est
au sein d'une situation tourmentée, c'est asservie encore
aux charges impliquées traditionnellement par la féminité
qu'elle s'engage dans une carrière. Les circonstances objectives ne lui sont pas non plus favorables. Il est toujours dur
d'être un nouveau venu qui essaie de se frayer un chemin à
travers une société hostile ou du moins méfiante. Richard

Wright a montré dans *Black Boy* combien les ambitions d'un jeune Noir d'Amérique sont barrées dès le départ et quelle lutte il a à soutenir simplement pour s'élever au niveau où les problèmes commencent à se poser aux Blancs ; les Noirs qui sont venus d'Afrique en France connaissent aussi — en eux-mêmes comme au-dehors — des difficultés analogues à celles que rencontrent les femmes.

C'est d'abord dans la période d'apprentissage que la femme se trouve en état d'infériorité : je l'ai indiqué déjà à propos de la jeune fille, mais il faut y revenir avec plus de précision. Pendant ses études, pendant les premières années, si décisives, de sa carrière, il est rare que la femme coure franchement ses chances : beaucoup seront handicapées ensuite par un mauvais départ. En effet, c'est entre dix-huit et trente ans que les conflits dont j'ai parlé atteindront leur maximum d'intensité : et c'est le moment où l'avenir professionnel se joue. Que la femme vive dans sa famille ou soit mariée, son entourage respectera rarement son effort comme on respecte celui d'un homme ; on lui imposera des services, des corvées, on brimera sa liberté ; elle-même est encore profondément marquée par son éducation, respectueuse des valeurs qu'affirment ses aînées, hantée par ses rêves d'enfant et d'adolescente ; elle concilie mal l'héritage de son passé avec l'intérêt de son avenir. Parfois elle refuse sa féminité, elle hésite entre la chasteté, l'homosexualité ou une attitude provocante de virago, elle s'habille mal ou se travestit : elle perd beaucoup de temps et de forces en défis, en comédies, en colères. Plus souvent elle veut au contraire l'affirmer : elle est coquette, elle sort, elle flirte, elle est amoureuse, oscillant entre le masochisme et l'agressivité. De toute façon elle s'interroge, s'agite, se disperse. Du seul fait qu'elle est en proie à des préoccupations étrangères, elle ne s'engage pas tout entière dans son entreprise ; aussi en retire-t-elle moins de profit, elle est plus tentée de l'abandonner. Ce qui est extrêmement démoralisant pour la femme qui cherche à se suffire, c'est l'existence d'autres femmes appartenant aux mêmes catégories sociales, ayant au départ la même situation, les mêmes chances qu'elle, et qui vivent en parasites ; l'homme peut éprouver du ressentiment à l'égard des privilégiés : mais il est solidaire de sa classe ; dans l'ensemble, ceux qui partent à égalité de chances arrivent à peu près au même niveau de vie ; tandis que par la médiation de l'homme, des femmes de même condition ont des fortunes très diverses ; l'amie mariée ou confortablement entretenue est une tentation pour celle qui doit assurer seule sa réussite ; il lui semble qu'elle se condamne arbitrairement à emprunter les chemins les plus difficiles : à chaque écueil elle se demande s'il ne vaudrait pas mieux choisir une autre voie. « Quand je pense qu'il faut que je tire tout de mon cerveau ! » me disait avec scandale une petite étudiante sans fortune. L'homme obéit à une impérieuse nécessité : sans cesse la femme doit renouveler à neuf sa décision ; elle avance, non en fixant droit devant elle un but, mais en laissant son regard errer tout autour d'elle ; aussi sa démarche est-elle timide et incertaine. D'autant plus qu'il lui semble — comme je l'ai déjà dit — que plus elle va de l'avant, plus elle renonce à ses autres chances ; en se faisant bas-bleu, femme de tête, elle déplaira aux hommes en général ; ou elle humiliera son mari, son amant, par une réussite trop éclatante. Non seulement elle s'applique d'autant plus à se montrer élégante, frivole, mais elle freine son élan. L'espoir d'être un jour délivrée du souci d'elle-même, la crainte de devoir, en assumant ce souci, renoncer à cet espoir, se liguent pour l'empêcher de se livrer sans réticence à ses études, à sa carrière.

En tant que la femme se veut femme, sa condition indépendante crée en elle un complexe d'infériorité ; inversement, sa féminité lui fait douter de ses chances professionnelles. C'est là un point des plus importants. On a vu que des fillettes de quatorze ans déclaraient au cours d'une enquête : « Les garçons sont mieux ; ils travaillent plus facilement. » La jeune fille est convaincue que ses capacités sont limitées.

Du fait que parents et professeurs admettent que le niveau des filles est inférieur à celui des garçons, les élèves l'admettent aussi volontiers; et effectivement, malgré l'identité des programmes, leur culture est dans les lycées beaucoup moins poussée. À part quelques exceptions, l'ensemble d'une classe féminine de philosophie par exemple est nettement en dessous d'une classe de garçons : un très grand nombre des élèves n'entendent pas poursuivre leurs études, elles travaillent très superficiellement et les autres souffrent d'un manque d'émulation. Tant qu'il s'agit d'examens assez faciles, leur insuffisance ne se fera pas trop sentir; mais quand on abordera des concours sérieux, l'étudiante prendra conscience de ses manques; elle les attribuera non à la médiocrité de sa formation, mais à l'injuste malédiction attachée à sa féminité; se résignant à cette inégalité, elle l'aggrave; elle se persuade que ses chances de réussite ne sauraient résider que dans sa patience, son application; elle décide d'économiser avarement ses forces : c'est là un détestable calcul. Surtout dans les études et les professions qui demandent un peu d'invention, d'originalité, quelques menues trouvailles, l'attitude utilitaire est néfaste; des conversations, des lectures en marge des programmes, une promenade pendant laquelle l'esprit vogue librement peuvent être bien plus profitables à la traduction même d'un texte grec que la compilation morne d'épaisses syntaxes. Écrasée par le respect des autorités et le poids de l'érudition, le regard arrêté par des œillères, l'étudiante trop consciencieuse tue en elle le sens critique et l'intelligence même. Son acharnement méthodique engendre tension et ennui : dans les classes où des lycéennes préparent le concours de Sèvres il règne une atmosphère étouffante qui décourage toutes les individualités un peu vivantes. Se créant à elle-même un bagne, la candidate ne souhaite que s'en évader; dès qu'elle ferme les livres, elle pense à de tout autres sujets. Elle ne connaît pas ces moments féconds où étude et divertissements se confondent, où les aventures de l'esprit prennent une chaleur vivante. Accablée par l'ingratitude de ses tâches, elle se sent de plus en plus inapte à les mener à bien. Je me rappelle une étudiante d'agrégation qui disait, au temps où il y avait en philosophie un concours commun aux hommes et aux femmes : « Les garçons peuvent réussir en un ou deux ans ; nous, il nous faut au moins quatre ans. » Une autre à qui on indiquait la lecture d'un ouvrage sur Kant, auteur du programme : « C'est un livre trop difficile : c'est un livre pour normaliens ! » Elle semblait s'imaginer que les femmes pouvaient passer le concours au rabais ; c'était, partant battue d'avance, abandonner effectivement aux hommes toutes les chances de succès.

Par suite de ce défaitisme, la femme s'accommode facilement d'une médiocre réussite ; elle n'ose pas viser haut. Abordant son métier avec une formation superficielle, elle met très vite des bornes à ses ambitions. Souvent le fait de gagner sa vie elle-même lui semble un assez grand mérite ; elle aurait pu comme tant d'autres confier son sort à un homme ; pour continuer à vouloir son indépendance, elle a besoin d'un effort dont elle est fière mais qui l'épuise. Il lui semble avoir assez fait dès qu'elle choisit de faire quelque chose. « Pour une femme, ce n'est déjà pas si mal », pense-t-elle. Une femme exerçant une profession insolite disait : « Si j'étais homme, je me sentirais obligé d'arriver au premier rang ; mais je suis la seule femme de France qui occupe un pareil poste : c'est assez pour moi. » Il y a de la prudence dans cette modestie. La femme a peur en tentant d'arriver plus loin de se casser les reins. Il faut dire qu'elle est gênée, à juste titre, par l'idée qu'on ne lui fait pas confiance. D'une manière générale, la caste supérieure est hostile aux parvenus de la caste inférieure : des Blancs n'iront pas consulter un médecin noir, ni les mâles une doctoresse ; mais les individus de la caste inférieure, pénétrés du sentiment de leur infériorité spécifique, et souvent pleins de rancune à l'égard de celui qui a vaincu le destin, préféreront aussi se tourner vers les maîtres ; en particulier la plupart des femmes,

confites dans l'adoration de l'homme, le recherchent avidement dans le médecin, l'avocat, le chef de bureau, etc. Ni
hommes ni femmes n'aiment se trouver sous les ordres
d'une femme. Ses supérieurs, même s'ils l'estiment, auront
toujours pour elle un peu de condescendance ; être femme,
c'est sinon une tare, du moins une singularité. La femme
doit sans cesse conquérir une confiance qui ne lui est pas
d'abord accordée : au départ, elle est suspecte, il faut qu'elle
fasse ses preuves. Si elle a de la valeur, elle les fera,
affirme-t-on. Mais la valeur n'est pas une essence donnée :
c'est l'aboutissement d'un heureux développement. Sentir
peser sur soi un préjugé défavorable n'aide que fort rarement à le vaincre. Le complexe d'infériorité initial amène,
comme c'est ordinairement le cas, une réaction de défense
qui est une affectation exagérée d'autorité. La plupart des
femmes médecins par exemple en ont ou trop ou trop peu.
Si elles demeurent naturelles, elles n'intimident pas car
l'ensemble de leur vie les dispose plutôt à séduire qu'à commander ; le malade qui aime à être dominé sera déçu par des
conseils donnés avec simplicité ; consciente du fait, la doctoresse prend une voix grave, un ton tranchant ; mais alors
elle n'a pas la ronde bonhomie qui séduit chez le médecin
sûr de lui. L'homme a l'habitude de s'imposer ; ses clients
croient en sa compétence ; il peut se laisser aller : il impres-
sionne à coup sûr. La femme n'inspire pas le même sentiment de sécurité ; elle se guinde, elle en remet, elle en fait
trop. En affaires, dans les administrations, elle se montre
scrupuleuse, tatillonne et facilement agressive. Comme dans
ses études, elle manque de désinvolture, d'envolée, d'audace.
Pour arriver elle se crispe. Son action est une suite de défis
et d'affirmations abstraites d'elle-même. C'est là le plus
grand défaut qu'engendre le manque d'assurance : le sujet
ne peut pas s'oublier. Il ne vise pas généreusement un but :
il cherche à donner ces preuves de valeur qu'on lui réclame.
À se jeter hardiment vers des fins, on risque des déboires :
mais on atteint aussi des résultats inespérés ; la prudence

condamne à la médiocrité. On rencontre rarement chez la femme un goût de l'aventure, de l'expérience gratuite, une curiosité désintéressée ; elle cherche à « faire une carrière » comme d'autres se bâtissent un bonheur ; elle demeure dominée, investie par l'univers mâle, elle n'a pas l'audace d'en crever le plafond, elle ne se perd pas avec passion dans ses projets ; elle considère encore sa vie comme une entreprise immanente : elle vise non un objet, mais à travers l'objet sa réussite subjective. C'est une attitude très frappante entre autres chez les Américaines ; il leur plaît d'avoir un « job » et de se prouver qu'elles sont capables de l'exécuter correctement : mais elles ne se passionnent pas pour le *contenu* de leurs tâches. Du même coup la femme a tendance à attacher trop de prix à de menus échecs, de modestes succès ; tour à tour elle se décourage ou elle se gonfle de vanité ; quand la réussite était attendue, on l'accueille avec simplicité : mais elle devient un triomphe enivrant si l'on doutait de l'obtenir ; c'est là l'excuse des femmes qui s'affolent d'importance et qui se parent avec ostentation de leurs moindres accomplissements. Elles regardent sans cesse derrière elles pour mesurer le chemin parcouru : cela coupe leur élan. Par ce moyen elles pourront réaliser des carrières honorables mais non de grandes actions. Il faut ajouter que beaucoup d'hommes ne savent aussi se construire que des destinées médiocres. C'est seulement par rapport aux meilleurs d'entre eux que la femme — sauf à de très rares exceptions — nous apparaît comme étant encore à la remorque. Les raisons que j'ai données l'expliquent assez et n'hypothèquent en rien l'avenir. Pour faire de grandes choses, ce qui manque essentiellement à la femme d'aujourd'hui, c'est l'oubli de soi : mais pour s'oublier il faut d'abord être solidement assuré qu'on s'est d'ores et déjà trouvé. Nouvelle venue au monde des hommes, piètrement soutenue par eux, la femme est encore trop occupée à se chercher.

Il y a une catégorie de femmes à qui ces remarques ne s'appliquent pas du fait que leur carrière loin de nuire à l'affirmation de leur féminité la renforce ; ce sont celles qui cherchent à dépasser par l'expression artistique le donné même qu'elles constituent : actrices, danseuses, chanteuses. Pendant trois siècles elles ont été presque les seules à détenir au sein de la société une indépendance concrète et elles y occupent encore à présent une place privilégiée. Naguère les comédiennes étaient maudites par l'Église : l'excès même de cette sévérité les a toujours autorisées à une grande liberté de mœurs ; elles côtoient souvent la galanterie et comme les courtisanes elles passent une grande part de leurs journées dans la compagnie des hommes : mais gagnant elles-mêmes leur vie, trouvant dans leur travail le sens de leur existence, elles échappent à leur joug. Le grand avantage dont elles jouissent, c'est que leurs succès professionnels contribuent — comme dans le cas des mâles — à leur valorisation sexuelle ; en se réalisant comme êtres humains, elles s'accomplissent comme femmes : elles ne sont pas déchirées entre des aspirations contradictoires ; au contraire elles trouvent dans leur métier une justification de leur narcissisme : toilette, soins de beauté, charme font partie de leurs devoirs professionnels ; c'est une grande satisfaction pour une femme éprise de son image que de *faire* quelque chose simplement en exhibant ce qu'elle *est* ; et cette exhibition demande en même temps assez d'artifice et d'étude, pour apparaître, selon le mot de Georgette Leblanc, comme un succédané d'action. Une grande actrice visera plus haut encore : elle dépassera le donné par la manière dont elle l'exprime, elle sera vraiment une artiste, un créateur qui donne un sens à sa vie en en prêtant un au monde.

Mais ces rares privilèges cachent aussi des pièges : au lieu d'intégrer à sa vie artistique ses complaisances narcissistes, et la liberté sexuelle qui lui est accordée, l'actrice bien souvent sombre dans le culte de soi ou dans la galanterie ; j'ai parlé déjà de ces pseudo-« artistes » qui cherchent seulement dans le cinéma ou le théâtre à se « faire un nom » représentant un capital à exploiter entre des bras masculins ;

les commodités d'un appui viril sont bien tentantes comparées aux risques d'une carrière et à la sévérité qu'implique
tout véritable travail. Le désir d'une destinée féminine — un
mari, un foyer, des enfants — et l'envoûtement de l'amour
ne se concilient pas toujours aisément avec la volonté d'arriver. Mais surtout l'admiration qu'elle éprouve pour son
moi limite en beaucoup de cas le talent de l'actrice ; elle
s'illusionne sur le prix de sa simple présence au point qu'un
sérieux travail lui paraît inutile ; elle tient avant tout à mettre
en lumière sa figure, et sacrifie à ce cabotinage le personnage qu'elle interprète ; elle n'a pas, elle non plus, la
générosité de s'oublier, ce qui lui ôte la possibilité de se
dépasser : rares sont les Rachel, les Duse, qui surmontent
cet écueil et qui font de leur personne l'instrument de leur
art au lieu de voir dans l'art un serviteur de leur moi. Dans
sa vie privée cependant la cabotine exagérera tous les
défauts narcissistes : elle se montrera vaniteuse, susceptible,
comédienne, elle considérera le monde entier comme une
scène.

Aujourd'hui, les arts d'expression ne sont pas les seuls
qui se proposent aux femmes ; beaucoup d'entre elles s'essaient à des activités créatrices. La situation de la femme la
dispose à chercher un salut dans la littérature et dans l'art.
Vivant en marge du monde masculin, elle ne le saisit pas
sous sa figure universelle, mais à travers une vision singulière ; il est pour elle non un ensemble d'ustensiles et de
concepts, mais une source de sensations et d'émotions ; elle
s'intéresse aux qualités des choses en ce qu'elles ont de gratuit et de secret ; adoptant une attitude de négation, de refus,
elle ne s'engloutit pas dans le réel : elle proteste contre lui,
avec des mots ; elle cherche à travers la nature l'image de
son âme, elle s'abandonne à des rêveries, elle veut atteindre
son *être* : elle est vouée à l'échec ; elle ne peut le récupérer
que dans la région de l'imaginaire. Pour ne pas laisser sombrer dans le néant une vie intérieure qui ne *sert* à rien, pour

s'affirmer contre le donné qu'elle subit dans la révolte, pour créer un monde autre que celui où elle ne réussit pas à s'atteindre, elle a besoin de *s'exprimer*. Aussi est-il connu qu'elle est bavarde et écrivassière ; elle s'épanche en conversations, en lettres, en journaux intimes. Il suffit qu'elle ait un peu d'ambition, la voilà rédigeant ses mémoires, transposant sa biographie en roman, exhalant ses sentiments dans des poèmes. Elle jouit de vastes loisirs qui favorisent ces activités.

Mais les circonstances mêmes qui orientent la femme vers la création constituent aussi des obstacles qu'elle sera bien souvent incapable de surmonter. Quand elle se décide à peindre ou à écrire à seule fin de remplir le vide de ses journées, tableaux et essais seront traités comme des « ouvrages de dames », elle ne leur consacrera ni plus de temps ni plus de soin et ils auront à peu près la même valeur. C'est souvent au moment de la ménopause que la femme pour compenser les failles de son existence se jette sur le pinceau ou sur la plume : il est bien tard ; faute d'une formation sérieuse, elle ne sera jamais qu'un amateur. Même si elle commence assez jeune, il est rare qu'elle envisage l'art comme un sérieux travail ; habituée à l'oisiveté, n'ayant jamais éprouvé dans sa vie l'austère nécessité d'une discipline, elle ne sera pas capable d'un effort soutenu et persévérant, elle ne s'astreindra pas à acquérir une solide technique ; elle répugne aux tâtonnements ingrats, solitaires, du travail qu'on ne montre pas, qu'il faut cent fois détruire et reprendre ; et comme dès son enfance en lui enseignant à plaire on lui a appris à tricher, elle espère se tirer d'affaire par quelques ruses. C'est ce qu'avoue Marie Bashkirtseff. « Oui, je ne me donne pas la peine de peindre. Je me suis observée aujourd'hui… *Je triche*… » Volontiers la femme *joue* à travailler, mais elle ne travaille pas ; croyant aux vertus magiques de la passivité, elle confond conjurations et actes, gestes symboliques et conduites efficaces ; elle se déguise en élève des Beaux-Arts, elle s'arme de son arsenal de pinceaux ; campée devant son chevalet, son regard erre de la toile blanche à son miroir ; mais le bouquet de fleurs, le compotier de pommes, ne vient pas s'inscrire de lui-même sur le canevas. Assise devant son secrétaire, ruminant de vagues histoires, la femme s'assure un paisible alibi en s'imaginant qu'elle est un écrivain : mais il faut en venir à tracer des signes sur la feuille blanche, il faut qu'ils aient un sens aux yeux d'autrui. Alors la tricherie se découvre. Pour plaire il suffit de créer des mirages : mais une œuvre d'art n'est pas un mirage, c'est un objet solide ; pour le construire il faut connaître son métier. Ce n'est pas seulement grâce à ses dons ou à son tempérament que Colette est devenue un grand écrivain ; sa plume a été souvent son gagne-pain et elle en a exigé le travail soigné qu'un bon artisan exige de son outil ; de *Claudine* à *La Naissance du jour*, l'amateur est devenue professionnelle : le chemin parcouru démontre avec éclat les bienfaits d'un apprentissage sévère. La plupart des femmes cependant ne comprennent pas les problèmes que pose leur désir de communication : et c'est là ce qui explique en grande partie leur paresse. Elles se sont toujours considérées comme données ; elles croient que leurs mérites viennent d'une grâce qui les habite et n'imaginent pas que la valeur puisse se conquérir ; pour séduire, elles ne savent que se manifester : leur charme agit ou n'agit pas, elles n'ont aucune prise sur sa réussite ou son échec ; elles supposent que d'une manière analogue il suffit pour s'exprimer de montrer ce qu'on est ; au lieu d'élaborer leur œuvre par un travail réfléchi, elles font confiance à leur spontanéité ; écrire ou sourire, pour elles c'est tout un : elles tentent leur chance, le succès viendra ou ne viendra pas. Sûres d'elles-mêmes, elles escomptent que le livre ou le tableau se trouvera réussi sans effort ; timides, la moindre critique les décourage ; elles ignorent que l'erreur peut ouvrir le chemin du progrès, elles la tiennent pour une catastrophe irréparable, au même titre qu'une malformation. C'est pourquoi elles se montrent souvent d'une susceptibilité qui leur est

néfaste : elles ne reconnaissent leurs fautes que dans l'irritation et le découragement au lieu d'en tirer des leçons
fécondes. Malheureusement la spontanéité n'est pas une
conduite aussi simple qu'elle le paraît : le paradoxe du lieu
commun — comme l'explique Paulhan dans *Les Fleurs de
Tarbes* — c'est qu'il se confond souvent avec l'immédiate
traduction de l'impression subjective ; si bien qu'au moment
où la femme, livrant sans tenir compte d'autrui l'image qui
se forme en elle, se croit le plus singulière, elle ne fait que
réinventer un banal cliché ; si on le lui dit, elle s'étonne, se
dépite et jette sa plume ; elle ne se rend pas compte que le
public lit avec ses yeux, sa pensée à lui et qu'une épithète
toute fraîche peut éveiller dans sa mémoire maints souvenirs usagés ; certes, c'est un don précieux que de savoir
pêcher en soi pour les ramener à la surface du langage des
impressions toutes vives ; on admire en Colette une spontanéité qui ne se rencontre chez aucun écrivain masculin : mais — bien que ces deux termes semblent jurer
ensemble — il s'agit chez elle d'une spontanéité réfléchie :
elle refuse certains de ses apports pour n'en accepter
d'autres qu'à bon escient ; l'amateur, au lieu de saisir les
mots comme un rapport inter-individuel, un appel à l'autre,
y voit la révélation directe de sa sensibilité ; il lui semble
que choisir, raturer, c'est répudier une partie de soi ; elle
ne veut rien en sacrifier à la fois parce qu'elle se complaît
dans ce qu'elle *est* et qu'elle n'espère pas devenir autre.
Sa vanité stérile vient de ce qu'elle se chérit sans oser se
construire.

C'est ainsi que, sur la légion de femmes qui s'essaient à
taquiner les lettres et les arts, il en est bien peu qui persévèrent ; celles mêmes qui franchissent ce premier obstacle
demeureront bien souvent partagées entre leur narcissisme
et un complexe d'infériorité. Ne pas savoir s'oublier, c'est
un défaut qui pèsera sur elles plus lourdement que dans
aucune autre carrière ; si leur but essentiel est une abstraite
affirmation de soi, la satisfaction formelle de la réussite

elles ne s'abandonneront pas à la contemplation du monde : elles seront incapables de le créer à neuf. Marie Bashkirtseff a décidé de peindre parce qu'elle voulait devenir célèbre ; l'obsession de la gloire s'interpose entre elle et la réalité ; en vérité elle n'aime pas peindre : l'art n'est qu'un moyen ; ce ne sont pas ses rêves ambitieux et creux qui lui dévoileront le sens d'une couleur ou d'un visage. Au lieu de se donner généreusement à l'œuvre qu'elle entreprend, la femme trop souvent la considère comme un simple ornement de sa vie ; le livre et le tableau ne sont qu'un intermédiaire inessentiel lui permettant d'exhiber publiquement cette essentielle réalité : sa propre personne. Aussi est-ce sa personne qui est le principal — parfois l'unique — sujet qui l'intéresse : Mme Vigée-Lebrun ne se lasse pas de fixer sur ses toiles sa souriante maternité. Même si elle parle de thèmes généraux, la femme écrivain parlera encore d'elle : on ne peut lire telles chroniques théâtrales sans être renseignés sur la taille et la corpulence de leur auteur, sur la couleur de ses cheveux et les particularités de son caractère. Certes, le moi n'est pas toujours haïssable. Peu de livres sont plus passionnants que certaines confessions : mais il faut qu'elles soient sincères et que l'auteur ait quelque chose à confesser. Le narcissisme de la femme au lieu de l'enrichir l'appauvrit ; à force de ne faire rien d'autre que se contempler, elle s'anéantit ; l'amour même qu'elle se porte se stéréotype : elle ne découvre pas dans ses écrits son authentique expérience, mais une idole imaginaire bâtie avec des clichés. On ne saurait lui reprocher de se projeter dans ses romans comme l'ont fait Benjamin Constant, Stendhal : mais le malheur, c'est que trop souvent elle voit son histoire comme une niaise féerie ; la jeune fille se masque à grand renfort de merveilleux la réalité dont la crudité l'effraie : il est dommage qu'une fois adulte elle noie encore le monde, ses personnages et elle-même dans de poétiques brouillards. Quand sous ce travesti la vérité se fait jour, on obtient parfois des réussites charmantes ; mais aussi, à côté de *Poussière* ou de *La Nymphe au cœur fidèle*, combien de fades et languissants romans d'évasion !

Il est naturel que la femme essaie de s'échapper de ce monde où souvent elle se sent méconnue et incomprise ; ce qui est regrettable, c'est qu'elle n'ose pas alors les audacieuses envolées d'un Gérard de Nerval, d'un Poe. Bien des raisons excusent sa timidité. Plaire est son plus grand souci ; et souvent elle a déjà peur, du seul fait qu'elle écrit, de déplaire en tant que femme : le mot de bas-bleu, bien qu'un peu éculé, éveille encore de désagréables résonances ; elle n'a pas le courage de déplaire encore en tant qu'écrivain. L'écrivain original, tant qu'il n'est pas mort, est toujours scandaleux ; la nouveauté inquiète et indispose ; la femme est encore étonnée et flattée d'être admise dans le monde de la pensée, de l'art, qui est un monde masculin : elle s'y tient bien sage ; elle n'ose pas déranger, explorer, exploser ; il lui semble qu'elle doit se faire pardonner ses prétentions littéraires par sa modestie, son bon goût ; elle mise sur les valeurs sûres du conformisme ; elle introduit dans la littérature tout juste cette note personnelle qu'on attend d'elle : elle rappelle qu'elle est femme par quelques grâces, minauderies et préciosités bien choisies ; ainsi excellera-t-elle à rédiger des « best-sellers » ; mais il ne faut pas compter sur elle pour s'aventurer sur des chemins inédits. Ce n'est pas que les femmes dans leurs conduites, leurs sentiments, manquent d'originalité : il en est de si singulières qu'il faut les enfermer ; dans l'ensemble, beaucoup d'entre elles sont plus baroques, plus excentriques que les hommes dont elles refusent les disciplines. Mais c'est dans leur vie, leur conversation, leur correspondance qu'elles font passer leur bizarre génie ; si elles essaient d'écrire, elles se sentent écrasées par l'univers de la culture parce que c'est un univers d'hommes : elles ne font que balbutier. Inversement, la femme qui choisit de raisonner, de s'exprimer selon les techniques masculines aura à cœur d'étouffer une singularité dont elle se défie ; comme l'étudiante, elle sera facilement appliquée et

pédante ; elle imitera la rigueur, la vigueur virile. Elle pourra
devenir une excellente théoricienne, acquérir un solide talent ;
mais elle se sera imposé de répudier tout ce qu'il y avait en
elle de « différent ». Il y a des femmes qui sont folles et il y
a des femmes de talent : aucune n'a cette folie dans le talent
qu'on appelle le génie.

C'est avant tout cette modestie raisonnable qui a défini
jusqu'ici les limites du talent féminin. Beaucoup de femmes
ont déjoué — elles déjouent de plus en plus — les pièges du
narcissisme et du faux merveilleux ; mais aucune n'a jamais
foulé aux pieds toute prudence pour tenter d'*émerger* par-
delà le monde donné. D'abord, il y en a bien entendu un
grand nombre qui acceptent la société même telle qu'elle
est ; elles sont par excellence les chantres de la bourgeoisie
puisqu'elles représentent dans cette classe menacée l'élément le plus conservateur ; avec des adjectifs choisis, elles
évoquent les raffinements d'une civilisation dite de la « qualité » ; elles exaltent l'idéal bourgeois du bonheur et déguisent sous les couleurs de la poésie les intérêts de leur classe ;
elles orchestrent la mystification destinée à persuader les
femmes de « rester femmes » ; vieilles maisons, parcs et
potagers, aïeules pittoresques, enfants mutins, lessive, confitures, fêtes de famille, toilettes, salons, bals, épouses douloureuses mais exemplaires, beauté du dévouement et du
sacrifice, menues peines et grandes joies de l'amour conjugal, rêves de jeunesse, mûre résignation, les romancières
d'Angleterre, de France, d'Amérique, du Canada et de
Scandinavie ont exploité ces thèmes jusqu'à la lie ; elles y
ont gagné de la gloire et de l'argent mais n'ont certes pas
enrichi notre vision du monde. Beaucoup plus intéressantes
sont les insurgées qui ont mis en accusation cette société
injuste ; une littérature de revendication peut engendrer des
œuvres fortes et sincères ; George Eliot a puisé dans sa révolte
une vision à la fois minutieuse et dramatique de l'Angleterre victorienne ; cependant, comme Virginia Woolf le fait
remarquer, Jane Austen, les sœurs Brontë, George Eliot ont

dû dépenser négativement tant d'énergie pour se libérer des contraintes extérieures qu'elles arrivent un peu essoufflées à ce stade d'où les écrivains masculins de grande envergure prennent le départ ; il ne leur reste plus assez de force pour profiter de leur victoire et rompre toutes leurs amarres : par exemple, on ne trouve pas chez elles l'ironie, la désinvolture d'un Stendhal ni sa tranquille sincérité. Elles n'ont pas eu non plus la richesse d'expérience d'un Dostoïevski, d'un Tolstoï : c'est pourquoi le beau livre qu'est *Middlemarch* n'égale pas *Guerre et Paix* ; les *Hauts de Hurlevent* malgré leur grandeur n'ont pas la portée des *Frères Karamazov*. Aujourd'hui, les femmes ont déjà moins de peine à s'affirmer ; mais elles n'ont pas encore tout à fait surmonté la spécification millénaire qui les cantonne dans leur féminité. La lucidité, par exemple, est une conquête dont elles sont fières à juste titre mais dont elles se satisfont un peu trop vite. Le fait est que la femme traditionnelle est une conscience mystifiée et un instrument de mystification ; elle essaie de se dissimuler sa dépendance, ce qui est une manière d'y consentir ; dénoncer cette dépendance, c'est déjà une libération ; contre les humiliations, contre la honte, le cynisme est une défense : c'est l'ébauche d'une assomption. En se voulant lucides, les écrivains féminins rendent le plus grand service à la cause de la femme ; mais — sans généralement s'en rendre compte — elles demeurent trop attachées à servir cette cause pour adopter devant l'univers cette attitude désintéressée qui ouvre les plus vastes horizons. Quand elles ont écarté les voiles d'illusion et de mensonges, elles croient avoir assez fait : cependant, cette audace négative nous laisse encore devant une énigme ; car la vérité même est ambiguïté, abîme, mystère : après avoir indiqué sa présence, il faudrait la penser, la recréer. C'est fort bien de n'être pas dupe : mais c'est à partir de là que tout commence ; la femme épuise son courage à dissiper des mirages et elle s'arrête effrayée au seuil de la réalité. C'est pourquoi il y a par exemple des autobiographies féminines qui sont sincères et attachantes : mais aucune ne peut se comparer aux *Confessions*, aux *Souvenirs d'égotisme*. Nous sommes encore trop préoccupées d'y voir clair pour chercher à percer par delà cette clarté d'autres ténèbres.

« Les femmes ne dépassent jamais le prétexte », me disait un écrivain. C'est assez vrai. Encore tout émerveillées d'avoir reçu la permission d'explorer ce monde, elles en font l'inventaire sans chercher à en découvrir le sens. Là où parfois elles excellent c'est dans l'observation de ce qui est donné : elles font de remarquables reporters ; aucun journaliste masculin n'a surclassé les témoignages d'Andrée Viollis sur l'Indochine et sur les Indes. Elles savent décrire des atmosphères, des personnages, indiquer entre ceux-ci des rapports subtils, nous faire participer aux mouvements secrets de leurs âmes : Willa Cather, Edith Wharton, Dorothy Parker, Katherine Mansfield ont évoqué de manière aiguë et nuancée des individus, des climats et des civilisations. Il est rare qu'elles réussissent à créer des héros masculins aussi convaincants que Heathcliff : dans l'homme, elles ne saisissent guère que le mâle ; mais elles ont souvent décrit avec bonheur leur vie intérieure, leur expérience, leur univers ; attachées à la substance secrète des objets, fascinées par la singularité de leurs propres sensations, elles livrent leur expérience toute chaude à travers des adjectifs savoureux, des images charnelles : leur vocabulaire est d'ordinaire plus remarquable que leur syntaxe parce qu'elles s'intéressent aux choses plutôt qu'à leurs rapports ; elles ne visent pas une élégance abstraite mais en revanche leurs mots parlent aux sens. Un des domaines qu'elles ont exploré avec le plus d'amour, c'est la Nature ; pour la jeune fille, pour la femme qui n'a pas tout à fait abdiqué, la nature représente ce que la femme elle-même représente pour l'homme : soi-même et sa négation, un royaume et un lieu d'exil ; elle est tout sous la figure de l'autre. C'est en parlant des landes ou des potagers que la romancière nous révélera le plus intimement son expérience et ses rêves. Il en est beaucoup qui enferment les miracles de la sève et des saisons dans des pots, des vases, des plates-bandes ; d'autres sans emprisonner les plantes et les bêtes essaient cependant de se les approprier par l'amour attentif qu'elles leur portent : ainsi Colette ou Katherine Mansfield ; très rares sont celles qui abordent la nature dans sa liberté inhumaine, qui tentent d'en déchiffrer les significations étrangères et qui se perdent afin de s'unir à cette présence autre : ces chemins qu'inventa Rousseau, il n'y a guère qu'Emily Brontë, Virginia Woolf et parfois Mary Webb qui s'y aventurent. À plus forte raison peut-on compter sur les doigts d'une main les femmes qui ont traversé le donné, à la recherche de sa dimension secrète : Emily Brontë a interrogé la mort, V. Woolf la vie, et K. Mansfield parfois — pas très souvent — la contingence quotidienne et la souffrance. Aucune femme n'a écrit *Le Procès*, *Moby Dick*, *Ulysse* ou *Les Sept Piliers de la Sagesse*. Elles ne contestent pas la condition humaine parce qu'elles commencent à peine à pouvoir intégralement l'assumer. C'est ce qui explique que leurs œuvres manquent généralement de résonances métaphysiques et aussi d'humour noir ; elles ne mettent pas le monde entre parenthèses, elles ne lui posent pas de questions, elles n'en dénoncent pas les contradictions : elles le prennent au sérieux. Le fait est d'ailleurs que la majorité des hommes connaît les mêmes limitations ; c'est quand on la compare avec les quelques rares artistes qui méritent d'être appelés « grands » que la femme apparaît comme médiocre. Ce n'est pas un destin qui la limite : on peut facilement comprendre pourquoi il ne lui a pas été donné — pourquoi il ne lui sera peut-être pas donné avant assez longtemps — d'atteindre les plus hauts sommets.

L'art, la littérature, la philosophie sont des tentatives pour fonder à neuf le monde sur une liberté humaine : celle du créateur ; il faut d'abord se poser sans équivoque comme une liberté pour nourrir pareille prétention. Les restrictions que l'éducation et la coutume imposent à la femme limitent sa prise sur l'univers ; quand le combat pour prendre place dans ce monde est trop rude, il ne peut être question de s'en arracher ; or, il faut d'abord en émerger dans une souveraine solitude si l'on veut tenter de s'en ressaisir : ce qui manque d'abord à la femme c'est de faire dans l'angoisse et l'orgueil l'apprentissage de son délaissement et de sa transcendance.

Ce que j'envie, écrit Marie Bashkirtseff, c'est la liberté de se promener toute seule, d'aller et de venir, de s'asseoir sur les bancs du jardin des Tuileries. Voilà la liberté sans laquelle on ne peut pas devenir un vrai artiste. Vous croyez qu'on profite de ce qu'on voit quand on est accompagné ou quand, pour aller au Louvre, il faut attendre sa voiture, sa demoiselle de compagnie, sa famille !... Voilà la liberté qui manque et sans laquelle on ne peut arriver sérieusement à être quelque chose. *La pensée est enchaînée par suite de cette gêne stupide et incessante... Cela suffit pour que les ailes tombent.* C'est une des grandes raisons pour lesquelles il n'y a pas d'artistes femmes.

En effet, pour devenir un créateur il ne suffit pas de se cultiver, c'est-à-dire d'intégrer à sa vie des spectacles, des connaissances ; il faut que la culture soit appréhendée à travers le libre mouvement d'une transcendance ; il faut que l'esprit avec toutes ses richesses se jette vers un ciel vide qu'il lui appartient de peupler ; mais si mille liens ténus le rattachent à la terre, son élan est brisé. Sans doute aujourd'hui la jeune fille sort seule et peut flâner aux Tuileries ; mais j'ai dit déjà combien la rue lui est hostile : partout des yeux, des mains qui guettent ; qu'elle vagabonde à l'étourdie, les pensées au vent, qu'elle allume une cigarette à la terrasse d'un café, qu'elle aille seule au cinéma, un incident désagréable a vite fait de se produire ; il faut qu'elle inspire du respect par sa toilette, sa tenue : ce souci la rive au sol et à soi-même. « Les ailes tombent. » À dix-huit ans, T. E. Lawrence accomplit seul une vaste randonnée à bicyclette à travers la France ; on ne permettra pas à la jeune fille de se lancer dans une pareille équipée : encore moins lui serait-il possible comme Lawrence le fit un an plus tard de s'aventurer à pied dans un pays à demi désert et dangereux. Cependant de telles expériences ont une incalculable portée : c'est alors que l'individu dans l'ivresse de la liberté et de la découverte apprend à regarder la terre entière comme son fief. Déjà, la femme est naturellement privée des leçons de la violence : j'ai dit combien sa faiblesse physique l'incline à la passivité ; quand un garçon règle un combat à coups de poing, alors il sent qu'il peut se reposer sur soi du souci de lui-même ; du moins faudrait-il qu'en compensation l'initiative du sport, de l'aventure, la fierté de l'obstacle vaincu fussent permises à la jeune fille. Mais non. Elle peut se sentir solitaire *au sein* du monde : jamais elle ne se dresse *en face* de lui, unique et souveraine. Tout l'incite à se laisser investir, dominer par des existences étrangères : et singulièrement dans l'amour, elle se renie au lieu de s'affirmer. En ce sens malheur ou disgrâce sont souvent des épreuves fécondes : c'est son isolement qui a permis à Emily Brontë d'écrire un livre puissant et échevelé ; en face de la nature, de la mort, du destin, elle n'attendait de secours que d'elle-même. Rosa Luxemburg était laide ; elle n'a jamais été tentée de s'engloutir dans le culte de son image, de se faire objet, proie et piège : dès sa jeunesse, elle a été tout entière esprit et liberté. Même alors, il est très rare que la femme assume pleinement l'angoissant tête-à-tête avec le monde donné. Les contraintes dont elle est entourée et toute la tradition qui pèsent sur elle empêchent qu'elle ne se sente responsable de l'univers : voilà la profonde raison de sa médiocrité.

Les hommes que nous appelons grands sont ceux qui — d'une façon ou de l'autre — ont chargé leurs épaules du poids du monde : ils s'en sont plus ou moins bien tirés, ils ont réussi à le recréer ou ils ont sombré ; mais d'abord ils ont assumé cet énorme fardeau. C'est là ce qu'aucune femme n'a jamais fait, ce qu'aucune n'a jamais *pu* faire. Pour regarder l'univers comme sien, pour s'estimer cou-

pable de ses fautes et se glorifier de ses progrès, il faut
appartenir à la caste des privilégiés ; à ceux-là seuls qui en
détiennent les commandes il appartient de le justifier en le
modifiant, en le pensant, en le dévoilant ; seuls ils peuvent
se reconnaître en lui et tenter d'y imprimer leur marque.
C'est dans l'homme, non dans la femme, qu'a pu jusqu'ici
s'incarner l'Homme. Or, les individus qui nous paraissent
exemplaires, ceux qu'on décore du nom de génies, ce sont
ceux qui ont prétendu jouer dans leur existence singulière
le sort de l'humanité tout entière. Aucune femme ne s'y
est crue autorisée. Comment Van Gogh aurait-il pu naître
femme ? Une femme n'aurait pas été envoyée en mission
dans le Borinage, elle n'aurait pas senti la misère des hommes
comme son propre crime, elle n'aurait pas cherché une
rédemption ; elle n'aurait donc jamais peint les tournesols
de Van Gogh. Sans compter que le genre de vie du peintre
— la solitude d'Arles, la fréquentation des cafés, des bordels,
tout ce qui alimentait l'art de Van Gogh en alimentant sa
sensibilité — lui eût été interdit. Une femme n'aurait jamais
pu devenir Kafka : dans ses doutes et ses inquiétudes, elle
n'eût pas reconnu l'angoisse de l'Homme chassé du paradis.
Il n'y a guère que sainte Thérèse qui ait vécu pour son
compte, dans un total délaissement, la condition humaine :
on a vu pourquoi. Se situant par-delà les hiérarchies terrestres, elle ne sentait pas plus que saint Jean de la Croix un
plafond rassurant au-dessus de sa tête. C'était pour tous deux
la même nuit, les mêmes éclats de lumière, en soi le même
néant, en Dieu la même plénitude. Quand enfin il sera possible à tout être humain de placer son orgueil par-delà la
différenciation sexuelle, dans la difficile gloire de sa libre
existence, alors seulement la femme pourra confondre son
histoire, ses problèmes, ses doutes, ses espoirs, avec ceux de
l'humanité ; alors seulement elle pourra chercher dans sa vie
et ses œuvres à dévoiler la réalité tout entière et non seulement sa personne. Tant qu'elle a encore à lutter pour devenir un être humain, elle ne saurait être une créatrice.

Encore une fois, pour expliquer ses limites c'est donc sa situation qu'il faut invoquer et non une mystérieuse essence : l'avenir demeure largement ouvert. On a soutenu à l'envi que les femmes ne possédaient pas de «génie créateur»; c'est la thèse que défend entre autres Mme Marthe Borély, antiféministe naguère notoire : mais on dirait qu'elle a cherché à faire de ses livres la preuve vivante de l'illogisme et de la niaiserie féminines, aussi se contestent-ils eux-mêmes. D'ailleurs, l'idée d'un «instinct» créateur donné doit être rejetée comme celle d'«éternel féminin» dans le vieux placard aux entités. Certains misogynes, un peu plus concrètement, affirment que la femme étant une névrosée ne saurait rien créer de valable : mais ce sont souvent les mêmes gens qui déclarent que le génie est une névrose. En tout cas, l'exemple de Proust montre assez que le déséquilibre psychophysiologique ne signifie ni impuissance, ni médiocrité. Quant à l'argument qu'on tire de l'examen de l'histoire, on vient de voir ce qu'il faut en penser; le fait historique ne saurait être considéré comme définissant une vérité éternelle; il ne fait que traduire une situation qui précisément se manifeste comme historique puisqu'elle est en train de changer. Comment les femmes auraient-elles jamais eu du génie alors que toute possibilité d'accomplir une œuvre géniale — ou même une œuvre tout court — leur était refusée? La vieille Europe a naguère accablé de son mépris les Américains barbares qui ne possédaient ni artistes ni écrivains : «Laissez-nous exister avant de nous demander de justifier notre existence», répondit en substance Jefferson. Les Noirs font les mêmes réponses aux racistes qui leur reprochent de n'avoir produit ni un Whitman ni un Melville. Le prolétariat français ne peut non plus opposer aucun nom à ceux de Racine ou de Mallarmé. La femme libre est seulement en train de naître; quand elle se sera conquise, peut-être justifiera-t-elle la prophétie de Rimbaud : «Les poètes seront! Quand sera brisé l'infini servage de la femme, quand elle vivra pour elle et par elle, l'homme — jusqu'ici abominable — lui ayant donné son renvoi, elle sera poète elle aussi! La femme trouvera l'inconnu! Ses mondes d'idées différeront-ils des nôtres? Elle trouvera des choses étranges, insondables, repoussantes, délicieuses, nous les prendrons, nous les comprendrons[1].» Il n'est pas sûr que ses «mondes d'idées» soient différents de ceux des hommes puisque c'est en s'assimilant à eux qu'elle s'affranchira; pour savoir dans quelle mesure elle demeurera singulière, dans quelle mesure ces singularités garderont de l'importance, il faudrait se hasarder à des anticipations bien hardies. Ce qui est certain, c'est que jusqu'ici les possibilités de la femme ont été étouffées et perdues pour l'humanité et qu'il est grand temps dans son intérêt et dans celui de tous qu'on lui laisse enfin courir toutes ses chances.

1. Lettre à Pierre Demeny, 15 mai 1871.

# CONCLUSION

« Non, la femme n'est pas notre frère ; par la paresse et la corruption, nous en avons fait un être à part, inconnu, n'ayant d'autre arme que son sexe, ce qui est non seulement la guerre perpétuelle, mais encore une arme pas de bonne guerre — adorant ou haïssant, mais pas compagnon franc, un être qui forme légion avec esprit de corps, franc-maçonnerie — des défiances d'éternel petit esclave. »

Beaucoup d'hommes souscriraient encore à ces mots de Jules Laforgue ; beaucoup pensent qu'entre les deux sexes il y aura toujours « brigue et riotte » et que jamais la fraternité ne leur sera possible. Le fait est que ni les hommes ni les femmes ne sont aujourd'hui satisfaits les uns des autres. Mais la question est de savoir si c'est une malédiction originelle qui les condamne à s'entre-déchirer ou si les conflits qui les opposent n'expriment qu'un moment transitoire de l'histoire humaine.

On a vu qu'en dépit des légendes aucun destin physiologique n'impose au Mâle et à la Femelle comme tels une éternelle hostilité ; même la fameuse mante religieuse ne dévore son mâle que faute d'autres aliments et dans l'intérêt de l'espèce : c'est à celle-ci que du haut en bas de l'échelle animale tous les individus sont subordonnés. D'ailleurs, l'humanité est autre chose qu'une espèce : un devenir historique ; elle se définit par la manière dont elle assume la facticité naturelle. En vérité, fût-ce avec la plus mauvaise foi du monde, il est impossible de déceler entre le mâle et la femelle humaine une rivalité d'ordre proprement physiologique. Aussi bien situera-t-on plutôt leur hostilité sur ce terrain intermédiaire entre la biologie et la psychologie qui est celui de la psychanalyse. La femme, dit-on, envie à l'homme son pénis et désire le châtrer, mais le désir infantile du pénis ne prend d'importance dans la vie de la femme adulte que si elle éprouve sa féminité comme une mutilation ; et c'est alors en tant qu'il incarne tous les privilèges de la virilité qu'elle souhaite s'approprier l'organe mâle. On admet volontiers que son rêve de castration a une signification symbolique : elle veut, pense-t-on, priver le mâle de sa transcendance. Son vœu est, nous l'avons vu, beaucoup plus ambigu : elle veut, d'une manière contradictoire, *avoir* cette transcendance, ce qui suppose qu'à la fois elle la respecte et la nie, qu'à la fois elle entend se jeter en elle et la retenir en soi. C'est dire que le drame ne se déroule pas sur un plan sexuel ; la sexualité d'ailleurs ne nous est jamais apparue comme définissant un destin, comme fournissant en soi la clé des conduites humaines, mais comme exprimant la totalité d'une situation qu'elle contribue à définir. La lutte des sexes n'est pas immédiatement impliquée dans l'anatomie de l'homme et de la femme. En vérité, quand on l'évoque, on prend pour accordé qu'au ciel intemporel des Idées se déroule une bataille entre ces essences incertaines : l'Éternel féminin, l'Éternel masculin ; et on ne remarque pas que ce titanesque combat revêt sur terre deux formes tout à fait différentes, correspondant à des moments historiques différents.

La femme qui est confinée dans l'immanence essaie de retenir aussi l'homme dans cette prison ; ainsi celle-ci se confondra avec le monde et elle ne souffrira plus d'y être enfermée : la mère, l'épouse, l'amante sont des geôlières ; la société codifiée par les hommes décrète que la femme est inférieure : elle ne peut abolir cette infériorité qu'en détruisant la supériorité virile. Elle s'attache à mutiler, à dominer l'homme, elle le contredit, elle nie sa vérité et ses valeurs. Mais elle ne fait par là que se défendre ; ce n'est ni une immuable essence ni un coupable choix qui l'ont vouée à l'immanence, à l'infériorité. Elles lui sont imposées. Toute oppression crée un état de guerre. Ce cas-ci ne fait pas exception. L'existant que l'on considère comme inessentiel ne peut manquer de prétendre rétablir sa souveraineté.

Aujourd'hui, le combat prend une autre figure ; au lieu de vouloir enfermer l'homme dans un cachot, la femme essaie de s'en évader ; elle ne cherche plus à l'entraîner dans les régions de l'immanence mais à émerger dans la lumière de la transcendance. C'est alors l'attitude des mâles qui crée un nouveau conflit : c'est avec mauvaise grâce que l'homme «donne son renvoi» à la femme. Il lui plaît de demeurer le sujet souverain, le supérieur absolu, l'être essentiel ; il refuse de tenir concrètement sa compagne pour une égale ; elle répond à sa défiance par une attitude agressive. Il ne s'agit plus d'une guerre entre des individus enfermés chacun dans sa sphère : une caste revendicatrice monte à l'assaut et elle est tenue en échec par la caste privilégiée. Ce sont deux transcendances qui s'affrontent ; au lieu de mutuellement se reconnaître, chaque liberté veut dominer l'autre.

Cette différence d'attitude se marque sur le plan sexuel comme sur le plan spirituel ; la femme «féminine» essaie en se faisant une proie passive de réduire aussi le mâle à sa passivité charnelle ; elle s'emploie à le prendre au piège, à l'enchaîner par le désir qu'elle suscite en se faisant docilement chose ; au contraire la femme «émancipée» se veut active, préhensive et refuse la passivité que l'homme prétend lui imposer. De même, Élise et ses émules dénient aux activités viriles leur valeur ; elles placent la chair au-dessus de l'esprit, la contingence au-dessus de la liberté, leur sagesse routinière au-dessus de l'audace créatrice. Mais la femme « moderne » accepte les valeurs masculines : elle se pique de penser, agir, travailler, créer au même titre que les mâles ; au lieu de chercher à les ravaler, elle affirme qu'elle s'égale à eux.

Dans la mesure où elle s'exprime dans des conduites concrètes, cette revendication est légitime ; et c'est l'insolence des hommes qui est alors blâmable. Mais il faut dire à leur excuse que les femmes brouillent volontiers les cartes. Une Mabel Dodge prétendait asservir Lawrence par les charmes de sa féminité afin de le dominer ensuite spirituellement ; beaucoup de femmes, pour démontrer par leurs réussites qu'elles valent un homme, s'efforcent de s'assurer sexuellement un appui masculin ; elles jouent sur deux tableaux, réclamant à la fois d'antiques égards et une estime neuve, misant sur leur vieille magie et sur leurs jeunes droits ; on comprend que l'homme irrité se mette sur la défensive mais il est lui aussi duplice quand il réclame que la femme joue loyalement le jeu alors que, par sa méfiance, par son hostilité, il lui refuse d'indispensables atouts. En vérité, la lutte ne saurait revêtir entre eux une claire figure puisque l'être même de la femme est opacité ; elle ne se dresse pas en face de l'homme comme un sujet mais comme un objet paradoxalement doué de subjectivité ; elle s'assume à la fois comme *soi* et comme *autre*, ce qui est une contradiction entraînant de déconcertantes conséquences. Quand elle se fait une arme à la fois de sa faiblesse et de sa force, il ne s'agit pas d'un calcul concerté : spontanément, elle cherche son salut dans la voie qui lui a été imposée, celle de la passivité, en même temps qu'elle revendique activement sa souveraineté ; et sans doute ce procédé n'est-il « pas de bonne guerre » mais il lui est dicté par la situation ambiguë qu'on lui a assignée. L'homme cependant quand il la traite comme une liberté s'indigne qu'elle demeure pour lui un piège ; s'il la flatte et la comble en tant qu'elle est sa proie, il s'agace de ses prétentions à l'autonomie ; quoi qu'il fasse, il se sent joué et elle s'estime lésée.

La dispute durera tant que les hommes et les femmes ne se reconnaîtront pas comme des semblables, c'est-à-dire tant que se perpétuera la féminité en tant que telle ; des uns et des autres qui est le plus acharné à la maintenir ? la femme qui s'en affranchit veut néanmoins en conserver les prérogatives ; et l'homme réclame qu'alors elle en assume les limitations. « Il est plus facile d'accuser un sexe que d'excuser l'autre », dit Montaigne. Distribuer des blâmes et des satisfecit est vain. En vérité, si le cercle vicieux est ici si difficile à briser, c'est que les deux sexes sont chacun victimes à la fois de l'autre et de soi ; entre deux adversaires s'affrontant dans leur pure liberté, un accord pourrait aisément s'établir : d'autant que cette guerre ne profite à personne ; mais la complexité de toute cette affaire provient de ce que chaque camp est complice de son ennemi ; la femme poursuit un rêve de démission, l'homme un rêve d'aliénation ; l'inauthenticité ne paie pas : chacun s'en prend à l'autre du malheur qu'il s'est attiré en cédant aux tentations de la facilité ; ce que l'homme et la femme haïssent l'un chez l'autre, c'est l'échec éclatant de sa propre mauvaise foi et de sa propre lâcheté.

On a vu pourquoi originellement les hommes ont asservi les femmes ; la dévaluation de la féminité a été une étape nécessaire de l'évolution humaine ; mais elle aurait pu engendrer une collaboration des deux sexes ; l'oppression s'explique par la tendance de l'existant à se fuir en s'aliénant dans l'autre qu'il opprime à cette fin ; aujourd'hui, en chaque homme singulier cette tendance se retrouve : et l'immense majorité y cède ; le mari se recherche en son épouse, l'amant dans sa maîtresse, sous la figure d'une statue de pierre ; il poursuit en elle le mythe de sa virilité, de sa souveraineté, de son immédiate réalité. « Mon mari ne va jamais au cinéma », dit la femme, et l'incertaine opinion masculine s'imprime dans le marbre de l'éternité. Mais il est lui-même esclave de son double : quel travail pour édifier une image dans laquelle il est toujours en danger ! Elle est malgré tout

fondée sur la capricieuse liberté des femmes : il faut sans
cesse se rendre celle-ci propice ; l'homme est rongé par le
souci de se montrer mâle, important, supérieur ; il joue des
comédies afin qu'on lui en joue ; il est lui aussi agressif,
inquiet ; il a de l'hostilité pour les femmes parce qu'il a peur
d'elles, et il a peur d'elles parce qu'il a peur du personnage
avec lequel il se confond. Que de temps et de forces il gaspille à liquider, sublimer, transposer des complexes, à parler
des femmes, à les séduire, à les craindre ! On le libérerait en
les libérant. Mais c'est précisément ce qu'il redoute. Et il
s'entête dans les mystifications destinées à maintenir la
femme dans ses chaînes.

Qu'elle soit mystifiée, bien des hommes en ont conscience.
« Quel malheur que d'être femme ! et pourtant le malheur
quand on est femme est au fond de ne pas comprendre que
c'en est un », dit Kierkegaard[1]. Il y a longtemps qu'on s'est
attaché à déguiser ce malheur. On a supprimé, par exemple,
la tutelle : on a donné à la femme des « protecteurs » et s'ils
sont revêtus des droits des antiques tuteurs, c'est dans son
propre intérêt. Lui interdire de travailler, la maintenir au
foyer, c'est la défendre contre elle-même, c'est assurer son
bonheur. On a vu sous quels voiles poétiques on dissimulait
les charges monotones qui lui incombent : ménage, maternité ; en échange de sa liberté on lui a fait cadeau des fallacieux trésors de sa « féminité ». Balzac a fort bien décrit
cette manœuvre quand il a conseillé à l'homme de la traiter
en esclave tout en la persuadant qu'elle est reine. Moins

---

1. *In vino veritas.* Il dit aussi : « La galanterie revient — essentiellement — à la femme et le fait qu'elle l'accepte sans hésiter s'explique
par la sollicitude de la nature pour le plus faible, pour l'être défavorisé
et pour qui une illusion signifie plus qu'une compensation. Mais cette
illusion lui est précisément fatale... Se sentir affranchi de la misère
grâce à une imagination, être la dupe d'une imagination, n'est-ce pas
une moquerie encore plus profonde ?... La femme est très loin d'être
Verwahrlos (abandonnée) mais dans un autre sens elle l'est puisqu'elle
ne peut jamais s'affranchir de l'illusion dont la nature s'est servie pour
la consoler. »

cyniques, beaucoup d'hommes s'efforcent de se convaincre eux-mêmes qu'elle est vraiment une privilégiée. Il y a des sociologues américains qui enseignent aujourd'hui avec sérieux la théorie des «low-class gain», c'est-à-dire des «bénéfices des castes inférieures». En France, aussi, on a souvent proclamé — quoique de manière moins scientifique — que les ouvriers avaient bien de la chance de n'être pas obligés de «représenter», et davantage encore les clochards qui peuvent se vêtir de haillons et se coucher sur les trottoirs, plaisirs interdits au comte de Beaumont et à ces pauvres messieurs de Wendel. Tels les pouilleux insouciants qui grattent allégrement leur vermine, tels les joyeux nègres riant sous les coups de chicote et ces gais Arabes du Souss qui enterrent leurs enfants morts de faim avec le sourire aux lèvres, la femme jouit de cet incomparable privilège : l'irresponsabilité. Sans peine, sans charge, sans souci, elle a manifestement «la meilleure part». Ce qui est troublant c'est que par une perversité entêtée — liée sans doute au péché originel — à travers siècles et pays les gens qui ont la meilleure part crient toujours à leurs bienfaiteurs : C'est trop ! Je me contenterai de la vôtre ! Mais les capitalistes magnifiques, les généreux colons, les mâles superbes s'entêtent : Gardez la meilleure part, gardez-la !

Le fait est que les hommes rencontrent chez leur compagne plus de complicité que l'oppresseur n'en trouve habituellement chez l'opprimé ; et ils s'en autorisent avec mauvaise foi pour déclarer qu'elle a *voulu* la destinée qu'ils lui ont imposée. On a vu qu'en vérité toute son éducation conspire à lui barrer les chemins de la révolte et de l'aventure ; la société entière — à commencer par ses parents respectés — lui ment en exaltant la haute valeur de l'amour, du dévouement, du don de soi et en lui dissimulant que ni l'amant, ni le mari, ni les enfants ne seront disposés à en supporter la charge encombrante. Elle accepte allégrement ces mensonges parce qu'ils l'invitent à suivre la pente de la facilité : et c'est là le pire crime que l'on commet contre elle ; dès son enfance et tout au long de sa vie on la gâte, on la corrompt en lui désignant comme sa vocation cette démission qui tente tout existant angoissé de sa liberté ; si on invite un enfant à la paresse en l'amusant tout le jour sans lui donner l'occasion d'étudier, sans lui en montrer l'utilité, on ne dira pas quand il atteint l'âge d'homme qu'il a choisi d'être incapable et ignorant : c'est ainsi qu'on élève la femme, sans jamais lui enseigner la nécessité d'assumer elle-même son existence ; elle se laisse volontiers aller à compter sur la protection, l'amour, le secours, la direction d'autrui ; elle se laisse fasciner par l'espoir de pouvoir sans rien *faire* réaliser son être. Elle a tort de céder à la tentation ; mais l'homme est mal venu de le lui reprocher puisque c'est lui-même qui l'a tentée. Quand un conflit éclatera entre eux, chacun tiendra l'autre pour responsable de la situation ; elle lui reprochera de l'avoir créée : On ne m'a pas appris à raisonner, à gagner ma vie... Il lui reprochera de l'avoir acceptée : Tu ne sais rien, tu es une incapable... Chaque sexe croit se justifier en prenant l'offensive : mais les torts de l'un n'innocentent pas l'autre.

Les innombrables conflits qui mettent aux prises les hommes et les femmes viennent de ce qu'aucun des deux n'assume toutes les conséquences de cette situation que l'un propose et que l'autre subit : cette notion incertaine d'« égalité dans l'inégalité », dont l'un se sert pour masquer son despotisme et l'autre sa lâcheté, ne résiste pas à l'expérience : dans leurs échanges, la femme se réclame de l'égalité abstraite qu'on lui a garantie, et l'homme de l'inégalité concrète qu'il constate. De là vient que dans toutes les liaisons se perpétue un débat indéfini sur l'équivoque des mots *donner* et *prendre* : elle se plaint de tout donner, il proteste qu'elle lui prend tout. Il faut que la femme comprenne que les échanges — c'est une loi fondamentale de l'économie politique — se règlent selon la valeur que la marchandise offerte revêt pour l'acheteur, et non pour le vendeur : on l'a trompée en la persuadant qu'elle possédait un prix infini ; en vérité elle est pour l'homme seulement une distraction, un plaisir, une compagnie, un bien inessentiel ; il est le sens, la justification de son existence à elle ; l'échange ne se fait donc pas entre deux objets de même qualité ; cette inégalité va se marquer singulièrement dans le fait que le temps qu'ils passent ensemble — et qui paraît fallacieusement le même temps — n'a pas pour les deux partenaires la même valeur ; pendant la soirée que l'amant passe avec sa maîtresse il pourrait faire un travail utile à sa carrière, voir des amis, cultiver des relations, se distraire ; pour un homme normalement intégré à la société, le temps est une richesse positive : argent, réputation, plaisir. Au contraire, pour la femme oisive, qui s'ennuie, c'est une charge dont elle n'aspire qu'à se débarrasser ; dès qu'elle réussit à tuer des heures, elle fait un bénéfice : la présence de l'homme est un pur profit ; en de nombreux cas, ce qui intéresse le plus clairement l'homme dans une liaison, c'est le gain sexuel qu'il en tire : à la limite, il peut se contenter de passer tout juste avec sa maîtresse le temps nécessaire à perpétrer l'acte amoureux ; mais — sauf exception — ce qu'elle souhaite quant à elle c'est d'« écouler » tout cet excès de temps dont elle ne sait que faire : et — comme le marchand qui ne vend des pommes de terre que si on lui « prend » des navets — elle ne cède son corps que si l'amant « prend » par-dessus le marché des heures de conversation et de sortie. L'équilibre réussit à s'établir si le coût de l'ensemble ne paraît pas à l'homme trop élevé : cela dépend bien entendu de l'intensité de son désir et de l'importance qu'ont à ses yeux les occupations qu'il sacrifie ; mais si la femme réclame — offre — trop de temps, elle devient tout entière importune, comme la rivière qui sort de son lit, et l'homme choisira de n'en rien avoir plutôt que d'en avoir trop. Elle modère donc ses exigences ; mais très souvent la balance s'établit au prix d'une double tension : elle estime que l'homme l'« a » au rabais ; il pense qu'il paie trop cher. Bien entendu, cet exposé est quelque peu humoristique ; cependant — sauf dans les cas de passion jalouse et exclusive où l'homme veut la femme dans sa totalité — dans la tendresse, le désir, l'amour même, est indiqué ce conflit ; l'homme a toujours « autre chose à faire » de son temps ; tandis qu'elle cherche à se débarrasser du sien ; et il ne considère pas les heures qu'elle lui consacre comme un don, mais comme une charge. Généralement, il consent à la supporter parce qu'il sait bien qu'il est du côté des favorisés, il a « mauvaise conscience » ; et s'il a quelque bonne volonté il essaie de compenser l'inégalité des conditions par de la générosité ; cependant, il se fait un mérite d'être pitoyable et au premier heurt il traite la femme d'ingrate, il s'irrite : Je suis trop bon. Elle sent qu'elle se conduit en quémandeuse alors qu'elle est convaincue de la haute valeur de ses cadeaux, et elle en est humiliée. C'est là ce qui explique la cruauté dont souvent la femme se montre capable ; elle a « bonne conscience », parce qu'elle est du mauvais côté ; elle ne s'estime obligée à aucun ménagement à l'égard de la caste privilégiée, elle songe seulement à se défendre ; elle sera même fort heureuse si elle a l'occasion de manifester sa rancune à l'amant qui n'a pas su la combler : puisqu'il ne donne pas assez, c'est avec un plaisir sauvage qu'elle lui reprendra tout. Alors l'homme blessé découvre le prix global de la liaison dont il dédaignait chaque moment : il est prêt à toutes les promesses, quitte à s'estimer à nouveau exploité quand il devra les tenir ; il accuse sa maîtresse de le faire chanter : elle lui reproche son avarice ; tous deux se trouvent lésés. Ici encore, il est vain de distribuer excuses et blâmes : on ne peut jamais créer de justice au sein de l'injustice. Un administrateur colonial n'a aucune possibilité de bien se conduire envers les indigènes, ni un général envers ses soldats ; la seule solution c'est de n'être ni colon ni chef ; mais un homme ne saurait s'empêcher d'être un homme. Le voilà donc coupable malgré lui et opprimé par cette faute qu'il n'a pas lui-même commise ; ainsi est-elle victime et mégère en dépit d'elle-même ; parfois il se révolte, il choisit la cruauté, mais alors il se fait complice de l'injustice, et la faute devient vraiment sienne ; parfois il se laisse annihiler, dévorer, par sa revendicatrice victime : mais alors il se sent dupé ; souvent il s'arrête à un compromis qui à la fois le diminue et le laisse mal à son aise. Un homme de bonne volonté sera plus déchiré par la situation que la femme elle-même : en un sens on a toujours meilleur compte à être du côté des vaincus ; mais si elle est de bonne volonté elle aussi, incapable de se suffire à soi-même, répugnant à écraser l'homme du poids de sa destinée, elle se débat dans une inextricable confusion. On rencontre à foison dans la vie quotidienne de ces cas qui ne comportent pas de solution satisfaisante parce qu'ils sont définis par des conditions qui ne sont pas satisfaisantes : un homme qui se voit obligé de continuer à faire vivre matériellement et moralement une femme qu'il n'aime plus se sent victime ; mais s'il abandonnait sans ressources celle qui a engagé toute sa vie sur lui, elle serait victime d'une manière aussi injuste. Le mal ne vient pas d'une perversité individuelle — et la mauvaise foi commence, lorsque chacun s'en prend à l'autre —, il vient d'une situation contre laquelle toute conduite singulière est impuissante. Les femmes sont « collantes », elles pèsent, et elles en souffrent ; c'est qu'elles ont le sort d'un parasite qui pompe la vie d'un organisme étranger ; qu'on les doue d'un organisme autonome, qu'elles puissent lutter contre le monde et lui arracher leur subsistance, et leur dépendance sera abolie : celle de l'homme aussi. Les uns et les autres sans nul doute s'en porteront beaucoup mieux.

Un monde où les hommes et les femmes seraient égaux est facile à imaginer car c'est exactement celui qu'avait *promis* la révolution soviétique : les femmes élevées et formées exactement comme les hommes travailleraient dans les mêmes conditions[1] et pour les mêmes salaires ; la liberté

1. Que certains métiers trop durs leur soient interdits ne contredit pas ce projet : parmi les hommes mêmes on cherche de plus en plus à réaliser une adaptation professionnelle ; leurs capacités physiques et intellec-

érotique serait admise par les mœurs, mais l'acte sexuel ne serait plus considéré comme un « service » qui se rémunère ; la femme serait *obligée* de s'assurer un autre gagne-pain ; le mariage reposerait sur un libre engagement que les époux pourraient dénoncer dès qu'ils voudraient ; la maternité serait libre, c'est-à-dire qu'on autoriserait le *birth-control* et l'avortement et qu'en revanche on donnerait à toutes les mères et à leurs enfants exactement les mêmes droits, qu'elles soient mariées ou non ; les congés de grossesse seraient payés par la collectivité qui assumerait la charge des enfants, ce qui ne veut pas dire qu'on *retirerait* ceux-ci à leurs parents mais qu'on ne les leur *abandonnerait* pas.

Mais suffit-il de changer les lois, les institutions, les mœurs, l'opinion et tout le contexte social pour que femmes et hommes deviennent vraiment des semblables ? « Les femmes seront toujours des femmes », disent les sceptiques ; et d'autres voyants prophétisent qu'en dépouillant leur féminité elles ne réussiront pas à se changer en hommes et qu'elles deviendront des monstres. C'est admettre que la femme d'aujourd'hui est une création de la nature ; il faut encore une fois répéter que dans la collectivité humaine rien n'est naturel et qu'entre autres la femme est un produit élaboré par la civilisation ; l'intervention d'autrui dans sa destinée est originelle : si cette action était autrement dirigée, elle aboutirait à un tout autre résultat. La femme n'est définie ni par ses hormones ni par de mystérieux instincts mais par la manière dont elle ressaisit, à travers les consciences étrangères, son corps et son rapport au monde ; l'abîme qui sépare l'adolescente de l'adolescent a été creusé de manière concertée dès les premiers temps de leur enfance ; plus tard, on ne saurait empêcher que la femme ne soit ce qu'elle *a été faite* et elle traînera toujours ce passé derrière elle ; si on en mesure le poids, on comprend avec évidence que son destin

tuelles limitent leurs possibilités de choix ; ce qu'on demande en tout cas c'est qu'aucune frontière de sexe ou de caste ne soit tracée.

n'est pas fixé dans l'éternité. Certainement, il ne faut pas croire qu'il suffise de modifier sa condition économique pour que la femme soit transformée : ce facteur a été et demeure le facteur primordial de son évolution ; mais tant qu'il n'a pas entraîné les conséquences morales, sociales, culturelles, etc., qu'il annonce et qu'il exige, la femme nouvelle ne saurait apparaître ; à l'heure qu'il est elles ne se sont réalisées nulle part, pas plus en U.R.S.S. qu'en France ou aux U.S.A. ; et c'est pourquoi la femme d'aujourd'hui est écartelée entre le passé et l'avenir ; elle apparaît le plus souvent comme une « vraie femme » déguisée en homme, et elle se sent mal à l'aise aussi bien dans sa chair de femme que dans son habit masculin. Il faut qu'elle fasse peau neuve et qu'elle se taille ses propres vêtements. Elle ne saurait y parvenir que grâce à une évolution collective. Aucun éducateur isolé ne peut aujourd'hui façonner un « être humain femelle », qui soit l'exact homologue de « l'être humain mâle » : élevée en garçon, la jeune fille se sent exceptionnelle et par là elle subit une nouvelle sorte de spécification. Stendhal l'a bien compris qui disait : « Il faut planter d'un coup toute la forêt. » Mais si nous supposons au contraire une société où l'égalité des sexes serait concrètement réalisée, cette égalité s'affirmerait à neuf en chaque individu.

Si dès l'âge le plus tendre, la fillette était élevée avec les mêmes exigences et les mêmes honneurs, les mêmes sévérités et les mêmes licences que ses frères, participant aux mêmes études, aux mêmes jeux, promise à un même avenir, entourée de femmes et d'hommes qui lui apparaîtraient sans équivoque comme des égaux, le sens du « complexe de castration » et du « complexe d'Œdipe » seraient profondément modifiés. Assumant au même titre que le père la responsabilité matérielle et morale du couple, la mère jouirait du même durable prestige ; l'enfant sentirait autour d'elle un monde androgyne et non un monde masculin ; fût-elle affectivement plus attirée par son père — ce qui n'est pas même sûr — son amour pour lui serait nuancé par une volonté d'émulation et non par un sentiment d'impuissance : elle ne s'orienterait pas vers la passivité ; autorisée à prouver sa valeur dans le travail et le sport, rivalisant activement avec les garçons, l'absence de pénis — compensée par la promesse de l'enfant — ne suffirait pas à engendrer un « complexe d'infériorité » ; corrélativement, le garçon n'aurait pas spontanément un « complexe de supériorité » si on ne le lui insufflait pas et s'il estimait les femmes autant que les hommes[1]. La fillette ne chercherait donc pas de stériles compensations dans le narcissisme et le rêve, elle ne se prendrait pas pour donnée, elle s'intéresserait à ce qu'elle *fait*, elle s'engagerait sans réticence dans ses entreprises. J'ai dit combien sa puberté serait plus facile si elle la dépassait, comme le garçon, vers un libre avenir d'adulte ; la menstruation ne lui inspire tant d'horreur que parce qu'elle constitue une chute brutale dans la féminité ; elle assumerait aussi bien plus tranquillement son jeune érotisme si elle n'éprouvait pas un dégoût effaré pour l'ensemble de son destin ; un enseignement sexuel cohérent l'aiderait beaucoup à surmonter cette crise. Et grâce à l'éducation mixte, le mystère auguste de l'Homme n'aurait pas l'occasion de naître : il serait tué par la familiarité quotidienne et les franches compétitions. Les objections qu'on oppose à ce système impliquent toujours le respect des tabous sexuels ; mais il est vain de prétendre inhiber chez l'enfant la curiosité et le plaisir ; on n'aboutit qu'à créer des refoulements, des obsessions, des névroses ; la sentimentalité exaltée, les ferveurs homosexuelles, les passions platoniques des adolescentes avec tout leur cortège de niaiserie et de dissipation sont bien plus néfastes que quelques jeux enfantins et

---

1. Je connais un petit garçon de huit ans qui vit avec une mère, une tante, une grand-mère, toutes trois indépendantes et actives, et un vieux grand-père à demi impotent. Il a un écrasant « complexe d'infériorité » à l'égard du sexe féminin, bien que sa mère s'applique à le combattre. Au lycée il méprise camarades et professeurs parce que ce sont de pauvres mâles.

quelques précises expériences. Ce qui serait surtout profitable à la jeune fille, c'est que ne cherchant pas dans le mâle un demi-dieu — mais seulement un camarade, un ami, un partenaire — elle ne serait pas détournée d'assumer elle-même son existence ; l'érotisme, l'amour prendraient le caractère d'un libre dépassement et non celui d'une démission ; elle pourrait les vivre comme un rapport d'égal à égal. Bien entendu, il n'est pas question de supprimer d'un trait de plume toutes les difficultés que l'enfant a à surmonter pour se changer en un adulte ; l'éducation la plus intelligente, la plus tolérante, ne saurait le dispenser de faire à ses frais sa propre expérience ; ce qu'on peut demander, c'est qu'on n'accumule pas gratuitement des obstacles sur son chemin. Qu'on ne cautérise plus au fer rouge les fillettes « vicieuses », c'est déjà un progrès ; la psychanalyse a un peu instruit les parents ; cependant les conditions actuelles dans lesquelles s'accomplissent la formation et l'initiation sexuelle de la femme sont si déplorables qu'aucune des objections que l'on oppose à l'idée d'un radical changement ne saurait être valable. Il n'est pas question d'abolir en elle les contingences et les misères de la condition humaine, mais de lui donner le moyen de les dépasser.

La femme n'est victime d'aucune mystérieuse fatalité ; les singularités qui la spécifient tirent leur importance de la signification qu'elles revêtent ; elles pourront être surmontées dès qu'on les saisira dans des perspectives nouvelles ; ainsi on a vu qu'à travers son expérience érotique la femme éprouve — et souvent déteste — la domination du mâle : il n'en faut pas conclure que ses ovaires la condamnent à vivre éternellement à genoux. L'agressivité virile n'apparaît comme un privilège seigneurial qu'au sein d'un système qui tout entier conspire à affirmer la souveraineté masculine ; et la femme ne se *sent* dans l'acte amoureux si profondément passive que parce que déjà elle se *pense* comme telle. Revendiquant leur dignité d'être humain, beaucoup de femmes modernes saisissent encore leur vie érotique à partir d'une tradition d'esclavage : aussi leur paraît-il humiliant d'être couchées sous l'homme, pénétrées par lui et elles se crispent dans la frigidité ; mais si la réalité était différente le sens qu'expriment symboliquement gestes et postures amoureux le seraient aussi : une femme qui paie, qui domine son amant, peut par exemple se sentir fière de sa superbe oisiveté et considérer qu'elle asservit le mâle qui activement se dépense ; et il existe d'ores et déjà quantité de couples sexuellement équilibrés où les notions de victoire et de défaite font place à une idée d'échange. En vérité, l'homme est comme la femme une chair, donc une passivité, jouet de ses hormones et de l'espèce, proie inquiète de son désir ; et elle est comme lui au sein de la fièvre charnelle consentement, don volontaire, activité ; ils vivent chacun à sa manière l'étrange équivoque de l'existence faite corps. Dans ces combats où ils croient s'affronter l'un l'autre, c'est contre soi que chacun lutte, projetant en son partenaire cette part de lui-même qu'il répudie ; au lieu de vivre l'ambiguïté de sa condition, chacun s'efforce d'en faire supporter par l'autre l'abjection et de s'en réserver l'honneur. Si cependant tous deux l'assumaient avec une lucide modestie, corrélative d'un authentique orgueil, ils se reconnaîtraient comme des semblables et vivraient en amitié le drame érotique. Le fait d'être un être humain est infiniment plus important que toutes les singularités qui distinguent les êtres humains ; ce n'est jamais le donné qui confère des supériorités : la « vertu » comme l'appelaient les Anciens se définit au niveau de « ce qui dépend de nous ». Dans les deux sexes se joue le même drame de la chair et de l'esprit, de la finitude et de la transcendance ; les deux sont rongés par le temps, guettés par la mort, ils ont un même essentiel besoin de l'autre ; et ils peuvent tirer de leur liberté la même gloire ; s'ils savaient la goûter, ils ne seraient plus tentés de se disputer de fallacieux privilèges ; et la fraternité pourrait alors naître entre eux.

On me dira que toutes ces considérations sont bien utopiques puisqu'il faudrait pour « refaire la femme » que déjà la société en ait fait *réellement* l'égale de l'homme; les conservateurs n'ont jamais manqué en toutes circonstances analogues de dénoncer ce cercle vicieux : pourtant l'histoire ne tourne pas en rond. Sans doute si on maintient une caste en état d'infériorité, elle demeure inférieure : mais la liberté peut briser le cercle; qu'on laisse les Noirs voter, ils deviennent dignes du vote; qu'on donne à la femme des responsabilités, elle sait les assumer; le fait est qu'on ne saurait attendre des oppresseurs un mouvement gratuit de générosité; mais tantôt la révolte des opprimés, tantôt l'évolution même de la caste privilégiée crée des situations nouvelles; ainsi les hommes ont été amenés, dans leur propre intérêt, à émanciper partiellement les femmes : elles n'ont plus qu'à poursuivre leur ascension et les succès qu'elles obtiennent les y encouragent; il semble à peu près certain qu'elles accéderont d'ici un temps plus ou moins long à la parfaite égalité économique et sociale, ce qui entraînera une métamorphose intérieure.

En tout cas, objecteront certains, si un tel monde est possible, il n'est pas désirable. Quand la femme sera « la même » que son mâle, la vie perdra « son sel poignant ». Cet argument non plus n'est pas nouveau : ceux qui ont intérêt à perpétuer le présent versent toujours des larmes sur le mirifique passé qui va disparaître sans accorder un sourire au jeune avenir. Il est vrai qu'en supprimant les marchés d'esclaves on a assassiné les grandes plantations si magnifiquement parées d'azalées et de camélias, on a miné toute la délicate civilisation sudiste; les vieilles dentelles ont rejoint dans les greniers du temps les timbres si purs des castrats de la Sixtine et il y a un certain « charme féminin » qui menace de tomber lui aussi en poussière. Je conviens que c'est être un barbare que de ne pas apprécier les fleurs rares, les dentelles, le cristal d'une voix d'eunuque, le charme féminin. Quand elle s'exhibe dans sa splendeur, la « femme charmante » est un objet bien plus exaltant que « les peintures idiotes, dessus-de-porte, décors, toiles de saltimbanques, enseignes, enluminures populaires » qui affolaient Rimbaud ; parée des artifices les plus modernes, travaillée selon les techniques les plus neuves, elle arrive du fond des âges, de Thèbes, de Minos, de Chichen Itza ; et elle est aussi le totem planté au cœur de la brousse africaine ; c'est un hélicoptère et c'est un oiseau ; et voilà la plus grande merveille : sous ses cheveux peints le bruissement des feuillages devient une pensée et des paroles s'échappent de ses seins. Les hommes tendent des mains avides vers le prodige ; mais dès qu'ils s'en saisissent, celui-ci s'évanouit ; l'épouse, la maîtresse parlent comme tout le monde, avec leur bouche : leurs paroles valent tout juste ce qu'elles valent ; leurs seins aussi. Un si fugitif miracle — et si rare — mérite-t-il qu'on perpétue une situation qui est néfaste pour les deux sexes ? On peut apprécier la beauté des fleurs, le charme des femmes et les apprécier à leur prix ; si ces trésors se paient avec du sang ou avec du malheur, il faut savoir les sacrifier.

Le fait est que ce sacrifice paraît aux hommes singulièrement lourd ; il en est peu pour souhaiter du fond du cœur que la femme achève de s'accomplir ; ceux qui la méprisent ne voient pas ce qu'ils auraient à y gagner, ceux qui la chérissent voient trop ce qu'ils ont à y perdre ; et il est vrai que l'évolution actuelle ne menace pas seulement le charme féminin : en se mettant à exister pour soi, la femme abdiquera la fonction de double et de médiatrice qui lui vaut dans l'univers masculin sa place privilégiée ; pour l'homme pris entre le silence de la nature et la présence exigeante d'autres libertés, un être qui soit à la fois son semblable et une chose passive apparaît comme un grand trésor ; la figure sous laquelle il perçoit sa compagne peut bien être mythique, les expériences dont elle est la source ou le prétexte n'en sont pas moins réelles : et il n'en est guère de plus précieuses, de plus intimes, de plus brûlantes ; que la dépendance, l'infériorité, le malheur féminins leur donnent leur caractère singulier, il ne peut être question de le nier ; assurément l'autonomie de la femme, si elle épargne aux mâles

bien des ennuis, leur déniera aussi maintes facilités ; assurément il est certaines manières de vivre l'aventure sexuelle
qui seront perdues dans le monde de demain : mais cela ne
signifie pas que l'amour, le bonheur, la poésie, le rêve en
seront bannis. Prenons garde que notre manque d'imagination dépeuple toujours l'avenir ; il n'est pour nous qu'une
abstraction ; chacun de nous y déplore sourdement l'absence
de ce qui fut lui ; mais l'humanité de demain le vivra dans sa
chair et dans sa liberté, ce sera son présent et à son tour elle
le préférera ; entre les sexes naîtront de nouvelles relations
charnelles et affectives dont nous n'avons pas idée : déjà
sont apparues entre hommes et femmes des amitiés, des
rivalités, des complicités, des camaraderies, chastes ou
sexuelles, que les siècles révolus n'auraient su inventer.
Entre autres, rien ne me paraît plus contestable que le slogan
qui voue le monde nouveau à l'uniformité, donc à l'ennui.
Je ne vois pas que de ce monde-ci l'ennui soit absent ni que
jamais la liberté crée l'uniformité. D'abord, il demeurera
toujours entre l'homme et la femme certaines différences ;
son érotisme, donc son monde sexuel, ayant une figure singulière ne saurait manquer d'engendrer chez elle une sensualité, une sensibilité singulière : ses rapports à son corps,
au corps mâle, à l'enfant ne seront jamais identiques à ceux
que l'homme soutient avec son corps, avec le corps féminin et avec l'enfant ; ceux qui parlent tant d'« égalité dans
la différence » auraient mauvaise grâce à ne pas m'accorder qu'il puisse exister des différences dans l'égalité.
D'autre part, ce sont les institutions qui créent la monotonie : jeunes et jolies, les esclaves du sérail sont toujours les
mêmes entre les bras du sultan ; le christianisme a donné
à l'érotisme sa saveur de péché et de légende en douant
d'une âme la femelle de l'homme ; qu'on lui restitue sa
souveraine singularité, on n'ôtera pas aux étreintes amoureuses leur goût pathétique. Il est absurde de prétendre que
l'orgie, le vice, l'extase, la passion deviendraient impossibles si l'homme et la femme étaient concrètement des

semblables; les contradictions qui opposent la chair à l'esprit, l'instant au temps, le vertige de l'immanence à l'appel de la transcendance, l'absolu du plaisir au néant de l'oubli ne seront jamais levées; dans la sexualité se matérialiseront toujours la tension, le déchirement, la joie, l'échec et le triomphe de l'existence. Affranchir la femme, c'est refuser de l'enfermer dans les rapports qu'elle soutient avec l'homme, mais non les nier; qu'elle se pose pour soi elle n'en continuera pas moins à exister *aussi* pour lui: se reconnaissant mutuellement comme sujet, chacun demeurera cependant pour l'autre un *autre*; la réciprocité de leurs relations ne supprimera pas les miracles qu'engendre la division des êtres humains en deux catégories séparées: le désir, la possession, l'amour, le rêve, l'aventure; et les mots qui nous émeuvent: donner, conquérir, s'unir, garderont leur sens; c'est au contraire quand sera aboli l'esclavage d'une moitié de l'humanité et tout le système d'hypocrisie qu'il implique que la « section » de l'humanité révélera son authentique signification et que le couple humain trouvera sa vraie figure.

« Le rapport immédiat, naturel, nécessaire, de l'homme à l'homme est le *rapport de l'homme à la femme* » a dit Marx [1]. « Du caractère de ce rapport il suit jusqu'à quel point l'homme s'est compris lui-même comme *être générique*, comme homme; le rapport de l'homme à la femme est le rapport le plus naturel de l'être humain à l'être humain. Il s'y montre donc jusqu'à quel point le comportement *naturel* de l'homme est devenu *humain* ou jusqu'à quel point l'être *humain* est devenu son être *naturel*, jusqu'à quel point sa *nature humaine* est devenue sa *nature*. »

On ne saurait mieux dire. C'est au sein du monde donné qu'il appartient à l'homme de faire triompher le règne de la liberté; pour remporter cette suprême victoire, il est entre autres nécessaire que par-delà leurs différenciations naturelles hommes et femmes affirment sans équivoque leur fraternité.

---

1. *Œuvres philosophiques*, tome VI. C'est Marx qui souligne.

# DU MÊME AUTEUR

LA FEMME INDÉPENDANTE. Textes extraits de LE DEUXIÈME SEXE. (Folio 2 € nº 4669).

PRIVILÈGES (1955). Repris dans la collection «Idées» sous le titre FAUT-IL BRÛLER SADE?, nº 268.

LA LONGUE MARCHE, essai sur la Chine (1957).

MÉMOIRES D'UNE JEUNE FILLE RANGÉE (1958) (Folio nº 786).

LA FORCE DE L'ÂGE (1960) (Folio nº 1782).

LA FORCE DES CHOSES (1963) (Folio nºs 764 et 765).

LA VIEILLESSE (1970).

TOUT COMPTE FAIT (1972) (Folio nº 1022).

LES ÉCRITS DE SIMONE DE BEAUVOIR, La vie - L'écriture (1979), par Claude Francis et Fernande Gontier. Avec en appendice des textes inédits ou retrouvés.

LA CÉRÉMONIE DES ADIEUX, suivi de ENTRETIENS AVEC JEAN-PAUL SARTRE, août-septembre 1974 (1981) (Folio nº 1805).

LETTRES À SARTRE. Tome I : 1930-1939. Tome II : 1940-1963 (1990). *Édition établie, présentée et annotée par Sylvie Le Bon de Beauvoir.*

JOURNAL DE GUERRE, septembre 1939-janvier 1941 (1990). *Édition établie, présentée et annotée par Sylvie Le Bon de Beauvoir.*

LETTRES À NELSON ALGREN. Un amour transatlantique, 1947-1964 (1997). *Texte établi, traduit de l'anglais, présenté et annoté par Sylvie Le Bon de Beauvoir* (Folio nº 3169).

CORRESPONDANCE CROISÉE SIMONE DE BEAUVOIR-JACQUES-LAURENT BOST, 1937-1940 (2004). *Édition établie, présentée et annotée par Sylvie Le Bon de Beauvoir.*

*Témoignage*

DJAMILA BOUPACHA (1962), en collaboration avec Gisèle Halimi.

*Scénario*

SIMONE DE BEAUVOIR (1979), un film de Josée Dayan et Malka Ribowska, réalisé par Josée Dayan.